DIE DEUTSCHSPRACHIGE
STRAFRECHTSWISSENSCHAFT IN
SELBSTDARSTELLUNGEN

德语区刑法学的
自画像

〔德〕 **埃里克·希尔根多夫** 主编
Hilgendorf, Eric (Ed.)

何庆仁　王莹　徐凌波　梁奉壮 译

社会科学文献出版社
SOCIAL SCIENCES ACADEMIC PRESS (CHINA)

Hilgendorf, Eric (Ed.): Die deutschsprachige Strafrechtswissenschaft in selbstdarstellungen

中文版序言

梁奉壮 译

多年以来，中德刑法教义学一直紧密精诚地合作。德国在 19 世纪就发展出了刑法教义学，其因结构清晰和自成体系而同样适用于其他国家。中国这样的大国有着迥异于西方的文化和政治制度，当然不能轻易地移用德国刑法教义学，而应该审慎究察，选择最适合中国社会实情的教义学理论。对此本书将有所裨益。本书的中文译本包含德国刑法学者的自传，这些学者是 20 世纪下半叶的专业巨擘或执牛耳者。其中一些人也享誉国外，例如汉斯－海因里希·耶舍克（Hans-Heinrich Jescheck）和克劳斯·罗克辛（Claus Roxin），另一些则只在德语区有所影响。他们的共同点在于都极大地丰富了德国刑法学内部的讨论。我希望本书也能够丰富并推动中国的讨论。

真诚感谢令人尊敬的同事——来自中国人民大学法学院的冯军教授将本书推荐至中国出版，也感谢四位译者承担并出色地完成了本书的翻译工作。

埃里克·希尔根多夫

2018 年 11 月于维尔茨堡

德文版序言

梁奉壮 译

　　本文集将通过著名刑法学者的代表性自述，展示过去五十年德语区刑法学和刑法史的发展进程。其中不仅呈现了作者们的个人和学术经历，而且他们的个人经历也融入德语区刑法学的整体历史当中，并由此成为当代史的一部分。反过来，当代史的事件亦影响着个人和学术的发展，并且在这些自述中得到体现。

　　本文集所选择的主题和其他当代史报告的区别在于，报告者和报告对象具有同一性。这种同一性是一种特殊的文学体裁即自传的典型特征。为了更清晰地说明所刊的学者自传的特色和目的，有必要了解一下形式多样的自传文体。[1] 除了描述个人生平的自传之外，自传性信札、自画像、日记和回忆录等文学形式也属于自传。在互联网时代，"博客"成为网上公布的日记变体。

　　信札所述说的内容是片段性的，自画像的实质是关于自我几乎不受时间限制的性格表述，而日记则体现出更大的时间连续性。特别是当它作为"公开的日记"从一开始确定要出版时，就显然具有自传的特征。但是日记缺乏更强的关联性，只有通过讲述者的视角才能获得这种关联。回忆录和狭义的自传即以此闻名。后两种文学形式的区别是，"回忆录"的称谓多用于名人的自传文本，例如著名艺术家或者政治家。其特色在

---

[1]　概述参见武藤诺（Wuthenow）《自传及其类型》（Autobiographie und autobiographische Gattungen），里克莱夫斯（U. Ricklefs）主编《菲舍尔文学辞典》第 1 卷，2002 年，第 169 - 189 页；详见霍尔登里德（M. Holdenried）《自传》（Autobiographie），2000 年；瓦格纳 - 埃格哈夫（M. Wagner-Egelhaaf）《自传》（Autobiographie），第 2 版，2005 年。

于，讲述者的生平阅历和奇特的外部事件息息相关。

直白的主观视角是狭义的自传所特有的，它们为读者敞开心扉，直达作者的灵魂深处。著名的例子是奥古斯丁（Augustinus）的《忏悔录》（400年前后）、米歇尔·德·蒙田（Michel de Montaigne）的《随笔集》（1580/1595 年）或者让－雅克·卢梭（Jean-Jacques Rousseau）的《忏悔录》（1782 年）。卢梭在该书的开始部分就描绘了这样的场景：他手拿此书，在末日审判时站在上帝面前并对上帝说，他无所隐瞒、无所粉饰，他卑微地展示自己是什么样的人，表露最深处的心声，仿佛它就裸露在上帝眼前。所有的人"将听到我的忏悔，为我的弱点而叹息，为我的不幸而羞愧"。①

读者在本文集中找不到卢梭自传式的忏悔录。本书的内容是学者自传，即刑法学家的自述，对他们而言最重要的不是个人的精神成长过程，而是智识的形成和学术作品。此外也将看到德国刑法学和刑法的发展，就此而言这里所呈现的文本在某种意义上接近于回忆录文学。书中有些地方也通过陈述作品的方式来补充个人的生平和影响，由此学者自传获得了一种明显区别于其他自传体形式的独特魅力。

法学，至少德国法学和自传可谓格格不入。② 正如拉德布鲁赫（Radbruch）所说，法学家似乎"不以个性而更多是以客观性著称"，因此"不怎

---

① 《让－雅克·卢梭忏悔录：根据泽梅劳（A. Semerau）翻译的日内瓦手稿文本》（Die Bekenntnisse des Jean-Jacques Rousseau. Nach dem Text der Genfer Handschrift übertragen von A. Semerau），1920 年，第 1 页。

② 至少参见普兰尼茨（H. Planitz）（主编）《当代法学自述》（Die Rechtswissenschaft der Gegenwart in Selbstdarstellungen），3 卷，1924 – 1929 年，本文集即以该著作为模范。该著作是迈纳出版社（Meiner-Verlag）自传性学者叙述系列丛书的一部分，此系列丛书还包括历史学、艺术学、医学、哲学以及神学。批判观点参见克劳萨（E. Klausa）《论学术亚文化的群体意识：1900 年前后的德国学院：从科学社会学视角进行的内容分析性尝试》（Vom Gruppenbewusstsein akademischer Subkulturen：Deutsche Fakultäten um 1900. Ein inhaltsanalytischer Vorstoβ in wissenschaftssoziologischer Absicht），《克隆社会学与社会心理学杂志》第 33 卷，1981 年，第 329 – 344 页。最近的资料参见雅布隆纳尔（C. Jabloner）《奥地利法学自述》（C. Jabloner, Österreichische Rechtswissenschaft in Selbstdarstellungen），2003 年。

么有……传记人物的魅力"。① 对于写作自传来说，可能更是如此。造成这种
情况的原因之一也许与法学方法的基本立场有关：法学家个人没有法律及其
"客观的"解释重要。从这个角度来说，作者的个人历史不应该对法学有所
影响。德国著名法学家的自传少人问津的另一个原因可能在于，大部分法学家
的生活经历并不那么波澜壮阔。大学老师当然也是这样，甚至可能更是如此。

在 20 世纪七八十年代，自传和传记文学并不流行，甚至有文学理论否
定自传和传记文学的存在合理性乃至其存在可能性。如今局面已经焕然一
新。② 近年来传记和自传著作在人文科学中得以复兴，其中也不乏学者传
记。法学界的情形也是如此。③ 根据资深观察员的考察，在学术文献中第

---

① 古斯塔夫·拉德布鲁赫、奥利弗·文德尔·霍尔梅斯（Oliver Wendell Holmes）：《古斯塔
夫·拉德布鲁赫：传记著作》（Gustav Radbruch. Biographische Schriften），G. Spendel 作序
并修改，1988 年，第 136－142 页（第 136 页）[《古斯塔夫·拉德布鲁赫全集》（Gustav
Radbruch Gesamtausgabe），阿图尔·考夫曼（Arth. Kaufmann）主编，第 16 卷]。不过
存在着一系列优秀的法学家传记，例如拉德布鲁赫关于费尔巴哈（Feuerbach）的传记
（1934 年）、埃里克·沃尔夫（Erik Wolf）的著作《德国思想史中伟大的法律思想家》
（Groβe Rechtsdenker der deutschen Geistesgeschichte）（1963 年第 4 版）或者京特·施彭
德尔（Günter Spendel）的《犯罪学家画像》（Kriminalistenportraits）（2001 年）。此外
施彭德尔还研究了自传理论，参见他在上述拉德布鲁赫的传记著作文集中所作的序言，
第 7 页及以下几页。
② 参见 2002 年出版的第 148 期杂志《行进表》（Kursbuch 148），其标题为《传记的回
归》（Die Rückkehr der Biographien），本期有克默林（R. Kämmerling）的文章《我及其
全集：有关自传的问题》（Das Ich und seine Gesamtausgabe. Zum Problem der Autobiogra-
phie），他将自传的回归阐释为"寻找失去的时代"（出处同上，第 108 页）。
③ 参见赫伦（Th. Hoeren）主编《民法的发现者》，2001 年（Zivilrechtliche Entdecker, 2001）；
格伦德曼（St. Grundmann）、理森胡贝尔（K. Riesenhuber）主编《学生眼中的 20 世纪
德语区民法学者：个体叙说的思想史》（Deutschsprachige Zivilrechtslehrer des 20. Jahrhun-
derts in Berichten ihrer Schüler. Eine Ideengeschichte in Einzeldarstellungen），2007 年第 1
卷，2009 年第 2 卷。更精简的叙述参见克莱因海尔（G. Kleinheyer）、施罗德（J. Schrö-
der）主编《九百年间的德国和欧洲法学家：法律史的传记性介绍》（Deutsche und
Europäische Juristen aus neun Jahrhunderten. Eine biographische Einführung in die Geschichte
der Rechtswissenschaft），2008 年第 5 版；施托莱斯（M. Stolleis）主编《法学家：传记
性辞典：从古典时期到 20 世纪》（Juristen. Ein biographisches Lexikon. Von der Antike bis
zum 20. Jahrhundert），1995 年。关于刑法学中学术"亲属关系"的有趣内容，参见宫
泽浩一（K. Miyazawa）《比较刑法的素材》（Materialien zum Strafrechtsvergleich），1978
年。最后参见契合主题的文集：海因里希（H. Heinrichs）、弗兰茨基（H. Franzki）、施马
尔茨（K. Schmalz）和施托莱斯（M. Stolleis）主编《犹太人出身的德国法学家》（Deut-
sche Juristen Jüdischer Herkunft），1993 年；克里蒂舍·尤斯蒂茨（Kritische Justiz）主编
《好争论的法学家：另一种传统》（Streitbare Juristen. Eine andere Tradition），1988 年。

一人称单数的重新使用有时甚至到了泛滥的程度，"自传的诱惑"似乎令越来越多的学者无法抗拒。①

　　无论人文科学的潮流如何起伏，自传性叙述至少应该在法学中获得比迄今为止更多的关注。在著名学者的传记中，作品背后的个人形象浮现出来并为人所知。由此作品就富有了形象感，有时还呈现出崭新的面貌，作品中的微妙之处也变得让人可以理解。读者会了解到作品诞生所受到的影响和推动。② 直接相关的第二点是，传记性的叙述通常是当代史的价值非凡的文献。过去五十年的刑法史精彩纷呈，尤其是 50 年代后期出现的、以著名的 1962 年草案为巅峰的刑法改革的探讨，关于"目的行为论"的争论，选择性草案（1966 年），围绕道德保护抑或法益保护的分歧，德国刑法的世俗化，以及一系列发轫于 70 年代中期、饱受学界批判的刑法分论改革。③ 此一期间刑法学者们的传记显然有助于我们了解这段历史。

　　本书中的很多述作也提到了五六十年代的大学办学条件和 60 年代晚期、70 年代初期的学潮。年轻学者及其功成名就的同事之间明显无休止的问题，还有经常让人觉得难以捉摸的职业实践，也在本书中有所体现。对于年长的作者，纳粹政权和二战也是其自传的内容。有些作者对这一时期进行了非常详细的描述，显露出它的塑造作用。至于自己的大学老师与纳粹的瓜葛这个问题，确实令人难以启齿，有时还会令人感到心痛，

---

① 舍特勒尔（P. Schöttler）：《自传的诱惑》（Die autobiographische Versuchung），吕特克（A. Lüdtke）、普拉斯（R. Prass）主编《学者的生平：近代的科学实践》（Gelehrtenleben. Wissenschaftspraxis in der Neuzeit），2008 年，第 131－140 页。

② 法学家埃里希·施温格（Erich Schwinge）在其 1957 年出版的书《精神的世界与作坊》（Welt und Werkstatt des Geistes）中，以所有学科的研究者的 700 多篇（自）传记为基础，试图阐释学术多产的条件。这项研究至今仍然魅力不凡，而且由于相当丰富地收录了 19 世纪和 20 世纪上半叶的传记和自传著作，也着实令人感动。

③ 鲍曼（J. Baumann）、韦伯（U. Weber）、米奇（W. Mitsch）：《刑法总论教科书》（Strafrecht Allgemeiner Teil. Lehrbuch），第 11 版，2003 年，第 6 章边码 25 以下；另参见希尔根多夫（E. Hilgendorf）、弗兰克（Th. Frank）、瓦勒留斯（B. Valerius）《1975－2000 年德国刑法的发展：分论改革和新挑战》（Die deutsche Strafrechtsentwicklung 1975－2000. Reformen im Besonderen Teil und neue Herausforderungen），福姆鲍姆（Th. Vormbaum）、韦尔普（J. Welp）主编《刑法典增补卷 2：回顾 130 年的刑事立法》（Das Strafgesetzbuch, Supplementband 2：130 Jahre Strafgesetzgebung-Eine Bilanz），2004 年，第 258－380 页。

不过这个问题只是个别地有所提及。另外书中也以总体的视角提到了学术和实践的关系、大学教学法的问题、90 年代以来刑法学的转型以及当今刑法学工作的国际化等。

德国刑法学一如既往地拥有世界性影响，这同样归功于本文集所汇聚的作者们的功劳。在其他国家，特别是东亚地区，也包括南美洲和土耳其，人们对法学的理解比在德国更加个人化。这些地方特别看重作者的学术出身，即其师承关系以及所属的学术流派。① 因而除了法学关系中的个人定位之外，考虑到德国刑法学的国际影响，自传性的叙述也富有特别的意义。

另一个应当在法学当中引入自传性叙述的根据与教学法有关：著名法学人物的自传以实例表明，研究法律和法学不仅仅意味着在紧迫的时间压力之下解决棘手的案例。这种想法是个误区，而现在的学生受到越来越紧迫的考试要求的影响，可想而知很容易陷进去。法学家的自传可以表明，法律的发展与社会和文化的发展休戚相关，同时也是付诸行动的主体的成果。

学术性自述也总是关乎"学者"本人，关乎作为生活方式的学术本身。② 学者的这种认识可以说"本质上"自古就有，可以追溯到欧洲的学术根源。亚里士多德（Aristoteles）曾经说过，在所有高贵的精神活动中，学术工作给予的满足感（幸福）是最强烈的。③ 20 世纪初马克斯·韦伯

---

① 最后得以相当清楚地界定的德国刑法学流派可能是韦尔策尔（Welzel）学派、阿图尔·考夫曼（Arthur Kaufmann）学派和法兰克福刑法学派。

② "总的来说，现在是什么促使着大学老师从事他的职业呢？是需要产生深刻广泛的影响吗？是希望无比自由地浸淫于思考、研究和创作当中吗？是热衷于传授他认为必要的和正确的东西吗？是喜欢奉献、倾诉以及总能接触到青年人吗？这可能是一个见仁见智的问题，但有一点可以确定：在大学工作中存在一个强大的内在的生命，即精神生命，它是真正财富的永不枯竭的源泉。"马克斯·古茨维勒（Max Gutzwiller）：《大学老师》，1943 年［Der Universitätslehrer (1943)］，此处引自同作者《法律思想的元素：论文和演讲选集》（Elemente der Rechtsidee. Ausgewählte Aufsätze und Reden），1964 年，第 303 页。另参见（从历史的视角）希尔根多夫《告别德国的教授？》（Abschied vom deutschen Professor?），《博识：跨学科学术杂志》，2003 年，第 495－506、583－594 页。

③ 《尼各马可伦理学》，1177a 20（Nikomachische Ethik，1177a 20）。

（Max Weber）就强调，"以学术为业"也要求学者的特别共鸣，尤其是精神上的自律和智识上的诚恳。① 韦伯最重要的学术要求是尊重价值（判断）无涉的原则，即仔细区分学术论断和个人评价特别是法律政策的要求。尤其是在课堂上，这二者必须泾渭分明。法学中对应韦伯的价值无涉原则的就是区分实然法和应然法。② 本书所刊的生平叙述也再次体现了这一主题。

　　所有的自述都抛出了一个特别的问题，用世界文学中最著名的自传之一的名字来形容它可谓恰如其分："诗歌与真相"。③ 在自传中，写实的自我描述和虚构很容易相互交织，不仅读者，甚至作者也不常注意到这一现象。自我认知（Selbsterkennung）很可能就变成了自我误认（Selbstverkennung）。例如过于草率地填补记忆空白、事后合理化有问题的决定、粉饰或全部省略"不合适"的事件等，从而塑造和谐的形象。④ 当出于立场原因必须艰难地选择所叙述的事件时，尤其如此。不过学者的自传最有可能避免自传体的这个明显的问题，一般来说，作者已经把客观的学术陈述的标准深刻内化了，因此也能够把它们用于叙说自己的生平。

　　编辑 20 世纪下半叶德国刑法学者自述的另一个核心问题当然就是筛选作者。在编者进行的学术交流活动中形成的、可以说是"主观的"偏好肯定非常重要，这一点毋庸赘言。为了使本项目从一开始就不致遭受失败的命运，我们只考虑那些在项目开始时已经年满 70 岁的学者，而且主要选择的是其刑法学著作形成了国际影响的学者。鉴于本文集不仅要包含德语区著名的刑法教义学家，还要展示德语区刑法学的丰富多样性，

---

① 马克斯·韦伯（M. Weber）：《以学术为业》（Wissenschaft als Beruf），1919 年；马克斯·韦伯：《学术论文集》（Gesammelte Aufsätze zur Wissenschaftslehre），温克尔曼（J. Winckelmann）主编，1988 年，第 582 – 613 页。

② 希尔根多夫：《法学中的价值无涉》（Die Wertfreiheit in der Jurisprudenz），2000 年（卡尔斯鲁厄法学研究协会丛书，第 242 卷 [与洛塔尔·库伦（Lothar Kuhlen）合著]）。

③ 歌德（J. W. Goethe）：《我的一生：诗歌与真相》（Aus meinem Leben. Dichtung und Wahrheit），第 1 – 3 部分第 1811 – 1814 页，第 4 部分第 1833 页。

④ 自传文本的读者对其作者具有特殊的预先信任，人们将这种预先信任解释为"自传契约"的效果，参见勒戈因（P. Lejeune）《自传契约》（Der autobiographische Pakt），1994 年（法语原版 1975 年），另见瓦格纳－埃格哈夫（Wagner-Egelhaaf）《自传》，第 2 版，2005 年，第 69 页。

我们做出了另一个限定，即作者对于他们文本的创作和篇幅享有充分的自由。文本的差异反映出人物及其风格的差异，所以可以接受。

书中一些文本［卡尔·拉克纳（Karl Lackner）、维尔纳·迈霍弗（Werner Maihofer）、汉斯 – 路德维希·施赖伯（Hans-Ludwig Schreiber）］是在编者和相关人士进行面谈的基础上产生的，后来由各个作者进行了（部分地方较大的）修改和扩充。2006 年去世的图宾根（Tübingen）刑法学家特奥多尔·伦克纳（Theodor Lenckner）对德国刑法学具有特别的意义，因而本书也将他补录其中。关于他的文本出自他在图宾根的学生爱德华·施拉姆（Edward Schramm）。弗莱堡（Freiburg）的犯罪学家京特·凯泽（Günther Kaiser）在刚完成第一版手稿之后就去世了，他的女儿贝蒂娜·凯泽（Bettina Kaiser）和慕尼黑的同事海因茨·舍赫（Heinz Schöch）最终完成了该文本，我们对此表示感谢。

非常感谢我的学术助手克里斯蒂安·克劳瑟（Christian Krauβe），他热忱而且尽心尽力地参与本书的编辑工作。本书收录于"法律当代史"系列丛书之中，对此真诚感谢我的同事托马斯·福姆鲍姆（Thomas Vormbaum）先生。维尔茨堡（Würzburg）的威廉·汉斯·鲁赫蒂基金会（Wilhelm H. Ruchti-Stiftung）和一位不愿意透露姓名的私人赞助者慷慨地支持了本书的印刷工作。我同样感谢本文集中的作者们，他们不但不辞辛劳地回忆往昔，还经常热情慷慨地向编者提出支持性的建议。受益于上面这些智力上的支持，编者至少可以无惧冒昧，尽心编好这本文集。

编辑本书的想法来自我和维尔茨堡大学的同事京特·施彭德尔（Günter Spendel）的谈话，对于他的各种建议和提示，我必须致以特别的谢意。施彭德尔是德国刑法学和法律传记的贤长者，从一开始就建设性地参与了本项目并且支持我实施它，还在多种问题面前为我献计献策。可惜京特·施彭德尔无法见证本书的问世。2009 年 6 月 4 日，就在我们共同校对样稿之后几天，他就过世了。谨以此书纪念他。

埃里克·希尔根多夫
2009 年 6 月 9 日于维尔茨堡

陈兴良序

　　《德语区刑法学的自画像》一书是德国维尔茨堡大学法学院教授埃里克·希尔根多夫教授主编的，该书内容是 20 位德语区当代刑法学家的自传（另有一位是他人所写的追忆）。现在，该书经过我国年轻刑法学者何庆仁、王莹、徐凌波和梁奉壮的艰辛翻译，呈现在中国读者面前，这是值得惊喜的，为我们了解德国刚刚退出学术舞台的这一代刑法学家，提供了一个直接的窗口。

　　本书的 21 位德语区刑法学家，出生于 20 世纪前三十年，对于出生于 20 世纪 50 年代的我来说，是父辈；而对于出生于 20 世纪 70、80 年代的译者来说，是祖父辈。这些德语区刑法学家出生在第一次世界大战以后，而青少年时代是在第二次世界大战中度过的，二战以后才完成学业，陆续走上教学科研岗位，成长为著名刑法学家。例如，出生于 1915 年的德国著名刑法学家汉斯－海因里希·耶舍克教授，在其自传中就对二战这段经历进行了叙述，他参加了波兰战役、法国战役和苏联战役。其中还包括了一个戏剧性的场面："1944 年 7 月，我口袋里揣着第 118 装甲侦察部队首长的委任状，来到位于布列斯特－立陶夫斯克（Brest-Litowsk）的指挥部。到了那里我大吃一惊，18 师和 118 装甲侦察部队已经全然不存在了。据说部队已在苏联中央军区进攻中被对方以压倒性优势歼灭。"在德国战败以后，耶舍克于 1945 年 4 月法国人占领弗莱堡以后，在野战医院成了战俘，并被押往法国，度过了两年监禁生活，直到 1947 年 7 月才获释。此后，耶舍克于 1954 年 4 月 1 日受邀出任德国马普外国刑法与国际刑法研究所所长，直到 1983 年退休。耶舍克教授于 2009 年 9 月 27 日走完了 94 岁的漫长人生。对于我来说十分荣幸的是，2011 年 1 月 7 ～

8 日，应德国马普外国刑法与国际刑法研究所所长齐白教授的邀请，我和梁根林教授、江溯博士参加了在弗莱堡举行的、主题为"一个全球视野之下的刑法"的汉斯－海因里希·耶舍克教授纪念研讨会，我代表中国学者在大会上做了发言，还在马普所办了讲座。① 这是我最接近耶舍克教授的一次，而看了耶舍克教授的自画像以后，对这位具有世界影响力的刑法学家的人生和学术有了进一步的了解。

　　人生和学术是学者的两个面向，作为学术从业者，我们对于同行学者的学术思想也许十分熟悉，但对于他的人生经历就不甚了然。对外国学者尤其如此。但对于一位学者的学术思想的深刻理解，离不开对其人生经历的透彻了解。这个道理，现在越来多地为人所知。因此，学者的生平作品也越来越多地出版。例如北京大学出版社在 2016 年出版了日本著名刑法学家西原春夫教授的《我的刑法研究》一书，此后又在 2018 年出版了我国著名刑法学家高铭暄教授的《我与刑法七十年》一书。西原春夫教授与高铭暄教授都出生于 20 世纪 20 年代，已是耄耋老人，和德国耶舍克教授是同时代的刑法学家，并且具有密切的私人情谊。当然，高铭暄教授和西原春夫教授的自传作品是单人成书的，篇幅较大因而能够较为全面而深入地展开传主的人生道路和学术思想。而本书虽然篇幅已经不小，但收入 21 位刑法学者的传记，落实到每位学者，篇幅较小，难以全景式地展开各自的学术生涯。而且，本书基本上是传主的自述，也许是作为刑法学者写惯了抽象的学术论文，因而对自己生平描述的可读性上不尽如人意。

　　本书的自传以描述人生经历为主，较少涉及传主的学术思想。收入本书的是二战以后崛起的德语区的著名刑法学家，他们对德国乃至于世界刑法学的发展和交流都做出了巨大的贡献。当然，也有个别传主还是展现了其刑法学术研究成果，甚至以此为主。其中，特别值得指出的是恩斯特－约阿希姆·兰珀教授。在自传一开始，兰珀教授就说了这么一段话："学者与艺术家和政治家们不同，后者总是力争成为众所瞩目的焦

---

①　我在大会上的发言参见陈兴良《耶赛克教授与中国刑法学》，载陈兴良主编《刑事法评论》第 28 卷，北京大学出版社，2012，第 96 页以下。

点，并期盼得到公众的认可；而前者通常沉浸在图书馆或者实验室，即使偶尔出现在公众面前，其目的一般也是使自己的研究成果能够为世人所用。所以，学者的自传也（或者应当）不像艺术家和政治家的自传那样，以自我回忆或者展示自我的发展为主，而应当致力于总结自己的研究成果。至于此外他们的个人经历还有什么可以分享的，很大程度上与其同时代的人是一样的，受他们开展工作的时代环境制约，并与时代精神交织在一起。在此意义上，他们的个人经历其实没有什么不平凡之处，只需（或者应当）简短地提及即可。"秉持这种态度，兰珀教授的自传除了第一部分对生涯历程做了概括性的叙述以外，以主要篇幅对其学术作品做了介绍。涉及不法理论、正犯与参与、刑罚等刑法总论主题和经济犯罪等刑法分论主题，还包括刑事诉讼法和法律基础性研究，即法哲学原理等内容，可谓十分广泛。值得注意的是，自传的第三部分生涯与研究之交叉。在此，兰珀教授提到了所谓时代精神的概念，谈到了人生经历对其刑法学术研究的影响，认为这些早期经历极有可能无意识地渗入了他的研究之中。也许，这也正是我们了解这些刑法学者个人经历的意义之所在吧。

进入 21 世纪以来，随着我国对外开放的进一步发展，德国刑法学也开始引入我国，尤其是德国刑法教义学，对我国刑法学水平的进一步提升产生了不可低估的作用。本书主编埃里克·希尔根多夫教授出生于1959 年，是我的同时代人，他长期在德国维尔茨堡大学法学院从事刑事法理论研究，并担任中德刑法学者联合会德方召集人，与中方召集人梁根林教授密切合作，以轮流在中国和德国举办刑法学术论坛的形式推进中德两国的刑法学术交流，作出了重要的贡献。不仅如此，希尔根多夫还招收和培养了多名中国博士生，其中就包括了北大刑法学科的博士生。例如在本书译者中，徐凌波和梁奉壮两位都是维尔茨堡大学的法学博士，希尔根多夫教授是他（她）们的导师。而另外两名译者也都有德国学习经历，其中，王莹在北大硕士毕业以后到德国留学，在弗莱堡大学取得法学博士学位；何庆仁曾经在马普研究所进修学习。同时，我是何庆仁和徐凌波在北大的博士生导师。从这些译者身上，我们可以看到中国刑法学的未来。

受本书译者何庆仁教授的邀请，在本书出版之际撰写以上这些文字，并向读者推荐这本书。

是为序。

陈兴良

谨识于北京海淀锦秋知春寓所

2019 年 4 月 27 日

冯军序

　　何庆仁教授——一位冷静、深刻而睿智的中国刑法学者——嘱咐我也给《德语区刑法学的自画像》中文本写个序，理由是已经习惯于推辞的我无论如何都无法推辞的：本书的主编希尔根多夫教授在中文版序言中以"真诚感谢"的方式特别提到我"将本书推荐至中国出版"。

　　大约 10 年前，希尔根多夫教授在他明亮、洁净并悬挂着"桃李天下"中文横幅的研究室里送给我一部精装本的 Die Deutschsprachige Strafrechtswissenschaft in Selbstdarstellungen，这就是由何庆仁教授、王莹副教授、徐凌波博士和梁奉壮博士等翻译成中文的《德语区刑法学的自画像》的德文本。希尔根多夫教授当时告诉我，他还正在主编一本《德语圈外国刑法学的自画像》，以收录在德国学习、研究过的外国刑法学者的自传，并希望我也能写一些关于自己的文字给他，我欣然答应了。但是，当我仔细阅读德文本的《德语区刑法学的自画像》之后，我认识到自己其实没有资格写这种在刑法学的圣地德国公开出版的学术自传。

　　《德语区刑法学的自画像》中收录了本书德文本出版前的 50 年间为德语区刑法学作出巨大贡献的刑法巨擘的自传。在该书的德文版序言中，希尔根多夫教授解释说，他筛选本书作者的原则是"在项目开始时已经年满 70 岁"，并且"其刑法学著作形成了国际影响"。在这本书中，17 位我曾见面和未曾谋面但是都在德语刑法文献中经常遇到的刑法巨子对自己的成长经历和学术创举进行了自我描述（在本书介绍 21 位刑法学者的文本中，有三篇是编者基于面谈形成的，但由被介绍者进行了修改和补充，有一篇是由被介绍者的弟子撰写的），从这些敞开心扉的文字中，不难发现他们非凡但总是伴随痛苦的灵魂塑造、精致但总是不断修正的刑法构想。例如，阿茨特（Arzt）教授对职业利己主义的批判、布格施塔勒（Burgstaller）教授对学术性地钻研法律的美好回忆、埃泽尔（Eser）教授如何顺利完成了与（作为现实与价值之间充满冲突的）法律的胃口对接、希尔施（Hirsch）教授在自己的家庭因为"Hirsch"这个在犹太人中很普遍的姓氏而被怀疑是犹太人时所产生的生存忧虑、施罗德（Schroeder）教授为了避免因为一直研究外国法而游离在学术圈的边缘所展开的关于间接正犯的研究如何影响了以《正犯与犯罪支配》闻名于世的罗克辛（Roxin）教授的正犯理论，等等。

在上述刑法巨子中，有些我熟知的长辈已经仙逝了，但是，他们的人格魅力、刑法思想和中国情谊，都值得我铭记在心和永远追求。例如，希尔施（Hirsch）教授是一位多么和蔼可亲的老人啊，我2004年在波恩研究期间，早已从科隆大学退休但是仍然笔耕不辍的年近80岁的他开车带我去德国西北小镇蒙绍（Monschau）郊游时的欢声笑语，至今都不时在我耳边回响！

我羞愧地意识到因为缺乏可望其项背性而放弃写一份被计划纳入德国出版物之中的自传之后，决定把Die Deutschsprachige Strafrechtswissenschaft in Selbstdarstellungen翻译成中文出版，但是，由于种种原因，最后我不得不将这项在多方面都艰难困苦（特别是为寻找出版赞助而耗费心力）的工作拜托给了不善推辞的何庆仁教授，这又最终成为希尔根多夫教授在中文本序言中"真诚感谢"我的理由。

在我看来，这本作者和作品大多具有同一性的自我描述文集，当然是值得认真阅读的。日本刑法学者早就非常重视对德国刑法学家的人生经历和学术成就的研究，宫泽浩一教授在1978年编辑出版了长达738页的《西德刑法学（学者编）》，并附有"西德刑法学者系谱图"，从中可以知道，耶舍克（Jescheck）教授是贝林（Beling）教授的第二代弟子，而耶舍克教授本人又培养了福格勒（Vogler）等10位著名刑法学家。日本刑法学者的这种态度，无疑具有其合理根据。对刑法学这种颇具现实性的学问，如果不了解某一刑法学者的人生经历，特别是其师承关系，恐怕不能理解其作品中所包含的某些重要内容（尤其是细节）的真实意义，因为这种被包含的意义总是存在于其历史关联之中。

　　我以这篇简短的序文表达我对本书作者和编者学问人生的尊重、对译者不辞辛苦的感谢、对出版者慷慨援手的赞赏和对读者幸福诵阅的期盼。

冯　军

2019 年端午于明德法学楼

目　录

上　卷

贡特尔·阿茨特（**Gunther Arzt**）

贡特尔·阿茨特（Gunther Arzt）

梁奉壮 译

一 1936－1955：初始阶段（出生至步入大学）

1955年，我告诉父亲我选择了法学专业时，他回应说："好吧，好吧，你想当枉法者。"这种评价并不意味着反对。父亲知道我考虑过数学专业，但是他和职业咨询师都不能给我说清楚，学完这种专业后能从事什么具体职业。职业咨询师只想到了"数学老师"这个工作，但我觉得它不怎么独特，而且毫无魅力。我父母和法律人没怎么打过交道，唯一牵涉他们的法律诉讼就是父亲的非纳粹化，对此他没有觉得受了委屈。

回忆当初，与其说我留意到把法律人看作"枉法者"的随口评价，不如说这种印象始终萦绕着我。我上小学时就觉得有趣的是，如何狡诈地对相关契约进行字面解释来欺骗魔鬼，例如魔鬼桥；更不用说成长中的大学生们饱受《浮士德》中梅菲斯特费雷斯（Mephistopheles）的嘲弄。后来，在我的博士生导师埃里希·费希纳（Erich Fechner）的法哲学研讨课上，我才意识到法律解释的空间是多么大，而且法律人和法律的联系是多么脆弱。在呼吁更多正义的背后也必然存在着法律人的职业利己主义，我不知道什么时候明白了这一点。谁像我一样见证了教授数量尤其是刑法学者数量的剧增，谁就一定会对德国荒唐的大学世界感到惊诧。从20世纪50年代初开始，大学的科研能力就听命于相关专业的课程需求，并且急速扩张。而半个世纪以来如此明显的腐败体制助长了这种职业利己主义。如果在千禧年之际没有出现一个重要契机，并相应地进行郑重批判式的回顾，我的有关论文就可能成了孤弦单音。令我高兴的是，1999 年在哈勒（Halle）召开的刑法学者会议上，"学术需求"成为主题。我曾在雷根斯堡（Regensburg）的大会上作过有关生命犯罪的学术报告，时隔 29 年，我又可以第二次在全体同仁面前发表演讲。[①]

我在 1936 年出生，这让父母倍感幸福。父亲（生于 1899 年）在参加了战时高考（Notabitur）之后，去法国参加了第一次世界大战。战后正是通货膨胀时期，大学生广泛失业，但是他在莱比锡（Leipzig）学完化学专业之后一定很高兴，因为他的大姐，也就是我的姑姑埃尔娜（Erna），在一个小印染厂为他谋得了工作岗位。我父亲在那里获得了丰富的实践经验，因此从 1935 年起，他在罗伊特林根（Reutlingen）国家纺织工业技术学校担任纺织化学教师（教授头衔）。我母亲（生于 1901 年）上完公立小学之后，就干一些花边编结的家庭手工活来挣钱。从 1935 年开始，稳定工作和结婚带来的美好时光仅仅持续了四年。随着战争爆发，我父亲又被"征召入伍"。他首先去了法国前线，然后是俄罗斯（严格来说是苏联）。在 1944 年，他成了——用当时的好话来说——"重伤员"，就从战场回了家。他的左胳膊虽然不用被截去，但是也不听使唤了，后来由于骨头碎片和金属碎片而不断做手术。

我父亲在战后当印染工，勉强度日，他的工作原料是制服和旗帜。军官大衣有呢绒质料，因此成了紧俏货。洗衣间里洗涤用的煮锅就是他的工作设备。从 1952 年起，他在巴登州的绍普夫海姆（Schopfheim）经营一家印染厂，同时在那里测试最新的机器。这间工厂有了一个好听的名字："实用纺织改良实验企业"。而我则从罗伊特林根高级中学转到了

---

① 阿茨特：《基于第六部〈刑法改革法〉的学术要求》（Wissenschaftsbedarf nach dem 6. StrRG），《整体刑法学杂志》第 111 期，1999 年，第 757 页；同样参见阿茨特《学海书潮中的德国刑法学》（Die deutsche Strafrechtswissenschaft zwischen Studentenberg und Publikationsflut），《阿明·考夫曼纪念文集》，1989 年。引起共鸣的有埃泽尔（Eser）主编《千禧年之前的德国刑法学：回顾和展望》（Die deutsche Strafrechtswissenschaft vor der Jahrtausendwende），2000 年［特别是布克哈特（Burkhardt）关于"没有结果的"教义学，第 111 页及以下几页，第 230 页及下一页］。

绍普夫海姆的现代语言高级中学。我父亲从来不逼我学习化学专业或者接管企业，他很清醒地意识到了纺织工业的危机和小企业微弱的幸存可能性。意外的是，大约在我高考前一年出现了一个机会，父亲可以回到罗伊特林根的技术学校当教授（根据《基本法》第131条）。但我（非常）喜欢绍普夫海姆，所以我仍留在那里，并于1955年通过了高考。德语和数学是我的最爱。

二　1955 – 1959：在图宾根（Tübingen）的大学阶段

1954年到1955年间，父母在罗伊特林根建了房子，因此我从1955年开始在图宾根上大学就"理所当然了"。在第一学期的迎新晚会上，京特·迪里希（Günter Dürig）院长对我们说："欢迎来到德国最好的法学院。"我们都笑了，因为我们把这句话当成玩笑。几十年之后我才意识到，迪里希当时是认真的。作为学生，我经历了图宾根大学法学院的"黄金时代"：茨威格特（Zweigert）在导论课上魅力四射；德勒（Dölle）的债法课从不填鸭灌输，课堂氛围轻松欢快；迪里希的表达能力像魔法一样，他的"口号"一直让我们记忆犹新；在巴霍夫（Bachof）那里我们能感受到行政管理的复杂多样性（在他飞速般的授课中体现出来）是如何被包容在结构清晰的法网中的。在大阶梯教室上过这些课的人一定会同情那些教学理论专家，他们自己没有教学能力，却到处说教批评在"大课"上，也就是在学校最大的教室里面的课堂上，人们学不到任何东西。除了学校里中间层教师（Mittelbau）*们明显的利益之外，助长这种小班教学法迷信的还包括一些教授们，他们教学能力平平，导致上大课时学生旷课现象严重，所以也想改采小班授课。

大学期间，我仅在费希纳（Fechner）的研讨课上以及偶然在鲍尔（Baur）的"考试课"上回答过一个问题，或者说提出过一个问题。除

---

* 中间层教师是指高校里拥有教席的教授之外的教师，如讲师、助教等，其职责主要是辅导学生的考试能力等，往往采取小班授课。——译者注

此之外，我在大学阶段只和教授说过两次话（在教学中没有助教）。第
一次是在第一学期茨威格特的导论课上。我是谨慎的人，坐在最大教室
中非常靠后的位置。茨威格特向所有人提了一个问题，没有人回应，他
就等着，而我忍不住成了第一个吃螃蟹的人。上百人转头并不以为然地
盯着我，在这偌大的教室里，我也觉得自己的声音好陌生。第二次是在
一次打赌中。我这样向朋友解释迪里希的"不法中没有平等"的口号：
女司机有不法行为时可以援引不平等待遇为自己开脱，而在类似情形中，
警察对于男司机则置若罔闻。迪里希同意我的说法，让他感到惊诧的是，
别人能将他的口号解释为他并不反对把其他的不公平视为法或者不法，
他认为遭人误解的原因可能在于他自己。我的被动性挺有趣，但在当时
却很常见。教授和学生之间的疏远并不意味着教授的自负，而是缺少接
近他们的机会。如果有这样的机会，人们当然不会错过。在第三学期，
我的朋友赖因哈德（Reinhard）骑车快速通过内卡河（Neckar）桥时，
在人行道上撞伤了一个大约六岁的女孩。她有擦伤和撞伤，但并无大碍，
也不愿意被送回家。赖因哈德非要这个女孩告诉他名字和住处。当他知
道撞到的是物权法老师鲍尔的女儿时，惊慌得不知所措。我们在午休时
商量该怎么办。刚到下午，他就拿着夹心巧克力糖按教授家的门铃，想
问问小女孩的情况。教授一家人正准备去公共泳池，于是就带着这个作
恶者一块去了，这家伙穿着教授的泳裤度过了下午时光。

　　进行这些好坏不一的简短回顾，目的只在于向读者叙说一些重要的
经历，在我个人看来它们都是非常典型的。这些从与我的老师们的交往
中产生的各种印象，① 在后来与我的国内外朋友和同仁，或者我的助教
和博士研究生的往来中也有所体现。

　　因为非常缺少经济支持，我跟多数朋友一样想匆匆结束学业。所以
在后来几年，我大量增加了日常学习时间，这才是大学生活的惬意之处。

---

① 我绝对无意于以耿耿于怀的心理妄加评判我在图宾根的老师。我在大学期间，刑法并
不比其他学科更吸引我。在我的记忆中，施米德霍伊泽（Schmidhäuser）的刑法总论是
怪异和脱离现实的；霍斯特·施罗德（Horst Schröder）飞快地讲刑法分论，他的案例
研讨课是讲给他自己的，在这个课上他强烈抨击和讽刺我们的错误。爱德华·克恩
（Eduard Kern）是我在博士学位口试时的其中一位考官。

在考试前的最后六个月，我和朋友康拉德（Konrad）几乎每天都泡在大学图书馆，从上午八点待到大约下午六点，在 12 月 24 日和 31 日则待到中午。几年之后，大学图书馆改为在这两天闭馆，因为这两天很少有人去图书馆看书。为了节省相对而言极少的人工费，大学让图书馆里面的资源就这样闲置。在 1959 年春季（第八学期），我第一次国家司法考试的排名（在巴登－符腾堡州排名是很重要的）是 4/132，这让我异常惊喜。在整个大学阶段，我闭卷考试的成绩只有一次在"中等"以上。而我参加国家司法考试的八场闭卷考试中有六门是"好"，不过两篇论文写得差劲。我朋友得到的分数几乎和我完全相同。之所以现在说这件事，是因为我觉得这样评分是极其偷懒的做法，它使学生的成绩集中在差到中等的范围内。我特别想再说一下迪里希的建议："海阔凭鱼跃，何必束手脚（klotzen，nicht kleckern）。"因此我在大学期间主要是遵从自己的兴趣在学习。例如我曾着迷于"所有人和占有人的关系"，甚至为此查阅过旧版民法典评论，但这些对考试却毫无益处。我早就觉得，考试改革正走向"越多越肤浅（immer mehr-immer oberflächlicher）"的歧途，还充斥着这样随意的心态：结课时"考核"那些碎片化的知识，随后抛诸脑后。

三　1959－1964：见习生，助教，获得博士学位以及通过第二次国家考试后去往伯克利（Berkeley）新世界

好的结业成绩让我有挣钱的机会，我除了当见习生（每月赚 320 马克生活费）之外，还做阅卷助理。我选择了刑法并去找了于尔根·鲍曼（Jürgen Baumann），在参加国家考试的口试时，我见过这位［刚刚从明斯特（Münster）聘请来的］考官。在考试间歇时，他对我们说："各位好像对诉讼法了解不多。"第一次考试之后，费希纳让我关注由法学院（在他的倡议下）公布的有奖征文活动，题目是《所有合理公正的思考者的观点》（Die Ansicht aller billig und gerecht Denkenden）。在见习和阅

卷工作之余，我精心准备这个题目，得到了这个奖。它带给我的好处是，我可以凭此向法学院申请免除（当时）必需的高级拉丁文考试（我高考时只通过了初级拉丁文考试），并（在修改获奖论文之后）授予我博士学位。然后我的申请成功了。

于尔根·鲍曼的"全职助教"是乌尔里希·韦伯（Ulrich Weber），我是临时助手。他让我们专于学术，却从不强加自己的观点。我们另外的工作是批判性地通读他的刑法总论教科书初稿。我仍然记得和乌尔里希·韦伯所做的惊奇之事：我们坐在只能支撑一人的木板上，通过略微改变案情，将紧急避险变成了正当防卫的问题，由此将免除责任变成了正当化的问题。我们争论过卡尼德斯（Karneades）之板的问题，但是他和我很快成了朋友，而且这份友谊持续至今。[1]

见习的日子（当时是三年半）很惬意，接触实践让我受益匪浅，有时也充满乐趣。"我的"检察官特别顾惜他的书桌（是指他的秘书处），还要求我简洁地写稿。于是我试图起草一份简洁的起诉书来震撼他。通过诡谲的构思，我彻底简化了一个谋杀或者"只是"有动机的故意杀人的复杂案情（俄罗斯的反犹太主义）。我的草稿仅有七页多，相比于堆积如山的卷宗，这近乎是一种挑衅。让我惊讶的是，这个检察官读完了它，而且在缓慢地看完第二份文件之后不加评论地签了字。可惜我的构想在联邦法院落空了。[2] "我的"初级法院法官是一个主管交通刑事案件却没有驾照的人，这可真适合出现在现代电视剧里面。他对事后饮酒的辩护[3]置之不理，众所周知，一个人每小时最多能吸收千分之一的酒精（可以吸收更多，但是不可能分解掉千分之一以上）；他不顾雷达测量就直接宣告无罪，理由是，一定是仪器出了毛病，因为法院都知道，驾驶"伊莎贝拉"（Isabella）牌汽车的速度不可能达到 120 km/h（博格瓦德

---

① 关于卡尼德斯（以及抽签决定法）参见阿茨特《韦伯祝寿文集》，2004 年，第 17 页。米奇（Mitsch）证明，现实中的危急状态是通过抽签决定的，《韦伯祝寿文集》，2004 年，第 49 页。伴随第一学期开始的是这样一个老谜团：人们没有任何去往市场的途径时，就合理地快速按照拍卖模式来选择。我一开始对这种抽签方式感到诧异，后来觉得它值得考虑。

② 《联邦法院刑事判例集》第 18 卷，第 37 页。

③ 也就是说，这个微醉的司机声称，他是在事故发生之后、验血之前喝的烈酒。

公司的伊莎贝拉汽车是完全可以的，然而这位法官却误将宝马的微型车伊塞塔（Isetta）的车速能力和伊莎贝拉汽车混为一谈），等等。在哥廷根（Göttingen）的刑事诉讼法课上，我举例讲解因过往的偏袒事由而拒绝法官参与诉讼时评论说，人们拒绝法官时只能出于他的偏袒之虞，而不能是他的无能。一位女同学把我的话告诉了在《图片报》工作的朋友，因此公众都知道了，至少在哥廷根的阿茨特教授看来，不能因为法官的愚蠢而拒绝其行使职权。回信如潮水般向我涌来。

我在1962年（通过那篇获奖论文）获得博士学位之后，被提升为于尔根·鲍曼的全职助教。然后我遭遇到了人生第一个重大危机，全职助教、见习的工作和准备第二次国家考试很快就让我无法应对，特别是乌尔里希·韦伯当了《法学家报》（JZ）的编辑之后。我于是向他表示要辞去助教工作，于尔根·鲍曼安慰了我，保证暂时让我减轻负担，还建议我在通过第二次国家考试之后去国外待一段时间。差劲的英语（不要紧，我想远走高飞）在他看来不是障碍（语言在相应的国家进步很快），而且奖学金也不是问题。

他的评价还是一如既往的准确。1963年在斯图加特通过了第二次国家司法考试（名次4/240）之后，我于1964年带着大众奖学金，乘货轮穿过巴拿马运河到达圣迭戈，又继续乘坐灰狗长途客车到达伯克利。我来到了一个新的世界。小时候我就渴望远方，最喜欢读旅行考察报告，甚至攒50芬尼（在货币改革之后这是很多的钱！）买了一份关于的的喀喀湖（Titicaca-See）的幻灯片报告。与坐火车从金门大桥上穿行而过相反，我现在可以乘坐帆船在金门桥下迎风破浪。我的法律硕士学位学分表上还有两个学分的帆船课程，这是符合规则的！在长途旅行早已司空见惯的今天，人们可能会觉得我当时那种强烈的感觉有点可笑。除了邻国瑞士、奥地利和法国之外，我在人生前30年只去过一次西西里岛和布拉瓦海岸。另外，为了庆祝我们的第二次国家考试，我和两个朋友坐汽车从图宾根经过巴尔干、土耳其、叙利亚、黎巴嫩和约旦直到海法（乘渡轮返回），这激起了我们对异地的向往。我们已经决定下次去开伯尔山口（Khyberpass），但是后来没有实现。新的世界对我而言意味着新的风景、新的语言和新的朋友。旧金山是我去的第一座大城市，六汽缸的旧式斯蒂倍克（Studebaker）是我的第一辆汽车（价格极低，这个公司破产了，配件供应不可靠）。

同样新的还有对犯罪的看法。我曾经从被害人的角度出发，将严重犯罪看作不幸和不大可能的偶然事件，但是现在感受似乎不同了。旧金山的公交车司机不喜欢找零钱，只想收"精确的车费"，然后等我一上车就马上启动，一开始我还以为这是特别为我服务的；后来我才明白，其实司机是想保护自己免遭抢劫。我在法学院跟一位教授聊天时，一个约十二岁的小孩跑着经过他旁边（说了声："嗨，老爸"），我不解地问道，她是否不用上学。其实，他女儿只是在课间休息时跑进法学院，因为这里的厕所更安全。

除了犯罪之外，美国的法学对我来说也是新世界。欧洲学生小组（我们有五六个德国人和差不多的法国人）的每个人都必须经常发言，我们的讨论非常"宽泛"。案例法的困境是我所要去适应的，我在阿尔贝特·A. 埃伦茨威格（Albert A. Ehrenzweig）的法哲学研讨课上得到解脱。他的法理课虽然首先考虑的是美国学生，对我而言却是理解美国制度的关键。埃伦茨威格预言，在不远的将来案例法会瓦解，由于自身的庞杂，它会被宣判走向衰落。制作大量的案例摘录（为了"牧羊人"）是单调乏味的工作，在这里只会出现低水平的法律人；大量判决汇聚成的丛林不久将变得氤氲缭绕。埃伦茨威格甚至预言了国家社会主义，但是没有预料到电脑，它拯救了案例法而且使其在欧洲的蔓延成为可能。

谈起 1964 年的伯克利时必然会提到学生运动〔足球场里的琼·贝兹（Joan Baez）〕。我在旧金山亲历了共和党总统候选人戈德华特的竞选活动（乘坐从伯克利出发的免费汽车!），他惨败于约翰逊的结果被准确地预测到了。竞选期间，由于在靠近校园主入口的地方，城市与大学之间关于禁止在桌子上粘贴竞选宣传材料的管辖权属不明，引发了学生的抗议活动。抗议之初与越南战争的明显联系很快就消失了，在言论自由原则的名义下，自由的言论很快就退化成了"污秽的"言语，也就是大肆横行的"四字经"（four-letter-word）。为什么德国的学生运动在三年多之后才爆发，我记得这在整个 1968 年沸沸扬扬的讨论中从来没有成为话题。后来回国后我于 1970 年成为教授时，作为年轻的教授，人们很乐意地让我去教法学导论课，因为这个课程是学生批判的风口浪尖。我仍然记得突然神奇般发生的事情，即年复一年的第一学期突然（在 1973 年）抛弃了六八运动，一切都从喧嚣变得平静起来。

在伯克利，法律系美国学生的热情引人注目，他们确实夜以继日地拼命学习（"gecrammt"），所以图书馆在夜里也开放。教授的可接近性被视为理所当然的，这里还洋溢着罕见而淳朴的热情好客的氛围。汉斯·凯尔森（Hans Kelsen）坚持邀请法律系的德国年轻学生去他家做客。多亏了费希纳的研讨课，"纯粹法理论"对我而言才不是陌生的词汇。弗里德里希·凯斯勒（Friedrich Kessler）当时是伯克利的客座教授和我的法学硕士论文[①]导师，他给我提供了去耶鲁找他攻读博士学位的机会，这个诱惑很大。我觉得，美国东海岸比西海岸看起来更像欧洲。但我决定返回德国。在此之前，我和一位英国生物学家用几周的时间去美国和加拿大的西部旅游，特别是徒步旅行。我们在伯克利和一位来自牛津的核物理学家共享一套寓所。在其中一次徒步旅行时，我结识了我的妻子（我们在 1966 年结婚）。在归国旅途中我用了三个月的时间穿越亚洲，日本是起点。绍普夫海姆（Schopfheimeir）的一个同学坐飞机到东京找我，我们首先爬了富士山，这在多年以后或许比我的法学观点更让日本同事感动。我们乘坐倒数第二架飞机，在反对苏加诺（Sukarno）的血腥政变之前离开了印度尼西亚，并且乘坐印巴战争结束后从孟买到卡拉奇（Karachi）的第一架飞机飞到巴基斯坦。

四　1965 - 1975：教授资格论文，哥廷根，重临伯克利（畏惧犯罪）

当我回来时，发现在我经历饱满的这一年中，家乡却没有任何新鲜事，这让我感到震惊。我想进国际性的律所，而且收到了一些回复我求

---

① 在德国，一般而言硕士论文是博士论文的前奏。我却相反，将博士论文作为硕士论文继续研究。我的期待——鉴于美国在民意调查方面的实证进步，通过法官呼吁法学界的价值标准，从像德国一样更加关注真正代表公民的言论——落空了。

职广告的邀请，对此我难以抉择。我征求于尔根·鲍曼的意见，跟他的谈话让我得到了撰写教授资格论文的机会。由此我成为他的第一个学生。[1] 如果这件事没成功的话，我就会和妻子——她为我放弃了在波卡特洛的爱达荷州立大学的高校教职——返回美国，在那里当德语老师来碰碰运气。

在寻找教授资格论文题目的过程中，确定性原则的不确定性引起了我的注意。由于我的博士论文（《所有合理公正的思考者的观点》）研究的是一般附加条款的具体化，我最后倾向于一个具体的题目：《个人隐私的刑法保护》（Der strafrechtliche Schutz der Intimsphäre）。以前的兴趣进入我的考虑范围，也就是立法者通过对构成要件的（不受欢迎的！）扩张来轻而易举地实现"确定性"。我对这篇教授资格论文投入了很多时间，确实太多了。我在精心思考名誉和隐私的关系这个老问题之后，终于想出了简单的表达方式：距离事实越近，对隐私的影响就越严重；距离事实越远，对名誉的侵犯就越厉害。我认为这清晰易懂，所有其他的区分标准都是不重要的。作为出版作品的新手，我也没有想到大张旗鼓地宣扬这个好命题（标题、粗体印刷、复检，或者最好将书里的内容抽取出来作为论文独立发表）。在教授资格演讲《偏袒的刑事法官》（Der befangene Strafrichter）[2] 里面还有关于确定性问题的其他内容。在法律适用中，立法者让渡给法官的法律政策空间越大，政党对具有政治"热心"的法官客观性的期待就越小。在图宾根，我作为编外讲师的首次课程非常受欢迎。反响是积极的，然而我朋友对这个题目［《有意志缺陷的被害人同意的刑法含义》（Die strafrechtliche Bedeutung der mit Willensmängeln behafteten Einwilligung dis Verletzten）］的表达形式进行了苛刻的批评。我在出版时已经考虑了

---

① 对于尔根·鲍曼（1922 – 2003）的怀念参见《图宾根大学演讲集》（Tübinger Universitätsreden），新版第 43 卷（亦即法学院的第 21 卷），2006 年。2004 年 12 月 12 日，值纪念之际，他的学生们［施吕希特尔（Schlüchter）女士先于他过世］的演讲集得以出版，其中可能比他七十岁生日祝寿文集中的文章更加强烈地反映了当时的人、学者和教师。

② 增订版，参见阿茨特《偏袒的刑事法官》（Der befangene Strafrichter），1970 年。显然，这样一个源自刑事诉讼法的题目是过时的。现在，它要是宪法上的符合教授资格论文要求的主题就好了。

这种批评（《同意中的意志缺陷》）。我把犯罪人和被害人利益的相互依赖性作为核心。如果将同意理解为一种利益平衡的手段，就导致从根本上抛弃当时的通说，即让犯罪人承担所有和有缺陷的同意相关的风险。在隐私问题上我就已经想到，理论探讨虽然围绕着对个人隐私的“绝对”保护［例如俾斯麦的死亡面具（Totenmaske）］，而实务往往关注成为个人隐私的条件，经常直接关注价值。我想，伴随《同意中的意志缺陷》的巨大反响是源于微小的缘由，也就是题目和文章整体的简短性，以及直截了当而并不担心简化的清晰性。最后它成了给学生们作的报告！

　　这篇教授资格论文为我带来了好运，因为于尔根·鲍曼将我引荐为当时正致力于替代性刑法草案的教授们的助手。我视之为殊荣和挑战。后来我才知道，这对我很有帮助，起草这些草案的教授们不只通过论文格式来认识我。我根本没有意识到这种好运，这种直接从膨胀着的学术圈的供求中产生的好运。我在 1969 年取得教授资格，在慕尼黑代课一个学期［因为博克尔曼（Bockelmann）在西西里岛（Sizilien）滑倒在神庙的阶梯上了］，1970 年我在哥廷根大学成了正教授［接替弗里德里希·沙夫施泰因（Friedrich Schaffstein，1905－2001）］。我很乐意回忆在哥廷根的日子，那时开始认识友善而精通专业的同事罗克辛（Roxin）和许勒－施普林高卢姆（Schüler-Springorum）。提高对社会科学的重视是当时研究改革讨论的中心。对此人们不需要说服哥廷根人［我任职不久，克劳斯·吕德森（Klaus Lüderssen）就加入他们一伙了］。霍尼希（Honig）在哥廷根过着退休的生活，他在 1919 年出版的专著《同意问题的历史》（Geschichte des Einwilligungsproblems）和对美国刑法[①]的阐释让我久闻其名。他很有魅力地讲述了自己在土耳其的艰苦岁月，在纳粹主义之前他退到

---

①　里夏德·马丁·霍尼希（Richard M. Honig）：《美国刑法》（Das amerikanische Strafrecht），梅茨格尔（Mezger）、舍恩克（Schönke）、耶舍克主编《当代外国刑法》（Das ausländische Strafrecht der Gegenwart），第四卷，1962 年，第 57 页以下。意想不到（果真如此？）的是，在同一卷中（第 417 页以下）有约德尔（Önder）的土耳其刑法阐释，也指出了霍尼希的土耳其语作品。也可参见霍尼希在 1975 年《沙夫施泰因祝寿文集》（Schaffstein-FS）里的文章，第 89 页［由格林瓦尔德（Grünwald）、米厄（Miehe）、鲁道菲（Rudolphi）和施赖伯（Schreiber）主编］。我在这个祝寿文集中发表了一篇关于正当防卫和国民军的文章。

了那里。在这样的晚上，际遇不同的沙夫施泰因当然也被邀请。随着时间的推移，对纳粹时期的行为评价整体上变得更加严格（但是随着细节的淡化，并没有更加公正）。我在瑞士紧张地经历了这件事，即瑞士的大银行们本来很平常的问题，由于其在战时跟犹太人的财产有牵涉，而且随即又陷入了集体诉讼的标靶视野中，使瑞士通过"历史学家委员会"重新评估了它们的历史责任，银行为此不得不认可那些模棱两可的错误行为，并付出了将近十亿美元的补偿。

哥廷根大学法学院（多数是非常年轻的老师）处于快速变迁当中。罗克辛去了慕尼黑，许勒尔－施普林戈鲁姆去了汉堡。面对处于成长阶段的法学院，我随即发现自己又成了学院刑事法团队教师中最老的一员：施赖伯（Schreiber）、霍恩（Horn）、舍赫（Schöch）（可惜吕德森不久离开了哥廷根）。此外，我在哥廷根时认识了领导社会治疗机构的兼职教授克施温德（Gschwind），还有（当时的）编外讲师米厄（Miehe）和吕平（Rüping）。活跃自信的法学院具有客观性和跨学科交流的兴趣①，和伯克利相比一点儿也不逊色。在我的院长任期内，联邦宪法法院于1973年5月29日作出了下萨克森州高等教育法的三分之一相等决定权违宪的判决。呼声如波涛汹涌："为大学里墓地的安宁抗争！"② 无论如何抗争，我都没有逃避，绥靖主义也完全不是当时我的学院的风格。可是压力对我的肾造成了损害，我患上了肾绞痛（在此之后就康复了）。下萨克森州文化部长［冯·厄尔岑（von Oertzen）］断然地又让违宪选举出的院长

---

① 我和施赖伯、多伊奇（Deutsch）称之为阿茨特法，对此参见《施赖伯祝寿文集》的序言，2003年，并参见里面包含的多伊奇的文章。施赖伯成功地将这种爱好传递给了他的学生们。科学院为哥廷根特别好的气氛做出了贡献。

② 这是《红色法律人报：共产主义学生联盟法学小室报》（Rote Juristenzeitung/Zeitung der Zelle Jura des Kommunistischen Studentenbundes）的大标题，1973年6月26日。其中一个例子是：一个接替维亚克尔（Wieacker）的介绍性演讲［沃尔夫（Wolff）：《图拉真时期的政治与公平》（Politik und Gerechtigkeit bei Trajan）］进行之际，学生们要求在演讲结束之后进行自由讨论，作为院长的我说这是"放肆狂妄的"（引自该期报纸），"讨论是自由的，如此自由，就像学院委员会已经决定了一样"，也就是说，一般性的政治问题是不被允许讨论的。当申请人按照他的想法被问到高等教育法的时候，我没有准许这个问题，因为政治可靠性是由当时总理所作出的禁止从业决议充分操控着的。我明白，这些强烈反对禁止从业的学生不想被等同对待。我的抨击震惊四座，大家安静了下来，或者用《红色法律人报》里的话来说，"放弃了动乱的个别行动"。

们"临时"任职。他认为，只有神学院和法学院的院长需要由合宪委员会重新选举出来，因为这两个学院选举院长时抵制了州高等教育法。政府可能没有料到的是，这两个真正的院长深受同事的拥戴。至少我们两位院长在这个关键性的过渡时期内作出的各种决定，没有一次为委员们所否决。例如，我们非常自由地决定过，聘任建议是否会因为委员会的违宪而被玷污。另外，虽然不满的大学老师对社会民主党州政府的控诉取得了成功，阻止了其政治上的单方面决定，但是我们也意识到不能因为享受胜利果实，而导致大学的瘫痪。

在 1970 年的雷根斯堡刑法学者会议上，我和哈罗·奥托（Harro Otto）一起接到了"针对生命的犯罪"这个题目。没有人就选题给我提供选择余地（除了这个问题：我是否准备好作报告了），然而我觉得这个题目是个机遇。我关注"制裁跳跃"，也就是到终身自由刑的过渡。我可以清楚地阐释，谋杀的特殊性不在于责任，而在于行为人的危险性。不是责任的严重性，而是行为人持续的危险性使终身执行的刑罚具有合法性，这是我的命题。我作为意见专家陈述完毕之后，联邦宪法法院对此进行了激烈的争论，而我的论点获得成功。① 刑法学者会议处于转变之中。博克尔曼已经在之前的明斯特会议上作了一场令人难忘的演讲，并且宣布了老一代与年轻一代刑法学者和睦共处的约定，其意义超过了在威斯特法伦达成的协议。根据哥廷根的倡议，雷根斯堡会议提出了下一场会议的题目和报告人的建议（证据问题对实体法的影响）。②

我在 1974 年到 1975 年间回到了伯克利。我——说得好听点——不再像 1964 年初到伯克利时那样震撼，并且为关于畏惧犯罪的相当非教义

---

① 阿茨特：《针对生命的犯罪》（Die Delikte gegen das Leben），《整体刑法学杂志》第 83 期，1971 年，第 1 页。我的专家意见发表于耶舍克、特里夫特尔（Triffterer）主编《终身自由刑是违宪的吗？1977 年 3 月 22 日和 23 日联邦宪法法院言词审理文献汇编》（Ist die Lebenslange Freiheitsstrafe verfassungswidrig? Dokumentation über die mündliche Verhandlung vor dem BVerfG am 22. Und 23. März 1977），1978 年，第 141 页。

② 吕德森（从哥廷根匆匆返回法兰克福任职）在基尔作了一场精彩的报告：《证据法塑造刑法的力量》（Die strafrechtsgestaltende Kraft des Beweisrechts），《整体刑法学杂志》第 85 期，1973 年，第 288 页。

学的书搜集资料。没人预料到畏惧犯罪和毒品问题①随后也在德国大量出现，连我也没有想到。在我1976年出版的专著②之后，涌现了大量针对这个问题的著作。在后来几次发言中，我试图阻止社会学家误解我当时提出的令人难堪的那些命题。例如经常有人向我指出，害怕严重的犯罪行为是不理性的，因为统计数据证明了严重犯罪的稀少性，我认为这基本上是错误的。即使是轻微的犯罪也能促使人理性地担忧更差的情况。我已经举例阐释了这个简单的观点，即夜晚时分，一个年轻妇女眼前只有一条通往偏远农庄的路，她被几个男人多次催逼着上他们的汽车，他们会载她回家，不过她得丢掉自己的自行车。这个案子牵扯到了联邦宪法法院，后来这几个男人被以"粗野的不法行为"判处罚金刑。没有统计数据能够包括这种案件，由此对极其严重的犯罪（例如强奸）的合理恐惧显然也被遮蔽了。后来我进一步指明，不能通过一位妇女在夜间走着穿越伦敦，并且看到她什么也没有发生的社会科学实验，就对上述例子置之不理。③ 将畏惧严重罪行的心理贬为不正常格外吸引人，因为这样就可以打着"预防"的幌子，把钱花在要价高昂的心理学家身上，以便他们去治疗不理性的民众，让他们相信自己是安全的，而不是把钱投在收入微薄却能提供更多实际安全的警察身上。

　　畏惧犯罪这个题目也为我提供了刑法教义学的新视角。随着犯罪的增加，直接受侵害的个人法益将与间接受影响的其他人的法益，直至与公共安全相关联。基于这种远程效应，立法者有理由赋予入室盗窃特殊

---

① 见习期间，我在哥廷根警察局工作了一段时间，这是殊荣。当时，所有这些整体上十分罕见的毒品案件都与医生或者其周围环境有关。

② 阿茨特：《呼吁法和秩序：美国和德国畏惧犯罪的原因及结果》（Der Ruf nach Recht und Ordnung. Ursachen und Folgen der Kriminalitätsfurcht in der USA und in Deutschland），1976年。

③ 阿茨特：《社会危害行为的犯罪化和非犯罪化问题》（Probleme der Kriminalisierung und Entkriminalisierung sozialschädlichen Verhaltens），《犯罪侦查学》，1981年，第117页。在之后的出版物中参见阿茨特《安全的个别化，刑法的最后性》（Privatisierung der Sicherheit, Strafrecht am Ende），维甘德（Wiegand）主编《个别化的法律问题：伯尔尼大学1997年法律实践会议》（Rechtliche Probleme der Privatisierung, Berner Tage für die juristische Praxis 1997），1998年，第313页——也是我研究国民军的桥梁，对此参见格林瓦尔德等主编的《沙夫施泰因祝寿文集》。

的地位。此外，"被害人教义学"还引发了刑事政策上的疑问，即我们因为畏惧罪犯而监禁自己，而且教育孩子不要相信陌生人，这样做是不是有意义。

在畏惧犯罪和被害人教义学方面的文章中，我表达了一种包含在社会科学内的法律教育梦想。在下萨克森州，1972 年时犯罪学、刑罚执行和青少年刑法就成为选择性考试科目。在《论社会科学对刑法的裨益和不利》[吕德森、扎克（Sack）主编，1980 年] 这一文集中，时代精神也得以展现。我（也通过一系列的评论文章）试图尽绵薄之力。可是不久我就有一种印象，即社会学家通常不希望接近法学家。实证数据可以支持增加穿制服的警察，这对社会科学家来说，就像是在学院会议上应当戴领带的想法一样令人感到陌生。犯罪学在德国能够成为一门对刑法而言重要的学科，并且发展了几十年，要特别地感谢凯泽（Kaiser）、舍赫（Schöch）和克纳（Kerner）（他们都跟图宾根有渊源）。

五　1975 – 1981：埃朗根（Erlangen）和美国；拒绝去慕尼黑和弗莱堡；出版作品的重点

1975 年，迪特尔·莱波尔德（Dieter Leipold）和沃尔夫冈·布洛迈尔（Wolfgang Blomeyer）诚挚地聘请我去埃朗根接替格奥尔格·施瓦姆（Georg Schwalm, 1905 – 1979）。这个决定是仓促的，我本来可以留在哥廷根。回忆往昔，我在哥廷根的岁月非比寻常。我和弗里德里希·沙夫施泰因以及罗克辛夫妇一直保持着联系 [这当然也有瑞士山的功劳；沙夫施泰因已经重度失明，有一次我和妻子还陪他散步到了卢达本纳（Lauterbrunnen）的急泻飞泉瀑布]。1996 年，我从美国飞到哥廷根，在那里作以洗钱为主题[1]的告别演讲，当时沙夫施泰因和米夏埃利斯（Michae-

---

① 迪德里希森（Diederichsen）、德赖尔（Dreier）主编《失败的法律（哥廷根科学院论文）》[Das missglückte Gesetz（Abhandlungen der Akademie der Wissenschaften in Göttingen）]，1997 年。其中我的文章是《失败的刑法：以反洗钱立法为例》（Das missglückte Strafgesetz, am Beispiel der Geldwäschegesetzgebung），第 17 页。

lis）都来到了现场。

在埃朗根期间，我在 1978 年请了无薪假，去了康奈尔大学（伊萨卡，纽约上州）做访问教授。这里有很好的学术氛围，但是基本没有开阔的田野（去徒步旅行等），这让我和妻子更加质疑在东海岸的生活。在美国的各种逗留和美国同事的回访所建立的联系驱使我追问臆想中的理所当然性。例如，约翰·朗拜因（John Langbein）① 想知道在我们的制度中是否有很多被指控人招供，我回答"是"，但被问到"为什么"时，我却陷入了尴尬境地。现在，司法实践仍然明显地注重认罪减刑，而且忽视自相矛盾，即运用程序权利（不进行合作）反而会加重刑罚，这真可笑。除了美国，跟日本的联系也很有意义。我在哥廷根认识了福田（Fukuda），在图宾根时就已经认识了宫泽（Miyazawa）② （长久以来他就是日本和德国学术的沟通者，我们后来多次在图恩湖为他庆祝生日）。在埃朗根，井田良（Makoto Ida）在格塞尔（Gössel）的教席中，所以我跟这位相当年轻的日本同事也有初步交往。

1979 年，我得到的去慕尼黑（接替博克尔曼③）和弗莱堡［接任耶舍克（Jescheck-Nachfolge）④ 的教席并且当马普所所长］的聘请，让我难以抉择。我都拒绝了，只因我在埃朗根是如此的惬意。我和卡尔·海因茨·格塞尔（Karl Heinz Gössel）⑤ 的关系很融洽，我们二人代表着埃朗根的刑法学。我们还争取到了特奥多尔·克莱因克内希特（Theodor Kleinknecht）来当兼职教授⑥，克劳斯·福尔克（Klaus Volk）在埃朗根担任过短期 C3 级别的教席。行政负担轻微，住所和工作地之间的往来又方便，这种田园生活给予了我充分的创作时间。在行政工作烦冗的弗莱

---

① 朗拜因：《酷刑和证据法》（Torture and the Law of Proof），1977 年。

② 参见他的祝寿文集，该文集合理地有下述副标题："日德刑法对话的开路先锋"（1995 年）。鉴于这位寿星在被害人学方面的兴趣，我就从被害人到行为人的过渡中选取论文题目，即《来自滚雪球式销货法的理论》（Lehren aus dem Schneeballsystem），第 519 页。

③ 保罗·博克尔曼，1908 – 1987。

④ 汉斯－海因里希·耶舍克，1915 年生。

⑤ 参见 2002 年的《格塞尔祝寿文集》，其中我的论文是关于轻微不法的人口走私。

⑥ 参见为庆祝克莱因克内希特 75 周年诞辰而出版的祝寿文集，1981 年版，其中我借助埃朗根的考试案例分析了个人逮捕权，第 1 页及以下几页，第 13 页。

堡马普所，还有浪费时间乘车上下班的慕尼黑，根本不会有这种田园生活。我留在埃朗根并没有对马普所造成损失，马普所有阿尔宾·埃泽尔（Albin Eser），比我在那儿会更好。而作为博克尔曼的接替者，克劳斯·福尔克深孚众望。

在哥廷根和埃朗根期间，我的著作重点有以下三个方面：（1）阐释教学法的论文；（2）行为人和被害人的整体视角［关键词是同意，或者通俗而言被骗的欺骗者；最后是我在埃朗根的助教曼弗雷德·埃尔默（Manfred Ellmer）的论文①］；（3）在美国经验的影响下，对实体法和形式法进行整体关注［关键词是由相应实体法的构建形成的存疑刑罚（Verdachtsstrafen）］。这关系到的是这样一些构成要件，它们并没有严格明确的内容，只是在是否侵害另一个构成要件存疑时才被援用，以实现对行为人的处罚，我称之为艾勒·凯波尼综合征（Al Capone Syndrom）。我在最后再简要回顾我的出版兴趣。

六 1981-2008：伯尔尼，曾经的比较法

1981年，我没想到会被聘到伯尔尼大学当教授［接替汉斯·舒尔茨（Hans Schultz）］，这个职位从1977年起就是空缺的。汉斯·舒尔茨对这个学院很不满，他故意在慕尼黑作告别演讲，② 还在发表时指出："这就是伯尔尼的情况（rebus bernensibus sic stantibus）。"在这样的情况下，他仍然充分地向我介绍了瑞士和伯尔尼的独特之处，并无微不至地照顾我在伯尔尼的一切，真的令人非常感动。我也要感谢汉斯·瓦尔德（Hans Walder），那时他是刑法专业的负责人，没有他的话就不会有我的聘职。2001年6月27日，我作了告别演讲《论法的不安定性的益处》（Vom Nutzen der Rechtsunsicherheit）③，汉斯·舒尔茨（和他刚开始学法律的孙

---

① 埃尔默：《诈骗与被害人共同责任》（Betrug und Opfermitverantwortung），1986年。
② 舒尔茨：《告别刑法吗？》（Abschied vom Strafrecht?），《库莫尔祝寿文集》，1980年，第51页。关于他的学生斯特凡·特雷克塞尔（Stefan Trechsel）的辉煌业绩，参见献给此人的祝寿文集（2002年），里面也有我的关于人证和均衡性的文章。
③ 2001年发表，第166页。

女一起）就在现场。这真让我受宠若惊。[①]

　　初到伯尔尼时，我绝对低估了工作负担。从法律文本中无法探究这个州诉讼法的真面目，我还要重新掌握私法和公法的确切知识。另一方面，我超乎预期地和司法机构、州部门以及联邦部门迅速建立了融洽的关系。尤其是，没有出现令我特别担心的跟学生相处的问题。从一开始法学和医学专业的学生就对我有好感。二十年来，我一直讲授法医学课程的法律部分，起初和法医青克（Zink）合作，后来与法医迪恩霍费尔（Dirnhofer）和措林格（Zollinger）合作。我在伯尔尼州医疗卫生咨询委员会担任了十年的（唯一）法律委员。这个委员会向主管部门提供针对医务人员的所有控诉案件的咨询意见，这些控诉案件可以导致撤销执业许可（医务人员指医生，包括组成该委员会的下属部门的牙医和兽医，此外还有药剂师）。医学系的许多学生已经听说了美国医生所遭受的诉讼风险。我向他们解释，美国诉讼法的优势在于，狭路相逢勇者胜。然而，这种优势是以很多弊端为代价的。学生们争相来听我的课，还有很多未来的传媒学家，他们上我的导论课，这是他们的考试科目。从我在图宾根第一次做助教批卷起，这种反响就为我所珍视。令人感激的是，直到在伯尔尼作告别演讲时，我仍然可以感受到学生们对我的好感和信任，而不必通过讲课和考试之间的单调联系来博取他们的兴趣。没有这些反响的同事有时就解释，他们不想让自己的课堂太吵闹。我觉得这是明显的谬论。与听众之间的沟通应当完全是自发性的：自由讨论要针对特定的例子，也会伴有偶尔犯错的风险。想要鼓励听众在人数众多并且有时陌生的人群中给出太有风险的答案，就必须一再向他们说明，哄堂大笑并不意味着讥讽和"嘲笑"，而是代表放松；有人刚才说了错误的答案，其他大笑的人其实也可能给出同样的答案。我也欣然自知，对于学术及其相关材料，还有演讲者本人，都不应该太较真。因为（对世界、环境、社会福利国家、法治国家、后代等的）责任的重担而心力交瘁，这并不是我喜欢的。但是，同事们意气风发、身体力行并且成绩斐然，让我深感欣慰。我不认为自由和安全之间是对立的，面对匪徒时的安全属于自

---

　　① 2003 年，汉斯·舒尔茨过完 91 岁生日不久就辞世了。

由，法的安定性也属于自由，这种安定性可以保护规则免受各种不确定
的和廉价的例外之苦。

讲课的积极反响让我很容易找到优秀的助手，他们都很乐意听我的课。
在此，我只说一下开始时哥廷根的维尔纳·博伊尔克（Werner Beulke）
和托马斯·希伦坎普（Thomas Hillenkamp），还有快结束时伯尔尼的格雷
斯·席尔德·特拉佩（Grace Schild Trappe）①。尽管如此，我并未培养出
一位获得教授资格的助手，我中途改换门庭可能是部分原因。②

在个人生活上，从柏林出发很容易就能到达山岭，它们的峻美超乎我
们夫妻的想象。在学术方面，伯尔尼让我游走在两种体系中，它们虽然有
很多共性，但也显示出巨大的差异。我觉得，很多法学家能够对两个或者
更多的体系进行逐点比较式的评价。因为在一个体系中最重要的是专门研
究，因此出现下面的情况是非常正常的，即在这种逐点比较的过程中，
很少能从总体上考虑不同的系统和长远影响。所以，通常逐点式的分析
往往导致曲解（这真糟糕，因为人们完全没有注意到）。没有什么领域
能像国际法律层面上一样有这么多的自欺欺人，而且有时是低级的错误。
这不是为课程中更多的欧洲法或国际法辩护，恰恰相反：对本国法律一
知半解的人，当他把关于外国法律的浅薄知识教给听众时，对听众会有
危险。我想通过一个小故事来说明这一点。在 1984 年，有一次，比较刑
法的精英，包括美国加利福尼亚州两所顶尖大学法学院的院长，坐在好
客的弗莱堡马普所的露台上，当时天朗气清，并有美酒为伴。③ 有人问
大家，在案情固定的条件下，他们最想置身于哪个刑法体系之下（例如，
道路交通中有争议的过失杀人，或者当被怀疑放火时）。所有参加者立即
达成一致，如果面临被判处自由刑的案件，他们想在欧洲，最想在斯堪

---

① 《无害的帮助犯？》（Harmlose Gehilfenschaft?），博士论文，1994 年，属于瑞士法律论著系列，1995 年。
② 1992 年，彼得·波普（Peter Popp）成功通过了教授资格论文的程序，我是他的第一评阅人。这个程序非比寻常，因为它和伯尔尼法学院一点关系都没有。波普教授现在是贝林佐纳联邦刑事法庭的法官。
③ 参见埃泽尔、弗莱彻主编《正当化和免责——比较法的视角》（Rechtfertigung und Entschuldigung-Rechtsvergleichende Perspektiven），马普所的论文和资料，S.7/1，1987 年；S.7/2，1988 年。

的纳维亚半岛或者瑞士服刑。① 而加利福尼亚则一点儿也不受欢迎。在游戏的过程中，美国同事们发现，在伯尔尼检察机关（根据犯罪的严重程度）可以针对无罪判决提出上诉。桑福德·卡迪什（Sanford Kadish）惊诧地回应："你们有双重追诉。"从美国的视角来看，这基本违反了美国宪法第五条修正案所保障的法治国底线。我没有以此辩护，即检察官的上诉并非仅存在于伯尔尼，而是在欧洲范围内都很流行，相反，我试图反击。我已经指出，随着美国《民权法案》的出台，案件的联邦管辖权和州管辖权相比大为扩展。根据政治契机的不同，一项由刑事陪审法庭作出了无罪判决的控告，可能会基于相同案情被提到联邦法院。这种"双重主权原则"在功能上导致上诉可能性，甚至（与伯尔尼不同地）适用于极其严重的犯罪。② 在这个例子中，两种教义学可谓有异曲同工之妙。但随着时空距离的增加，这种功能性的内在关联却很快就消失在比较法的视野中，可见在两种体系的知识内不仅有裨益，亦有损失。如果人们知道有一种法治国体系，（例如）它即便没有选择性确定（Wahl-feststellung）* 制度也能运转，那么人们马上就会失去争论有关细节的兴趣。甚至连刑事诉讼中的直接原则也可以如同对待圣牛（heilige Kuh）一样。人民激烈地争论崇拜牛的各种礼仪性细节，然而，一旦有人把牛驱赶过了紧邻的界限，那么它将被屠宰而无须长时间讨论。同理，如果莱茵河彼岸的一个法治国家没有直接性原则诉讼也能够进行，则莱茵河

---

① 一位应外交部之邀参观瑞士监狱的年轻的中国同事，在外交部的组织下作了一场报告。他以两个囚犯为例描述伯尔尼和中国的差异，这两个囚犯在他们的狱房中总是为了电视节目而争吵。监狱领导例外地给他们提供了第二台电视机。在中国，达到这样的人权标准还任重道远，狱房中根本没有电视设备，甚至集体看电视都是一种优待——在场的记者们不知道如何适当地回应这种对伯尔尼标准的称赞。或许他们第一次感觉到，刑罚执行中的高度舒适化不是为了囚犯，而是为了工作人员的舒适度。

② 十年之后，当我在伯克利作关于程序正义（根据卡迪什的建议）的报告时，我们又针对这一点进行了讨论，显然这些双重程序在实践上罕有例外。我的报告第一次引发了地震（当我演讲的时候，地面肯定震动了）；特别的是，它让我最后一次见到了斯特凡·里森费尔德（Stefan Riesenfeld）。

* 选择性确定是存疑场合的三种处理方式之一，另两种是存疑从无与存疑从轻。根据选择性确定制度，当行为人存疑的两种可能性之间等价时，可以按照其中任何一种进行处理。——译者注

此岸无休止的争论就应该像蛋奶酥那样坍缩。①

　　我在伯尔尼大学法学院足有二十年的经历，这大致可分为前五年和后十五年。在第一个阶段出现了伯尔尼刑法学者会议（在很大程度上由汉斯·瓦尔德组织），这也是我担任法律和经济学院，也就是法学部主任（共两年）的时期。在这期间，我设立了（由汉斯·瓦尔德预先规划的）犯罪学教授职位［分配给了卡尔·路德维希·孔茨（Karl Ludwig Kunz）］，而由于汉斯·瓦尔德②提前退休，我就几乎同时将空缺的刑法教授职位分给了吉多·燕妮（Guido Jenny）③。直到我2001年退休，这三个教席的安排仍保持不变。我喜欢这种稳定性，由此我只须承担轻微的行政工作，跟在埃朗根差不多。我的继任者京特·海涅（Günter Heine）让我感受到，我即使偶尔去研究所做客，都会受到热烈的欢迎——我尽量避免这样的造访，从而减轻他的负担。

　　在前五年，我没有体会到这个法学院和德国的法学院有根本的不同。唯一明显的区别在于内聘的规范性，以及通过各种理由放弃教授资格论文的要求。对此我是逐渐——或许太慢了——才理解的。许多同事之间，他们和官方人员、政治家、记者等都有着紧密的联系，但这不是一目了然的。当出现考验友谊的纠纷时，平息问题的是大家止争和谦让的美德，但也可能是虚假团结的陋习。

　　接下来的十五年缺少参照标准。在1970年前后，哥廷根大学法学院认为可以允许长途快车一年两次在策勒（Celle）不按照列车时刻表停车，从而让在策勒州高等法院审理案件的哥廷根教授以适当的速度返回哥廷根，而这与1990年前后的伯尔尼是不能比的。在伯尔尼，人们将教授乘火车时更重要的优惠视为特权，例如选择六年或者比其他国家人员更晚的退休年龄（就像小学老师选择更早的退休年龄一样）。特权已经

----

①　"比利牛斯山的这一边尽是真理，另一边尽是谬误"（Vérité en deça des pyrénées; erreur au delà）：帕斯卡，引自《致安塞尔姆的格言集》（Spruchbuch für Anselm）（拉德布鲁赫），1954年。

②　学生们驱散过一次学院会议，而汉斯·瓦尔德没有忘记一些同事在此事中的表现。

③　关于吉多·燕妮，参见2006年《瑞士刑法杂志》中的悼词，第349页。我和他的合作一直都很顺利，而且我们一起讲授由我组织的一些仅有的研讨课。研讨课稀少（其他专业也是这样）的原因在于制度约束。

被废除，没有过渡性规则，也没有遇到任何阻力。尤其是，与学术无关的学院事务所造成的时间损失大为增长（为了将这种损失降到最低，像在策勒那些不遵循列车时刻表的现象已经不存在了），这可能不只发生在伯尔尼。人们越来越倾向于通过公关工作、媒体关注和印刷在锃亮又环保的纸张上的研究报道，[1] 或者通过新的大学"校徽"（然后几年之后又被第二个新校徽取代）和新的学院离职典礼仪式等，来塑造高校的光辉形象。可能也和其他地方一样，"第三方资金"的意义越来越重要。尽管如此，"怎样在瑞士洗钱并且逍遥法外"（意大利语的同声传译）这样的课程，我从未讲过。面对学校领导层或者政府部门时，法学院捍卫传统的重要决心没有像我期待的那样明显。例如，在日程表项目"通知栏"下，院长通报了由学校领导层决定的《关于伯尔尼大学退休教授职位的指示》[2]。然后就要求"最迟［!］在退休前一年"将指导博士生的工作交给继续任职的工作组的同事。退休之后，博士论文的评定只有经过学院批准才能进行（而且必须在退休之后"最长两年的时间"内进行）。法学院收到这样的命令（Ukas）后怎么能没有展开讨论和提出异议，当时对我来说是无法理解的，[3] 至今也是如此。这种轻微的批评不意味着我跟法学院之间存在隔阂。鉴于刑法研究所内的关系十分融洽（对此我很满意），我几乎没有向法学院提过任何额外的要求。但是像法学院应当成为一种学术联盟的这样为数不多的倡议，我从未逃避过。几乎所有这些倡议都要归功于沃尔夫冈·维甘德。[4]

---

[1] 当每年一度的研究报告变成常规之后，我每一年都把歌德同样的话放在报告的前面部分："被踩到的凝乳会变扁平，而不会变结实。"

[2] 引自 1998 年 10 月 26 日指示的第 4a 和 4b 号，这个由学校领导层作出的指示是依据 1998 年 5 月 27 日通过的关于大学的行政法规。根据我的记忆，在这个指示出台前后，法律和经济学院从没有讨论过被引用的内容。目前这个指示被修改了。

[3] 我属于第一批波及者，却没有机会表示反对，这和我的这种评价绝对相称。我听凭年轻的同事们评价学术传统和自由的价值。

[4] 我把其中一些倡议写在了《维甘德祝寿文集》第 740 页的脚注 1 中，伯尔尼，2005 年，第 739 页以下。此外，我还记得由维甘德发起的实务者进修活动（和律师协会合作），其中我也教刑法。法学院俱乐部的方案同样源自维甘德，然而这个支持非官方学术联系的实际请求落空了（维甘德，2007 年 11 月在庆祝《公正》杂志创刊 25 周年之际口述）。

七　回顾学术上的得失

　　传记文集的想法从一开始好像变成了有疑问的自述。我很快注意到，这种回顾对我和读者都具有正如我所希望的诱惑，它存在于个人的成败之间，并伴随着一整代人的得失。如果要指出对过去和现在的我而言什么是重要的，我就必须对我这一代人作个评价，不管我是否愿意。或许共识在于，我这代人和前辈的硕果就是惩罚体系和刑罚执行的改革，即使它现在可能会被看作陈芝麻烂谷子，就像汉斯·舒尔茨①在1992年说的那样。在这方面，我除了帮助废除终身执行的自由刑②之外，没有其他的贡献——一个非常有争议的收获在于，对刑法典总论和分论问题的学术探讨充满了复杂性和精细性。我从一开始就解释了这种投入过多专家（们）的收获，并对它打了折扣。在德国刑法学中，这种来自纳粹主义的"趋势"是否继续作祟，即为了逃避现实而躲进理论之中，在此不进行探讨。③我认为，衡量（自己或他人的）学术贡献的有力标准是"和通说相对立的简化，即新的区别化和由此导致的复杂化"。我有一次提出了彻底简化的建议，即通过定额来简化刑事诉讼中强制措施的复杂检查体系。④如果人们可以把完全的沉默作为回应，那么这就是我的回应（虽非出乎意料，却是痛苦的）。一部分更适度的简化建议得到了激

---

① 汉斯·舒尔茨：《鲍曼祝寿文集》，1992年，第431页。

② 阿茨特：《针对生命的犯罪》（Die Delikte gegen das Leben），《整体刑法学杂志》第83期，1971年，第1页。我的专家意见发表于耶舍克、特里夫特尔（Trifftrer）主编《终身自由刑是违宪的吗？1977年3月22日和23日联邦宪法法院言词审理文献汇编》（Ist die Lebenslange Freiheitsstrafe verfassungswidrig? Dokumentation über die mündliche Verhandlung vor dem BVerfG am 22. Und 23. März 1977），1978年，第141页。

③ 1949年，古斯塔夫·拉德布鲁赫向普芬尼格（Pfenniger）（苏黎世）写道："过于关注刑法教义学的纯理论问题真的会导致危险。就此而言，它误入了纳粹时代的歧途，因为人们避开刑事政策和实践的问题，转而躲进这个无法控制的领域。"感谢乌尔里希·韦伯的提示，《萨维尼杂志》第124期，2007年，第919、920页。

④ 阿茨特：《限制刑事诉讼法中严重的强制措施的定量模式》（Ein Rationierungsmodell zur Begrenzung schwerer strafprozessrechtlicher Eingriffe），《伦克纳祝寿文集》，1998年，第663页。

烈讨论，简单来说，在典型的重罚情节和轻罚情节同时出现时，不考虑是否存在某些非典型情节，而是根据法律规定的中间值，并在此处考虑可能发生的非典型情节。① 我的简化想法很少得以实现，针对勒索的正当防卫（尤其是我的第二篇学术论文）的彻底简化的处理办法也是如此。提出简化建议的勇气很少有回报，其他人也可能有这样的经历。

我已经在上文说明，我在埃朗根时期的论文（除了教学法）可以分为两个重点，即（1）被害人和行为人的利益均衡以及（2）实体法及其证据的均衡（或者伴随补偿性退步的法治国进步），但这并不意味着我在过去几十年中总是发表相同的东西。我也并不吃惊，而且觉得现在正是再度写作主题（1）或（2）的时候。在彼此远离的犯罪构造要件中，相应的问题朝我奔涌而来。如果不关注从交保护费的受害人到支持犯罪人（Unterstützungstäter）的奇特转变，怎么能写"有组织犯罪"这个时髦的题目呢？如果不对政府采购中从被威胁不受关照的受害人到支付贿赂的行为人的转变——说的就是你，西门子——加以研究，怎么能写行贿呢？我在同意和诈骗中强调的被害人角色，被一些作者视为不能进行所谓客观归责的自我答责，直到被前置化而成为所有刑法考察的切入点，这是我没有预料到的。我只是非常保守地参与到这个讨论中。

与刚才所说的复杂性和精细性的收获紧密相关的是法的安定性的损失，这要归咎于我这一代人，而且不只在刑法中出现。甚至将法的安定性作为需要捍卫的价值的评价也不存在了。我的这种观点极少受到关注，所以我在我的告别演讲中特意对此进行了阐述。② 我认为刑法中最严重的倒退是在程序方面，我期望此一观点能得到学界更多的认同。18 世纪末期现代法治国的刑事诉讼才取代了依靠供认来探寻事实的陈旧制度，二百年之后这种现代诉讼制度虽然还没有遽然崩溃，但已开始出现裂痕。

---

① 可能我把这个想法（但愿是非典型的）说得复杂了。我的想法是，例如在盗窃中同时出现未遂（典型的轻罚情形）和特别严重的情形，或在杀人中同时出现不作为（典型的轻罚情形）和谋杀特征。后者参见阿茨特《不作为的谋杀》（Mord durch Unterlassen），《罗克辛祝寿文集》，2001 年，第 855 页；前者参见我在哥廷根的就职演讲，内容是关于规则示例的立法技术，《法学教学》1972 年，第 385 页。
② 2001 年发表，第 166 页。

与美国相比，辩诉交易的刑事诉讼程序延缓几十年之后得以繁盛。该制度内含的对供认的依赖性一定会退回到酷刑主义（或者其现代的替代物）。我建议的唯一有效的药物（降低法治国正式程序的确定性要求，直到将沉默作为罪责证据）①对学术"主流"而言太异端了。那么唯一的替代选择就只能是实体法的根本变革了。结果导致创设了诸多新的构成要件，其座右铭是行为人如果不能充分证明自己的无罪性，就是可罚的；其另一个后果是一种全面性解决方案的欠缺。我对于该问题领域的两个方面都发表了论文。有时我感觉自己就像置身于希腊剧院中，自己是合唱团的一部分，且看且诉，却无力改变舞台上发生的一切。

八　洗钱——同时悼念法律政策

为了在美国度过一个有意义的研究学期，我在 1987 年倾心寻找合适的主题。由此我注意到了当时在瑞士立法者看来日益严峻的洗钱问题。司法部委托贝尔纳斯科尼（Bernasconi）作为专家，他在 1986 年 9 月提出了一个初步草案。1987 年，司法部将这个草案原样提交到了通常的咨询程序。②在德国，这个主题此时还没有进入立法者的视野中。因为我觉得这个主题不值得两位刑法教授进行研究（！），所以我请教了尼克劳斯·施密德（Niklaus Schmid）和京特·施特拉滕韦特（Günter Stratenwerth），据说他们中的一人已经开始研究洗钱了，以便找到更值得研究的题目。结果他们两人都在忙于其他方面的研究。我于是再次启程去美国并且在那里度过了我的研究学期［主要在盖恩斯维尔的佛罗里达大学，受到瓦尔特·奥托·魏劳赫（Walter O. Weyrauch）的支持］。由于种种原因，我在此不想探讨瑞士之外的立法程序如此迅速的原因。我被洗钱问题吸引住了，而且开了德语区刑法教授之先河（不排除记忆错误），

---

① 参见我在柏林的报告，阿茨特：《对存疑有利于被告原则的异端评论》（Ketzerische Bemerkungen zum Prinzip in dubio pro reo）（柏林法学会丛书，第 149 册），1997 年，里面提到了早期发表的作品。

② 有关细节（以及加快进程）参见我的文章，《瑞士刑法杂志》第 106 期，1989 年，第 160 页及以下几页。

用德语发表了关于洗钱的论文，发表了第一篇关于谨慎认定经济权利人的文章，指导了第一篇用德语发表的关于洗钱的博士论文①。我在开始已经指出，法律人过剩的现象影响着我这一代人，读者们可能对我的这一观点感到惊愕。我们成功地使公民要求越来越多的公正（也就是说更多法的不安定性！）。这种要求是支持和遮掩法学家的经济需求的手段。人们讨论过专业人员的数量和医生体制滥用之间的关系，但从未触及法学家体制内的滥用问题，这显示出我们法学家对公共"话题"的控制。在过去五十年，没有任何分则条款的修改如同洗钱罪一样，导致了如此巨量的资金投入来预防犯罪。② 人们能够总体上消灭有组织犯罪特别是毒品犯罪，这种简直迷信的想法会受到讥讽。零容忍的观点能够在制度中找到一席之地，原因可能与其突然性在刑事政策上具有使人震惊的效果有关。对于洗钱，一夜之间（民法学家肯定在熟睡中，数据保护者可能只是装作睡觉）就施行了极其昂贵的预防政策，而且遍及世界。洗钱是零容忍的现代刑事政策在具体领域内的示例，人们并不讨论对它的选择。我这代人一直都清楚的是，打击犯罪不能从所实施的犯罪行为的"输入"来引导，而应该从"输出"，特别是从刑事执行的容纳能力和警察的层面来进行。③ 对我这代人来说，安全在道路交通中是如此的相对化，就像在金钱往来中，甚至在保护儿童不受性侵犯方面一样。现在人们以控告谋杀来对付道路交通中的疾驶者，以对完全善意顾客的全面监控来预防洗钱中金钱交易的滥用，以排除时效规定（好像刑事管辖权有能力以必要的安全性来查明几十年之前的儿童性侵犯案）和警察圈套（这导致未遂可罚性的前置化）来对付对儿童的性滥用。由于人们能容易地证明驾车时的酒精含量，这将引发问题。几乎一瞬间数十万的准醉

---

① 格雷伯：《洗钱》（Geldwäscherei），伯尔尼，1990年。也可参见格雷伯《反洗钱法》，第2版，2003年。

② 除了刑法典之外，还要说一下毒品交易，对于第一代洗钱罪构成要件的立法来说，它被滥用了。

③ 仅参见吕德森《刑法和"黑数"》（Strafrecht und "Dunkelziffer"），第1版，1972年；有关犯罪控制系统的容纳能力危机和对"输出"的操纵，参见阿茨特《呼吁法和秩序》（脚注15），第146页及以下几页。拒绝该命题，即年轻一代人发现了安全的相对性，参见我的论文，《里克林祝寿文集》，2007年，第17页及以下几页。

酒者出现在道路交通中，这并不怎么有趣，因为不能如此简单地证明醉酒与驾驶注意力不集中之间的关联。

洗钱概念的非理性和反对兽奸相似。在那里对遗传工程的迷信具有决定性，人们必须保护人类的精神垄断性而反对人兽杂交。我们已经帮着废除了诸如此类的犯罪构造要件。去犯罪化是我这一代人的法律政策的信条。经过15年的洗钱官僚作风，有目共睹的是，其所承诺的没有毒品的世界完全建立在迷信的基础上。让我深感欣慰的是，我长久以来表达的这种判断，虽可想而知地在得益于预防的人当中不受欢迎，现在却在德国实务者的评注①中受到明确支持。在国际上到处活动的破坏狂们（Vandalen）已经蹂躏了法治国的部分领域，此刻他们更进一步：有组织犯罪、支持恐怖主义和行贿，人们为之贴上了"腐败"的新标签，这些都是法学家们在世界范围内的最新研究项目。法律政策之风已经转向，新的构成要件亟待出现。

即便如此，我也属于"洗钱"的获利者。在1989年的首批出版作品之后，我就深受报告邀请之累，几乎无法脱身。我1991年能在东京的联合国亚洲和远东预防犯罪和罪犯待遇研究所（Unafei）做客座教授，也得益于研究洗钱和刑事案件的国际法律援助。我在关于洗钱的第一部出版物中就提到，美国反毒法律制度的主要预期是在刑事诉讼开始时就让毒贩变得贫穷，从而阻止他们获得要价昂贵的委托辩护人；因为在美国法治负担过重的制度里，善于充分利用各种可能性的律师往往可以帮被告人洗脱罪名。1989年，我本认为德国的宪法司法机构不可能只花十年时间就能如此广泛地破坏德国的刑事诉讼，以至于在只拥有指定辩护人的被告人和能够雇用委托辩护人的被告人之间造成如此令人愤慨的机会不均等。② 委托辩护总是能比指定辩护更好地实现基本法层面的法治国，因而必须尽量准许以犯罪所得的金钱开展委托辩护，否则就歪曲了对反

---

① 费舍尔：《刑法典》，第56版，2009年，第261条，边码4b以下。
② 关于不断增加的法治国诉讼和由此出现的机会不均等的诉讼，参见阿茨特《刑法中变动的平等原则和基本的不平等》（Dynamisierter Gleichheitssatz und elementare Ungleichheiten im Strafrecht），《施特雷、韦塞尔斯祝寿文集》，1993年，第49页及以下几页，第64页及下一页，其中提到了洗钱。

洗钱制度的预期，就像也歪曲了对基本法的预期一样。鉴于这种发展情况，无助的状态是痛苦的。笑声并不能让人解脱，因为国王及其裁缝的故事的和解结局只是个童话。国王才有权力强迫那些看到他裸体的人对虚无外衣的褶裥评头论足。

我和妻子进行过的最美好的旅行，是那些让我们乐在其中且在旅行行将结束时另有一番惊喜的旅途：参观完位于瓦伊瓦什山脉（Cordillera Huayhuash）后的奇基安（Chiquian）公墓；长时间在埃斯卡兰特（Escalante）背包旅行之后的停车场（虽然走错了地方）；游览完"黑色的石头"（Kala Pattar）之后的帐篷；费劲下山之后看到伯尔尼步行道的第一个路标。现在面对自己的作品，我仿佛也经历了一次畅快的漫游，身在其中，惬意无比，而今思之，如饮甘露。

主要作品目录[①]

一 专著

《所有合理公正的思考者的观点：历史根源、理论根据和实际应用》（Die Ansicht aller billig und gerecht Denkenden. Geschichtliche Wurzel, theoretische Begründung und praktische Auswertung），博士论文（打印复制稿），1962 年。

《偏袒的刑事法官——兼评偏袒对偏见的限制》（Der befangene Strafrichter-zugleich eine Kritik an der Beschränkung der Befangenheit auf die Parteilichkeit），1969 年。

《同意中的意志缺陷》（Willensmängel an der Einwilligung），1970 年。

《个人隐私的刑法保护：从民法中的人格保护出发》（Der strafrechtliche Schutz der Intimsphäre：Vom zivilrechtlichen Persönlichkeitsschutz aus betrachtet），1970 年。

---

① 详细的版本参见伯尔尼大学刑法和犯罪学研究所的网站（http://krim. unibe. ch），在"退休教授"栏里面。

《针对店铺盗窃的法律草案》（Entwurf eines Gesetzes gegen Ladendieb-stahl）（与刑法典的替代草案有关，由德国和瑞士的刑法学者组成的工作组提交），1974 年（合著者）。

《呼吁法和秩序：美国和德国畏惧犯罪的原因及结果》（Der Ruf nach Recht und Ordnung. Ursachen und Folgen der Kriminalitätsfurcht in der USA und in Deutschland），1976 年。

《对存疑有利于被告原则的异端评论》（Ketzerische Bemerkungen zum Prinzip in dubio pro reo），1997 年。

二　评注

《瑞士数据保护法评注》（Kommentar zum Schweizerischen Datenschutzgesetz），1995 年，《联邦数据保护法》第 34 条、第 35 条，《刑法典》第 179 条、第 321 条。

《评注集：有组织犯罪，洗钱》（Kommentar Einziehung, Organisiertes Verbrechen, Geldwäscherei），第 1 卷，第 2 版，2007 年，《刑法典》第 260 条（犯罪组织）、第 260 条（资助恐怖主义）。

《巴塞尔评注：刑法典 Ⅱ》（Basler Kommentar, Strafgesetzbuch Ⅱ），第 2 版，2007 年，第 146 条（诈骗）、第 149 条（吃白食）、第 151 条（恶意损坏财产）。

三　教科书与案例汇编

《刑法案例和解答》（Strafrechtsfälle und Lösungen），与于尔根·鲍曼、乌尔里希·韦伯合著，1963 年第 1 版；1986 年第 6 版。

《刑法考试》（Die Strafrechtsklausur），1973 年第 1 版；2006 年第 7 版。

《刑法分论》（Strafrecht, Besonderer Teil），五册本教科书，与乌尔里希·韦伯合著。

《刑法分论 1：针对人的犯罪》（Strafrecht, Besonderer Teil I. Delikte gegen die Person），1977 年第 1 版；1988 年第 3 版。

《刑法分论 2：针对人的犯罪（边缘领域），重点为危险犯》〔Strafrecht, Besonderer Teil II. Delikte gegen die Person（Randbereich），Schwerpunkt：Gefährdungsdelikte］，1983 年。

《刑法分论 3：财产犯罪（核心领域）》［Strafrecht，Besonderer Teil III. Vermögensdelikte（Kernbereich）］，1978 年第 1 版；1986 年第 2 版。

《刑法分论 4：经济犯罪行为，财产犯罪（边缘领域），伪造犯罪》［Strafrecht，Besonderer Teil IV. Wirtschaftsstraftaten，Vermögensdelikte（Randbereich）］，1980 年第 1 版；1989 年第 2 版。

《刑法分论 5：针对国家、公务员以及由公务员实施的犯罪》（Strafrecht，Besonderer Teil V. Delikte gegen den Staat，gegen Amtsträger und durch Amtsträger），1982 年。

《刑法分论》（Strafrecht，Besonderer Teil），与乌尔里希・韦伯合著，2000 年第 1 版；2009 年第 2 版，与贝恩德・海因里希（Bernd Heinrich）、埃里克・希尔根多夫（Eric Hilgendorf）、乌尔里希・韦伯合著。

《刑法和刑事诉讼法导论》（Einführung in das Strafrecht und Strafprozessrecht），与克劳斯・罗克辛、克劳斯・蒂德曼（Klaus Tiedemann）合著，1983 年第 1 版；2006 年第 5 版。

《法学导论》（Einführung in die Rechtswissenschaft），1987 年第 1 版，1996 年第 2 版。

《法学导论：德国法的基本问题及示例》（Einführung in die Rechtswissenschaft. Grundfragen mit Beispielen aus dem deutschen Recht），1996 年。

四　期刊与文集中的论文

《针对勒索的正当防卫》（Notwehr gegen Erpressung），《德国法律月刊》1965 年，第 344 - 345 页。

《有条件的决意和预备行为》（Bedingter Entschluss und Vorbereitungshandlung），《法学家报》1969 年，第 54 - 60 页。

《针对生命的犯罪》（Die Delikte gegen das Leben），《整体刑法学杂志》第 83 期，1971 年，第 1 - 38 页。

《严格证明和自由心证的关系》（Zum Verhältnis von Strengbeweis und freier Beweiswürdigung），《卡尔・彼得斯祝寿文集》，1974 年，第 223 - 237 页。

《恐吓的目的和手段》（Zum Zweck und Mittel der Nötigung），《汉斯·韦尔策尔祝寿文集》，1974 年，第 823 – 839 页。

《刑法打击店铺盗窃的明显还是隐藏的败退？》（Offener oder versteckter Rückzug des Strafrechts vom Kampf gegen Ladendiebstahl?），《法学家报》1976 年，第 54 – 58 页。

《法教义学和正义感》（Rechtsdogmatik und Rechtsgefühl），《法学工作报》1978 年，第 557 – 563 页。

《利他性的窝赃》（Fremdnützige Hehlerei），《法学工作报》1979 年，第 574 – 579 页。

《论过失犯中的禁止错误》（Zum Verbotsirrtum beim Fahrlässigkeitsdelikt），《整体刑法学杂志》第 91 期，1979 年，第 857 – 887 页。

《论不纯正不作为犯中的保证人地位》（Zur Garantenstellung beim unechten Unterlassungsdelikt），《法学工作报》1980 年，第 553 – 561 页，第 647 – 654 页，第 712 – 717 页。

《作为财产犯罪的窝赃》（Die Hehlerei als Vermögensdelikt），《新刑法杂志》1981 年，第 10 – 15 页。

《社会危害行为的犯罪化和非犯罪化问题》（Probleme der Kriminalisierung und Entkriminalisierung sozialschädlichen Verhaltens），《犯罪侦查学》1981 年，第 117 – 122 页。

《举证困难对实体刑法的影响》（Der Einfluss von Beweisschwierigkeiten auf das materielle Strafrecht），《当代刑法问题》，第 8 卷，1981 年，第 77 – 104 页。

《刑法中的名誉保护：理论和实践意义》（Der strafrechtliche Ehrenschutz-Theorie und praktische Bedeutung），《法学教学》1982 年，第 717 – 728 页。

《被害人学与刑法》（Viktimologie und Strafrecht），《犯罪学和刑法改革月刊》1984 年，第 105 – 124 页。

《自杀的权利？》（Recht auf den eigenen Tod?），《法学综览》1986 年，第 309 – 314 页。

《参照美国经验的瑞士的洗钱禁止》（Das schweizerische Geldwäschereiverbot im Licht amerikanischer Erfahrungen），《瑞士刑法杂志》第 106 期，1989 年，第 160 – 201 页。

《学海书潮中的德国刑法学》（Die deutsche Strafrechtswissenschaft zwischen Studentenberg und Publikationsflut），《阿明·考夫曼纪念文集》，1989 年，第 839 – 878 页。

《洗钱：窝赃、挫败刑罚和包庇间的一种新手段》（Geldwäscherei-Eine neue Masche zwischen Hehlerei，Strafvereitelung und Begünstigung），《新刑法杂志》1990 年，第 1 – 6 页。

《供认意愿和刑法制度》（Geständnisbereitschaft und Strafrechtssystem），《瑞士刑法学会祝贺文集》，《瑞士刑法杂志》第 110 期，1992 年，第 233 – 248 页。

《洗钱和法治国的衰落》（Geldwäsche und rechtsstaatlicher Verfall），《法学家报》1993 年，第 913 – 917 页。

《连续行为可行：问题依旧》（Die fortgesetzte Handlung geht-die Probleme bleiben），《法学家报》1994 年，第 1000 – 1002 页。

《来自滚雪球式销货法的理论》（Lehren aus dem Schneeballsystem），《宫泽浩一祝寿文集》，1995 年，第 519 – 531 页。

《正义的美国化：刑法的角色》（Amerikanisierung der Gerechtigkeit-die Rolle des Strafrechts），《奥托·特里夫特尔祝寿文集》，1996 年，第 527 – 549 页。

《失败的刑法：以反洗钱立法为例》（Das missglückte Strafgesetz，am Beispiel der Geldwäschegesetzgebung），乌韦·迪德里希森、拉尔夫·德莱尔主编：《失败的法律》，1997 年，第 17 – 42 页。

《杂乱替代犯罪》（Filz statt Kriminalität），《京特·凯泽祝寿文集》，1998 年，第 1 卷，第 495 – 507 页。

《限制刑事诉讼法中严重的强制措施的定量模式》（Ein Rationierungsmodell zur Begrenzung schwerer strafprozessrechtlicher Eingriffe），《特奥多尔·伦克纳祝寿文集》，1998 年，第 663 – 670 页。

《对确信犯被害人的评价：特别是利用错觉进行销售的诈骗》（Bemerkungen zum überzeugungsopfer-insbesondere zum Betrug durch Verkauf von

Illusionen），《汉斯·约阿希姆·希尔施祝寿文集》，1999 年，第 431 -
450 页。

《基于第六部〈刑法改革法〉的学术要求》（Wissenschaftsbedarf nach
dem 6. StrRG），《整体刑法学杂志》第 111 期，1999 年，第 757 - 784 页。

《作为实体法律改革动力的举证困境》（Beweisnot als Motor materiell-
rechtlicher Innovation），《联邦最高法院 50 年，来自科学界的赠礼，第 4
卷：刑法、刑事诉讼法》，2000 年，第 755 - 779 页。

《勒索犯受害人的可罚性》（Zur Strafbarkeit des Erpressungsopfers），
《法学家报》2001 年，第 1052 - 1057 页。

《刑事诉讼中基本权利的丧失》（Grundrechtsverwirkung im Strafverfahr-
en），《尼克劳斯·施密德祝寿文集》，2001 年，第 633 - 658 页。

《不作为的谋杀》（Mord durch Unterlassen），《克劳斯·罗克辛祝寿
文集》，2001 年，第 855 - 867 页。

《论法的不安定性的益处》（Über den Nutzen der Rechtsunsicherheit）
（告别演讲），《法律》2001 年，第 166 - 178 页。

《作为轻微不法的人口走私》（Menschenschmuggel als Bagatellunrecht），
《卡尔·海因茨·格塞尔祝寿文集》，2002 年，第 389 - 398 页。

《论客观归责的主观方面》（Über die subjektive Seite der objektiven
Zurechnung），《埃伦·施吕希特尔纪念文集》，2002 年，第 163 - 172 页。

《现代证人证言和均衡性原则》（Moderner Zeugenbeweis und Verhältn-
ismäßigkeitsprinzip），《斯特凡·特莱克瑟尔祝寿文集》，2002 年，第 655 -
670 页。

《法人的可罚性：安徒生，从童话到梦魇》（Strafbarkeit juristischer
Personen：Andersen，vom Märchen zum Alptraum），《瑞士经济法杂志》第
74 期，2002 年，第 226 - 235 页。

《幸福的汉斯和新市场》（Hans im Glück und Neuer Markt），《克劳斯·
吕德森祝寿文集》，2002 年，第 851 - 860 页。

《利用生物和生态诈骗》（Betrug mit bio und öko），《恩斯特 - 约阿希
姆·兰珀祝寿文集》，2003 年，第 673 - 687 页。

《安乐死和帮助自杀的官僚化：苏黎世模式》（Bürokratisierung der

Hilfe beim Sterben und beim Suizid-Zürich als Modell），《汉斯－路德维希·施赖伯祝寿文集》，2003 年，第 583－592 页。

《保护法人免受自证其罪》（Schutz juristischer Personen gegen Selbstbelastung），《法学家报》2003 年，第 456－460 页。

《被告企业代表的利益冲突》（Interessenkonflikte bei der Vertretung eines angeschuldigten Unternehmens），《瑞士经济法杂志》第 76 期，2004 年，第 357－368 页。

《针对法人的没有人权的刑事诉讼》（Strafverfahren ohne Menschenrechte gegen juristische Personen），《曼弗雷德·布格施塔勒祝寿文集》，2004 年，第 221－237 页。

《恐怖主义和旅游业：刑法教义学的考察》（Terrorismus und Tourismus-strafrechtsdogmatisch betrachtet），《乌尔里希·韦伯祝寿文集》，2004 年，第 17－31 页。

《间接故意和放弃》（Dolus eventualis und Verzicht），《汉斯－约阿希姆·鲁道菲祝寿文集》，2004 年，第 3－13 页。

《国际刑事法院和形式的事实》（Der Internationale Strafgerichtshof und die formelle Wahrheit），《阿尔宾·埃泽尔祝寿文集》，2005 年，第 691－704 页。

《新经济伦理学，新经济刑法，新腐败》（Neue Wirtschaftsethik，neues Wirtschaftsstrafrecht，neue Korruption），《沃尔夫冈·维甘德祝寿文集》，2005 年，第 739－765 页。

《整体法秩序视野下对于安乐死重要的职业法律规定》（Für Sterbehilfe relevante standesrechtliche Bestimmungen im Licht der Gesamtrechtsordnung），弗兰克·托马斯·彼得曼主编：《安乐死——原则问题和实践问题》，2006 年，第 69－98 页。

《针对犯罪组织和暴力的前置化保护：新世界中的旧教义》（Vorverlagerung des Schutzes gegen kriminelle Organisationen und Gewalt），《瑞士刑法杂志》第 124 期，2006 年，第 350－373 页。

《毫无机会的建筑抗议：刑法评价》（Chancenlose Baueinsprachen：Strafrechtliche Bemerkungen），《弗朗茨·里克林祝寿文集》，2007 年，第

17 – 30 页。

《通过众多愚蠢的假象进行的诈骗》（Betrug durch massenhafte plumpe Täuschung），《克劳斯·蒂德曼祝寿文集》，2008 年，第 595 – 603 页。

《所罗门的真相：当下》（Salomonische Wahrheit-heute），《克劳斯·福尔克祝寿文集》，2009 年，第 19 – 32 页。

曼弗雷德·布格施塔勒（Manfred Burgstaller）

曼弗雷德·布格施塔勒
（Manfred Burgstaller）

梁奉壮 译

　　我在上奥地利州出生和长大，也在那里完成了我全部的中小学教育。大学学习、博士论文和教授资格论文是在维也纳大学完成的。我在维也纳大学担任副教授，而后又在林茨大学和维也纳大学担任教授，自 2007 年 10 月 1 日起我成了维也纳大学的退休教授。正如大家看到的，我完全是奥地利的刑法学者。但对于参与德语区刑法学者自述的友好邀请，我欣然接受了。首先，我觉得奥地利刑法学总是以特别的方式与德国刑法学传统密切联系在一起。其次，我的叙述可以为大家展现奥地利刑法教授的成长和工作的一些独特之处，这种机会对我来说太有诱惑力了。

一

　　1939 年 9 月 13 日，我在上奥地利州的韦尔斯出生，是家里的长子。父亲弗朗茨·布格施塔勒（Franz Burgstaller）在附近的马希特伦克（Marchtrenk）当乡镇公务员，他和我母亲希尔德（Hilde）也住在那里。我母亲是家庭主妇，她的娘家姓是罗特鲍尔（Rothbauer）。我出生时，父母正处于艰难的时期，且比战争开始之后一般人所遭受的程度还要严重。他们对纳粹主义都没有任何好感。父亲很快成为纳粹党员干部之后，至少能够保住他在镇政府的职位，这全是因为他在所有社区中无可挑剔的工作而得到的高度赞赏。父亲很幸运地免于兵役，所以我能在父母的呵护下，幸福地度过早期童年时光，这在当时是少有的优遇。由于我们家离韦尔斯货运火车站特别近，1944 年和 1945 年初我们遭遇了猛烈的空袭，所幸我们直到战争结束时都毫发无损。在一些决定徒劳抵抗的激进分子被英勇的人们制服以后，人们将马希特伦克和平移交到了美国军队手中。经过美国指挥官的批准，我父亲随即担任临时镇长。由于他尽职尽责，随着以前秩序结构的瓦解而出现的混乱状态只在我们这里存在了短暂的时间。战后头几年里食品和燃料匮乏，1946 年我弟弟埃里希（Erich）的出生加剧了我们家的困境，但是我们通过马希特伦克周边和临近乡镇农庄的"紧急救助"克服了这种困难。时局稳定之后，我父亲被任命为镇长，他履行这个职务受到了各方的高度评价，直到年老退休。

上述内容清楚表明了我父亲是一个非常优秀的人。他出生于古老的农村家庭，家族世代居住在米尔地区。这个地区是上奥地利州的一部分，在多瑙河北部，与波希米亚接壤。他父母在那里从事农业生产，也经营着一家旅店，此外他父亲也是畜牧商人。我父亲在 1900 年出生，作为家中独子，显然他迟早要继承家业。由于出现了一些不便在此处详说的情况，结果却是另外的样子。1927 年，我的祖父母卖掉了所有的田产，他们以为所得进款的利润足够他们安度晚年。紧接着出现了经济危机和猛增的通货膨胀，残酷的现实使这个信念随即破灭了。我父亲已决定放弃家业，建立全新的生活基础，而现在家境不利，他必须有所作为。他使出浑身解数，发挥坚强的意志力，以非凡的方式成功了。他决心抓住每一个工作机会，赚取生活费用，同时通过在几年内学完中学课程，达到了与高考相符的教育程度。因为这种资格，他在 20 世纪 30 年代初从 103个申请者中脱颖而出，获得了上文提到的在马希特伦克镇的职位。这里简述的生活经历勾勒出的我父亲的清晰个性——强大的处世能力、极高的道德标准所塑造的性格——一直影响着我的发展和整个生活。

我母亲对我当然也同样重要。对于父亲有时苛刻的要求，我正好从母亲那里得到解救：尽情享受生活之美好，淡然应对生活之逆境。我母亲的出身也可以追溯到米尔地区的农村环境中。然而她的父母已经离开了这种环境。她父亲是海关检查员，在对她影响颇深的年份里，他的工作地点和居住地都在因河（Inn）畔美丽的边境城市谢尔丁。在这种环境中，我母亲除了完成公立小学和市立中学的学习外，还上了一个商业学校。基于这种资格，她很快得到了一个大型企业的老板秘书职位，她很成功并且愉快地做着这份工作，直到和我父亲结婚。她把非凡的禀赋、生活乐趣和纪律完全融洽地结合起来，这使她成为我父亲的理想伴侣，也是我伟大的母亲。

二

尽管物资广泛匮乏，我却能够照计划开始在马希特伦克公立小学上学。当我以名列前茅的成绩结束四年的低年级课程之后，父母并没有遵循常规的学习路线把我送到中学，而是送到了韦尔斯的高中，这在当时的农村，对于没上过大学的人家的孩子是很罕见的。母亲有意识地教我要学习的内容，在她的帮助下，我在那里很快克服了必然出现的适应困难。我以优异的成绩结束了一年级课程，而且一直保持这种水平。拉丁语、德语和数学是我特别感兴趣的领域。回想起我在韦尔斯高中四年的时光中享受到的这几门精彩课程，我至今仍心存感激。

由于经济原因，虽然依依不舍，我在1953年上完低年级课程后就离开了上述学校。鉴于当时我父亲令人担忧的健康状况，父母建议我转到师范学校。他们觉得，这样的话我经过五年稳固的职业培训之后，仍然可以参加高中毕业考试（Matura），而考取大学资格的高考（Gymnasialmatura）实际上也只是大学学习的预备阶段。但是在选择大学学习的情形下，如果其间我父亲去世，母亲微薄的寡妇退休金无法支持我的学业。我明白这种想法，而且因为教师职业对我来说很有吸引力，我就同意了父母的建议，申请了林茨的师范学校。

从1953年9月踏入新学校开始，我的生活状况就发生了根本变化。因为林茨到马希特伦克的距离比韦尔斯到那儿的距离明显远得多，而且在这个学校一周好几次都有全天的课，于是父母资助我住在由学校推荐的学生宿舍。我一开始心里还有点矛盾，但也接受了，后来发现它的效果好极了。我住在这个非常自由的宿舍里，因而很早就具备了高度的自立感和自我责任感，这在由我父亲关爱和主导的家里面几乎是不可能的。位于多瑙河北部的宿舍是苏联占领区，而学校在美国占领区，这种状况只造成了轻微的困难。因为在 1953 年秋季已经可以穿越占领区界线，以前经常刁难人的管制不存在了。我想在此强调的是，奥地利在 1955 年 5 月签署了国家条约并据此废除占领区的界线，这在当时让我异常欣喜。

在师范学校的学习给我留下了美好的回忆。基于我在高中受到的扎实的基础教育，对于那些在普通中学已经学过的课程，我可以轻而易举地取得很好的成绩。这里提供的特殊教育则让我获益匪浅，首先就在于包括哲学、心理学和教学理论在内的教育学的全部领域。其中理论和统一的教学实践相协调，给我全部职业生涯和个人生活带来了全方面的帮助。师范学校集中的音乐培训也让我持续充实自己。

1958 年 6 月，我以优异的成绩通过了林茨师范学校的高中毕业考试。幸好我父亲渡过了健康危机，所以很明显，我不再需要由这个毕业考试获得的小学老师资格，我因此想进入大学学习。我的首选是我最爱的数学和拉丁语专业，以便在中学当老师。我父母也同意，尽管我父亲明确表示，法学专业更有意义。在了解了我所偏爱的师范专业的具体条件之后，我有了清楚的结论。数学和拉丁语专业的结合并不在有效的学习规划中，为此我需要得到有关部门的特殊批准，而且即便可行，我还要考虑到不断出现的课程冲突。拉丁语专业要求至少具备古希腊语的基础知识，我必须补上它。在这种情况下，师范学校的校长表示，他建议我学习可以提供许多更好机会的法律，而不是正在考虑的师范专业，他认为法律肯定适合我，于是我决定学习法律。关于学习地点，毫无疑问自然是维也纳，我一定要去首都。

三

当我 1958 年 9 月迁至维也纳时，我就完全实现了在维也纳生活的愿望。我在这个城市享受到的文化和知识服务可谓美妙绝伦。尤其是我每周看一些戏剧、听一些演讲，它们不仅一再让我兴奋，还给我带来了极大的娱乐。

起初我完全不适应大学的学习环境。我知道，包含两个学期的第一个大学阶段，除了一门导论课非常抽象地讲授关于国家和法律的基本概念之外，完全是关于法制史（罗马法、直到 19 世纪德国和奥地利法律的发展、宗教法的历史）的内容。但是我没有想到，在大课堂其实主要就是"照本宣科"，而且由于听课的学生太多，实际上没有提问或者讨论的可能性。很快我发现明智的做法是，在学校只听必要的但是多数情况下也是人爆满的练习课，并且根据高年级学生的建议，把获取资料的重点转移到私人开设的法律辅导课中。那里有简洁总结用来应付考试的核心材料讲稿，以及由经验丰富的老师讲授的课程，其中由 20 个到 30 个学生组成的小组可以提问和讨论。我觉得这很惬意，而且从这种学习方式中受益匪浅。

我在第二个学期有崭新的经历。在一次有关罗马法的练习课中，我第一次展示了什么是学术性地钻研法律。练习课老师特奥·迈尔－马利（Theo Mayer-Maly）对摘要段落不同含义的睿智解析让我觉得很有趣，于是我通过自学特殊文献详细了解所讨论的内容。这给我带来了完全出乎意料的远远超乎所谓的上课的好处：迈尔－马利认为我是合格的，给我提供了人才奖学金，还邀请我参加他下学期的研讨课。这种全面赞赏深深地影响了我以后的研究之路。因成绩优异而一直获得的奖学金增强了我的经济独立性，并使我从此在做家庭辅导作业时可以全心投入学习中。1959 年 6 月进行了法制史的国家考试，第一个大学阶段如期结束。我得到的精神赞赏也激励我在以后的学习中更严格地要求自己。我一如既往地投入专业课的学习，以便能够为国家考试做充分的准备，同时为法律的实践运用打好扎实的理论功底。其间我从学校的课程及课程上推荐的文献中接触到的法律的社会化对我产生了决定性的影响。

大学第二个阶段开始于 1959 年 10 月，我要在三个学期内修完民法、商法、民事诉讼法、刑法、刑事诉讼法以及犯罪学的课程。我从一开始就对这个阶段和这些课程倍感兴趣。我和三个同学成立了一个学习小组，当时我一定至少给他们留下了特别喜欢刑法的印象。我们决定，每个成员专攻这个阶段中的某一门课程，然后把学到的深入知识分享给其他人，我们很快便达成一致，由我来负责刑法课程。另外，当时刑法吸引我的地方并不在于教义学，而是它重大的社会政治意义。这在罗兰·格拉斯贝格尔（Roland Graβberger）的大课堂上已经异常深刻地显示出来了，他总是以他丰富的实践经验中的现实案例来形象地讲解法律问题。

1961 年 1 月，我很成功地结束了第二个大学阶段。首先，我都以优异的成绩通过了国家司法考试和当时作为获得博士学位的第一个部分的法学博士学位口试。其次，我同时从两位考官那里得到了诱人的邀请。商法的考官，同时也是维也纳的首席经济法律师，同意我在他的事务所里当学生职员。还有刑法的口试考官格拉斯贝格尔教授邀请我去他的研究所工作。这两个邀请都使我动心。最后我毅然接受了第二个邀请，自 1961 年 3 月 1 日起，在维也纳大学犯罪学研究所担任了半天式工作的学术助教的职务。这个研究所的所长是罗兰·格拉斯贝格尔，他认为自己首先是犯罪学家和犯罪侦查学家，同时也拥有当时维也纳大学法学院唯一的刑法学教席。我在入职谈话时就被告知，应该根据我的偏好先研究刑法领域，此外他们也会培养我进行犯罪学研究。我觉得自己不适合研究犯罪侦查学，这一点格拉斯贝格尔——他简直是一位天才的犯罪侦查学家——从一开始就宽容地接受了。

跟研究所的工作一样，我在 1961 年 3 月开始了大学第三个阶段，要在三个学期内修完宪法、行政法、国际法以及基础性的国民经济学、国民经济政策和金融学课程。在确定我的工作时间时，格拉斯贝格尔教授最大限度地照顾到了我的学业要求，我则在力所能及的范围内提高自己的工作强度，以顺利地应对目前的双重负担。最后我不仅在 1961 年 6 月就按期结束了该学习阶段，还在上述课程的国家考试和相应的博士学位口试中再次全部取得了优秀的成绩。

同时，在犯罪学研究所做学术助教的工作让我收获特别大。我从没有像现在这样，在这么短的时间内学到了如此多的东西。首先，在格拉斯贝格尔的支持下，我在刑法练习课和犯罪学研究中获得了宝贵的经验，而且我还得到了系统扩展知识的机会。格拉斯贝格尔邀请我参加他所讲授的全部犯罪学和犯罪侦查学的特殊课程，这给予了我全新的视角。同时我也被明确地鼓励去仔细研究通行的刑法教科书，并在茶歇时把我认为值得讨论的地方说出来，格拉斯贝格尔每天都邀请他的学术同事去茶歇。当然，我的刑法知识和理解也得到了显著提升。我从这种茶歇中还有其他的收获。在茶歇时，格拉斯贝格尔和其他的刑法与犯罪学同事也会讨论他们各自正在研究的专业问题，由此我获得了关于犯罪学精彩纷呈的第一印象。从这种以提出的问题为中心的方式中，我还得到了特别重要的教训：在我们的学术研究当中，满足于知识层面的答案常常是不够的，还要考虑人们能否承担道德责任。

通过第三次国家考试之后，我获得了相当于现在的硕士学位的"法学毕业"（abs. iur.）认证，从而可以便利地选择大多数法律职业。但是我知道，我必须得到法学博士学位，在已经通过法学和政治学的博士学位口试之后，我还需要参加法制史的博士学位口试，这是最后一门必需的考试。当时在奥地利并不需要撰写法学博士论文。和第一次国家考试一样，最后一门考试的内容包括罗马法、德国和奥地利的法制史以及宗教法的发展，还要求将这些领域各自和现行的国家与宗教法律体系相结合。我对这种考试要求很感兴趣，因此我在 1962 年深秋不费吹灰之力便取得了法制史口试的优秀成绩。1962 年 12 月 7 日，我获得了法学博士学位。

四

大学毕业后，格拉斯贝格尔教授邀请我留在研究所，致力于学术研究。我对此很动心，但是想先进行法院见习，它是所有法律实务工作的基础。格拉斯贝格尔觉得这是合理的，并保证我在见习期间可以继续当半天式的学术助教。在他的争取下，我一直被安排在维也纳的法院进行见习。当我在研究所的工作被调到晚上之后，我就能很好地协调工作了。我心怀感激地接受了这份热忱的邀请。

1963 年 1 月到 12 月，我见习的第一个阶段是在维也纳州刑事法院的法庭调查科。我首先在这里学到，对实务者而言在一审中诉讼法远比实体法重要。其次，我很快意识到犯罪学和犯罪侦查学的实践知识在刑事诉讼预审程序中具有重大的作用。我接手过传讯被告人和证人的工作，其中我从格拉斯贝格尔有关刑事诉讼心理学的书和课堂中学到的询问技术和策略给予了我异常珍贵的帮助。刑法教义学的问题在理论教育中处于中心地位，但是在我法庭调查科的工作中几乎派不上用场。我在一个复杂的诈骗案件诉讼程序中讯问过被追诉人，由此我深刻认识到间接故意和有认识过失的界限问题。我必须指出，在司法实践中对间接故意的认定实际上经常依靠讯问者和被讯问者的智商差异。

我第二次被分配到维也纳地方刑事法院，并且在一个几乎专门负责造成人身伤害的道路交通事故案件的部门。我在这里获得的最重要的经验是，当时奥地利高校所讲授的过失犯教义学知识完全无法满足实践需求。关于个人过失责任的不同理论观点对具体案件的判断没有任何意义。而且，当时奥地利的教义学对于不断出现的违反客观注意义务和现在众所周知的客观归责问题基本上没什么研究。十年之后，我恰好将过失犯罪作为核心研究领域之一，可能这个经历就是其中一个根源。

我其余的见习是在民事法院中进行的。我在维也纳商事法院被分配当一审合议庭的庭长，在维也纳州民事法院被分配到上诉合议庭。我在这两个地方都领略了民事审判的精湛水平。合议庭在对我进行简短的测试之后，就将案件转交给我独立预审，其间我做学术助教时获得的将司法实践和文献有效结合的经验起了非常大的作用。我的草稿几乎都被采纳，这让我相当满意。

所有培训法官都认为我的工作成绩是优异的，我在法官见习期的课程中也表现出色，因此人们希望我在法院见习结束后留在司法机构工作。我在商事法院见习期间还得到了去著名律所当见习律师的邀请，而且以后有望成为合伙人。我虽然感觉这两个邀请都很诱人，但是很快就谢绝了它们。我想回到大学，而且已经就此和格拉斯贝格尔教授达成共识了；如果我想走他也会慷慨地放我离开。我所想象的陶醉在刑法中的学术研究简直就是无法抗拒的诱惑。

五

从1964年1月开始，我作为全天任职的助教在犯罪学研究所工作。

我的工作重点依然包括刑法和刑事诉讼法，此外还参与研究犯罪学的课题。与我当学术助教时的工作相比，我明显增加了理论研究。除了辅助性地参与格拉斯贝格尔教授的练习课和研讨课之外，我很快就多次独立讲授刑法练习课和刑法大课。这是对我严峻的挑战，我从中也收获很大。尤其是我认为我掌握的知识还很不清晰，以至于我无法向批判式追问的学生做出满意的解释，这种痛苦的认识对我的发展特别重要。我向研究所提了一个建议，研究所由此决定，我除了依旧管理犯罪学图书馆之外，也管理和独自负责——位于学校主楼并因此与我们的研究所分开的——法学院图书馆的刑法藏书。我欣然接受了图书馆管理员的工作，因为我现在需要的所有书籍都在手头，而且在购置新书时可以尽量照顾到自己的需求。

所有这些事情从一开始就清楚表明，我独立进行的学术研究不会如昙花般短暂。我缺乏研究经验又无所顾忌，随即勇敢地选择研究犯罪概念。我在大学期间就已经萌生了对这个课题的兴趣。首先我注意到，当时奥地利的犯罪构造理论明确且严格地将构成要件和违法性概念限制在客观的外部行为上，而这在德国早就过时了。其次，根据弗里德里希·诺瓦科夫斯基（Friedrich Nowakowski）［受费迪南德·卡德赤卡（Ferdinand Kadečka）的影响］广受好评的教科书中的代表性观点，只有不堪忍受的挑衅行为才是违法的可罚行为。因此，从大学第三个阶段开始，我集中研究了汉斯·凯尔森（Hans Kelsens）的《纯粹法理论》，现在我还能想起京特·温克勒（Günther Winkler）的研讨课，在这个课上我们对该书第二版进行了逐页批判式的讨论。后来我觉得，他提出的法学理论能够为所有有关的问题提供简单的答案。初出茅庐的我果断完成了大约70页厚的手稿，我在其中提出，在构成要件、违法性和罪责中割裂可罚性的前提是没有法理根据的，与此相应，所有围绕上述要素相互界限的争议事实上只是在解决表面问题。我认为格拉斯贝格尔教授可能不大喜欢这个理论，于是喜忧参半地把论文交给了他。他读了这份手稿并且慷慨回应。他直言我的理论没有什么用，但是补充说，他不想冒失地否认我从全新的视角来考察犯罪学概念的努力。他建议，我在发表这篇论文之前还要更深入地研究这个有争议的问题，特别是要努力用我的理论解决某个具体的问题。我虽然失望，却不能不考虑这个苛刻的意见。

　　我开始集中研究关于犯罪概念的文献。借助奥地利的文献，我很快接触到了德国的资料。当时奥地利代表性的犯罪构造理论以恩斯特·贝林（Ernst Beling）的论文为最重要的基础，尤其是他在 1906 年发表的《犯罪论》。当年为了准备在德国举办的关于最新问题的研讨会，我阅读了所有关于规范的责任概念和主观的不法要素理论的重要著作，当然还有当时完全处于中心地位的阐释性作品，它们涉及汉斯·韦尔策尔（Hans Welzel）及其弟子的目的行为论和以此为基础的犯罪概念。这个后补的教义学"普及教育"的第一个结果就是，我痛苦地认识到我的上述理论根本没有认清犯罪概念的问题，简直是离题了。我现在庆幸，由于格拉斯贝格尔教授的建议而没有发表这份有关的手稿。我后来发现，我以凯尔森的法学理论为基础而思考的犯罪概念其实也已经体现在奥托卡尔·特萨（Ottokar Tesar）在 1928 年出版的书中，这让我百感交集；顺便提及，该书的书名《自然法在刑法教义学中的主导》（Die überwindung des Naturrechts in der Dogmatik des Strafrechts）相当有吸引力。

　　上文叙述的在研究犯罪概念方面的首次失败丝毫没有使我放弃这个主题。恰恰相反！我已经通过当时在德国召开的各种研讨会增强了确信，围绕犯罪构造的争论是刑法学最重要的问题，我想为之全力付出。我很快认为，违法性概念是理解这些问题的决定因素。我觉得教授资格论文的合适主题也可以是全面阐释违法性和与之紧密相关的不法的概念。我很快定下了论文题目，即《刑法中的违法性和符合构成要件的不法》（Rechtswidrigkeit und tatbestandsmäβiges Unrecht im Strafrecht）。但是在写作时，我不久就遇到了一个原则性的问题。我可以轻而易举地指出几乎所有现有概念的不足之处，甚至是矛盾之处，然而当创造一些更好的概念来取代这些被批判的概念时，我却束手无策。我花了两年的时间潜心刻苦写作，甚至周末都不休息，并且经常心力交瘁。我虽然写出了几百页内容丰富的手稿，但是它还不够全面，而且我在一些关键问题上仍然没有找到满意的答案。

　　在这种十分煎熬的情况下，我得到了妻子温馨的鼓励，真是倍感幸福。在此插叙一下，我在大学时就已经爱上了这位小学老师玛丽安娜·

伦纳（Marianne Renner），而且我们很快就商量好了，只要外部环境许可，我们就结婚。后来也如愿以偿了：在我被聘为全职助教并得到一个适合结婚的家庭住房之后，我们在 1964 年夏天举办了婚礼。经过了 40 多年风雨同舟的生活，我感激她一直守护着我，她也总是以非凡的方式支持我的工作。

至于这份厚实的书稿，1966 年出现了决定性的转变。我必须首先缩减我的研究工作，后来在 1967 年完全中断了它。其原因在于我应格拉斯贝格尔教授的要求所实施的两个计划。第一个计划是指应维也纳大学校长请求作出的法律解释，它涉及撤销学位和在可能的情况下重获学位，这也是一个刑事判决的结果。从中产生了我的第一个出版作品，即 1967 年发表在《法律报》上的论文《奥地利法律对大学教师的社会伦理标准的保障》（Die Sicherung eines sozialethischen Standards des Akademikers im österreichischen Recht）。

第二个计划的内容更丰富，影响也更大。它是指对奥地利陪审法庭审理程序中的延期判决法律制度的研究。该法律制度对于陪审员的错误判决规定了一项至为重要的救济，即当三位职业法官认为陪审员的裁决是错误的时候，就可以通过一致决定来撤销它，并且——在此忽略所有的复杂性——在另一个陪审法庭启动新的程序。司法部在 1965 年的法律草案中建议废除延期判决的规定，格拉斯贝格尔教授以此为契机，认为迫切需要研究该规定的实施效果。他让助教康拉德·席马（Konrad Schima）、弗朗茨·凯泽（Franz Császár）和我来独立负责研究这项课题，研究卷宗，并且分析自 1951 年重新采用陪审法庭以来所有包含延期判决的程序。我们在系统筛选卷帙浩繁的卷宗和初步整理收集到的数据之后，认为很有必要厘清有待研究的材料中的法律问题，以便后续进行详细分析。因此我们商议接下来进行分工。我作为刑法专家对延期判决的规定进行全面的法律解释，席马和凯泽这两位犯罪学家则以此为基础详细分析各种实证材料。完成这些工作之后，我根据法教义学部分和实证部分撰写了法律政策的内容，该部分阐释了对于延期判决规定的异议，由此得出的结论是，尽管我们所探讨的这个法律制度存在诸多问题，但它仍是不可或缺的。施普林格出版社在 1968 年以《陪审法庭诉讼程序中的延期判决》（Dis Aussetzung der Entscheidung im Verfarhren vor den Geschwornengerichten）为标题出版了我们的全部研究成果，并被收录到由罗兰·格拉斯贝格尔主编的犯罪学论丛的第 9 卷当中。该书广受欢迎，也很有成效：废除延期判决规定的原定计划得以放弃。

对上文进行详细叙述的特别原因在于，我在上面提到的书中所撰写的文章（作为引言、法教义学和法律政策部分）完全出乎我意料地变成了教授资格论文。这个建议来自格拉斯贝格尔教授，他告诉我，他觉得我撰写的文章非常出彩，加上他到目前所了解的我在刑法上的其他成绩，他认为我现在可以在大学任教了。对我的工作和本人的这种高度评价当然让我欣喜若狂，但是我在那本排印完毕的书中的文章篇幅单薄、主题范围有限，直接把它们提交为教授资格论文的话就有些冒险。所以我征求了温弗里德·普拉茨古莫（Winfried Platzgummer）的意见，他从 1967年起就担任我们研究所的刑法和刑事诉讼法副教授。他在因斯布鲁克从诺瓦科夫斯基（Nowakowski）那里获得了教授资格，从一开始就对我这个比他小几岁的人特别亲切，所以我可以深信不疑地向他求助。普拉茨古莫在考量了全部事实情况之后，支持格拉斯贝格尔关于教授资格的建议，因此我打消了疑虑。我向维也纳大学法学和政治学院提出申请，希望它授予我刑法和刑事诉讼法的教授资格。接下来是三个阶段的申请教授资格程序，结果当然令我喜悦：1969 年 5 月 23 日，我获得了教授资格。我知道，我在全院师生面前口头完成的程序部分（考核刑法和刑事诉讼法领域内的所有问题，还要试讲从我提出的三个建议选题中选出的一个主题）的成绩比我的论文更有影响。

在此顺便说一下，我之所以对 20 世纪 60 年代的后半期记忆犹新，也是因为我和弟弟埃里希（Erich）在此期间有着紧密的联系。那时他在维也纳学习日耳曼学和英语语言文学。他比我小七岁，却强壮得多。他被卷入了正在流行的文化变革浪潮当中，又非常熟悉当时激情四溢的维也纳艺坛。我从他那里了解到丰富的内容。在他获得博士学位之后，这种情况就结束了。他接受了（澳大利亚）堪培拉大学的讲师职位，从那以后就几乎一直在非欧洲国家工作。这使我们的团聚变得弥足珍贵。

六

　　获得大学教授资格并没有影响我在犯罪学研究所的助教工作，不过我的工作领域发生了实质变化。格拉斯贝格尔教授的助教工作明显缩减，因此我相应地增加了独立的工作领域。首先是教课。凭借教授资格，我现在除了讲授刑法练习课之外，还讲授包括刑法和刑事诉讼法所有领域的复习课，尤其是关于正在进行中的刑法改革的特别课程。

　　我的研究工作也有了实质的变化。首先我放弃了以前坚定的想法，不再继续研究已经搁置的有关违法性和不法的宏大主题。其原因当然很复杂，关键是我认为"犯罪概念"这一主题不那么重要了。总体而言是受1968年盛行的思想浪潮的实质影响，特别是由于——当时在奥地利也引起广泛关注的——所谓的"起草选择草案的教授们"的活动。我认为其结果就是，整个德语区的刑法学讨论重心也从分析犯罪概念的构成转变为直接研究刑事政策的问题。我后来有时也感到遗憾，至少受到了上述时代精神的限制，没有继续写作和完成自己的基础作品。但是这份未完成的工作也让我有很多收获，这是更重要的慰藉；后来我以此为基础展开了教义学的全部研究。

　　在取得教授资格之后，我发表了第一篇关于犯罪未遂的作品。研究这个课题是特别有趣的，因为当时在奥地利判断未遂和预备的界限以及不能犯未遂时一直存在指导判例，而它和——就它而言又是相对立的——通说不一致。我竭力采取折中的立场，尤其是从近百年的判例发展中寻求这种立场。虽然需要消耗大量的时间来分析不计其数的判决，但是这种付出获得了回报。显然，这种由此保障的实用性使我的研究不仅在理论界，而且在实务界都获得了非常积极的反响。这种经历影响了我全部的其他工作。我的抱负就是，我的作品不仅要吸引刑法的教授和助教，还要定位于开明的实务者。

　　作为新任的讲师，我当然也看重和奥地利之外的学术界的联系。其中紧要的事情就是与德国刑法学界建立紧密的关系。我在取得教授资格之后积极参加的刑法学者会议给予了我理想的契机，让我在专业发展和个人友谊方面受益极多。我与同代的助教和讲师建立了联系，后来发展成了友谊，而且持续至今。我还积极争取和著名的教授们见面。我们专业的巨擘，例如卡尔·恩吉施（Karl Engisch）和汉斯-海因里希·耶舍克（Hans-Heinrich Jescheck），从一开始就对我这个来自奥地利的无名之辈坦诚以待，至今我仍然感激他们的友善。

此外，取得教授资格不久，我有幸迈入国际刑法学界。通过格拉斯贝格尔的协调，我在1969年6月应邀参加用英语和法语举办的欧洲委员会关于实施《欧洲引渡公约》的研讨会。奥地利刚刚批准这个公约。我虽然做了充分的准备，但是欠缺参会经验，再加上不足的法语知识和微薄的英语知识，让我在参加该活动时有挫败感。然而有两个非常乐观的结果。首先，我熟悉了一个直到那时还完全陌生的题材，能够将新掌握的知识随即有效地运用到关于《〈欧洲引渡公约〉及其在奥地利的适用》的小册子当中。其次，这次研讨会的经历激励我奋力提高英语知识，这极大地丰富了后来的工作和个人生活。

至于大学里的工作进展，开始时并不如意。我没有获得在萨尔茨堡和格拉茨新设立的刑法教席。不过1971年的职位邀请减轻了这种失望，我据此代理林茨大学的金阿普费尔（Kienapfel）教授的教席，他获批享有一两个自由学期。在林茨大学工作是一个合法的理由，让我可以减少在维也纳研究所的工作，所以这份职位邀请对我更有吸引力。我在林茨大学的讲课很顺利，因此在代理期限结束之后，他们继续邀请我在那里任职，直到为我设立了以完成教学任务为基础的第二个教席。我在林茨感觉非常惬意，又受到了迪特尔姆·金阿普费尔（Diethelm Kienapfel）和整个学院特别友好的招待，所以欣然接受了这份邀请。虽然在维也纳和林茨同时任职比较费力，但是这两个城市只相距200公里左右，因此也不是问题。

1972年秋季，维也纳出现了令我十分愉悦的情况。经过格拉斯贝格尔和早就当上教授的普拉茨古莫的推荐，我从1973年1月1日起担任维也纳大学法学院新设立的刑法副教授职位，同时领导我们研究所新开辟的"刑法改革"工作。我对这两个提拔深感荣幸。这个教席是我在当时基本上只能获得有期限的助教工作之后，第一份没有期限限制并因此具有职业保障的工作。对刑法改革问题的特别研究也完全符合我当时的兴趣。我已经多年致力于研究这个主题。如今，当奥地利实体刑法的整体改革步入尾声的时候，我还能更集中地研究这个领域，这真令人兴奋。

对于我的工作变动，1972 年秋季也发生了第二件重要的事。我的大学同学乌多·耶济奥内克（Udo Jesionek）现在是年轻的刑事法官和法官协会的热心成员，他向我介绍了一个结合刑法实务和理论的面向未来的项目。他为刑事法官和检察官策划了一种新形式的进修研讨会，其中大学老师要展示他们新的研究成果并且和实务者相互探讨。我很兴奋，立即答应全力支持他。耶济奥内克在游说和组织方面一直都有天赋，他从司法部长那里争取到了研讨会的资助，而我的任务是使奥地利的刑法教授们相信这种形式的活动，并且说服他们当报告人。1973 年 2 月，第一次研讨会在下奥地利州瓦尔德地区的奥滕施泰因（Ottenstein）这个偏僻的地点举行，并且取得了圆满成功。理论和实践之间的这种讨论在轻松的氛围中进行，而讨论内容则充满了批判式的对话和回应。双方参会者都感觉非常充实，所以当然会继续推行这种对话，实际上它也在继续运作着。每一次的奥滕施泰因刑法研讨会在二月的最后一周举行，这变成了固定机制，延续至今并且广受好评。我一直是其中特别积极的报告人和讨论者，这从该活动的来历来看就是理所当然的。

此外，首次奥滕施泰因研讨会的巨大成功还促生了第二个长期存在的机制。在众多年轻的法官和检察官的要求下，我鼓动普拉茨古莫教授和我一起在维也纳大学开设刑法的小型辅导课，这个课程专门服务于理论和实践的持续对话。这个构想很简单：每月选一个晚上的时间，在学校里举办具有开放式结尾的活动，尽可能吸引刑法研究所的全部教授和学术同事以及感兴趣的刑法实务者。他们可以各自融洽地讨论特定的问题，从而使双方更加充实。我们在 1973 年夏季学期开始举办这种活动，我未曾想到，它直到我退休时仍然存在。沧桑岁月，悲欣交集，我从这种课程中获得了无尽的裨益。

七

我在 1973 年春季从林茨大学法学院得知，向有关部门申请的第二个刑法教席获得了批准。学院同时明确邀请我来申请这个职位。鉴于在林茨的美好经历，我欣然接受了邀请。申请的结果是：1973 年 10 月 1 日，我被林茨大学聘为刑法、刑事诉讼法和犯罪学的教授。接受这份工作彻底地改变了我的生活。

这个新职位意味着我要从维也纳出发乘车上下班，就像当时其他专业的同事那样。我确实想更久地留在林茨大学，因此想要在妻子的同意下将家搬到林茨或者它附近的地方。我本来是无法协调好自己的工作的，但是我和妻子很幸运地找到了解决办法。我们搬进了我所钟爱的米尔地区的住房，它位于海拔 750 米的巴特莱昂费尔登（Bad Leonfelden），我们已经在那里度过了几个美好的假期。这里距离大学仅仅半小时的车程，因此不成问题。我们在这个度假胜地享受着高质量的生活。1974 年 10 月，我们唯一的孩子克莱门斯（Clemens）在这里出生，由此我们也倍感幸福。我们当时和其他人建立的友谊持续至今。我和妻子每年至少一次在巴特莱昂费尔登住些日子，每一次都像过节。

在林茨大学担任教授除了改变我的个人生活之外，还强烈地改变了我的职业生活。当时林茨大学法学院只有大约 700 名学生，在同样只有两位刑法教授的维也纳大学却有大约 10000 名法学学生，这提供了理想的工作条件。根据我的教席的题词，除了我和迪特尔姆·金阿普费尔轮流讲授的刑法主课之外，关于犯罪学基本特征的课程同样采取小组授课的方式，其间可以尽情地与学生们当面交流，这让我很满意。我也不必放弃和实务者的重要联系。林茨的法官和检察官满怀着责任感参加由我和金阿普费尔一起按照维也纳模式组织的刑法和刑事诉讼法的小型指导课，我至今仍然乐意回顾这种责任感。

不过令我感到特别欣喜的是，林茨的教学和考试工作让我有充分的时间进行独立的学术研究。我能够顺利地继续研究开始于维也纳的过失问题，而且很快就有了成果。1974 年夏季出版的关于刑法中过失犯罪的书无疑是我最成功的著作。它不仅在刑法学界，而且在奥地利的实务界也得到了好评。实务界在其判决中完全采纳了我提出的新过失犯教义学理论；其中我一方面参考了克劳斯·罗克辛（Claus Roxin）、京特·施特拉滕韦特（Günter Stratenwerth）等德国作者的构想，另一方面也对奥地利司法判决进行了全面分析。此外应注意的是，我的书正好在极其有利的时候得到出版。新刑法典自 1975 年 1 月 1 日开始施行，这种形势必然使奥地利的法院增强决心来创造新的过失犯罪的判决。我在林茨期间发表的其他论文当中，同样重要的是一篇在《法官报》上发表的关于参与理论的长论文，其中我试图尽可能限缩地解释奥地利新刑法典中统一的单一正犯规定。不过我只在参与过失犯罪方面获得了持续的成功。在故意犯罪的核心领域，司法判决和通说明显选择单一正犯的参与模式，正如迪特尔姆·金阿普费尔所支持的观点一样。起初他是我在林茨的同事，后来我们成了朋友。

1975 年春季出现了一个大惊喜：在罗兰·格拉斯贝格尔退休之后，刑法和犯罪学教席将空缺下来，因此我得到了维也纳大学的聘任，从 1975 年 10 月 1 日起担任这个教席。这完全超乎我的预料。我曾经确信，这个职位会由因斯布鲁克的刑法教授弗里德里希·诺瓦科夫斯基（Friedrich Nowakowski）来担任。作为奥地利最著名的积极的刑法学者，他当然适合接受这个职位，而且据我所知，他也多次对维也纳大学的教席表示过兴趣。然而当诺瓦科夫斯基受邀接替格拉斯贝格尔时，他有所顾虑了，考虑到年龄和受侵蚀的健康状况，他不知道自己还能否承担这个职位的重担。最后他给负责聘请该职位的女部长写了一封谢绝信。备受尊重的诺瓦科夫斯基也在这封友好地转达给我的信中明确表示，鉴于我是名单中的第二候选人，他认为他的拒绝是负责任的，这让我至今都觉得荣幸。

我一开始认为很晚才可能返回维也纳任职，所以当然对这份聘请感到自豪和喜悦。但是接受这份光荣的聘请绝对需要进行谨慎的考虑。研究所、法学院、司法机构和警察局的人对格拉斯贝格尔的继任者寄予的期望是很难满足的。我的个人阅历和学术发展的积淀程度能够让我问心无愧地满足这个传统教席的高标准和多样化的要求吗？和这个令人忧虑的问题相反，林茨大学拥有优异的工作条件，这促使我不久之前签订了一份撰写新刑法典短评的诱人的出版合同。接受维也纳大学的教席就意味着，这一计划以及其他计划在可预见的时间内肯定不会实现了。但是，最后的决定很明确：我要抓住机会，担任享誉整个奥地利的我老师的教席。我妻子也在多次集中谈话中明确肯定了这种想法。我接受了这份聘请，我们迁回了维也纳。然而，在林茨大学的几年时光至今仍然属于我生命中最美好和最丰硕的阶段。

八

为了更方便地展开叙述，我想根据工作领域，把作为维也纳大学刑法和犯罪学教授的30多年时间分成三个部分。起初我直接从事的工作也是为这个学校服务的。

我在1975年10月1日就职时首先就要面对组织问题。新的高校组织法在这一天生效，它不仅规定了明显的共同决定模式，还撤销了独立的教席。能建立的最小的组织单位就是研究所，所有具有相同或者相近专业背景的教授都要归入其中。根据这个规定，作为刑法与刑事诉讼法教授的温弗里德·普拉茨古莫——现在他是我特别值得尊重的朋友——和作为刑法与犯罪学教授的我显然要成立一个共同的研究所。我们很快就商量好，最简单的办法就是将现有的犯罪学研究所扩展为刑法和犯罪学研究所。

以年龄和资历来论，当然要委任温弗里德·普拉茨古莫当新研究所的所长，但是他明确推荐我担任这个职务。我欣然接受了根据这个建议获选的所长职位。作为格拉斯贝格尔长年的同事，我深谙构成这个新单位核心的前研究所的特色之所在。而且我知道，犯罪学家玛丽安娜·多考皮尔（Marianne Dokoupil）也会为我出色地管理这个扩展后的研究所，就像她在格拉斯贝格尔领导下的前犯罪学研究所中所做的一样。研究所的预算除了包括院里的分配以外，还有犯罪侦查学方向的研究所成员的司法鉴定专家费用的固定份额，把这些和全部人事管理工作交给她负责是最可靠的了。我会永远感念多考皮尔女士为研究所和我提供的辛勤和珍贵的帮助。我也感谢乌尔苏拉·格拉措尔（Ursula Graczol），她在1976年就做我的助教，后来嫁给了梅迪戈维奇（Medigovic）。她在多考皮尔退休之后，应我的请求承担了研究所的管理工作。我也要向她致以诚挚的谢意。乌尔苏拉·梅迪戈维奇不仅完全出色地管理研究所，此外直到2004年10月就任格拉茨大学刑法和刑事诉讼法的教席为止，她一直鼎力辅助我的全部教学和研究工作。我不会忘记她以绝对的可靠性和高水平的专业能力进行的帮助。另外，在和普拉茨古莫的融洽相处中，我连续做了十年的研究所所长。增长的官僚习气使研究所的管理工作日益繁重，所以我们在1985年建立了轮换机制，由研究所的教席教授当轮值所长，每两年进行一次选举。

　　我在刚接受维也纳大学刑法和犯罪学教席时就清楚，与我的前任格拉斯贝格尔相反，我的研究和教学重点无疑在于刑法领域。这不仅符合我的兴趣，还符合学院定位的要求。不过我也想尽力承担包含在我教席里的犯罪学的工作。由于很多法学家并不看重这个专业，我这样做就更有必要了。我除了在犯罪学方面的一些微薄贡献之外，尤其关注为研究提供必要的条件，从而保障我们研究所进行犯罪学中富有意义的工作。我刚任职时相应的条件异常优越。当时在研究所里研究犯罪学的不仅有上文提到的玛丽安娜·多考皮尔，尤其还包括康拉德·席马和弗朗茨·凯泽，他俩是我以前的同事和朋友。当我在林茨时，席马就已经获得了犯罪学的教授资格；我返回维也纳之后，凯泽也很快就成功地完成了该专业的教授资格程序。同时这三个人都是知识丰富的犯罪侦查学家和司法鉴定专家，所以这个在奥地利的传统中属于犯罪学组成部分的领域也人员充足。席马在1977年拥有了独立的犯罪学教席，因此这种积极情况又得到了巩固。1982年夏季，席马不幸意外身亡，这不仅对他的家庭和朋友是惊人的打击，而且对我们的研究所也是重大的损失。幸好弗朗茨·凯泽很快就担任了这个空缺的犯罪学教席，他在武器学和笔迹鉴定方面已经取得了显著的成绩。弗朗茨·凯泽在2003年底退休，尽管我后来做了精心的努力，可惜至今仍没有找到这个教席的继任者。这是我职业生涯中的一个败笔，着实让我痛心。不过令人欣慰的是，我们研究所的犯罪学部门在凯泽离职之后也取得了不菲的成绩。在资源如此有限的情况下还能做到这样，怎能不让人钦佩！这首先要归功于助教克里斯蒂安·格拉夫尔（Christian Grafl），他在1999年获得了犯罪学和犯罪侦查学的教授资格，现在是副教授，以高度的责任感领导着这个部门。

　　研究所刑法领域的人员配置发展得更好一些。在普拉茨古莫的协助下，我得到了另外两个编制内职位的刑法和刑事诉讼法教席教授的名额。赫尔穆特·富克斯（Helmut Fuchs）在1986年担任第一个教席，他1983年在维也纳从普拉茨古莫那里取得了教授资格。1994年，弗兰克·赫普费尔（Frank Höpfel）担任第二个新教席，他于1987年在因斯布鲁克获得了教授资格，是诺瓦科夫斯基的学生。普拉茨古莫在1999年退休之后，其学生沃尔夫冈·布兰德施泰特（Wolfgang Brandstetter）正好继任由此空缺的教席，他1991年在维也纳取得了教授资格。上述同事组成了维也纳大学法学院卓越的刑法教师团队，他们有着显著不同的个性和研究重点，可以很好地互补。我欣喜地将这种局面视为我在维也纳大学工作的硕果。

　　我的授课内容包括刑法的全部领域。我和普拉茨古莫和后来的其他教授约定轮流讲授传统部分的大课总论一（基础知识和犯罪论）、总论二（犯罪后果论）、分论和刑事诉讼法，这保证了我们每个人在所有的领域始终处于前沿状态。此外还有练习课、研讨课和轮流讲授的特别课程。我在所有的课程中都力求结合司法实践。这也不可避免地导致我总是坚决反对直到20世纪70年代末仍然广受理论界支持的观点，即刑法最重要的、即便不是唯一的正当化根据在于行为人的再社会化。这种观点完全没有认清刑法的现实状况。我从来都不是报应刑法的支持者。尽管（再）社会化在执行时具有重要意义，但是应该主要从广泛接受的一般预防的角度来理解刑法，其中也包括引导对已经发生的犯罪的情绪上的反应需求，我试图在讲课中持续传授这种坚定的信念。另外，我特别喜欢小组活动，也享受到了它们的奢侈，尽管大学里学生如潮。在此首先要说的是，除了上文提到的面向助教、法官和检察官的小型指导课之外，还有和犯罪学家一起定期进行的参观监狱的学术旅行。我们考察了那里的管理模式，并和有意愿的囚犯进行了实质性的谈话，这些让学生们和我都受益匪浅。我的刑事诉讼实践辅导课也是相当有益的。在这个最多有 15 个学生的课程中，我每隔一周参观刑事司法程序的不同环节：警察局、检察机关、预审法官、主审法院和上诉法院，有时也包括青少年法院和考验帮助（Bewährungshilfe）。我用间隔的时间在研究所里进行事先和事后讨论。由于大量的时间消耗，我显然只能以更长的间隔时间来提供这种集中式的授课。但是它的效益总能表明这种时间消耗是值得的。

对于我作为维也纳大学教席教授所发表的作品，首先要说的是，我很快就确定放弃我在林茨期间提到过的对刑法典进行短评的课题。而且我也无法实现萦绕于心的撰写刑法总论教科书的愿望。我无法召集人力撰写令自己满意的综述。与之相反，对我来说回应实践中迫切的具体需求太有吸引力了。从这种需求中也产生了唯一的一本书，我在返回维也纳之后出版了它，即 1981 年出版的关于刑法中的店铺盗窃以及个人可以采取的抵制措施的专著。我在书中提出了不干涉立法者而又令社会满意的实务处理建议，解决了这个当时受到激烈政治讨论的复杂问题，这至今仍让我感到满意。在维也纳长期的任职中，我在杂志和文集中发表了大量的论文。它们多数是关于法教义学的论文，但是也有同样重要的关于实证和刑事政策的研究，我经常和弗朗茨·凯泽（Franz Császár）这样的犯罪学家共同进行这些研究。研究主题涉及刑法和刑事诉讼法的所有领域。可能值得关注的是我针对刑法制裁理论与实践的集中研究，尽管对于刑法学家而言倒不如说它们是非典型的。至于详细内容，请那些对我的作品感兴趣的读者参阅我的祝寿文集的目录，该文集是乌尔苏拉·梅迪戈维奇和克里斯蒂安·格拉夫尔（Christian Grafl）为了庆祝我 65 岁的生日而热情组织编辑的，并且在 2004 年得以出版（顺便提一下，文集中也有弗朗茨·凯泽的一篇关于研究所的感人文章，其对我工作的评价真是抬爱）。在目录后面的众多论文当中，我只想提及其中的两篇。第一篇是我和克里斯蒂安·格拉夫尔合写的实证和刑事政策的研究，其内容是关于奥地利近五年以来的一般转处（《米克劳祝寿文集》，第 109 页）；第二篇是我为反对刑法的实务主流观点和理论通说而写的对维持陪审法庭的辩护（《法律报》，2006 年，第 69 页）。

作为长年的教授，我在维也纳当然有很多助教。可惜我只能指导其中两人获得刑法和刑事诉讼法的教授资格，他们是已经多次提及的乌尔苏拉·梅迪戈维奇和汉内斯·许茨（Hannes Schütz）。梅迪戈维奇，上文已经说过，她现在是格拉茨大学的教授，在 2001 年凭借关于奥地利刑法的预防措施的专著和补充性论文获得了教授资格；现在担任维也纳大学刑法研究所副教授的许茨在 2002 年完成了教授资格论文，它源于一篇关于奥地利可能的转处决定的基础、前提和特征的论文。至于同样多次提到的克里斯蒂安·格拉夫尔，我只是稍微辅导了他在 1999 年撰写的犯罪学和犯罪侦查学的教授资格论文，他的主要导师是弗朗茨·凯泽。我参与辅导的唯一一篇外校教授资格论文的情形也是如此：1986 年，沃尔夫冈·格拉茨愉悦地在我们这得到了犯罪学的教授资格，他具有丰富的实践经验，现在是奥地利刑事执行科学院的院长。我的好几个助教当然也具有完成教授资格论文的潜质，但是他们更喜欢在实务中有所作为。我不少以前的同事成了部委的领导干部或者知名的法官、检察官和律师，现在遇到他们时，我也感到由衷的喜悦。

我想补充的是，我总是特别关注争取优秀的实务者来学校讲课。特别是来自最高法院和总检察院的兼职教授们一直为学生们和我提供宝贵的知识财富。我在此一定要提一下赫伯特·施泰宁格（Herbert Steininger），他是最高法院的前院长，可惜去世太早。像他这样既和蔼可亲又具备精湛的实务和学术能力的人，恐怕是绝无仅有的。我和他友好相处了几年的时间，这将永远留在我充满感激的记忆中。

九

我在 1975 年 10 月返回维也纳时就明白，我无法原样开展罗兰·格拉斯贝格尔所进行的校外工作。我在做助教期间经历过这种工作，给我留下了极其深刻的印象。我完全欠缺相应的个人条件，但是我想尽力遵循我老师的关注点，而且我也深有同感。这意味着双重工作：一是要尽量支持犯罪学不同分支之间的对话和合作，二是不断促进犯罪学和刑法实务不同领域之间的富有成效的对话。我在整个职业生涯中都全力追求这些宏伟的目标。

格拉斯贝格尔仿佛"交给"了我追求这些目标的有力工具。1976 年 1 月，在他的推荐下，我被选为他的继任者，即作为公益性的协会而组织的奥地利刑法和犯罪学协会的会长。我心存忧虑地接任这个职位。这个协会的理事既有法医学、司法精神病学和心理学的著名专家，又有法院、检察院、司法部、内务部和维也纳警察局的领导人物，而我当时只是非常年轻的教授，所以领导这样的协会一点儿也不容易。如今一切都很顺利，我也感到释然。根据章程每年都要举行全体成员会议，我总是蝉联会长，到现在已经连续 30 多年负责这个协会了。而且我确信，在追求上文提及的目标的过程中，我领导的奥地利刑法和犯罪学协会成绩斐然，这一点在 2001 年庆祝该协会成立 50 周年的研讨会上得到的众多赞赏中表露无遗。2008 年 1 月，在我退休之后的第一届全体成员会议中，我根据惯例不再参加连任的竞选，把繁荣兴旺的协会交给了我的继任者。在长年任会长期间我无疑投入了大量的心血，我的责任感得到广泛认可，我也在协会工作中留下了许多弥足珍贵的际遇和经历，这些是对我丰厚的回报。

除了上面的奥地利协会之外，我还参加多种校外活动，首先要说的是我为所有州的法官和检察官，也为警察、监狱公务员、缓刑犯观护员（Bewährungshelfer）、不同部委和审计总署的官员专门举办的各种报告会和研讨会。我也总能从中获益。其次，我想说一下我的编辑工作。我在 1981 年创办了《刑法文丛》（Schriften zum Strafrecht），其在存续期间几乎囊括了奥地利所有的刑法教授资格论文，可惜现在由于经济原因停刊了。相反，我在 1990 年承担的《法律报》刑法部分的编辑工作至今还在继续。在这份工作中，我不仅可以在权威杂志上帮助发表刑法和刑事诉讼法的学术论文，还负责发表上述专业领域内含有高水平评注的最高法院的精选判决。

自 1976 年起，我作为奥地利法学家大会理事会的成员参与其中的活动，特别是参与筹备和举办三年一度的会议。我在 2000 年的会议中担任刑法分部的主席，本次主题是"刑事诉讼和警察局"。不久前，我表示在 2009 年举办的大会中，我也愿意承担这份光荣同时相当繁重的任务。

届时它的刑法分部将致力于应对由不被认同的外国人实施的犯罪行为所造成的各种挑战。作为司法部和内务部的工作小组和委员会、国民议会委员会的专家，我也总是经历有意义的工作。在这方面，我直接关注了一系列主要的法律改革，例如制定新的青少年法院法，针对有组织犯罪引入特别侦查手段，在整个刑法中全面引入转处规定，全面修改刑事诉讼预审程序，等等，而且有时也发挥了一些作用。

我不想忽略的是，我虽然不是很频繁，但是也多次撰写个人法律意见书。它们通常是对各种具体问题的研究，以便支持正处于刑事诉讼程序中的辩护人。我也零散地写一些关于一般问题的法律意见书，比如关于刑法和基因技术，或者以律师费的方式进行的洗钱等。我不想错过由这种预先咨询性的工作带给我的认识，它们多次丰富了我的教学和研究工作。

此外，我也参加非刑法领域的校外活动。我多次在研究现代医学的伦理和法律问题的专家委员会当中工作。其中我总认为刑法要尽量在这个敏感的领域保持其谦抑性。尽管如此，我觉得参与这个委员会的工作绝对是重要的。维也纳大学医学院和维也纳总医院设立了伦理委员会，专门评估对人进行的具体研究项目。我从 1988 年到 2004 年是该委员会的成员，在那里的工作尤其重要。最后，我还参加了奥地利科学院迄今为数不多的非刑法领域的活动。继特奥多尔·里特勒（Theodor Rittler）之后，我是被认可的第一个刑法学家，1984 年被选为该机构的通讯成员，2001 年成为正式成员，这是我最高的学术荣誉。

十

作为维也纳大学的教授，我当然也想与国外的同仁保持和加强学术交流。在我获得教授资格之后，这种交流就开始了。首要的当然是和德国的刑法学家们增进良好的关系。我继续定期参加刑法学者会议，并在会议间歇充分利用机会进行私人谈话。我也很快收到了一些德国大学的报告邀请，只要条件许可，我总是欣然接受。相应的，我当然也邀请了很多德国同事到维也纳，这些邀请经常与大学的客座演讲以及奥地利刑法和犯罪学协会的报告结合在一起。这些演讲和报告不但使我们收获满满，而且当旅游和停留费用超过匮乏的学院资金时，其报酬也是一种适当的补偿。和德国刑法学者以此展开的频繁观点交流特别吸引我，以至于我在20世纪80年代初想在德国争取一个教席。我向海德堡和吉森提出了申请，也确实获得了各自的第二候选人的位置，可是都没有得到主管部门的聘任。现在回想起来，我当初是否真的会接受获批的聘请，却是不确定的。我当然乐意在德国的大学待几年时间，但是这种可能永远无法返回维也纳的风险也许太大了。

　　1984年，我被聘到弗莱堡的马克斯·普朗克外国刑法和国际刑法研究所的专业咨询委员会和管理委员会，由此我和德国同仁之间的联系步入了崭新的阶段。我在这些委员会当中一直工作到1996年，这是马克斯·普朗克学会所接受的最长聘任期限，其中的工作对我真是大有裨益。我可以和研究所所长、咨询委员会的其他成员等知名人士在小范围内集中探讨问题，这本身就令人向往。从研究所的研究项目展示及其批判性讨论中，我收获了极其丰富的内容。我在1987年受邀参与起草《选择性草案：赔偿》，因此我和德国刑法学界的联系又更深一步。我在欢快的氛围中享受到的高水准、往往令人兴奋的讨论和友好的会面是我最温馨的回忆。融入德国刑法学的最后一个阶段是，我在1991年荣幸地被《整体刑法学》杂志的编辑小组招为成员。因此我可以再次结识更多著名的德国刑法学者，我跟他们保持着多种充实的联系。

　　我想补充的是，和德国犯罪学家之间的对话也总是很有趣。弗莱堡的马克斯·普朗克研究所和上文提到的"起草选择性草案的教授"工作小组为此提供了良机。我也多次参加新犯罪学学会、犯罪学总局和威斯巴登的联邦刑事调查局的活动，并且获益匪浅。我和德国最重要的犯罪学家们建立了顺畅的个人联系，和海因茨·舍赫（Heinz Schöch）之间更是保持了深厚的友谊关系。

　　奥地利的第二个德语邻国是瑞士，虽然我和瑞士的学术联系——与国家的大小比例相适应——远远不如和德国的联系那样频繁，但是在质量上颇具水准。与它们大邻国的刑法学相比，瑞士和奥地利的刑法学所展现出来的共性和个性一再让我进行自我批判式的反思。我很感激多次和瑞士同仁进行的富有成效又惬意无比的会面，其中我只想提一下我的朋友斯特凡·特雷克塞尔（Stefan Trechsel）。

我是两个庞大的国际刑法组织的成员，这种身份是我和非德语国家进行学术联系的主要基础。在担任维也纳大学的教授之前，我接受了在世界范围展开活动的国际刑法学协会（AIDP）正在创立中的奥地利分会理事会友好的工作邀请。历经多次重选，我至今仍在担任这个职务，它是我进入国际刑法圈的最佳枢纽。我积极参加五年一度的国际刑法学协会大会及其筹备会议，由此与几乎所有欧洲国家、美国和一些南美洲国家的同仁建立了联系，从中也产生了许多对我很有帮助的个人关系。在和国际刑法学协会相关联的锡拉库扎国际刑事科学高等研究所举办的一些研讨会也对我特别有益，我在这些研讨会中第一次见到了国际刑法学协会的秘书长，也就是后来的主席谢里夫·巴西奥尼（Cherif Bassiouni）（芝加哥）。1989年，在维也纳隆重举办了主题为"国际刑法学协会（IKV/AIDP）成立100周年以来的刑事政策"的纪念会议，我获准所作的报告无疑标志着我在国际刑法学协会活动的顶峰。能够在如此隆重的氛围中在全球刑法学家的论坛上发言，于我真是莫大的殊荣。

我参加的第二个国际性组织是国际刑法和刑事执行基金会（FIPP），至今我还在其中积极工作。作为格拉斯贝格尔的继任者，我在1979年被选进了这个特别高级的俱乐部。目前我在基金会中是"有投票权的成员"，代表奥地利行使职权。特别值得一提的是，基金会每年举办的研讨会在整体上大大地提高了我对刑事执行和刑法制裁的适用的理解。这个基金会早期明显是由说法语的法学家们主导，这让我饶有兴趣地了解了从根本上有别于德国和英美的法国法律界的思维方式。我和"新社会防卫论"的创立者马克·安塞尔（Marc Ancel）以及才华横溢的伊冯娜·马克思（Yvonne Marx）的会面将永远珍藏在记忆中。伊冯娜是来自维也纳的移民，帮助我克服了语言障碍。基金会在短暂沉寂之后，现在又欣欣向荣，我为此感到欣喜。我也坚信，前不久被选为基金会成员的奥地利人沃尔夫冈·格拉茨也会为此做出实质的贡献。

我和德意志民主共和国、波兰以及匈牙利同仁之间的工作交流值得分别叙说。在 1989 年之前，中立的奥地利的代表要比其他西方国家的刑法学家更容易和这些国家的同仁建立密切的关系。柏林洪堡大学的霍斯特·路德（Horst Luther）是我在德意志民主共和国的主要联系人，我在那里的访问之所以特别富有启发性，是因为没有语言障碍，而且我并非仅仅依赖于被提供的信息，而是能够自己做出独立的判断，尽管受到各种限制。例如我知道，德意志民主共和国所声称的低犯罪率就部分而言是完全真实的，因为将每个人卷合进多个集体之中的做法不仅意味着对私人领域的极大限制，还意味着一种非常有效的犯罪预防措施。我在共产主义的波兰见识了比德意志民主共和国整体上明显更加自由的刑事司法，特别引人注目的是，我从和共产党具有不同亲近程度的谈话对象那里得到了不同的信息。关于对波兰的大部分印象，我特别要感谢安德鲁·施瓦茨（Andrzej Szwarc）（波兹南），他在波兰许多大学为我组织了巡回演讲。我同样要感谢安德鲁·措尔（Andrzej Zoll）（克拉科夫），幸喜至今还跟他持续保持着联系，他在 1989 年之后担任宪法法院院长，接着当了监察专员，后来重返大学。最后，我和匈牙利的关系一直相当特别。这有几个原因。首先，奥地利和匈牙利具有长期的历史联系，而且由于共产主义的统治，匈牙利和（东）奥地利国民感情的高度一致性鲜受影响。这些因素发挥了重要的作用。但是除此之外，还有个人的原因。一方面，我妻子的母亲是匈牙利人，她自己也懂一些匈牙利语，而且她在匈牙利的外祖父母向她灌输了对匈牙利深切的好感。不言而喻，匈牙利的同仁非常积极地接受了这一点。另一方面，我发现布达佩斯大学的卡尔曼·欧基（Kálmán Györgyi）绝对是理想的搭档，现在我们建立了良好的友谊。我对这个满口地道德语的人有说不尽的谢意。作为匈牙利的总检察长，他在 1989 年之后敏感的过渡时期立下了丰功伟绩，如今担任司法部长的刑法问题特使。他和匈牙利最重要的刑法学家们建立了联系，并且为我在大学和高级别的实务者活动中组织报告活动，此外他还亲自担任翻译，这显然让我的阐述更容易被接受。在欧基的精心推动下，我特别为匈牙利撰写的文本和一系列其他论文都被翻译成匈牙利语，并且在匈牙利的杂志上得到发表。基于上述种种情由，我获得了一项让我自豪和愉悦的荣誉：1998 年，布达佩斯的罗兰大学授予我"法学名誉博士和名誉教授"的头衔。我在此也要衷心感谢欧基的老师蒂博尔·基拉伊（Tibor Király），他是布达佩斯大学法学院和匈牙利科学院备受尊重的成员，从一开始就大力支持我的"匈牙利的业绩"。

至于和非欧洲国家的学术交流，我在美国有最为集中的经历。通过新泽西州纽瓦克的罗格斯大学刑事司法学院的两位教授弗雷达·阿德勒（Freda Adler）和格哈德·奥托·瓦尔特·米勒（Gerhard O. W. Mueller）的诚挚介绍，我从1991年9月到12月在这个享有盛誉的单位中担任客座教授。任何其他的工作都没有给予我如此丰腴全新的印象。我在学校里的工作和我家人在美国的日常生活都是如此。我家所有人都要应付一些意想不到的问题，我妻子在学校上语言班，我当时16岁的儿子上着符合他年龄的高中课程，但是我们现在一致认为，我们在美国的逗留带来了极大的收获。其中相当重要的是，我在学校内外都能享受到格哈德·米勒的广泛支持。学校里几乎不超过十个研究生参加的专门研讨课，以及大多由第三方资金资助的集中的研究工作吸引着我。不过我清醒地认识到，即便在这个宣称要融合规范犯罪学和实证犯罪学的单位中，这二者的融合也受到限制。在我和格哈德·米勒共同组织的刑法研讨课中，我觉得特别兴奋的是讨论联合国组织的重要性，以及美国人如何处理联邦刑法和州刑法的竞合和重叠问题。我们由于欧盟的规定，国家刑法不断重叠，因而不久也出现了类似的问题，不过我当时没有想到这一点。

我在土耳其、日本和韩国参加的巡回演讲和研讨会也是十分有趣的经历。我要特别感谢费里东·叶尼塞（Feridun Yenisey），他使我接触到了土耳其，并且感受到了传奇土耳其人的热情好客。在我的指导下，他在维也纳完成了部分教授资格论文。经由他的倡议和伊斯坦布尔的奥地利文化学院的资助，我多次访问了伊斯坦布尔和伊兹密尔的大学，而且有一次还在安卡拉的大学度过了几天时间。时空的对比让我体会到了大学内外的巨大差异，我不禁猜想，土耳其的刑法要应对多么巨大的问题，以及人们是如何以庄严的责任感努力解决它们。在宫泽浩一（Koichi Miyazawa）及其代表的宫泽基金会的慷慨邀请之下，我得以去日本和韩国旅行。1995年5月，我和奥地利同仁组成的小组访问了日本。除了在东京庆应大学和大阪关西大学举办非常精彩的研讨会之外，我们还考察了一些极富启发性的法院和监狱。2000 年 9 月，我作为奥地利的小组成员访问了韩国，其余成员都是卓越的德国同仁。在这里，一些风格完全不同的大学举办了精彩纷呈的研讨会。宫泽浩一为日本和韩国整理的框架规划简直是精妙绝伦，其中他精辟地分析了两国的文化和时政问题，不过我的体会是，这些问题差异很大。我在日本和韩国的经历越多，也就越强烈地意识到，我对所经历的事情的理解还很狭隘。我和日本与韩国同仁的专业交流也是如此。虽然他们说我们的语言，和我们讨论我们所熟知的文本，但是他们说的话在其法律和社会文化背景中却有一种不为我们所知的含义。尽管如此，我在此要明确强调，我和这些同仁进行的对话一直让我大受裨益。

<h1 style="text-align:center">十一</h1>

2007 年 9 月 30 日，我已经达到了法定退休年龄，便随着学年期满而退休。这必然会深刻地改变我的生活。不过目前来看——此自述手稿的截止日期是 2007 年 10 月——退休的影响还没那么大：我不再需要考查了，而且我只讲授"当前的刑法发展"这个特别课程。其他的一切暂时依旧。由于还没有继任者，所以我目前还可以继续使用我在研究所的办公室，也能享受我的称职秘书夏洛特·霍利（Charlotte Holy）女士的服务。我一离开这个地方，心情当然就变得沉重。我会特别地感念霍利女士的帮助，她从我担任维也纳大学教授以来就极为出色地为我工作，而且熟知一切对我重要的东西。我还想有限地继续我的学术工作，但如何做出安排仍是未定的。至于我如何对学校内外有关刑法的活动进行范围和进度的限制，要取决于具体的工作，当然还有我的健康状况。我要和家人分享更多的时间，现在我们家也有了美丽的儿媳，而且她生了一个特别可爱的孩子；我也要再次观赏更多的戏剧和听更多的音乐会；最后就是看那些我多年积攒下来的趣味盎然的书。所有这些事情和更多美好的东西都让我期待不已，我肯定不会陷于枯燥乏味之中。

主要作品目录

一 专著

《陪审法庭诉讼程序中的延期判决》（Die Aussetzung der Entscheidung im Verfahren vor den Geschworenengerichten），布格施塔勒、席马、凯泽，引言、第 1 部分和第 3 部分，1968 年。

《〈欧洲引渡公约〉及其在奥地利的适用》（Das Europäische Auslieferungsübereinkommen und seine Anwendung in Österreich），1970 年。

《刑法中的过失犯罪：特别关注交通案件的司法实践》（Das Fahrlässigkeitsdelikt im Strafrecht. Unter besonderer Berücksichtigung der Praxis in Verkehrssachen），1974 年。

《奥地利刑法中的店铺盗窃及其个人抵制》（Der Ladendiebstahl und seine private Bekämpfung im österreichischen Strafrecht），1981 年。

二 评注

《维也纳刑法典评注》（Strafgesetzbuch，Wiener Kommentar），第 6 - 7 条，1979 年。

《维也纳刑法典评注》，第 80 - 82 条，1981 年。

《维也纳刑法典评注》，第 83 - 87 条，1984 年。

《维也纳刑法典评注》，第 88 - 90 条，1989 年。

《奥地利联邦宪法：文本集和评注》（Österreichisches Bundesverfassungsrecht. Textsammlung und Kommentar），联邦宪法第 91 条第 2 款和第 3 款、第 93 条，2000 年。

《维也纳刑法典评注》，第 6 - 7 条，第 80 条，第 2 版，2001 年。

《维也纳刑法典评注》，第 82 - 87 条，与恩斯特·法布里齐（Ernst Fabrizy）合著，第 2 版，2002 年。

《维也纳刑法典评注》，第 81 条，第 2 版，2002 年。

《维也纳刑法典评注》，第 88 – 89 条，第 2 版，2003 年。

《维也纳刑法典评注》，第 90 条，与汉内斯·许茨合作，第 2 版，2004 年。

《奥地利联邦宪法：文本集和评注》，联邦宪法第 90 条 a，2009 年。

三　期刊与文集中的论文

《奥地利法律对大学教师的社会伦理标准的保障》（Die Sicherung eines sozialethischen Standes des Akademikers im österreichischen Recht），《法律报》1967 年，第 601 – 611 页。

《论重罪未遂：理论和判例的对立》（Über den Verbrechensversuch. Eine Konfrontation von Lehre und Rechtsprechung），《法律报》1969 年，第 521 – 535 页。

《盗窃、侵吞和侵占》（Diebstahl, Veruntreuung und Unterschlagung），《奥地利法学家报》1974 年，第 540 – 545 页。

《论新刑法典中的正犯规定》（Zur Täterschaftsregelung im neuen StGB），《奥地利法官报》1975 年，第 13 – 18 页，第 29 – 33 页。

《刑法典第 15 条规定的未遂》（Der Versuch nach § 15 StGB），《法律报》1976 年，第 113 – 127 页。

《论刑法典中的同意》（Zur Einwilligung im Strafrecht），《奥地利法官报》1977 年，第 1 – 4 页。

《刑法的介入是对青少年犯罪行为的合理反应吗？》（Ist der Einsatz des Strafrechts eine sinnvolle Reaktion auf delinquentes Verhalten Jugendlicher?），《奥地利法学家报》1977 年，第 113 – 121 页。

《刑法中的表面上的竞合》（Die Scheinkonkurrenz im Strafrecht），《法律报》1978 年，第 393 – 404 页。

《论过失责任的客观界限：一个实际案例中的现代刑法教义学》（Zu den objektiven Grenzen der Fahrlässigkeitshaftung. Moderne Strafrechtsdogmatik in einem praktischen Fall），《律师报》1980 年，第 99 – 103 页。

《经济秘密的刑法保护》（Der strafrechtliche Schutz wirtschaftlicher Geheimnisse），汉斯·格奥尔格·鲁佩主编：《经济生活中的秘密保护》，

1980 年，第 5 - 44 页。

《奥地利量刑权的基本问题》（Grundprobleme des Strafzumessungsrechts in Österreich），《整体刑法学杂志》第 94 期，1982 年，第 127 - 160 页。

《具有结果的抢劫银行》（Ein Banküberfall mit Folgen），迪特尔姆·金阿普费尔主编：《刑法案例及其解答》，1982 年，第 123 - 142 页。

《单一正犯的完满还是终结?》（Vollendung oder Ende der Einheitstäterschaft?），《奥地利法官报》1982 年，第 216 - 217 页。

《处于考验中的新奥地利刑法》（Das neue Österreichische Strafrecht in der Bewährung），《整体刑法学杂志》第 94 期，1982 年，第 723 - 746 页。

《对 10 Os 183/82 的判决评论》（Entscheidungsbesprechung zu 10 Os 183/82）（关于同种类的想象竞合及其在刑事诉讼法中的处理），《法律报》1983 年，第 659 - 663 页。

《关于新刑法的经验资料》（Empirische Daten zum neuen Strafrecht），《奥地利法学家报》1983 年，第 617 - 626 页。

《奥地利的不作为犯和不作为犯罪的刑事责任》（Unterlassungsdelikte und strafrechtliche Verantwortlichkeit für die Deliktsbegehung durch Unterlassung in Österreich），致国际刑法学协会第十三次国际刑法会议主题一的奥地利国家报告，为 1982 年 10 月 7 日至 10 日意大利乌尔比诺筹备讨论会而作，《国际刑事法杂志》第 55 期，1984 年，第 535 - 558 页。

《关于 10 Os 31/83 的判决评论》（Entscheidungsbesprechung zu 10 Os 31/83）（关于累犯的量刑），《奥地利法官报》1984 年，第 237 - 239 页。

《奥地利的经济刑法》（Wirtschaftsstrafrecht in Österreich），《法律报》1984 年，第 577 - 588 页。

《奥地利的道路交通犯罪》（Straßenverkehrsdelikte in Österreich），《东欧和西欧道路交通法：慕尼黑东欧法律研究所的研究》，1985 年，第 59 - 80 页。

《第三人或者被害人事后的错误行为的结果归责》（Erfolgszurechnung bei nachträglichem Fehlverhalten eines Dritten oder des Verletzen selbst），《汉斯 - 海因里希·耶舍克祝寿文集》，1985 年，第 357 - 375 页。

《论奥地利的区域刑罚实践》（Zur regionalen Strafenpraxis in Österreich），与弗朗茨·凯泽合作，《奥地利法学家报》1985 年，第 1 - 11 页，第 43 - 47 页，第 417 - 427 页。

《可罚还是不可罚的未遂?》（Strafbarer oder strafloser Versuch?），《法律报》1986 年，第 76 - 80 页。

《奥地利的毒品刑法》（Drogenstrafrecht in Österreich），《奥地利法学家报》1986 年，第 520 - 528 页；《运转中的刑法》（Criminal Law in Action），1986 年，第 179 - 198 页。

《从法律人的视角看遗传工程和再生医学》（Gentechnik und Reproduktionsmedizin aus der Sicht des Juristen），奥托·莫尔登主编：《知识和抉择：科学和实践中的价值问题》，1987 年，第 215 - 227 页。

《结果归责和违反客观注意义务的特殊问题》（Spezielle Fragen der Erfolgszurechnung und der objektiven Sorgfaltswidrigkeit），《弗朗茨·帕林祝寿文集》，1989 年，第 39 - 62 页。

《国际刑法学协会成立 100 周年以来的刑事政策：一个评述的努力》（Kriminalpolitik nach 100 Jahren IKV / AIDP-Versuch einer Bestandsaufnahme），1989 年 10 月 2 日维也纳国际刑法学协会第十四次国际刑法会议上的演讲，《整体刑法学杂志》第 102 期，1990 年，第 637 - 657 页。

《遗传工程学和奥地利刑法》（Gentechnologie und Österreichisches Strafrecht），联邦科学与研究部主编：《奥地利法律中的遗传工程学》，1991 年，第 295 - 361 页。

《规范的客观归责理论》（Normative Lehren der objektiven Zurechnung），莱莫·拉蒂（Raimo Lahti）、基莫·诺提奥主编：《变革中的刑法理论》，1992 年，第 383 - 395 页；《法学教学和实务准备》，1992 - 1993 年卷，第 136 - 143 页。

《奥地利青少年犯罪行为的制裁》（Die Sanktionierung von Jugendstraftaten in Österreich），《法学教学和实务准备》，1993 - 1994 年卷，第 12 - 18 页。

《新的洗钱犯罪》（Die neuen Geldwäschereidelikte），《奥地利银行档案》1994 年，第 173 - 182 页。

《从刑法学的视角看奥地利转处的前景》（Perspektiven der Diversion in Österreich aus der Sicht der Strafrechtswissenschaft），联邦司法部主编：《奥地利转处的前景》，1995 年，第 123 - 164 页。

《刑事案件国际法律援助的特殊问题》（Spezielle Fragen der internationalen Rechtshilfe in Strafsachen），《奥托·特里夫特尔祝寿文集》，1996 年，第 733 - 753 页。

《刑法基础理解的当前转变》（Aktuelle Wandlungen im Grundverständnis des Strafrechts），《法律报》1996 年，第 362 - 366 页。

《对 13 Os 63，64/97 的判决评论》（Entscheidungsbesprechung zu 13 Os 63，64/97）（关于不能犯未遂的可罚性），《法律报》1998 年，第 397 - 399 页。

《奥地利 1975 年以来的刑法发展》（Entwicklung des Strafrechts in Österreich seit 1975），《海茵茨·齐普夫纪念文集》1999 年，第 3 - 34 页。

《自杀和刑法》（Selbstbestimmtes Serben und Strafrecht），海因里希·福斯特施密德 - 哈尔滕斯坦因主编：《物质、精神和意识：1999 年欧洲阿尔卑巴赫论坛》，2000 年，第 154 - 158 页。

《通过接受律师报酬的方式的洗钱》（Geldwäscherei durch Annahme eines Rechtsanwaltshonorars），《律师报》2001 年，第 574 - 587 页。

《我们的刑事诉讼走向何方?》（Wohin geht unser Strafprozess?），《法律报》2002 年，第 273 - 280 页。

《人们对刑法学者的期待是什么?》（Was erwartet man von einem Strafrechtslehrer?），《赫伯特·施泰宁格祝寿文集》，2003 年，第 249 - 257 页。

《法人犯罪的责任：关于在奥地利的讨论状况的报告》（Verantwortlichkeit juristischer Personen für Kriminaldelikte-Bericht über den Diskussionsstand in Österreich），与伊丽莎白·科克合作，《匈牙利法律》2004 年，第 237 - 242 页。

《从刑法学的视角看刑事司法中的角色图景和伦理》（Rollenbilder und Ethos in der Strafrechtspflege aus der Sicht der Strafrechtswissenschaft），奥地利检察官协会主编：《刑法中的角色图景和伦理》，2007 年，第 29 - 47 页。

《奥地利的转处：阶段性考察》（Diversion in Österreich-eine Zwischen-bilanz），联邦司法部主编：《第三十五届奥滕施泰因刑法和犯罪学进修研讨会》，2007 年，第 5 - 26 页。

《检察官的独立性?》（Unabhängigkeit der Staatsanwälte?），奥地利法学家委员会主编：《法治国与独立性》，2007 年，第 70 - 85 页。

阿尔宾·埃泽尔（**Albin Eser**）

阿尔宾·埃泽尔（Albin Eser）

王　莹译

跨越边界，直抵中心

一

回顾往昔，我的人生仿佛是由无法预测但最终又充满幸运的一连串挑战与机遇所组成，它们一再把我从循规蹈矩的生活之中拉出来，让我不断超越界限。而我对这些却懵懵懂懂，也未尝有意识地作出决断，但我的人生之旅一再转轨，需要我抛却世俗，迈向未知的新大陆。

这一切早在我从当时所谓的公立学校（Volksschule）转学到高中即已开始了。1935年1月26日，我出生于施佩萨特（Spessart）的小村庄莱德斯巴赫（Leidersbach）的一个裁缝家庭，在手工业者与农民的家庭环境中长大。如果不是一位本地的神父觉得有责任扶持一个来自贫苦家庭的孩子，并鼓励我的父母将他们的儿子送往更好的学校学习的话（这在当时的天主教徒中是很普遍的），这种家庭的生活习惯本该为我圈定了未来的人生轨迹。幸运的是，我从外祖父那里也获得了资助，他虽然只是石匠学徒出身，却靠着当时在阿莎芬堡地区（Aschaffenburg）渐成气候的制衣业开设了一家小型工厂，此外还自学成才成为合唱团团长。他有意识地培养长孙对音乐的兴趣以及努力向上层社会流动的渴望。

这些期望只能远离家乡并且在他人的支持下才能得以实现，因此从

1946 年 9 月起我就在当时很难进入的美因河畔米尔滕贝格（Miltenberg）的"文科高中"就读，之后又进入因教堂资助而免费的"主教初级神学院"（Bischoefliche Knabenseminar Kilianeum）学习。尤其是后者对我帮助很多：除了公立高中所教授的固定知识以外，那里还提供多种多样的音乐入门课，帮助我们扩展神学与哲学的视野，在那里我积累了融入神学院群体以及在其中脱颖而出的经验。

当然这其中并不是没有痛苦的经验。首先伴随而来的是思乡之情，正如后来所经历的那样，我长期与父母、外祖父母及弟弟们分离。由于严格的纪律我只能在一年三次的假期即圣诞节、复活节与暑假回家，家人的探视则最多一个月一次。后来是围绕所期待的神父职业的竞争，对于这条道路我并不十分确信。这其实已经有违神学院严格的习惯，但我还是被允许留在神学院继续学习。对此我要感激当时维尔茨堡神学院的主教，即后来成为慕尼黑红衣主教的尤利乌斯·德普夫纳（Julius Döpfner）的理解。

但是如果不选择神学的话，我应该选择什么专业呢？由于我在数学方面成绩优秀，老师们鼓励我选择这一专业。我的兴趣却在于古老的语言、文学与历史。但是如果人们不想面对教师殷切的期望的话，应该怎么做呢？在 1954 年高考之前的一次职业咨询座谈上，有老师及时地建议我选择法官的职业：为了避免在改变想法或者失败时一损俱损，人们不应该将兴趣爱好作为职业来发展。他所建议的法律学习有着广阔的择业前景，这一点特别吸引我，但另一方面我对法律也一无所知。此前无论从家庭背景还是从学校教育方面我都与法律没有什么干系，如果有所听闻的话，就是有人警告我要提防这个职业的陷阱。因此我决定，选择一门对我来说并非完全陌生的领域即经济作为保障，以此来接近法律这个专业。

我开始在位于法兰克家乡的维尔茨堡大学进行法律与国民经济双学位的学习，由此朝一个完全的新大陆疑疑惑惑地迈出了一步。但在 1954 - 1955 年的第一学年我就完全转到了法学专业。一开始我根据自己的兴趣听了大量的哲学课，在这个过程中我渐渐不愿意再追随这些脱离现实的形而上学，可能法律作为现实与价值之间充满张力的冲突与联结刚好非常合我的胃口。人际与社会共同生活中不可避免地会产生冲突与秩序需求，为此寻找最公正的解决方案总是令我心驰神往。即使其中那些难啃的"概念之石（Begriffsgeroelle）"，一旦能成功地发现其背后的目的性，对我也是一种智识上的激励。

在维尔茨堡（Würzburg）轻松地上了一年的大课以后，我转到图宾根，在那里我才开始理解法学需要什么样的努力与理解力。我与一位古语言学专业的同学合住在一间舒适的宿舍里，一起探索着这座法兰克之外的大学，完全没有预料到我将来一共要在这里度过十五年光阴。那里有给予我很大启发的优秀课程，尤其是俨然成为明星的京特·迪里希（Günter Dürig）的宪法课，还有斯瓦本地区勤奋的同学与我一起竞争，加之这个小城没有什么能构成对学习的干扰，因此我很容易就在一年之内拿到了参加考试所需的所有学分。

这样一来，我就无须再修学分，可以自由地去追寻自己踏上新征程的梦想，我于 1957—1958 年与一个后来成为一生好友的来自明斯特的同学一起转入柏林自由大学学习，以便了解柏林这座国际化的城市。与其说是柏林自由大学吸引我来到此地——虽然这里有阿尔魏德·布洛迈尔（Arwed Blomeyer）极具娱乐性与舞台化效果的民事诉讼法课程，以及恩斯特·海尼茨（Ernst Heinitz）贴近现实的犯罪学－法医学讲座，还不如说是柏林的艺术与政治活动攫取了我的心，使我来这里学习。凭借学生交通卡的方便，我聆听了诸多安东·布鲁克纳（Anton Bruckner）的音乐作品，里夏德·瓦格纳（Richard Wagner）的音乐作品则带给我复杂的感觉。东柏林的布莱希特戏剧演出深刻揭露了当时的现实，同样新艺术也引起极大的争议。西柏林在东德的包围下是一个政治孤岛，想到这一点，人们乘坐夜班车穿越东德时心底不由得浮起一丝恐惧。反对苏联入侵匈牙利的浩浩荡荡的抗议队伍使我意识到，只有世界性的机构共同承担起跨越国界的责任，人权才能获得保障。或许这种经历让我逐渐萌生了对比较法与国际关系研究的兴趣。

1957 年的夏季学期我又转到另外一个地方学习。因为当时为防止西德学生逃避服军役，第五学期以后必须离开柏林。而我之所以回到维尔茨堡，是出于私人的原因：我的女友格尔达·施奈德（Gerda Schneider）

在维尔茨堡，之前我几乎每天都与她通信。我与她于 1959 年底结婚，至今已经度过近五十年的光阴。无论如何这在当时都是一种动力，激励我全力进行国家司法考试的准备并在第七个专业学期后顺利通过考试。当然，在此期间瓦尔特·萨克斯（Walter Sax）的刑法讲座也对我有深远影响，收获并不那么丰富的京特·屈兴霍夫（Günther Küchenhoff）的法哲学讲座其实也是一种难得的经历。

我的考试成绩优异，因此我得到两个机会，只可惜这两个机会很难兼得。其中之一是跟随萨克斯教授攻读博士学位，这个机会刚好可以迎合我在萨克斯教授行为理论的讲座中重新复活的哲学兴趣，但是其在方法论上严谨的要求与众所周知的严格督导对我来说可能意味着充满冲突的挑战；另一个机会是海因里希·朗格（Heinrich Lange）提供的民法助手职位，主要是为其继承法教科书提供辅助工作。但这两个机会却被我很好地结合在了一起，虽然很难做到。我为了跟随萨克斯教授进行博士论文写作放弃了刚开始的法律见习工作。但是我的博士论文遭遇了危机：我的博士导师从维克托·克拉夫特（Victor Kraft）的价值哲学出发希望我对犯罪行为与行政违法行为之间的区分进行进一步的论证，但我却坚信尼古拉·哈特曼（Nicolai Hartmann）的理论，并在论文中得出了一些在教授看来不受欢迎的结论。最终我靠博士生也可享有的学术自由取得了胜利，而萨克斯教授也尊重了这一点。

那个时期另外一个重要的经历在我看来也颇值一提，即与具有纳粹历史的教授们不同的相处经历。口才惊人的公法学家京特·屈兴霍夫擅长以自然法哲学掩饰其从前对纳粹意识形态的颂扬，我也在他的讲座中听得如痴如醉，所以觉察其思想真相后极为震惊。与其大相径庭的是海因里希·朗格教授，我在担任其助手职位之前即已听闻他曾因担任不太光彩的继承法委员会主席一职而与纳粹有些瓜葛，他明确要求我不要屈从于他的新继承法教科书中那些当时论文里有问题的说法，而应当大胆地对其进行批判，或者明确表示这些说法令人担忧。因为教授的这种公正诚实，我觉得可以自由地与他一起工作。

我的助理工作在 1960 年就结束了，因为我又要跨越边界，开始通向新世界的旅程：在纽约大学进行一年的比较法学习。后来证明这次远行对我产生了深远的影响。这不仅是因为作为新婚夫妇，在一个对德国年轻人持怀疑态度的环境里，我们第一次产生了国籍的强烈意识，并且让人觉得来自这个国家的人是可以令人信赖的；也不仅是因为美国人令人惊奇的好客与热心肠使得我们快速地适应了"美国生活方式"；更重要的是因为，地处当时嬉皮运动中心的曼哈顿格林威治村的法学院提供了多样化的教学内容：以"案例教学方法"著称的学校式的教学体系偏重实践，其往往要求学生进行大量繁重却有益的准备工作。课堂讨论具有相当大的开放性，注重的不是体系化的结论而是论证的说服力。在比较法方面我注意到，对自己国家法律的稳固信仰在接触到别国的法律时很容易产生动摇，在与别国法律规定对比的过程中会发现本国法律的缺陷突然变得异常明显。在丰富的人际关系方面，有三个人需要特别强调：第一位是里夏德·霍尼希（Richard Honig），当时被纳粹从哥廷根驱逐出境的刑法学者，他与好客的妻子向我们讲述了他所受到的令人震惊的不公正待遇，也让我们了解了他们在逆境中的生存智慧。第二位是格哈德 O. W. 米勒（Gerhard O. W. Mueller），德裔美国人，几乎就是一个比较法的化身，他指导了我的硕士论文。第三位是霍斯特·施罗德（Horst Schroeder），当时在纽约大学作客座教授，我有幸能为他提供一些类似秘书性质的帮助。他向我提供了图宾根大学教席的助手职位，第一次跟我谈及以后进行学术研究的可能性，对此直到那时我连做梦都不敢奢望过。但当时我宁愿在巴伐利亚州开始候补司法官（Assessor）的工作。

当我 1961 年夏天回到维尔茨堡时，接下来的就是要继续推迟了的法学见习，以及结束（当时还在授予的民法和宗教法博士头衔）博士学习。同时我担任法史学教授保罗·米卡特（Paul Mikat）的助手，其间发表了一些刑法的短论文。

虽然我的职业倾向已经朝向学术研究发展，但在我 1964 年春取得第二次国家考试的优异成绩后，我的未来好像又开始了一次转向：一种选择是在巴伐利亚司法部展开光辉的职业生涯，这也是政治生涯的开端；另一种选择是在记者职业中担任领导职位。幸运的是知我者莫若妻，她提醒我现实的个案所带来的刺激与对一瞬即逝事物的追随很快会让我厌倦。能令我沉迷其中的还是对深而广的学术研究的渴望。

　　虽然我们都很清楚，这种选择代表着踏上不可知的学术征程，我还是应施罗德教授在纽约时的许诺来到图宾根开始助手工作，以跟随他进行刑法教授资格论文的写作。这在很多方面都不能不说是一个转变：搬到距离我们的家庭更加遥远的地方；放弃了民法和法律史，尽管对此抱有浓厚的兴趣并且米卡特教授已答应指导我的博士论文，但我因缺乏史学的背景而自觉从事这两门专业有些准备不足；离开了我的博士导师萨克斯教授，他虽然答应指导教授资格论文，却无法提供助手职位解决我的生活来源问题。

　　与此同时图宾根之行也意味着新的开端，人们时常需要这些开端以吐故纳新。我接触到施罗德教授不寻常的刑法论文，这种震惊的经历有时候也是好事。我之所以选择刑法专业，不仅因为它与其他专业相比始终更加关注人本身，而且因为它与其他生活科学、行为科学专业，如心理学、社会学、人类学与哲学密切相关，而我在博士导师萨克斯教授的影响下一直对哲学具有浓厚兴趣。但这一切在施罗德教授看来却会对法条及其适用的实在法的阐释工作造成干扰，对于他所编著的《舍恩克/施罗德刑法典评注》来说，除却一切矫饰的简洁与精练尤其必要。在刑法评注的撰写过程中，只有以应用性为标准对每个表述都字斟句酌，避免任何多余的语句，施罗德教授才会觉得满意。这种要求几乎是一种奢望，却如同是铁一般的强迫性纪律不可违抗。我很快就明白，对于施罗德教授来说可考虑的论文仅仅是实证法方面的。为了不局限于刑法范围，我选择了法政策学上备受争议但一直未被进行整体性研究的题目"财产刑"，而对这个题目进行基础性的论证也需要运用民法和宪法知识。

　　同样具有挑战性的是，我提议在 1968 年 12 月进行一次试演讲，从而迈出职业的第一步。不曾想大学理事会建议我选择我所提议的第二个题目"作为普遍排除违法性事由的正当权益的行使"（Wahrnehmung berechtigter Interessen als allgemeiner Rechtfertigungsgrund），而非第一个题目。这可能是因为这个题目更易引起民法和公法学者讨论时下蔓延的静坐罢工示威以及以发展与言论自由为名反抗"稳固秩序"运动的兴趣。在演讲中我认为，对于具有强烈社会连带性的法益，除了可以对权利的实际损失提供传统上的正当防卫与紧急避险类的保护以外，还可以通过主张权利创造新的价值，对权利受损的预期可得利益予以保护。虽然这些观点显得过于激进，以致我的教授资格论文的导师建议我放弃这个题目，不少人也表达了怀疑态度，我还是得到了我尤其珍视的系同事们的掌声，这也算是一种补偿吧。

我1970年1月的就职演说的题目"刑事司法中的社会法庭"差点给我带来政治上的损失。我本打算借鉴前民主德国解决轻微犯罪问题的社会法庭模式来为西德刑事司法提供灵感，但这在当时很容易招惹令人不快的怀疑与敌对。那时如果有必要探讨当时习惯称为"苏联占领区"法律的话，几乎全是贬损之辞。由于我在纽约大学学习过"苏联法律"，一次被邀参与诉讼法学者会议讨论苏联法律时，一位年轻的同仁还在会议致辞中大声称呼我为"我们的社会主义者"。

在教学方面，在获得教授资格之前我就时常担任练习课的主讲，并且替施罗德教授在大课堂上代课从而得到了一些锻炼。这些都使后来困难的试讲阶段，即作为讲师在图宾根大学夏季学期讲授刑法总论，与此同时每周乘坐火车去汉堡任课，变得相对容易了一些。我在美因茨大学任课以后不断收到邀我担任教授的邀请，例如1970年曼海姆大学的邀请。我去曼海姆大学考察了一番，几乎快要接受邀请，最后在同年夏天我选择了比勒费尔德大学，因为这所大学与其他的新设研究机构不同，具有全新的科研与教学理念。

我在比勒费尔德大学只待了四年，但这段执教光阴对我产生了深远的影响。我在科研基础方面开拓了全新的视野。在维尔茨堡攻读博士与担任助手期间，我的兴趣主要放在哲学与历史方面；在图宾根写作教授资格论文与参与刑法评注编撰期间，我做了大量实证法的工作；而在比勒费尔德，通过与社会学学者们的教学合作以及积极参与当时还很稀有的"跨专业研究中心"的工作，我打开了实证社会学的视野。我与社会学学者一同举办会议和讲座，也开设与传统犯罪学不同的关于刑法中社会学基本问题的规范－实证课程。

另外通过在哈姆（Hamm）州高等法院刑事法庭任兼职法官的实践，我搜集了生动的案例，也获得了更深的洞察力。尽管又多了一重负担，但这种理论与实践的结合对我来说非常重要，因此后来在图宾根我又欣然在斯图加特州高等法院继续兼职。

　　我在比勒费尔德担任教授一年以后被选为这所年轻的大学的法律系主任，这也是我之前从未涉足的领域：不仅要处理大量新的事务，而且这些事务还必须在席位平等（教授、助理与学生之间的席位比例是2：1：1）且有强烈政治色彩的委员会的治理下实施。为了在处理事务时得到多数人的支持，我需要有针对性地花费大量的时间和精力，但也时常有在比勒费尔德之外活动的同事们不合作的不愉快经历，这些同事宁愿回到委员会集中制时代。虽然教授一方与助理和学生一方地位平等（现在它已经被宣布为违宪了）有造成议事瘫痪的危险，因而长期看来此一比例在实践上本来也是不可行的，我们还是尽量取中庸之道，尽量留给其他的团体以足够的影响力，以便他们不被作为"可忽视的少数人"被教授团体轻而易举地打发掉。这些工作基本上是在友好合作的氛围下进行的，因此我在其后担任副校长处理教学与学生事务过程中遇到诸多冲突时也从未曾迷惘过。

　　我们在比勒费尔德还尝试开展新的法学教学模式：传统上法学教学是两阶段式的，即由学习期与法律见习期两个时期组成，我们尝试按照大学学习、类似于法律见习的实践、重新回到大学进行理论上的归整这一顺序培养学生，称其为"一阶段式"可能会引起误解。作为系主任的我特别受到当时已经非常著名的刑法学同仁、后来任联邦司法部长的维尔纳·迈霍弗（Werner Maihofer）的赞赏与支持。这种模式一开始取得了很大的成功，却未能继续发展下去，并不是因为这种模式本身不好，我认为原因在于所谓"自我实现"论对它存有偏见。

　　仿佛这些还不能占据我的所有时间，我又打算开设新型的课程。通过对美国式的"案例教学法"的经验整理，我想借助法庭判决发现问题，进行论证分析，将其整合为一个体系性的整体。我之所以能将这个课程整理后成为《法学大学课程刑法卷》分三卷出版，首先要感谢比约恩·布克哈特（Bjoern Burkhardt）的支持，后来我成为他教授资格论文的导师。为此我也只得将家庭放在一边，当时我们已经有了三个孩子，我也要特别感谢妻子的无私奉献与宽容并请求她的原谅。我更加感到遗憾的是，为了不停地对这本我至今还不时收到好评与建议的书进行更新修订，我后来在弗莱堡身兼两职时几乎没有一点空余时间了。

在比勒费尔德的四年结束之前，我的家庭就不得不再次搬迁，我们要回到图宾根。我的教授资格论文指导老师施罗德突然辞世，我在与教授曾共同度假的维亚雷焦（Viareggio）海滩突然接到图宾根大学邀请我继任施罗德教授职位的消息。作为施罗德教授的年轻学生，我无法逃避这个光荣的同时与对教授的缅怀相连在一起的责任。尽管手头还有未做完的工作，但比勒费尔德的同事对我的离去给予了充分的理解。

与比勒费尔德的积极氛围相比，从 1974 年开始我感到很难重新适应图宾根纪律性很强的工作。我与另外两位同事，同样注重法政策学的于尔根·鲍曼（Juergen Baumann）和具有严谨教义学传统的特奥多尔·伦克纳（Theodor Lenckner），一起讲授大学里的刑法课程，几乎没有什么新鲜创意的空间。即使想在额外工作中进行一些创新，也可能遇到挡路石，例如有人担忧我的"刑法中的社会学基本问题"教学与犯罪学同事霍斯特·格平格尔（Horst Goeppinger）的领域相冲突。于是我更加乐意在规范理论的讲座中与神学学者、哲学学者以及政治学者建立沟通的桥梁，尤其是与我在维尔茨堡时期结识的以"具有世界开放性的基督徒"著称的伦理学者阿尔方斯·奥尔（Alfons Auer）进行合作。通过共同开设法学与医学的讲座与课程，尤其是在绝育与堕胎问题方面，我还继续加强了与妇科医生汉斯·A.·希尔施（Hans A. Hirsch）之间的合作，这种合作在比勒费尔德就已经展开了。

在其他大学看来不同寻常的是，图宾根大学有互相竞争的两派教授，这对我来说也是一种高校政治上的挑战。我被选入图宾根大学管理委员会，因此有机会了解几乎所有系的情况，并由此跟不同系的教授有着多样化的关系。与主要由我所在的法律系同事组成的保守派相比，我在自由派中更能找到认同感，后者将我推向了校长选举的舞台。我希望能够借此在两派之间建立一座桥梁，尽管在系里的局外人身份令人不快，我还是准备要放手一试了。但我一方面不愿与作为多年好友的准备连任的校长竞争，另一方面我像很多人那样期望经理人式的大学校长机构重回学术型的传统模式。在众人猜测纷纷时，校长阿洛伊斯·泰斯（Alois Theis）自己也未曾想到他会获得继续被选举的资格，他连选的意愿也是被通告而知。

这样一来原来的决定就失去了意义，不仅我的家庭比我还要感到快慰与轻松，而且对我来说颇有塞翁失马的意蕴，事后看来这几乎是一种命运的安排。因为如果我担任图宾根大学校长的话，我就无法再接受弗莱堡的邀请了。

错过这样的机会对于大学和系来说并不太遗憾，因为在以前与以后的经历中，既有同事之间的合作精神又有大学内的精神交流的，除了图宾根大学，别处似乎很难找到。我所遗憾的是在科研方面的严格限制，即只能在传统的刑法专业内做科研，资金也相对匮乏，没有进行比较法研究和教学的空间。纽约大学比较法研究的经历仿佛是令我一直难以忘怀的前餐，逗引着我进行比较法研究的胃口，我只能希望担任马克思普朗克外国刑法与国际刑法研究所所长以及在弗莱堡大学作为全职教授给我提供一个更好的平台。

我对马普所寄予的厚望足够让我离开我所热爱的图宾根，在那里我承担了八年的教授工作，之前也担任过六年的助理以及度过了一年学生时代的光阴。我于 1982 年初到达弗莱堡。马普所在我尊敬的前任汉斯 - 海因里希·耶舍克 （Hans-Heinrich Jescheck） 的领导下发展成为一所人力与图书馆资源都相当丰富的机构，在这个基础上可以进行大型的比较法研究项目。它作为 "刑法的圣地" 也名声在外，吸引着世界各地的学者来此进行访问研究，也储备了大量进行外部项目研究的人才。同时外出举办讲座也为我开展跨专业的学术研究提供了机会。另一位不久前辞世的所长、我多年的同事京特·凯泽 （Günther Kaiser） 主持犯罪学研究部，使得犯罪学与刑法能够在同一片屋檐下和谐相处，而且这种合作在其继任者汉斯 - 约尔格·阿尔布雷希特 （Hans-Joerg Albrecht） 主持工作后能够继续和谐发展，因而刑法与犯罪学之间的界限之争也不存在了。我下面还会再谈到这种合作下的项目以及我的其他研究计划。

但是我与弗莱堡大学法律系之间的关系却不如这般和谐，从诚实的角度来说，我不想对这一点遮遮掩掩。同时处理马普所的工作与大学的教学，冲突有时也在所难免。领导大约 100 名员工并督导每年 40 位左右访问学者的工作量远远超过一般大学研究所的事务，因此我希望大学科研部能够给我提供一些便利与优惠。虽然教学赋予我极大的乐趣，但完全承担所有的额定授课工作量实属不易。让法律系理解我不愿意逃避法律系赋予我的职责，直到今天看来也不容易做到。无论如何，我还是非常感激大学给予我教学的机会，使我能够实现我的教学梦想。同时，通过指导博士生与写作教授资格论文的学生，我接触到许多年轻人，他们以多种方式丰富了我的思想。

在我 65 岁时，我觉得是时候卸下这种双重负担了，我提出从大学退休，以便能够将精力全部奉献给所长职位，直到我 68 岁。我坚持人事上的独立，并与弗莱堡大学以及马普所之间签订了相关合作合同。我找到由我指导写作教授资格论文的学生瓦尔特·佩龙（Walter Perron）作为我在大学的继任者，乌尔里希·西贝尔（Ulrich Sieber）作为我在马普所的继任者，二者领导各自的研究机构并进行合作：前者是马普所的外部学术成员，后者是法律系的社团成员。

我于 2003 年退休，但是我所期望的退休后的休闲没有持续太长时间。2001 年我被联合国大会选为前南斯拉夫国际刑事法庭诉讼法官，2004 年 9 月我被邀请到海牙履职。我希望借此又能够开拓一个全新的视野：现在终于可以将我多年理论上研究的成果应用于实践。我能与 40 年前在剑桥大学的暑期课程上结识的丹麦朋友汉斯·亨德里克·布里登斯霍尔特（Hans Hendrik Brydensholt）在同一张法官椅上一起工作两年，来自马耳他的首席大法官卡默尔·阿秋思（Camel Agius）也是我在国际会议上结识的熟人，在我看来这是一个幸运的命运安排。

二

正如我不断跨越边界的人生历程，不同的研究领域也向我不停地展开新的一页。虽然我起初未曾意识到，但回头来看还是有一个已经被决定了的主题贯穿其中。在选择法学专业时我对如何妥善解决人际社会冲突，包括法律形式之外的人文与社会科学内涵的兴趣，就大于对抽象的法律逻辑的兴趣。那些寻求人本理念的种种问题也一直强烈地吸引着我。

我起初的几个大型学术研究项目表面上看来好像不符合这个主题，

它们主要涉及一般性的刑法理论问题，较少触及"人文"的问题。仔细审视，我的博士论文《犯罪行为与秩序违反行为之界分》（Die Abgrenzung von Straftaten und Ordnungswidrigkeiten）（1961年）实际上是关于不法的实质内容，以及其处罚如何才能控制在必要限度以内，并且如何能够符合人性尊严的研究。同样在我的硕士论文《损害原则》（The Principle of Harm）中，我也尝试寻找形式违法行为的实质内涵。《作为普遍排除违法性事由的正当权益的行使》（1969年）中的论述则直指社会冲突问题的中心及其解决途径，同样我后来的其他一些关于排除违法性事由与免责事由的文章（1970年以后）也涉及价值衡量问题。在我的著作《刑事司法中的社会法庭》（Gesellschaftsgerichte in der Strafrechtspflege）（1970年）中，我对如何寻求轻微犯罪问题的贴近社会的解决方案进行了比较法研究。

即使我初始阶段的研究没有过分关注以人为本的问题，后来我也惊奇地发现，我很少满足于表面的视野狭窄的法律解决方案：例如在我第一篇关于诈骗罪的文章（1962年）中，通过提倡"动态的财产概念"，我尝试将损害经济上的活动自由也作为诈骗的损失来论证，或者如我第一篇关于盗窃罪的论文，其中我试图重新定义形式上的占有要素与指涉物品价值的占有要素之间的关系。这些对经济问题的兴趣或许可以追溯到我学习国民经济的第一个学期，它可能也在某种程度上激励我写作题为《财产刑》（1969年）的教授资格论文，但其中也有经济因素上的考量。

我当然可以继续寻找其他作品背后的动机，但是上面这些例子已经足够了，无须我逐一阐释时而持续、时而中断的研究题目。如果没有对知识的深层次的兴趣，我很难展开一个新的研究领域。我需要一种额外的激励才能将时间精力投入一项研究中去。例如我60年代中期选择教授资格论文时，就是因为在参与编撰《舍恩克/施罗德刑法典评注》时发现财产刑没收与销毁存在缺陷，需要研究如何对其进行彻底的改革。在关于犯罪嫌疑人听审权（1966年）与作证自由（1967年）的著作中，我借鉴了强调犯罪嫌疑人地位的美国司法实践经验，此外也采纳了我教授资格论文指导老师的聪明建议，即除了我的主攻专业实体刑法，也向程序法领域拓展，以防止专业方向过于单一。

　　因此我 1970 年第一次跨越医学与法学的边界进行跨学科研究时，几乎不存在任何问题。这也是机缘巧合，就好像年轻的乐队长在著名指挥突然缺席时所做的那样：图宾根妇科大会的主讲人"医事法教父"保罗·博克尔曼（Paul Bockelmann）因病不能出席，医学系主任临时询问身为其法律系同事的我是否可以充当替补，我就这样被他"赶鸭子上架"，接连数天给那些对于自愿绝育的可容许性这一争议极大的问题拿不定主意的医生们讲解最新的判例。我的演讲受到医生的欢迎，演讲稿也发表在一家医学杂志上。受到这种鼓舞，这样的首次登台竟为以后长期的、不断扩展的科研道路拉开了序幕。在我的记忆里，这条科研道路之上的第一个里程碑是我与几位比勒费尔德大学同学邀请医学界与法律界人士共同建立的走出大学的医事法讲座。通过媒体的报道，该讲座在其他地区也产生了影响，我们的讲座项目也成为特里尔（Trier）德国法官学会定期举办的"法律与医学"培训会议的典范。

　　从图宾根归来之后，医生与伦理学者对 70 年代中期开始兴盛的安乐死、药物试验以及高风险的治疗试验的伦理化问题的研讨不断加深，我成为敢于直面这些与世界观相联系的疑难问题的少数法学者之一，屡屡受邀进行相关演讲。虽然这耗费了我大量的时间并且经常需要外出，但我一直觉得这种跨专业的对话具有很大的挑战性，收获良多。尤其是这让我明白，只有能让外行也理解一个法律问题而不是仅仅躲在法律术语下面玩捉迷藏游戏时，才说明人们彻底想通了这个法律问题。在法政策方面，我参与制作备忘录、撰写导言并担任委员会工作，例如我在安乐死选择性草案中承担了大量工作；我作为所谓的本达委员会［Benda-Kommission——即当时的联邦宪法法院主席恩斯特·本达（Ernst Benda）领导下的体外受精、基因组分析以及基因治疗工作组］以及联邦医生公会（Aerztekammer）的学术顾问委员会的成员时，处理了法律上几乎还未被探讨的人类基因技术以及器官移植医疗问题。最持久的要数我在堕胎问题上所投入的精力：我在比勒费尔德时就已经呼吁对这方面的立法进行改革，到弗莱堡马普所以后我承接了一个大型的研究项目，并最终作为德国议会的专家在联邦宪法法院发挥专长。

　　其间我积累了大量的经验教训，下面我将谈谈两点重要的体会。作为最先研究新生事物的先锋，令人感到气愤的是，自己常常在时下流行的按照姓氏字母排列的顺序中被排在后面，甚或完全被遗忘；而被提及的那些后来的没有多少自己的原创思想的作者却受到重视。每当我回想当初自己在准备 1981 年不莱梅学术论坛关于人类基因的报告时根本找不到可用的资料，几乎是在未知地带摸索着提出立法主张，就会觉得忽视这些蹒跚学步的努力以及不去了解当时的客观情况与信息未免有些不公正，更不用说从科学史上来看，忘记知识的原创者是多么令人惋惜的事情了。

　　学术实践方面的另外一个经验是，通过项目研究所获得的新见解可以促使人们彻底改变观点。这是我在堕胎问题法政策基本立场方面的经历。70 年代第一个改革阶段我大多主张"适应症方案"。*从道德角度来讲对此我深信不疑，我和比勒费尔德的同事恩斯特 - 沃尔夫冈·伯肯弗尔德（Ernst-Wolfgang Böckenförde）与格哈德·奥特（Gerhard Otte）在有相同想法的高校教师中公开发动了签名倡议，向联邦议院递交请愿书反对议会签署的"期限方案"（即允许孕妇在怀孕三个月以内实施堕胎的方案）。出于对极具宪法争议性的改革现状不满，也受到寻找新的解决途径的诱惑，我利用上文提到的弗莱堡马普所第一个研究项目机会，在犯罪学部所长京特·凯泽的支持下进行了广泛的比较法与实证研究，以期获得世界范围内堕胎问题的法律经验。从这项研究之中我们得出结论，除"传统"的适应症方案与期限方案的对立之外，还有很多的法律方案可供选择。我们发现适应症模式并非像大家所期待的那样，能够为胎儿提供生命权的保护，另外如果说这个模式没有将孕妇逼到绝境的话，也使其处于孤立无援的境地。但我们也不能因此就轻易走到仅仅关注孕妇利益的期限方案的一面。我不愿放弃我反对堕胎的基本立场，但在法政策方面更加合理的是一些国家所尝试的"中间路线"。

　　虽然联邦议员最终通过了"咨询模式"，没有采纳我和项目协调员汉斯 - 格奥尔格·科赫（Hans-Georg Koch）提出的"紧急状态讨论模

---

　　*　即根据孕妇是否具有堕胎的适应症来决定是否对其实施堕胎的方案。——译者注

式"，堕胎项目让我们明白两点：一方面学术能够影响政治，另一方面研究者也应该毫无先入为主之见地接受新知识。如果人们将依据新的研究结果而改变立场视为自相矛盾，适应症方案的拥护者就曾这样批判我，这混淆了顽固不化与科学的学习能力之间的区别。

到马普所主持这些项目之前，我在图宾根就已经开始研究医事法：首先我牵头编撰了新的《医学与法》系列文集，并从第 12 卷起扩展了主题范围，与弗莱堡的医学伦理学者爱德华·塞德勒（Eduard Seidler）共同出版该文集，目前文集已经出版了 43 卷。我来到弗莱堡之后将图书资料也搬过来，组建了医事法图书馆部。这样就奠定了医事法研究的基础：我与赛德勒一起建立了医事法史研究所"医学伦理与法律研究处"（FERM），其后又合并了弗莱堡大学的"伦理委员会"，扩展成为"医学伦理中心"（ZERM），开创了哲学、神学与心理学的新型研究道路。这个研究所后来的发展证明，机构的发展在很大程度上依赖于机构人员，因为在"医学伦理中心"的工作人员退休后，该中心又更名为"医学伦理与法律研究处"，成为一个更松散的医事法律伦理"论坛"，并最终被清算终止。我只能将这种对法律的缺乏理解视为一种令人遗憾的倒退。

虽然我对医事法研究有大量投入，但是当然不会像有些人所担心的那样忘记马普所的主业——刑法研究本身。研究以人为本的医事法也使我将关注焦点从财产犯罪及其制裁，转移到对人身犯罪中的身体与生命权的保护上。我在图宾根时为 1980 年德国法学家大会所作的比较法与实证角度的关于故意杀人罪新立法的鉴定就已经为人身犯罪研究奠定了基础。我仍然记得当时教席工作人员的辛勤劳动与和谐的工作气氛，这在大型的马普所团队中很难得一见。即使 30 年过去了，我们当时的立法建议还不断被提及，这总是让我记忆犹新。

在我带领《舍恩克/施罗德刑法典评注》团队工作时，在侵犯人身权利犯罪一章中，我学会了如何最好地处理繁杂的判例与文献资料，即不是千百次重复一个众所周知的观点，而是揭露各种实证论点之后隐藏着的基本世界观。但这样可能在即使私交很好的同事中也引起一些不快，例如在从精神化的角度阐释"暴力"概念或者关注侵犯人身自由犯罪的"最终目标"时，更不用说为堕胎罪这样存在两极对立观点的犯罪编写评注了。

　　另一种完全不同的编著压力也可能是源于《舍恩克/施罗德刑法典评注》的不断再版。并不仅仅是因为来自承诺出版期限的时间压力，也是因为评注者的编年史学者般的客观报道义务，评注者必须作为理论与实践之间的过滤网与媒介，在判例与文献的资料堆中仔细翻捡，在此过程中除了阅读有价值的资料以外，也必须阅读大量毫无意义的资料，以尽可能简短地评论那些值得阐释的东西，并忽略其他不重要的东西。此外评注者在甄选材料时还必须注意不要过分在意作者的敏感，有些作者有时会要求在评注合适的地方引注自己的著作；也不应该害怕摒弃过时的观点，在必要的时候也要敢于增加新的评注。这样一来评注工作就成为一种包容了许许多多复杂情感的工作：一方面是重新审视自己的观点以及对他人的作品进行阅读与筛选的负担，另一方面是能够影响理论与实践以及得到赞同的乐趣。怀着这种希望，如果最高法院判决的指导原则可能涉及自己观点，评注者自然就会在阅读判决时特别紧张；如果评注者能够对司法判决的进一步论证甚或改变司法判决发挥作用，正如我在编撰关于谋杀罪要件、强盗罪、强制罪以及没收的评注时所欣闻的那样，尤其如此。

　　一名教授一般只要自己发表出版物就可以视为履行了教授的研究义务，而人们对马普所的所长则有更多的期待：除了自己的研究计划他还必须领导工作人员共同进行科研。研究倡议可能由研究所提出也可能来自机构外部，但其中要注意的是保持研究所的独立性，以及给予工作人员按照自己计划进行研究的自由空间。

　　在研究所提出倡议的共同研究项目中，包括上文提到的堕胎罪大型研究项目，我非常强调教义学的基础研究。例如《刑法总论结构比较》研究项目就是如此。当我在图宾根为美国读者撰写德国刑法的入门卷、介绍德国刑法学的犯罪论时，就产生了进行此项研究的想法。在写作过程中，我觉得将由构成要件该当性、违法性与罪责组成的德国犯罪三阶层体系按照普通法对犯罪的理解进行翻译非常困难，普通法的犯罪是由行为（actus reus）与主观方面（mens rea）二要件所组成的。与社会主义刑法的进一步比较研究则显示，社会主义刑法中的犯罪由行为与行为人的客观以及主观方面的四要件所组成，具有与大陆法系和英美法系均不同的不可逾越的结构性区别。我刚到弗莱堡进行这种传统的构成要件比较时曾猜想，这些不同的犯罪结构无论形式上具有何种概念特征，是否具有对于法治国刑法框架下的犯罪行为来说必不可少的共同的构成基础？进行这种研究不仅需要比较不同犯罪构造的表层，更需要深入追问，是否以及在多大程度上积极的可罚性要件可以被消极的刑罚免除事由所抵消。作为这种比较法的"深度犯罪教义学"研究的第一步，我组织了不同的国际性的讲座，引导博士生撰写了关于传统排除违法性事由与免责事由以及其他构成要件或刑罚免除事由的博士论文专著。

这些研究一再证明，规范层面对于刑事可罚性的积极与消极要件的规定对于认定犯罪的影响并非决定性的，关键是实践中这些规定的具体执行，尤其是侦查、判决程序直到刑罚执行的整体构造。例如一些对于犯罪嫌疑人有利的因素，比如具有减轻罪责效果的抑郁症或者被害人对行为人的挑衅，在一个国家可能在罪责或刑罚判决中被考虑，除了这种减轻效果以外在刑罚执行过程中可能就不会再有进一步的宽赦；而在另外一个国家的刑法制度中，法官虽然不考虑这些有利于犯罪嫌疑人的因素对其进行宽大处理，但是在执行阶段，例如以提前释放的形式，这些因素可能会给其带来更大的减轻处罚的效果。这就说明这样综合的复杂的结构性比较不能仅局限于规范的分析，而是也需要实证的研究方法。这种项目研究的复杂性事先无法完全预见，因此在第一个阶段性结论提交时，项目协调员瓦尔特·佩龙的整体横向比较研究结果还未出炉，同样我也还无法对项目结论进行最终评估。自然我们还必须战胜这种挑战。

许多外部的研究项目在我的记忆里都留下喜忧参半的印象。外部机构委托进行的研究，如麻醉药品刑法项目、反贪污项目、德国法律途径体系项目或者欧洲警察的司法控制项目，从主题上来讲大多是针对法政策的问题，而不是教义学的问题。在项目选择上也坚持法政策的现实性，尤其是对那些只关注表面上非政治性的教义学而认为借此即可超脱于所有的政治问题之外的法律学者来说，可能难以理解。但是受到公共资金资助的研究机构与单个的私人学者不同。在我看来，马克思·普朗克法律研究所进行政治咨询方面的工作不仅是正当的，而且在某些情况下也

是一种义务，尤其是当公众对一些立法计划存在争议而需要借鉴别国的
备选模式，以及对这些比较研究成果进行不损害立法机构权限的评估时。
一些所内与所外的人好意地——我不愿说是吹毛求疵地——向我建议，
最好在纯粹的法律比较和价值中立的教义学内进行学术研究。与这些建
议相对，提交给马普学会主席的专业顾问委员会的评估报告明确指出，
对政治问题提供咨询是我们所的正当的任务，这给我带来不少便利。

　　我很欣慰这一点，因为我一直很难认同刑法学是完全价值中立的，
研究对象与研究兴趣的选择以及多种法条解释方案的选择都取决于价值
观的政治的前见（Vorverstaendnissen），尽管这种影响可能是隐藏不露或
者是在最小限度内的。与其盲目忽视这一点，还不如正视并承认它。

　　例如，外部机构委托的研究一般来说不是完全无目的性的，对法条
的解释或者法律比较研究的出发点往往是为了有利于一些利益集团而不
利于另外一些利益集团。长远来看必须注意的是，不能屈服于委托方不
公布研究结果的意愿，当研究结果违背其利益时，委托方可能提出这种
要求。包括在一些私人性质的鉴定意见中进行类似的约定，以对科学研
究擅自进行裁剪删改，在我看来对一个接受公共资金的研究所来说都是
不合适的。如果隐瞒研究结果构成了一种欺骗，情况就更加严重了，例
如当一个法政策问题的研究结论在委托方看来对其不利，因而不愿让公
众知晓以影响民意时。更不用说研究项目资金来源于税金，大众对此有
知情权的情况了。因此我在订立合同时一直坚持，如果委托方在一定期
限内自己无意公开研究结论，我方可未经委托方同意公开研究结论。尽
管这样有失去一个诱人项目的危险，但不坚持这些合同条件，有些研究
结论可能永远被尘封，因为明显有些公共委托方也支持不公开结论，在
我看来这是为滥用学术大开方便之门。

　　世界政治事件也可以成为学术研究的动因。例如德国重新统一以及
东欧政治巨变就属于这种世界政治运动。1990年2月联邦政府设立"德
国统一内阁委员会"（Kabinettsausschuss Deutsche Einheit），我是该委员
会"法律问题尤其是法律协调工作组"的刑法成员，对于难以预测的过
渡问题我当时也十分迷惘，这些过渡问题不仅涉及以往民主德国不法行
为的刑事追诉问题，也涉及表面上看来很难达成的东西德法律制度统一

问题。另一方面我认为如果对联邦德国的刑法传统与社会主义的新制度进行毫无偏见的比较，应该能从当时最合理的刑事政策中提炼出共同的新制度，例如在刑法中引入赔偿制度或设立社会法庭处理轻微犯罪问题。但令我失望的是，无论是工作组还是内阁都不愿真正考虑对民主德国法律中的可移植因素进行研究，这可能是由于一开始就对所谓"自始至终都缺乏合法性"的民主德国法律具有偏见，或者是由于公众所希求的迅速统一的时间压力，这种时间压力使联邦德国的刑事法律制度直接向新的联邦州扩展成为必然趋势，处于争议之中的我本人也须长期研究的堕胎罪的新规定除外。

　　跟踪研究的对象除了统一后德国刑法的发展以外，自然也包括前东欧国家从极权国家向法治国的转变过程，因此研究所在十年内举办了两次座谈会，揭示了不同法律制度之间的共性与区别，发现了前东欧国家未详细考虑文化外部条件便对普通法中的对抗元素进行接纳的趋势。

　　另外一些同样重要的世界政治事件也吸引着我，如前南斯拉夫和卢旺达的暴行对国际刑法所产生的影响。我从承担《舍恩克/施罗德刑法典评注》的工作开始就一直从事传统国际刑法，即将国内刑法应用于跨区域犯罪行为的研究，为跨国刑法协作研究作出了贡献。我就东西德统一过程中令人遗憾的被立法所疏忽的"跨地区刑法"也发表了一些作品。另外我也着迷于建立国际刑事法庭以对国际犯罪进行追诉的构想。但在我看来，即使我积极投身其中，这也是一个很难短期内实现的幻想。我的努力促使前南斯拉夫海牙国际刑事法庭以及卢旺达阿鲁沙（Arusha）国际刑事法庭得以建立，这使我对国际与跨区域刑法的兴趣重新复苏了。我兴致盎然地与一个日本同事共同倡议将更多不同国家的刑法学者团结起来，为常驻国际刑事法院草拟了一部成熟的选择性草案。此前，在国际法上居于主导地位的国际法委员会（International Law Commission）组织草拟了一份侧重于管辖权与组织结构因而缺乏刑法元素的草案，因此有必要提交一份对刑事可罚性进行精确规定的草案与之相对抗。这些工作使我顺理成章地成为旨在建立国际刑事法院的罗马国家会议的德国代表。正如上文所提到的，我最终还被任命为国际刑事法院海牙前南斯拉夫法庭的法官，使我在国际刑事法方面的理论研究成果得以在实践中受到检验，对我来说真是一大幸事。当下的国际刑事管辖中盛行的对抗式诉讼实践还有许多需要改进的地方，因此对我来说这更是一种激励。对此需要理论上的深入研究，因而我在退休后仍然有在学术道路上前行的使命感。

如果让我找出我在学术之途上前行而无法停顿下来的深层次动因，那应该不是探寻一种充满抽象原则的法律，而是一种满足具体的人的需求、以人为本（menschengerecht）的法律。我最近才尝试以"以人为本的刑事司法"这个术语来表达这种理念，但我后来详思，我在某种程度上其实早已受这种思想指引了。鉴于下文还要谈及这个信念，此处在论及研究动因时就到此为止了。在早期的刑事诉讼法研究中，我特别关注犯罪嫌疑人的公正处遇问题，后来侧重点转向了人的地位问题。而解决这一问题仅仅靠改善被害人的程序地位是不够的，应该在对不法的理解不断非实质化的倾向中，即逐渐承认抽象法益侵害的过程中，重新重视具体被害人的具体法益侵害。同样刑罚不应该仅止于形式上的规范确证，而是必须以具体的赔偿（Wiedergutmachung）为内容。我在进行赔偿项目研究时忽然发现，理论界与实务界都没有意识到这一点，对体系不法（Systemunrecht）* 的刑事追诉的研究项目也揭示了被害人处遇上这个令人震惊的弊端。刑事诉讼中证人的地位也须改善。纠正这些弊端，开创一种"以人为本"的刑法，足以推动我不懈努力。因此我70岁祝寿文集命名为《以人为本的刑法》，是对我的最好理解。

三

研究与教学毫无疑问是大学教授的最重要的任务。幸运的是这两者都给我带来了快乐。

即使在研究中稿件的完成总是伴随着时间压力与写作的痛苦，但当交出完成品时总是怀着期待和欣慰的感情。完成最终出版的作品时的欣

---

* 即缺乏合法性的国家所实施的大规模的镇压不同政见者的犯罪。——译者注

喜与自豪感并不总是即刻来到，因为有时出版之前必须经历漫长的等待，而作者在这期间又开始投入另一个完全不同题目的研究之中。

同样在教学中也会遇到矛盾的经历。即使已经循规蹈矩地执教多年，在上课前几分钟教授往往还是有高度的心理紧张情绪，因为不知道听众，尤其是在开学上课还不熟悉课程的学生，会如何反应以及如何让他们一直长期保持兴趣。如果我可以相信以前学生的反馈的话，正如我至今有时还欣闻的那样，我的脱稿演讲以及与听众进行对话互动的风格很受欢迎。其中令我特别欣慰的是，他们认为我不止在转述他人的观点，而且令人信服地传授自己的主张。此外教学不仅是一种给予的过程，而且也是一种获得的过程：教学中的提问与讨论会促使人们进一步对自己的观点进行深思，或者令人们意识到自己的想法尚未成熟还须继续思索。除了专业上的获得以外，高校教师可以通过与年轻人打交道而不断接触新的观念思想与挑战，这是一种不可估量的礼赐。

尽管教学与研究对于大学教授来说是最基本的工作，但其任务却不仅于此。至少就我来说，其他的事务并不见得比我在写字台的研究工作和讲台上的教学工作少。

指导博士生或教授资格申请者至少也算是接近教学与研究的工作。我从未将这种工作视为一个可以尽量避免的"额外负担"，而是将其视为一名教授的分内义务，不仅是出于个人生涯，也是出于一般的学术兴趣的考虑。在此期间我大多数研究成果都是通过指导博士论文写作所获得的。令人欣慰的是，这也获得了政府的承认，即政府在对高校教师的评估中不仅考虑教学时间与出版物数量，也考虑对学术新生力量的指导工作。我对指导学生总是抱着欢迎的态度，因而总共算来我差不多指导了90篇优秀的博士论文和教授资格论文。而且我对于博士生有更高的期望，不满足于他们获得一个博士头衔，我对他们的学术成绩提出更为严格的要求，因而他们的博士论文成绩几乎毫无例外地获得"很好"甚至更高的评分，也取得了丰硕的研究成果。同时这对学术研究也有良好的促进作用，我所指导的学生中有21位，其中有9位来自国外，在不同的机构从事高校教师工作。

大学的兴盛仰赖教学与研究工作，而这又首先取决于大学教授对于学术自治的热情。受过相应培训的人员自然更擅长于行政管理，但是对于一所大学或者一个院系的研究政策方向与教学质量保证来说，即使最优秀的行政管理人员也缺乏正确的学术感觉。因此人们应该特别警惕时下试图将大学按照外部决定的市场机制来进行企业化组织的倾向。只有自我管理的职位承担者意识到自己的主要角色是一位学者，而不是一位结束了学术生涯、为了寻找自我实现而替代性地从事行政工作的人员，这种令人担忧的发展趋势才能得到阻止。

　　在上文提到的一些职位中，可以说我本人也为学术自治做过很大牺牲，但其间也有一定的补偿，即我超越院系的界限开阔了视野：例如在比勒费尔德担任副校长及其跨学科研究中心的顾问，在图宾根大学的行政委员会任职等。我在德意志研究协会任委员尤其是担任其副主席之一时也得到类似的收获。除了在评审研究申请时得以洞见其他研究领域，在德意志研究协会期间有两件事情令我记忆犹新：其一是 1981 年初的中国之行，彼时中国刚从"四人帮"的阴影之中解脱出来。我们参观了不同类型的大学之后谈判签署了学者交流的协议，这在当时被认为是非常轰动的，我们在跟中国官员打交道的过程中也吸取了很多经验与教训。其二是在柏林墙倒塌以后我拜访了几所前民主德国的大学，代表德意志研究协会审查其是否值得资助时也颇有感慨，尤其是其思想转变的轻易性。但几年后我作为马普学会人文学科部门主席为在新联邦州建立马普所而进行的参观与谈判则给我留下了积极的印象。其间这些研究机构改变的不仅是外部形象，而且也显示了接受新理念的更大的开放性。但我之所以乐于回忆担任部门主席的时光不仅仅是因为能够获得对其他专业与学术惯例的更深理解，令我感动的还有不同部门之间的团结，依靠这种团结精神我们得以抵御当时步步逼近的关闭研究所的威胁。

　　我前面提到在德意志研究协会评议会与主席团任职虽然不属于直接的大学自治，但是德意志研究协会是德国学术体系的一部分，没有其资助，大学与像马普学会这样的其他研究机构都不可能繁荣发展。科研体系所依赖的除了德意志研究协会这样的重要组织，还有其他一些不那么重要的机构、委员会或者社会组织。当这些机构向我发出邀请时，我也总是感到难以拒绝。令我欣慰的是，我有幸建立了上文所提到的"医学伦理与法律研究处"。我也乐于为相对早期的图宾根"治疗试验伦理委员会"的建立尽一份力，同样联邦医师公会与弗莱堡大学的伦理委员会也成为我美好记忆的一部分。相比较而言，我与学术不端行为作斗争的工作就没有这么令人愉悦了。我在比勒费尔德通过组织"学术研究中的法律伦理冲突"研讨会就预感到可能出现的学术不端行为，及至任弗莱堡"谴责出版物中的错误以及后续研究项目"研究委员会的主席时则已时有耳闻。在我任德意志研究协会副主席期间，由于阅读了美国的相关报告，我参与制定了学术不端行为处理规则。但真正处理大量的抄袭投诉不仅要求时间上的投入，往往也不可避免地伴随着挫折感。这种挫折感来源于矛盾的经历：一方面校长沃尔夫冈·耶格尔（Wolfgang Jaerger）大力支持通过发现与警告学术不端行为重新建立学术机构的可信性，另一方面有些人却想通过隐瞒这些行为来保护大学的体面。政府的反应也有欠积极，因此很难起到阻吓的作用。相较而言，我在图宾根领导的检验纳粹时期药品委员会的结论获得了更好的反应，人们也得以借此对受害者进行缅怀。

在大学还有两个其他的事务扩展了我的活动边界：我在致力于支持学术发展的格雷斯协会（Goerres-Gesellschaft）担任法律与国家学科部门的主席，发起与组织的跨学科活动使我得以对哲学与经济学有透彻的了解。而任舍林基金会的顾问委员会成员期间，通过讨论会与评估资助申请，我也将视野扩展到医学与艺术领域。

我跨越科学领域迈出的更大一步是我上文所提到的担任哈姆与斯图加特州高等法院兼职法官。一方面这种实践促进了教学，因为借助案例及其背景可对理论问题进行更好的阐释，而研究高度抽象的最高法院的判决往往没有这种效果。另外一方面我能够将新的理论知识应用于审判实践，而从事实务的人员则往往没有勇气做到这一点。但一旦成功开辟出一条新的道路，在实践操作中他们就很乐意这样走下去，仿佛一直以来都是这样行事的。例如"交互交通"现在已成为道路交通法的标准术语，根据这个概念，除了交通的流畅与安静之外，在道路或广场上打招呼或交流也属于"公共使用"，无须特别许可，这源自斯图加特刑事法庭的一则判决，我刚好担任书记员因而草拟了该判决。这种发展足以令一名行政法学者感到吃惊。同样我在南斯拉夫国际法庭也一面致力于为审判进行教义学的论证，一面通过实践经验得到了更多理论研究的灵感。

对于一个法学教授来说，最具有诱惑性的选择莫过于涉足立法领域了。我在比勒费尔德时期就得到了第一次机会，我被选入所谓负责为刑法改革拟定草案的"选择性教授"团体。基于日常的分工，特别是因为我对民主德国社会法庭的研究经验，我接受委托草拟"企业司法条例"草案，以及由于上文提到的原因也承担了"安乐死"立法草案的主要工作。人们期望距离立法者更近一步，例如对大量联邦议会委员会的听证会施加影响，但往往由于特别紧张的时间安排或者政党内部的预先安排而不那么容易实现。因此如果有机会能够推动立法进程，就会令人尤感欣慰，一如我在极具争议性的基因技术与堕胎罪方面的修法计划中所做的那样。另外在担任德国法学家大会（Deutschen Juristentag）的常务代表期间，我也在法政策方面作出了贡献。例如早已提及的我所提供的谋杀罪方面的鉴定意见，以及作为代表参与确定法学家大会的主题。当时我曾非常艰难地选择了"刑事诉讼中的和解"作为刑法组会议的主题并主持该会议，尽管"辩诉交易"在90年代初的德国属于最好在公开场合回避的禁忌题目。我所主持的刑事诉讼法改革会议也存在实践中希望加快进行改革与维持法治国性质之间的矛盾，其进程也是颇具争议的。在上文提到的本达委员会中，在极具争议性的胚胎研究方面我颇费力气地在尽可能大的科研自由与生命保护之间寻找一条中庸之道。最终令我们大为吃惊的是，大多数人认为我们的决定具有太强的限制性，议会中不同的政党与大众都将其评价为过于悲观。对于我们的错误估计，我一直不是太明了，这究竟是因为我们身处学术的象牙塔中，过分关注学术研究的利益因而对社会环境知之甚少，还是因为舆论有着原教旨主义（fundamentalistisch）式的偏见？我在欧洲理事会（Europarat）设立的反腐败国家联盟［groupe détats contre la corruption（GRECO）］担任独立于国家的科学专家时也获得了双赢的政治经验，尤其是人们可以在不同的国家立场之间从比较法的角度来说明不同国家的情况。

这种国际化的视野让我也回忆起其他的国外交流经历，例如在马普所与大量来自世界各国的访问学者进行对话。虽然每次欢迎与送别都占用大量的时间，但人们借此可以了解不同国家的特殊性，这些很难通过书本获得。在这样的会面中，外国学者往往向我提出赴国外演讲的邀请，我们会产生共同组织会议的想法，也会促进学术新生力量的交流、项目合作以及其他跨国活动的展开。个人之间的交流自然也使外国学者翻译我的作品变得更加容易。因此我认为自己很幸运，能通过作品在许多国家的翻译出版，让更多的人了解到它们。

如果对所有的对外交流经历，包括专业领域以外的关于国家和人的经历，都一一道来的话，恐怕要超越本文的范围了。因此我只想谈论那些对我来说印象特别深刻的事件。在我早期在纽约的求学时光之后，在很幸运有我夫人陪伴的长期外国访学中，最美好的记忆莫过于后来在洛杉矶加利福尼亚大学与纽约哥伦比亚大学做访问学者，在那里我与乔治·弗莱彻（George Flecther）共同进行的比较法教学给我带来很大的乐趣。在学术与风景都迥异于前者的位于墨西哥湾加尔维斯顿（Galveston）的德克萨斯大学，我也度过了一段美好时光。而我前不久在古老的日本都城京都立命馆大学（Ritsumeikan University）任客座教授，则得以将美国的教学经验与另一种日本的教学风格加以比较。

我在东京早稻田大学音乐环绕、列队行进的开学仪式上被授予名誉博士头衔，也算是对日本的学术浅尝辄止。在秘鲁安第斯山一所年轻的大学——万卡约大学（Huancayo Universitaet）被授予该校第一个名誉博士头衔，则是另外一种情景。而波兰克拉科夫（Krakau）雅盖隆大学（Jagiellonen Universitaet）授予我名誉博士的仪式又有所不同，仪式在一间老式的大课堂里按照学术传统来进行，而这种传统在德国从1968年以后就消失了。在葡萄牙科英布拉（Coimbra），为了纪念我在医事法上所作出的贡献而召开的医事法研讨会，其学术传统氛围更为浓重。我提及这些并不是想提倡回到过度渲染的仪式传统，但我们对于仪式与氛围应该更讲究一些。想想我国如今通知考试结果或者送达博士证书往往采取邮寄这种毫无仪式感的形式，不能不说也是一种文化的损失。对于成绩的承认也需要以某种恰当的仪式来表达。

四

　　在人生之路的尽头才回味那些一开始就应该意识到的东西，属于甘甜参半的生活的一部分。不仅对于个人的抉择来说是如此（此处并不适合对这些个人抉择进行反思），对于人们在职业范围内对于哪些知识感兴趣以及受何种原则支配来说也是如此。在回首人生的最后，我想重述一下我退休演讲时提及的几点感悟。其一是关于人在法律，尤其是在刑法中的地位问题，其二是法律比较研究的功能问题。

　　其一，关于人在理论与实践中的地位，有三点在我看来即便说已经被感知到了，也未获得足够的重视。

　　首先是关于法学教学，这看上去好像微不足道，却可能对行为的影响更大。法学教学充满了各种可能的抽象理论，以适用于事先设立了问题的案例，且往往仅以检验解答方法在体系内部是否妥当为目的。

　　这种理论教育本身并没有问题，但如果仔细审视的话，显然存在问题的是：行为规则应当适用于人因而尤其应当为人所理解，其中人们是否忽视了人本身？或者忧心忡忡的刑法评注编者总是不忘引证相关的必读文献，其实只不过是为了学术知性的自我满足，并关注同行们的反应，而不是考虑这些观点可能对人的行为产生的影响？

　　借助案例进行法律知识的学习本身也无可厚非。但是必须注意练习题不能脱离具体生活而仅仅根据法律争议点来构造，以至于人在这种仅注重问题解决的"教科书犯罪"中沦为艺术品。如此一来，在整个法律机器中不是法律问题服务于人，而是人必须适应法律概念。

　　流行一时的"妥当性"是指在检验所有问题之后无法找到合适的解决方案，因此在几乎相同的方案中进行衡量，从而找到相对合适的选择。然而令人担忧的是，人们往往很快就满足于一个仅仅"妥当的"（vertretbar）观点，而不认真地尝试寻找根据人的经验来说"正确的"并且可能也是"公正的"解决方法。例如令放弃谋杀企图的被告人很难接受的是，根据妥当的观点拒绝将其行为视为终止，对于被判处长期自由刑的处罚，他宁愿看到"公正的"根据而非"妥当的"根据。这并不是说我们可以越过人类认识能力的界限，总是能够确证我们的判断的正确性，但这并不能阻止我们至少去努力追求真理与公正，而不是动辄轻易满足于"妥当性术语"。

这使我想起一个更大范围、更令人担忧的发展趋势，也是我要说的第二点：人（Menschen）与国家之间的关系。当然我们这一代可以引以为傲的是，所谓"人权"或许从未像今天这样在世界范围内获得相当的承认。但是仍然需要追问，从人的角度来看是否应该满意于这种发展，还是必须至少与可能存在的相关错误思想作斗争，这种错误思想来源于错误的国家相对于人的优势地位。在一些地区，为人权斗争还很容易给人以这种印象，即人权仿佛不是本来就有的，而是国家赋予的，因此国家也可以再次收回这种权利。同样当人们通常说起"刑事诉讼中的人权"时，也往往无法避免让人误解这种权利只是对业已存在的国家程序的一种限制，即国家程序是优先于人权而存在的，特定的限制是从外部施加的。这种观点很容易使人将刑事诉讼的功能以及国家利益理解为固有的、优先的与正常的，而相对而言将"人权"仅仅视为对国家刑事追诉利益的例外限制，这就导致了需要为人权而不是为国家刑事追诉利益寻求正当的理由。形象地说，在这种观点之下，人权成为围绕国家这颗重要的恒星旋转的行星。如果人们将人作为恒星，而国家作为保护这颗恒星而围绕其旋转的行星理解的话，就会完全是另外一番景象。这时国家机构包括刑事诉讼将不会作为优先的、固有的，而是作为次要的、服务性的工具来被理解。在这种视角看来，"人权"不再是对优先的国家权力的限制，人优先于国家而存在，赋予国家以存在的权利。这样说并不是反对国家或者国家强权，而是反对国家的绝对化与神化（Apotheisierung）。国家本身没有正当性可言，只有以个人或人性为目的，才获得其正当性。在这个意义上，不是人应当适应国家，而是国家应当去适应人。例如在刑法领域，不仅对于保护与满足被害人来说，而且对于行为人处遇来说也是如此。

也许读者注意到我没有使用通行的语词"国家与个人（Individum）"，我一直避免使用"个人"而使用"人"这个概念。我这样做的原因何在？

由此我就可以引入我想谈的第三点：按照西方国家的传统，人在本质上是一个个体。从这个拉丁语的外来词，更形象地来说是希腊语"átomon"的同义词可以看出，人是作为一个"不可分割"的东西来理解的，同时也具有一次性、不可重复性以及不可侵犯性的含义。即使这些神圣的字眼每天都在被践踏之中，人们仍然在思考在更高级别的正义的意义上去行动，例如不仅从不法政权的淫威之下拯救一些人，而且给那些同样具有独特性的人留下活路。即使规范上的人的不可交换性并不是指这种情况，人的不可侵犯性这一原则的效力并不会因此受到影响。另外"个人"（Individum）的德语含义是"个别人"（Einzelnen），相对来说"人"（Menschen）的特征总是更有内容，其标准也更加苛刻，因为前者相对于国家来说很容易作为孤单的个体被理解，更令人难以理解的是其有时被小写成"个别人"（einzelnen），这样就更容易被忽视了。

这样并不是否定人的个体性本质，但如果仅仅将人理解成个人的话，就丧失了其本质的内容。虽然联邦宪法法院屡次重申人的个体性，但是在我看来重要的是，人同时也是社会人（Mitmensch）。社会人并不是指博爱意义上的完全的利他主义而言，也不是共同主义（Kommunitarisitisch）意义上的共同而言，更不是指通常意义上的社会性（Geselligkeit），而是在绝对本质的意义上来理解：正是因为人的存在是个体的，所以人才是并且只能是群体中的一员。尽管也许他会选择孤独的生活或者成为大众的异类，但每个人在诞生与发展过程中都必须依赖他人，只有认可他人，哪怕是负面的承认，并在此基础上认识到自己与他人的不同，才有自我的存在可言。因而人在本质上，无论在积极的意义还是在消极的意义上，都是社会人。对我来说这种本质非常重要，其余的特征都显得不值一提，我认为除社会人以外，一个新的概念可以表达这种本质，即我所称的共在性（"Kohominitaet"即 homo cum homine）；并且这种共在性并不是偶然的，而是具有本质的必要性，没有其他人的同在，人就无法被理解。这样看来，对自由的内在限制不是来自个体性，而是来自共在性，这种内在限制是指，人只能在不侵犯同样和同等的他人的自由与权利的范围内享有自己的自由，并要求他人尊重这种自由。

这种人的超个人特征可以在两种共在的意义上来理解：在横向的层

面上是与活着的同时代人的关系，在纵向的意义上是与先辈以及与后代的关系。如同活着的人对先辈具有继承权并且有权要求这种继承权获得尊重，我们的后代也有权期待我们的关心。在这种意义上，个体的人在横向上处于与同代人的联系、在纵向上处于与其前辈和后代的不同代的责任交叉点上。

不用详细展开上文就可以知道，上文所述的人的三重本质特性将促使我们对刑法的一些传统特征进行思考，即使其影响有时可能是互相矛盾的：一方面相对于国家来说有意识地提高刑法中人的地位，一方面考虑到人的横向与纵向的共在性也不能忘记其义务与责任，而后者至今几乎未受到重视。

其次，这种意识能够提高相应的知识以及指引相应的行动，从而也渗透到法律比较研究方面。

法律比较研究工作者如果不是自负地以为自己国家的法律是最好的，而是以一个仅仅熟悉自己国家法律的人所不具有的毫无偏见的开放态度对待别国的法律，那么其体验就会有所不同：可能他国法律制度是好的，但也可能是不好的或者更好的。我在纽约大学进行比较法学习时，似乎一直很明确的法律世界观发生了转变，即我认识到法律会随着世界观的不同而具有很大的相对性以及与文化相关的多变性。当时的一些偶然发现可能是互相矛盾的：一方面人们看到表面上仿佛是德国法基石的法律制度并不那么稳固，另外一方面当人们发现外国法律制度可能更糟糕时，对本国法律制度的质疑也会随之消失。一言以蔽之：对永恒前提与绝对独特性的轻易的信仰被打破了，取而代之的是寻求其背后更好的理由与根据。虽然当时我并未清楚地意识到，但是法律比较研究对我来说一直是治疗迷信与盲从绝对真理的最好药剂，至少在人性与社会的领域内是如此，当然也包括国家的层面。

更广泛地来看，法律比较研究变得越来越重要，而且有必要进一步扩展其功能。其背后关键的原因是法律的国际化以及伴随而来的统一刑法方面的努力。对此不再赘述。我几年前曾提倡刑法比较研究的三重功能，即"司法"、"立法"与"科学理论"的功能。或许这些功能描述就可以事实上覆盖欧洲范围内的法律比较研究的全部需要。但令我对比较刑法研究功能的理解越来越产生怀疑的是，比较刑法研究日渐沦为官僚的、政治的技术与工具，且无力抵御这种倾向。如果人们欲统一某地区范围内的法律，通常将这个地区所适用的不同法律制度排列起来，排除最极端的制度而选择中间的或者最经常适用的法律制度就可以达到目的。这样做或许可以得到最大限度的共同性或者达到最大限度的平衡，但是却无法发现内容上最优化的法律制度，更不用说最公正的法律制度了。如果一个国家——可能在政治或经济的压力之下——被迫接受另一个国家的陪审团制度，因为据说司法模式是可以互换的，这在法律扩张的意义上可能是成功的做法，但是也不过是法技术上的拼装，从根本上来说并不符合法律移植的文化相容性要求。我担心法律比较研究如果只局限于对不同法律制度共性和区别的描述，而忽视文化背景和社会环境的话，将没有能力抵御这种畸形的发展趋势。

除了这种对法律比较研究的防御性的基本立场以外，我还想呼吁对法律比较研究的功能进行进攻性的扩张，即我们不要惮于进行价值评判的比较，从而开展法政策上的竞争。这种我所称的"评判性的"、"竞争性的"法律比较研究当然也需要一个指导原则。究竟哪种法律制度能够在法律比较市场上胜出，不应取决于相应国家的政治与经济权力，而应该根据其"符合人性"的程度来评估。随着刑事司法逐渐跨越国家的界限并因而放弃其文化特殊性转而追求世界范围内的刑法公正性，这种目标设定将变得越来越重要。例如，如果像美国前总统所声称的那样，2001年9月11日的恐怖袭击不仅是针对美国人民，也是针对整个人类的袭击，那么刑事制裁也不能仅仅满足本国的标准，而是必须——尤其是从法律续造（rechtsfortbildend）的作用上来说——努力达到最大限度的"符合人性"的刑事司法要求。如果人们在建立国际刑法可罚性制度方面不再沙文主义式地推行本国法律制度，而能够优先选择更合理的法律思想，不管他来自哪个国家，这条道路就会容易很多。

同样当人们想以刑法手段防御全球化所带来的与新技术相连的风险时，也必须谨慎对待技术官僚的利益与表面上仿佛无可避免的必然性，不能让他们凌驾于作为被害人与行为人的人之上。

五

这种类型的回忆录一般来说都是不完整的。它不过是现在我对自己的生活的看待与评价。即使是这样也有许多东西未被提及。细节部分可参照我的特别报告《职位与活动》（Stationen und Taetigkeiten）（下载网址 http://freidok. uni-freiburg. de/volltexte/3600），从中可以查阅到我最重要的履历信息、出版物与讲座列表，此外还可以查阅我所负责的研究所项目和我所组织的会议、我所指导的博士生与教授资格申请者、我的兼职情况、学术机构中的成员资格、我参加其余活动的情况以及我所获得的荣誉与头衔。在这个报告中也可以找到上文提及的出版物与活动的具体信息。因此我很乐意将这个特别报告视为我回忆录的一部分。

如果说我这一生有何贡献与成果的话，也是拜那些对我友善的人的帮助与建议所赐。上文仅仅提及个别人作为例子，我应该在此对更多的人表示感谢。

如果我可以说此生还算成功的话，其中最为重要的是与妻子格尔达的超过 50 年的共同生活。这不仅是因为她在我第一次司法考试时给了我莫大的感情支持，与我一道共同作出了后来所有重要的生活抉择，对我很多"跨界生涯"与学术论文的批评与鼓励，更因为她牺牲了自己的兴趣，使我免除了许多作为丈夫与父亲的任务，并且创造出一种和谐的家庭氛围以利于我休整并汲取新的力量。

我也特别感谢我们的孩子蒂莫（Thiemo）、卡特亚（katja）和法比安（Fabian），他们给了我源于慈爱与成功的幸福和快乐。与这种感谢相联系的是，我还要请求他们原谅我没能留下足够的时间陪伴他们。虽然他们选择了与父亲不同的职业道路，我还是能够发现他们对我职业生涯上的承继关系，比如说他们都以自己的方式跨越了他们职业的特定界限：蒂莫在获得国民经济学博士学位后在卢森堡政府机构负责欧洲事务；卡特亚在接触法律之后又转行成为治疗师与理疗师，通过整骨疗法（Osteopathie）帮助患病的人包括患病的马早日康复；法比安已经出国留学，在牛津大学学习哲学、政治学与经济学。

　　不受表面上的既定条件所限制，不断走上新的道路，或许也是我越来越重要的座右铭——"符合人性"的要求。这个座右铭也提醒我不要坚持所谓的绝对真理。我一直怀疑所谓"绝对的适用性"的说法与"绝对禁止"的要求，人们如果了解"绝对"的拉丁词源：即一个脱离所有条件——因而更精确地来说是在任何条件下——都具有毫无例外的适用性，将更理解我的怀疑。更不用说这要求以对绝对真理的认识为前提，而人类根本就没有这种能力，人的个体差别与社会环境条件的变量太大，根本就不可能被统摄在同一种形式的规律之下（Rigorismus）。承认这种人的相对性并不意味着无原则性或随意性，而是承认原则尽管对于远离任意与专制而保持和平、安定与自由的共同生活而言不可或缺，但并非没有例外可能性。

　　可能是由于上述认识，我对看起来似乎符合自然而然的极端情况总是表示怀疑，这促使我永远去寻求中庸之道。我与当时的联邦议会主席丽塔·聚斯穆特（Rita Suessmuth）一起试图在堕胎罪立法中寻找中庸之道，我在她的祝寿文集中也写了一篇关于中庸之道的庆贺文章《原教旨主义与随意性》（Fundamentalismus und Beliebigkeit），文中我引用了托马斯·曼（Thomas Mann）的一段对话，其中对人性的描述虽然有些过于矫情，但是却十分准确。他所著的《魔山》（Zauberberg）中纳夫塔（Naphta）与赛腾布里尼（Settembrini）之间极端的人文主义之争（Humanismusstreit）在汉斯·加斯托普（Hans Gastop）看来是这样的："她爱走极端，而在他看来人的天性却在于寻求中间路线。"

主要作品目录

一　专著

　　《犯罪行为和秩序违反行为之界分》（Die Abgrenzung von Straftaten und Ordnungswidrigkeiten），1961 年。

《犯罪概念中的"伤害"原则：刑法保护的法益比较分析》（The principle of "Harm" in the Concept of Crime：A comparative analysis of the criminally protected legal interests），1962 年。

《针对财产的刑法制裁：对没收、销毁与没收不法收益的教义学和法政策研究》（Die strafrechtlichen Sanktionen gegen das Eigentum. Dogmatische und rechtspolitische Untersuchungen über Einziehung，Unbrauchbarmachung und Gewinnverfall），1969 年。

《作为普遍排除违法性事由的正当权益行使：兼及对法益保护与法律改革的尝试》（Wahrnehmung berechtigter Interessen als allgemeiner Rechtfertigungsgrund. Zugleich ein Versuch über Rechtsgüterschutz und evolutives Recht），1969 年。

《刑事司法中的社会法庭：东德打击轻微犯罪的新方法》（Gesellschaftgerichte in der Strafrechtsptlege. Neue Wege zur Bewältigung der Kleinkriminalität der DDR），1970 年。

《是否应当对第 211 - 213 条及第 217 条规定的谋杀、故意杀人、杀婴罪进行重新界分?》（Empfiehlt es sich，die Straftatbestände des Mordes，des Totschlage und der Kindestötung §211 bis 213，217 StBG neu abzugrenzen?），1980。

《对未出生生命的新威胁：胚胎研究和比较法的角度看"堕胎"》（Neuartige Bedrohungen ungeborenen Lebens：Embryofrschung und "Fetozid" in rechtsvergleichender Perspaktive），1990 年。

《通向新规定之路的堕胎：研究和立法建议合集》（Schwangerschaftsabbruch：Auf dem Weg zu einer Neuregelung. Gesammelte Studien und Vorschalage），与汉斯－格奥尔格·科赫合著，1992。

《"人本"的刑事司法视角：关于人作为个人和社会的存在的刑事法律和程序系统的概览》（A Vision of a "Humane" Criminal Justice. Sketch of a Criminal Law and procedure System oriented towards Man as an Individual and as a Social Being），1995 年。

《刑法对国家犯罪的反应：跨国诉讼的比较法研究》（Criminal law in reaction to state crime-comparative insights into transitional processes），与约

尔格·阿诺尔德和赫尔穆特·克赖克尔合著，2002 年。

《堕胎和法律：法律政策的国际比较》（Schwangerschaftsabbruch und Recht-vom internationalen Vergleich zur Rechtspolitik），与汉斯－格奥尔格·科赫合著，2003 年。

《反腐机构：（对国际反腐组织（GRECO）第一轮评估的）国家反腐策略的比较研究》（Institutions against Corruption. A Comparative Study of the National Anti-Corruption Strategies reflected by GRECO's First Evaluation Round），与迈克尔·库比基尔合著，2005 年。

二 评注

《刑法典评注》（Strafgesetzbuch, Kommentar）（由阿道夫·舍恩克和施罗德·霍斯特创立，与特奥多尔·伦克纳/彼得·克拉默/瓦尔特·施特雷一起主编），第 1－12 条，第 22－24 条，第 73－76A 条，第 102－121 条，第 211－212 条，第 223 条，第 234－256 条，第 284－302 条以下，第 329 条，第 18 版，1976 年至 27 版，2006 年。

安东尼奥·卡塞斯/葆拉·盖塔/约翰·R. W. D·琼斯（主编），《国际刑事法院的罗马规约：评注》（The Rome Statute of the International Criminal Court: A Commentary），第 1 卷，2002 年，个人的刑事责任（第 25 条，罗马规约），第 767－822 页；心理因素——事实错误和法律错误（第 30 条及 32 条，罗马规约），第 889－948 页。

《司法》（Justizielle Rechte），于尔根·迈尔主编：《欧盟基本权利宪章评注》（Kommentar zur Charta der Grundrechte der Europäischen Union），2006 年第 2 版，第 477－526 页。

《免责事由》（Grounds for excluding criminal responsibility）（第 31 条，"罗马规约"），奥托·特里夫特尔主编：《国际刑事法院"罗马规约"评注：观察员的记录，逐条评论》，2008 年第 2 版，第 803－893 页。

三 教科书与案例汇编

《司法课程刑法重点 1：一般犯罪要件》（Juristischer Studienkurs Strafrecht Ⅰ. Schwerpunkt: Allgemeine Verbrechenselemente），1971 年第 1 版，

1992 年第 4 版，与布约尔恩·布克哈特（Bjoern Burkhart）合著。

《司法课程刑法重点 2：过失，不作为犯，未遂，共犯》（Juristischer Studienkurs Strafrecht Ⅱ. Schwerpunkte：Fahrlässigkeit, Unterlassen, Versuch, Teilnahme），1971 年第 1 版，2008 年第 4 版。

《司法课程刑法重点 3：针对人与集体价值的犯罪》（Juristischer Studienkurs Strafrecht Ⅲ. Schwerpunkte：Delikte gegen die Person und Gemeinschaftswerte），1978 年第 1 版，2008 年第 3 版。

《司法课程刑法重点 4：财产犯罪》（Juristischer Studienkurs Strafrecht Ⅳ. Schwerpunkte：Vermögensdelikte），1974 年第 1 版，1983 年第 4 版。

《刑事诉讼法导论》（Einführung in das Strafprozeβrecht），13 个研究单元（包括 22 个图表），1983 年。

四　期刊与文集中的论文

《作为诈骗损失的经济自由损害：法律政策和比较方法考察动态的财产概念》（Die Beeinträchtigung der wirtschaftlichen Bewegungsfreiheit als Betrugsschaden. Rechtspolitische und rechtsvergleichende Gedanken zu einem dynamischen Vermögensbegriff），《戈尔特达默刑法档案》1962 年，第 289 - 303 页。

《刑事诉讼法 252 条规定的证人证言的禁用以及庭审法官的审讯》（Das Verwertungsverbot des §252 stop und die Vernehmung des vernehmenden Richters），《新法学周刊》1963 年，第 234 - 237 页。

《在刑事处罚决定及简易处分程序中的法律听证》（Das rechtliche Gehör im Strafbefehls-und Strafverfügungsverfahren），《法学家报》1966 年，第 660 - 669 页。

《侦查程序中辩护律师的援助和表达自由：被告人法律位置的比较观察》（Aussagefreiheit und Beistand des Verteidigers im Ermittlungsverfahren. Rechtsvergleichende Beobachtungen zur Rechtsstellung des Beschuldigten），《整体刑法学杂志》第 79 期，1967 年，第 565 - 623 页。

《免除刑罚——免于刑罚处罚的认罪：刑事政策的比较观察，特别是从东德刑法视角》（Absehen von Strafe-Schuldspruch unter Strafverzicht, Rechtsvergleichende kriminalpolitische Bemerkungen，namentlich im Blick auf das DDR-Strafrecht），《毛拉赫·赖因哈德祝寿文集》，1972 年，第 257 – 273 页。

《处于危机之中的社会复归？对刑法执行的社会目的的思考》（Resozialisierung in der Krise？Gedanken zum Sozialisationsziel des Strafvollzugs），《卡尔·彼得斯祝寿文集》，1974 年，第 505 – 518 页。

《刑法专家对堕胎的看法》（Aspekte eines Strafrechtlers zur Abtreibungsreform），迪特里希·霍夫曼主编：《堕胎：对 218 条改革的最新思考》，1974 年，第 117 – 177 页。

《宗教和平的刑法保护》（Strafrechtlicher Schuty des religiösen Friedens），恩斯特·弗里森哈恩、朔伊尔·乌尔里希主编：《联邦德国教会法手册》，第 2 卷，1975 年，第 821 – 838 页。

《在生活的 "圣洁" 和 "质量" 之间：刑法对生命保护的转变》（Zwischen "Heiligkeit" und "Qualität" des Lebens. Zu wandlungen im strafrechlichen Lebensschutz），《图宾根大学法律系成立 500 年祝贺文集》，1977 年，第 377 – 414 页。

《人体实验：其复杂性和合法性》（Das Hunmanexperiment-Zu seiner Komplexität und Legitimität），《霍斯特·施罗德纪念文集》，1978 年，第 191 – 215 页。

《故意杀人行为》（Die vorsätylichen Tötungstatbestände），与汉斯 – 格奥尔格·科赫合著，《整体刑法学杂志》第 92 期，1980 年，第 491 – 560 页。

《"假武器" 和 "严重的抢劫"（刑法第 250 条第 1 款，第 2 项，第 2 款）：兼论 "不太严重的情形" 教义学理论》［ "Scheiwaffe" und "schwerer Raub"（§ 250 I Nr. 2，II StGB）. Zugleich ein Beitrag zur Dogmarik des "mider schweren Falles"］，《法学家报》1981 年，第 761 – 769 页，第 821 – 825 页。

《生态法》（Öklolgisches Recht），胡贝特·马克尔主编：《自然和历史》，1983 年，第 349 – 396 页。

《特别是在强化治疗中的医生的说明和病人的同意》（Ärztliche Aufklärung und Einwilligung des Patienten，besonders in der Intensivtherapie），保

罗·贝克尔、福尔克尔·艾德主编：《对重症患者和病危者的陪同：实践经验与科学反思》，1984 年，第 188 - 207 页。

《当前在绝育中存在的法律问题》（Medizin und Strafrecht-Eine schutzgutorientierte Problemübersicht），《医事法》1984 年，第 6 - 13 页。

《联邦德国刑事诉讼法中被告和被害人的法律地位》（Die Rechtsprobleme der Strafprozeβrecht der Bundesrepublik Deutschland），汉斯 - 海因里希·耶舍克、京特·凯泽、阿尔宾·埃泽尔主编：《苏联和德国第二届犯罪与刑法论坛》，1985 年，第 197 - 230 页。

《从汉斯 - 海因里希·耶舍克著作看国际刑法的发展》（Die Entwicklung des Internationalen Strafrechts im Litchte des Werkes von Hans-Heinrich Jescheck），《汉斯 - 海因里希·耶舍克祝寿文集》，第 2 卷，1985 年，第 1353 - 1377 页。

《医学和刑法：以被保护法益为导向的问题概述》（Medizin und Strafrecht-Eine schutzgutorientierte Problemübersicht），《整体刑法学杂志》第 97 期，1985 年，第 1 - 46 页。

《从法律角度看死亡协助和安乐死》（Sterbehilfe und Euthanasie in rechtlicher Sicht），福尔克尔·艾德主编：《安乐死或人应该受邀杀人吗？》，1975 年，第 45 - 70 页；1985 年第 2 版。

《法律和人类基因学：对人类遗传基因处理的法律思考》（Recht und Humangenetik - Juristische überlegungen zum Umgang mit menschlichem Erbgut），维尔纳·施洛特主编：《人类基因学的可能性和限制》，1985 年，第 185 - 209 页。

《死亡的自由：无权杀人》（Freiheit zum Sterben-Kein Techt auf Tötung），《法学家报》1986 年，第 786 - 795 页。

《正当化与免责：比较法的视角》（Rechtfertigung und Entschuldigung-Rechtsvergleichende Perspektiven/Justification and Excuse – Comparative Perspectives）。撰写了其中的《基于德国视角的导论》，第一卷，第 1 - 8 页，《正当化与免责：犯罪概念的一个关键问题》，第一卷，第 17 - 65 页；《医疗活动中的正当化与免责问题》，第二卷，第 1443 - 1485 页；两卷均与乔治·弗莱彻共同主编（1987/1988）。

《遗传工程和法律：人类作为研究对象和技术》（Gentechnologie und Recht：Der Mensch als Objekt von Forschung und Technik），赫塔·格梅林 – 多伊布勒/阿德勒斯泰恩·沃尔夫冈主编：《人权》，1986 年，第 149 – 172 页。

《研究人员作为"行为人"和"被害人"，对科学和技术的自由和责任的法律比较研究》（Der Forscher als "Täter" und "Opfer". Rechtsvergleichende Beobachtungen zuFreiheit und Verantwortlichkeit von Wissenschaft und Technologie），《卡尔·拉克纳祝寿文集》，1987 年，第 925 – 949 页。

《比较法和法律政策的角度来看胚胎的研究》（Forschung mit Embryonen in rechtsvergleichender und rechtspolitischer Sicht），汉斯 – 路德维希·京特、罗尔夫·凯勒主编：《移植医学和人类遗传学：刑法限制?》，1987 年，第 263 – 292 页，1991 年第二版。

《德国刑法立法百年回顾与展望》（Hundert Jahre deutscher Strafgesetzgebung. Rüchblick und Tendenzen），《维尔纳·迈霍弗祝寿文集》，1988 年，第 109 – 134 页。

《处在法律和道德之间的医生》（Der Arzt im Spannungsfeld von Recht und Ethik），奥多·马夸德、爱德华·塞德勒、汉斯于尔根·施陶丁格主编：《医生日常生活中的道德问题》，1988 年，第 78 – 103 页。

《刑事诉讼中受害者的复兴》（Zur Renaissance des Opfers im Strafverfahren），《阿明·考夫曼纪念文集》，1989 年，第 723 – 747 页。

《智障的绝育：以国外视角探讨国内改革》（Sterilisation geistig Behinderter-Zur Teformdiskussion im Inland mit Blick auf das Ausland），《赫伯特·特伦德勒祝寿文集》，1989 年，第 625 – 645 页。

《国家和教会的刑法：一个比较法的观察》（Strafrecht in Staat und Kirche. Einige vergleichende Beobachtungen），《保罗·米卡特祝寿文集》，1989 年，第 493 – 513 页。

《环境保护：对刑法的挑战》（Umweltschutz：Eine Herausforderung für das Strafrecht），《约瑟夫玛丽亚·霍伊斯林祝寿文集》，1990 年，第 76 – 97 页。

《围绕"远程目标"的愤怒：关于静坐封锁的卑鄙性的司法判例》

（Irritationen um das "Fernziel". Zur Verwerflichkeitsrechtsprechung bei Sitzblockaden），《格尔德·尧赫祝寿文集》，1990 年，第 35 - 53 页。

《德国统一：刑法中的过渡性问题》（Deutsche Einheit-Übergangsprobleme im Strafrecht），《戈尔特达默刑法档案》1991 年，第 241 - 268 页。

《刑法诉讼规则的功能转变：刑事诉讼"重新私有化"的道路?》（Funktionswandel strafrechtlicher Prozeβmaximen-Auf dem Weg zur "Reprivatisierung" des Strafverfahrens?），《整体刑法学杂志》第 104 期，1992 年，第 361 - 391 页。

《刑法第 218a 条对适合人工流产的"医生知识"和司法审查》（"Ärztliche Erkenntnis" und richterliche überprüfung bei Indikation von Schwangerschaftsabbruch nach §218a StGB），《于尔根·鲍曼祝寿文集》，1992 年，第 155 - 181 页。

《古斯塔夫·拉德布鲁赫对堕胎的想法：即使在今天对当前改革的争论仍具有"现代"的贡献》（Gustav Radbruchs Vorstellungen zum Schwangerschaftsabbruch：Ein noch heute "moderner" Beitrag zur aktuellen Teformdiskussion），《京特·施彭德尔祝寿文集》，1992 年，第 475 - 501 页。

《虚假数据和其他科研不端行为：德国看法和经验》（Misrepresentation of Dta and Other Misconduct in Science：The German View and Experience），达尔温·夏奈主编：《研究中的伦理问题》，1993 年，第 73 - 85 页。

《没收营利：打击有组织犯罪的新途径》（Neue Wege der Gewinnabschöpfung im Kampf gegen die organisierte Kriminalität），《瓦尔特·施特雷和约翰内斯·韦塞尔斯的祝寿文集》，1993 年，第 833 - 853 页。

《"合法"法官和他对个别案件的判决》（Der "gesetzliche" Richter und seine Bestimmung für den Einzelfall），《汉斯卡尔·扎尔格尔祝寿文集》，1994 年，第 247 - 271 页。

《比较视野中的举证与证明：一些对纠问式和对抗式体系的过渡性思考》（Beweisermittlung und Beweiswürdigung in vergleichender Perspektive. Einige überbrückende Betrachtungen zwischen "adversatorischem" und "inquisitorischem" System），《宫泽浩一祝寿文集》，1995 年，第 561 - 569 页。

《刑事诉讼中的非专业法官：从德国角度比较纠问式和对抗式体系》（Laienrichter im Strafverfahren. Ein Vergleich zwischen inquisitorischem und adversatorischem System aus deutscher Sicht），卡尔·克勒舍尔、阿尔布雷希特·科德斯主编：《从国家法到跨国法》，1995年，第161–181页。

《刑事诉讼法在欧洲的发展》（Entwicklung des Strafverfahrensrechts in Europa），《整体刑法学杂志》第108卷，1996年，第86–121页。

《法益和被害人：一扬一抑》（Rechtsgut und Opfer：Zur überhöhung des einen auf Kosten des anderen），《恩斯特·约阿希姆·梅斯特梅克的祝寿文集》，1996年，第1005–1024页。

《战争罪刑事诉讼中的"抗辩"》（"Defences" in Strafverfahren wegen Kriegsverbrechen），《奥托·特里夫特拉尔祝寿文集》，1996年，第755–775页。

《比较视角看证据的收集和评估》（Collection and Evaluation of Evidence in Comparative Perspective），《以色列法律评论》第31卷，1997年，第429–438页。

《生命实验的法律维度：一项比较研究》（Legal Aspects of Experimentation of the Living：A Comparative Survey），丹尼斯·诺贝尔、简–迪迪埃·文森特主编：《生命伦理学》，联合国教科文组织，1997年，第125–155页。

《行为准则和惩处准则：关于法规范对象在刑法中作用的忧思》（Verhaltensregeln und Behandlungsnormen. Bedenkliches zur Rolle des Normadressaten im Strafrecht），《特奥多尔·伦克纳祝寿文集》，1998年，第25–54页。

《比较刑法学的功能、方法和限制》（Funktionen, Methoden und Grenzen der Strafrechtsvergleichung），《京特·凯泽祝寿文集》，1998年，下卷，第1499–1530页。

《比较法的角度看治疗行为的规则》（Zur Regelung der Heilbehandlung in rechtsvergleichender Perspektive），《汉斯·约阿希姆·希尔施祝寿文集》，1999年，第465–483页。

《联邦最高法院判例中的国际刑法》（Das "Internationale Strafrecht" in der Rechtsprechung des Bundesgerichtshofs），克劳斯·罗克辛、冈特·

维德迈尔主编：《联邦法院五十周年文集第四卷：刑法》，2000 年，第 3 -28 页。

《种族灭绝和德国的司法权：普遍管辖原则和国内连接点的紧张关系》（Völkermord und deustche Strafgewalt. Zum Spannungsverhältnis von Weltrechtsprinzip und legitimierendem Inlandsbezug），《卢茨·迈尔 - 高斯纳祝寿文集》，2001 年，第 3 -31 页。

《"社会相当性"：是多余的还是不可或缺的法律概念？——基于社会上具有普遍意义的赠予行为的思考》（"Sozialadäquanz"：eine überflüssige oder unverzichtvare Rechtsfigur? -Überlegungen anhand soziallüblicher Vorteilsgewährungen），《克劳斯·罗克辛祝寿文集》，2001 年，第 199 -212 页。

《人需要和容忍那种刑法？一些关于被忽视的基本问题的看法》（Welches Strafrecht braucht und verträgt der Mensch? Einige Gedanken zu vernachlässigten Grundfragen），《克劳斯·吕德森祝寿文集》，2002 年，第 195 -204 页。

《国家司法权的普遍性：国际犯罪追诉国际补充原则的缺失》（Harmonisierte Universalität nationaler Strafgewalt：ein Desiderat internationaler Komplementarität bei Verfolgung von Völkerrechtsverbrechen），《斯特凡·特雷希塞尔祝寿文集》，2002 年，第 219 -236 页。

《互联网和国际刑法》（Internet und internationals Strafrecht），迪特尔·莱波尔德主编：《互联网和信息社会的法律问题》，2002 年，第 303 -326 页。

《在原教旨主义和随意性之间寻找中间道路》（Auf der Suche nach dem mittleren Weg：Zwischen Fundamentalismus und Beliebigkeit），《丽塔·聚斯穆特祝寿文集》，2002 年，第 117 -139 页。

《通往国际刑事法院之路："罗马规约"的起源和原则》（Auf dem Weg zu einem internationalen Strafgerichtshof：Entstehung und Grundzüge des Rom-Statuts），《伯尔尼法律人协会杂志》第 139 期，2003 年，第 1 -42 页。

《欧洲刑事制裁的协调：关于共性与分歧的比较研究》（Harmonization of Penal Sanctions in Europ：Comparative Typology of Convergences and Divergences），米海伊·戴尔马斯 - 马蒂、吉纳维夫·玖迪赛 - 德勒、伊

丽莎白·兰伯特－阿布德迦－瓦德：主编：《欧洲刑事制裁的协调》，2003 年，第 379－442 页。

《德国和国外对人类胚胎干细胞的研究》（Forschung mit humanen embtyonalen Stammzellen im In-und Ausland），与汉斯－格奥尔格·科赫合著，德意志研究协会主编：《人类胚胎干细胞研究——刑法的基础和限制》，2003 年，第 37－207 页。

《国际刑事法院罗马规约对国家刑事司法的挑战》（Das Rom-Statut des Internationalen Strafgerichtshofs als Herausforderung für die nationale Strafrechtspflege），《曼弗雷德·布格施塔勒祝寿文集》，2004 年，第 355－373 页。

《医学（刑事）法的观点》（Perspektiven des Medizin（straf）rechts），沃尔夫冈·弗里希主编：《当代医学刑法问题：致敬阿尔宾·埃泽尔的葡萄牙、德国科英布拉研讨会》，2006 年，第 9－31 页。

《欧洲各地区间的"一罪不二审"原则？从"威斯特法伦"主权热到欧洲共同体的思考》（Interlokales "ne bis in idem" in Europa？Von "westfälischem" Souveränitätspathos zu Europäischem Gemeinschaftsdenken，Mitautor Christoph Burchard），与克里斯托夫·布尔夏德合作，《于尔根·迈尔祝寿文集》，2006 年，第 499－524 页。

《检察官在国际刑事司法中的关键作用》（Zur Schlüsselrolle des Anklägers für die international Strafjustiz），《凯·内姆祝寿文集》，2006 年，第 111－124 页。

《转型期的思想》（Gedanken im übergang），汉斯－约尔格·阿尔布雷希特、乌尔里希·西贝尔主编：《刑法研究的展望：弗莱堡马普刑法所 2004 年的职位交接》，2006 年，第 21－34 页。

《国际刑事司法中对抗式程序的优势？一个法官的反思》（Vorzugswürdigkeit des adversatorischen Prozessystems in der internationalen Strafjustiz？Reflektionen eines Richters），《海克·容祝寿文集》，2007 年，第 167－187 页。

《惩罚的本质与理性》（The Nature and Tationale of Punishment），《卡多佐法律评论》第 28 期，2007 年，第 2427－2436 页。

《关于国际刑事管辖中的程序体系与诉讼法的反思》（Reflexionen zum Prozesssystem und Verfahrensrecht internationaler Strafgerichtsbarkeit），《克劳斯·蒂德曼祝寿文集》，2008 年，第 1453 – 1472 页。

《国际刑事管辖中的辩护权》（Verteidigung in der internationalen Strafgerichtsbarkeit），《冈特·维德迈尔祝寿文集》，2008 年，第 147 – 176 页。

汉斯·约阿希姆·希尔施（**Hans Joachim Hirsch**）

汉斯·约阿希姆·希尔施
（Hans Joachim Hirsch）

王　莹译

一　儿童时期与中小学时代

　　一位数年前逝世的刑法学家的悼词中写道，他生于歌德母亲的出生地。我的出生地维滕贝尔格（Wittenberge）没有这种种族的根源。它只是位于柏林与汉堡之间的铁路枢纽。我之所以在此地出生，是由于我出生时即 1929 年 4 月 11 日，政府从这里开始疏浚易北河中段，我父亲当时在此地作为政府建筑审计师负责帝国水道的管理。父亲的家族本来籍贯是吕贝克（Lübeck）和汉堡（Hamburg），但他却是在亚琛（Aachen）长大的，我祖父曾在亚琛工业大学任水利专业的教授。我母亲的父母姓派茨施（Peitzsch），来自图宾根和拿骚（Nassau）。但是我的母亲在阿勒尔河畔的韦尔登（Verden）长大，这个城市在我生命中也具有重要的意义。

　　我父亲的职业决定了我们要不断地变换居住地。1932 年父亲调任柏林的帝国交通部，四年后调往埃姆登（Emden），1938 年又调往斯德丁（Stettin）担任水利局的局长。我的母亲和兄弟姐妹——我是四个孩子中最年长的——1943 年撤离到帕瑟瓦尔克（Pasewalk）。战后我们一家先后在阿勒尔河畔的韦尔登、汉诺威以及科布伦茨（Koblenz）生活过。

　　我从 1935 年开始上学时经历了第三帝国时期，那时我的家庭一直被怀疑是犹太裔，因为希尔施这个姓氏在犹太人中很普遍。我们家的孩子每到一个新的学校或班级，总是被问道："你是犹太人么？"我的父亲从一位死去的叔父那里继承了家谱，他借助吕贝克教堂的墓碑上的铭文证明，我们不属于纳粹种族法中的犹太人。铭文上记着这样的姓氏："Hans Hinrichsen, dictus Hirsch."人们猜测，这个姓氏来自当时的一个吕贝克家族。

我的家庭在其他方面也与纳粹分子保持距离。也许是出于对意识形态的漠视与对政治不感兴趣，我的父亲完全依靠工程师职业生活。直到希特勒1940年在德法战争胜利后达到其统治的鼎盛时期时，父亲考虑到家庭的安全被迫加入了纳粹党。事情原委是这样的：德国劳动阵线（deutsche Arbeitsfront）[其功能相当于今天的企业委员会（Betriebsrat）]的职工代表来到他的办公室说，雇佣一个不属于纳粹党的政府领导长期来看是不行的。如果他不立刻申请入党的话，不用多说，其后果可想而知。

我的母亲对政治更感兴趣一些。她的父亲除本职工作之外还曾担任过一段时间德国人民党市委会代表的调查主任。他憎恶纳粹分子，将他们视为俗人，认为其领导层多是一群生计失败的人集合起来的乌合之众。另外一方面他也承认，希特勒降低了失业率，并且给那些不公开反对纳粹政权或者不属于纳粹种族法歧视对象的德国民众们带来了几年好日子。1938年秋季之后形势才变得令人担忧起来。我尚且记得我的父母得知战争没有爆发时是何等的如释重负。第一次世界大战德军屡次战败，他们的家乡从1916年开始发生饥馑，在民众的心中留下了可怕的阴影。家中时常提起在战争中牺牲的父亲的三个兄弟以及身受重伤的外祖父。当我们这些孩子在餐桌上不将盘子里的饭菜吃完时，第一次世界大战的惨状就会被旧话重提。我母亲会立即谈起一战的荒年，直到我们吃完才让我们站起来，即便我们不喜欢那顿饭菜。

与1914年不同，1939年仅有少数一些人积极拥护战争。我犹记得斯德丁的1939年9月1日。这一天我们从学校又被赶回家中，因为许多教师都应征入伍。当我骑车经过城里时，几乎很少看见有人欢笑，大多数人都面带严肃的表情。民众一致认为，1919年被迫签订的《凡尔赛和约》有待修订，无论是在家中、学校还是在媒体中，"《凡尔赛和约》的不平等"的话题几乎贯穿我整个童年。纳粹的对外政策利用了这一点。尽管如此，只有少数人希望能够通过战争来修订这个条约。

　　直到 1942 年，我对战争爆发都没有太多感受。然后开始了夜间空袭，我们被迫在防空地下室度过夜间的一段时间，同时开始了对生存的担忧。我们这些学生在 1942 年秋天才 13 岁，被运往波美拉尼亚（Hinterpommern）挖土豆。我们被要求在一幢庄园里与波兰劳工一起在艰苦的天气条件下劳作，膳食供应很可怜。从那时起我对东易北河的大农民党分子就没有好感，但我也意识到也许我们只是刚好被分配到一个差的地方。1943 年夏天，为躲避空袭，我的母亲与我们几个兄弟姐妹撤离了斯德丁，来到四十公里以西的帕瑟瓦尔克，居住在一个狭小的空间里。尽管德军在斯大林格勒战役惨败，并且在美国参战后只有奇迹才能扭转战局，但当时几乎还没有人会相信，苏军在 1945 年就会进驻这里。1944 年夏末，德军的末日渐渐逼近了。暑假过后学校没有开学，所有 14 岁以上的年轻人都被运往"东墙"修建战壕。在施耐德米尔（Schneidermuell）（靠近 1919 年波兰边界的一个城市）附近，我们建造炮位，一直干到这一年的 12 月中旬。1945 年学校彻底关闭了，因为学校楼房被当作了军事医院。我参加了民间自卫队，但在帕瑟瓦尔克停留了下来。不久苏军就逼近了奥德河畔。我母亲与我的弟妹们乘坐火车一路历险，来到阿勒尔河畔的韦尔登，我外祖母居住的地方。15 岁的我不得不独自留在帕瑟瓦尔克。临行前我向母亲许诺，将倾尽全力平安归来。一家人将在韦尔登团聚。我逃避过武装党卫队（Waffen-SS）的征兵，在仪式刚开始时我借故上厕所，错过了在"自愿者"名单上登记，但并未成功。在我家人看来，党卫队是一个没人愿意与其发生干系的组织。在这期间我与父亲取得了联系，他在战争中期就被分配到负责弹药与战争装备的托特组织（Organisation Todt），待在北部军队司令部。

　　1945 年 4 月 25 日俄军从斯德丁南边渡过奥德河，用炸药与火药弹轰炸帕瑟瓦尔克。我们武装党卫队则忙于灭火，直到夜深。第二天早上我们被派往国家社会主义德国工人党县党部，在那里焚烧了成员文件。当我们返回中央军队时，在持续不断的空袭的间隔，我的父亲突然出现了，他是来将我带离帕瑟瓦尔克的。司令部已经驻扎在 60 公里以西的新勃兰登堡。我不待他劝说就跟他一起离开了。在夜幕降临之际，我们骑着自行车悄悄离开了城市，一路狂奔，于第二天早上到达新勃兰登堡（Neubrandenburg）。然后父亲为了从命运之神手中挽救自己刚刚 16 岁的儿子，又回到俄军行进的方向，让德国国防军给我们的服役证上盖了免除军役的印章，这样一来我们至少不用担心德军找我们的麻烦了，这种充满爱心的举动令我终生难忘。不久我们就骑车继续西行。在居斯特罗（Güstrow）的后方，我们进入了美国和英国低空飞机的袭击区。他们向所有在街道上移动的东西开火；在我记忆中留下的只是可怕的满目疮痍的难民队伍。我们的下一个目标是路德维希斯卢斯特（ludwigslust），我的姑姑住在那里，从那里我们将要向易北河行进。5 月 1 日我们到了路德维希斯卢斯特，刚好在这一天美军占领了这座城市。我们刚刚放松的心情很快又紧张起来。几个小时以后据说这个城市就要转交给俄军。为了逃离这个城市，我们扔下自行车，混入一支机动车部队，朝设在汉堡的残余的德国国防军监狱行进。这次撤退非常惊心动魄，上面发出军令，第二天中午没有渡过易北河吕贝克运河段的军人将被交给俄军，这儿附近就是后来的俄军与英军占领地边界。为了不进入德国国防军监狱，我们在离运河桥几公里的地方又与大部队分开行进到英占区，英军将我们当作平民放行了。但这些军人的无耻也让我们震惊。所有通行的人有价值的东西都被拿走，如结婚戒指和表。幸运的是，我父亲及时地认识到这种形势，将我们的表和他的婚戒藏在鞋里。除此之外，我们只随时携带印有"旅行装备"字样的背包。从现在开始我们只能步行了。英国人在吕讷堡（Lueneburg）主街道的一个橱窗里张贴了大幅的照片，展示了尸体堆积成山的场面，我和父亲将之视为恐怖宣传。集中营的情况和对犹太人的屠杀是向民众所隐瞒的。即使有人对之有所耳闻，他也会尽力守口如瓶，否则的话隶属于帝国领导的党卫队的盖世太保会让他在集中营中消失。另外，对于当时超过人类想象的超级犯罪，即"犹太人问题的最终解决办法"，人们还需考虑，但由于德国人民在战争的最后几年里忙于思考自己的命运、家庭和接下来的生存环境，他们几乎没有时间再去考虑别人的生存问题。

我们在吕讷堡石楠草原步行多日，终于在 5 月 8 日到达阿勒尔河畔的韦尔登，在那里我们见到了已经几周没有音讯的家人。

即使在西德，占领区的盟军一开始也没有被作为解放者来看待。人们只是为战争终于结束了而感到欢欣鼓舞。盟军的战争目的是打败德国而不仅仅是消灭纳粹政权。因此盟军也没有与德国抵抗力量取得联系，而是早在 1943 年在卡萨布兰卡（Casablanca）即已声明德国无条件投降是和平的唯一选择。但对于许多受政治压迫、种族歧视的人以及政治犯与被绑架者来说，德国的崩溃当然意味着解放。慢慢地大家开始意识到，纳粹独裁的消灭开放了通向一个自由与更好的国家的道路。但是具有强烈意识形态感的人与机会主义的政客将德国的崩溃也视为是对东德的民族解放，这种论调我一直认为是相当荒谬的。红军的谋杀、绑架、强奸，以及驱逐几百万人，建立一个新的不法政权，绝对不能说是一种解放。

1946 年 1 月初，韦尔登学校才恢复上课，我先在吕讷堡石楠草原的一个农场劳动。这样我就没有温饱的问题，并且也可以给家里的人捎带点东西。从那时起我就习惯了早起，每天早上五点半我就要喂马并给马搞卫生。

当学校重新开学时，我已经一年半没上过课了，因此知识漏洞是很大的。我们这些学生异常努力地补习那些没学过的知识。怀着巨大的感激之情，我想起了值得赞誉的韦尔登教堂高中，这所学校在 2002 年刚刚举办了 1000 周年庆典。我们的教师想尽一切办法让我们达到高级班的平均水平，有时给我们上下午课，或者在他们家中给我们上补习课。感谢上帝，大部分教师的职业态度与今天工会意识腐蚀下的教师的职业态度不同。当我在 1948 年春天高考时，最高年级的知识水平终于达到了战前的标准。与后来我的孩子和我在北莱茵威斯特法伦州的学生相比，这种水平差距是巨大的，而且现在是 13 学年而不是像当时那样只有 12 个学年。20 世纪 60 年代末教育政策所带来的社会损失在我看来比刑法学所受到的损失还要大。

学科的选择当时对我来说并不容易。在高考前的结业证书中记录了我的说明："希尔施希望学习法律"。但对这个专业我并没有进一步的认识。我的家庭与亲戚中大多都是工程师与建筑师出身。到那时为止家族中没有一位法律人士。吸引我学习法律的可能是这个专业宽广的就业前景。另外一个原因是我没有特别偏爱的科目，在所有科目中我的成绩都不错。例如我同样喜欢那些被认为是法律学习所必要的基础科目，如数学、德语、历史与拉丁语。但由于缺乏更进一步的信息，我不知道学习法律是不是正确的选择。我的父亲希望我像他和祖父一样学习建筑领域的水利专业。我的数学老师鼓励我选择数学或者至少选择一门自然科学专业。两人的建议都是基于当时未知的德国未来而给出的，当时还没有进行货币改革。与法律专业不同，技术与自然科学专业至少让人有日后去国外一碰运气的机会。当时学习都有入学条件的限制，由于夏季学期的申请期限已经到了，我可以将决定推迟到冬季作出。我就先到卡尔斯鲁厄高等技术学院，在那里完成了一学期的进修学习，这是许可冬季学期学习建筑工程师的前提条件。我曾做过建筑助理的工作，负责修建被炸弹袭击摧毁的水利研究所的基石，以便于在重建中能够重新使用。幸好货币改革后当时的饥荒形势有所好转。

在卡尔斯鲁厄我有机会去听大课。在听课过程中我发现建筑工程专业可能不太适合我。因此1948－1949年冬季学期伊始，我就在很快给我入学许可的哥廷根大学开始学习法律。我今天在学术上的对手可能会为我的选择感到遗憾，但是我自己从未感到后悔。

我这篇自传的中心内容——一个法律人的道路也就此展开了。我请求读者原谅，目前为止我一直对发生在法律生活之前的履历中的细节喋喋不休。回顾过去我想说的是，我生命之中最具戏剧性也最多事之秋的阶段就是我14岁至17岁之间的这段时间。在此期间所有不寻常的事情都已经发生了。那时的经历对我产生了巨大影响，没有这些经历就无法解释我以后的生活态度与世界观。

二 从大学学习到获得教授资格

哥廷根在战后几年好像是德国的精神文化中心。城市与大学都完好无损，因此从东德与中部德国被驱逐或逃离的教授们发现这里是他们的第一站。此外这所大学之前就拥有卓越的师资。我听了著名法律教授如保罗·博克尔曼（Paul Bockelmann）、京特·拜茨克（Guenter Beitzke）、维尔纳·弗卢梅（Werner Flume）、鲁道夫·斯门德（Rudolph Smend）、维尔纳·韦伯（Werner Weber）、汉斯·韦尔策尔（Hans Welzel）、弗朗茨·维亚克尔（Franz Wieacker）的课程。大学的其他院系也提供很多有趣的课程，我们都可以去听。例如我在那里学习期间听了每周一次早上8点的历史学者赫尔曼·亨佩尔（Hermann Heimpel）的4小时的课。我也是尼古拉·哈特曼（Nicolai Hartmann）的伦理课的听众。当时在哥廷根精神生活非常活跃，这一点我在以后任何一所大学都没有再经历过。究其原因，除了卓越的师资力量以外，学生们大多数都曾参加过战争，因而渴求补充精神食粮，十分好学。与之相连的还有，战争经历导致学生们的早熟。大家都热衷于精神文化的新开端，也对成为学生一代非常自信，尽管人们对当时的学生一代带有积极的批评态度。

然而外部学习条件并不是很好。第一个（冬季）学期时，我在哥廷根住在一间没有暖气的房间里。书店几乎无书可售。因此我们只能尽可能地购买往届学生的书籍。我买过一本哥廷根教授的旧教科书，这位教授上课几乎全部在讲自己的教材，在这本书某页的边缘写着一句话：在此 J. v. G 努力开一个玩笑。然后这位教授讲到这里时果然开了个玩笑。

虽然哥廷根有许多的优势之处，但对我来说在那里度过整个大学时光未免显得有些单调。上大学在那时也是生命中一种见识其他德国城市和地区的机会，由于当时不像后来那样生活具有这么大的流动性。因此我决定，两个学期即第三与第四学期去海德堡学习。为此，当时人们必须找到一个交换伙伴，与之交换学习位置与住宿。在未被战争毁坏的海德堡我也发现了优秀的教授。尤其令我记忆犹新的是卡尔·恩吉施（Karl Engisch）、瓦尔特·耶利内克（Walter Jellinek）、沃尔夫冈·孔克尔（Wolfgang Kunkel）、欧根·乌尔默（Eugen Ulmer）、埃伯哈德·施密特（Eberhard Schmidt）。第四学期我第一次上了一个学期的研讨课，是恩吉斯的课，他讲的大课和练习课我就很喜欢。我还没有意识到，借此我开启了人生中重要的转折。这学期的题目是博克尔曼关于正犯与共犯的文章。虽然在哥廷根开始学习，当时我还没有被人的不法理论说服。恩吉斯的反对观点和当时的主流观点给我提供了契机，使我对这一问题产生了进一步的兴趣。因此我从第五学期开始重新在哥廷根学习时参加了韦尔策尔的研讨课。我做了一个关于共犯从属性的报告，这显然使得韦尔策尔对我产生了专业上的兴趣。在这门研讨课上我经历了异常刺激的讨论，深深吸引我的是韦尔策尔讨论教义学问题的方法与他批评不清晰的思维与相应争论的毫不留情。

我的法律思维方法也受到民法学者沃尔夫冈·西伯特（Wolfgang Siebert）的深刻影响。他在我快毕业时因为受到纳粹牵连还没有回到工作岗位上，只是靠出色的考试复习班维持生计。考前参加补习班在我看来有很大好处，在与其他参加者相比较的过程中可以测试出自己的成绩水平。与如今不同的是，当时人们都依赖私人机构。西伯特是一个高水平的教育家与学者，其清晰的分析能力令人印象深刻。除了应付考试，我从那里也学到很多，令我日后在教学与学术研究方面都获益匪浅。

我在管辖哥廷根的策勒（Celle）州高等法院进行国家考试之前，韦尔策尔受聘到波恩大学。由于他搬家还需要一段时间，一天哥廷根大学法学研讨课教室的门上贴了一张手写的小纸条，上面告知学生，前一天联邦最高法院的刑法大委员会承认了禁止错误的影响，采纳了韦尔策尔主张的罪责理论。韦尔策尔经过一年之久的刑法论战，战胜了传统的通说，借此达到了他学术成就的巅峰。我直到他在哥廷根大学教书的最后一段时间内都经常听他的课。他离开时给我提供了一个通过第一次国家司法考试后去波恩读博的机会。我犹记得这一次考试不是在策勒而是在哥廷根（S.133）。各个年级的学生都可以旁听考试，因而人们称之为"秀场"（Schauprozess）。我坐在所有应试者的最前面，所以被第一个提问。民法教授 N. 快要退休了，他提的问题是："希尔施先生，你为什么要做父亲呢？"当时还根本未考虑到组建家庭的我大为吃惊，思索着这个明显的法律问题在家庭法中的答案，但是得到的却是教授不断的摇头否定。其余五个应试者也回答不出这个问题，N. 教授边用拳头捶着桌子边喊道："为了让他的财产被继承下去！"其实我父母每月给我的刚够支付房租与大学食堂伙食费的生活费构成了我的全部"财产"，因而这个答案让所有旁听者忍俊不禁，人群中爆发了一阵无休止的大笑。N. 教授不得不第二次捶了一下桌子，说道："好吧，大概如今不是这样了。"感谢第二个考官以及我的书面考试，最终我还是取得了相当好的考试成绩。我将这个考试结果告诉了韦尔策尔，他给我寄了一张明信片，在明信片上建议我撰写关于消极构成要件学说的博士论文。考试后我立即在汉诺威附近的一个小的地区法院开始了法律见习。我的父母和兄弟姐妹当时住在汉诺威。三年半的见习期在时间上允许我进行博士论文的写作。但在大学之外缺乏必要的文献资料，因此我在1953年春天第一阶段见习结束时作为见习生转到了波恩。在那里我同时为韦尔策尔做校对工作并参加他的研讨课。

这个题目在当时对于博士论文来说有些太宽泛了。这涉及用实质的内容填充贝林（Beling）的形式构成要件概念，但同时又将其与禁止错误问题相区别，以免构成要件在错误理论的影响下与违法性排除事由混淆在一起。错误理论必然要面临的问题是，人的不法理论将故意放置在不法构成要件之中，那么是否允许事实认识错误（Erlaubnissachverhaltsirrtum）（例如假想防卫）就不属于不法层面的问题。这本书所需要的时间比我估算的要多，以至于我有时会在见习期请假，以便不影响我准备第二次国家考试。当我撰写博士论文时，这些问题深深地吸引着我。不过我还没有做大学教授的目标。我的论文让韦尔策尔在我以优异成绩博士毕业后建议我进行教授资格论文的写作。这当时对于年轻的法律学生来说是一种殊荣。尤其是教授这种职业当时具有很高的社会威望。在第二次国家考试之后我才需要作出决定。这次考试的结果（1957年）也很令人满意，以至于任何一种法律职业都向我开放。

我当时一开始决定不从事高校教师生涯，有以下三个原因。首先，当时波恩大学法律系的氛围让我感到不适。大学里有对立的人事关系，包括助手之间都存在这种问题。而且两位刑法学教授之间长期关系不和。其次，通过在韦尔策尔身边工作，我感觉到大学教授这种职业对我来说要求太高了。第三个因素是我想尝试新鲜的东西，例如从事涉外的经济法律职业。

在完成博士论文出版前的校订工作以后，我于1959年在德意志学术交流中心奖学金的资助下前往英国伦敦经济学院。这半年时间我与马克思·格林胡特（Max Gruenhut）不断地密切接触，因此与刑法的关系仍然没有断。格林胡特作为德裔移民在牛津圣三一学院工作。他之所以认识我是因为他经常在夏季学期到波恩作客座教授。我对他特别尊敬。这位崇高的学者命运多舛。由于犹太血统他1935年失去了波恩大学的刑法学教席。一直到1939年夏季他与妻子都居住在波恩。在那里几乎没有人关心他。移民到英国后不久战争爆发，他被作为外国敌人拘禁。当战争过去后，他接到回波恩继续教书的邀请。他本来很想接受，但是最终还是拒绝了。因为他的妻子再也不想踏上德国的土地。在德国筹划的他的七十寿辰祝寿文集由于出现了谁任出版人的争议而推迟出版。不久他长辞人世，仅有一本薄薄的纪念文集问世。我之所以这么详细地叙述格林胡特，是因为他是一位在我的学术生涯中给我留下深刻印象的人。我在伦敦和牛津大学停留期间他给了我父亲般的关怀与照顾，同样他也为在英国学习的其他奖学金生慷慨地提供了建议与帮助。

回到波恩后我在联邦经济部对外经济处找到一个职位并成为政府候补文官。这个工作并不是没有乐趣，我被分配到东德部门，当时两德（由于哈尔斯坦主义）并没有建立外交关系，这个部门要面对苏维埃盟国利益维护联邦德国的利益。时间一长我就发现，撰写那些连在签名权上都体现出经济部森严等级的信件与我的法律爱好格格不入。韦尔策尔可能也看出了这一点，因此在一个助手位置空余后他就问我是否还是想撰写教授资格论文。我先和妻子讨论了这个机会。我和罗斯玛丽·冯·施密德贝格（Rosemarie von Schmiedeberg）于60年代末结婚。她在其第二次国家司法考试之后没有想过做一个教授资格申请者妻子那样的艰苦生活，但仍然愿意挺过我写作教授资格论文直到我拿到第一个教席这几年的时间。后来她出色地扮演了一位教授妻子的角色。在某种程度上来说她是家庭的外交部长，一直是家庭的支柱。我尤其感激她为了家庭，特别是为了两个孩子的成长，放弃事业而做出的无私奉献。嫁给一位教授并非易事，因为学术的灵感到来之时，往往是对于妻子和家庭不利的时刻。

这样我就回到了波恩大学，随着教师团队中老人退休与新人加入，我感到大学的氛围有所转变。在另一个助手位置上作教授资格论文的是我在专业与个人关系上都非常珍视的格尔德·盖伦（Gerd Geilen）。

在进行教授资格论文主题的选择时，我需要证明我在博士论文所研究的刑法总论之外也有所专长。当时从联邦最高法院的大民法委员会判决盛装舞步骑手案（Herrenreiter-Urteil）之后，对民法中的一般人格法问题的讨论甚嚣尘上，甚至在一片严密保护呼声之中也波及了刑法中的名誉权保护。当时刑法典关于侮辱罪的规定非常简短，直到今天也是如此。名誉与侮辱的概念在文献与判例之中都甚少论述，往往被扩张解释而忽略了罪责原则的适用。我提倡的规范的名誉权概念在判例和文献中得到认可，使得相关构成要件的轮廓更为清晰。

同时我也发表了一些短文章，其中我发表在《整体刑法学杂志》（ZStW）上的论文《社会相当性与不法学说》（Soziale Adäquanz und Un-rechtslehre）引起强烈的关注。

我的助手工作主要是对民法试卷（由于刑法家庭作业较少，民法第一次阅卷也经常委托给刑法教授）进行预批阅（Vorkorrektur），以及准备与编辑韦尔策尔的新版刑法教科书，督导研讨课参加者，维护工作团队以及上课。

与博士论文一样，教授资格论文需要花费大量的时间，超出了我预先的计划。韦尔策尔教授基本上不与我讨论那些我令我伤脑筋的问题。他是一个非常严格的导师，极端缺乏耐心，有时也可能非常伤人。他一有需要就会给我打电话，不管是周末还是清晨。我的妻子直到今天还时常说道，韦尔策尔教授在我们当时的新婚期几乎无所不在。

回头来看我对他的严格教育还是非常感激的。首先他的学术严谨为我日后的职业打下了坚实的基础。对待我们这些助手，他仿佛是一个无所不问的父亲，给我们带来了安全感。他一旦认准了某人，就一定投入地帮忙到底。另外他对职业的无私奉献也给我们树立了良好的榜样。大学教授对于他来说意味着无休止地与专业学术问题打交道。他之所以取得卓越的成就，要归功于以下两点：其一是清晰的思路与言简意赅地概括其思维的写作能力，其二是与对结果妥当性与否的敏感相联系的学术创造力。作为助手来说，不可能再指望比这更好的教导了。我们一开始的问题是，我们的导师与刑法专业的同事之间存在沟通上的问题。这是由诸多原因所导致的。最主要的原因可能是他提出的人的不法、目的行为理论以及关于禁止错误的理论往往被视为传统学说的敌人，他在讨论之中几乎总是抢走现任专业学科带头人的镜头。结果是他觉得自己成了众矢之的，因此他不仅采取防御姿势，而且有时也反应过激。两者都往往导致把学术上的观点分歧与个人的好恶混淆在一起。最初我们老一些的学生被视为宗教异端的追随者。韦尔策尔的缺乏耐心对他和他的学说也具有负面影响。一旦有人在杂志上发表文章攻击他的观点，他就很快写出一篇文章加以反驳。秘书一将文章打出来，他就拿给当时任助手的我阅读。由于他每天中午13点钟回家吃饭，一切都必须快速进行。虽然对于谨慎的意见与建议他也会考虑，但是他的反应大多数都是"这篇文章已经打印出来，必须立即寄出去"。其结果是，在有限的教科书容量之外，他没有纠正其学说中的缺陷，并对其进行详细与系统化的论述。这个后果一直到今天都在产生影响，以至于许多学者至今仅仅看到他学术早期阶段的思考。

我在刑法、刑事诉讼法与法哲学专业的教授资格论文在1966年写作完毕。在1965－1966年冬季学期末我作了题为"刑法与民法的区别"的试讲。当时在波恩的就职演说是关于"法官法与实在法"，这也属于教授资格的一部分。这样一来，我就夷平了通向教授的道路，不久我就接到了新建大学雷根斯堡大学的聘书。

三　雷根斯堡时期

当我在1966年夏天到雷根斯堡（Regensburg）商谈就职事宜时，建校校长将我带到一片被农田环绕的建筑工地上，告诉我这里将建立新的校园。1966年10月1日我与一位来自慕尼黑大学的民法学者一起被任命为第一批教授。聘书授予仪式与第一幢教学楼落成典礼同时露天举行，在巴伐利亚军队的奏乐声中，巴伐利亚州总理向我们颁发了聘书。虽然当时我已游历了德国多地并且已熟悉西南德地区，但作为一个普鲁士人仍然感觉自己如身处异境。1803年《帝国代表主要决议》（Reichsdeputationshauptschluss）以及旷日持久的帝国议会解散之后，雷根斯堡就成为一个小城市，一些人从附近的巴伐利亚地区移居到此地。与在莱茵区完全不同的是，我一开始觉得自己像是异乡人。住房市场的发展也未为

建校做好准备。因此我在雷根斯堡与波恩之间往返奔波了一年。直到
1967 - 1968 年冬季学期开学，我才开始上课，其间我一直在波恩讲授大
课与练习课。

　　雷根斯堡在启动阶段的工作主要是扩建图书馆，以及共同解决人事
与结构问题。一开始书市上仅有新书或旧书的新版，后来一桩喜事落到
我的头上。我在波恩时听说，在七峰山（Siebengebirge）附近的一处房
子中有一个收藏了 15000 册刑法书籍的图书馆，可以想办法把它弄到手。
这是多年前去世的前科隆大学教授阿尔贝特·科恩德斯（Coenders）的
图书馆。他隐居在溪谷中一幢遗世独立的住宅里，在魏玛时期他从古董
市场大量购进了 19 世纪的刑法书籍。这幢房屋几乎所有墙壁上都是书
架。1945 年春天美军从雷马根（Remagen）渡过莱茵河，在那里建立了
第一个司令部。据说在继续前进之前，他们发现了藏书之中有希特勒的
《我的奋斗》一书，于是把书从书架上扔下，打碎了从地下室取出的盛
满食品的储物罐。当显然已经患上老年痴呆的克恩德尔斯回到家中看到
这一片狼藉时，坚持认为美国人毁掉了一切，他们有义务清扫干净。在
图书馆的废墟中又生活了一段时间后，他被送到养老院。他的继承人们
让人将书重新放回书架，尽管没有按照顺序放置，但将书籍擦拭得一尘
不染。在发现这个图书馆之后，雷根斯堡大学成功地以非常优惠的价格
得到了它。我们同波恩大学研讨课的学生一起将书用一辆运输货物的火
车运回来。负责看管房屋的人声称，前一天晚上他用一支小口径步枪打
死了一只跑到一本书上的耗子。由于这种动物具有异常的本能，很可能
它选择的是一本费尔巴哈（Feuerbach）的教科书或者宾丁（Binding）
《规范论》的其中一部书。

　　大学运转良好，但是不久西德就爆发了学生运动。这将雷根斯堡大
学引向灾难般的形势。学校通过了一个章程，授予教师团体在所有事务
中 50%、助手 25%、学生 25% 的表决权。由于助手都完成了大学学业并
且都来自外校，除了博士论文之外与大学没有太多的交道，他们与受极
左分子控制的学生一起组成了反对教授的表决团体。这就给教授中的机
会主义者提供了与他们联合取得多数票并控制全体同僚的可能。在法律
系有位教授就以这种方法获得了他在专业上所无法获得的地位。他并非

刑法学教授，但给一位博士生内容空洞的刑事诉讼法专业博士论文打了优秀（magna cum laude）；另一位非专业的当时在号召将雷根斯堡大学转变成一所马克思主义大学的宣传册上签名的同事，也同意这位教授的做法。我根据博士学位条例对此提出了申诉，但是因遭到大多数票的反对而无结果。尽管不符一致的学术观点，这位博士生仍然拿到了博士学位。其他几个专业的情况还要更糟。另外，因为反对给一位停止进行学术研究转而一心鼓捣政治活动，并将其工作室几乎变成政治中心的助手续签工作合同，在接下来的四周里，我成为极左团体的攻击目标。他们几乎每天都在标语招牌上攻击我，雷根斯堡与慕尼黑的报纸对此进行了报道。

70 年代初期大学进行校长选举，一位未写过教授资格论文的物理学者当选了。这位校长讲授物理学与马克思主义，蓄着胡须，头发一直留到腰际，另外还穿着鲜红色的上衣与拖鞋。根据章程，教授一方除了院长（当时法律与经济学院的院长是一位经济学学者）之外，社会科学与自然科学学科各有一位委员参加选举委员会。我被全体同事推选为选举委员。尽管我知道这个职责可能会带来沮丧甚至是耻辱，我还是接受了它，因为法律人士最能够监督这位校长。委员会当时每周都开一次会。一开始我几乎每次会议上都提出申请，要求在会议条例中补充对校长职责承担的评估。这个申请虽然在会议之前无聊的谈判之中获得了一位来自温和阵营的学生的支持，却没有得到批准。会议通常都是一团混乱。校长与学生互相不使用尊称。一旦这位校长表达一个稍微理性一些的想法，学生代表就会提醒他要注意对派别的忠诚。对于我来说，我的职责还有一个副产品，即另一所大学的刑法学者同意聘我为该校大学教授的聘书又被收回了，原因是雷根斯堡大学的领导们郑重地告诫那里的学生代表不要聘任我。但这在当时看来可能是从一个火坑跳到另一个火坑。

附带一提的是接替我任选举委员的是如今的教皇，当时他还是雷根斯堡大学天主教神学专业的教授。在他继任基督的代表之前，首先是鄙人的继任者。大家都纷纷猜测，这位第二届梵蒂冈宗教城国委员会的激进顾问后来是如何成为一位保守的罗马教廷主教的。在我看来，他与造反学生的个人经历可能会给出一个合理的解释。

1970 年雷根斯堡的刑法学者弗里德里希·克里斯蒂安（Friedrich-

Christian）和我组织的刑法学者大会给我留下了积极的印象。按照传统，这个以德语为母语的刑法学者大会的主席是由任职时间最长的慕尼黑刑法学者担任的，当时是卡尔·恩吉施。1962 年政府刑法草案颁布后，草案撰写者与反对者之间爆发了激烈的争论，这场争论一直持续到 70 年代中期，导致了选择性草案群体的产生，这个群体草拟了总论与一部分分论的草案。因而这次会议的气氛也特别紧张。恩吉施未参加任何草案的撰写，但是却以其令人印象深刻的权威，不仅将这个所有刑法学者的职业团体凝聚在一起，而且尽力使得讨论保持客观公正。在这样的主席面前，没有人敢说错话。他的人格所散发出来的魅力我在海德堡的学生时代就赞叹不已。这种人格也确保了刑法学者大会的主题选择的不容置疑。德国刑法学界所要感谢卡尔·恩吉施的，不止于他的作品。

当时刑法学者大会上的紧张气氛也化解为爽朗一笑。1970 年的官方欢迎致辞在令人敬意油然而生的帝国大厅举行，在此地曾于 1532 年颁布了《卡罗琳娜刑法典》，1962 年官方改革草案也在此公布于众。在该官方草案的公布大会上，参与起草的一个年轻成员受委托向司法部长以及其他尊敬的客人致辞，犯了一个令听众很难忍俊的口误："当我们在 1532 年在此地颁布 1962 年草案时……"反对者开始起哄，其余人也笑弯了腰。

我在大会上作了一个关于身体伤害罪改革的报告。我对这个题目准备得相当充分，因为我承担过第 9 版《莱比锡刑法典评注》"身体伤害"这一章的内容。选择性草案的这部分内容也不尽如人意，所以我对其也有所批评。也许是因为这一点，我的报告在选择性草案群体中没有受到欢迎。

此外我还承担了《莱比锡刑法典评注》第 51 条前注的部分，其中探讨了不法与罪责理论以及排除违法性事由与免责事由。如果说刑法第 223 条以下的评注仅仅是对这些条文联系现实加以解释以及进行深度的学术解析，那么第 51 条前注的部分就使评注从最近二十年的发展转向新的发展趋势，并要将即将到来的修改所带来的大量材料吸收进去。在理论基础方面，我追随所谓的人的不法理论，同时明确了我的学术思想未来在这个领域的发展方向。此外，我在当时还属于超法规的排除违法性的紧急避险概念之下还超前探讨了《第二次刑法改革法》新增的刑法条文（新版刑法第 34 条）。我对刑法总论基本问题的特别兴趣也在论文《承诺与自我决定权》（Einwilligung und Selbstbestimmung）以及《结果加重犯》（Erfolgsqualifizierten Delikt）之中得以彰显，对于这两个主题我下文还要不断地谈到。

在 70 年代初期，韦尔策尔教科书的影响开始渐渐式微了。一天，韦尔策尔从他在里希特海姆（Richterheim）时经常度假的菲施巴豪（Fischbachau）打电话给我，请我去看望他。原来他是想请我续写他的教科书。他有意识地在最后一版（1969 年第 11 版）教科书中着重强调了我所做的工作。我感到非常荣幸，但后来他就再没提及此事。后来我听说，他的妻子担心跳过他在波恩任教的学生转而让我担此重任，可能不利在本地工作的和谐气氛。机缘巧合的是，我不久就接受委托撰写上文提到的《莱比锡刑法典评注》第 51 条前注的部分，这在专业上来说其诱惑力并不亚于续写韦尔策尔的教科书。韦尔策尔的教科书本来一直到那时都是两年出一次新版，堪当传播最为广泛的教科书之一，然而这本书的悲剧自此也开始了。由于直至 70 年代中期都未提交新的书稿，出版社与新的续写者终止了合同。韦尔策尔与出版社请求我接手此事。但我却不能决定下来，因为我承担了《莱比锡刑法典评注》新的工作之后无法再考虑另外的义务了。出版社然后又找到韦尔策尔另外的两个学生，其中一个续写总论，另一个续写分论。但是一段时间以后两人都放弃了。如今我对那些带有作者强烈学术思想烙印的教科书的续写总是表示怀疑。大多数情况下，它们很难再现原著的魅力之所在，续写版或者比原著大为逊色，或者就是名不符实。

四　科隆时代至退休时期以及这段时间内的学术目标

（一）

1974 年末我接到了去科隆大学任教的聘任邀请。我一开始就很清楚我会接受它。虽然我的家庭这期间已经习惯了雷根斯堡的生活，我们珍视这座城市的优良环境与魅力，此外我也很珍惜那些即使在困难时期也牢不可破的同事间的友谊，我与他们之间形成了愉快的同事关系。但是莱茵地区对我和我的妻子来说具有特殊的吸引力，因为那里有许多我们年轻时期即结识的朋友与熟人，而且我的父母居住在科布伦茨，我的父亲在那里担任联邦水利部的主席，我妻子的家人居住在波恩。虽然我是基督教，但身处科隆并没有给我异乡人移居此地的感觉。还有一个原因是，科隆大学的法律系是德国最好的法律系之一，而且造反的学生并未造成很大的损失。这一点要感谢长袖善舞的校长、莱茵地区人的特殊气质以及教授团体在政客面前的自信。在科隆，人们不像别处那样整天忙于进行自恋式的对大学结构的经年不衰的讨论，而是笃定地进行教学与科研。我来到了一个极乐的大学世界。

对于我的聘任，我首先要感谢科隆刑法学者里夏德·朗格（Richard Lange）与犯罪学者希尔德·考夫曼（Hilde Kaufmann）的提议。尤其难得的是，朗格作为因果行为论的主要支持者，与韦尔策尔之间争论激烈，而且科隆当时是该旧派学说的重镇。这场论战的激烈程度的体现之一是，负责科隆与波恩的司法考试部门只委托自己大学的教授批阅刑法试卷，以避免学术分歧反映在阅卷结果上。我向朗格教授致以崇高的敬意，他不顾我与他在这些教义学问题上采取了不同的学术立场，不顾我的学术谱系，仍然选择我作为他的继任者。出于感激，我在研究所尽力给退休后的他提供最好的条件。但是他却不能适应退休后的情况。当我在任教授八年之后接任科隆刑事法学研究所的新任所长时，他向我祝贺道："希尔施先生，我很高兴能在这里欢迎您作为我年轻的副手。"

科隆提供了理想的工作条件。研究所内部的大型专业图书馆、研究所系统的空间设施以及学术自治安静的运作发挥了重要作用。科隆大学学生数量在德国位居第二，但我并不觉得是负担。我一直都很乐意上课。多达500到600位听众的刑法大课一直被我视为与人群接触的最好机会，我很享受这个过程，虽然有时也像是完成空中飞人表演一样令人心有余悸。根据讲课的主题，我经常以一个案例开始，这样我就能够让课堂很快安静下来，因为学生们为了稍后回答问题必须听到案情经过。附带一提的是，在我开始从事教学工作不久就仅依靠显示大纲、最新判例与文献材料脱稿授课了。但我也一直花费大量的时间对每堂课都进行充分的准备。

（二）

我的科研工作首先是第 10 版的《莱比锡刑法典评注》。新的修订特别花费时间，因为这期间刑法总论部分进行了立法，对刑法旧 51 条的评注必须增修成为刑法新 32 条的评注。对第 223 条以下条文的评注也需要增加。

此外 1981 年正值《整体刑法学杂志》100 周年之际，我利用这个机会撰写了名为《行为理论与不法理论的争端》（Streit um Handlung und Un-rechtslehre）的论文，分两次在该杂志上发表。通过这篇文章我想在韦尔策尔教科书最后一版（第 11 版）之后第 12 年对人的不法理论的内容进行最新阐述，并对该理论表示赞许。我一直认为该理论体系发端于规范命令及其内容，行为是唯一令人信服的学术理论。从这种现代不法理论之中推导出来的大量结论也已经被推广开来，无论是在总论的一些条文中（例如刑法第 26、27 条），还是在构成要件故意与过失对不法构成要件的归属上，都可以体现出这一点。未得到推广的是韦尔策尔对于意志要素属于行为的论证，但这并不会使这个理论体系失去存在的基础。

令我信服的是韦尔策尔最大的一个心愿：从现象及其结构出发建构刑法教义学，而不是规范主义式地，或者像 19 世纪末那样"自然主义式地"（例如认为侮辱是制造声波）虚构教义学的人造品。只有当人们了解了现象及其结构之后才能对其进行价值判断。其中需要探讨的是各自的评判标准。一个特别重要的例子是该领域内的行为概念。即使它在不同的学科定义不同，在刑法中它涉及的是禁令的对象的结构内容问题。答案是：这个结构内容存在于意志行为之中，因为单纯的因果性是人们所不能禁止的。这种不同于规范主义的理解也使得人们能够超越国界获得具有普适性的教义学见解。

然而遗憾的是，这种理论被一些提倡它的学者过分夸张了，过分强调存在主义的一面，从而使得其论据显得没有血肉，令人觉得它是接近于自然主义的观点。而且它沦为与行为刑法相悖的主观主义，这一点我后面还要论及。这使得主流观点与其保持距离，转而投向重视行为的刑法理论。这也催生了一部分完全转向极端规范主义的反对观点，该观点坚称，刑法的对象具有规范的本质。

我处于两个极端的中间：一方面是继续发扬 20 年代梅茨格尔（Mezger）目的论不法理论的（telelogische Unrechtslehre）主流观点，这种不法理论通过补充客观的视角修改了肇始于 19 世纪的因果论（当时被称为"重要性理论"，如今名为"客观归责"）以及特殊的主观不法要素。通说于 70 年代初期吸收人的不法理论承认了构成要件故意与客观过失，但对此却未予以合乎逻辑的教义学上的证明。

另一方面，上文提到的主观主义的方向，虽然是从规范命令以及被禁止的行为这样更为现代的理论出发，并因此也被装扮为韦尔策尔的遗产之一，却与韦尔策尔的理论完全相反。韦尔策尔没有将行为概念简化为被确认的意图（主观的着手理论），也没有认为仅此就已是一个故意犯罪的违反了规范的完全不法，即使行为人所希望的结果还没有发生。

与这场论战相伴，一种实证主义 – 规范主义的学说自 80 年代起尤其是在国际学术界引起争议，该学说将所有的法律概念都视为立法者制造的产品，因而刚好与韦尔策尔的立场完全相反。

就这个教义学上的争议，我曾撰文——也包括在退休后的一些文章中——试图澄清关于人的不法理论的一些谬见，弥补这种理论初期的缺陷，并在批驳上文提到的学术立场的过程中继续完善这个理念，推导出更进一步的理论。例如，我反驳了来源于早期的理论不清晰之处并不断被重复的批评，即目的行为概念与过失概念不相吻合。即使过失犯也是关于意志行为的禁令，例如驾车过程中意欲转弯。正是通过一方面构建违反谨慎义务的意志行为，另一方面构建非意欲的结果，过失犯的教义学才得以丰富和发展。同样受到我批驳的也包括对这一理论属于"存在主义"的批评以及另一种反对观点，即规范主义。不言自明，法律制度作为应然制度不能单方面从存在主义角度被理解。但是我们应该要求教义学、立法与司法关照刑法制度的不同对象的结构与前法律的或者前刑法的特征，而不是以人为臆想的概念去取代真实的现象本身。这一点在行为概念上体现得最为明显，且对于每一篇教义学论文都具有基础性的意义。另外，法律制度规范的对象并不仅仅是存在层面的发现，而且也是社会的与规范的现象，例如名誉或者财产。因此我强调刑法教义学不是存在主义与规范主义之间的非此即彼，而是必须在意义对象的本质要素与刑法价值评判之间作出区别。这种注重现实的观点，例如将意欲行为视为法律禁令的对象，使得发展针对法规范对象的教义学成为可能并且有助于形成以人为本的刑法观念。这些观点在解释上述过失不法的结构、行为不法的本质、共犯不法的结构以及不能犯的未遂方面具有广泛的应用价值。

这些思考要求构建一个具有普适性（allgemeingueltig）的，即独立于国家立法的历史状态的科学的刑法教义学，这种教义学能够指明从基础原则（例如行为刑法、罪责刑法等）中应当得出哪些结论。我指出，从学术的角度构建普遍的前提与法律概念，这样一种具有普世性（univer-sale）的真正的刑法学使得国际间的交流成为可能，并且可以以此批判或者推导各自的立法。

毋庸赘言，我认为上文提及的实证主义 – 规范主义的学说是学术上的倒退。它从实证法出发推导出了敌人刑法——即将一定的犯罪行为人视为非人格体（Unperson）来对待的刑法——具有合法性这样的结论。从这一点可以看到，这种理论早已将自己降格为一派胡言。

建立在 20 年代目的论基础上的客观归责的通说意识到需要对因果论视野下的泛滥的客观不法构成要件进行客观的限制，我从方法论角度对之提出了质疑，即它从结果引起出发，寻求限制性的标准，却不过是将这些标准从规范性归属的角度简单累加起来。我借助案例详细探讨了该理论可能引起的显著的教义学缺陷，它在故意犯罪方面弱化了构成要件的明确性，实在堪忧。在我看来，只要人们从禁止的行为及其客观结构的边界出发接近事物，这个问题的真正实质自然就会显现出来。从行为一方面来看，它不需要客观归责理论，对行为开始的一般标准的精确分析以及其他的既定行为条件（如事件过程的可影响性）就可以提供实质性的恰当限制，其余的情形涉及的是过失犯与结果加重犯的特殊问题，或者根本就不相干。

　　我至今最大的一个心愿是，对刑法的边界进行精确的界定与阐明。此处重要的一点是听从行为刑法的要求。人的不法理论在德国被一些学者视为主观主义的前奏。所以流传甚广的一句名言是：行为的任务是"惩罚违反法律的意念无价值"，韦尔策尔模棱两可的论述也加速了这句名言的传播。对我来说，重要的是重新澄清行为刑法与意念行为之间变得模糊的界限，后来我又关注按照事前的观察不具有危险性的不能犯的未遂问题。刑法的界限问题在其他领域也有所体现，例如在其与民法的关系方面。判例曾通过不正确地吸收刑法惩罚性的一面扩张民事赔偿金，在20世纪80年代末一些混淆了民法与刑法界限的观点认为，损害赔偿实际上是刑法的法律后果，本来就具有刑法的特征。此外面对抽象危险犯的急剧增加，我也探讨了刑事法界限的问题。关于对与之相联的犯罪前置化的批评使得对危险犯进行精确的体系化与对法益理论进一步研究变得必要。刑事法界限问题也涉及法人是否应该承担刑事责任。德国刑法的通说对此持否定态度，我不赞同这一点，因为秩序违反行为之中存在法人的行为、罪责与可罚性。我得出结论，所有集体性组织都可以适用与自然人相当的条件，因此在我看来真正的问题在于，是否应规定集体性组织的可罚性，关键在于是否存在处罚的现实需要，以及进行处罚是否使得这种刑法的发展对自然人在刑法中的处遇产生不利影响。另外，与一些刑事立法者观点不同的是，我认为根据通常民法中承担民事责任的条件，不足以追究法人的刑事责任。

　　我学术研究的第三个重点是排除违法性与罪责问题。这体现在《莱比锡刑法典评注》的相关论述、一篇关于排除违法性与免责事由在犯罪论体系之中的地位的文章以及对个别问题所发表的文章之中。我关于消极构成要件要素与允许事实错误（Erlaubnissachverhaltsirrtum）的博士论文也对这个领域有所涉猎。上文提到的我发表在《整体刑法学杂志》上的关于社会相当性的论文也属于我最初的出版成果，其中我阐释了它涉及的不是排除违法性，而是构成要件要求的问题。随着时间的推移我撰写了更多的文章：在一篇文章中我批驳了法律无涉空间视野下不法排除事由（Unrechtsausschluss）条件的弱化，在另一篇文章中我指出，如果正当防卫与排除违法性的防御型紧急避险存在区别的话，正当防卫中不法侵害的违法性条件就应当在人的不法理论框架下予以理解。后来我又对德国联邦最高法院排除违法性事由的案例进行了整理，也撰文探讨了国家不法行为之中的排除违法性问题，以及结合有关《飞行安全法》第14条第3款的判决探讨了紧急避险问题。在罪责理论方面，我的研究主要是批判将刑法的罪责视为意念罪责的做法，尤其是反对将罪责与一般预防混为一谈。需要强调的是，罪责要求的标准是个人的能力，刚好构成了抵抗将犯罪行为去个人化倾向的堡垒。一般预防也不能替代非决定论。我指出对于刑法来说重要的是：禁令、命令与刑法的对象都是人，精神正常的人应当被认为能够自由做出决定。若法律制度欲影响人，必须像他自己那样理解他。刑法学并非自然科学，而是人文科学。

我研究的其他主题涉及酩酊大醉与原因自由行为的罪责问题。关于后者的论文批判了一些学者主张放弃这个概念的主张，因为它是与间接正犯平行的概念。

与我的第四个研究重点即针对人身权利的犯罪相关联，我不断地撰写了关于承诺问题的文章。我在关于《名誉与侮辱罪》（Ehre und Beleidigung）的教授资格论文与《莱比锡刑法典评注》中注释身体伤害犯罪时集中讨论了这种类型的犯罪。在身体伤害罪中的被害人同意问题的讨论之中，不应根据伤害目的来界定伤害是否违反善良风俗，而是应该以法益为导向，根据所涉及伤害的危险性来界定。当"帮助死亡"引起公众兴趣并带来了两极对立的观点时，我详细探讨了受嘱托故意杀人犯罪的必要性。早期我在研究身体伤害罪时特别关注结果加重犯问题。我反对彻底取消结果加重犯的观点，因为这会将问题转移到缺乏透明度的量刑领域，并提升基本犯的刑罚幅度。我指出，相比想象竞合来说更加严重的刑罚只有在基本构成要件故意的结果与加重结果之间存在与构成要件相关的危险关联（所谓"直接性关联"）时［所谓"致命性理论（Letalitaetstheorie）"］，这个法律概念才具有合法性。遗憾的是，司法实践忽视了这种关联，使得该理论失去意义。我多次探讨的另一个主题是医生治疗行为的教义学归类。在著名刑法前辈的研究基础上，我构建了一个与如今的教义学体系相适应的解答方案。该方案在实践中的推广需要将未经知情同意的治疗作为侵害人身自由的犯罪加以禁止，但是立法者却一直对此无能为力。

在上述研究重点之外，我的研究还包括对抵抗执行罪条文（《刑法典》第 113 条）的修改、诬告罪以及在我退休之后对德国立法者忽视宪法的明确性要求而新增的"特别严重的情形"的批判。

其余我 1998 年之前发表的成果都收录在我的七十寿辰祝贺文集所附的出版清单中，最新出版的内容可以在这篇自传的附录中找到。

今天，人们几乎不再怀疑刑法教义学的用处。但在 60 年代末还不是这样。它能够经受住时间的考验是有道理的，因为它能够保证确定地适用刑法，适用结果具有可预测性，避免不理性、任意与即兴地适用法律。相应地概念必须清晰，具有归纳能力，其不明确性不应给任意滥用刑法典留下空间，可惜这一点在现代社会有时也难以避免。此外刑法教义学的结论也必须具有实践的意义。教义学不能"为艺术而艺术"（l'art pour l'art），否则就不会对实践产生影响。有时我扪心自问，令学术界心醉神迷的战后关于"目的主义"的争端，是不是一个过分自我陶醉的堕落的教义学的例子。难道人们认为这场争端的主要问题就是构成要件故意的体系性归类问题吗？这不禁让人想起路德（Luther）与茨温利（Zwingli）之间的关于耶稣是否出现在晚餐上的马堡争端。由于我熟稔目的主义即人的不法及其基础的争论的各个细节，我能够清楚地记得，当时的争论具有重要的理论与实践意义，即不法与罪责的概念内容对禁止错误、共犯等问题以及方法论基础的意义。另一个问题是，是否其他的刑事科学领域，尤其是犯罪学被忽视了。教义学过分膨胀的危险产生于近期。学者太多而探讨的问题有限，出版刊物泛滥而专业标准过低。这就降低了学术的权威性，这反映在理论与实践之间的次序经常颠倒。理论往往不是走在实践前面，而是称为随大溜的"马后炮"（Hinterherdenker）。但是良好运作的实践需要一个能够发挥开路先锋作用的优秀的理论。对此我在一篇题为《刑法理论与实践的紧张关系》（Das Spannungsverhältnis von Theorie und Praxis im Strafrecht）的祝寿文章中有详细论述。

在我的论文中我一直力求关注刑法教义学的学术任务。是否如我所愿，就留待给读者评判吧。

由于曾任韦尔策尔的助手，我自然也对法哲学有着浓厚的兴趣。但是刑法学探讨是如此吸引我，以至于我对于法哲学问题只能思索而无时间着手深入研究。从我关于《法官法与法律》（Richterrecht und Gesetzesrecht）以及《刑法与法律无涉的空间》（Strafrecht und rechtsfreier Raum）的阐述，以及在关于人的不法的文章所表达的"物本逻辑结构"的立场之中，也依稀可见我对相关问题的态度。

在刑事诉讼法方面我的出版物有限。我撰写了一篇发表在《整体刑法学杂志》上的文章《对检察官地位的检视下的轻微犯罪的处理》（Behandlung der Bagatellkriminalität unter besonderer Berücksichtigung der Stellung der Staatsanwaltschaft），另外也发表过题为《自诉程序的未来》（Zukunft des Prirvatklageverfahrens）与《被害人的地位》（Die Stellung des Verletzten）的文章，当然也时常讲授刑事诉讼的课程。很长一段时间，好像在刑事诉讼法中几乎没有基本性的法律问题，因此将这个领域留给许多来自实践的学者。但是后来我意识到，有必要对这个领域进行深入的学术突破与再思考。我很早即提醒人们要注意现在才开始变得严重的德国刑事诉讼法的危机。在上文提到的《整体刑法学杂志》上的文章中，我早在1980年即已预见到与罚金相联系的酌情不起诉制度以及双方同意的简易程序的弊端。当时人们以德国司法机构能够为此提供足够的保障而搪塞过去。现在德国刑事诉讼法急需一位像冯·李斯特（v. Liszt）或者韦尔策尔那样富有创造力的改革家。

在国家刑事政策方面我没有尝试过施加直接的影响。这些活动中意识形态或者政党政治的目的设置往往起到一定的作用，我对此感到厌恶。我也认为，一位活跃于某个政党的科学家会因此放弃从事学术所必需的独立性。幸运的是，联邦德国六七十年代的讨论没有导致单向的刑法视角，而是孕育了一个基本上比较平衡的立法方案。但遗憾的是，过分的犯罪化仍然没有得到纠正，也没有废除一些过时的罪名。相反，我们经历了刑事法的不断膨胀。我建议至少将轻微犯罪通过实体法的方案加以非犯罪化，但没有被立法者所采纳。另一方面，在我看来立法者废除短期自由刑未免又太过激进了一些。像从前那样大量适用这样的刑罚当然不符合今天的标准，但是在仍然保留或者重新规定短期自由刑的国外，人们认识到，它对于最新出现的行为人群体非常有影响力（所谓"短而

深刻的震撼力"即 short sharp shock）。我的论文《刑法改革的是与非》
（Bilanz der Strafrechtsreform）（1986 年）指出了这一点。

　　学者的目标在那些学者之外的群体中只能根据情况得到贯彻，这些
群体在专业上来说是逊色于学者的。一篇文章就如同正在不断推进的辩
论那样。那些指出轻率问世的理论的不正确性与不成熟的文章具有特别
大的影响。一位希腊同事有一次在向听众介绍我时称我为"理论杀手"。
在法学中人们必须意识到，一切都进展很慢。例如我在 1970 年刑法学者
大会上提出的"同意中的违反社会风俗"问题直到 30 年后才被最高院的
判例所采纳。同时不能忽视专业的普遍形势。基础教育杂志不乐于接受
学术争论与基于学者个人思考的专业文章，而是需要介绍主流观点的文
章。据我看来，德国刑法学自 1975 年改革之后丧失了它早期的精神势头
与精确性。其是否能够长久地保持其国际地位，未来会给出答案。

（三）

　　科隆法律系以集体归属感与集体生活著称。价值观不同的人们互相
往来，每一个庆典都被隆重地庆祝。年长者注意使法律系形成的传统保
持下去。在学术上表现卓著的同事有格哈德·克格尔（Gerhard Kegel）
与克劳斯·施特恩（Klaus Stern），我与他们渐渐也成为非常好的朋友。

　　1978 年我意外地接到时任马克斯·普朗克外国刑法与国际刑法研究
所所长的汉斯－海因里希·耶舍克的邀请，前去参加一个在贝尔格莱德
（Belgrad）与萨格勒布（Zagreb）的比较法协会协办的德国与南斯拉夫法
学家见面会。更令我吃惊的是，他并未要求我作报告。会议期间耶舍克
将我拉到一旁问道，我是否想做马普所的所长，原来这才是他邀请我的
原因。我对这个问题感到非常意外。虽然我在科隆非常称心如意，但这
种邀请是一种巨大的荣誉，以至于我还是答应了，如果耶舍克能够让弗
莱堡大学法律系和马普学会同意这种安排的话。但我对这个计划并不是
十分高兴，因为我深知这样大的一个研究所会大大限缩我所习惯的在家
中书桌上进行写作的时间。我缺乏委托他人做事的才能。在我的学术生
涯中我几乎尽可能自己包办所有的事情，从未依赖第三人。因此当弗莱
堡法律系与马普学会后来提名了其他人选时，我一点特别的感触都没有。

之后我和耶舍克之间建立起友好的紧密关系，他成为我慈父般的友人与最好的顾问。我一直觉得享受这位在世界范围内著名的比较刑法学家的善意是一种荣耀，他为恢复被纳粹损害的德国刑法学的威望作出了重大贡献，并且将德国光辉灿烂的一面呈现给外国学者。

弗莱堡的经历还带来了更深远的后果。它激励我进一步发展科隆刑事法学院到那时为止还不甚发达的对外关系。自从在波恩担任助理时期起，我就与许多在韦尔策尔那儿做访问或者拿奖学金的外国刑法学者建立了联系。我劝说他们、他们的学生以及其他人来科隆做访问研究。有时研究所的外国客人多达15人左右，由于空间有限，有时我必须把我的办公桌挪到地下室。除了希腊、韩国、西班牙学者之外，科隆的外国学者中大部分来自波兰。后来又增加了阿根廷、爱沙尼亚和土耳其学者。所有这些联系都使研究所受益良多，通过这种方式我们得到了国外法律发展的详细信息从而也受到专业上的启发。他们也将我的许多论文翻译成外语。

随着不断发展的对外关系，我也经常被外国大学（超过60所）邀请进行访问或者做讲座。通过这种方式我游历了世界很多地方：从东京、首尔、北京到墨西哥城，从布宜诺斯艾利斯、圣保罗、赫尔辛基到伊斯坦布尔。其间形成了许多长期的友谊关系。尤其令我印象深刻的是铁幕时代的波兰之旅。从1979年开始我每一年半就去那里一次，其中也包括1983年"战争法"执行时期。那时我的足迹几乎遍布波兰所有大学，我也多次拜访波兰科学学会。虽然波兰与西德的政治关系当时像从前一样冷淡，我还是受到波兰同事与学生的热情接待。我与遇到的波兰人很快即产生共鸣。我与波兰同事及其家人长期保持良好的友谊关系也不是偶然的。特别值得一提的是我做讲座之后与卡尔-海因茨·格塞尔（Karl Heinz Goessel）贯穿整个西班牙（从一个大学到另一个大学）然后去墨西哥的旅行。这次旅行格塞尔的西班牙语知识大派用场，使得我们也能够在那些不经常接受拜访的大学谈论德国刑法学。这些活动给我留下非常美好的印象。

科隆研究所开展对外关系的最高潮是主办德国-西班牙（1986年）与德国-日本（1988年）刑法研讨会，为此我们邀请了参加国的一流刑法学者。这些活动的积极反响为我赢得了为洪堡基金会在世纪之交组织由 140 位前洪堡奖学金生参加的班贝格（Bamberger）会议的机会。我也参加了德国－波兰刑法学者集会与德国、日本、波兰三国刑法学者集会的学术准备工作。我与我特别重视的洪堡基金会自从雷根斯堡时期一直保持着联系。在我退休后很长一段时间内，我都是外国奖学金申请的评估专家。

我一直致力于在国际层面进行刑法专业讨论，并在此过程中进行双向交流，因为这种努力，多所大学授予我名誉博士荣誉，如莎罗尼卡大学（1985 年）、东京庆应大学（1990 年）、波森大学（1990 年）、首尔成均馆大学（1994 年）与雅典大学（1999 年）。另外我还被选为日本刑法学协会的名誉会员（1984 年）。1994 年我在克拉科夫被雅盖隆大学授予大学梅恩提布斯奖章（Merentibus），波兰国家总统 1995 年授予我波兰官方十字勋章。对这些荣誉我想在此表达最诚挚的谢意。我也要感谢同事埃德加度·阿尔贝托·多拿（Edgardo Alberto Donna）（布宜诺斯艾利斯）与约塞·赛罗左·密尔（Jose Cerezo Mir）（马德里），他们后来出版了西班牙语版的四卷本的我的著作集。

大学教授的职业也伴随着在学术领域担任职务的可能性。由于我在政府部门任职期间已经展现了我的行政才能，在大学这方面的工作上我一直保持低调，并且当别人争夺这些职务的时候我总是感到高兴。系主任的职务在我们那个时候都是论资排辈的，我在 1978 年至 1979 年担任过科隆大学法律系的系主任。值得庆幸的是这段时间相对来说也比较清静。对我来说记忆更加深刻的是我担任《整体刑法学杂志》主编的 17 年（1987－2004 年）。从 1975 年开始我就是共同出版人。这个由弗朗茨·冯·李斯特 1881 年创建的顶尖刑法学杂志需要特别谨慎周到的呵护。其中最主要的问题是如何获得大量能够满足杂志传统的高要求的稿子。因为近年祝寿文集大量出版，吸纳了相当一部分稿件。为大量法律评注的新版与基础教材疲于奔命的教授数量也大大增加。虽然杂志一直都发表高水平的文章，但是这个过程往往是非常艰难的。另外还有一个原因是质量不高的投稿也在增加，因此退稿也增加了。作为主编我当然不能随便取悦于人而没有原则。

虽然从专业角度来说我不属于比较法研究者，只是一个对与外国同事进行交流感兴趣的学者，但 1987 年我被选为比较法协会刑法分部的主席与董事会成员，这两个职位我一直担任到 1997 年。每两年召开一次的会议一直都令我收获良多，因为参加者人数较少，从而便于进行真正的讨论。另外一方面，参加者人数不多也反映了当时刑法学者对比较法研究并不是特别感兴趣，这与民法领域大不相同。这种后备力量的缺乏也引起相关位置的空缺。

五　退休时光

我作为大学教授的职业生涯在 1994 年夏季即已结束。北莱茵威斯特法伦州，我受聘的地方，几年前硬性要求将教授的退休年龄限制在 65 岁以下。大多数其他州或者仍然遵循 68 周岁的退休年限，或者将年限非强制性的提前。退休年龄提前不符合教授职业的特性，同时给州财政增添了额外的负担，在我看来是国家强制性地使人感到衰老。因此我一年前即已开始在处于重建中的萨勒河畔的哈勒大学法律系授课。我每两周去那里几天。退休后我作为客座教授每周都在那里讲授课程。我总共在哈勒待了四年半。那是一段特别美好的时光，我跟那里的法律系以及同事汉斯·莉莉（Hans Lilie）建立了紧密的联系。由于我的经历中时常有跟中部和东部德国的联系，在那里度过的时光也特别让我感动。我在德国分裂时期一直无法理解那些出于机会主义的政客与伪知识分子，他们或者漠视容忍，或者赞成分裂东西德。他们显然没有意识到，自从宗教改革之后德国思想史就形成维滕贝格、莱比锡、魏玛三足鼎立的局面。如果最终形成两个德意志国家的话，路德（Luther）、巴赫（Bach）、莱辛（Lessing）就要成为外国人，而歌德和席勒（Schiller）就成为两个去往国外的西德人了。这将是一个非常荒唐的看法。此外东西德之间存在着家庭般的紧密关系。东西德统一之后，我在民主德国停留期间非常想念那种普遍的乐天精神，正如西德货币改革之后我记忆中的那样。德国统一社会党（SED）专政压抑个人的自主精神长达 40 年，这给人们留下的影响要远大于短暂的纳粹政权。在我接受联邦十字勋章时答谢前萨克森－安哈尔特州州长的致辞中，我提到这种令我失望的印象，却很少有人能够理解。

我的继任者周到地为我在原来的研究所留了一个办公室，结束哈勒的工作之后由于离图书馆比较近我经常使用这个办公室。我在学期中间经常组织座谈会，这样我与学生就一直得以保持接触，这一点我认为是特别重要的，虽然我现在不能够组织参观联邦最高法院或者到波兰的远足了。附带一提的是，我将兴趣从大学转向了北威斯特法伦科学研究院（杜塞尔多夫），我1991年被选为正式会员。在大学将重点转移到教学上之后，科学研究院在今天的德国可以算作遗留的文化绿洲。在人文科学中，法学者虽然只是一个很小的群体，但每月一次的会议让人受益良多。人们可以从其他学科的讲座与讨论之中获得信息，得到其他学科方法上的启发。从1995年到1997年，我担任了科学研究院文科部的副书记（副主席），2004年与2005年担任了科学研究院副书记（副主席）。主办学术会议总是给我带来很大的快乐。深深吸引我的是参加者汇集交流知识的能力。

我也总是乐于回忆我七十寿辰庆典，我接到了一本优秀的祝寿文集以及我目前为止所有重要文章的合集。我对如下出版者表示由衷的感谢：祝寿文集的出版者我的学生格奥尔格·屈佩尔（Georg Kuepper）以及托马斯·魏根特（Thomas Weigend），我与他们在主编《整体刑法学杂志》的过程中合作非常愉快；合集的出版者京特·科尔曼（Guenter Kohlmann），研究所另外一个刑法教席的战友。同样我也要感谢所有参加祝寿文集编撰工作的人，以及所有以参加庆典的方式体现了与我的紧密关系的人。

我最后一次讲课是一个关于德国刑法的两周的强化课程，是应埃朗根大学法律系之邀在匈牙利的帕波（Papa）革新大学为年轻的匈牙利法官、检察官以及博士生所讲授的。与听众的观点交流给我提供了大量的信息，令我收获颇丰。

在这次最终告别讲台与学术论坛之后，我将学术工作主要放在撰写在我看来以现实性问题为主题的文章方面，中间我间或去国外做一些讲座（例如去北京、上海与西安）。退休后的状态非常适合从事这些研究。任职教授享受不受打扰地进行学术研究的权利一再被限缩，这也是60年代末德国大学文科遭受的重大损失之一。一些大的专业例如法律尤其是如此，随着学生数量的显著增加，教学与考试需求不断扩大。另外一个因素是就像癌细胞一样疯长的大学内部行政机构，这也使得原本为教学与科研而设立的教育机构逐渐异化。上述发展得到了教育部门官员进一步的推动，令那些经历了传统德国大学的人深觉讶异。有时候我扪心自问，在今天的形势下我当初是否还会选择大学教授的生涯。这也导致了学术氛围的恶化，目前的收入对于纯粹大学学科（即没有做专家鉴定等附带收入可能的）法律教授来说是荒谬而无法忍受的，如果人们将之与同等级的公务员及其资格条件相比较的话。在科隆其他法律职业在我任职时就对大学教授的职业形成了冲击。至少有三位优秀的助手，我向他们提供了作教授资格论文的可能，但他们最终都决定从事实务。其中一位说道："教授先生，当我看到您如此辛勤地工作却没有得到相应的物质回报，那么……"几年后成为一位大型企业的法律顾问的他笑叹一切都没有改变。无论如何我还是赢得两位能干的同事作教授资格论文：格奥尔格·屈佩尔与弗兰克·齐尚（Frank Zieschang），他们今天分别在波茨坦与维尔茨堡的大学任教。令我感到欣慰的是，许多我的外国籍博士生后来在他们的祖国成为正式的教授：尼克劳斯·比兹莱基斯（Nikolaos Bitzilekis）（塞萨洛尼基），井田良（Makoto Ida）（东京庆应大学），韩泰宏（Tae Hoon Ha）（首尔高丽大学），汉康·哈克瑞（Hakan Hakeri）（土耳其孔亚），宋伯汉（Bo Hack Su）（首尔庆熙大学）与小名木明宏（Akihiro Onagi）（札幌北海道大学）。

今天我在退休后的清净时光中撰写的论文，大多数是为祝寿文集而作的。从前人们将祝寿文集称为"学术的坟墓"。如今它是刑法学讨论的主要舞台。无论如何这种出版形式的优点在于，交稿日期不能无限期拖延，人们一开始就了解出版日期。而且需要祝寿的寿星众多，激励着人们退休后撰写更多的文章，而这一点在退休前几乎是不可能的。因此我退休后撰写了一系列文章以深化我早期的思想以及涉猎新的领域。尤其值得一提的是关于一般性的教义学问题、不具危险性的不能犯的"未遂"、具有特殊身份要素的共犯、对被制服者的防卫性紧急避险、危险犯的体系问题、德国刑法中的特别严重的情形以及杀婴问题，这些在上文阐述学术研究领域时也有提到。令我觉得兴奋的是，在近半个世纪之后我又得以重新探讨我博士论文所研究的允许事实错误问题。鉴于限制罪责说与严格罪责说之间的争论一直延续，且两大学说在结论方面都存在缺陷，我现在尝试创立各方面都能够得出令人满意结论的间接罪责理论。

对我来说重新修订《莱比锡刑法典评注》是不可能了。出版间隔时间较长的大型刑法评注特别崇尚完整性。因此满足这一要求的编撰者需要一个帮助他搜集资料的助手（这令我想起了最高法院关于医事法的浩如烟海的判决）。这样一来单枪匹马的退休者就会将大量时间花在真正学术研究之外的前期工作上。不再编撰评注带来的后果是，通过增加新的判例、更新一些新的引文就将原来编撰者的姓名换成了新的编撰者，以至于人们不再清楚原文的思想来自何方。这种大型法律评注仅仅沦为判例与文献思想的体系化汇编的趋势，值得出版社与出版人深刻反思。

关于我法律著作的详细介绍不应让人误解我对其他的事物毫无兴趣。除了对家庭的热爱，我对其他国家的文化、历史与地理也非常感兴趣。早在人们还需要签证的 1950 年，我在海德堡上大学时就远赴尼泊尔旅游。路费是我在卢加诺（Lugano）一个酒店洗盘子挣来的。在后来的旅行中我没有漏掉一个风景名胜与知名的博物馆。当我后来成为教授应邀去欧洲以及欧洲以外的国家做讲座时，在学术活动之外我也——往往依靠自己的力量——四处游玩一番。我的兴趣不只局限于像迈锡尼（Mykene）、以弗所（Ephesus）、帕埃斯图姆（Paestum）、西安兵马俑、墨西哥阿尔万山（Monte Alban）这样的古代名胜，而是也涉及现代史上的奥斯维辛第一和第二集中营、马伊达内克（Majdanek）集中营以及俄罗斯在卡廷（Katyn）射杀波兰军官纪念地这样的地方，带有历史主题的书籍是我在法律书籍之外最爱阅读的。正如我文章开头提到的，希尔施家族主要是建筑工程师。因此自然我也对建筑与铁路感兴趣。新的列车时刻表一出版就会引起我的旅游兴趣，研究列车时刻表总是能够激发我的想象力。但有时也不一定需要利用交通工具，我的妻子和我时常在周末或者假期徒步旅行。

六　回顾与展望

当我回顾我迄今为止八十年的人生岁月，我意识到它是由一连串幸运所组成的：给我提供了人生最理想的条件的父母、在二战中逃生、成为韦尔策尔学生的专业上的正确选择、与我的妻子组建家庭、接受科隆大学的聘任、建立广泛的让我见识世界的对外关系。唯一的缺憾是我未能够撰写刑法总论教科书阐述我的学术观点。许多问题在《莱比锡刑法典评注》第 32 条前注中已经探讨了，但是一个系统化的论述将会更好。因此我希望上天赐福于我，让我撰写这样的晚年作品。

主要作品目录

一　专著

《消极构成要件要素学说：正当化事由之错误》（Die Lehre von den negativen Tatbestandsmerkmalen. Der Irrtum über einen Rechtfertigungsgrund），1960 年。

《名誉与侮辱罪：名誉刑法保护的基础问题研究》（Ehre und Beleidigung. Grundfragen des strafrechtlichen Ehrenschutzes），1967 年。

《法人刑事能力问题研究》（Die Frage der Straffähigkeit von Personenverbänden），1993 年。

《法治国刑法与行政机关实施的不法》（Rechtsstaatliches Strafrecht und staatlich gesteuertes Unrecht），1996 年。

《刑法与信仰犯》（Strafrecht und Überzeugungstäter），1996 年。

《刑法问题研究》（Strafrechtliche Probleme），第一卷 1999 年，第二卷 2009 年。

《刑法》（Derecho Penal），平装本，第 4 卷，1999 - 2005 年（西班牙语）。

二　评注

《莱比锡刑法典评注》（Strafgesetzbuch, Leipziger Kommentar），第223－233条，第9版，1972年；第10版，1981年，225－231页，第11版，2001年。

《莱比锡刑法典评注》，第51条前注，第9版，1974年；第32条以下诸条前注，第10版，1984年；第11版，1994年。

《莱比锡刑法典评注》，第340条，第10版，1981年；第11版，1999年。

《莱比锡刑法典评注》，第34、35条，第10版，1984年；第11版，1994年。

三　期刊论文与案例汇编

《社会相当性与不法理论》（Soziale Adäquanz und Unrechtslehre），《整体刑法学杂志》第74期，1962年，第78－135页。

《对债权标的物的肆意占用、违法性以及占有刑罚规定中的错误》（Eigenmächtige Zueignung geschuldeter Sachen, Rechtswidrigkeit und Irrtum bei den Zueignungsstrafbestimmungen），《法学家报》1963年，第149－156页。

《法官法与法律》（Richterrecht und Gesetzesrecht），《法学综览》1966年，第334－342页。

《刑法与民法之界限划定》（Zur Abgrenzung von Strafrecht und Zivilrecht），《卡尔·恩吉施祝寿文集》，1969年，304－327页。

《关于针对身体完整性的犯罪改革中的主要问题》（Hauptprobleme einer Reform der Delikte gegen die körperliche Unversehrtheit），《整体刑法学杂志》第83期，1971年，第104－176页。

《结果加重犯的疑难问题》（Zur Problematik des erfolgsqualifizierten Delikts），《戈尔特达默刑法档案》1972年，第65－78页。

《同意与自我决定权》（Einwilligung und Selbstbestimmung），《汉斯·韦尔策尔祝寿文集》，1974年，第775－800页。

《自诉行为的现在与未来》（Gegenwart und Zukunft des Privatklageverfahrens），《理查德·朗格祝寿文集》，1976 年，第 815 – 836 页。

《不法侵害违法性的正当防卫前提》（Die Notwehrvoraussetzungen der Rechtswidrigkeit des Angriffs），《爱德华·德雷埃尔祝寿文集》，1977 年，第 211 – 233 页。

《刑法与法律无涉的空间》（Strafrecht und rechtsfreier Raum），《保罗·博克尔曼祝寿文集》，1979 年，第 89 – 115 页。

《在德意志联邦共和国对轻微犯罪的处理（以检察官地位为视角的考察）》〔Zur Behandlung der Bagatellkriminalität in der Bundesrepublik Deutschland（unter besonderer Berücksichtigung der Stellung der Staatsanwaltschaft）〕，《整体刑法学杂志》第 92 期，1980 年，第 218 – 254 页。

《围绕行为理论与不法理论之争论》（Der Streit um Handlungs- und Unrechtslehre），《整体刑法学杂志》第 93 期，1981 年，第 831 – 863 页（第一部分）以及第 94 期，1982 年，第 239 – 278 页（第二部分）。

《关于刑事科学与刑法体系中不法概念的讨论》（Die Diskussion über den Unrechtsbegriff in der deutschen Strafrechtswissenschaft und das Strafrechtssystem Delitalas），《贾科莫·德里塔拉纪念文集》，1984 年，第 1931 – 1968 页。

《正当化事由和类推禁止》（Rechtfertigungsgründe und Analogieverbot），《郑钟勖祝寿文集》，1985 年，第 50 – 68 页。

《针对当今毒品形势联邦德国对麻醉剂犯罪的刑事制裁》（Die strafrechtliche Behandlung der Betäubungsmitteldelinquenz in der Bundesrepublik Deutschland vor dem Hintergrund der gegenwärtigen Drogensituation），《北海大学法学》第 20 期，1985 年，第 574 – 592 页。

《结果加重犯中基础犯罪与加重结果之间的直接关联》（Der unmittelbare Zusammenhang zwischen Grunddelikt und schwerer Folge beim erfolgsqualifizierten Delikt），《迪特里希·厄勒祝寿文集》，1985 年，第 111 – 133 页。

《德国的刑法改革中教义学部分存在的主要问题》（Hauptprobleme des dogmatischen Teils der deutschen Strafreform），汉斯·约阿希姆·希尔施（主编），《德国西班牙刑法学术论坛》，1986 年，第 47 – 79 页。

《刑法改革回顾》（Bilanz der Strafrechtsreform），《希尔德·考夫曼（Hilde Kaufmann）纪念文集》，1986 年，第 133 - 165 页。

《治疗中断与安乐死》（Behandlungsabbruch und Sterbehilfe），《卡尔·拉克纳祝寿文集》，1987 年，第 597 - 620 页。

《韦尔策尔之后刑法教义学的发展》（Die Entwichlung der Strafrechts-dogmatik nach Welzel），《科隆大学法学院祝贺文集》，1988 年，第 399 - 427 页。

《刑法理论和实践之间的紧张关系》（Zum Spannungsverhältnis von Theorie und Praxis im Strafrecht），《赫伯特·特伦德勒祝寿文集》，1989 年，第 19 - 40 页。

《受害者在刑法和刑事诉讼程序中的位置，刑法任务之界限》（Zur Stellung des Verletzten im Straf- und Strafverfahrensrcht. Über die Grenzen strafrechtlicher Aufgaben），《阿明·考夫曼纪念文集》，1989 年，第 699 - 721 页。

《刑法教义学在德意志联邦共和国的位置概论》（Die Stellung der Strafrechtsdogmatik in der Bundesrepublik Deutschland in grundsätzlicher Sicht），汉斯·约阿希姆·希尔施、托马斯·魏根特主编：《日本和德国的刑法和刑事政策》，1989 年，第 65 - 79 页。

《实体刑法框架中对损害的赔偿》（Rechtsstaat und Strafrecht），《整体刑法学杂志》第 102 期，1990 年，第 534 - 562 页。

《正当化与免责在犯罪体系中的位置》（Die Stellung von Rechtfertigung und Entschuldigung im Verbrechenssystem），阿尔宾·埃泽尔主编：《正当化与免责 3》，1991 年，第 27 - 52 页。

《法治国与刑法》（Rechtsstaat und Strafrecht），《波兹南大学名誉博士文集》第 14 卷，1991 年，第 36 - 50 页（英文版），第 51 - 65 页（波兰语版）。

《是否存在一种独立于国家的刑事科学?》（Gibt es eine national unabhängige Strafrechtswissenschaft?），《京特·斯彭德尔祝寿文集》，1992 年，第 43 - 58 页。

《危险和危险性》（Gefahr und Gefährlichkeit），《阿图尔·考夫曼祝

寿文集》，1993 年，第 545 – 563 页。

《具体危险犯与抽象危险犯》（Konkrete und abstrakte "Gefährdungsdelikt"），《卡茨米尔茨·布哈拉祝寿文集》，1994 年，第 223 – 235 页。

《刑法中的罪责原则及其在刑法中的功能》（Das Schuldprinzip und seine Funktion im Strafrecht），《整体刑法学杂志》第 106 期，1994 年，第 746 – 765 页。

《刑法作为打击新的犯罪形式的一种手段?》（Strafrecht als Mittel zur Bekämpfung neuer Kriminalitätsformen?），汉斯 – 海纳·屈内（Kuehne, Hans Heiner）、宫泽浩一主编：《德日刑法比较的新发展》，1995 年，第 11 – 31 页。

《法人的刑事责任》（Strafrechtliche Verantwortlichkeit von Unternehmen），《整体刑法学杂志》第 107 期，1995 年，第 285 – 323 页。

《原因自由行为》（Zur action libera in causa），《西原春夫祝寿文集》，1997 年，第 88 – 104 页。

《客观归责学说》（Zur Lehre von der objektiven Zurechnung），《特奥多尔·伦克纳祝寿文集》，1998 年，第 119 – 142 页。

《荣誉和侮辱罪的基本问题》（Grundfragen von Ehre und Beleidigung），《E. A. 沃尔夫祝寿文集》，1998 年，第 95 – 122 页。

《未取得同意的治疗行为的犯罪构造问题》（Zur Frage eines Straftatbestands der eigenmächtigen Heilbehandlung），《海因茨·齐普夫纪念文集》，1999 年，第 353 – 373 页。

《排除违法性问题和联邦法院的司法判例》（Rechtfertigungsfragen und Judikatur des Bundesgerichtshofs），《联邦法院 50 周年庆祝文集》，第四卷，2000 年，第 199 – 236 页。

《不能犯的未遂犯与行为刑法》（Untauglicher Versuch und Tatstrafrecht），《克劳斯·罗克辛祝寿文集》，2001 年，第 711 – 728 页。

《法益概念的最新讨论》（Deid aktuelle Diskussion über den Techtsgutsbegriff），《狄奥尼修斯·斯宾那里斯祝寿文集》，雅典 2001 年，第 425 – 445 页。

《从当前的眼光来看 1975 年的德国刑法改革中的教义学部分与 1997

年土耳其草案》（Derdogmatische Teil der deutschen Strafrechtsreform von 1975 aus heutiger Sicht und der türkische Entwurf），乌姆特·范柯菲主编：《刑法改革》，伊斯坦布尔 2001 年，第 361 – 374 页（土耳其语）。

《行为刑法：一项受到足够重视的原则?》（Tatstrafrecht—ein hinreichend beachtetes Grundprinzip?）《克劳斯·吕德森祝寿文集》，2002 年，第 253 – 267 页。

《"特别严重的情形"：一个不当的德国立法概念》（Die verfehlte deutsche Gesetzesfigur der "besonders schweren Fälle"），《卡尔·海因茨·格塞尔祝寿文集》，2002 年，第 287 – 302 页。

《行为无价值和结果无价值或事态无价值的概念》（Los conceptos de "desvalor de accion" y "desvalor de resultado o sobre el estado de cosas"），《何塞·塞雷索·米尔祝寿文集》，马德里 2002 年，第 763 – 779 页。

《过失犯的不法》（Zum Unrecht des fahrässigen Delikts），《恩斯特 – 约阿希姆·兰珀祝寿文集》，2003 年，第 515 – 536 页。

《"目的主义"的基础、发展与误解》（Grundlagen, Entwichlungen und Missdeutungen des "Finalismus"），《尼古拉斯·K. 安都拉基斯祝寿文集》，雅典 2003 年，第 225 – 249 页。

《"特殊的个人要素"之中共同犯罪规定重新解释与修订的必要性》（Zur Notwendigkeit der Auslegungsänderung und Neufassung der Teilnahmeregelung bei "besonderen persönlichen Merkmalen"），《汉斯 – 路德维希·施赖伯祝寿文集》，2003 年，第 153 – 171 页。

《刑法和刑事科学的国际化》（Internationalisierung des Strafrechts und Strafrechtswissenschaften），《整体刑法学杂志》第 116 期，2004 年，第 835 – 854 页。

《当前法治国刑事立法的问题》（Problemas actuales de la legislacion penal propria de un Estado de Derecho），《里瓦科巴祝寿文集》，布宜诺斯艾利斯 2004 年，第 129 – 146 页。

《关于欧盟统一刑法和程序法惩罚的问题》（Cuestiones acerca de la armonizacion de derecho penal y del derecho procesal pena en la Union Europea），《胡里奥·B. J. 迈尔祝寿文集》，布宜诺斯艾利斯 2005 年，第 657 –

669 页。

《堕胎和一般故意杀人犯罪间的界线》（Die Grenze zwischen Schwanger-schaftsabbruch und allgemeinen Tötungsdelikten），《阿尔宾·埃泽尔祝寿文集》，2005 年，第 309 – 322 页。

《死刑》（Zur Todesstrafe），《武汉大学刑事法论坛》（Wuhan University Forum on Criminal Law），2005 年，第 291 – 320 页（中文版）。

《允许事实错误的归类和法律效力：论中间罪责理论》（Einordnung und Rechtswirkung des Erlaubnissachverhaltsirrtums. Über eine vermittelnde Schuldtheorie），《弗里德里希 – 克里斯蒂安·施罗德，2006 年，第 223 – 239 页。

《主观的未遂理论，纳粹刑法教义学的开路先锋》（Die subjective Versuchstheorie, ein Wegbereiter der NS-Strafrechtsdoktrin），《法学家报》2007 年，第 494 – 502 页。

《当前罪责学说的混乱与迷惑》（Über Irrungen und Wirrungen in der gegenwärtigen Schuldlehre），《哈罗·奥托祝寿文集》，2007 年，第 301 – 329 页。

《对被制服者防御的紧急状态》（Defensiver Notstand gegenüber ohnehin Verlorenen），《威尔弗雷德·屈佩尔祝寿文集》，2007 年，第 149 – 172 页。

《危险犯的体系与界限》（Systematik und Grenzen der Gefahrdelikte），《克劳斯·蒂德曼祝寿文集》，2008 年，第 145 – 164 页。

《对违反公序良俗的人身伤害的同意》（Einwilligung in sittenwidrige Körperverletzung），《克努特·阿梅隆祝寿文集》，2009 年，第 181 – 202 页。

《体育法中的刑法问题》（Zu strafrechtlichen Fragen des Sportrechts），《安德鲁·J. 斯瓦克祝寿文集》，2009 年，第 559 – 583 页。

汉斯－海因里希·耶舍克（**Hans-Heinrich Jescheck**）

汉斯－海因里希·耶舍克
(Hans-Heinrich Jescheck)

王 莹 译

一 出身、家庭与中小学教育

我是西里西亚人，1915 年出生于莱格尼察（Liegnitz）。莱格尼察以前是一个公爵城市（Herzogstadt），在这个城市附近曾于 1241 年发生过蒙古战役，战役虽然失败了，但市民们守住了城市。

我的父亲是一位律师与公证人。他生于位于布布尔－卡兹巴赫山脉（Bober-Katzbach-Gebirge）的一个小城市的邮政员家庭。他背井离乡远赴格尔利茨（Goerlitz）奥古斯丁文科高中就读，后来在莱比锡上大学。我的母亲出身于北部奥伦山脉一个唱诗班教师家庭。在山谷中的两个典型的西里西亚工业村庄中，几十年前贫穷的家庭纺织工人揭竿而起，发动了起义。我的母亲毕业于布莱斯劳（Breslau）教师培训机构。

1924 年从公立小学毕业后我就离开家庭，充满骄傲地来到东部莱格尼察的约翰内姆文科高中学习。这个学校当时根据其住宿地的名称直接被称为"骑士学会"。骑士学会是奥地利时期建立的教育西里西亚贵族子弟的机构，位于一所 18 世纪二三十年代令人印象深刻的维也纳巴洛克风格建筑内。1811 年普鲁士斯泰因革命后威廉·冯·洪堡（Wilhelm von Humboldt）发布公告将这所学校向城市平民学生开放，从此以后，寄宿学校的学生与他们在这里共同上课。

作为一位平民学生我 1933 年在这所学校毕业。当时我做毕业发言时恰好时值波茨坦卫戍教堂（Garnisonkirche）前举行国家庆典，我就非常自然地选择了《魏玛精神与波兹坦精神》作为发言主题。约翰内姆学校完全不是一所军官学校，而是一所传统的按照洪堡教育理念建立的文科高中。

　　毕业前一年，由于熟练掌握拉丁语和希腊语，我获得了参加一个由德国教授和大学生——自然大多是古典语文学者、古代历史学者和考古学者——组成的旅游团的机会，开展为期两周的所谓"海伦*之旅"。这次旅行目的地是大希腊（Magna Graecia），即主要是西西里与希腊。当时环游雅典卫城的经历对我产生了重要影响。带领我们的是著名的考古学家威海姆·德普费尔德（Wilhelm Doerpfeld），在参观厄瑞克忒翁神庙时，他把手放在我的肩上，仿佛要伏在我身上。刹那间我的脑海中浮起这样一个念头：我也要成为一名教授。这个念头直到我写作教授资格论文时一直存在。在这次重要经历之前，关于该古老文化我还有过另一次完全不同的经历：我曾应一个埃朗根大学学生组织之邀前往参观锡拉库萨（Syrakus），并在古希腊剧院合唱古希腊悲剧诗人索福克勒斯（Sophokles）的作品"厄勒克特拉"（Elektra）。因此西西里大希腊的文化对我来说是与雅典的古代文化联系在一起的。

二　弗莱堡和哥廷根的大学生活

　　我去弗莱堡上大学，但不是学习古典语言，而是学习法律。教师中首先需要特别提出的是民法教师弗里茨·普林斯海姆（Fritz Pringsheim），令我欣喜的是，他经常在讲解民法基础时涉及古罗马法。借此我认识到拉丁法律规则的言简意赅。普林斯海姆自己也借鉴了这种语言方式，他的样子就让我想起罗马法官。我特别尊敬的老师还有教授法哲学和法律思想史的埃里克·沃尔夫（Erik Wolf）。他是一位伟大的令我振奋的演讲家。然后还有相比之下更为清醒的但以其实用刑法思维而令人信服的施

---

*　希腊的古称。——译者注

瓦本人（Schwabe）爱德华・克恩（Eduard Kern），[①] 他后来成为我的博士导师以及教授资格论文指导老师。那时老师熟识学生并会邀请学生一起进行某种活动。后来我成为教授时也保持这种习惯，每学期都与我的练习课上最好的十分之一学生组织黑森林徒步旅行，在冬季也会组织滑雪活动。我曾与爱德华・克恩穿越凯撒施图尔山（Kaiserstuhl）散步，其间他跟我讲解林中的植物。令我终生难以忘怀的是我第一学期时接受普林斯海姆教授邀请去他的家中做客。那时他家中经常为教授、助手和朋友举办社交晚会，当然所有客人都比我年长。他的高足弗朗茨・维亚克尔（Franz Wieacker）不停与我交谈，尽力让我觉得不孤单。

　　我在弗莱堡学习的期间也有负面的一面，这源于党派组织对学生团体施加的压力，对之我试图躲避与抵抗。我与学生领导发生了一次冲突，很有可能给我带来危险。原委是，他禁止我们参加与院长汉斯・格罗斯曼－德特关于法律学习改革的谈判。因此我在第六学期就去哥廷根学习了。在那里我在策勒州高等法院通过了法律见习考试，据说那里的考试办公室是最为严格的。直到 1937 年 11 月开始服兵役为止，在此期间的一年里我除了准备预备役以外，还在准备在图宾根的博士答辩。我的老师爱德华・克恩受聘在那里执教。

三　服兵役

　　我被分配到位于我家乡莱格尼察的第 18 步兵师的坦克歼击部队，我加入这个部门有特殊的原因。因为我的博士论文《普鲁士和帝国的法律教育：过去与现在》（1939 年）[②] 由于时间紧迫只能预先提交，还须修订。为此我如果不当差的话一般 17 点就可以从军营骑自行车回家，以便在归营号响起之前在家赶写博士论文。在家中有我所需的书籍，父母尽

---

① 耶舍克：《爱德华・克恩》（Kern, Eduard），《生活与著作》（Leben und Werk），《戈尔特达默刑法档案》1973 年，第 232 – 241 页。

② 容克尔与丁豪普特（Junker und Duennhaupt）出版社，1939 年版（新德国研究，民法卷，司法，第 212 卷）。

一切可能给予我支持。1938 年初，连队司务长在连队集合分发邮件时，向我递交了来自图宾根的博士文凭，没有什么繁文缛节，也没有想到，他递给我的东西对我来说是何等宝贵。当今天人们问我（这样的问题多来自年轻的一代），为什么我接纳一切而毫无怨言，我必须承认，这个问题对我来说根本不是问题。我作为 1915 年生人有服兵役的义务，如果做士兵的话我也想成为一个好的士兵。这是一个荣誉的问题，根本不容讨论。我的爱国之心不久就遭遇了考验，1939 年爆发了第二次世界大战。两年兵役服完后退役就根本不可能了。

四　二战

（一）波兰战役

我两年培训一结束就作为下士和随军向导参加了波兰战役。18 师从布雷斯劳（Breslau）以东的纳梅斯武夫（Namslau）和克罗伊茨贝格（Kreuzburg）地区出发，越过普罗斯纳界河（Prosna）急行军进攻。我们作为摩托侧翼军团投入战斗以保证部队的安全，一直打到库特娜（Kutno）和沃维奇（Lowiez）南部，在那里我们遭受了巨大的损失，但仍然进行了布楚拉河（Bzura）岸边的决战。尽管波兰军队勇猛抵抗，但他们并无取胜希望，因为我们的前锋部队已经从西边包抄到他们背后，况且苏联红军已经和希特勒签订了秘密协议，其将波兰东部一直到布格河（Bug）占为"利益区"，波兰第四次被瓜分了。

（二）法国战役

紧接着半年之后我就又投入了法国战役中。这时我已经是少尉而且作为初级参谋军官进入全师最高指挥部。1940 年 5 月 10 日，我们从盖伦基兴（Geilenkirchen）地区出发，开始了对西侧大国的进攻。我们与比利时人进行了激烈交锋，随后是法国人和英国军队，我们经过朱莉安娜运河（Juliana）、阿尔伯特运河（Albert）、马斯河（Maas）、丢勒（Dyle）、利斯河

（Lys）一直到伊伯尔（Ypern），后又来到了第一次世界大战战役发生的地方。我骑着摩托车走在前面，因此第一个到达了敦刻尔克（Dünkirchen）之前高高的沙丘地带。这里面对大西洋——我们的目的地，在我们面前呈现出一幅让我终生难忘的画面：数以千计的法国士兵在沙滩上等待向英格兰撤退，但不列颠人因运输空间有限竟将他们留在了那里。毫无疑问，和之前波兰一样，法国人也失败了。法国军队没能守住法国人民的期望，在有了 1914－1918 年的经历之后，这也同样是我们所害怕发生的。

我在家乡待了一段时间，其间我结了婚，这也因为我们正面临着一场与苏联红军的战争。我妻子是弗莱堡人、化学家，在弗莱堡由施陶丁格（Staudinger）教授和胡泽曼（Husemann）教授培养，随后在维尔茨堡韦利施（Wöhlisch）教授那里获得博士学位，我们于我的第二学期时相识。

（三）苏联战役

为了苏联战役，第 18 步兵师全师机械化，并更名为装甲步兵师。我是少尉，担任第 38 摩托营重型部队装甲掷弹兵指挥。对苏联军队的进攻开始于 1941 年 7 月 20 日，我们则从苏瓦乌基（Suwalki）［在吉日茨科（Lötzen）靠近东普鲁士边界］出发；我们的先遣部队在这次进攻中取得了惊人的战果，通过突袭毫发无损地占领了位于梅尔基内（Merkine）的尼曼河（Njemen）上的大木桥。和拿破仑当初的策略一样，这场战争未经宣战就开始了，并以巨大的灾难结束；对我们来说也暗藏着最大的危险：德国的分裂。对手彻底地惊呆了，刚开始毫无还手之力。但当苏联军队领导人认识到，这场战争已在前线全面爆发且对苏联同样严峻的时候，局势迅速改变。18 师与维捷布斯克（Witebsk）和奥尔沙（Orscha）的苏联军队激战，只打到快靠近斯摩棱斯克（Smolensk），之后又撤退并朝着来自列宁格勒以南的北部军团进发。我们最远达到了什利谢利堡（Schlüsselburg）和季赫温（Tichwin），但随后这里又失陷了。像波兰和法国一样的闪电战是不用提了。不久就开始显现，在零下 38 度的严冬的初期，与那些刚被攻击的西伯利亚军队相比我们处于劣势，他们都配备着冬装和大毡帽，而我们只穿着普通的夏装。冬天于 1941 年 10 月末袭来，这结束了我们自己领导下的所有的进攻计划。

1941 年 12 月中旬，经历过多次前线战斗的士兵奇迹般地迎来了进修假期。

当我 1942 年 3 月从进修假期回来的时候，在旧鲁萨（Staraja Russa）以南的阵地战中我又看到了我的那些还活着的战友。对我而言，他们所有人都带着极度疲劳和冬战失利的印记，也都看起来衰老了很多。在此期间我成了上尉，并担任护卫连指挥。连队自 1942 年 10 月起承担着伊尔门湖（Ilmensees）南岸的保卫任务。随着冬天的来临，漫无边际的湖面冻冰了，我们必须在湖面上侦查巡逻，以便在敌人面前佯装出一整条战线。我们现在也有了冬衣，装配了滑雪板和两架机动雪橇。这样我们就可以派滑雪者去巡逻，并与在大诺夫哥罗德（Nowgorod）的左翼友军建立联系。这一切都平静地过去了，没有什么风波，因为在那里我们几乎没有与敌军正面接触，而且 1943 年苏联人的春季大反攻发生在旧鲁萨以南的地区。我们紧急撤退至雷德亚塔尔（Redjatal）的一个师团那里，在其中的一个敌人侵入点投入战斗，我们在那儿重新夺回并守住了这个地方。在稳固战线的战斗中我严重负伤，于是回到故乡，在弗莱堡的野战医院待了几个月。

在这段平静时光我又开始了写书工作，并报名参加了一次当时为士兵提供的特殊的第二次国家考试。口试在德累斯顿高等法院举行，因为在柏林的联邦法律考试部门已经被轰炸掉了。考试委员会由一位相当年轻的联邦法律考试部门副主席和两位年龄稍长的高等法院法官组成。考试当然很友好，参加考试的是两个上尉，考试结束后我们带着许多美好的愿望离开。我们在出口处相互拥抱并踏上各自的道路，告别时我向这个还未被摧毁的易北河边的城市投去了最后一束目光。

在很幸运地通过第二次国家考试之后，我加入了我们师的后备部队，并向阿尔萨斯（Elsass）的米特齐（Mutzig）前进。在这儿我收到了部队指挥训练班的招募通知。我很吃惊，因为在此期间尽管我已是主要指挥官，但只有有限的前线作战经验，也没有特别的部队指挥知识。尽管如此，我还是相对轻松地通过了在克拉姆尼茨（Krampnitz）的装甲部队学校和东海沿岸普特罗斯（Putlos）的装甲射击场开设的前两个训练班。在第三阶段巴黎军校实战课程中，我作为法律人很好地起草了部队命令、明确划分了部队指挥权，这部分地弥补了我装甲部队作战经验上的不足。令人吃惊的是，我的评语是"在领导装甲部队领域几乎不缺乏经验"。实战课程设计的前提是错误和不现实的，因为我们的队伍身边始终有装甲部队的保护。除了在演习中，我从未看到过受到如此保护的部队，反而多次看到己方队伍陷入敌方坦克的火力攻击之中。1944 年 7 月，我口袋里揣着第 118 装甲侦察部队首长的委任状，来到了位于布列斯特－立陶夫斯克（Brest-Litowsk）的指挥部。到了那里我大吃一惊，18 师和 118 装甲侦察部队已经全然不存在了。据说部队已在苏联中央军区进攻中被对方以压倒性优势歼灭。

根据一项过渡性命令我被任命为一支在普鲁士边界新建的装甲侦察118 部队的指挥官。这一边界往前的所有地区均已失守，部队主要由刚被应征入伍的非常年轻的新兵和上了年纪的和我一样负了伤或依命令重回部队的人组成。武器和汽车装备只相当于步兵。自 1945 年 1 月苏联人的冬季大反攻开始以来，我们的任务只能是为深受苦难的民众守住登上海军舰艇的道路，保护他们不受接踵而来的苏联人以及无以名状的苦难的伤害。我们尽最大可能完成这项任务。我的队伍经受住了考验，在所有部队中它被称为"烈火堡垒"。在燃烧的佩尼恩日诺（Mehlsack）小城前的一场夜战中我再次负伤，于是从马莫诺夫（Heiligenbeil）随一批伤员飞回柏林。我坐在夜班飞机上，从低空看见逃难者的大部队横跨冰冻的维斯图拉泻湖（Frische Haff），向波罗的斯克（Pillau）方向延伸开去。这幅画面让人心碎。东普鲁士沦陷了，但至少大多数民众得救了。

（四）监禁生活

我们从柏林出发，穿越千疮百孔的德意志踏上了历险之路，不列颠战机在低空袭击了我们的运输火车，造成很多人遇难。最后我到达了弗莱堡，再一次与在 1944 年 9 月 27 号的大规模空袭之后毫发无损的家人会面了，这真是太幸运了。

法国人于 1945 年 4 月占领了弗莱堡，在野战医院我成了战俘。我们本期望能根据 1929 年《日内瓦条约》立即被释放，但与之相反却作为战俘被押往法国。监禁生活持续了两年，直到 1947 年 7 月。

几乎与此同时，我父母、妹妹和她的两个孩子从莱格尼察出发紧急向西逃避苏联和波兰人。他们在雷根斯堡（Regensburg）一个小村庄里找到了第一个避难处，在那里艰苦地生活了 7 年。他们背井离乡，失去了所有的东西。小我八岁的弟弟是奥地利山地步兵部队的上尉、副官，已于 1943 年在希腊阵亡。

作为战俘，刚开始我们的境况非常糟糕，因为俘虏经常在毫无准备的情况下搬到各种临时地点，在那里找不到任何供给。除此之外还发生了鼠灾。我们看起来都虚弱消瘦，像一群死人。

这种状况在第二年有所改变，我们在勒芒（Le Mans）的米萨讷（Malsanne）的大军官营地建立起了"营地大学"。在那里人们刚开始凭借记忆学习各种科学知识，之后通过从家乡寄来的或是基督教青年会（YMCA）和国际红十字会免费提供的书本来学习。柏林高等法院司法官古斯塔夫·格克（Gustav Goecke）承担民法教学，海军法官乌勒（Ule）教授公法，而我讲授刑法和源自法国报纸的简报新闻，就是为了这个目的营地司令部才继续给我们提供报纸，这显然是对待俘虏"适度政策"的一种体现。多年以后，在弗莱堡一次大课课后，一位听课者还兴致勃勃地向我展示了他父亲当年在米萨讷从我那里得到的刑法课证书，且得到了第一次国家考试的承认。

境况再次发生改变，这次改变是根本性的，尤其对我而言。当时国防部长米歇莱特（Michelet）的内阁秘书约瑟夫·罗万（Joseph Rovan）来到我们营地，并和包括我在内的几个营地大学工作人员交谈。他们想建立一个像英国人在伦敦的威尔顿公园一样的组织。我向他阐明我的想法，他于是将我和六个同志一起送到巴黎；在那里我们和来自其他营地的约 35 个人——也是下士和士兵——一起被安顿在圣丹尼斯市郊一处相当整洁的兵营里。其全名叫"德国战犯在押犯人中心"（Centre d'etudes pour prisonniers de guerre allemands），① 在那里我们与一群杰出的法国政

---

① 汉斯 - 海因里希·耶舍克：《1946 - 1947 年圣丹尼斯德国战犯中心回忆录》（Erinnerung an das Centre d'etudes pour prisonniers de guerre allemands in St. Denis 1945/47），《教育与培养》，1983 年第 36 期，第 69 - 75 页；弗兰茨·于贝尔（Franz über）：《圣丹尼斯德国战俘研究中心回忆录》（Souvenirs du centre d'Etudes pour prisonniers de Guerre Allemands a Saint Denis），1946 - 1947 年，《全国战俘联盟》（Union nationale des amicales de prisonniers de guerre），1994 年第 493 号，第 4 - 5 页。

客、教授、艺术家、神学家、哲学家、记者和反战者——国防部长埃德蒙·米歇莱特（Edmond Michelet）也在场——共同参加了几次交流讨论会，尤其是与罗万（Rovan）的私人交流，促使我们对很多事物进行了反思。给我留下特别印象的是关于德国未来命运的热烈讨论，参与讨论的有后来法国的高级委员弗朗西斯－庞塞（Francois Poncet），作家安德烈·莫鲁瓦（Andre Maurois），作为政治学家、社会学家和德国专家的记者雷蒙·阿隆（Raymond Aron），哲学家伊曼纽尔·穆尼尔（Emanuel Mounier）［在他的杂志《精神》（Esprit）上，我应他的邀请写了一篇关于德国军官在这场战争中的态度的文章。他问我，为什么我们没有人叛逃，我回答"德国军官从不叛逃"，他稍作思考后用法语回答"法国军官也从不叛逃"］，抗战者维科斯（Vercors）、作家大卫·鲁塞特（David Rousset），米歇莱特（他的身上仍然带有集中营悲惨经历的印记）。作为我们这一组的发言人，我为活动的发言做了充足的准备。这一切的创始人是约瑟夫·罗万（Joseph Rovan），后来他成为巴黎大学德国历史的教授，并且是德法交流的一位重要人物。他将我们的小组讨论以"一个曾经是德国人的法国人的回忆"（Memoires d'un Francais qui se souvient d'avoir ete Allemand）① 为名记录在他的书《圣但尼的九月》（Sept de Saint Denis）当中。德国战犯在押犯人中心在接待了第一批参加者之后于 1947 年 6 月关闭了，我们事先毫不知情。当我们极度兴奋地在科尔（Kehl）跳下火车时，我们知道将要获得自由并且开始新的生活。

（五）回国

我们很幸运地回了国，在那之后我很快又能在巴登州的司法机构中工作了。我被弗莱堡州法院雇佣为刑事大审判庭和一个民事审判庭的法官。刚开始对我来说这绝对是很大的挑战。

一种典型的战后经历还留存在我脑海中。在我第一次独立审判的时候，来了一位女士，她胳膊里夹着卷宗，身穿军夹克（显然来自她丈

---

① 德语版参见维尔切克·贝恩德（Wilczek Bernd）《一个曾经是德国人的法国人的回忆》，2003 年，第 208 页（原版第 221 页）。

夫），就像我穿的那样，她对我解释，她是弗莱堡一家律所（顺便提一下，这律所很有名）的律师。我因为不太得体的穿着向她道歉说我服了十年兵役，今天刚担任弗莱堡州法官，因此"没什么概念"。我的访客很开心地回答，这次相遇真的很好，因为她作为难民与她的孩子们被安置在黑森林村，因此也"没什么概念"。我们根据文件一起讨论了案件，然后约定了新的开庭日期。之后我很快了解到，她以一分的成绩（一种非常罕见的分数）通过了帝国司法考试办公室的法律考试。后来，她在她的律师事务所成为一位备受尊敬的合伙人。

三大优势帮助我重新开始在弗莱堡的生活：我已经完成法律教育，我有成为一名教授的坚定目标，并且已经有了提交给图宾根的克恩（Kern）教授关于教授资格论文的最新题目。通过在米萨讷时期阅读并收集法国报纸中的报刊评论，我全程追踪了从开始到 1946 年 10 月 1 日做出判决的纽伦堡审判的主要过程，并让我认识到国际社会如何对大型战争中的战争罪行进行了第一次法律制裁及其反响，尽管是从战胜者的视角来看。我想按照四个战胜国的法律、德国的法律以及在那时生效的国际法对这个判决做比较研究。

五　取得教授资格

阿道夫·舍恩克（Adolf Schoenke）教授于 1937 年接替了我的导师爱德华·克恩（Eduard Kern）在弗莱堡的职位，他在我撰写教授资格论文的过程中给予了我很大的支持。他邀请我作为客人在他当时已经建立的卓有成效的"外国与国际刑法研究院"的图书馆里写作我的教授资格论文《国际刑法上国家机构的责任》。[1] 在图宾根的论文答辩中，汉斯·德勒（Hans Doelle）给我提出了一个对他来说略有不当的民事诉讼法的问题，但又马上为向一位联邦州高级法官（我当时在弗莱堡已经担任的

---

[1]　汉斯－海因里希·耶舍克：《国际刑法上国家机关的责任：纽伦堡审判研究》（Die Ver-antwortlichkeit der Staatsorgane nach Völkerstrafrecht. Eine Studie zu den Nürnberger Proz-essen），1952 年。

职务）提这样的问题而道歉。当时人们在学术考试中对待他人就是如此之客气。

在这期间我既在弗莱堡担任州法官，同时又在图宾根写作教授资格论文，在我承受双重工作压力的时候，我的妻子死于不治之症。我与我们5岁的女儿相依为命，命运无情的打击没有让我失去勇气。我集中我最后的力量以完成教授资格论文的写作。

取得教授资格之后，1949年10月1日舍恩克教授带我参加了1950年在图宾根成立的比较法学会，并将我引荐给许多前辈。他们亲切问候了我这位从战争中归来的人和新晋编外讲师。从美国专程为这个会议赶来的恩斯特·拉贝尔（Ernst Rabel）作了开场报告，题目是《当今世界比较法的任务》。这次经历对我有很重要的意义，它让我坚定决心，继续同时承担在弗莱堡和图宾根的两份工作。

六　比较法学会和国际刑法学协会

不久阿道夫·舍恩克教授请我在比较法学会框架下担任由他领导建立的刑法专业组织的秘书。一年后又同时担任他建立的国际刑法学协会（"AIDP"）德国分会的秘书。这样一来1889年由弗朗茨·冯·李斯特（Franz von Liszt）建立的国际犯罪学协会，即著名的IKV（Internationale Kriminalistische Vereinigung），与为了对抗德国刑法学的巨大国际影响力而于1924年在巴黎建立的国际刑法学协会之间延续下来的历史障碍，就此得以消失。

七　联邦司法部

1952年10月，我在国务秘书瓦尔特·施特劳斯（Walter Strauss）①

---

① 汉斯－海因里希·耶舍克：《瓦尔特·施特劳斯博士》，《法学比较学的社会报告》（Mitteilungen der Gesellschaft für Rechtsvergleichung），第17号，1980年5月，第9–10页。

博士的动议下，由巴登州司法机构派遣至位于波恩的联邦司法部。我在那为了德国刑法改革而协同参与到刑法大委员会的准备工作之中。为此我与爱德华·德雷埃尔（Eduard Dreher）和卡尔·拉克纳（Karl Lackner）建立了联系，他们在联邦司法部已经开始研究这些问题。我和他们在接下来的时间里建立了长久的友谊。

在波恩生活的这段时间，我经历了尽管不太成功但是对我日后比较法学工作具有重要指导意义的生活。我被分派去参加在巴黎举行的欧洲辩护联盟（Communaute Europeenne de Defense）的协商会议，并以德国代表团的名义在一个委员会协调工作，这个委员会是以为欧洲武装力量建立共同的军事刑法典为目的而设立的，由来自比利时、法国、意大利、卢森堡、荷兰及德国（竟然也包括德国！）的代表组成。对我来说，和五年前在法国的囚禁生活相比，现在发生的一切是一个惊人的变化。然而比较法准备的缺乏却在一开始就成为难以逾越的障碍。除此之外，欧洲辩护联盟没有进行刑法典立法的明确权限。如果需要通过替代的辅助机构制定这样的法律的话，就如今天的欧盟一样，欧洲刑法的努力也一定只能以失败告终。众所周知，欧洲辩护联盟的成立在 1954 年 8 月被法国议会否决。在法国众议院的参观台上我曾听到法国总理乔治·皮杜尔（George Bidault）反对德国重新武装的激情演讲。

在波恩期间，1953 年 9 月我第一次接到刑法学者大会的邀请，基于我所经历的欧洲辩护联盟的命运，我选择了我的报告题目《超国家联盟的刑法权》[①] 作为德国刑法讨论的新课题。我的答案是："我几乎很难相信，人们能够想象一部共同的欧洲刑法和统一的欧洲刑事管辖权。"今天也是如此，如果一部欧洲刑法应该被制订，那么只有依靠扩展欧盟协定关于刑法的规定，以及成员国对于这种改变的批准才具有可行性。

然后我再次结婚。我的第二任妻子是来自弗莱堡的法律研究者，我们有两个共同的孩子。第二次国家考试之后她决定不再工作。因为我的工作要奔波于波恩、图宾根、有时还有巴黎之间，时间、地点不停更换

---

① 汉斯－海因里希·耶舍克：《超国家联盟的刑法权》（Die Strafgewalt übernationaler Gemeinschaften），《整体刑法学杂志》第 65 期，1953 年，第 497 – 518 页。

的刑法大委员会的会议对我来说也是非常大的负担。在我的工作、招待研究所的同事和客人、维护不断扩展的国际关系方面，我的夫人始终给了我极大的支持。

八　舍恩克教授的去世

我和妻子于 1953 年 5 月 1 日接到阿道夫·舍恩克教授去世的消息。我正在从欧洲辩护联盟的一个会议赶回波恩的路上，对此完全没有准备。我不久之前才到他在弗莱堡家中的病床前看望过他，那时候完全没有预料到他病情的危险。他的去世让我非常震惊。我之前尽管不是他的学生，却因为这两个他委托给我的部门而与他非常亲近。

作为协会德国分会的秘书长，我必须立刻准备参加 1953 年 9 月在罗马开始的第七届国际刑法学协会大会，德方是第一次受邀参加该会议。通过在这次会议中对德国刑法理论及实践的介绍，我们取得了巨大成功。阿道夫·舍恩克教授为了这些发展在背后做了非常大的贡献，却不能再亲身经历。通过成员大会一致的表决，德国成为协会的正式成员。这意味着我一开始就官方地代表德国参加协会，并作为年轻的参与者在国际顶级组织中为人所知，而且我的努力在某种程度上经受住考验，得到了承认。这个经历帮助我后来在联邦司法部得到一个固定职位并成为司法部顾问。

九　到弗莱堡工作

1953 年 10 月我出乎意料接到弗莱堡的邀请，请我去接任阿道夫·舍恩克教授的教职，并在研究所中担任主任。我妻子和我都对法学院的信任和此一光荣的任务感到高兴。更让我们开心的是，我能在弗莱堡安定下来，在多年的动荡、贫苦、分离和失败后，我们的生活又能归于平静。

1954 年 4 月 1 日，我第一次作为令我充满感激与备受我尊敬的阿道夫·舍恩克教授的继任者踏入学术部门，同时也担任外国刑法与国际刑事法学研究所的所长。我只有很少的时间去思考这些，特别是我对课程的准备。我就职后的第一场大课是 1954 年 6 月 14 日在大礼堂上讲的，题目是我研究的基础课题《比较刑法学的发展、任务与方法》①。绍克教授生前一直在准备改组其公开创办的大学研究院，现在终于在联邦司法部国务秘书瓦尔特·施特劳斯博士和我们的校长阁下普凡嫩施蒂尔（Pfannenstiel）的签署下得以实施，文化部长之前早就在斯图加特也签署完毕。这样我们的小研究院就获得了源源不断的资源以支持人员配备与图书馆的建设。

如此一来一个巨大的使命在等待着我，这也将是我毕生的任务。接踵而来的是第二个巨大的任务，也就是刑法大委员会。

十　刑法大委员会

让我惊讶的是，我几乎在被弗莱堡聘任为正式教授的同时又被委任为刑法大委员会的正式成员，拥有所有的权利和义务，而且在这个委员会的整个存在期间我都是其会员（1954－1959 年）。这也许是因为国务秘书施特劳斯博士认识我，并希望我在接受弗莱堡教职的同时也继续保持和联邦司法部的联系，这样团队中在拥有资深的老刑法学家的同时也能有年轻的学者。我没有继续多考虑，而是接受这份委任，因为我觉得在委员会中总是能学到很多新的东西。在团队中加拉斯（Gallas）教授是主要人物，我很高兴在这个圈子中又遇到这位刑法专家。自从我在图宾根任编外讲师时就认识他，在那里他邀请我参加他的研讨课，甚至特别把他的研讨课安排在我在图宾根上课的那一天。在这个意义上来说，刑法大委员会是我的"高级研讨课"。

在委员会中这五年，我们每两到三个月就抽出两天在不同的地方见面。其间委员会成员准备被委托的主题、问题或者个别的法律条款，然后接受委员会的咨询，或者在表决时被接受或者否决。教授们在各自大

---

① 汉斯－海因里希·耶舍克：《比较刑法学的发展、任务与方法》（Entwicklung, Aufgaben und Methoden der Strafrechtsvergleichung），《法律与国家》第 181/182 期，1955 年。

学的工作当然继续。会议记录的工作由文员赫尔穆特·恩格勒（Helmut Engler）担任，他的编辑整理工作相当出色，后来他成为巴登符登堡州的文化部长。他的记录是如此出色，以至于在我们的圈子里最为年长的埃伯哈特·施密特（Eberhard Schmidt）教授曾对于他的贡献自嘲说，他在阅读了恩格勒的记录之后才知道要重视自己的贡献，以及他曾在会议上说过哪些充满智慧的话。

逐渐形成的 1962 年草案的总则与分则部分在比较法方面的准备都是由弗莱堡研究所承担的。总则部分的重点在于一些由教义学的基本规定所决定的条款，如故意和错误，正犯与共犯以及罪过原则；分则中的重点则是对构成要件进行精确描述，以提高刑法的保障功能。相反，刑罚部分有明显的不足。主要缺陷在于保留了刑事政策上已显得过时的惩役刑（Zuchthausstrafe），不久它即被联邦议会刑法改革特别委员会以统一的自由刑所取代，对此我曾在会议上一再强调。[1] 进步的一面则是，根据日额罚金体系对财产刑作出了新的规定，并扩大了财产刑的适用范围。

后来 14 位德国和瑞士刑法学者编写了选择性草案[2]（1966 年），对其刑事政策基础我深表赞同。这个草案在我看来是对 1962 年政府草案的必要与正确的补充。在联邦司法部的强烈支持下，联邦议会特别委员会将两个草案（1962－1966 年）成功地融合在一起，通过两部改革法案（1969 年）完成了对刑法的改革（新刑法于 1975 年 1 月 1 日起生效）。被执行的自由刑的数量减少到之前的 20%，自由刑作为"最后手段"成为现实。

但在刑法大委员会工作结束的时刻，我们还远没有取得这样的成果。由刑法大委员会制定完成的草案在 1959 年 6 月 19 日隆重召开的决议会议中被通过，并公之于众。为了把委员会的工作成果作为百年事件加以

---

[1] 爱德华·德雷埃尔在我的《祝寿文集》（1985 年）中撰写了一篇文章［《"大刑法委员会中的汉斯－海因里希·耶舍克"》（Hans-Heinrich Jescheck in der Großen Strafrechts-kommission），《祝寿文集》第一卷，第 11－34 页］，对我在大刑法委员会中的贡献进行了高度评价。

[2] 汉斯－海因里希·耶舍克：《刑法典（总论部分）替代草案的犯罪政策理念》［Die kriminalpolitische Konzeption des Alternativ-Entwurfs eines Strafgesetzbuches（Allgemeiner Teil）］，《整体刑法学杂志》第 80 期，1968 年，第 54－88 页。

强调，这个会议在神圣罗马帝国德意志帝国位于雷根斯堡的老帝国国会礼堂里举行。在这里第一部帝国刑法典《卡罗琳娜刑法典》（"Constitutio Criminalis Carolina"）于 1532 年被问询、通过和向公众颁布。这部老刑法典尽管令人崇敬，但是从今天的眼光来看，它被打上了过于严酷的烙印。在 400 多年后的庆祝活动中，我决定应该让我的演讲与之建立联系，并以这样的话开始我的演讲："尊敬的女士们、先生们，今天在这重大的庆祝会中我将呈现给你们我们工作的成果，这部草案的官方名称为'1532 草案'。"响亮的笑声让我明白，我从一开始就搞砸了，因为 1532 年的文本显然就是老的《卡罗琳娜刑法典》，卡尔五世纪皇帝的刑法显然对现代刑事政策没有什么榜样作用。

在隆重的晚宴上那些略有诗才的委员会的成员间互相交流嘲讽诗和叠韵诗。有三首叠韵诗令我记忆犹新：

第一首是德雷埃尔部长写给博克尔曼（Bockelmann）教授和加拉斯教授的：

> 博克尔曼所为（Was kann denn schon der Bockelmann）
> 皆可诋毁（auch nur, was jeder Mockel kann.）
> 聪明的加拉斯之举（Doch was der kluge Gallas tut,）
> 几近完美（ist in der Tat fast alles gut.）

第二首是博克尔曼为回复德雷埃尔而和的一首：

> 不要再更响亮地打我耳光（Kein Backenstreich mich weher drischt,）
> 德雷埃尔才刚使我如此悲伤（als einer, den mir Dreher wischt.）

第三首则是德雷埃尔替代女士谈话（Damenrede）而作给联邦女法官埃尔泽·科夫卡（Else Koffka）博士的：

> 同仁们的每一句废话（Es gibt in jedem Kaff Kollegen,）
> 都是献给科夫卡的鲜花（die Liebe für Koffka hegen.）

十一　任弗莱堡大学教授（1954－1980 年）

自 1954 年开始在弗莱堡担任教授后，我在理论上越来越倾向于接受威廉·加拉斯（Wilhelm Gallas）① 的观点。他邀请我参加他在图宾根的研讨课、演讲，以及在刑法大委员会上撰写法律文本，这一切使他成为令我敬佩的老师。他于 1954 年在图宾根的刑法学者大会上发表著名的演讲《论犯罪理论的现状》② 时，我作为弗莱堡的正式教授也去听了演讲。

虽然按照刑法教义学当时的情形，加拉斯最关注的事情是"在目的主义所带来的各种新趋势与为价值与目的所决定的在某种程度上无法抛弃的前在的学术结论之间寻求一种新的综合（第 47 页）。"目的主义在刑法中作为判断人的行为方式的中心概念已经逐渐退居幕后。加拉斯的刑法教义学的基础理念在那个时代越来越清晰地代替了韦尔策尔的学说。加拉斯的基本观点是从法益与义务侵害两方面论证刑事不法，行为人对他的行为负有个人责任，行为人根据行为而受到刑事制裁，以及提倡刑罚与罪责相适应，且在社会教育意义上适于一般预防，同时将刑罚作为一种警告手段，具有促进行为人自我反思和自我发展的作用。根据行为人的个人责任构建的罪责原则是他的刑法体系的中心思想。它将刑罚与保安处分从原则上区分开来。由此也得出故意在他的学术体系中所处的位置。他认为故意具有双重的位置，一方面它代表了行为的不法性，另一方面它也作为罪责要素共同决定了意念无价值（Gesinnungsunwert）。对加拉斯而言，随之而来的就是不同类型的故意，如意图、明知以及有条件的故意（间接故意）的不同价值。有条件的故意是指行为人确实认为刑法上的结果可能出现却不消除对特定法益的具体危险。排除违法性事由在这个具体的体系中具有独立的刑事思考方法，它们与构成要件相对立，取决于不同的行为评价。他们不涉及不法的构成要件要素。

新的大脑研究对罪责概念的质疑在当时还未显现出来。它第一次清晰地出现在我眼前，是在马克斯·普朗克学会重新建立 50 年的庆祝

---

① 汉斯－海因里希·耶舍克：《威廉·加拉斯对刑法教义学与犯罪政策的意义》（Wilhelm Gallas in seiner Bedeutung für Strafrechtsdogmatik und Kriminalpolitik），《怀念威廉·加拉斯》（In memoriam Wilhelm Gallas），海德堡论坛第 74 卷，1991 年版，第 7 页以下。

② 威廉·加拉斯，《整体刑法学杂志》第 67 期，1955 年，第 1－47 页。

会上，当时沃尔夫·辛格（Wolf Singer）在哥廷根的大礼堂作了一场相关的报告。他的基本论调是，人类行为由大脑本身神经系统中共同运行的固定过程控制，当代大脑研究不能证明人能够自主作出独立负责的决定。

对此只能说，自然科学未能证明存在推动人采取行为的自发的冲动，但并不意味着，在人的精神或者灵魂中也没有这种可证实其存在的冲动。无论如何刑法必须作出此种假设：人的灵魂是如此构造的，即根据我们对人际行为的经验与期待，人完全具有根据价值与法律观念选择其行为冲动的可能性。

人对其行为负责任作为一个由法律规范决定的自由社会的前提，反映了我们社会的道德存在的意义以及人在其中的地位。

十二　在卡尔斯鲁厄上诉法院任兼职法官

我在弗莱堡就职法律系刑法学教授之时，位于斯图加特的司法部就提供给我一个在卡尔斯鲁厄州高等法院做兼职法官的固定职位。我对此很感兴趣，因为我之前就有这种想法，我不应该仅仅是理论家和我学生们的刑法老师，还应当在司法实践中参加有规律的工作以取得工作经验。这个职位是专门为我在学术主职之外担任兼职而设立的，对我来说是可行的。我的工作内容包括每两三个月举行一次的判决委员会会议，每次准备两三个案件，并提出最终判决的草案。直到我在1975年作为法官退休，我一直通过类似方式参与案件的审理，在判决委员会做报告，我自己也从中获益良多。渐渐地我认识了其他刑法判决委员会的主席与工作人员，并在午休时间可以与其他判决委员会的工作人员和检察官们聊天。

十三　1968 年学潮

我在弗莱堡从事学术工作之时，学校的状况还是非常有序的。1965 –

1966 年我任大学校长，也未发现对学术秩序和一般法律秩序的怀疑。①
1968 年的下半年一开始，大学中的不安变得明显，这些不安逐渐扰乱了
科学活动并阻碍了行政管理。在这段时间，我的大课也像其他几位同事
的课堂一样受到了大规模的干扰，以至于我作为负责人的学术权威几乎
不能贯彻下去。这是年轻一代反对曾参与战争的老一代的起义（这些老
一代未阻止战争的发生，因为他们没有能力阻止），而后者现在对很多体
制不公的决定都负有责任。但是当时我并没有向学生的压力妥协，而是
在可能的范围内用恰当的方法表达我的反对。仅有极少数人站在我这边
并寻求平息这种普遍的动荡；他们绝大多数是我研究所的同事或者我判
决委员会的参与者，但是他们也被要求保持缄默。抵抗到底的同事们，
彼此间相互熟识，并互相鼓励，壮大力量。这种情况一直持续到第二个
学期，之后逐渐减弱。

十四　作为独立基金会的研究所

　　作为有自己的董事会和预算资金的独立基金会，研究所基本上未受
到大学变故的影响。除了后来研究所更名为马克斯·普朗克研究所时，
大门上被人喷上了切·格瓦拉式的威胁口号："我们必胜！"（vincerem-
os！）。此外当时还有人以一些方式侮辱研究所［例如称研究所为"弗赖
斯勒研究所"（Freisler-Institut）＊］运营未受到干扰。

　　由于我作为所长的广泛的自主权，我将基金会拨给研究所的大量资
金投入图书馆建设和学术团队、行政管理与秘书处的加强方面。

---

① 我在校长年会的开幕式上作为学院代表发表的讲话［《过失在现代刑法中的构造与处罚》
（Aufbau und Behandlung der Fahrlässigkeit im modernen Strafrecht），《弗莱堡大学演讲》，第
39 卷，1965 年］，是在学校最大的礼堂里有条不紊地进行的。施派德尔（Speidel）将
军应我之邀为了纪念施陶芬贝格（Stauffenberg）伯爵及其战友于 1965 年 7 月 20 日在同
一个地方举办的演讲也秩序井然。此外，一支由乌韦·布劳罗克（Uwe Blaurock）——
后来成为我们学院的同事——指挥一支学生乐队演奏了海登（Haydn）的皇帝四重奏与
一组德国歌曲，听众也满怀尊敬和安静地聆听了音乐。

＊ 意在嘲讽位于弗莱堡的马普刑法所是专门研究臭名昭著的纳粹法官罗兰·弗赖斯勒
（Roland Freisler）的研究所。——译者注

新研究所的第一批同事主要来自之前参加我的研讨课的学生们，由此在我周围聚集了一批具有高度积极性的比较法学者，其中一些从成立之初就拥有许多共同的回忆，到现在我们一直保持着联系。我们最初仅限于欧洲中部的主要法律制度，我们掌握着理解这些法律制度的相应语言知识，从法律历史上来看这些国家是我们在同一文化圈中的邻居，因此也很好沟通。渐渐地我们与更远的国外联系起来。日本作为一个历史上继受德国刑法的国家，我们很早就与之发展了关系。西原春夫（Naruo Nishihara）作为来到我们德国的第一人，后来成为受人尊敬的东京早稻田大学的校长。

因此，研究所从一开始就明白自己的任务，也获得了国际上的尊重和认可。我们获得奖学金的外国留学生，根据和平义务的原则在研究所受到热情接待，对于我们而言，他们不仅是学习者，也是作为其自己国家法律的老师而为人所注意与赞赏。来我们这里作报告的学者一长串名单表明了这一点。我心存感激地说出他们的名字：汉斯·舒尔茨（Hans Schultz）、切萨雷·佩德拉齐（Cesare Pedrazzi）、弗里德里希·诺瓦科夫斯基（Friedrich Nowakowski）、罗伯特·豪泽（Robert Hauser）、奥斯卡·阿道夫·格尔曼（Oskar Adolf Germann）、马克·安塞尔（Marc Ancel）、伊冯娜·马克思（Yvonne Marx）、马克斯·格林胡特（Max Gruenhut）、埃德蒙·梅茨格尔（Edmund Mezger）、卡西米尔·布查拉（Kasimir Buchala）、乔治奥斯·曼加基斯（Georgios Mangakis）、希门尼斯·德·阿苏瓦（Jiménez de Asúa）、皮德罗·努沃罗尼（Pietro Nuvolone）、爱德华多·科雷亚（Eduardo Correia）、朱塞佩·贝蒂奥尔（Giuseppe Bettiol）。

外国大学的邀请则将我们带到外面的世界。刚开始的目的地是作为比较法历史坐标的法国、作为被继受的罗马法的起源国家的意大利、作为神圣罗马帝国一部分的西班牙、作为命运同伴的奥地利和瑞士，这是各种不同起源的法律制度的奇妙缩影。第一个比较法项目根据在我们经验的基础上开发出来的方法而运行。阿道夫·舍恩克建立的图书馆受益于额外的资金进行了扩大和重建。今天它包括超过350000册书籍。我们很早就搭建了通往美国的桥梁，如美国学者格哈德·O·W·米勒（Gerhard O. W. Mueller）、蒙拉德·保尔森（Monrad Paulsen）、杰罗姆·霍尔（Jerome Hall）、里夏德·霍尼希（Richard Honig）和斯坦福·卡迪什（Stanford Kadish）都在我们这里举行过研讨会。在纽约大学和耶鲁大学任"客座教授"扩大了我的视野，并且也促进了新的教学方法的发展。我还在耶鲁大学遇到了从德国移民来的凯斯勒（Kessler）教授，从他那里我学习了案例教学方法，并在弗莱堡进行了模拟实施。我们也约定与波兰大学举办第一次研讨会。后来甚至与苏联科学院刑法部举办过一次座谈会。这次座谈会让我们明白，尽管我们一方持非常开放的态度，但还是在基本概念上与对方存在深刻的对立。

十五　马克斯·普朗克外国刑法与国际刑法研究所

在多样化发展的深刻影响下，该研究所于 1966 年为马克斯·普朗克学会所吸纳。仪式由阿道夫·布特南特（Adolf Butenandt）主席在弗莱堡历史悠久的百货公司的皇帝大厅主持。这样一来研究所就成为马普学会的人文科学部的一员，其机构、章程和预算都确保了工作人员的进一步发展和研究所图书馆的扩建。我依然是弗莱堡大学法学院拥有完全的权利与义务的成员并且现在是它的退休人员。我的继任者阿尔宾·埃泽尔（Albin Eser）教授也是这所大学的正式教授。这反映了一个事实，该研究所从大学而来，并且二者联系紧密。大学重视这种关系，因此大学550 周年庆典文集中特别强调了马克斯·普朗克研究所及其工作人员是大学法律系刑法研究工作的重要补充。后来法律系沃尔夫冈·弗里施（Wolfgang Frisch）教授、瓦尔特·佩龙（Walter Perron）教授成为研究所的外部学术成员。研究所现任所长刑法教授乌尔里希·西贝尔（Ulrich Sieber）和犯罪学教授汉斯－约尔格·阿尔布雷希特（Hans-Joerg Albrecht）则是弗莱堡大学的名誉教授。

早在 1970 年研究所就拥有了独立的犯罪学研究部，该部门有自己的所长职位、职员职位以及图书馆资源。为在研究所成立这样一个小组，我个人付出了很大努力，因为我认为实证研究科学与规范科学在刑法对社会的影响方面是同样重要的。京特·凯泽教授（Günther Kaiser）成为研究所的所长是在研究所成功扩建这个新科学的一个前提，也是一件幸事。我们俩都来自爱德华·克恩（Eduard Kern）学派，另外他在图宾根师从汉斯·格平格尔（Hans Göppinger）学习犯罪学，我是在那时与他相识的。我们相处得非常好，和谐地一起工作。如工作人员所说，我们组成了一个"好班子"。

给新成立的马克斯·普朗克研究所的最好的礼物是，在施特恩瓦尔德克（Sternwaldeck）建造新所。新所在 1978 年建造完毕，把我们从压抑的狭隘空间解救出来，我们当时在五幢不同的房屋里办公。虽然最初研究所因时髦的建筑外形受到攻击，但后来逐渐被接受，允许进入研究所参观的开放日为此做出了贡献。尽管设计很现代，但整个建筑的气氛是友好宜人的。[1]

在这幢建筑内，我一直作为所长和京特·凯泽教授共同进行比较法的工作直到 1983 年退休，并在退休之后保留了我的工作室。在我余下的任期，尤其是在退休后，我最关注的是我的教科书的延续，最后一次出版是第五次（1996 年）再版。

《刑法总论教科书》（Lehrbuch des Straftechts）[2]——我的主要论著——的形成和发展得益于图书馆的持续扩张，以及国际刑法文化联合体的想法。从第 1 版（1969 年）到第 4 版（1988 年），我独立完成了对外国刑法的援引，从零星引注到庞杂地包含许许多多外国刑法的比较法说明，以促进对国际刑法交流整合的理解。在第五版时我的学生托马斯·魏根特（Thomas Weigend）作为一个负责任的共同作者加入编写工作，并且通过对刑事制裁部分进行更新而丰富了这个版本。当然，由此尚未形成一本比较刑法教科书，人们也无法通过一本描绘德国刑法的教科书来满足这种期望。但这也开阔了读者的比较法视野，这种视野随着其新版不断得到扩展。

---

[1]　汉斯－海因里希·耶舍克：《马克思·普朗克外国刑法与国际刑法研究所》，《建筑世界》，1980 年第 11 期，第 388 – 391 页。

[2]　汉斯－海因里希·耶舍克、托马斯·魏根特：《刑法总论教科书》（Lehrbuch des Straftechts, Allgemeiner Teil），1996 年第 5 版。

上文论述了这部作品的特殊方向即比较法方向，接下来我想简短介绍不同的版本，以将其与不同时期刑法改革的历史对应起来。

第 1 版（1969 年）起因于刑法大委员会的工作，也得益于由选择性草案所推动和由联邦议会特别委员会通过和决定的犯罪政策改革的迫切需要。第 2 版（1972 年）与刑法自 20 世纪 50 年代末期开始进行的国际性改革运动有关。德国的改革政策在很大程度上适应了这次运动。需要重点强调的是德国刑法关于不纯正不作为犯的定义（第 13 条）以及构成要件错误与禁止错误（Verbotsirrtum）的对立（第 16、17 条）。刑法与处罚措施的改革使联邦共和国的制裁政策形成了一个全新的形象。第 3 版（1978 年）将法典的制定作为主要焦点，这次制定是根据纳粹主义完全崩溃后在德国执行的刑事政策思想进行的；德国确定了人本主义的与法治国的制度，该制度在国外也获得了承认。教科书第 4 版（1988）将德国刑法作为国际文化联合体的成员，外国法律的部分有所增加。我在这里新增了对作为大南美洲法律的巴西刑法的描述，这部刑法的总论部分受到了德国的影响，因而十分现代。此外在书中我对外国法律作了大量叙述并引用了相关文献。我也介绍了外国文献对德国刑法中重要观点的评价，因为德国读者可能会对自身发展在国外的回声很感兴趣。这种外国文献对德国法的评论并不多见。刑法的历史维度，对我而言重要性不亚于比较方法，故我保留了这一部分内容并通过补充立法史和教义学史加之强化。第 5 版（1996 年）已经延伸到新刑法时代，呈现了一个经过深思熟虑、反复权衡的法治国法律制度的新形象，这个法律制度虽然被人们批评讨论，但基本上已经为人们所接受。

论文《刑法的界限》（Grenzen des Strafrechts）① 是我在研究所的第二位继任者乌尔里希·西贝尔教授献给我的 92 岁生日的礼物，文章详细而深入地阐述了在我们这个时代变化了的政治、经济和国际关系背景下，全球化、跨国犯罪和国家刑事法律的欧洲化所带来的影响。

作为我在研究所最后的工作，我于 1982 年指导了研究项目"自由

---

① 乌尔里希·西贝尔：《刑法的界限》（Grenzen des Strafrechts），《整体刑法学杂志》第 119 期，2007 年，第 1 页以下。

刑”的概述。对我来说，最重要的结果就是"最后手段原则"在许多被研究的国家的自由刑中被作为一项优先规则得到了认可，有一些国家甚至将其运用到实践之中。德意志联邦共和国在这方面的表现非常好，在国际上所有由法院判决的成年人罪犯中，监禁比率在 1982 年仅为 18.7%。德国和奥地利将适用罚金刑作为优先条款，这比经常适用的量刑规则更加有效。当然，还应该更多使用劳动或禁止驾驶等措施来代替短期自由刑。①

1983 年，在研究所的一个庆典上，马克斯·普朗克学会的会长赖马尔·吕斯特（Reimar Lüst）宣布我退休。

十六　国际刑法学协会主席（1979 – 1989 年）

在我作为马普所所长退休之前，我已经于 1979 年 9 月 22 日在汉堡举行的第十二届国际刑法学协会成员会议上全票当选为接下来五年的主席。这结果令人信服地显示出德国很幸运地回归到刑法学的世界组织内，因为在第十届大会（1969 年）选举秘书长之时，虽然我被美国分会提名为候选人，但还是在意大利和法国的阻挠下落选了。

阿道夫·舍恩克在 1950 年的图宾根大会后创立了国际刑法学协会德国分会，并且让我担任秘书长，该分会被 1953 年 9 月 27 日第六届国际刑法大会所接受②并在罗马举行的开幕式上受到热烈欢迎。自那时起德国就是国际刑法学协会的一员，出席了所有的会议，并且通过积极准备支持大会的各项议题。随着该学术组织工作的推进，在我接任阿道夫·舍恩克的教职并担任研究所的所长之后，德国分会主席爱埃德蒙·梅茨格尔委任我为德国分会的主席。在接手了梅茨格尔的工作后，我承担了这个新领域中的所有任务。我在国际刑法学协会的职位一直上升，并多年担任领导委员会的成员。弗莱堡的马克斯·普朗克研究所每次都会组

---

① 汉斯－海因里希·耶舍克：《德国与外国法律中的自由刑与其替代：整体刑事科学的比较研究》（Freiheitsstrafe und ihre Surrogate im deutschen und ausländischen Recht. Rechtsvergleichende Untersuchungen zur gesamten Strafrechtswissenschaft），1984 年，第 21 – 56 页。

② E·海尼茨（Heinitz, E.）：《会议报道》（Bericht über den Kongress），《整体刑法学杂志》第 66 期，1954 年，第 22 页。

织国际刑法学大会的前期准备工作，并在研究所召开一个为期两天的由国家发言人与总发言人会面的会议。该工作对不同级别的所有参加者（国家发言人、总发言人、编辑出版大会前期讨论会结论的国际刑法学协会刊物）都提出了很高的要求，但这些要求基本上得到了满足，因为每个人都知道，这决定了大会的最终决议的学术质量。

第十二届国际刑法大会于 1979 年 9 月在德国汉堡成功举行。在大会参与者参观吕贝克的星线赛车期间，由于我们组令人惊讶地竟然没有官方的导游，我只好暂代导游。然后如前所述，我全票当选为接下来五年的协会主席，或许在吕贝克市出乎意料的导游之行提供了帮助。

理事会接受埃及的邀请，决定下一届国际刑法会议于 1984 年 10 月在开罗举办。令我惊奇和喜悦的是，下届会议的基本主题为"伊斯兰刑法和西方刑法"①。会议开幕式由埃及开罗国立大学的纳吉布·胡斯尼（Naguib Hosni）教授作报告，题目是"伊斯兰刑事法的基本原则"。我为会议作了主题为"伊斯兰与西方刑法之异同"② 的开幕致辞。

十七　题外话：中东之旅

现在我和妻子商议，我们应如何准备开罗之行和会议的主题即伊斯兰和西方刑事司法。我们决定沿着通往开罗这个阿拉伯文化真正的中心的道路，在一些阿拉伯国家旅行。这里我想叙述一下这次旅行的经历和见解，这次旅行是我人生的一段插曲，也是我成为马克斯·普朗克研究所所长与国际刑法学协会主席后与妻子一起旅行的一次美好回忆。

1983 年 11 月，我们的第一个旅行目的地是叙利亚首都大马士革，这是一座生动、有趣的现代商业中心城市，拥有许多美丽的景点。我受邀在大马士革大学演讲，演讲听众众多而且为听众提供了激烈探讨的机会。

---

① 　N·胡斯尼（Hosni, N.）：《伊斯兰刑法的基础》（Zu den Grundlagen des Islamischen Strafrechts），《整体刑法学杂志》第 97 期，1985 年，第 609 页。

② 　汉斯－海因里希·耶舍克：《伊斯兰与西方刑法之异同》（Islamisches und westliches Strafrecht-Gemeinsames und Gegensätze），《迪特里希·厄勒祝寿文集》，1985 年，第 543 页。

　　这里的景点主要有倭马亚（Omayyad）清真寺，其中藏有十字军东征时所遇到的一个劲敌萨拉丁（Saladin）的坟墓，表面是金底，镶嵌着五颜六色的马赛克以及许多其他的装饰。我们还去了一趟巴尔米拉（Palmyra），这是罗马鼎盛时期的一座罗马城遗址。这些建筑主要是古希腊建筑风格及建材。众多的文化古迹给我们留下了深刻的印象。

　　第二天，我们访问了位于大马士革北部的叙利亚第二大城市阿勒颇（Aleppo）。与首都相反，这里给人的印象非常宁静，有很多阿拉伯房屋和狭窄的街道。另外，在阿勒颇我也被邀请到大学演讲。穿过充斥着东方气味的混乱的露天市场时，按照西方的概念这里几乎没有点灯，我牢牢握住我妻子的手，以免我们在人群中走散。然后我突然感觉到有东西在舔我的后脖颈，我一转身，发现是一匹骆驼，正通过我的肩膀看着前方。这个全新的陌生的世界实在让我们着迷。我们通过陡峭的楼梯爬上城堡，俯瞰着城市及其充满东方气息的屋顶和清真寺。考古博物馆则向我们展示了他们收集的古楔形文字。我们就处在古代亚述的底部。在到大马士革的回程车上，我们在中途停靠的城市霍姆斯（Homs）看到有一块被夷为平地的很大的空地。有一位同行者悄悄用德语告诉我们，该城市在一次不成功的起义中被部分摧毁了，人民起义者都被杀死并用推土机掩埋起来。

　　我们穿越阿拉伯国家之行的下一站是苏丹，一个在埃及南部的平原国家，一个庞大而战争四起的区域，现在是一个独立的国家。与这个完全陌生的国家的结识开始于在喀土穆（Khartum）大学的一次演讲。我非常惊讶礼堂里坐满了不同性别、不同年龄段的穿着白色校服的学生。

　　我发表了被翻译成阿拉伯语的法文演讲，然后尝试了组织讨论，收到了雷鸣般的掌声。德国大使后来在他的在白尼罗河岸边的官邸接待了我们，告诉我们其实这个国家暗潮涌动。次年，这里果真发生了一场革命，将严格的原教旨主义政权推上政坛。

　　新的历史时期的两大事件能够为这场动乱提供理由，或者至少为现今的观察者提供一种解释。首先是在精神领袖埃尔·马赫迪（El Mahdi）带领下的马赫迪起义（der Aufstand der Mahdisten）。他们属于德尔维希修教团，已经聚集了一群狂热的追随者。1881年他走进公众视野，宣称自己是救世主所选中的先知，开始领导反对埃及的圣战，占领了苏丹。他挑起了以宗教为动机的暴力运动，用武力征服了喀土穆，以及整个东部和苏丹的南部。英国总督乔治·戈登（George Gordon）将军与他的部队被他包围并最终战败。之后到他于 1885 年去世为止，马赫迪一直控制中部和喀土穆南部地区，他的继任者和最亲密的知己达赫·伊本·穆罕默德（Aldahllhi ibn Muhammad）也是如此，直至英国于 1898 年在基奇纳（Kitchener）元帅带领下的反击。

苏丹历史上的第二件大事是 1889 年的法绍达事件（Faschoda-Krise），其在政治上的重要性甚至超过了马赫迪起义。这是一场事关苏丹统治权的英法冲突。陆军元帅基奇纳将军经过喀土穆之战打败马赫迪政权后，从白尼罗河一直向南，并在法绍达（现在 Kodok）与法国士兵相遇，他们是从西方而来的探险者。他们想在这里安顿下来并打算攻击英军。两个大国之间一触即发的战争危机接下来通过苏丹协议得以调停。法国放弃了苏丹与乍得接壤的整个西部地区，达尔富尔（Darfour）省，今天它是这个国家的一部分。在这里，温顺和贫穷的有色人种生活在对随时准备犯罪和残酷入侵掠夺的阿拉伯骑兵的恐惧之中。中央政府之所以容忍这一点，我认为是与生活在主要区域的阿拉伯人口相比，这里居住的是为生存而苦苦斗争的可怜的有色人种，政府不将他们视为完全的公民。然而，苏丹条约虽然调停了英法之间的冲突，却将苏丹割裂为不同的势力范围。第二次世界大战后的非洲独立运动中，苏丹重新成为独立的统一国家，但达尔富尔地区的条件却没有改善。这导致成为西方列强之间的棋子的意识，直到今天还压迫着统治者的自尊心。

我们还去了喀土穆对面的恩图曼（Omdurman），这是一个典型的阿拉伯城市，民族领袖埃尔·马赫迪被埋葬在这里。我们的导游面对着尼罗河告诉我们——在此地白尼罗河与青尼罗河汇聚之后水量增大——英国炮舰舰队曾在那里轰炸恩图曼和喀土穆，并由此再次控制了苏丹。

在前往开罗之前，我应邀给喀土穆最高级别的法律人士做了演讲，给我留下的印象是，这个国家具有西方国家的形象，然而不久伊斯兰教法就被引进了。

　　我们的下一个目的地是开罗，我们旅行的重点。我们在那里与国际刑法学协会埃及分会主席苏鲁尔（Sorour）教授共同进行 1984 年大会的准备工作，在我担任国际刑法学协会领导委员会成员时，我与他就很熟识了。

　　我们还参观了这座古老城市的主要景点，高度文明的集中地，博物馆展示的藏品是高度发达的文化的最重要的证明。特别值得一提的是，我们参观了从白天清晰的日光尼罗河上游一直到阿斯旺水坝的大量建筑。然而，我们不得不将旅行限制在开罗，把其余景点留待次年举办会议时参观。当时我们坐船沿着尼罗河一直游览到水坝，遗憾的是没有到藏有四个著名的巨大雕像的阿布辛贝神庙，这些雕像为了免遭纳赛尔湖洪灾被放置在地势很高的岸边。

　　刚到开罗我就在大学的报告厅中做了一次盛大的讲演，是由国际刑法学协会埃及分会主席苏鲁尔教授同时也是法学院的院长所组织的。相比之下，与穆巴拉克（Mubarak）总统在次年的相遇是在大会过程中通过理事会邀请的。穆巴拉克总统作为国家的代表一直在我的脑海中保持着十分清晰的印象，他说着流利的法语和英语，他特别骄傲地认为，他领导了拥有一部自由的世俗宪法的阿拉伯埃及共和国。

　　与苏鲁尔教授关于会议的各项待决事项的协商在 1984 年 10 月完成后，我们有机会短暂参观开罗的人文艺术和古迹。我们参观了吉萨（Gizeh）金字塔，尤其是国家博物馆收藏的古埃及艺术珍品，以及完整的图坦卡蒙法老墓和很多其他的珍宝，在这些珍品面前人们久久停留，不愿离去。我们参观了科普特博物馆，其中有大量丰富的艺术收藏，尤其是科普特人特殊的宗教艺术与珍贵的手稿，其中记载着早期的基督徒在埃及和埃塞俄比亚的科普特教堂里的活动。500 座具有代表性的开罗清真寺是伊斯兰逊尼派的精神堡垒。我们走访了一些最美丽和最富有艺术气息的清真寺，即阿斯纳尔（Aznar）清真寺和阿尔·哈基姆清真寺（Al-Hakim）。

　　开罗城堡的参观让我见识了一位臭名昭著的阿尔巴尼亚人，名叫穆罕默德·阿里（Mehmed Ali）的政府人员，他凭借杰出的才能和无所顾忌，在 19 世纪初期在埃及建立了附属政权。他的特殊之处还在于，他在城堡里宴请了整个奴隶骑兵阶层，然后所有宾客在其城堡里屠戮殆尽（1811年）。这个阶层长达百年之久，在军事、行政和政治上处于领导地位，长期与阿里相互竞争。

开罗会议后，我们参观了位于地中海的很大的贸易城市亚历山大，在古代世界非常著名的图书馆就坐落在这里。庞培（Pompeius）的柱子屹立在代表着著名的希腊文化精神的广场上。另外在亚历山大，我也被邀请在大学里举办了一场讲座，在那里我吃惊地发现，东道主实际上希望用意大利语，而不是法语交谈，可见意大利文化的影响力在亚历山大及地中海南部仍然十分显著。

亚历山大之旅对我们最重要的事情就是我们与歌德学院负责人参观了阿拉曼地区，让我们忆起第二次世界大战期间1942年10月的阿拉曼战役。这个地方位于盖塔拉洼地前的一条连贯的山脉，离亚历山大很近，还留有德国人和意大利人的碉堡遗迹。避免大规模火炮射击的安全位置是不能建立在沙漠中的。一座小博物馆陈列着战斗的回忆，以及联军与盟军所处位置的地图。德国位于中间和前线的左侧，而意大利人在右面，处于沙漠的边缘。蒙哥马利（Montgomery）对防御的中心的攻击，既有优势又做了充分的准备，让德国和意大利在第一次成功突破之后别无选择，只能一直后退，直到最终将他们围困在利比亚的黎波里（Tripolis）。非洲军团与他的意大利盟国的命运让我回忆起波兰和法国的命运，后者是我在战争的第一年和第二年所亲身经历的。

我和妻子也进入了德国遇难者的陵墓，它们是根据普利亚大区的戴尔蒙特堡的模式建立的，后者是最后一个斯陶芬家族皇帝弗里德里希二世（Friedrich II）在1240年的知名创作，这幢建筑可能不是那么适合于表示对遇难者的尊重，但却适合于这个沉闷的沙漠。内部绝对的孤独和无声的寂静包围了我们，让我们震撼。相反，英国人、南非人、澳大利亚人和其他英国盟国军人的公墓却在空地之中。在阿拉曼的意大利战士墓园，我们在纪念碑上看到如下语句，"Mancava la fortuna，non il valore"（缺失的是运气，而非勇气）。

十八　1984 年 10 月举办的第十三届国际
刑法学协会大会

我们在阿拉伯世界和伊斯兰国家的旅行对于 1984 年在开罗举办的国际刑法学协会的刑法大会是一个很好的准备。在我讲完欢迎致辞之后，埃及部长卡马尔·哈桑·阿里（Kamal Hassan Ali）朗读了阿拉伯共和国总统胡斯尼·穆巴拉克的贺词，其中声称自由主义的民主和法治国是社会和政治和平的基础。随后胡斯尼教授发表了题为《伊斯兰和世俗刑法之异同》的演讲。接下来几天的听众众多的圆桌会议对胡斯尼教授的理论进行了讨论，伊斯兰学术精英参与了会议〔包括苏鲁尔教授，开罗大学法学院院长和伊斯兰法律教授优素福·卡西姆（Youssef Kassem），以及阿尔·阿扎尔宗教大学（Al Azhar）法学院的逊尼派教授阿卜杜勒·法塔赫（Abd al-Fattah Elscheikh）〕。会议结论虽然没有如预期那般完全达成一致，但是相互理解的氛围以及主要的基本原则的界限被确定下来，尤其在限制针对伊斯兰教法里面最严重的七种罪行的身体刑和生命刑方面。

大会结束时一致通过由我再次担任未来五年一直到 1989 年的国际刑法学协会主席。遗憾的是，胡斯尼教授和我在大会上除了开幕式之外的其他发言尚未发表，大会上所有其他相关的发言和讨论仍然未公布。对于撰写文章的兴趣和主动性显然没有强大到足以继续推进学术辩论。

十九　维也纳第十四届国际刑法学协会
大会上的告别

第十四届国际刑法大会于 1989 年 10 月在维也纳举行，在我作为协会主席的最后任期内，遇到了让人欢乐的惊喜，即国际刑法学协会成立 100 周年庆祝大会。国际刑法学协会（AIDP）的确是在 1924 年才正式存在的，但是国际刑法学协会作为国际犯罪学协会（IKV）的延续，在 1889 年 1 月 1 日就存在了，只是因为第一次世界大战才销声匿迹。

弗朗茨·冯·李斯特与荷兰人杰拉德·范·哈梅尔（Gérard van Hamel）以及比利时人阿道夫·普林斯（Adolphe Prins）一起创建了国际犯罪学协会，他们与其他思想激进的维也纳法律派代表，如鲁道夫·冯·耶林（Rudolf von Jhering）、威廉·瓦尔贝格（Wilhelm Wahlberg）、阿道夫·默克尔（Adolf Merkel）、格奥尔格·耶利内克（Georg Jellinek）和洛伦茨·冯·施泰因（Lorenz von Stein），主张新派观点，甚至也包括在刑法方面。因此，将国际刑法学协会与国际犯罪学协会合二为一，是一件有历史根据的盛事，在国际刑法学协会第一次维也纳大会上庆祝这件盛事也是有历史根据的。组织此次大会的是于 1974 年在布达佩斯被国际刑法学协会接受为会员国的奥地利分会，当时在维克托·利布舍尔（Victor Liebscher）与奥托·F·米勒（Otto F. Mueller）的领导之下，该会在司法部长布罗达（Broda）和诺瓦科夫斯基（Nowakowski）① 教授的支持下一直处于国际刑事法律改革运动的中心，现在依然在这条道路上目标明确地前进。

在我离开国际刑法学协会之前的最后一次会议上，我被选为名誉主席，会上也确定了我的接任者 M. 谢里夫·巴西奥尼（M. Chrif Bassiouni），他曾在 1979 年至 1989 年我的任期内担任我的秘书长陪同我一起工作。目前任职的会长，圣塞巴斯蒂安（San Sebastian）大学的何塞·德·拉·奎斯塔（Jose de la Cuesta）② 教授在我 90 岁生日的祝词中回忆说，他曾以他在圣塞巴斯蒂安大学的导师安东尼奥·贝里斯坦（Antonio Beristain）教授为榜样，也在弗莱堡的马克斯·普朗克研究所进行了为期两年的博士后研究。

二十　回忆格赖夫斯瓦尔德

我退休后仍然可以在马普学会服务，并且在东西德统一之后再次回

---

① 汉斯－海因里希·耶舍克：《作为刑法教义学家与刑事政策学家的弗里德里希·诺瓦科夫斯基》（Friedrich Nowakowski als Strafrechtsdogmatiker und Kriminalpolitiker），《整体刑法学杂志》第 103 期，1991 年，第 990 页以下。

② 何塞·德·拉·奎斯塔（Dela cuesta, J.）教授：《国际刑法学协会的贺词》（Glückwünsche der ADIP），乌尔里希·西贝尔、汉斯－约尔格·阿尔布雷希特主编：《同一屋檐下的刑法学与犯罪学》，2006 年，第 157 页。

归大学授课。在马克斯·普朗克学会 1990 年 7 月的吕贝克/特拉弗明德（Travenmuende）年度会议上，兰夫特（Ranft）秘书长代表主席问我，是否愿意在重建的格赖夫斯瓦尔德（Greifswald）大学法学院授课。我立刻答应下来①并在 1990 年 11 月与妻子带着书籍去了格赖夫斯瓦尔德，考虑到其法律系早期的声誉，这所在苏维埃占领时被关闭的大学被新政府再次开放。迎接我的筹备工作仍处于刚开始阶段。格赖夫斯瓦尔德地方法院的报告厅是一间大而简陋的房间，是专门留给我上课用的。当我意识到，法学院重新开放的时间太短，很可能没有学生来上课时，我决定给司法机关及相关领域的专业成员（包括刑事法官、检察官、律师、警察、监狱管理人员、社会工作者）举办一个"德国刑法入门"的系列讲座，以方便他们在晚上定期来参加。听众们显然想获得业务方面的信息，也希望获得提升自己职业的机会。大家兴趣浓厚，但现场气氛也很紧张，因在场的受政治压迫的人不得不为自己的前途担心。

若干年后，我在同一所法学院发表演讲，只是地点改在了大学主楼的礼堂，听众席上也坐满了学生。气氛几乎与老联邦州的大学毫无差别。整体上来说我在格赖夫斯瓦尔德大学的法律系和在弗莱堡一样感到亲切自然。

二十一　最后的演讲

意大利的练习课之后，我于 2002 年 9 月在摩德纳大学（Modena）举办了最后的讲座，因为我对意大利精神和文化心存感激，并且有很多学生、朋友聚集在那里，他们准备给我办一个特殊的告别仪式。本次会议的参与者在我的讲座之后作了与之相关的报告，这些报告在我 92 岁生日时发表。路易吉·福法尼（Luigi Foffani）② 教授主编此卷。这些都表明

---

① 汉斯－海因里希·耶舍克：《在格赖夫斯瓦尔德大学做刑法教师》（Als Straftrchtslehrer und Kriminalpolitiker），《明镜周刊－马普学会》，1990 年 5 月，第 22－25 页。

② 路易吉·福法尼（Foffani, L.）：《欧洲与国际的比较刑法：21 世纪的前景》（Diritto penale comparator. europeo e internazionaie：Prospettive per il XXI secolo），《耶舍克 92 岁生日祝寿文集》，2006 年。

了他们与弗莱堡研究所的紧密关系以及感恩之情，我对此以及那些祝贺和亲切的话语感到非常高兴，并心怀感激。

对一个年事已高，但是仍然相信自己还能有所贡献，仍然希望在自己熟悉的工作环境里工作的老人而言，还有什么工作能胜任呢？对我而言，这个问题的答案只有一个，就是用我剩下的力量尽全力完成任务。近来，我为我的主要著作耶舍克/魏根特《刑法总论教科书》赢得了新的作者，其中自然包括科隆的托马斯·魏根特教授，他是我的学生并且在第五版就是合著者，除此之外还有两个年轻的能力出众的同事。

对我来说问题就在于，我生命中还余下多长的光阴。

主要作品目录

一 专著

《普鲁士和帝国（Reich）的法律教育：过去和现在》（Die juristische Ausbildung in Prueβen und im Reich. Vergangenheit und Gegenwart），1939 年。

《国际刑法上国家机关的责任：纽伦堡审判研究》（Die Verantwortlichkeit der Staatsorgane nach Völkerstrafrecht. Eine Studie zu den Nürnberger Prozessen），1952 年。

《比较刑法法的发展、任务和方法》（Entwichlung, Aufgaben und Methoden der Strafrechtsreform），1955 年。

《我们这个时代的人与刑法改革》（Das Menschenbild unserer Zeit und die Strafrechtsreform），1957 年。

《德国的苏联占领区的刑法和刑事法律适用》（Strafrecht und Strafrechtsanwendung in der sowjetisch besetzten Zone Deutschlands），1962 年。

《出版自由和军事国家机密》（Pressefreiheit und militärisches Staatsgeheimnis），1964 年。

《现代刑法中过失的结构和处理》（Aufbau und Behandlung der Fahrlässigkeit im mordernen Strafrecht），1965 年。

《打击犯罪中的国际危机》（Die international Krise in der Verbrechens-Bekämpfung），1980 年。

《服务于社会的刑法：1953 - 1979 年的刑事司法改革、比较刑法和国际刑法选集》（Strafrecht im Dienste der Gemeinschaft. Ausgewählte Beiträge zur Strafrechtsreform，zur Strafrechtsvergleichung und zum Internationalen Strafrecht aus den Jahren 1953 - 1979），1980 年。

二　评注

《莱比锡刑法典评注》（Strafgesetzbuch，Leipziger Kommentar），导论，第 13 条以下诸条前注、第 13 条、第 331 - 335a 条、第 343 - 345 条、第 357 条，第 11 版，1992 年。

三　教科书与案例汇编

《刑法总论教科书》（Lehrbuch des Strafrechts，Allgenmeiner Teil），1969 年第 1 版；1996 第 5 版（与托马斯·魏根特合著）。

《刑法总论教科书案例与解题》（Fälle und Lösungen zum Lehrbuch des Strafrechts，Allgenmeiner Teil），1978 年第 1 版；1996 年第 3 版（与诺贝特·潘特勒合著）。

四　期刊与文集中的论文

《法国军政府法院民事案件的程序》（Das Verfahren in Zivilsachen vor den Gerichten Der französischen Militärregierung），《德国法律杂志》1948 年，第 274 - 278 页。

《法国对德国战俘的战争犯罪诉讼》（Kriegsverbrecherprozesse gegen deutsche Kriegsgefangene in Frankreich），《南德意志法学家报》1949 年，第 107 - 116 页。

《联合国在刑法领域的活动》（Die Tätigkeit der Vereinten Nationen auf dem Gebiet des Strafrechts），《比较法学会比较刑法专家组的报告》，1951 年，第 12 - 22 页。

《刑事诉讼中程序异议的权利丧失》（Die Verwirkung von Verfahrensrügen im Strafprozess），《法学家报》1952 年，第 400 – 403 页。

《法人的刑事责任》（Die strafrechtliche Verantwortlichkeit der Personen-verbände），《整体刑法学杂志》第 65 册期，1953 年，第 210 – 225 页。

《关于诱使订婚者私通的问题》（Zur frage der Kuppelei gegenüber Ver-lobten），《德国法律月刊》1954 年，第 645 – 649 页。

《联邦最高法院官方汇编的 1 – 5 卷刑事判例集中刑法总则部分的判决》（Die Rechtsprechung des Bundesgerichtshofs in Strafsachen. Bd. 1 – 5 der Amtlichen Sammlung-Entscheidungen zum Allgemeinen Teil des StGB），《戈尔特达默刑法档案》1954 年，第 322 – 334 页。

《1955 年 8 月 22 至 9 月 3 日在日内瓦举行的联合国第一届预防犯罪和罪犯惩处大会》（Der erste Kongreβ der Vereinten Nationen über die Verhütunng von Verbrechen und die Behandlung der Straffälligen Vom 22. 8 – 3. 9. 1955 in Genf），《整体刑法学杂志》第 67 期，1955 年，第 659 – 666 页。

《竞合》（Die Konkurrenz），《整体刑法学杂志》第 67 期，1955 年，第 529 – 555 页。

《德国刑法中的教唆犯、帮助犯和共同正犯》（Anstiftung, Gehilfen-schaft und Mittäterschaft im deutschen Strafrecht），《瑞士刑法杂志》1956 年，第 225 – 243 页。

《针对外国的犯罪》（Straftaten gegen das Ausland），《西奥多尔·里特尔祝寿文集》，1957 年，第 275 – 285 页。

《纽伦堡之后国际刑法的发展》（Die Entwicklung des Völkerstrafrechts nach Nürnberg），《瑞士刑法杂志》1957 年，第 217 – 248 页。

《1958 年 8 月 25 – 30 日在斯德哥尔摩召开的第五届社会防卫国际大会》（Der 5. Internationale Kongreβ für Soziale Verteidigung in Stockholm 2. 5 – 30. 8. 1958），《整体刑法学杂志》第 70 期，1958 年，第 693 – 699 页。

《德国经济刑法》（Das deutsche Wirtschaftsstrafrecht），《法学家报》1959 年，第 457 – 462 页。

《刑事科学方法论》（Methoden der Strafrechtswissenschaft），《学习综合》1959 年，第 107 – 119 页。

《刑法行为概念的教义学演进》（Der strafrechtliche Handlungsbegriff in

dogmengeschichtlicher Entwicklung），《埃伯哈德·施密特祝寿文集》，1961年，第 139 – 155 页。

《间接故意在犯罪概念中的结构和功能》（Aufbau und Stellung des bedingten Vorsatzes im Verbrechensbegriff），《埃里克·沃尔夫祝寿文集》，1962 年，第 473 – 488 页。

《从司法角度看非病理性意识错乱与精神异常对归责能力的意义》（Die Bedeutung nicht-krankhafter Bewuβtseinsstörung und seelischer Ausnahmeerscheinungen für die Zurechnungsfähigkeit aus Sicht des Juristen），京特·布劳、米勒·卢克曼、伊丽莎白主编：《法医心理学》（Gerichtliche Psycholoie），1962 年，第 208 – 222 页。

《外国刑事判决在德意志联邦共和国的执行》（Die Vollstreckung ausländischer Straferkenntnisse in der Bundesrepublik Deutschland），《赫尔穆特·冯·韦伯祝寿文集》，1963 年，第 325 – 342 页。

《警察的责任和服从》（Verantwortung und Gehorsam im Bereich der Polizei），《联邦巴登 – 符腾堡州警察公报》（Das Polizeiblatt für das Land Baden-Württemberg）1964 年，第 97 – 102 页。

《刑法判决的国际影响力》（Die internationalen Wirkungen der Strafurteile），《整体刑法学杂志》第 76 期，1964 年，第 172 – 176 页。

《国际刑法起草工作的现状及未来》（Gegenwärtiger Stand und Zukunftsaussichten der Entwurfsarbeiten auf dem Gebiet des Völkerstrafrechts），《马克斯·格林胡特（1893 – 1964）纪念文集》，1965 年，第 47 – 60 页。

《外国刑法中对男性同性恋的处理浅析》（Die Behandlung der männlichen Homosexualität im ausländischen Strafrecht），《学习综合》1966年，第 332 – 346 页。

《政治刑法的改革》（Zur Reform des politischen Strafrechts），《法学家报》1967 年，第 6 – 13 页。

《新的政治刑法中对非法国家机密的处理》（Die Behandlung des sog. Illegalen Staatsgeheimnisses im neueren politischen Strafrecht），《卡尔·恩吉施祝寿文集》，1968 年，第 584 – 599 页。

《古斯塔夫·拉德布鲁赫（Gustav Radbruch）对比较刑法学的贡献》

（Gustav Radbruchs Beitrag zur Strafrechtsvergleichung），《古斯塔夫·拉德布鲁赫纪念文集》，1968 年，第 356 – 365 页。

《德国引渡法改革的思考》（Gedanken zur Reform des deutschen Auslieferungsgesetzes），《让·格雷文纪念文集》（Etudes en l'honneur de Jean Graven），1969 年，第 75 – 89 页。

《防止联邦国防军瓦解的刑法保护》（Der strafrechtliche Schutz der Bundeswehr gegen Zersetzung），《新军事法杂志》，1969 年，第 121 – 133 页。

《国际刑事司法协助的新形式》（Neue Formen der internationalen Rechtshilfe in Strafsachen），《里夏德·M. 霍尼希祝寿文集》，1970 年，第 69 – 78 页。

《国际刑法的内容与发展》（Gegenstand und neueste Entwicklung des internationalen Strafrechts），《赖因哈德·毛拉赫祝寿文集》，1972 年，第 579 – 594 页。

《第十一届国际刑法大会第三主题的评论，1974 年 9 月 9 – 15 日在布达佩斯举行："对犯罪行为受害者的补偿"》（Kommentar zum Thema III des XI. Internationalen Strafrechtskongresses，9. – 15. September 1974 in Budapest："Die Entschädigung des durch eine Straftat Verletzten"），《整体刑法学杂志》第 84 期，1972 年，第 855 – 860 页。

《德国刑法改革法的刑事政策与 1971 年奥地利政府的条例草案的比较》（Die Kriminalpolitik der deutschen Strafrechtsreformgesetze im Vergleich mit der österreichischen Regierungsvorlage 1971），《威廉·加拉斯祝寿文集》，1973 年，第 27 – 47 页。

《犯罪终了的性质和法律意义》（Wesen und rechtliche Bedeutung der Beendigung der Straftat），《汉斯·韦尔策尔祝寿文集》，1974 年，第 683 – 699 页。

《欧洲刑法的发展》（European criminal law in development），《罗伯特·里祝寿文集》，1975 年，第 25 – 33 页。

《比较法的角度来看刑事辩护律师的禁入》（Die Ausschlieβung der Rechtsvergleichung für die Strafrechtsreform），《爱德华·德雷埃尔祝寿文

集》，1977 年，第 783 - 799 页。

《比较法研究对于刑法改革的意义》（Die Bedeutung der Rechtsvergleichung für die Strafrechtsreform），《保罗·博克尔曼祝寿文集》，1978 年，第 133 - 154 页。

《刑事政策的危机》（Die Krise der Kriminalpolitik），《整体刑法学杂志》第 91 期，1979 年，第 1037 - 1064 页。

《德意志联邦共和国反恐怖主义的刑法和刑事诉讼立法》（Die Strafrechtliche und Strafprozeβrechtliche Gesetzgebung der Bundesrepublik Deutschland gegen den Terrorismus），《广岛法学》第 2 卷第 4 期，1979 年，第 53 - 61 页。

《国际犯罪学协会与国际刑法学协会对现代刑事政策的国际发展的影响》（Der Einfluβ der IKV und der AIDP auf die international Entwicklung der modernen Kriminalpolitik），《整体刑法学杂志》第 92 期，1980 年，第 997 - 1020 页。

《整体刑法学杂志中的教义学和刑事政策的基本问题》（Grundfragen der Dogmatik und Kriminalpolitik im Spiegel der Zeitschrift für die gesamte Strafrechtswissenschaft），《整体刑法学杂志》第 93 期，1981 年，第 3 - 7 页。

《现代刑事政策中的弗朗茨·冯·李斯特的监禁刑》（Die Freiheitsstrafe bei Franz von Liszt im Lichte der Modernen Kriminalpolitik），《乌尔里希·克卢格祝寿文集》，1983 年，第 15 - 36 页。

《自由刑之替代》（Alternativen zur Freiheitsstrafe），《当代刑事司法中存在的问题：团藤重光教授祝贺文集》，1983 年，第 83 - 96 页。

《德国法律在量刑中对行为人个性的考虑》（Die Berücksichtigung der Täterpersönlichkeit bei der Strafzumessung nach deutschem Recht），汉斯 - 海因里希·耶舍克等主编：《第二届德、苏刑法学与犯罪学论坛》，1984 年，第 127 - 146 页。

《弗莱堡马克斯·普朗克外国刑法和国际刑法研究所与东亚地区的关系》（Die Beziehung des Freiburger Max-Planck-Instituts für ausländisches und internationals Strafrecht zu Ostasien），《郑钟勖纪念文集》，1985 年，

第 69 - 77 页。

《伊斯兰和西方刑法之异同》（Islamisches und westliches Strafrecht. Gemeinsames und Gegensätze），《迪特里希·厄勒尔祝寿文集》，1985 年，第 543 - 557 页。

《比较法的角度看瑞士刑法总则部分初步修订的刑罚体系》（Das Strafensystem des Vorentwurfs zur Revision des Allgemeinen Teil des schweizerischen Strafgesetzbuches in rechtsvergleichender Sicht），《卡尔·拉克纳祝寿文集》，1987 年，第 901 - 924 页。

《新刑法草案中不纯正不作为犯的处罚》（Die Behandlung der unechten Unterlassungsdelikte in neueren Strafgesetzentwürfen），《赫伯特·特伦德勒祝寿文集》，1989 年，第 795 - 815 页。

《比较法的角度看 1990 年波兰刑法典草案总论部分》（Der Allgemeine Teil des Entwurfs eines polnischen Strafgesetzbuchs von 1990 in rechtsvergleichender Sicht），《京特·施彭德尔祝寿文集》，1992 年，第 849 - 869 页。

《比较法的角度看意大利新刑事诉讼法的基本理念》（Grundsätze der Kriminalpolitik in rechtsvergleichender Sicht），《阿图尔·考夫曼祝寿文集》，1993 年，第 659 - 679 页。

《比较法的角度看刑事政策之基本原则》（Grundsätze der Kriminalpolitik in rechtsvergleichender Sicht），《宫泽浩一祝寿文集》，1995 年，第 363 - 382 页。

《联合国为设立国际刑事法院的工作情况》（Zum Stand der Arbeiten der Vereinten Nationen für die Errichtung eines Internationalen Strafgerichtshofs），《西原春夫祝寿文集》，1998 年，第 435 - 449 页。

《纪念恩斯特·海因茨》（Ernst Heinitz zum Gedächtnis），《整体刑法学杂志》第 111 期，1999 年，第 579 - 596 页。

《国际刑事法院》（Der Internationale Strafgerichtshof），《法律史杂志》，2000 年第 19 期，第 598 - 603 页。

《德国、西班牙刑法以及欧洲、国际刑法的新发展》（Neue Entwicklungen im Strafrecht Deutschlands und Spaniens sowie im Europäischen und internationalen Strafrecht），《德国－西班牙法学交流杂志》（Zeitschrift für den deutsch-spanischen Rechtsverkehr），2002 年，第 71－76 页。

《根据联合国安理会于 2002 年 7 月 12 日的决议设置的国际刑事法庭》（Der Internationale Strafgerichtshof nach der Resolution des Sicherheitsrats der VereintenNationen vom 12. Juli 2002），《克里斯蒂安·弗雷德里克·吕特尔祝寿文集》，2003 年，第 118－130 页。

《国内刑法、欧洲刑法和国际刑法的新发展》（Neuere Entwicklungen im nationalen Europäischen und internationalen Strafrecht），《阿尔宾·埃泽尔祝寿文集》，2005 年，第 991－1003 页。

京特·凯泽（**Günther Kaiser**）

京特·凯泽 （Günther Kaiser）*

梁奉壮 译

一

1928 年，我出生于一个"简朴的家庭"。母亲早年丧偶，含辛茹苦地把我们三个兄弟姐妹抚养成人。家里生活简朴，我母亲的抚恤金又那么微薄，因此她必须一直工作和勤俭持家。尽管如此，我却度过了无忧无虑和幸福的童年时光。我在瓦尔肯里德（Walkenried）这个农业气息浓郁的村庄长大，它位于哈茨（Harz）山南部山麓，在诺德豪森（Nordhausen）西北约 20 公里，处于高地德语和低地德语的分界区附近。那时这个居住区大约有 1600 人信奉新教路德宗，只有一个家庭是天主教徒。我们当中没有犹太教的居民，他们仅在邻近的小城镇。在农村生活中，国营农场、森林管理局、地方法院和法庭监狱自古就备受瞩目，一直到 20 世纪五六十年代进行行政改革，它们才褪去了昔日的光环。此外，这个居住区洋溢着工人和小市民气息。居民们有时在肥皂厂和石膏厂工作，有时在邻近的哈茨南部冶炼厂工作。

西妥教团僧侣修道院建于 12 世纪，在 1525 年农民战争时大部分被损毁，但它的历史、遗迹和十字形回廊仍然影响着这方水土和人，当然也包括我。在中世纪时，修道院里的僧侣和附属农民彻底排干了哈茨山

---

* 作者去世（2007 年 9 月 3 日）之后，这篇未完的文本由海因茨·舍赫（Heinz Schöch）教授（慕尼黑）和安娜－贝蒂娜·凯泽（Anna-Bettina Kaiser）博士（弗莱堡）补充完成。

和屈夫霍伊泽山（Kyffhäuser）之间的沼泽地区的水，由此形成了所谓的"金奥厄"（Goldene Aue）。在所谓的东殖民化过程中，修道院一直具有重要的地位，直至毁损。其间它的影响甚大，以至于院长根据马克西米利安皇帝时期的帝国军队规制组建了一些骑兵和步兵，不过我1954年在哥廷根学习法律时才知道这一点。修道院及其兴衰激发了我的童年幻想，让我深信着路德教。学校教育特别是乡土课程增强了这些想象。我在学校里就学到了不伦瑞克公国、普鲁士王国和汉诺威王国的旧边界线，由学校组织的去这些边界线的漫游也刺激了我儿时的幻想。这些界线在此相汇，十年之后成了地区分界线，确切而言成了和德意志民主共和国之间的界线，因此它们又出人意料地具有了时代意义。如今，联邦下萨克森州、萨克森－安哈特州和图林根州在此接壤。

第三帝国时期，几乎无处不在的纳粹主义当然影响了这里的乡村生活和学校教育。学校教育增加的内容是，十岁以上的学生要在"少年队"服役。由于纳粹对基督教和教会的攻击，乡镇和家庭里发生了早期的冲突。我母亲虽然不是政权反对者，不过作为福音妇女帮助会的成员，她反对这股洪流，特别是反对纳粹的反教会政策。由此村庄和家庭里多次出现争论。我母亲非常虔诚，但绝不迷信，她从30年代开始其实只有《圣经》这本书作伴。她从中汲取了勇气和力量，特别是在战争和战后的岁月中，在此之前也是如此。她的观点和态度体现在家庭内部的争论和对迫害犹太人的指责当中，特别是关于"水晶之夜"事件。然而后来出现了一种间接的连累，即经常在犹太人的商店购物的熟人和远房亲戚，由于缺钱而无法每次都付账，因此必须"赊账"，当后来被破坏的犹太商店遭受相应的批判时，他们也受到了歧视。另外，生孩子、洗礼、坚信礼、结婚、葬礼、射击比赛和集市等村庄生活都移到了邻村。纳粹令人印象深刻的活动在后来才出现，例如在5月1日或者所谓的阵亡将士纪念日的游行，还有"少年队"里的日常义务。

虽然我母亲只领取微少的遗属抚恤金，当国营农场工人或者园圃杂工也只得到少量的计时工资（我记得是每小时36芬尼），但是她有一个坚定的愿望，就是我应该像村里的榜样那样，参加后来改称师范学校的教师培训中心，以便当小学老师。她早先就让我们的熟人和我知道了这个想法，所以我要去邻近小城镇的市立中学上学。当时的学费是每月十帝国马克，一位小学老师在我上学之前就提醒我，他担心我以后可能因为母亲无力资助而辍学，也就是无法"中学毕业"，这比正常毕业的处境更加糟糕。尽管有这种顾虑，母亲仍坚持她的计划，后来由于当时正处于战争年代，国家也认可市立中学，缴费义务随之被取消，所以我在1945年3月得到了中学毕业证书。

此外，根据一般的服役内容，我每周三和周六参加"少年队"的活动。如果没有紧迫的收割任务，我们就做运动、游戏，也举办所谓的午后聚会。不过1944年7月20日这一天给我留下了深刻印象，当时我在哈茨山哈瑟尔费尔德（Hasselfelde）的宿营地中，当刺杀希特勒事件被公布之后，所有参加宿营的人都必须加入行军队伍，穿越附近的地方，以示对"元首"的忠诚。1944年秋季，我参加了萨尔茨吉特（Salzgit-ter）的雷奔施代特（Lebenstedt）军事训练营课程；1945年3月，我在苏尔（Suhl）的帝国射击学校学习。由于我1945年3月不在本地，因此我既不用应征加入奎德林堡（Quedlinburg）的装甲掷弹兵部队，也无须按照计划参与驻守位于哈茨山里面、布罗肯山（Brocken）附近的托夫豪斯（Torfhaus）要塞。1945年复活节，面对不断开进的美国部队，我们在图林根森林地区的雷恩施泰克（Rennsteig）的苏尔部队节节败退，经过伊尔梅瑙（Ilmenau）逐渐撤向萨克森，直到在那里遭遇一次空袭而解散。我乘坐火车和德军卡车，最后步行途经萨克森州的里萨（Riesa）、诺德豪森和已经撤空的多拉集中营，终于重返家乡。我在第二天就加入人民突击队，进入了哈茨山南部的山谷阵地。这导致了和当地居民之间急剧紧张的关系，因为我们的有意抵抗招致了美国人的炮击，而当地居民在炮击之后担心他们的财产。随着人民突击队在1945年4月中旬的解散，特别是因为突击队成员晚上越过分界线逃到美国人那里，我所属的小队随即也最终解散了。与以前的投敌者不同，他们并没有被运送到莱茵河畔的安德纳赫（Andernach）战俘营，而是在简短的盘问之后就被释放了。美国人的这种不平等待遇严重扰乱了村庄的宁静。

二

德意志帝国于 1945 年 5 月瓦解之后，我开始寻找工作机会。正如想象的那样，一开始这十分艰难，特别是在农村和边界地区。农业培训课程一直都不怎么具有吸引力，而再三斟酌的林业培训又把我拒之门外。鉴于国家千疮百孔的状况，我咨询了上一位班主任，并采纳他的意见，转向了建筑手艺。我从村里的先例和闲谈中得知，上建筑技校或者国家建筑专科学校就有机会成为土木工程师。中学毕业和实践经验就足够作为录取条件了。考虑到当时的形势和我的能力，这种途径是诱人而且可行的，但是我首先要完成见习，还要完成泥瓦工学徒期，才能去上建筑技校。

我母亲为了我着想，更喜欢商业的培训，这样我就能免受手工之累和风吹日晒之苦。与她的愿望相悖，我在 1945 年 7 月 1 日开始了长达三年的泥瓦工学徒期。学徒期在 1948 年结束，其间中断了八个月，因为根据英国外勤安全局的命令，我从 1945 年 11 月到 1946 年 7 月被拘留，最后被关在法林波斯特尔（Fallingbostel）拘留营中。这次拘留主要是由于我狂热、自负和幼稚的求爱行为，此外还可能因为他们模糊和无根据地怀疑我是地下纳粹党员（Werwolf-Zugehörigkeit）。不过，那些拘留的日子让我有得有失。一方面，它使我脱离了家庭和培训；另一方面，我在此期间利用德语、数学和外语等相当齐全的课程和教学条件，并参加一些音乐活动，补充了长期以来所欠缺的知识。这些满足了我的求学欲望，让我很充实。遗憾的是，当我后来返回故乡时，同龄人又开始了正常的高中学习，而我在学徒期必须去铲砂石和干类似的杂活（在冬天切割芦苇以便制造抹灰底层，工资是每小时 18 芬尼），这也使我对实际工作充满了强烈的不满情绪。由于没有足够的钱来继续进行本来可能的学习，我不得不努力专注于职业培训。

此时，职业学校重新招生，我有了机会。我也感谢我的职校老师的支持，他提示我选择不伦瑞克学院。这个学院是西德第一批作为第二教育途径的机构，在 1949 年秋季开始招生，而且会为学生提供上大学的资格。1949 年 10 月，我成功地上完了一门选修课，接着就被这个由下萨克森州创建和资助的教育机构录取了。我在此后的一次谈话中得知，心理学家和后来的教授伊丽莎白·米勒－卢克曼（Elisabeth Müller-Luckmann）对于我的录取提供了有利意见和支持，因此我也要感谢她。1949 年 9 月的短期住院让我做了准备，其间我熟悉了阿尔贝特·施魏策尔（Albert Schweitzer）关于文化和伦理学的最新论文。虽然根据在此期间同时提出的申请，我也被威悉河畔尼恩堡国家建筑专科学校的土木工程专业录取，并且那里还为我提前租好了住宿的地方，但是在被不伦瑞克学院录取之后我放弃了土木工程专业，以便首先完善我的基础教育。基础教育的空白仍然让我感到痛心，所以不伦瑞克学院的录取结果令我十分动心。

在那里的求学时光至今历历在目，并深深地影响了我。在准备高考所必修的半学年论文课中，我研究的是现代戏剧中的社会批判，放弃了起初有意的对文学中秋天的诗的解析。在选择社会批判这个主题时，我想起了不伦瑞克学院附近的不伦瑞克国家剧院试演小舞台上的节目，因为我能够在那里获得丰富的灵感，也发现了最新的剧本，而当时这些剧本在书店中还买不到。此外，我集中研究了维尔纳·贝根格伦（Werner Bergengruen）的长篇小说《大暴君和审判》，在这部第三帝国时期内心流亡派的作品当中，关于法律和暴力关系的探讨吸引了我。接下来的研究最终给予了我契机，让我对起初陌生的法学专业产生了兴趣，并且放弃了起先考虑的对日耳曼学和历史的研究。

为了进一步清楚地了解我的能力和学习兴趣，我从 1951 年秋季到 1952 年春季利用为不伦瑞克的一些预科生和我提供的机会，在图宾根大学莱布尼茨学院专心学习基础课程。特别是在我的导师、后来的图宾根大学教育学教席教授安德烈亚斯·弗利特纳（Andreas Flitner）博士的指导之下，我研究了让－雅克·卢梭（Jean-Jacques Rousseau）的《社会契约论》和卡尔·马克思（Karl Marx）的早期著作。我也要感谢弗利特纳，他指点我阅读古斯塔夫·拉德布鲁赫（Gustav Radbruch）1950 年的新版《法哲学》。另外，我和阿诺尔德·格伦（Arnold Gehlen）、爱德华·施普兰格尔（Eduard Spranger）、威廉·魏舍德尔（Wilhelm Weischedel）、特奥多尔·埃申堡（Theodor Eschenburg）、汉斯·罗特费尔斯（Hans Rothfels）、威廉·加拉斯（Wilhelm Gallas）与爱德华·克恩（Eduard Kern）的会面，以及恩斯特·克雷奇默（Ernst Kretschmer）的授课也让我记忆犹新。

三

学完基础课程之后，我决定 1952 年夏季学期在图宾根大学注册并学习法律。1954 年，我又在哥廷根大学学习了两个学期的法律，以便 1955 年重返图宾根大学，并在 1956 年 6 月通过第一次国家司法考试而毕业。在此期间，也就是 1955 年，我在斯图加特结了婚。我和妻子相识时，她是图宾根大学的学生。至于我的学业，图宾根大学的爱德华·克恩、卡罗·施密德（Carlo Schmid）、汉斯·施奈德（Hans Schneider）、汉斯·德勒（Hans Dölle）、康拉德·茨威格特（Konrad Zweigert）、瓦尔特·舍恩费尔特（Walter Schönfeldt）和京特·迪里希（Günter Dürig）以及哥廷根大学的保罗·博克尔曼（Paul Bockelmann）、沃尔夫冈·西伯特（Wolfgang Siebert）、鲁道夫·斯门德（Rudolf Smend）、格哈德·莱布霍尔茨（Gerhard Leibholz）和维尔纳·韦伯（Werner Weber）的课程对我影响很大。此外我要特别感谢克恩，他让我时刻注意思维过程的构造、简化和清晰性。

作为工读生，我在最后一个假期不再像从前那样在家乡的工地上干活，而是在斯图加特德国工会联盟的法律咨询处工作，由此对劳动法和社会法形成了特别的兴趣。所以我试图就该领域的某个主题攻读博士学位，首先浮现于脑海的是关于公务员地位和空缺公职之间关系的社会法和劳动法的比较。我也考虑过研究当时短期劳动关系中颇有争议的解雇保护问题，以作为替代性选择。但是由于种种原因，哥廷根大学的西伯特和图宾根大学的埃里希·费希纳（Erich Fechner）都没能收我为博士研究生并加以指导。

1956 年 6 月，在一次研讨会结束之后，爱德华·克恩和埃伯哈德·施米德霍伊泽（Eberhard Schmidhäuser）组织了去南黑森林地区绍因斯兰山的学术旅行。我赴邀进行一次有关读博机会的谈话，基于此克恩收我做博士研究生。另外，在克恩的指导下，我在1952年夏季学期就写了第一篇关于单一自由刑的作业，而且在1956年夏季学期最后的研讨会中以《自由刑的竞合问题》为题作了报告。

此时我被分配到斯图加特的青少年法院进行见习，我告诉克恩我对青少年保护法感兴趣。随即我就收到了一封来自他从度假地埃尔万根寄来的信，他在信中建议我研究当时不良青少年的最新问题。我很乐意采纳这个建议。不过学术途径却不顺利，因为法学研讨会和图宾根大学图书馆中有关国际青少年犯罪学的文献都不可用，而且它们显然也缺乏当前犯罪学的重心。位于斯图加特的符腾堡州图书馆藏有美国杂志《犯罪学、刑法和刑事司法杂志》的赠刊，它总算给我提供了途径，让我得以了解美国当前的讨论。柏林的美国纪念图书馆中明显古旧的资料给予了我其他的文献知识，我在柏林实地考察期间查阅了它们。我多年来通过这种方式研究这个主题，包括观察斯图加特的青少年暴动，从中不仅形成了博士论文，还激发了我对犯罪学的浓厚兴趣。此外，我跟导师长期保持了友好的联系。我们曾多次在施瓦本山漫游，后来在弗莱堡马普刑法研究所任职时也是如此。克恩早先就已经让我注意这个远期的机会。上文提到的学术旅行也让我见到了克恩的另一个学生汉斯-海因里希·耶舍克（Hans-Heinrich Jescheck），我当时在绍因斯兰山的弗莱堡大学学生会房间前面认识了他。

我在见习期间，也有几个学期在京特·迪里希和奥托·巴霍夫（Otto Bachof）那里做公法方面的阅卷助手，此外在斯图加特检察院承担了一项研究任务（独立负责一篇报告）。在通过第二次国家司法考试之后，我尝试了行政和经济方面的不同工作机会，并在1960年8月8日进了巴登-符腾堡州高等司法机构。我在这里先后参与了格平根（Göppingen）、乌尔姆（Ulm）和路德维希堡（Ludwigsburg）初级法院民事和刑事案件的审判工作。然后我被分派到斯图加特检察院的重罪部门，此外还调查纳粹突击部队在苏联的暴力犯罪以及在符腾堡和阿尔萨斯集中营中的有关暴力犯罪。我在这里进行必要的调查，并且准备一些控诉和法庭预审。后来由于在图宾根大学犯罪学研究所得到了新工作，所以我在1963年5

月 1 日向司法机关告了假。

不同形式和内容的调查工作导致我非常疲累，所以我特别感谢克恩的倡议和不断的鼓励，使我能够在司法机构工作三年之后申请长达七年的假期，以便在图宾根大学犯罪学研究所的汉斯·格平格尔（Hans Göppinger）那里进行学术研究工作。当时托马斯·维滕贝格尔（Thomas Würtenberger）也给我提供了弗莱堡大学犯罪学和刑事执行学研究所的助教职位。我之前已经在由维滕贝格尔 1960 年筹办的弗莱堡国际犯罪学和刑事执行会议——在克恩的催促及其在司法部的斡旋之下，我参加了这个会议——和 1961 年在弗莱堡附近的布痕巴赫（Buchenbach）所举办的司法机构的犯罪学进修会议上认识了他。可是在维滕贝格尔询问我之前，我已经答应去图宾根大学，尤其是因为格平格尔所考虑的犯罪学研究的跨学科理念让我觉得好奇，深深地吸引了我。

虽然我 1959 年就在图宾根大学法学院的同意下出版了博士学位论文《不安分的青少年》，但直到 1962 年才通过博士学位口试并获得学位，因为我起初只拥有"初级"而非"高级"拉丁文证书，而根据当时授予博士学位的规定，高级拉丁文证书是必要的授予条件。克恩以前就提醒过我，在慕尼黑的"慈善姊妹会"那里获得高级拉丁文证书，当时它是缺乏高级拉丁文证书的图宾根博士研究生向往的"圣地"。我仅有的机会就是在一所高中补参加拉丁文的考试。因此，我除了在司法机构工作以外，还让一位退休的拉丁语老师帮助我提高语言。1961 年，我通过了斯图加特的埃伯哈德－路德维希高中的拉丁语笔试和口试，获得了高级拉丁文证书。根据图宾根大学授予博士学位的规定，我还要写一篇关于德国法或者罗马法的注释文章，于是我在 1962 年初休了几周假，以便在图宾根大学法学院的专业图书馆里撰写关于《民法大全》中租赁法地位的注释摘要。在考试当天，也就是 1962 年 2 月 17 日，我才知道这篇文章被通过，并因此满足了授予博士学位的条件。我以"优异"的成绩获得了学位。对我的博士论文的第一个专家意见出自克恩，第二个专家意见出自安德烈亚斯·弗利特纳。克恩因病不能如期参加我的博士学位口试，因此阿明·考夫曼（Armin Kaufmann）对我的博士论文进行了专业审查。

四

　　我在图宾根大学犯罪学研究所七年的任职期间，首先致力于组织方面的工作，特别是参与建立研究所的图书馆，此外就是筹备教材、研讨课和学生的学术考察，也逐渐起草一些确定会发表的文本。另外，我在那些年的离愁别绪中初步构思了一个更宏大的研究，这个研究和埃德蒙·梅茨格尔（Edmund Mezger）1934 年的著作类似，不过现在时过境迁，它的内容变成了刑事政策的犯罪学基础，而且可能作为教授资格论文。我把这个想法告诉了克恩，并给他展示了计划概要，他也鼓励我将之付诸写作。然而辛勤的努力只孕育出了一篇长论文《论刑法改革中的刑事政策构想》，1966 年它在《整体刑法学杂志》（ZStW）上得以发表。

　　1962 年，希尔德·考夫曼（Hilde Kaufmann）在《法学家报》（Juristenzeitung）（第 193 页以下）上发表了一篇论文，她在其中深入分析了里夏德·朗格（Richard Lange）的著作。1963 年，在萨尔布吕肯举办的刑法学者会议讨论了犯罪学和刑法的关系。这二者给我提供了在这一争论中摆明立场的契机。于是我在 1964 年发表了相关论文《现代犯罪学及其批判者》。我对朗格批判犯罪学的论文所展开的分析只是暂时影响了我们的交往，并没有长期破坏我们之间关系。

　　在格平格尔没有允诺给予我教授资格机会的情况下，我来到了图宾根大学的犯罪学研究所。但是要想在格平格尔的门下取得教授资格并接受学术指导，就必须具有接触精神病人的个人经验，这导致我的发展机会长期受阻。真的应该感谢克恩的介入，格平格尔才放弃了对我在精神病学方面的见习要求，迟疑之后同意我写作构想中的教授资格论文。这篇论文研究当时交通犯罪中的现实问题。1966 年的犯罪学研讨会为此提供了丰富的材料和充足的动力，尤其是与会者汉斯－于尔根·克纳（Hans-Jürgen Kerner）和海因茨·舍赫（Heinz Schöch）的论文，至今我和他们仍保持着学术联系。在 1967 年的科隆犯罪学家会议中，挪威人约翰内斯·安德纳斯（Johannes Andenaes）的报告多次使我关注一般预防，我试图把它和对交通犯罪的分析结合起来。与舍赫的交谈以及我们在 1967 年共同参加的戈斯拉尔（Goslar）交通法院会议都涉及量刑，这些拓宽了我的视野。

另外在学术上，我也关注了图宾根青少年罪犯研究的计划和基础、对图宾根附近的罗滕堡监狱中青少年罪犯进行心理治疗的相应特别活动以及由格平格尔计划的犯罪学教科书。我在《格平格尔纪念文集》（2002 年）中试图记述它们当时各自的进展情况。此外，1965 年吉森犯罪学家会议上的一篇报告促使我再次关注青少年犯罪及其分析。格平格尔对医事法的兴趣也激励我研究关于人工授精、移植和脑死亡的新问题，并发表了一些相关论文（1966 年以后）。从这种研究中也涌现出了优生学的问题，并在 1969 年《新法学周刊》（NJW）上发表了一篇论文。人们对此类问题先是犹豫不决，后来逐渐给予更多的关注，在研究时主要采取对过去加以批判的方式。以图宾根治疗研究的理论为基础，几乎同时公布的刑法典选择草案（1966 年）将我的兴趣引向了逐渐进行的刑事执行改革。我对此进行了更集中的思考，也通过一些文章批判性地回应改革计划。值克恩八十寿辰之际，我研究了犯罪学和刑法的共性与区别：1967 年这个研究发表在《戈尔特达默刑法档案》（Goltdammer's Archiv für Strafrecht）中。最后，我在 60 年代末期研究由格平格尔发起的德意志研究协会（DFG）的重点内容，也就是"实证犯罪学"，并且致力于在图宾根大学创建德意志研究协会的特别研究领域，即"犯罪学"。

我在 1969 年 1 月 29 日取得教授资格之后，就准备 1969 年夏季学期的授课和排印我的教授资格论文《交通犯罪和一般预防》（1970 年出版）。然而由于学生们的抗议活动，1969 年夏季学期的授课陷入了扩散的骚乱之中。图宾根和明斯特都发生了骚乱，1969 年夏季学期时，我已经在明斯特承担了一门课程。学潮和大伤元气的学校改组让我经历了一些挫折，因此我在 1970 年毅然郑重地拒绝了波恩大学和明斯特大学犯罪学教席的聘请，接受了马克斯·普朗克学会的聘请，从而作为弗莱堡外国刑法和国际刑法研究所的学术成员从事犯罪学领域的研究。虽然 1969 年就已经出现了这样的机会，但是它现在对我尤其具有吸引力，主要是因为我可以长期专注于犯罪学研究。

五

在马克斯·普朗克学会会长聘请我之后，我从 1970 年 7 月 1 日起在弗莱堡的马普所工作，以便在结合刑法学的情况下组建犯罪学的研究团队。[①]

正如弗莱堡犯罪学研究团队的产生历史所示，它的创建绝非一帆风顺。"同一个屋檐下的犯罪学和刑法学"这一构想的批评者和质疑者既包括社会科学家和实务者，也有犯罪学家。虽然作为弗莱堡马普所研究分支的犯罪学所遭受的限制和异议没有销声匿迹，但是它们以后再也掀不起波澜了。如今我们可以欣慰地回顾弗莱堡马克斯·普朗克研究所三十多年的犯罪学研究工作，这最终要感谢耶舍克的倡议。1969 年 2 月底，他在研究所管理委员会的年会上就意识到，要争取成员支持他的计划，并且将犯罪学学科纳入马克斯·普朗克外国刑法和国际刑法研究所当中。[②] 至于理由，耶舍克指出，除了支持犯罪学并且为了其自身发展之外，也需要照顾作为刑法学的补充的犯罪学。

对于那些反对将犯罪学从大学领域迁移出来并纳入马克斯·普朗克研究所的人，耶舍克反驳道，由于大学里可以预见的诸多问题，犯罪学在那里能否得到慷慨、有效和持久的支持本来就值得怀疑，这真是一语成谶。马普所在吸纳犯罪学的研究工作之前就已经制定出了目标和标准，

---

① 参见就职演讲：《当今犯罪学研究的问题、任务和策略》（Probleme，Aufgeben und Strategie kriminologischer Forschung heute），《整体刑法学杂志》，1971 年第 83 卷，第 881 页及以下几页。

② 对此的证据参见凯泽：《与整体刑法学结合的犯罪学：以弗莱堡马克斯·普朗克研究所的犯罪学研究为例》（Kriminologie im Verbund gesamter Strafrechtswissenschaft am Beispiel kriminologischer Forschung am Max-Plank-Institut in Freiburg），特奥·福格勒（Theo Vogler）主编《汉斯－海因里希·耶舍克七十寿辰祝寿文集》，1985 年，第 2 分卷，第 1035（1037）页。

如今它们仍然实质性地决定着实证研究计划。① 首要而且特别的目标就是研究各种形式的犯罪及其控制措施。六十年代后期在世界范围内出现了知识转型，利用刑法进行社会控制的机制和过程也获得了关注，因此才确定了这个目标。② 实施这个计划有赖于跨学科的方法，前提就是学者们在各自的研究课题范围内进行集体合作。至于研究大纲的具体化，在框架条件下有四个要点，即国际的、国家的和制度的层面以及节约研究成本的可能性。

起初犯罪学研究关注刑事司法的整个体系。因此在前十二年，也就是和耶舍克共同领导的时期，研究工作主要划分为五个更大的领域，即企业司法、国家和警察、财产刑和刑事执行、经济犯罪、犯罪黑数调查和被害人调查。与此相对，其范围在最初几年中仅仅被模糊地认识到的那些课题在之后几十年占据了优先地位。除了富有深远意义地将犯罪被害人纳入犯罪学的研究领域之外，当下转处、调解、犯罪预防、社会关系紧密领域的暴力和历史犯罪学等问题也是犯罪学研究的首要重点。后来阿尔宾·埃泽尔（Albin Eser）加入了研究所并担任刑法研究团队的负责人和领导者，其独特的研究课题包括妊娠终止、环境刑法和犯罪被害人，这使马普所的犯罪学研究如虎添翼。

众多同事和新生力量以其犯罪学的研究为根据取得了相应的资格。其中约瑟夫·屈青格尔（Josef Kürzinger）（1978 年）、克劳斯·泽萨尔（Klaus Sessar）（1981 年）、赫尔穆特·库里（Helmut Kury）（1986 年）、弗里德·丁克尔（Frieder Dünkel）（1989 年）、汉斯－约尔格·阿尔布雷希特（Hans-Jörg Albrecht）（1994 年）和汉斯·霍赫（Hans Hoch）

---

① 对此参见凯泽《弗莱堡马克斯·普朗克研究所的犯罪学：发展、回顾和展望》（Kriminologie am Freiburger Max-Plank-Institut. Entwicklung, Bilanz und Ausblick），海茵茨·米勒－迪茨（Heinz Müller-Dietz）主编《德国西南地区和瑞士犯罪学研讨会的三十年历程》，1994 年，17 ff. (21) m. N. ；另见汉斯－约尔格·阿尔布雷希特（Hans-Jörg Albrecht）《犯罪学研究：期待未来》（Kriminologische Forschung: Erwartungen an die Zukunft），阿尔宾·埃泽尔（Albin Eser）主编《过渡阶段的犯罪学研究》，1997 年，第 49 页以下。

② 为此参见凯泽《刑法的社会控制的策略和程序：合理性、事实和替代方案》（Strategien und Prozesse strafrechtlicher Sozialkontrolle. Legitimation, Wirklichkeit und Alternativen），1972 年。

（1994 年）等人的教授资格论文比较出色，此外还有大约 70 篇博士学位论文，它们主要按照研究所的顺序得以出版。另外，维普珂·斯特芬（Wiebke Steffen）（1976 年）、弗里德尔·丁克尔（1980 年）、汉斯－约尔格·阿尔布雷希特（1982 年）、福尔克尔·迈因贝格（Volker Meinberg）（1985 年）、米夏埃尔·基尔希林（Michael Kilchling）（1996 年）和约尔格·金齐希（Jörg Kinzig）（1996 年）等人的博士论文比较出彩。埃贡·斯特凡（Egon Stephan）的《斯图加特被害人调查》（1976 年）和吕迪格·奥尔特曼（Rüdiger Ortmann）关于刑事执行中再社会化的深入研究（1987 年）也特别值得关注。

　　即使我的陈述有粉饰和曲解之嫌，即言过其实甚至"淡妆浓抹"地修饰自己的工作，人们也无法否认这样的结论：弗莱堡马克斯·普朗克研究所犯罪学的制度化已经被证明是富有意义和硕果累累的，而且这个研究所已经成为世界众多地区对犯罪学感兴趣的刑法学家和后起之秀的梦寐之地。这种吸引力当然不只源于这里的实证研究，还在于研究所为德国的学者群体打开了便利之门，通过与国外客座学者的接触和图书馆资源的利用，一直走向了国际社会。因此，那种认为弗莱堡模式是不可行和狭隘的怀疑，并据此另辟蹊径以哗众取宠的做法是荒谬的。独特的第一手和第二手研究、国际化的视角、国际层面的专业图书馆的利用以及与国外同仁的持续交流等因素的融合展现出真正的魅力。专业对话并不限于获得和传授书本知识，而是会通过独特的研究实践得到支持和扩展。所以，"同一个屋檐下的刑法学和犯罪学"这个比喻的说法可谓名副其实。①

<h1 style="text-align:center">六</h1>

　　1971 年，我被弗莱堡大学法学院聘为犯罪学和刑法的兼职教授；

---

① 对此参见凯泽《从犯罪学家的视角看"刑法和犯罪学共处一室"》（"Strafrecht und Kriminologie unter einem Dach" aus der Perspektive des Kriminologen），乌尔里希·西贝尔（Ulrich Sieber）、汉斯－约尔格·阿尔布雷希特主编《同一个屋檐下的刑法学和犯罪学》，2006 年，第 66 页及以下几页，并附其他参考内容。

1973 年，我拒绝了柏林自由大学和维尔茨堡大学的犯罪学教席，在耶舍克的推荐下担任马普所的所长。然而，弗莱堡大学法学院的公司法较为薄弱，很长时间内不利于博士生的录取、评估和考核，而且举步维艰、令人失望。全靠一些同事的支持，这些不利因素和障碍才得以克服。我从 20 世纪 80 年代初开始在苏黎世大学法学院担任副教授，在那里获得的支持总让我感到舒适，从而可以心无旁骛地从事教学和研究工作。

我在弗莱堡大学、苏黎世大学和巴塞尔大学——京特·施特拉滕韦特（Günter Stratenwerth）在 20 世纪 70 年代就让我在这里任教——的授课中努力发展我的犯罪学观点。从中首先产生了犯罪学体系化的概论（1971 年第 1 版，1997 年第 10 版），在 20 年的时间里这个概论酝酿出了我的犯罪学教科书（1996 年第 3 版，1256 页）。另外，基于我与汉斯-于尔根·克纳、弗里茨·扎克（Fritz Sack）和哈特穆特·舍尔霍斯（Hartmut Schellhoss）的友好关系和共同的学术兴趣，我们编辑了《犯罪学小词典》（1974 年第 1 版，1993 年第 3 版）。我还与汉斯-海因里希·艾特（Hans-Heinrich Eidt）、汉斯-于尔根·克纳和海茵茨·舍赫共同出版了刑事执行的教科书（1974 年第 1 版，2002 年第 5 版；作为教材，2003 年第 5 版）和《欧洲刑事执行比较》（1983 年）。为了方便学生们备考，我和海茵茨·舍希还共同出版了《法学教程系列之"犯罪学、青少年刑法、刑事执行"》（1979 年第 1 版，2006 年第 6 版）。

我和东欧、希腊、西班牙、土耳其以及东亚（中国、日本和韩国）等地区的客座学者保持着国际化的联系，它们始终强烈影响着我的学术研究工作。通过辅导这些地区的博士研究生，我深化了研究工作，而在土耳其、埃及、近东、巴西、墨西哥、澳大利亚和新西兰所作的报告又使其得以完善。我 1990 年在弗罗茨瓦夫（布雷斯劳）（Breslau）和米什科尔茨（Miskolc）、1996 年在圣塞巴斯蒂安（San Sebastian）和雅典、1999 年在东京获得的荣誉博士学位都要归功于我和国外学者之间的多样化合作。

从 1989 年到 1998 年，我作为唯一的德国成员，有幸在欧洲禁止酷刑和不人道或有辱人格的待遇或处罚委员会（即所谓的反酷刑委员会）协助工作。这份工作需要我全力以赴。在实务层面，它符合我对人权问题和刑事执行比较研究的学术兴趣。刑事执行中对人权的关注涉及十分敏感的领域，其中资源短缺、职业冷漠、有些案件中对囚犯的专断或者酷刑能导致不人道或有辱人格的待遇。欧洲反酷刑委员会的工作要求成员在欧洲许多国家进行费力的巡视，有时也在周末和晚上进行。我在两份报告中叙述了我在这个委员会的经历，[①] 而且 2002 年出版的第 5 版刑事执行教科书和手册也受到该想法的影响。

我除了在弗莱堡大学（自 1970 年起）和苏黎世大学（自 1982 年起）教学之外，还参加欧洲委员会的咨询委员会或工作小组（自 1964 年起）的其他活动。此外，我也参加联邦刑事调查局、犯罪学总局、下萨克森犯罪学研究所以及国家药品委员会、弗莱堡大学医学院伦理学委员会和德国心理学协会名誉法庭的活动。[②]

我特别在意推进德语区国家犯罪学专业学会的学术对话。所以在做助教期间，我就已经主张以犯罪人为导向的犯罪学和犯罪社会学相结合，它们在 60 年代末期由于现代互动理论和标签理论而得到了极大的发展。此外，我参加了"青年犯罪学家工作组"的会议，他们批判地分析古典病原学的犯罪学。令人费解的是，德国不同学派之间鲜有交流，而且德国有两个相分离的犯罪学协会。

因此我在担任整体犯罪学协会的首任会长期间，于 1975 年在弗莱堡举办了一次会议，其中所有现代犯罪学的思潮及其代表人物都被吸收到犯罪学、刑事诉讼和犯罪黑数新研究成果的框架主题内。多亏了克劳斯·罗克辛（Claus Roxin），我也争取到了一位整体刑法学的杰出代表来作纲领性的报告。

---

① 凯泽：《作为国际刑事诉讼法和刑事执行法组成部分的欧洲反酷刑公约：产生历程、开端和意义》（Die Europäische Antifolterkonvention als Bestandteil internationalen Strafverfahrens-und Strafvollzugsrechts, Vorgeschichte, Ausgangspunkte und Bedeutung），《瑞士刑法杂志》第 108 期，1991 年，第 213 - 231 页；凯泽：《欧洲反酷刑委员会和预防犯罪中的滥用职权》（Der Europäische Antifolterausschuss und die Vorbeugung kriminellen Machtmissbrauchs），《奥托·特里夫特尔祝寿文集》，1998 年，第 777 - 797 页。

② 其他的提示参见约瑟夫·屈青格尔《京特·凯泽七十寿辰》（Günther Kaiser zum 70. Geburtstag），汉斯 - 约尔格·阿尔布雷希特等人主编《犯罪学和刑法中的国际视角：京特·凯泽七十寿辰祝寿文集》，1998 年，第 1 分卷，第 2 页及以下几页。

尽管在会议结束之前，我当时就努力联合这两个学会，可惜最终阻碍力量占了上风。但是我没有放弃这个想法，并在 1988 年把握住时机，和其他人共同将整体犯罪学协会和德国犯罪学协会合并成"新犯罪学协会"，其中德国、奥地利和瑞士的犯罪学家联合在了一起。主要来自德国西北部的一小部分犯罪社会学家仍然不可理喻地坚持分离观点，我虽然无法加以阻止，但是也和他们保持着学术对话。

我在 1991 年又当选为这个合并后的协会的会长，并且于 1993 年在弗莱堡举办了一次会议，其中再度囊括了所有犯罪学的相关学科。这次会议涉及政治和社会变革、犯罪、刑事司法和犯罪学中的被害人研究。以此为契机，新犯罪学协会开启了其全盛时期，自此以后它的成员数量倍增。令我感到高兴的是，不久以后这个协会就公开更名为"犯罪学协会（KrimG）——德国、奥地利和瑞士犯罪学家学会"。[1] 在非德语区将统一使用"德国、奥地利和瑞士犯罪学家学会"这个名字。

1999 年，我被授予联邦德国一级功勋十字奖章；2003 年，我因在新犯罪学协会方面的工作而被授予贝卡里亚金质奖章。这些是对我在犯罪学领域所从事的活动的肯定和赏识。

天有不测风云，我在 1993 年 10 月患了中风。它严重影响了我身体的灵活性，继而也影响了我的学术活动。尽管如此，我仍然能够追求并尽力实现许多的工作目标。对此我除了要感谢弗莱堡马克斯·普朗克研究所的支持以外，特别要感谢妻子夏洛特（Charlotte）的批评和无微不至的帮助。我们在 1961 年有了儿子佩尔－斯特凡（Peer-Stephan），1976 年有了女儿安娜－贝蒂娜。我妻子饱受绝症的煎熬，在 2002 年过早地离我而去。她的逝世至今仍让我无法释怀。

七

尽管重点不同，我的学术兴趣在过去五十年中保持未变。其中，理

---

[1] 京特·凯泽逝世几周之后，该协会于 2007 年 10 月 20 日在因斯布鲁克举办的会议决定对章程进行必要的修改。

论转型和社会变革尤其吸引我的关注。最先出现的是关于边缘人的问题，它引导我开始从事文化人类学和青少年学的研究，后来深化为刑事政策和社会控制的研究。我愈发深入地研究它们，特别是结合制裁措施的均衡性、互换性和替代性的问题。另外，我总是力求与司法机关和警察当局合作，也竭力追求犯罪学研究的实际意义。对此，典型的是对北莱茵－威斯特法伦州重罪累犯进行社会治疗的实验效果的研究。[①]

后来我可以更专注于学术史方面的兴趣，因为回顾历史有助于正确地评价释义要求。学术史也总是一种途径，借此可以认识当前的学术研究，决定它论证的范围，并且以决定性的视角克服它可能出现的片面性。

尽管我在面对犯罪学的理论问题时总是保持适当的坦诚，对于针对我的可能有根据的反复指责，我最后只会淡然处之。显然，格平格尔在纯粹的“玻璃球游戏”面前所保持的克制和怀疑以及他对经验的执着影响了我。我一贯坚持，理论和假设在被刑事政策和实践加以应用之前，一定要严格经受住实证的驳斥。我在寻求适当的“研究方法的强度”时就认识到，有方法意识的犯罪学家必须看到这种危险，即在精确性和重要性之间的困境中，总是研究更无关紧要的东西的精确性，另外伴随着视角的敏锐和深化也会不可避免地出现相应的限制。所以跨学科的讨论应该促进对有限的学科能力的理解，由此作为方法论研究的自省和自制的手段，最后还要考虑到适当的坦诚。

犯罪学的跨学科理论将犯罪人、被害人和社会控制相结合，但是我至今仍然没有发现支持该理论的具有充分说服力的解决途径。因此我也只是停留在以社会化观念和关系观念为根据的初始阶段。关系理论将个人与社会的结合程度作为衡量个人行为适当性的标准。在此方面最具说服力的是特拉维斯·希尔施（Travis Hirschi）[②] 的控制理论，因为该理论与合理的关系组成部分相关，明确肯定外部的行为控制。然而只有考虑

---

① 汉斯－约尔格·阿尔布雷希特、吕迪格·奥尔特曼的总结报告：《北莱茵－威斯特法伦州社会治疗效果评估的深入研究和效益提升的评价》（Abschlussbericht, Längsschnittstudie zur Evaluation der Wirkung der Sozialtherapie in Nordrhein-Westfalen sowie Ansätze zur Effizienzsteigerung），2000 年。

② 特拉维斯·希尔施：《青少年犯罪的原因》（Causes of Delinquency），1969 年。

社会化的观念，才能分析关系或者关系缺失的出现和对此的解释。社交的学习过程、个人特征和个人自出生以后对他周边环境的感情联系可以解释社会关系的产生和紧密程度，以及它们得以维持和巩固的原因。然后，社会化、道德发展和外部社会控制的理论因素相汇聚。理论上它们包含各种可描述性地理解的抵制犯罪或者推动犯罪的情况，[①] 正如它们解释所谓的整体预防的多层次进展一样。这涉及整体化的视角，它来自社会心理学的理论部分。

　　然而标签理论不可抛却的真理性包括，指出不平等、不良运用甚至滥用国家制裁等问题。在这种认识背后是我们社会的基本原则，它们不应该也不允许被放弃。每一种强化外部行为控制的策略都要与之相权衡。仅仅在解释应予处罚的行为究竟是如何以及为何产生，包括处罚的实际效用上，不同的社会化和社会控制的理论才比其他观念更有影响。因为它不仅能够解释不同的犯罪举动、违法者的形成过程、违法的情况和社会的反应行为，还能回答下面的问题，即为什么即使存在结构性的差异，大部分人在多数情况下还是能一致地行动。

　　不管怎样，我总是乐于跟其他的观点"叫板"，并且激化它们，例如汉斯·穆霍（Hans Muchow）和赫尔穆特·舍尔斯基（Helmut Schelsky）在青少年学方面的观点，朗格在刑事政策上的看法以及扎克对于犯罪学和惩罚的见解，特别是在立场前后不一的情形中。虽然我坚持国际比较中的差别，但是我从没有主张过德国犯罪学的"特别途径"，就像我有时遭到的批判一样（见上文）。虽然对"同一个屋檐下的刑法学和犯罪学"的研究是"摸着石头过河"，但它绝对是幸运的选择。

　　当回顾半个世纪的学术努力并探寻中肯的总结时，我很难找到简洁同时不张狂的倾吐方式。和五十年前懵懂的初始阶段相比，我虽然获得了更丰富的经验，拥有了更广泛的知识，但是仍然有很多不清楚的地方，即使它们并非难以理解。当我在学术上犯了许多错误时，我也无须妄自菲薄。

---

① 对此参见汉斯·格平格尔《犯罪学》（Kriminologie），第 5 版，1997 年，第 394 页及以下几页。

主要作品目录

一　专著

《不安分的青少年：对所谓"不良青少年"的社会学和犯罪学研究》（Randalierende Jugend. Eine soziologische und kriminologische Studie über die sogenannten "Halbstarken"），1959 年。

《交通犯罪和一般预防》（Verkehrsdelinquenz und Generalprävention），1970 年。

《刑法的社会控制的策略和程序：合理性、事实和替代方案》（Strategien und Prozesse strafrechtlicher Sozialkontrolle. Legitimation，Wirklichkeit und Alternativen），1972 年。

《青少年保护法和青少年犯罪：对社会、青少年保护法和青少年犯罪之间关系的青少年犯罪学研究》（Jugendrecht und Jugendkriminalität. Jugendkriminologische Untersuchungen über die Beziehungen zwischen Gesellschaft，Jugendrecht und Jugendkriminalität），1973 年。

《对犯罪原因的经验上确定的认识：一个问题导向的二手分析》（Empirisch gesichert Erkenntnisse über Ursachen der Kriminalität. Eine problemorientierte Sekundäranalyse），与伯恩哈德·维尔默合著，1973 年。

《当今刑法的发展趋势》（Tendenzen in der Entwicklung des heutigen Strafrechts），与哈特穆特·霍斯特科特、维尔纳·扎尔施泰特合著，1973 年。

《德国犯罪学研究的状况和发展》（Stand und Entwicklung der kriminologischen Forschung in Deutschland），1975 年。

《社会、青少年和法律：青少年监管的体系、载体和运作方式》（Gesellschaft，Jugend und Recht. System，Träger und Handlungsstile der Jugendkontrolle），1977 年。

《青少年犯罪：青春期阶段的违法、违法者和被害人状况》（Jugendkriminalität. Rechtsbrüche, Rechtsbrecher und Opfersituationen im Jugendalter），第 3 版，1982 年。

《欧洲刑事执行比较》（Strafvollzug im Europäischen Vergleich），1983 年。

《刑法措施处于危机中吗?》（Befinden sich die kriminalrechtlichen Maβregeln in der Krise?），1990 年。

二　教科书与案例汇编

《犯罪学：基础导论》（Kriminologie. Eine Einführung in die Grundlagen），1971 年第 1 版；1997 年第 10 版。

《刑事执行：教科书和手册》（Strafvollzug. Ein Lehr-und Handbuch），1974 年第 1 版（与海茵茨・舍希、汉斯 – 于尔根・克纳、汉斯 – 海因里希・艾特合著）；2002 年第 5 版（与海茵茨・舍希合著）。

《刑事执行：基础导论》（Strafvollzug. Eine Einführung in die Grundlagen），1974 年第 1 版（与海茵茨・舍希、汉斯 – 海因里希・艾特、汉斯 – 于尔根・克纳合著）；2003 年第 5 版（与海茵茨・舍希合著）。

《法学教程系列之"犯罪学、青少年刑法、刑事执行"》（Juristischer Studienkurs "Kriminologie, Jugendstrafrecht, Strafvollzug"），与海茵茨・舍希合著，1979 年第 1 版；2006 年第 6 版。

《犯罪学教科书》（Kriminologie. Ein Lehrbuch），1980 年第 1 版；1996 年第 3 版。

《刑事执行导论和案例》（Einführung und Fälle zum Strafvollzug），与海茵茨・米勒 – 迪茨、汉斯 – 于尔根・克纳合著，1985 年。

三　期刊与文集中的论文

《所谓的不良青少年的犯罪》（Die Kriminalität der sogenannten Halbstarken），《我们的青春》1957 年，第 301 – 309 页。

《不安分的青少年的预设负担》（Die Vorbelastungen der randalierenden Jugend），《犯罪侦查学》1959 年，第 52 – 57 页。

《现代犯罪学及其批判者》（Moderner Kriminologie und ihre Kritiker），阿尔曼特・默尔根主编：《犯罪学：未来》，1964 年，第 63 – 69 页。

《人工授精和移植：法学和法律政策的问题》（Künstliche Insemination und Transplantation. Juristische und rechtspolitische Probleme），汉斯·格平格尔主编：《医生和法》，1966 年，第 58 - 95 页。

《犯罪学和刑法的关系》（Die Beziehungen zwischen Kriminologie und Strafrecht），《戈尔特达默刑法档案》1967 年，第 289 - 315 页。

《刑法典选择性草案中刑事政策的地位》（Der kriminalpolitische Standort des Alternativ-Entwurfs eines Strafgesetzbuches），《犯罪侦查学》1967 年，第 287 - 290 页。

《论社会主义社会中犯罪学和刑事政策的关系》（Zum Verhältnis Kriminologie und Kriminalpolitik），《汉斯·冯·亨蒂希祝寿文集》，1967 年，第 211 - 232 页。

《当今的优生学和犯罪学：避孕和适合优生人工流产的终止妊娠的刑法许可问题》（Eugenik und Kriminalwissenschaft heute. Die Frage nach der strafrechtlichen Zulässigkeit der Unfruchtbarmachung und des Schwangerschaftsabbruchs aus eugenischer Indikation），《新法学周刊》1969 年，第 538 - 544 页。

《死亡概念的法律问题》（Juristische Probleme des Todesbegriffs），《医学专家》1969 年，第 97 - 102 页。

《外籍劳工的犯罪及其作为文化冲突的解释》（Die Kriminalität der Gastarbeiter und ihre Erklärung als Kulturkonflikt），《犯罪侦查学》1969 年，第 251 - 253、308 - 311、365 - 369 页。

《犯罪学思想的发轫、转变和争议问题》（Ausgangspunkte, Wandlungen und Streitfragen kriminologischen Denkens），《德国法官报》1970 年，第 255 - 260 页。

《青少年法对青少年犯罪结构的影响》（Der Einfluss des Jugendrechts auf die Struktur der Jugendkriminalität），《教育学杂志》1970 年，第 334 - 364 页。

《刑法的发展趋势》（Entwicklungstendenzen des Strafrechts），《赖因哈特·毛拉赫祝寿文集》，1972 年，第 25 - 39 页。

《交通法中量刑和制裁的实践》（Praxis der Strafzumessung und der

Sanktion im Verkehrsrecht），《血醇》1972 年，第 141 – 158 页。

《刑法方法和措施的发展》（Die Fortentwicklung der Methoden und Mittel des Strafrechts），《整体刑法学杂志》第 86 期，1974 年，第 349 – 375 页。

《论边缘群体和少数民族的犯罪》（Zur Kriminalität von Randgruppen und Minderheiten），《卡尔·彼得斯祝寿文集》，1974 年，第 531 – 545 页。

《德国刑事政策的最新发展》（Recent Developments in German Penal Policy），《国际犯罪学和刑罚学杂志》1976 年，第 193 – 206 页。

《"批判犯罪学"中真正具有批判性的是什么？》（Was ist eigentlich kritisch an der "kritischen Kriminologie"?），《里夏德·朗格祝寿文集》，1976 年，第 521 – 539 页。

《作为应用科学的犯罪学》（Kriminologie als angewandte Wissenschaft），《汉斯·舒尔茨祝寿文集》，1977 年，第 514 – 531 页。

《再社会化和时代精神》（Resozialisierung und Zeitgeist），《托马斯·维滕贝格尔祝寿文集》，1977 年，第 359 – 372 页。

《缺乏犯罪学基础的刑事政策？刑法的未来和犯罪学思想的转变》（Kriminalpolitik ohne kriminologische Grundlage? Die Zukunft des Strafrechts und die Wandlung des kriminologischen Denkens），《霍斯特·施罗德纪念文集》，1978 年，第 481 – 503 页。

《联邦德国打击轻微犯罪的可能方式》（Möglichkeiten der Bekämpfung von Bagatellkriminalität in der Bundesrepublik Deutschland），《整体刑法学杂志》第 90 期，1978 年，第 877 – 904 页。

《我们对刑罚知多少？论当今刑罚学研究的任务、问题和范围》（Was wissen wir von der Strafe? Zu den Aufgaben, Problemen und Grenzen pönologischer Forschung heute），《保罗·博克尔曼祝寿文集》，1979 年，第 923 – 942 页。

《〈整体刑法学杂志〉百年发展过程中刑事执行的地位、法律和现实》（Rang, Recht und Wirklichkeit des Strafvollzugs in der hundertjährigen Entwicklung der Zeitschrift für die gesamte Strafrechtswissenschaft），《整体刑法学杂志》第 93 期，1981 年，第 222 – 248 页。

《"生物犯罪学"、"国家犯罪学"和犯罪学研究自由的界限》（"Bio-kriminologie"，"Staatskriminologie" und die Grenzen kriminologischer Forschungsfreiheit），《海因茨·莱费伦茨祝寿文集》，1983 年，第 47－68 页。

《刑法和刑事政策中的犯罪化和去犯罪化》（Kriminalisierung und Entkriminalisierung in Strafrecht und Kriminalpolitik），《乌尔里希·克卢格祝寿文集》，1983 年，第 579－596 页。

《与整体刑法学结合的犯罪学：以弗莱堡马克斯·普朗克研究所的犯罪学研究为例》（Kriminologie im Verbund gesamter Strafrechtswissenschaft am Beispiel kriminologischer Forschung am Max-Plank-Institut in Freiburg），《汉斯－海因里希·耶舍克祝寿文集》，1985 年，第 1035－1059 页。

《法律教育中的犯罪学》（Kriminologie in der Juristenausbildung），《鲁道夫·瓦塞尔曼祝寿文集》，1985 年，第 589－604 页。

《新近犯罪学文献中女性的形象》（Das Bild der Frau im neueren kriminologischen Schrifttum），《整体刑法学杂志》第 98 期，1986 年，第 658－678 页。

《童年缺失的儿童犯罪?》（Kinderdelinquenz ohne Kindheit?），《莉泽洛特·庞格拉茨祝寿文集》，1986 年，第 41－56 页。

《宗教、犯罪和犯罪控制》（Religion，Verbrechen und Verbrechenskontrolle），《沃尔夫·米登多夫祝寿文集》，1986 年，第 143－160 页。

《国际刑事执行比较》（Strafvollzug im internationalen Vergleich），《希尔德·考夫曼纪念文集》，1986 年，第 599－621 页。

《废除主义——刑法的替代物? 刑法废除主义留下了什么?》（Abolitionismus-Alternative zum Strafrecht? Was lässt der Abolitionismus vom Strafrecht übrig?），《卡尔·拉克纳祝寿文集》，1987 年，第 1027－1046 页。

《从犯罪学的视角看自夸、谎言和诈骗》（Prahlerei，Lug und Trug in kriminologischer Sicht），阿兰·古根布尔、马丁·库尔茨主编：《自夸、谎言和诈骗》，1987 年，第 70－96 页。

《作为犯罪学问题和刑事政策任务的没收利润》（Gewinnabschöpfung als kriminologisches Problem und kriminalpolitische Aufgabe），《赫伯特·特伦德勒祝寿文集》，1989 年，第 685－704 页。

《"生活方式"：一种理念的发展和犯罪学上的意义》（"Lebensstil".
Entwicklung und kriminologische Bedeutung eines Konzepts），《汉斯·格平
格尔祝寿文集》，1990年，第27－40页。

《刑事执行和处分执行中的人权》（Menschenrechte in Straf- und Maβr-
egelvollzug），《鲁道夫·施密特祝寿文集》，1992年，第359－386页。

《被害人学》（Viktimologie），《霍斯特·许勒－施普林高卢姆祝寿文
集》，1993年，第3－17页。

《打击犯罪——国家的任务》（Bekämpfung der Kriminalität － Aufgabe
des Staates），《犯罪侦查学》1994年，第762－772页。

《现实社会主义瓦解以来德国犯罪学的发展》（Entwicklung der Krim-
inalität in Deutschland seit dem Zusammenbruch des realen Sozialismus），《整
体刑法学杂志》第106期，1994年，第469－501页。

《"内部安全"——不是民众的法律需求吗?》（"Innere Sicher-
heit" —kein Rechtsbedürfnis der Bevölkerung?），《献给曼弗雷德·雷宾
德》，1995年，第31－46页。

《青少年刑法中的教育观念真的过时了吗?》（Ist der Erziehungsge-
danke im Jugendstrafrecht wirklich veraltet?），《卡尔·海林格祝寿文集》，
1995年，第9－24页。

《"强者的犯罪"——理论和现实》（"Kriminalität der Mächtigen" —
Theorie und Wirklichkeit），《宫泽浩一祝寿文集》，1995年，第159－
175页。

《欧洲反酷刑委员会和预防刑事滥用职权》（Der Europäische Antifol-
terausschuss und die Vorbeugung kriminellen Machtmissbrauchs），《奥托·特
里夫特尔祝寿文集》，1996年，第777－797页。

《刑罚取代教育?》（Strafen statt Erziehen?），《法律政策杂志》1997
年，第451－458页。

《再社会化还是刑事诉讼改革的当前主题吗?》（Ist die Resoziali-
sierung noch ein aktuelles Thema der Strafprozessreform?），《特奥多尔·伦
克纳祝寿文集》，1998年，第781－800页。

《美国和英国当前犯罪学的状况及前景》（Stand und Perspektiven

gegenwärtiger Kriminologie in den Vereinigten Staaten und in Großbritannien），《整体刑法学杂志》第 110 期，1998 年，第 674 – 715 页。

《欧洲的酷刑和虐待》（Folter und Misshandlung in Europa），贡纳尔·克内（Gunnar Köhne）主编：《人权的未来：联合国〈世界人权宣言〉50 周年，觉醒的回顾》（Die Zukunft der Menschenrechte：50 Jahre UN-Erklärung. Bilanz eines Aufbruchs），1998 年，第 141 – 161 页。

《行为人与被害人的和解作为刑法的社会控制的现代冲突解决策略》（Täter-Opfer-Ausgleich als moderne Konfliktlösungsstrategie strafrechtlicher Sozialkontrolle），《海茵茨·齐普夫纪念文集》，1999 年，第 105 – 121 页。

《集权主义统治下的刑事执行》（Strafvollzug unter totalitärer Herrschaft），《海茵茨·米勒 – 迪茨（Heinz Müller-Dietz）祝寿文集》，2001 年，第 327 – 347 页。

《处于时代转折点的刑事政策：刑法大规模改革以来刑事政策的转变》（Kriminalpolitik in der Zeitenwende. Wandlungen der Kriminalpolitik seit der großen Strafrechtsreform），《克劳斯·罗克辛祝寿文集》，2001 年，第 989 – 1000 页。

《从犯罪报告到作为媒体现实的犯罪》（Von der Kriminalberichterstattung zur Kriminalität als Medienrealität），《京特·赫尔曼祝寿文集》，2002 年，第 49 – 71 页。

《社会监督下的青少年：历史和国际比较思考中的问题、发展和范式》（Jugend unter sozialer Kontrolle），《佐藤津祝寿文集》，2002 年，第 588 – 606 页。

《当今的酷刑、虐待和刑事滥用职权》（Folter, Misshandlung und kriminelle Machtmissbrauch heute），《犯罪学杂志》2003 年，第 243 – 259 页。

《作为结构比较问题的现代和后现代刑事政策》（Moderne und postmoderne Kriminalpolitik als Probleme des Strukturvergleichs），《阿尔宾·埃泽尔祝寿文集》，2005 年，第 1357 – 1374 页。

《欧洲刑事执行中的人权——经由国家、社会和国家共同体得到保障还是危害？》（Menschenrechte im Europäischen Strafvollzug-Gewährleistung oder Gefährdung durch Staat，Gesellschaft und Staatengemeinschaft?），《于尔根·迈尔（Jürgen Meyer）祝寿文集》，2006 年，第 133 - 157 页。

《后现代的犯罪学还是犯罪学处于后现代?》（Postmoderne Kriminologie oder Kriminologie in der Postmoderne?），《安德鲁·加贝勒祝寿文集》，2007 年，第 429 - 446 页。

《作为结构比较问题的现代和后现代刑事政策》（Moderne und postmoderne Kriminalpolitik als Probleme des Strukturvergleichs），《犯罪学：过去、现在和未来》，2007 年，第 11 - 32 页。

《经济犯罪学的核心》（Brennpunkte der Wirtschaftskriminologie），《克劳斯·蒂德曼祝寿文集》，2008 年，第 1583 - 1598 页。

迪特尔姆·金阿普费尔（**Diethelm Kienapfel**）

迪特尔姆·金阿普费尔（Diethelm Kienapfel）

献给我挚爱的妻子（Uxori carissimae）

一　在德国的青少年时期和学习

我生于 1935 年 6 月 23 日，出生地现在叫马莫诺夫（Mamonovo），位于加里宁格勒（Kaliningrad）飞地。海利根贝尔（Heiligenbeil）以前是东普鲁士的一座宁静安逸的小城市，和维斯图拉泻湖（Frisches Haff）仅相距几公里。在夏天，父母经常带着比我大九岁的哥哥和我去附近的沙滩或者库尔斯沙嘴（Kurische Nehrung）旁边的克兰茨（Cranz）。1939 年，他们决定离开东普鲁士，按照当时的说法，"迁入了帝国"。我父亲喜欢靠近柏林的地方，就在奥得河畔法兰克福担任公务员和督学。我们把家安置在了奥得河东岸，当时那地方叫达姆佛施塔特（Dammvorstadt），现在是斯武比采（Slubice），但是未曾想到，1945 年我们的新家和所有财产遭受了无法弥补的损失。

我父亲的家族源自图林根、波罗的海和荷兰等地区，并有胡格诺教的渊源。我母亲祖上是萨尔茨堡的流放者，根据 1731 年 10 月 31 日萨尔茨堡大主教菲尔米安签署的驱逐令，他们由于信仰问题踏上了背井离乡之路。普鲁士国王弗里德里希·威廉一世把他们安置在涅斯捷罗夫（Stallupönen）、多布罗沃斯基（Pillkallen）、涅曼（Ragnit）地区以及从戈乌达普（Goldap）到立陶宛边界的地带。我外祖父是恩斯特·尼德施特拉塞尔（Ernst Niederstraβer），这是个典型的奥地利名字。他的名字经常出现在16313名移居东普鲁士的流亡者名单中，以及阿尔滕马科特（Altenmarkt）和当时处于"拉德施塔特（Radstadt）法院辖区"的其他市镇的户口簿中。他所展现的传统奥地利人的仪容举止至今让我记忆犹新。

东普鲁士是一个以农民和手工业者为主的省份，大部分的农民过着简朴安逸的生活。农舍、耕地和辛勤的劳作是日常生计的保障。因为东普鲁士的森林和湖泊众多，所以猎物、鱼、蘑菇和浆果一直充裕。人们并不感到贫穷，就像恩斯特·维歇特（Ernst Wiechert）所写的那样，因为他们既不知道也不渴求财富。但是现金总是紧缺的。我的亲戚们有时甚至连手推车的润滑油都买不起，当我父母1920年在奥斯特罗德结婚时，他们送给我父母的结婚礼物是整整一车木头，以换取木匠为他们做一间桦木卧室。

回忆1944年7月的夏季假期，我心里涌现出淡淡的忧伤。这是我最后一次在巴尔格（Balga）骑士团城堡的遗址中来回攀爬，从明亮的沙滩和泻湖清澈的湖水中捡拾小块的琥珀，倾听在持续的风中摇曳的松树梢所发出的簌簌声和波涛汹涌的旋律。几个月后，苏联军队沿着东普鲁士的东部边界在广阔的战线上开始了大规模的进军。当1945年1月在埃尔布隆格（Elbing）突破到了波罗的海海岸时，难民队伍西行的陆路被阻断。海利根贝尔和巴尔格成了包围战的中心战场，这场激烈持续数周的战役令双方损失惨重。这一防线的成功坚守让数万人沿着结冰的泻湖和海路逃脱。在1945年5月8日投降这一天，七艘驱逐舰和五艘鱼雷艇最后一次在海尔半岛（Halbinsel Hela）前接收了难民和士兵。当时鲁道夫·施特拉塞尔（Rudolf Strasser）就在Z25驱逐舰上，22年之后他成了新创办的林茨大学的副校长，共同负责了对我的聘请。

在奥得河畔法兰克福，我在1941年被送进了小学，当时是5岁。接着是几年无忧无虑的童年，直到1944年的寒冬，战线迅速逼近，局势越来越危急。1945年1月，长长的坦克纵队载着大多数非常年轻的士兵碾过奥得河桥，向东开进。1945 年 1 月 27 日，法兰克福被定为要塞，不久战斗的喧嚣声就传到了我们这里。

1945 年 2 月 6 日，战争来临，市郊已经被封锁。我母亲大清早就带着我匆匆通过还没有被毁的奥得河桥到达火车站，随身携带的行李中只有最必需的东西。当时还有开往柏林的火车，幸好我们在那里换车时没遇到空袭。月台上挤满了难民、被炸得一无所有的人、士兵和伤员。人们推搡着、拥挤着、挣扎着上了等待的火车，它将我们带去南方。当时九岁的我处在挣扎的人群中，落在了火车外面。一些人试图通过车厢窗户爬进过度拥挤的火车。我母亲挤进了火车，但是被向前推挤的人们夹在了中间，就在过道站着大声叫我。我在这些熙攘拥挤的人群中获得了拯救者。有人同情我，就透过一个打开的窗户，把我举着送进了火车。夜晚的行程几次中断，常有绕行和更长时间的停车。远处，一个更开阔的地方着火了。幸运再度降临到我们身上，因为德累斯顿在 2 月 13 日遭遇了灾难性的空袭，毁坏殆尽，而我们在前一周就经过了这座城市。

我父母在 2 月底把我安置在布伦纳山口施泰纳赫（Steinach/Brenner）的一个儿童农村疏散营里。出现炸弹警报时，我们这批人和其他大部分来自因斯布鲁克的被疏散的学生一起躲在安全的山体隧道中。三十年之后我才知道，在战争期间的那几周，温弗里德·普拉茨古莫（Winfried Platzgummer）和里夏德·霍尔茨哈默（Richard Holzhammer）也在那里避难。温弗里德·普拉茨古莫现在是维也纳大学的刑法教授；自 1967 年以来里夏德·霍尔茨哈默在林茨大学担任民事诉讼法教授，他不仅是令人尊敬的同事，还是我的朋友，经常在棘手的问题上为我排忧解难。1969年我和埃尔金·卡尔德哈克（Elgin Kaldrack）结婚时，里夏德就是我的证婚人。

战乱迫使我们颠沛流离、长途漂泊。1945 年深秋，我母亲和我流落到易北河畔劳恩堡（Lauenburg/Elbe）的一个临时木建营房中，那里充斥着难民和其他的流离失所者。后来我们要求家庭团聚，获得了去鲁尔区的迁居许可，并在 1946 年底搬到鲁尔河畔凯特维希（Kettwig/Ruhr）的一个带家具的房间里。这个房间是我父亲租来的，最初作为他临时的工作住处。凯特维希——现在是埃森（Essen）的南部市区——位于鲁尔水库附近，受战争破坏的痕迹并不明显，是一座宁静而又有几分梦幻色彩的小城市。从 1947 年到 1953 年，我在那里上了现代语言高中。感谢临时校长乌尔苏拉·布雷德劳（Ursula Bredlau）给予了我连跳两级的机会，因此我在十七岁就通过了高考，而且在此之后的所有事情中，我几乎总是最年轻的。

从十五岁起，我几乎每个下午都在网球场上度过，也观看俱乐部比赛和青少年冠军赛。我甚至想过当网球老师。后来在我的助教和博士生中也有一些雄心高昂的运动员。最好的运动员们习惯于挑战自己的极限，我跟他们在多数情况下都有美好的经历。他们往往通过接受挑战的决心、执着追求、良好的自我规划和坚持不懈而变得出类拔萃，这些特征无疑也适用于学者。

我特别清晰地记得我的高中老师，他们懂得激励学生，也善于对学生提出要求。回忆当年，拉丁语不仅让我觉得愉快，还让我颇有收获。我的分析方法、理解思想核心的能力以及创造性和多样性的表达方式等都得到了训练。我最喜欢的其他科目是德语、外语、历史、音乐和艺术教育。主讲拉丁语和英语的辅导课还让我赚到了第一桶金。

让我犯难的是高考之后选择哪一个确定的专业。我的兴趣涉及多个领域，特别是现代语言、医学、心理学和艺术。与其说当时法律人不错的职业前景让我对法学动心，不如说可能的法律工作领域超乎寻常的多样化吸引了我，但更重要的是，如果选择了法学，我就可以延迟较长的时间来决定具体的职业。

起初我在科隆大学注册法学专业，但是在第一学期并没有燃起激情的火花。我在 1953 年至 1954 年的冬季学期转到了弗莱堡大学，此后情况有了转变。弗里茨·普林斯海姆（Fritz Pringsheim）、埃里克·沃尔夫（Erik Wolf）和康斯坦丁·冯·迪策（Constantin von Dietze）等学界权威使弗莱堡大学法学和政治学院熠熠生辉。古斯塔夫·伯默尔（Gustav Boehmer）刚逾古稀，身体硬朗，鹤发童颜，有着锐利的鹰钩鼻和闪烁的蓝眼睛，夏天穿白色短裤和白衬衫，并且总是戴着彩色领结，喜欢站在斜面讲桌旁边。他的报告激情洋溢而又诙谐幽默，让我们法学学生兴奋不已，也吸引了很多其他学院的听众。

在年轻一些的教授中，我觉得恩斯特·冯·克默雷尔（Ernst von Caemmerer）和汉斯－海因里希·耶舍克（Hans-Heinrich Jescheck）特别魅力四射。耶舍克的课程以系统化、简洁和生动而令人陶醉，并且激发学生共同和深入思考。与其他人不同，他将刑法教义学和实践结合起来，以严谨的思维过程和特别的教学技巧阐释刑法学。我后来才发现，他的独具魅力的品格、学术信条和教学阐述的能力深刻地影响了我。

作为工读生，我在假期经常打工。我在奥伯豪森（Oberhausen）冶炼厂当过矿工，在巴塞尔州利斯塔尔（Liestal/Kanton Basel）风景区修建游泳池时打过所谓的"杂工"，从中我获得了无私的友谊，回忆起来仍心存感激。当时德国除了黑森州之外，其他的州已经要求交学费，这对我本来就微薄的预算来说更是雪上加霜。

我在第八个学期末报名参加了第一次国家司法考试，在 1957 年夏季得到的成绩为我铺平了读博之路。我选择了刑法教义学的主题，并在 1960 年获得了博士学位。评审的两位专家是托马斯·维滕贝格尔（Thomas Würtenberger）和汉斯－海因里希·耶舍克。我在博士论文当中反对通说的观点，而汉斯·于尔根·布伦斯（Hans Jürgen Bruns）则极力拥护该通说，他在 1962 年的《法学家报》（JZ）中全面批判式地评论了我的博士论文。这是偶然吗，或者只是幸运？因为五年之后正是汉斯·于尔根·布伦斯把我推荐给了他以前在埃朗根的学院同事、现在是林茨社会与经济学院创始院长的路德维希·弗雷勒（Ludwig Fröhler），让我担任新设立的刑法教席。

不过到那时还有几年的时间。第一次国家司法考试之后，我首先选择了"暂停"，不仅为了释放考试压力，也为了尝试一下传统法律职业之外的其他爱好和途径。我在弗莱堡大学上经济学和心理学的课，还注册了几个学期的英国语言文学、美国语言文学和罗马语言文学课程。我一度认真考虑过从事外交工作，然而对法学的偏好占了优势，所以我先做了民法和刑法的短期阅卷助手。从 1958 年起，法学和政治学院委托我领导针对新生的刑法工作组。同年夏季学期，我在犯罪学和刑事执行学研究所担任了几个月的"学术助教管理员"。

职业选择对我仍然具有开放性，我家里也没有出过法律人，因此我很长时间不知道何去何从。但有一点可以确定，我还想尽可能长时间地在阳光充裕的南巴登州三角地带生活，特别是在弗莱堡。我无法想象离开弗莱堡，那里有许多潺潺的"小溪"，每周六大教堂广场都有集市，集市上一直热闹非凡，总有很多赶集者、游客和学生。现在这里仍然笼罩着完全奇特的氛围。人们在集市上相遇，闲聊着天，在水果摊和蔬菜摊之间漫步，津津有味地吃着"加或不加（洋葱）的红肠"。广场中央是举世闻名的大教堂，有着光线弥漫的哥特式镂空塔尖。这个塔尖正如它的名字一样，是"基督教界最美丽的建筑之一"。

我让学生们对刑法和刑法教义学产生了热情，这是我决定以后人生之路的重要经历。我起先不仅设想过经济领域、外交官、法官或者行政官员的工作，甚至还想到了学术生涯——虽然仍是模糊的远期目标。根据弗莱堡大学教授资格的规定，通过第二次国家司法考试虽然不是必要的，但"按照惯例"仍是前提条件。准备这个考试也是可行的，在失败的情况下还可以抓住其他机会。1958年秋天，我开始了当时长达三年半的见习工作。我在弗莱堡、图宾根和柏林完成了见习，从中获得的实务经验在后来让我受益匪浅。

我的第一段婚姻也在此期间来临。我在大学时认识了罗斯玛丽·韦克塞尔贝格尔（Rosemarie Wechselberger）。由于我的见习工资微薄，当时称作生活补助费，无法考虑成家。当她1961年在弗莱堡找到了固定的编辑工作时，我们才结婚。1963年克里斯蒂安娜（Christiane）出生，1965年约恩（Jörn）来到了这个世界。

1962年秋季，我在斯图加特的国家司法考试局通过了"第二次国家司法考试"。尽管有取得行政法——1962年和1963年，我发表了自己最早的两篇研究行政法的学术论文，以及获得宪法教授资格的两个机会，我还是想最后一次尝试摆脱法律生涯的传统轨迹。直接的机会便是法兰克福保洁公司总部的招聘广告，说要招聘各个专业的顶尖候选人当产品经理，开创国际化的事业。不过我拒绝了这个确定的职位聘请，因为虽然这份工作收入可观、大有前途，但是为此我会丧失自由和自主，这并不是我真正向往的生活目标。而当时不断新设立的教席则意味着学术生涯，如果我有相应的付出和必要的运气，它就会带来多样化的发展和创造机会。

这时我尊敬的老师托马斯·维滕贝格尔也给我提供了一个机会。他让我利用 1963 年以来由德意志研究协会提供的申请教授资格者奖学金，争取获得刑法的教授资格。这个机会既慷慨又诱人，借此我可以立即致力于研究课题并且完全专注于学术论文。此外，它也使我省去了通常的"苦差事"，那就是持续数年而经常没有明确终期的助教阶段。1964 年底，我向学院提交了教授资格论文。两位评审专家又是托马斯·维滕贝格尔和汉斯–海因里希·耶舍克。

我在 1965 年夏季学期获得了刑法和刑事诉讼法的教授资格。9 月我成为在职讲师，几个月后巴登–符腾堡州国家司法考试局聘我当成员。1966 年夏季学期，我在吉森担任客座教授。1967 年 5 月底，林茨社会与经济学院聘请我担任奥地利刑法和刑事诉讼法的教席，同年 10 月 1 日我在那里被聘为正教授。

二　在奥地利的研究和教学

上奥地利州的首府位于大河之畔，风景如画，所以从一开始就让我产生了好感。在乌尔法兰这一边——以前的施塔勒姆贝格城堡那里有公园，也是学校的一部分——虽然直到 1955 年还能感受到并看得见苏联占领的后果，但是并没有干扰到我。多山的后方地区让我想起了黑森林；布莱腾施泰因（Breitenstein）海拔近 1000 米，在爽朗的秋日从这里可以享受到无与伦比的环视效果，让我想起了绍因斯兰这个弗莱堡的近山。我的前妻非常看重独立的工作，她在林茨没有找到合适的职位，于是几个月后返回了德国。一年之后，我们的婚姻走到了尽头。

社会与经济学院成立于 1962 年 7 月 5 日，以联邦法律为根据。为了吸引高水平的学者，特别也包括外国学者，它采取了诱人而富有成效的人才引进措施。在市和州提供的林茨高校基金的资助下，学校在北部防护林边缘建造了八栋教授住宅，它们位于校园内，在当时的社会条件下是非常现代化和气派的了。当人们为我提供这样一套公寓以供我在此停留期间居住时，我高兴地接受了。这个住处所处的地段非常优越，距离幼儿园、小学和刑法研究所又比较近，我越过一些阶梯就能轻松地到达研究所，因此它不仅成为我全家的乐园，还成为我学术创作的中心和庇护之地。我也很喜欢隐没在布莱腾施泰因下小山村的幽远和宁静当中。阿达尔贝特·施蒂夫特（Adalbert Stifter）的作品《来自基希施拉格（Kirchschlag）的冬日信件》让这个小山村进入了文学视野，又因为村里有上山吊椅和滑雪学校，因而它从60年代开始便成为林茨众多家庭钟爱的旅游胜地。

1966年10月8日，这个学校在少数教授的参与下开始了教学活动。起初全体教师被分到两个学院，即社会、经济和法学院以及工程自然科学院。作为现代示范专业，由管理层设计的社会经济研究方向旨在打破法律人的垄断，这在奥地利是法学和经济学相结合的新形式，只存在于林茨。1968年夏季学期的课程目录一共为刑法学专业安排了十位教授，其中三位聘自联邦德国。创始院长路德维希·弗雷勒讲授公法，赫尔曼·艾希勒（Hermann Eichler）教德国法，我的工作领域包括奥地利刑法和刑事诉讼法。1975年，学校更名为约翰内斯·开普勒大学。于同一年独立的法学院现在拥有二十五位活跃的教授，其中三位讲授刑法。对于战后的奥地利来说，聘请国外的刑法学家在当时还是一件带有犹豫和抵触情绪的新鲜事。能获得聘任还要归功于以下因素，即维也纳、格拉茨和因斯布鲁克三个传统的法学院——萨尔茨堡和林茨两所高校法学专业的设立和飞速发展令人惊叹——没有及时让年轻的刑法学者们获得教授资格。

新学期开始三周之后，我去维也纳拜访了主管刑法立法的司长欧根·泽里尼（Eugen Serini）。他和后来的司法部长埃格蒙特·福雷格（Egmont Foregger）一起撰写了备受实务界重视的刑法和刑事诉讼法简评。他真具有绅士风度，对我极其热忱，耐心地听我自报家门，然后将谈话引入了奥地利的主题。我们也特别谈到了奥地利的刑法改革，它的进展当然勾起了我的兴趣。最后我向泽里尼告别时，他说了如下让我终生难忘的话："您会发觉，"他独具魅力地微笑着说，"在奥地利最重要的不是做事，而是做人。"我这时才明白，他说此番话不仅是为了客套或者风趣，而是想让我以优雅得体的方式面对各种在奥地利的认可问题。

受此提醒，我从现在起准备迎接复杂的挑战。我需要尽快掌握奥地利刑法的渊博知识，尽管当时还有效、实质上追溯到 1852 年的刑法已经基本过时了，而且在 1967 年，它的失效日期还无法预见，一时难以确定。我还要尽快熟悉刑法的范畴和当前的刑法政策与刑事政策，熟悉宪法、程序法和其他法律的情况，特别是奥地利的法律文化、思想史传统、社会心理学的结构和社会政策的规划。我花了很长时间才较好地理解了这种背景，并可以鉴别出错综复杂的人事状况，人们的情感和宽容意识之间的细微差别，隐蔽的禁区以及重在务实和答案一致的思考方式和途径。

　　虽然两个邻国属于同一个法律圈和文化圈，但是在对法律的理解方面，尤其是宪法传统和宪法文化中的巨大差异让我吃惊。奥地利的宪法结构奠基于宽泛和形式的宪法概念。宪法就是以国会三分之二的多数所决定的一切。随着时间的推移，对宪法的这种宽泛理解衍生出了主体宪法之外的大约 1300 个宪法等级的——有时在实体考察之下是令人质疑的——单一规范。同样重要的是，长久以来在奥地利宪法中盛行着凌驾于价值保护之上的制度保护观念，这对整体法律及其解释造成了深远的影响。在《欧洲人权公约》的庇护下，自斯特拉斯堡欧洲人权法院作出判决以来逐渐累积的诸多缺点变得明显起来，正如在欧洲人权法院任职多年的弗朗茨·马切尔（Franz Matscher）法官所言，"它们的基础往往在于受约瑟夫主义影响的对国家机构地位的家长式统治的理解"。在成功进入欧洲法院的多数上诉中，有不少涉及司法领域，例如检察机关的地位、武器平等原则和公正审判原则，特别是在奥地利羁押的公布和期限。不久开始出现广泛和根本的变革。根据众多的刑事诉讼法修正案和 1992 年制定的《基本权利申诉法》，保护权利的途径也大为扩展。不过仍然没有出现计划中的宪法和行政法的大幅度改革。根据议会政党联盟在 2007 年 12 月 5 日决议通过的《第一部联邦宪法清理法》，约有 1000 个独立的宪法规定得以废除和清理，由此开启了相关的改革步伐。

　　1975 年的新刑法典也常常被扩张解释。因此，我从一开始就注重通过刑法特有的、以法益概念和思想为导向的解释方式来抵制这种趋势，从而在考虑刑法第 1 条所规定的"法无明文规定不为罪"的基本原则之下，强调和明确这种潮流和解释界限。我所有的教科书都是以这种单个犯罪当中的法益解释为基础的。特别是要根据刑法中不可或缺的法益思想而不应孤立地看待下面的内容：实务界把模糊的欺骗构成要件解释为一般性的误导当局的犯罪（Behördenirreführungsdelikt），1987 年的《刑法改革法》对其进行了法律限制；1982 年的第二部《反腐败法》变更并且过度扩张了窝赃规定，而 1993 年的刑法典修正案对之进行限缩；在结构性的限制解释进程中，对文书犯罪加以巩固；以及许多其他的变动；等等。所有这些并非一蹴而就，顺便说一下，这些之所以会成功，是因为我的不懈努力和建议得到了其他刑法学家的支持，也逐渐获得了刑事法庭的支持，并且最后反映到了刑事立法者那里。在此就不详细说明了。

我认为公平的做法是不向学生们灌输多种观点和细微的差异，而德国刑法教义学却以此出名，这一方面得到赞赏，另一方面也受到批判式的考察，但是它们在当时奥地利的学界和实务界影响很小。同时需要关注 1962 年到 1968 年间奥地利草案的进展状况，及其与同时进行的德国刑法改革在内容上令人高兴的一致性。我特别关切的是，既要尊重奥地利传统刑法的独特性，又要为更新的刑法学知识提供空间，并且将二者结合起来。这个想法包括关注比较法，还有当下越来越重要的欧洲视角。

作为朝气蓬勃的学校的教师成员，我参与扩建学院和设立法学专业，这种挑战具有不可抗拒的魅力。但是尽管两个法律体系看起来那么具有亲近性——或者正因如此——这种挑战却伴随着一些不确定性和陷阱。我必须借助法律文本和一些以前购买的、早就落伍的书籍，尽快使自己熟悉实体刑法和实质上可以追溯到 1873 年的刑事诉讼法，为此我经常熬夜到很晚。所以在林茨的第一学期，我有时只比学生早一天知道上课的内容。起初在校外分配给我的临时教室中只有几个桌子和空书架。并且再也无法为学生们和以后的刑法图书馆购买到 1852 年刑法后期和废除阶段的教科书和评论了，除了少数几个例外，它们要么过时了，要么售罄了，通常是二者兼备。幸运的是，一年之后奥地利德高望重的刑法学者特奥多尔·里特勒（Theodor Rittler）的私人图书馆被赠给了我们。我从写作博士论文和教授资格论文之日起就非常尊敬他，1967 年他以 91 岁高龄辞世。这些卷帙浩繁的藏书大约有 1500 册，包括很多重要的杂志、众多的专著和奥地利刑法委员会的完整记录。它们没有被送到国外，而是被赠予刑法研究所，并且从蒂罗尔州格施尼茨山谷的林斯运送到上奥地利州。这些库藏至今仍奠定了林茨大学刑法图书馆的基础。

起初，我和学生们都不怎么适应学习状况。我必须微笑地面对关于我讲课的调查问卷中诸如此类的留言："他的方言很奇特。"另有学生写道："当普鲁士人固然好，但更好的是当巴伐利亚人。"虽非恶意揣度，但不能忽视的是，学生们在我这听不到具有身份认同感的熟悉口音。反之，坦白而言，我也一度为适应上奥地利州一些农村方言的变化形式而煞费苦心。从一开始我就被力劝不要让我的语言风格适应奥地利人的口音。尽管如此，对于"当然了"（eh klar）和"没问题"（passt）这样便利实用的小套话，我从那时起就经常挂在嘴边，而且我完全懂得欣赏例如"城区"（Grätzl）、"亭榭"（Salettl）这样奥地利特有词语的魅力。

我的课堂上大约有二十四名学生，多数人的年龄在二十五岁到三十五岁之间，已婚并且有工作，显然具有学习兴趣和动力，又格外喜欢讨论。不久我了解到，他们是那些林茨和上奥地利青年中的精英，特别是因为距离维也纳、格拉茨和因斯布鲁克比较远，所以在高考之后无法上大学。但是他们现在看到机会来临了，所以满怀激情地投入法学学习当中。他们都是个性鲜明的人，其中一些后来事业有成，在联邦、州、市和高校中成了领导。

与当时很多德国大学里人潮拥挤的情况不同，这里的教学活动和校园氛围真让我感到恬静舒畅。德国的高校一直以来就充满了喧嚣和嘈杂，而在林茨一切都是平静温和的。这里的学生们很坚定地学习，不过上课形式是口授。在课堂上男士大多穿休闲上装和衬衫，并打着领带，少数女士穿连衣裙或者衬衣加裙子。当时只有一位来自基尔的女士穿起了牛仔裤，也有些女学生带着她们的狗来上课。其他的人在我讲课时不想记笔记，就依赖她们男同学的笔记。在奥地利，直到现在同学都还被称为同事。有一次，课堂上出现了婴儿的啼哭声，我才发现一位女士带着孩子来上课，她来回摇晃着孩子并为其哺乳。同样令我吃惊的是，学生们通过考试之后，带着一大块乡村火腿或者其他礼物来看我，并表达谢意。我怀念学生们所熟知的"舍恩菲尔德"（Schönfelder）法律汇编丛书，拥有它们就意味着拥有了未来法律人的品牌。我多次要求曼茨出版社编辑一套这样的法律汇编丛书。直到十多年后，在和贝克出版社的合作下，民法和刑法方面包含类似开本、篇幅和颜色的"别德林斯基"（Bydlins-ki）丛书（1980 年）以及宪法和行政法方面的"舍费尔"（Schäffer）丛书（1981 年）才得以出版。

反对权威人士和一切权威的学生抗议运动稍晚些才在奥地利出现，结束了林茨大学安逸和近乎自由的第一个建设阶段。学生委员会开始要求参与发表意见。高校政治小组联合起来，目的在于"揭露"理论和社会制度中真实或臆想的弊端，并通过媒体有效地批判。首先出现的是传单，不久出现了听众集会、海报行动和抗议行动。零星地发生了扰乱讲课和占领研究所事件，对于法学家也是如此。我们教授直到那时还用于正式场合的长袍很快便被弃在衣橱中。不过整体而言，奥地利的"六八学潮"进程与当地的风土人情相适应，相当温和。之所以如此，是因为政府部门里的人随机应变，而且照顾到了学生们的意愿。

就高校内外的框架条件和结果而言，联邦德国和奥地利的情况根本不能相提并论。柏林和德国其他的大学城有巴黎公社社员场所，而维也纳和林茨却没有。从 1972 年起就以谋杀和爆炸袭击震惊联邦德国的赤军旅（RAF）在奥地利却无人理解和支持。1977 年 11 月，在德国恐怖组织"六二运动"的操纵下，工业家帕尔默斯（Palmers）在其维也纳的别墅中被绑架。这起事件只是一次孤立的行动，媒体和公众起初并不认为它是恐怖组织勒索赎金的活动，而是大胆的恶行甚至家族内部纠纷。在当时的路人调查中就有人说："恐怖分子在维也纳？一边儿去吧！"1968 年以来，维也纳古怪的行为主义者京特·布鲁斯（Günter Brus）、赫尔曼·尼奇（Hermann Nitsch）和奥托·米尔（Otto Mühl）等人激进的放纵行为早就引起了足够多的不满和愤慨。

在那个年代，从德国的法学院转到奥地利的高校真是非常有趣的经历。直到 1978 年，法律教育以学校的三次考试为基础，它们以口头形式进行，在林茨考生首先面对委员会，然后面对单个考官。和联邦德国第一次国家司法考试这样全面的国家考试不同，在这里通过学校的三次考试就意味着成功结束了法学学习，但是没有学位，而且平淡无奇。获得法学博士学位才能拥有高校头衔。到 1978 年，获得法学博士学位还不需要写作博士论文，取而代之的是附加通过所有学科的三次博士学位口试。

在奥地利，广泛的法律教育一直不以培养普遍适用的全能法律人为己任，而是针对特定职业，并且毕业时伴有法官职务考试、律师考试、公证处考试或者法学行政职务考试。

笔试部分的完全缺失对教学的内容和范围、学生们备考的方式和强度、出版社的出版计划以及实务界和法学界之间特别是和大学教育之间的关系等，都造成了多元和持久的影响。法官和律师经常指责这种专门迎合口试的法学教学。刑法课也没有强制性的笔试练习，更没有笔试。最后的考试练习在学校的复习课上以及（或者）专门辅导学生备考的老师们那里进行。不过，他们在林茨无法立足。根据复杂案情的系统案例训练取决于各个授课者的意愿。包含案例测试模板、范例和精心构思的答案的刑法案例解答书并不出名，正如我 1967 年在克罗斯特曼（Klostermann）出版社出版的同类书一样。不过 1982 年我在曼茨出版社编辑出版的《刑法案例和解答》进行了第一次修订，当时奥地利的十位刑法教席教授中有八位参与其中。

我在林茨工作之初，学生们没有最新的刑法教科书。来自特奥多尔·里特勒（1954 年）和弗里德里希·诺瓦科夫斯基（Friedrich Nowakowski）的两本权威著作已经有二十多年的历史，而且早就售罄了。1919 年到 1933 年间，费迪南德·卡德赤卡（Ferdinand Kadečka）领导了德国和奥地利的整体刑法改革运动。在他的主持下，奥地利在 1953 年又开始了热情高涨并充满希望的刑法改革，但是改革后来再度停滞不前。1967 年，改革的结束看起来仍是遥遥无期，因此新版和新出现的教科书也都是无法期待的。学生们不一定认为这是缺陷，他们已经习惯了——甚至经常取代上课——参加商业性的培训课程，并且根据讲稿，必要时依靠课堂笔记来准备口试。虽然存在着《奥地利法学家报》（ÖJZ）和《法律报》（JBl）这两个传统并且国际知名的专业杂志，但是它们并不适合初学者。直到 1990 年才出现了《法学教学和实务准备》（JAP）这样的杂志，它是奥地利第一个也是迄今为止唯一的法学教育杂志。与我在弗莱堡的经历迥异，刑法在形式上被看作公法的附属物，不能和民法与公法等量齐观，因而不被视为法学教学中独立的第三支柱。我感到遗憾的是，奥地利的法律不曾允许而且至今也不允许同时担任在编教授和法官。不过宪法法院的成员例外。

　　鉴于上述的框架条件，我在林茨工作之初承担了多项任务，但是也有异常广阔的自由空间和塑造机会，这对于年轻的刑法学者来说是可望而不可即的。一方面要将刑法定位成享有同等权利的核心专业，尤其是通过笔试将它变成现代法律教育的必需部分。另一方面，关于保留至今的考试制度，必须摆脱大学教育的传统观念和经验，从一开始就将法学核心课程紧密结合起来，并为了国家考试而不断加以训练。直到1978年，与费恩伯格的大学改革相呼应，在本文开头部分所提到的林茨大学劳动法和社会法学家鲁道夫·施特拉塞尔的关键协助之下，法学专业出现了根本性的变革，旨在设置合乎潮流的八学期制的学位课程，"它高度结合了实务操作和集中的职业深造"。首先要改进专业规则，在核心专业当中增加必要的书面练习、书面毕业考试、一门自选课程的书面毕业论文以及博士论文。对刑法来说必要的是，在分次考试制度通常所确定的两个学期的有限时间内，实施扎实和优质的基础教育。因为三年之前新刑法典就已经生效，所以这个工作就更为紧迫。议会政党联盟时期，司法部长克里斯蒂安·布罗达（Christian Broda）主持通过了新刑法典，弗里德里希·诺瓦科夫斯基主持了修订工作。它取代了令人敬畏的旧刑法典，在国外也颇受好评。

　　就像触到了魔杖，新刑法典把整体的刑法从沉睡当中唤醒了。学界、实务界和教学活动开始集中适应从1975年1月1日起新生效的法律事实。我现在也转移了著作重点，把在1972年和1973年间还是德国刑法的内容，转移到了奥地利，而且我专注于新的挑战。在从旧刑法到1975年新刑法典的过渡阶段，奥地利法官协会在奥滕施泰因举办的针对法官和检察官的进修活动功劳很大，自此这种研讨会就成了固定机制。乌多·耶济奥内克（Udo Jesionek）从1982年起就担任维也纳青少年法院的院长，从1990年起担任林茨大学的名誉教授。1973年，在他的科学领导之下，首次研讨会得以顺利举办。以后每年的研讨会都吸引了奥地利的刑法教授和实务界的权威代表，共同开展生机盎然和硕果累累的对话。

　　起初总论问题处于中心地位，而鉴于与会者范围之广，人们几乎可以把研讨会称为奥地利的刑法学者大会。在 1973 年作报告的有罗兰·格拉斯贝格尔（Roland Graβberger）（维也纳）、温弗里德·普拉茨古莫（维也纳）、曼弗雷德·布格施塔勒（Manfred Burgstaller）（当时还在林茨）；1974 年有赖因哈德·莫斯（Reinhard Moos）（当时还在格拉茨）、弗里德里希·诺瓦科夫斯基（因斯布鲁克）；1975 年又是布格施塔勒（已前往维也纳）和格拉斯贝格尔。我第一年作了关于单一正犯的报告，第二年是关于不纯正不作为犯，接下来一年是关于正当化的紧急避险。与他们谦逊自然的交往给我留下了深刻印象。同样令我印象深刻的是奥地利整个刑法学界的普遍共识，即优先考虑可信和实用的解答，而非过于华而不实和完美主义的理论建构。奥地利的司法实践和刑法学界之间一直维护并至今存在着卓越的互动关系，其中一个根源就在于——如上文所述——实用主义的、以应用为首要导向的刑法思想。和政府立法部门之间的合作也与此相似。获得实践应用并进入立法领域的内容才是最后的王道。

从一开始就参与解释新刑法典，并由此为学界和实务界的关键决定承担共同责任，这是在法律人的生涯中绝无仅有的机遇。因为考虑到这种前景，我在 1971 年拒绝了基尔大学的聘请。三年之后我同样拒绝了去比勒费尔德任职。在这个聘请的磋商期间，波鸿的主管同事打电话告诉我，政府部门也准备聘请我去鲁尔大学，但"条件"是我拒绝去比勒费尔德，我回答说我喜欢留在奥地利。

林茨大学的政策和人事方面的进展令人愉悦，所以这个决定也让我感到欣慰。一年之前，刑法研究所在刑法、刑事诉讼法和犯罪学的新教席当中又设立了第二个教授职位，所以从 1973 年冬季学期开始，我不再独力承担林茨大学的刑法教学职责。我和曼弗雷德·布格施塔勒很快就建立了既令人兴奋又受益匪浅的搭档关系，他来自上奥地利州，在维也纳获得了教授资格。遗憾的是，他两年之后就返回了维也纳，继任他的老师罗兰·格拉斯贝格尔的教职。

我在弗莱堡完成了关于总论的博士论文，并且凭借分论的研究获得了教授资格。在弗莱堡时，刑法的所有内容，例如刑法教义学、外国刑法、比较刑法和刑事政策，以及系统学、一般方法论和教学法等就已经特别让我着迷了。1971 年的奥地利政府草案决议规定，新刑法典将于

1975 年 1 月 1 日起生效，因此我首先在报告和出版作品中研究了新刑法的各个问题，但是后来决定将研究力量集中于一个目标。我想结合新刑法总论和分论的教义学成果，同时撰写能满足三个要求的应用型的教科书。这些书要在内容、阐述和方法论方面处于时代前沿，为实务界提供关于学界和司法实践的尽可能完善的体系性概况，为将来出现的问题提供解决建议，并且让学生们一目了然。最后一个是最困难的，它需要持续的投入，确切而言需要深入开发能增强记忆的阐述结构，就像耶舍克和韦塞尔斯所用的类似方式和其他有关教学法的刑法教科书内的叙述结构一样。我已经实现了沟通理论和实践的目标，这通过考察最高法院的判例和奥地利的著作就可以确定。

　　我计划对新刑法典进行全面的刑法教义学研究，但是它所需要的时间和工作量远远超出了我最初的预期。我在 1974 年出版的教材中已经阐释了总论主要的教义学基础。我计划再出版三册关于刑法典分则的书，在 1978 年和 1980 年出版了其中两册。由于迅速出现的后续版本以及与此相应的不断调整、补充和扩展的强度——我虽然离开了德国，但是德国学生依然继续询问我两本书的进展。之后的情况与此类似——工作负担是如此之重，以至于我从 80 年代末开始不得不减少报告和其他的出版作品。最后特别要提的是祝贺文集和判决评注，这些评论是我到那时为止经常针对联邦法院、最高法院和州高等法院的有趣判决所写的。直到 1999 年出版分论第三册书，我才完成了全部著作，其中库尔特·施莫勒（Kurt Schmoller）撰写了第三册书的主要内容。2003 年，我以 68 岁的年龄退休，因此也把有关财产价值犯罪的第二册书交给他继续更新。我的学生汉斯·瓦伦丁·施罗尔（Hans Valentin Schroll）则负责修订针对个人价值的犯罪的第一册书，他现在是最高法院的顾问和维也纳大学的名誉教授。

　　坚持和执着是每一项学术工作的基本前提，然而单个而论的话，它们并不能保证实现既定目标，其中也总是需要一些运气。对此我举两个关于研究领域的例子。多年以来我不仅在专著和论文中，也在教科书和《维也纳刑法典评注》中关注我的研究领域。我在教授资格论文中阐释了不同的担保体原则，排除了证据符号的类型，因而将简化刑法上的文书概念，进而显著地限缩可罚性。这个原则虽然受到德国文献的青睐，但是和 100 多年以来恪守宽泛的文书概念的司法判决相比，从一开始就没有应用的现实机会。如此看来，我被聘到奥地利并且广泛发掘未被研究过的领域，对我来说真是一件幸事，而德国关于文书的判例和文献早就汗牛充栋了。我借鉴德国的法律，主张新刑法典中的文书概念具有体系上的开放性，该体系通过这种方式得到了奥地利的司法判决和文献的认可。

在犯罪参与领域，我的研究在德国和奥地利完全不同。在德国，我在一篇由克罗斯特曼出版社于 1971 年出版的小论文和另外几篇文章中，介绍了奥地利刑法典规定的功能性的单一正犯体系，它取代了从属性的共犯体系。正如预期的一样，我得到了少许赞同。从 1974 年开始，我在奥地利发表了刑法典第 12 条及以下几条、第 32 条及以下几条所规定的单一正犯类型的研究成果，但是也在我的国家持续招致了反对。这种单一正犯类型展现了奥地利刑法独立而显著的特色，它结合北部国家的类似规定，在当今致力于和谐化的欧盟刑法的努力进程中，越来越强烈地跃进国际视野。这既惊奇又怪异，然而大约在 1900 年，单一正犯思想就已经得到弗朗茨·冯·李斯特（Franz von Liszt）的强力支持，在新刑法时代弗里德里希·诺瓦科夫斯基是权威性的支持者。赖因哈德·莫斯在 1972 年从弗莱堡被聘到格拉茨，四年之后转到了林茨；奥托·特里夫特尔（Otto Triffterer）1978 年从吉森到了萨尔茨堡。这二人是共犯论的专家，当他们表示支持单一正犯理论时，奥地利的多数同事便抵制对刑法典的这种解读，宣扬以德国法律为模范的从属共犯的解释模式。赫伯特·施泰宁格（Herbert Steininger）是在实务界和学界都颇受好评的《刑法典评注》的主笔，后来成为最高法院的院长和维也纳大学的名誉教授。我从一开始就获得了这位富有影响力的战友的支持，而且最高法院的所有刑事审判团逐渐相信了功能性单一正犯体系的实践优势，这些决定了奥地利单一正犯思想的成功应用。

我写作教科书的历程可谓一波三折。在德国，电脑时代初露端倪时，格哈德·迪尔歇尔（Gerhard Dilcher）（1970 年）和伊格纳茨·塞德尔 - 霍恩费尔登（Ignaz Seidl-Hohenveldern）（1971 年）创作出版了第一批法律学习计划，这引起了我的好奇心和兴趣。这种刑法研究项目旨在促进作者及其学生之间的互动交流，我知道承担这种项目有悖于法学专业的授课传统和总体趋势，而且不确定能否成功。但是它吸引着我涉足高校教学法基础研究的新领域，并且以刑法总论为测试样板，探究当时所谓的以电脑为基础的教学和学习的优势、不足和界限。目标在于，用新的媒介物向刑法初学者传播高效课堂的基本教学理念，即鼓励——激发——振奋。我的想法是，在特别敏感和经常让老师棘手的第一学期，通过自由灵活地决定地点、时间、学习进度，并尽可能保持最好的学习动力，迅速使学生的语言和理解水平符合总论课和初学者练习课的要求。同时要考虑到林茨地区众多学生的情况，他们由于工作原因不是总能按时上课。当时我就痴迷于这种想法，即将刑法的学习计划转换成适合个人电脑的媒介，现在人们称之为数字化，通过数据体供应到整个奥地利，从而至少使大学的部分课程走出校园，进入自主的个人领域。这虽然在 70 年代初仍是不现实的，但绝非空想，因为数字媒体的时代早就到来了。不过只有少数学生拥有个人电脑，便携式电脑到 80 年代中期才被引入。

在奥地利，这种学习计划在多年前的试验阶段就已经得到赖因哈德·莫斯的热情支持。1976 年，他和卡尔海因茨·普罗布斯特（Karlheinz Probst）在《奥地利法学家报》（ÖJZ）中共同发表了一篇详细的经验报告，其内容就是格拉茨大学应用编程化的刑法课程。格拉茨的一个帮助学生备考的老师在其关于新刑法典的书中剽窃了该学习计划的主要内容，这让我们都非常吃惊。1976 年赖因哈德·莫斯到林茨大学接替曼弗雷德·布格施塔勒之后，我们共同在统一的刑法总论基础课中创造了一种结合新形式的课程模式，而且我们——在各有分工的情况下——一直轮流授课，直到赖因哈德·莫斯退休。这种互动性的自学方式融合了学习计划和有关的教科书内容，通过时间表得以控制，结合补充和深化的课程、特殊练习和一些笔试，便形成了一个强化课程。结束时会有刑法的结业证。

除了单一正犯体系之外，奥地利新刑法典中的"基础"，像犯罪构造、刑法中不同的犯罪构造模式这些形式上的基础结构，以及基本原则、大部分制度和基本概念等内容，和 1975 年修正的德国刑法典总论的规定大同小异。所以，从一开始我就希望我们的研究项目可以同时服务于德国和奥地利的刑法。然而我低估了以电脑为基础的互动性学习计划在人力、时间和财政方面的消耗。米洛斯·兰斯基（Milos Lánsky）从1969年起在林茨大学担任控制论和控制论教育学的教授，他研发了用于自学的电脑模式。我曾想借助于此，但应用这种模式的希望不久就破灭了。就教学法而言，通过预先设定复习的频率、案例的数量和其他的联系，至少无法在刑法课中有效形成最佳的学习结构。以后的箴言就边做边学，而且从基础学起。整个过程于是变成紧张又耗时的事业，其中将传授刑法基础知识和动机心理学、记忆法、信息学以及数字化的交流技术结合起来，从而克服专业和课程上的局限，并踏上新的教学法之路。我一共耗费了四年时间，直到它适合出版。在此期间，我借助林茨大学计算中心的电脑，在每一学期都评估并且不断完善所有的学习和测试单元，直到最后达到80%至90%的平均答案正确率，这是理想的学习动力所必需的。

商学硕士弗朗茨·施泰因（Franz Stein）不久之前掌管了曼茨出版社，他在1974年果敢地出版了名不见经传的我的处女作。在当时的奥地利，这本书在方法论和目的方面完全打破常规，可以预见将遭受反对，事实也确实如此。它的出版名是《奥地利刑法导论：学习计划》。一年之后，我在德·格鲁伊特出版社出版了类似的德国刑法著作。由于这本书具有二元结构，所以在以后的版本中书名得到了精确化，现在的书名是《刑法总论：编程形式的导论》。很多德国和瑞士的学生以及一些德国刑法同仁一直喜欢这本书，以至于它在1984年出现了第四版。在奥地利，对它感兴趣的不仅有学生，还有从一开始就有许多通过它来了解新刑法典的实务者。从1991年起，刑法的学习计划和总论概要被分开出版。2000年，我争取联系到了弗兰克·赫普费尔（Frank Höpfel）来合著总论部分。2005年到2008年间，他在海牙的前南斯拉夫问题国际刑事法庭担任审案法官，一直是我亲密的旅伴和战友。

有待解答的是，为什么所有其他德语版本的法律学习计划书只经历了短暂的"繁盛"，在70年代末就销声匿迹，而刑法学习计划书在奥地利历经三十多年，并且在2008年出现了第12版。我发现主要原因是，林茨大学的刑法基础课程采用多媒体的授课方式，从一开始就充分利用了这种学习计划书，因此在林茨大学和奥地利其他高校的学生中间广为接受。每一版学习计划书都能得到完善，并符合法律的发展状况和最新的课程需求。此外，很多现在的老师在学生时代也掌握了刑法的学习计划。

我所有在奥地利的书都是由曼茨出版社出版的。1971年，我和出版社社长、商学硕士弗朗茨·施泰因相识，当时我们就已经建立了特殊的信任关系，这为我和出版社之间的长年联系奠定了基础。2005年秋，弗朗茨·施泰因逝世。刚开始在林茨工作时，我难以在奥地利出版作品。怀疑、反对和拒绝打击着我这个如此出人意料地从国外不期而至的教授。我最先联系了施普林格出版社，但是它毫不犹豫地拒绝出版刑法学习计划书，认为这样的书在奥地利不会有销路。我也曾努力将我的文章发表在本地的专业杂志上。弗朗茨·施泰因几乎比我小十岁，在1970年也就是26岁时掌管了曼茨出版社。他坦诚并且毫不犹豫地欢迎我，并向我开放了这个出版社的杂志。我欣然并感激地接受了这个机会，而且从现在开始可以顺畅地实施泽里尼当初给我的建议，即在奥地利的刑法和课题中形成自己的风格。

三　展望

在美国的互联网广为接受之后，90年代中期以来信息和沟通新技术也逐渐传播到了欧洲的大学。互联网的传播突飞猛进，经过三十多年的发展，实现了以电脑为基础的法律课程和互动的学习计划转变为电子学习的形式，以技术为支撑并配置多媒体的大学教学方式获得了"多媒体教学"的称号，可谓声名远扬、前景灿烂。

从2003年起，林茨大学提供以电子学习为基础的完整的法学多媒体文凭课程，这是欧洲的首例。公法教授亦即这种新学习形式的倡议者布鲁诺·宾德尔（Bruno Binder）是教务副校长，特别关注节约学校资源。他认为，三十多年来多媒体学习理念的成功先驱就是林茨大学编程化的刑法课程，尤其是在时空上灵活的教学和学习形式。我期待把这种课程的效益和可接受性带进新的课程中。我原本想平静地度过 2003 年夏季学期，以此结束教学生涯，但它成了最令我激动的学期之一，因为我可以继续推进编程化的刑法课程，并且将其融入林茨大学的法学多媒体课程的电子学习理念当中。这种新的挑战让我兴奋，激发着我的力量。我开始以多媒体教学的方式整理刑法总论的基础课程，以便满足多媒体学习的需求，而且通过 DVD 模块和流媒体模块的途径将其数字化。核心DVD、学习计划以及我的刑法总论和分论教科书是刑法媒体箱的主要内容。不过学习计划仍然只有书面的形式，因为大多数现场听课和利用多媒体的学生经常表决支持保留这种形式。我的两名学生赫伯特·韦格沙伊德（Herbert Wegscheider）和奥利弗·普勒金格（Oliver Plöckinger）一起满怀热情和希望地讲授这种形式的刑法总论基础课。从 2000 年起，赫伯特·韦格沙伊德接替了赖因哈德·莫斯；2006 年，奥利弗·普勒金格凭借关于艺术伪造和盗版的论文获得了教授资格。至于刑法的考试成绩，现场听课和通过多媒体学习的方式几乎没有差别。

从 2003 年起，民法、保险法和欧洲法的教授安德烈亚斯·里德勒（Andreas Riedler）负责领导林茨大学多媒体法律学习研究所。教育水平和考试水平的一致性是最高的要求。保证这种一致性的方式在于，现场听课和利用多媒体学习方式的考官是同一个人。特别的保障是，两种方式的笔试在内容、时间和阅卷上都是相同的。虽然学习计划相同，但是学习活动比现场听课的方式更具灵活性和个性。所有大课、研讨课、练习、小组活动和复习课都在大学之外的专门为此准备的楼房内进行。在那里按照电视工作室的形式布置房间，最大的教室能容纳一百多人，而且实时完整地转播授课活动。利用多媒体形式的学生可以在奥地利和世界其他地方参与到持续的课程中，而且在录完课程的两周之内都可以观看。大课有 DVD，部分带有自动的测试次序。它们和最新的法律文本、教科书、练习册以及其他学习材料相结合，由每个专业的"媒体箱"进行供应。众多高水平的实务者被吸纳进多媒体课程当中。利用多媒体的学生可以免费上网使用一些法律数据库，将其作为专业图书馆。笔试不仅可以在林茨，还可以在奥地利公证处这样的一些校外学习场所进行，此外还可以在世界范围内的奥地利大使馆中进行；口试可以在林茨、校外学习场所或者通过视频会议的形式进行。

2006年，哈根函授大学进行了一次评估，其证明林茨大学的多媒体法律课程配置极其合理，体现了"引领潮流的理念"。该课程每年有大约600名初学者，目前3000多名学生积极地参与其中。阅卷的开销是相当大的。每一学年共有大约8500份考卷，学生们会收到电子形式的阅卷批语。

通过在奥地利任职，我成为穿梭于两个世界的人。四十多年来，我一直给年轻人上课，真感激这份殊荣。如果算上我从1958年起在弗莱堡大学的授课时间，甚至有五十年的光阴。我一直将"研究和教学"视为任务和职责，二者同等重要并相互配合。作为研究者，我深知首先要自主决定研究令我感兴趣的课题，即使它们和学界的主流观点不一致，或者意味着开辟新的教学领域。我总是乐意寻求和实务界的对话，这是很有益的事情。作为应用型教科书的作者和《维也纳评论》的合著者，与此相关的"法律小论文"也依然给予我快乐。同家人和好友之间的生活，其中弥足珍贵的是我在奥地利的生活，并不是短暂的。我很长时间钟爱网球运动，它也成了我们的家庭运动。如果想了解奥地利及其众多迷人之处，那么只需看一下林茨、萨尔茨堡和维也纳丰富多彩的文化设施、雄伟壮阔的山脉和瑰丽多样的风景。

最后要说的是最重要的，也就是我的妻子。埃尔金本来想当法学家，为了和我结婚，她放弃了学业，放弃了自己的事业，也放弃了延续古老的家庭传统。当时她的英国朋友惊愕地说道："这真是浪费天赋。"埃尔金却不这么想。我和前妻的两个孩子要得到照顾，后来家里又有了菲利普（Philip）和罗尔夫（Rolf）。这样的家庭情况从一开始就需要她投入全部精力。对于"纯粹的家庭主妇"仅需要低才智这个说法，她只会摇头否认，因为她兴趣广泛、乐观积极。她的乐观、谨慎和好运让这个大家庭渡过了生活中的各种风雨磨难，此外她也总是提醒我要接地气。我的拳拳谢意献此伊人。

主要作品目录

一 专著

《刑法中的身体惩罚和社会相当性》（Körperliche Züchtigung und soziale Adäquanz im Strafrecht），1961 年。

《刑法中容许的风险》（Das erlaubte Risiko im Strafrecht），1966 年。

《刑法中的文书》（Urkunden im Strafrecht），1967 年。

《个人隐私和刑法》（Privatsphäre und Strafrecht），1969 年。

《课程与课程批判：大学教学法的工作范围》（Vorlesung und Vorlesungskritik，Arbeitskreis für Hochschuldidaktik），1971 年。

《刑法中的单一正犯》（Der Einheitstäter im Strafrecht），1971 年。

《文书和其他的担保体》（Urkunden und andere Gewährschaftsträger），1979 年。

二 评注

《维也纳刑法典评注》（Strafgesetzbuch，Wiener Kommentar），第 223 - 231 条，1982 年第 1 版；2000 年第 2 版；2006 年更换册，与汉斯·瓦伦丁·施罗尔合著。

《维也纳刑法典评注》，第 232 - 241 条，1986 年第 1 版。

三 教科书与案例汇编

《刑法案例》（Strafrechtsfälle），1967 年第 1 版；1989 年第 9 版。

《刑法总论》（Strafrecht Allgemeiner Teil），1975 年第 1 版；1984 年第 4 版。

《刑法案例和解答》（Fälle und Lösungen zum Strafrecht）（主编），1982 年第 1 版；1989 年第 2 版。

《刑法总论学习计划》（Lernprogramm Strafrecht Allgemeiner Teil），

1974 年第 1 版；2008 年第 12 版；2009 年第 13 版（准备出版）。

《刑法概要：总论》（Grundriss des Strafrechts. Allgemeiner Teil），自 2000 年第 8 版起与弗兰克·霍普菲尔合著；2007 年第 12 版；2009 年第 13 版（准备出版）。

《奥地利刑法概要：分论一》（Grundriss des österreichischen Strafrechts. Besonderer Teil Ⅰ），1978 年第 1 版；2003 年第 5 版，与汉斯·瓦伦丁·施罗尔合著。

《奥地利刑法概要：分论二》（Grundriss des österreichischen Strafrechts. Besonderer Teil Ⅱ），1980 年第 1 版；1993 年第 3 版。

《奥地利刑法概要：分论三》（Grundriss des österreichischen Strafrechts. Besonderer Teil Ⅲ），和库尔特·施莫勒合著，1999 年。

《刑法教科书：分论一》（Studienbuch Strafrecht. Besonderer Teil Ⅰ），与汉斯·瓦伦丁·施罗尔合著，2003 年第 1 版；2008 年第 2 版。

《刑法教科书：分论二》（Studienbuch Strafrecht. Besonderer Teil Ⅱ），与库尔特·施莫勒合著，2003 年。

《刑法教科书：分论三》（Studienbuch Strafrecht. Besonderer Teil Ⅲ），与库尔特·施莫勒合著，2005 年第 1 版；2009 年第 2 版。

四　期刊与文集中的论文

《行政程序中的辩护》（Die Verteidigung im Verwaltungsverfahren），《巴登－符腾堡州交通报》1962 年，第 149－152 页，第 165－169 页。

《根据〈联邦建筑法〉和〈联邦长途公路法〉的多级行政行为的瑕疵：兼论证据理论》（Die Fehlerhaftigkeit mehrstufiger Verwaltungsakte nach dem Bundesbaugesetz und dem Bundesfernstraβengesetz. Zugleich ein Beitrag zur Evidenztheorie），《公共行政》1963 年，第 96－102 页。

《企业犯罪和企业刑罚》（Betriebskriminalität und Betriebsstrafe），《法学家报》（JZ），1965 年，第 599－605 页。

《文书概念和"法律上的重要性"》（Urkundenbegriff und "Rechtserheblichkeit"），《整体刑法学杂志》第 82 期，1970 年，第 344－378 页。

《故意型文书和偶然型文书》（"Absichtsurkunden" und "Zufallsurkunden"），《戈尔特达默刑法档案》1970 年，第 193 - 214 页。

《"犯罪参与"和"共犯"：论〈违反秩序法〉和〈刑法典〉的关系》（"Beteiligung" und "Teilnahme". Zum Verhältnis vom OWiG zum StGB），《新法学周刊》1970 年，第 1826 - 1833 页。

《文书和技术记录》（Urkunden und technische Aufzeichnungen），《法学家报》1971 年，第 163 - 167 页。

《单一正犯的表现形式》（Erscheinungsformen der Einheitstäterschaft），海茵茨·米勒 - 迪茨主编：《刑法教义学和刑事政策》，1971 年，第 21 - 58 页。

《法律学习计划》（Juristische Lernprogramme），《法学综览》1972 年，第 89 - 95 页。

《论奥地利刑法教义学的当前状况》（Zur gegenwärtigen Situation der Strafrechtsdogmatik in Österreich），《法学家报》1972 年，第 569 - 577 页。

《文书刑法的新视野》（Neue Horizonte des Urkundenstrafrechts），《赖因哈特·毛拉赫祝寿文集》，1972 年，第 431 - 450 页。

《单一正犯的问题》（Probleme der Einheitstäterschaft），《当代刑法问题（第 1 卷）》，1973 年，第 63 - 104 页。

《刑法典第 12 条以下和第 32 条以下的单一正犯规定：根据、制度和解释》（Die Einheitstäterregelung der §§ 12 ff. und 32 ff. Grundlagen, System und Auslegung），《法律报》1974 年，第 113 - 123 页，第 180 - 192 页。

《保证人义务（〈刑法典〉第 2 条）：制度、前提和范围》[Die Garantenpflichten（§ 2 StGB）. System, Voraussetzungen und Grenzen]，《法律报》1975 年，第 13 - 22 页，第 80 - 86 页。

《正当化的紧急避险》（Der rechtfertigende Notstand），《奥地利法学家报》1975 年，第 421 - 431 页。

《论作为和不作为的等值性》（Zur Gleichwertigkeit von Tun und Unterlassen），《奥地利法学家报》1976 年，第 197 - 202 页。

《不法意识和禁止性错误》（Unrechtsbewusstsein und Verbotsirrtum），《奥地利法学家报》1976 年，第 113 - 121 页。

《文书的书面形式》（Die Schriftform der Urkunde），《赫尔曼·艾希勒祝寿文集》，1977 年，第 347 – 366 页。

《文书和证据符号》（Urkunden und Beweiszeichen），《托马斯·维滕贝格尔祝寿文集》，1977 年，第 187 – 218 页。

《遗弃被害人（〈刑法典〉第 94 条）：本质、前提和范围》［Imstichlassen eines Verletzten（§ 94 StGB）. Wesen，Voraussetzungen，Grenzen］，《奥地利法学家报》1977 年，第 425 – 432 页。

《特别加以考虑的道路交通中的过失》（Die Fahrlässigkeit unter besonderer Berücksichtigung des Straβenverkehrs），《比较法杂志》1977 年，第 129 – 134 页，第 162 – 172 页。

《德国和奥地利刑法中的医生救助义务》（Die Hilfeleistungspflicht des Arztes nach deutschem und Österreichischem Strafrecht），《保罗·博克尔曼祝寿文集》，1979 年，第 591 – 601 页。

《比较法视角下文书刑法的基本问题》（Grundprobleme des Urkundenstrafrechts in rechtsvergleichender Sicht），《瑞士刑法杂志》1981 年，第 25 – 44 页。

《论侵吞和侵占"转账货币"》（Zur Veruntreuung und Unterschlagung von "Giralgeld"），《奥地利法学家报》1985 年，第 487 – 489 页。

《奥地利刑法中的医生责任和说明义务》（Arzthaftung und Aufklärungspflicht im österreichischen Strafrecht），贝恩特·格兰贝格 – 丹尼尔森（Berndt Gramberg-Danielsen）主编：《法眼科学》，1985 年，第 29 – 38 页。

《刑法中金钱概念的问题：法律、比较法和货币学的角度》（Probleme des strafrechtlichen Geldbegriffs. Rechtliche，rechtsvergleichende und numismatische Aspekte），《奥地利法学家报》1986 年，第 423 – 433 页。

《可贿赂的掌权者（〈刑法典〉第 153 条、第 153 条 a）》［Der bestechliche Machthaber（§§ 153，153a StGB）］，《奥地利法官报》1988 年，第 74 – 80 页。

《突然中断的未遂的问题》（Probleme des unvermittelt abgebrochenen Versuchs），《弗朗茨·帕林祝寿文集》，1989 年，第 205 – 220 页。

《列支敦士登的新文书刑法和证据符号刑法：参照奥地利、德国和瑞士刑法的比较法的考察》（Das neue liechtensteinische Urkunden-und Beweiszeichenstrafrecht. Rechtsvergleichende Betrachtungen unter Berücksichtigung des österreichischen, deutschen und schweizerischen Strafrechts），《列支敦士登法学家报》1989 年，第 67 – 76 页。

《持续犯和持续行为：以窝赃的行为方式为例》（Dauerdelikt und Dauerstraftat am Beispiel der Begehungsformen der Hehlerei），《法律报》1991 年，第 435 – 439 页。

《洗钱》（Die Geldwäscherei），《奥地利法学家报》1993 年，第 80 – 85 页。

《包庇的作用范围和界限》（Reichweite und Grenzen der Begünstigung），《鲁道夫·施特拉塞尔祝寿文集》，1993 年，第 227 – 250 页。

《犯罪组织的形成（〈刑法典〉第 278 条 a 第 1 款）》（Bildung einer kriminellen Organisation），《法律报》1995 年，第 613 – 623 页。

《论〈刑法典〉中证据概念的统一化》（Zur Vereinheitlichung des Beweismittelbegriffs im StGB），《海茵茨·齐普夫纪念文集》，1999 年，第 375 – 391 页。

《宽容和法》（Toleranz und Recht），《乌多·耶济奥内克祝寿文集》，2002 年，第 349 – 363 页。

《最高法院和功能性的单一正犯原则》（Der Oberste Gerichtshof und das Prinzip der funktionalen Einheitstäterschaft），《赫伯特·施泰宁格祝寿文集》，2003 年，第 157 – 172 页。

《维也纳工作室：刑法视角下的存在和表象》（Die Wiener Werkstätte. Sein und Schein aus strafrechtlicher Sicht），《曼弗雷德·布格施塔勒祝寿文集》，2004 年，第 75 – 95 页。

卡尔·拉克纳（**Karl Lackner**）

卡尔·拉克纳（**Karl Lackner**）

何庆仁 译

一　童年与小学

我出生于 1917 年 2 月 18 日，也就是第一次世界大战行将结束之时。那个时候，在波鸿（Bochum）［威斯特法伦（Westf.）］，由于身为本地地检署（Amtsanwälte）长官的父亲正在参战之中，母亲一个人无论如何也抚养不了我和我的两个兄弟，因此带着我们搬到祖母位于迈卡默（Maikammer）［普法尔茨（Pfalz）］的家中。然而，即使在这里，抚养几个孩子也是一个难题。由于普遍性的贫穷状况（allgemeinen Mangellage），我患上了佝偻病，我的脊柱因此而出现了侧弯。刚开始没有人发现这一点，当我大约八岁时，一位医生才诊断出来，并推荐所谓的康复体操（Heilturnen）。其中的措施之一是，将我吊在一个伸展器械上，更确切地说，是悬挂着以至于脚尖正好还能够触及地面，据说这样脊柱可以得到拉伸。我忍受该治疗达数年之久，直至医生认为它不会再有疗效为止。

困苦延续至战争结束，随之而来的货币贬值和通货膨胀则使局势雪上加霜。许多人当时失去了他们的全部财产，变得一贫如洗。在工业中心，波鸿也不例外，这导致了各政党的激进化，并使得纳粹分子和共产党员的数量急剧增长。其追随者几乎每天都在魏伦布林克（Weilenbrink）［位于普罗布斯泰（Probstei）教堂附近］进行巷战，打斗中受伤挂彩等自然是屡见不鲜，有时甚至会出人命。那时我可以从我们家楼上亲眼看见这一切的发生。

父母的情况逐渐开始好转。1917 年外祖母离世时，母亲从其遗产中继承了一笔资金，后来她用这笔钱购买了位于波鸿市夏恩霍斯特街（Scharnhorststraβe）的一处出租公寓。父亲则于战后返回家乡，重新开始他在波鸿检察署的公职。其他的家庭成员随后也搬至波鸿。我们所搬进的那座房子中，六间供全家人自己居住，另外三间则出租给别人。不过租金收入非常微薄，因为当时要缴纳的房租税几乎就完全花光了租金。1922 年，我的妹妹约翰娜（Johanna）出生，这使得本就拥挤的家庭空间更显局促。

随着货币改革和在 1923 年开始推行地产抵押马克（Rentenmark）*，局势有所好转，因为现在人们可以在一个很低但却稳定的基础上重新开始。基本上可以说只有那些"发战争财的人"（Kriegsgewinnler）才会在那时变富，他们通过欺骗和其他可疑的交易，利用了大众的困境。战后他们成为"新富人"阶层，取代了之前的"富人"。

国民经济状况的改善不断加速，以至于到 1927 年就形成了一次（虚假）繁荣。这诱使许多人将他们本属有限的可用现金，投入各种投机证券（尤其是股票）中，而且还不断通过银行信贷予以增资。当 1929 年世界经济危机全面爆发时，这些证券变得一文不值，银行的信贷却仍然必须偿还。我的父亲也是如此，所幸他很快就和银行达成了一致，因为双方有争议的金额相对较小。损失让我的母亲在家政开支上不得不尽量节约，令人欣慰的是，那时食品的价格非常之低，例如，我还记得四个橘子只要花费 10 芬尼。

我对小学（1923 - 1927 年）几乎没有什么记忆。但是，一份保存下来的成绩册表明，我在小学里学得很轻松，并且成绩优秀。成绩册还证明，由于健康原因我经常缺勤，而与住在迈卡默的祖母待在一起 [在一份二年级第一季度的成绩单里简洁地写道："三个月在乡下——鲁尔希（Lurch）老师"]。小学时期值得一提的还有当时不断变换的书写形式，

---

* 地产抵押马克（Rentenmark）又称为地租马克，是于 1923 年 11 月在德国推出的货币，用以遏制当时的恶性通货膨胀。它取代了因通货膨胀而一文不值的纸马克（Papiermark），但只是作为暂时货币，不久后被国家马克取代。——译者注

人们不得不适应从斜体字（Schrägschrift）到直体字（Steilschrift）再到聚特林（Sütterlin）字体的变化，以及从德语字母到拉丁语字母的变化，这让我感到不知所措且不胜其烦。直到今天，我对自己的书法仍然不甚满意，其原因正在于此。好在我的两个儿子写着一手漂亮得多的好字。

二　中学与大学

1927 年复活节，我进入波鸿的国立中学（staatliche Gymnasium），在那里一直学习至 1933 年夏。进入该校就读对我来说是一件幸事。它对学生要求很高，许多父母因此没法将孩子送到这里，而只能送去理科中学（Oberrealschule）或者外地的中学。那些不顾学校的高要求而仍然在本校试读的孩子，不少人在一次或者几次挫败（留级！）后都放弃了，最终仍然不得不离开学校。结果是，留下来的学生都比平均水平更为聪明，因此也从课程中受益更多。顺便提及，这种情况在波鸿引起了父母与校方之间的激烈争论，最后校长受到多数人的拥护，他的路线也得以坚持下来。

尽管学校要求很高，我在全年级仍然属于上游的学生。我成绩单上的成绩一直都在"好"的范围内波动（之前还从来没有给过哪个学生以"非常好"的成绩）。虽然如此，我并不是一个有野心的人（Streber）。我参加了同学们所玩的主要的体育活动（例如足球场或者街头上的球类运动、运动场上的竞赛等）。我在这些方面的表现很是一般，不过我和朋友们都无所谓。就结果而言，更重要的是，我也参加了那些我们 10 – 13 岁时做过的无聊的恶作剧（dummen Streichen）。其中一个我还记忆犹新。三年级（Quarta）（即 12 岁）时我们一群同学根据事先制订好的计划进入"阿尔斯贝格"（Alsberg）商场的食品部，在那里的地面上（完全知道不是在食品中间）放置了一枚臭炸弹（stinkbomb），然后我们往后撤了一大段距离，以观察其对售货员和顾客的效果。但是我们失算了，一位商场保安（Hausdetektiv）早就注意到了我们，并对我们进行了盘问。后来波鸿当地的一些报纸报道了这一事件，认为这是一起严重事件，有的甚至评价其为骇人听闻的事件，甚至有人怀疑我们的动机是反犹太人（Judenhaβ）。这样的指责当然是没有根据的，因为我们甚至不知道"阿尔斯贝格"商场掌握在犹太人手中，人们也相信了我们的辩解。值得一提的还有，我们的宗教老师在随后的课堂上问，谁参加了这件事。在得到答案之后，他失望地说："一群天主教徒！"后来他在我的成绩单上写道："品行不令人满意，原因父母知道。"

我的大多数同学，包括我在内，都奉行市民阶层的保守的时代精神。我们骄傲地带着色彩斑斓的各种校帽，它们的颜色每年都会调整（从深蓝到红绿再到白色）。我们更喜欢旧的、黑白红的帝国旗帜［黑红金是被市民阶层拒绝和藐视的阵营的旗帜，因为根据法院的一份判决，弗里德里希·艾伯特（Friedrich Ebert）* 可以被称为卖国贼（！）］。与此相伴而生的是潜在的反犹太主义，我自己没有觉察到，但在媒体上已有所抬头，不时有人谴责犹太人拉帮结派（Seilschaften bildeten），通过与政府相勾结（Ämterpatronage）而迈入领导阶层。

随后的几年里，波鸿中学的优越地位越来越不明显，尤其是在我入校时的校长退休之后。当我1933年离开学校时，它与其他学校之间的区别已经微乎其微了。但是对我来说，在过去将近7年中获得的那些好处让我终身受益。

1932年，父亲得到了担任波恩地检署长官的机会。对此他并不是没有犹豫，但是在我们几个儿子的热烈赞同下，他还是接受了它。然后我们很快就搬到波恩，并在那里盖了——因为当时盖房子非常便宜——一座独栋联排的房子（Einfamilienreihenhaus）。盖房子时，父亲听从了他的一位独立经营一家建筑企业的战友的建议，因为他的战友许诺以12000马克的固定价格建造我们的房子。遗憾的是，当房子盖到差不多一半的时候，这位企业主就破产了。我们后来不得不又自己花钱继续盖没有盖

----

* 弗里德里希·艾伯特（1871－1925），魏玛共和国第一任总统，由于一战后《凡尔赛条约》的签订、经济萧条、通货膨胀等原因，弗里德里希·艾伯特当选后第二年，即1920年就失去了民众的支持。文中提及的那次审判主要指控的是弗里德里希·艾伯特在一战期间犯有严重的叛国罪。一般认为，1925年弗里德里希·艾伯特在总统任内早逝，与该判决有莫大的关系。——译者注

完的房子，最后我们一共花了 24000 马克。这再次导致家庭经济陷入拮
据之中，不过在母亲的勤俭节约之下，没多久就再次顺利渡过了难关。

在时局方面，希特勒攫取政权和颁布《授权法》（Ermächtigungsgesetz）
都没有对我的生活产生什么影响。一切一如往昔，即便在学校里也不例外，
因为我的老师们没有一个是纳粹分子，他们的授课和往常并没有什么不同。
而在其他学校或者其他班级往往不是这样的，那里的老师上课时大多认为
自己是"进步的"，并"一起投身"（mitschwammen）于运动之中，已经在
坚定地散播纳粹的思想了。

1933 年夏末或者秋天，我需要作出人生中的第一次决定。非纳粹青
年社团的成员被要求加入纳粹组织（少年队和希特勒青年近卫军）[NS-
Organisationen（Jungvolk und Hitlerjugend）]。我是天主教教堂创办的天主
教学生社团"新德意志"（ND）的成员，并在那里负责一个 8 至 10 名青
年的小组，每周我都要和他们一起组织一次社团晚会。一位代表教堂的
教士建议我们一起改投少年队。他保证，我们在那里可以毫无改变地继
续我们的"社团"活动，并且不会受到其他的控制。这一提议听上去很
诱人，在父母的同意之下，"新德意志"的绝大多数成员都接受了它，
也有一些同学表示拒绝。他们和他们的家庭后来遭遇了怎样的命运，我
不得而知，想必应当会很艰难吧！

在我们改投少年队后的第一年，许诺得到了遵守。我照旧负责一个青
年支队（Jungenschaft），但是很快又吸纳了另外两个青年支队而扩充为一
个所谓的青年小队（Jungzug），队长还是由我担任。我可以（或者必须?）
在上衣佩戴一条绿色的带子［俗称"猴秋千"（Affenschaukel）]，以表明
我是官方任命的队长。一段时间以后我又被委任担任由三个青年小队组成
的中队（Fähnlein）队长。我们以前"新德意志"成员的组织补充吸纳了
一个属于青年社团"青春之泉"（Quickborn）的新教组织。两个组织一起
组成了中队"弗伦茨贝格"（Frundsberg）。但是在实际活动中，特别是在
举办社团晚会时，两个组织是完全独立的，只是在街上时，我们才看上
去是一个小队或者中队。我的前任中队长是我家在本地的一位好朋友，
他因为考上了大学而不得不离职。

由于父亲的工作调动，我在 1934 年 10 月转入波恩的国立贝多芬中

学。这段时间对我来说并不光彩。转到波恩后，我首先到校长那里报到，他让我去见七年级的班级老师。当我来到班级里时，大家正要开始写拉丁语作业。老师让我自己决定，是一起写还是不用理它。我自信地选择一起写。几天后作业发下来了，老师评论说："你们大家要多注意这位新同学了！"也就是说，我的作业无疑是写得最好的。很遗憾这给了我一个错误的信号，让我以为自己可以不用去刻苦学习了。每周六我——而不是全班——都利用各种可能性不去上学，整天待在青年组织里。即使平常在学校里，我所做的也只是那些最必需的，结果差点在 1936 年的高考（Abitur）中没有拿到"好"的总成绩。

高考后我希望马上开始大学学习。我首先想的是，尽快开始学习自然科学，将来成为一名数学、物理或者其他相关专业的老师。但是在登记注册时，我却必须先同波恩教育局的一个政党委员会（Parteigremium）联系。在那里他们告知我，只有当我先学了两年的纳粹理论基础之后，才可以学数学专业，因为老师当然只能是坚定的纳粹主义者。我非常失望，也无法忍受自己为此而接受洗脑。于是我不得不考虑，是否有其他的专业，可以不用在大学学习的中期结果（Zwischenergibnis）之后才能进入专业学习。在我的记忆中，就只有法学和国民经济理论不用先学纳粹理论了。在此前提之下，我毫无疑问地优先选择了法学。

除了上述不幸之外，还有另一件事延迟了我的大学学习：我必须服补偿役（Ausgleichsdienst）。主管机关原本认为，我由于脊柱侧弯既不能服劳役，也不能服兵役。但是在不久后的兵役体检（Musterung）中，我被归入"有限宜服"（"beschränkt tauglich"）类。根据我的记忆，其后果是，我在和平时期可以被召服劳役，但不能服兵役。

入伍服役的通知很快就下达了。我中断了刚刚才开始的 1937/1938 学年冬季学期的学习，在波恩的米尔劳动营（Arbeitslager Miel）开始服役。在这里发生了一件很滑稽的事情。

全营部队被分配的任务是挖排水沟。第二个月的某一天，当我正在沟里努力干活时，队长和一个我不认识的人来到我身边。队长说："这个人行，他是大学生，学东西可能会最快！"然后转头对我说："好好收拾准备一下，去找厨房的厨师登记！"整件事的背景是：厨师被召于一个月后参加一个进修研习班（Fortbildungslehrgang），但是作为临时的替代者，却没有较为合适的屠夫和面包师。他们因此相信营地里唯一的大学生，能够比其他人更快地学会烹饪（我是冬天服劳役，而其他大学生一般都在夏天服，所以我是营地里唯一的大学生）。然后我就在厨房里，在多数时候都是醉醺醺的厨师的指导下，开始学习为大约 120 个人烹制各种油炸煎烤的食物。在这段"培训期间"（Ausbildungszeit）以及之后厨师不在的日子里，我作为"厨师长"（Küchenchef），领导厨房部门照旧运转。厨师回来以后，对我的工作表现大加表扬，并要求我在服役期满前为数不多的几周内继续留在厨房工作。

我的被劳役短暂打断的大学学习共持续了六个学期，其中第二和第五个学期在慕尼黑，其余学期则在波恩。这段时间我非常勤奋，除了在慕尼黑的第一个学期以外。那个学期中，慕尼黑的魅力深深吸引了我，我每天都徜徉在这座城市里，欣赏它的一切。我几乎参观了所有的博物馆和教堂。尽管是战争时期，不同的剧院仍然有各种戏剧、歌剧和小歌剧（Schauspiele，Opern und Operetten）的演出，特别是《魔笛》（Zauberflöte）、《魔弹射手》（Freischütz）和《波西佛》（Parzival）的演出，至今仍然令我记忆犹新。我是如此投入，以至于我在这一（相对短的）期间内都没有用心地上课。战后当我重新来到慕尼黑时，也就是大约三十年后，我可以非常准确地指出，哪些地方因为战争的影响和其后的重建而被改变了；其程度比我预料的要严重得多。

我的大学学习是幸运的，因为在波恩教过我的教授们，在政权移交给希特勒之前就都已经在波恩的法学与政治学院任教，故而并不支持纳粹思想。相反，多纳（Dohna）教授是一位国际知名的刑法学者，纳粹因为担心在国外造成轰动，甚至没敢剥夺他的教职。类似的情况也发生在反纳粹政权的公法教授恩斯特·弗里森哈恩（Ernst Friesenhahn）身上。我听过他的非常"经典的"宪法与行政法课，获益良多。当然，也有一些大学的少数国家法和公法教授已经基于纳粹的理论在讲授他们的课程、进行练习和开展研讨了。至少我还记得克尔罗伊特（Koellreuter）的名字，我相信他就属于那少部分人。这可能与他正好是在"运动的首都"——慕尼黑——得到教席有一定关系。

各个学期的成绩单证明，我的论文得分总是在"好"的范围之内。1939年，我达到了6个学期的最低学时要求，于是我抓住机会，马上报名参加第一次国家司法考试（Ersten Juristischen Staatsprüfung）。

三　参战及其直接准备

不幸的是，就在那时，由于农民们缺少劳动力，也没有应当支付给劳动力的必要工钱，政府正在招募大学生在假期里服收割役（Erntedienst），以帮助农民收割庄稼。我想我是不可能幸免于难的了。

我和另一位大学生一起被分配至西普鲁士马里昂堡（Marienburg）附近的一家农场，该农场由上了年纪的两兄妹经营。在那里我们用一台马拉的机器收割稻谷，把割下来的稻谷摊开在地面上晒干，然后捆成捆，将绝大部分收入粮仓。我们是在战争开始之前几天到达农场的，两天后就可以回家了。事后来看，招募我们服收割役其实已经在为开战做直接的准备了（粮食必须提前收进来！），但是我们当时却没有察觉出来。

战争开始之后，我向征兵部门（Wehrersatzamt）询问，我因为脊柱侧弯而不必服兵役的限制是否在战时也有效。回答是无效，但又暗示说，在可预见的将来都不会考虑征召我。我于是请求他们马上征召我加入空军［高炮部队或者电信业务部队（Flakartillerie oder Fernmelddienst）］。这并不是因为我想要卷入战争和支持希特勒，而是因为我想向自己和其他人证明，尽管有脊柱缺陷，我的身体仍然完全应付得来。由此而使自己处于上前线参战的危险之中，这是否真的是明智的，在今天我可能会表示怀疑，但是当时我并没有意识到这一点。况且，对我来说唯一可能的另一选择，即在德国国防军管理部门文书室（Schreibstube！）工作，我一点都不喜欢。

战争开始后没几天，国家司法考试部门通知我，我现在无法参加正常的考试，只能参加由两次闭卷考试和一次口试组成的紧急考试（Notexamen）。对我来说这不是什么好消息，因为我在夏季学期结束后马上就报了名参加考试，也得到了家庭作业的习题。但是其中很多却都因为收割役还没有做。我最终以"值得表扬"（lobenswert）的成绩通过了考试。成绩等级其分为优（ausgezeichnet）、值得表扬、良（gut）、中（befriedigend）、及格（ausreichend）、不及格（mangelhaft）、差（ungenügend）；优的成绩在考试部门之前的实践中还从来没有人得过）。

　　次年一月的第一周，我被征召至沃尔芬比特尔（Wolfenbüttel）的一个高炮炮兵营服兵役。在那里我首先接受了为所有新兵设置的常规基本训练，其目的是显示士兵生活有多么艰苦。我们不仅必须长途行军，而且过程中还要匍匐前进，爬泥潭和做"蛙跳"（Häschen hüpf）（像兔子一样使劲往前跳）。那些负责该"运动"（Sport）的低级军官们显然是极其变态的施虐狂，对他们来说，以这样的方式刁难别人，尤其是刁难那些高中毕业生和大学生，简直就是一种消遣。这使我为自己决心成为一名士兵感到遗憾，因为我认为这种对待人的方式有失体面且有辱他人人格。

　　完成了基本训练之后，紧接着在沃尔芬比特尔又开始了无线电话务员的训练。此时，和低级军官们的关系就像倒了个个儿一样，充满了信任，几近友好。对这种训练我显然也不是没有天赋，因为没过多久，我就能用摩斯码在一分钟内敲出 120 个字母，这通常是职业军人才能取得的好成绩。在为期两个月的课程里，我们除了学习摩斯码，还学习了如何在空战和阵地战的营地（Flug-und Erdkampfstellungen）搭建无线电台，如何用无线电台接收和传递各种命令与信息等；一个无线电话务员必须了解的、为了在紧急情况下使各参战部队之间最高标准地有效合作成为可能的所有技能，我们几乎都有学习。我以良好的成绩结束了课程，教官给我的评价是：对于无线电话务员在战争中可能遇到的全部任务而言，都是非常合适的人选。看到教官的评语以后，我非常满意。

　　对于接下来在居特斯洛（Gütersloh）举办的电信业务课程，我只有非常模糊的记忆。这可能与经过了前面的课程之后，我不再对这种训练感兴趣有关。我希望尽一切力量成为一名无线电话务员而不是通信员。尽管如此，我仍然成功地结束了该课程。当我后来想起它时，脑海中反复出现的画面是，数百米的电缆不断地拉直然后又被卷起。

　　学完这些课程，我的新兵训练也结束了。之后我作为一名最低军衔的"炮手"（Kanpnier），加入了一支驻扎在上西里西亚（Oberschlesien）的高炮部队，但是当时它正在法国加莱（Calais）港执行任务。刚到这里，我就遇到了第一件令我非常失望的事情：部队里没有无线电台。我因此不得不直接去与大炮（2 厘米口径的高射炮）打交道。在加莱，我们的营地位于一座大楼里，视野开阔，往北能远眺大海，往南能鸟瞰整座城市。如果是作为一位旅游者经历这一切，人们肯定会流连忘返。但是现实却迫使我们必须时刻小心，因为敌人随时可能对城市发动攻击。"站岗"（Posten schieben）和时常瞭望天空是必不可少的，我们每天都分三拨轮流倒班。所幸加莱始终没有受到袭击，我们因而也过了一段相对轻松的生活。

一段时间以后，部队接到了转往法国布洛涅（Boulogne）的命令。在那里，我们的大炮就布置在城里，却总是要在不同的地方运来运去。和在加莱一样，布洛涅也没有响起枪炮声。这次行动只是一个简短的插曲，因为我们很快又接到了转往圣纳赛尔（St. Nasaire）的命令。它位于法国西部，是当时德国最重要的潜水艇港口。由于被视为特别危险的目标，所以受到许多高射炮的保护。在这儿我们驻守的时间较长（直到1941 年 4 月）。

是年五月一个温暖而又阳光明媚的日子里，转换阵地的命令又来了。我们被调往东普鲁士的最东方，所谓的"苏瓦乌基角"（Suwalki-Zipfel）。我们马上发现，这里集合了隐蔽良好的庞大部队，不得不让人开始揣测这次行动的目的。大部分流言是，因为开战前刚刚签订的协定，俄国已经允许希特勒派重兵穿过俄国的领土，抵达石油产地阿塞拜疆的巴库（Baku）并加以占领。后来一些人认为，该流言是有意被散播的，以便可以最高限度地保守秘密：因为这样一来，即使是参战的德军部队也会对作战命令大吃一惊。进攻前一天的黄昏时分，所有集结在这一地区的部队都被命令集合，指挥官当众宣读了首领的命令：明天早上三点开始向俄国发起进攻！我对此感到极度震惊，返回帐篷时我脑子里的想法是："难道他不知道拿破仑（Napoleon）军队的命运吗？"

描写战争时我将说得简短些，只说重要经过。首先我想一般性地指出的是，对于我们 1941 年夏天和秋天的前线战地（Frontabschnitt）而言，经常数日之久，有时甚至数周之久，了无战事；就像那句格言说的一样："士兵一半的生命都在徒劳地等待。"（Die Hälfte seines Lebens wartet der Soldat vergebens）偶尔有一些意料之外的地面或者空中攻击，但通常不会导致值得一提的损失。损失很小很可能和这里参战的俄军兵力不多且训练不足有关；当然，我们总是能够第一时间建好营地、挖好壕沟，提供良好的隐身之所，这也发挥了很大的作用。总之，我们远不如德国人口稠密地区，如柏林、科隆、汉堡或者德累斯顿的平民那样，饱受战事之苦。虽然许多前线士兵也吃尽了战争的苦头，但对大多数士兵而言绝不是如此。

令人非常惊讶的是，战线推进至斯摩棱斯克（Smolensk）外大约60公里处就停滞不前了，不知道为什么，我们始终没有接到继续前进的命令。当我们注意到可能要在这里停留较长时间时，就自行进行了整顿，并挖了一个复杂的壕沟体系，以便得到更好的保护和更多的活动自由。实际上，直到所谓的"佛亚斯马（Wjasma）战役"开始之前，这里的前线都没有什么改变。俄国人也只是构筑了一道脆弱的防线。两边都很少开枪，即使有，一般也只是突然袭击式的炮击。很多战友都知道我在米尔劳动营受过"厨师培训"，能制作美味的蛋糕，于是就让我在这里给他们做。好些日子里，我都从早到晚地站在平底锅旁忙碌。蛋糕非常受欢迎。由此产生的烟雾，则被我们通过壕沟体系引到离炉灶大约300米远的另一处地方。

"佛亚斯马战役"的第一个阶段按计划进展顺利。鉴于总体情况，我们都认为，为了切断莫斯科与俄国腹地的联系，以重坦克部队对俄国首都进行钳形包围，夹击莫斯科，这一战略可能是正确的。但是之后天气骤变，气温突然就降到零度，整个地区变成了一片黏稠的泥潭，陷在里面不仅不能前进，大多数情况下连回撤也困难重重。为了将大炮和交通工具带到安全的地方，我们经历了无法形容的折磨（那种推着炮车在泥潭中拼命挣扎的惨象让我终生难忘）。最后，我们成功地依照一项发布给我们的命令，在小雅罗斯拉韦茨（Malo Jaroslawez）城附近集合。早已筋疲力尽的我们终于可以修整一段时间了。

在这儿我被安排到无线电台和另一位话务员一起轮流值班，以确保我们与周围的部队时刻处于联系之中。12 月 3 日，我接收到无线电讯，日本飞机对珍珠港发动了猛烈袭击，击沉了大量的美军舰艇；同时德国为了支持日本而向美国宣战。我被这条消息深深震惊了。想到第一次世界大战，我觉得我们大概再也不可能赢得战争，最好的结局也就是通过反抗达成谅解式的和平（Verständigungsfrieden）。当时我还不知道，盟军已经在他们的条约中约定，尽一切可能迫使德国投降。

在提前到来的泥泞期之后，异乎寻常的严冬又早早来临。部队还停留在小雅罗斯拉韦茨附近的营地里，幸亏我们及时修建了一座庞大的地下暗堡，可以勉强躲在里面抵御霜冻。我们经历过许多气温低至零下 52 摄氏度的冰冻之夜，不过因为在这种温度下总是没有风，倒不会觉得有那么冷。冻伤的危险也不只是取决于温度，还要看风速。空气流动越快，冻伤就越多，特别是头部和脚。暗堡里一般没事，主要是在外面站岗的人会冻伤，且还是取决于温度与风速。引人注目的是，作为补充兵源而来填补兵力损失的士兵们，绝大多数受到了这种伤害。这可能与新来的人没有与霜冻打过交道的经验，也没有把它当回事有关。霜冻使我们至少损失了 60% 的兵力，但是随后又由那些新来的人员进行了补充。我自然也未能幸免。我的脚冻伤了，脚趾失灵，战争结束十多年后，逐渐完全失去知觉。在我的记忆中，这段霜冻期也是非常艰难的岁月。

一天早晨，大概是在 1942 年 3 月，我们从营地用望远镜观察到，俄国士兵穿着白色的迷彩服，在滑雪板上向德军前线挺进。这是德军部队损失惨重的撤退的开始。前线象探戈舞步一样"前进一步退两步"地往西回移。如同今天人们所知道的那样，实际撤退的方式与将军们的建议相反。将军们原本建议，应当通过一次大撤退，一次性地退至波兰的东部边境（战争开始前的边境），但是希特勒却命令士兵必须"坚守阵地"，"用爪与牙"（mit Klauen und Zähnen）捍卫每一寸土地。损失因此很大，许多德国士兵都牺牲了，有的因为缺少足够的冬衣而冻伤。

此时还发生了一件攸关我后来命运的事情：上级部门要求我们炮兵连的连长举荐一位适合于军官生涯的高中毕业生或者其他有才能的士兵。连长同我讲了这件事，我请求他不要提名我，因为我不希望在如此困难的处境下离开连队。不过最后他还是举荐了我，因为每个炮兵连至少必须提名一个人。

我所在的高炮部队后来不断被调往那些担心受到俄国袭击的地方，其中一个比较重要的地点是从罗斯拉夫尔（Roslavl）到莫斯科的"军用高速公路"（Rollbahn），在那里我们待的时间比较长。最后一次任务是前往位于一个峡谷入口处的营地，以防御一次预期中的具体攻击（可能是事先得到了情报）。然后来了一只俄军的突击部队，企图突破我们的阵地。我们及时地将大炮布置到阵地上并向对方开火。不幸的是，一位俄国士兵将一枚手榴弹直接扔到我的脚前，手榴弹爆炸后，大约十个小碎片扎进了我的小腿里。当时伤口的严重程度是无法现场辨认的。我先是短暂地失去了知觉，随即马上就发现，鲜血渗透到了我的长筒靴中。连长命令将我送到最近的前线救护站［在博布鲁伊斯克（Bobruisk）附近］。为此我们（司机和我）必须行驶大约15公里，穿过遍布游击队的地区。为了尽可能地不引人注意，其间我们还得调暗灯光亮度、降低马达声响等。无意外地抵达目的地后，碎片马上被取出。手术不大，但是效果却不理想。几乎所有的（小）伤口都化脓了（可能是因为扎进伤口里的那些小碎片），使我差点得了败血症（Sepsis）。这里又没有抗生素，我因此一度高烧至40度以上，极其危险，好在第二天高烧慢慢地退了。

雪上加霜的是，偏偏在这一天要将伤员转移到华沙。我因为正在发烧，当然不能被一起转移。我不得不运用我的一切技巧，竭力劝说主治医生将我一起带走。最后他同意了，但条件是我自负全责。在行驶了很长一段时间后，我记得超过了七个小时，队伍才到达华沙。在这里我被安置到野战中心医院，立即进行了医疗处理。在做了检查之后，医生对我说："非常幸运，您所受的是一个能住院治疗的轻伤（Heimatschuβ）。爆炸使整个小腿的肌肉组织陷入极不协调的状态，需要数周之久的训练来重新恢复其机能。您必须像一个孩子一样地学习走路。最后一切都会痊愈，不会有任何后遗症。"但是后来还是碰到了一件相当棘手的事情：一个小碎片击中了前臂上手腕后几厘米的神经束，却并没击穿它，使我疼痛难忍。医生给我提供了如下两种选择：要么让他通过一个小手术切断神经，后果是可能会出现手部瘫痪，其范围不可预测（一根手指瘫痪、几根手指瘫痪或者整只手瘫痪都有可能）；要么相反，我忍受疼痛，几周后伤情有可能会慢慢地自行好转。他建议我采取第二种方式，至于其间的疼痛，可以通过注射吗啡极大缓解，并且不会因此有上瘾的危险。我接受了他的建议。今天看来，我为自己当初的决定庆幸不已，因为我的手最终痊愈如初。

在华沙待了大概三周之后，我乘坐医疗专用列车转往巴特维尔东根（Bad Wildungen），并被安置到当地的一家医院。大约三个月后，我又被送到费尔斯滕霍夫疗养院（Kurhotel Fürstenhof）。在停留于维尔东根的全部时间里，我只有第一天是卧在床上的，然后就必须"学习走路"，一如前面讲到的那样。刚开始时非常费劲，慢慢地就有了好转，并恢复得越来越快，直到可以向征兵部门报告，我又可以有限制地服兵役了，只是不可能再上前线作战。我随后被分配至布雷斯劳（Breslau）的一个负责我们高炮部队调动的办事处，在那里等待我的任命决定。但是一直等到三周的固定期限过去以后，部队才发现，我的军官培训命令还没有做出，而不得不临时去补做。

由于军官培训课程安排得不是很紧凑，中间有较长的空闲时间，没课时我必须返回原来的部队。但是那已经不再是我受伤后离开的那支队伍了，我的部队在其老成员的意义上已经不复存在。从一位战后和我取得联系的战友那里，我得知我们的部队被俄国的坦克"碾压而过"，所有士兵或者被杀或者被俘。他受了轻伤，在连夜往西行进了约50公里后，为第一支德国的前哨部队所救。

由于医生证明我无法投入地面作战，我又被安排至丹麦的一间候补军官学校学习。在那里，我度过了一段在当时来说相对安宁的时光。

四　战后时期

当战争结束时，西北德意志的英国占领军表现得非常正派。他们估计，我们撤退回石勒苏益格－荷尔斯泰因（Schleswig-Holstein）的途中，可能会受到想要复仇的丹麦人的愤怒攻击，因此允许我们乘坐自己的车辆全副武装地撤退（丹麦人民已经被告知了这一点）。然后在海德（Heide）附近的一个很大的军营里，我们被解除了武装，与其他来自北德意志军区的许多士兵们安顿在一起。这里将会决定我们之后的命运。接下来的大约四到六周，我们只能被动地等待（我无法和我的父母取得联系，因为邮局还没有开始运转）。

有一天，有人点到我的名字，说要将我送回西德意志。经过数小时的行驶，我们抵达了波恩的大教堂广场（Münsterplatz in Bonn）。

下车后我迫不及待地动身往家里赶，走了大约有半小时。沿途可以看到整座城市被炸得面目全非，许多房子简直就是消失了。我因此非常紧张，不知道我家的房子怎么样了，但主要还是担心我的父母怎么样了。距我家大约200米时我就看到房子还在那儿，而且已经可以看出它损坏极为严重。一枚燃烧弹击穿了屋顶，却被二楼的水泥天花板截住。看上去是一枚哑弹，至少它没有引起燃烧。当我站到房前时，我试着敲了敲门。母亲开的门，在她身后站着我的父亲。我们拥抱在一起，为战后的重逢喜极而泣。

我很快就清楚，一切都必须再次从头开始。就我的职业而言，之前所学的法律知识早已忘得差不多了，但是就像我立即察觉到的那样，它们并没有消失；重新复习几个月的话，我可以拾起其中的一大部分，并能相对自如地加以运用。我同十来个年轻的战争参与者有过交谈，他们在战争结束前的一刻还被送进一次无意义的战斗里。大体上，他们都对法学有一定的兴趣，我问他们，是否有意参加一个课程，以便获得法律知识或者继续发展既有的法律知识。经过一些努力，我采取该方式招来了大约十位年轻人，他们都希望开始学习法律或者继续在战争时期就开始了的法律学习。我们一周五次，每天早晨六点集合，共同活动一个钟头左右，然后每个人开始自己的其他工作。在课堂上，我借助于一套复印来的非常有名的复习材料，给他们讲解考试中的所有重点问题，他们则借此为第一次国家司法考试做了相当有效的准备。由于时间紧迫，为了给他们上好课，我只能在前一天详细地拟定和领会要讲解的内容，然后第二天就赶鸭子上架。我由此获得的报酬则仅够糊口而已。

我还必须补上我的（第一次国家司法考试后的）见习培训（Referendarausbildung）。根据当时的法律，因为是参战者，我在经济上是视同在第一次国家司法考试后已经结束了见习服务（Vorbereitungsdienst）的。所以 1942 年我就通过设在俄国的战地邮局被任命为附加条款（K）［Zusatz（K）］意义上的候补官员了。我现在的薪资也和候补官员一样。不过按照规定，我有义务在战后补上见习培训，并在其基础之上参加第二次国家司法考试。在我的申请之下，我得到批准"尽快"开始见习。

　　然而，当时能够指导我们的人员非常有限。对于组织这样的培训或者对于指导各位应受培训者来说，合适的人选只可能是法官或者检察官。他们中相当大的一部分，之前已经在战争中牺牲了，或者被俘还没有被释放出来。未上前线的人中，鉴于他们在纳粹时期的活动，是否可以被再次录用，则还有待审查。因此，监督和控制见习期服务方面所必要的人员是极为缺乏的。为了避免当时的司法活动出现停滞状态，就产生了在合法性的边缘游走的实践。

　　具体来说，我的见习工作是这样开展的：我先在波恩的一位检察官那里工作。在这儿的工作中，我不受监督地为起诉做准备，起草起诉书，并向法院提起诉讼。审理过程中我则要出庭支持起诉，做总结性建议。我还记得一个案件，是有关一位负责分发"学校膳食"（Schulspeisung）（来自美国的捐赠）的官员的诉讼，他从许多箱罐头中留出来一部分供自己使用，被判处了 8 年有期徒刑。

　　然后我为一位主审民事案件的地方法官提供协助。我们每周都见面一次，预告这一周要做出的判决。一开始都是他自己制作判决书，慢慢地就交给我制作了。他一般只宣读判决主旨，口头理由则留给我。不过通常根本不需要判决书，因为大多数诉讼通过调解就结案了。当需要他签名时，由于时间关系，他一般是草草审核后就签。

　　在通过这种方式满足了所有要求之后，我被允许参加第二次国家司法考试。其书面部分，包括一篇"六周的作业"（Sechswochenarbeit），已经在最后考试日期之前的很多周就完成了。口试则是在考试部门的主席位于巴特戈德斯贝（Bad Godesberg）的私人住宅（！）中进行的。我总成绩的分数是"好"。

　　考试以后我先被分配至波恩的民事上诉法庭（Berufungszivilkammer）

工作，不过很快就被调往科隆。在那里我"一身二用"。一半供科隆的司法考试部门所用，任务是拟定考生家庭作业（六周的写作时间）的习题提纲。这种习题方面的"辅助资料"（模板）我可以在我家的地下室里找到。只是必须仔细检查，在战后法律被大幅修改了的情况下，它们是否还是合适的。有时候我会通过对作业中描述的案件状况做细微调整来使之合适。令我满意的是，我提出的全部建议几乎都被考试委员会接受了，并正式作为六周的作业分发给参加考试的人。另一半则出任科隆地方法院的民庭法官。

1950 年夏，位于波恩的联邦司法部第二科室（Abteilung 2）（刑法和刑事诉讼法）想要招一个人。经过杜塞尔多夫州司法部门的国务秘书布莱布特罗伊（Bleibtreu）先生的推荐，他们首先征询了我的意见，问我是否对该工作有兴趣。

由于曾经在联邦司法部共过事，我毫不犹豫地给出了肯定的回答。但是与我熟识的科隆州高等法院审判委员会主席（Senatspräsident）皮拉（Pira）提醒我要慎重行事，因为我可能因此从我家乡部门的眼前消失，并被他们所忘记，然后可能要持续好多年，才会被提名为地方法院委员（Landgerichtsrat）。于是我提出，要先被提名为地方法院委员后，才能答应征询。联邦司法部认为我的动机无可厚非，接受了我的条件。

至于学术领域，在战争期间我就已经与格拉夫·冯·多纳结识。在他的刑法课与练习课下课期间，我经常与他谈及德国刑法令人痛惜的状况。遗憾的是，由于普遍的困境和照料不周，他于 1944 年就去世了。我与他的交情匪浅，下面的一件事可以证明这一点：有一次为国民经济和企业经济理论的大学生们开设的刑法课下课后，多纳曾经和我的妹妹约翰娜谈过话，她当时是班上的学生。他问我的妹妹，我是不是她的哥哥，其间他称呼我为"穿着短裤的小机灵鬼"。

战后，我很早就向多纳的助理胡贝特·克拉森（Hubert Claassen）咨询，请他给我出主意，如何才能花尽可能少的时间获得博士学位。克拉森的建议是，如果选择一个非政治的和小的主题，就可以不用耗费太多的精力。我同意了他的想法，决定以"帝国法院诈骗罪理论中的财产损失"为题写作博士学位论文。我因此找到我的博士生导师赫尔穆特·冯·韦伯（Hellmuth von Weber）教授，他也同意了我的选题。刚开始时论文被迫搁置了一段时间，因为战后图书馆的状况惨不忍睹，不仅特殊资料通常找不到，连一般性的刑法文献也残缺不全。即使如此，我仍然在六个月内就努力完成了论文的主体部分。冯·韦伯审查了论文，给出了"优良"（magna cum laude）的评价。他认为，如果再对选题进行半年的研究，我可以毫不困难地拿到"优异"（summa cum）的成绩。我拒绝了，因为这样会严重影响我后续的职业发展。冯·韦伯先生对此表示理解，然后论文就以它当时的样子被提交了，并按规定出版（30 册）。

五　联邦司法部时期

1950 年 11 月 1 日，我前往位于波恩的联邦司法部履新。我的工作是撰写青少年附属刑法方面的报告。部门负责人是高级政府专员（Oberregierungsrat）施特克尔（Stöcker），他向我解释说，很大程度上我必须独立地工作，首先要努力制订一部《青少年法院法典》的草案。

对此工作我非常满意。尽管之前学习的主要是一般性刑法，对作为附属刑法的青少年刑法了解不多，但是通过强化学习相关专业文献，我很快就弥补了自己知识上的不足。其间我发现，这个主题其实一直是立法研讨的热点问题。早在皇帝时期（Kaiserzeit）就已经多次讨论过，迄今为止只是受到刑法典第 55 至 57 条之不充分调整的青少年刑法，是否原则上应当被一部新的法律所代替。遗憾的是，长期以来该努力都没有结果，因为一旦人们将青少年刑法视为一般性刑法的组成部分，就无法在准备制定一部新的刑法典时将其分离出去。直到帝国司法部长席法尔（Schiffer）在 1921 年斩断这种联系，并提交给帝国议会一部《青少年法院法典》草案，计划才得以顺利进行，并于 1923 年通过了《帝国青少年法院法典》。

该法典视教育思想为基本准则，将各种教育手段规定为独立的刑法性措施；在量刑方面则显著限制了可以适用于青少年的监禁刑之范围。其基本结构和今天的实在法已经大体上相同了。特别具有意义的是，它引入了自由刑附条件延缓执行的可能性，从而比一般性刑法早得多地规定了附条件判决的法律制度。专业文献中压倒性的观点因此是，随着这部法律的制定，青少年刑法的独立化成功地跨出了第一大步；当然，在许多细节问题上，该法典仍有待进一步发展。

在我学习立法研讨状况的过程中，1943年的《青少年法院法典》随之进入眼帘。纳粹时期，它既是一部引人注目的也是一部影响深远的法典。一方面它包含有那些意味着青少年刑法之继续发展的规定，另一方面也体现了典型的纳粹思路，例如有关"青少年重罪犯"（jugendliche Schwerverbrecher）的规定，以及将其范围限制于德意志人和类似血统者的规定。在这样的法律状况之下，我接受了从战后一开始就已经在各州得到广泛实践的观点，即1943年的《青少年法院法典》在对青少年刑法的继续发展方面可以被视为仍然有效的法律，但是其他的规定或者要被废除，或者不能再加以适用。

现在必须明确的是，是应当先制定一部只是带来马上必要的改变的法典，将原本的改革留待第二步，还是应当将所有有待改革的事项都在一部法典里更为完善地加以规范。进一步的调查表明，各州司法行政机关的一致观点，或者至少是绝大多数的观点认为，首先只应当努力制定一部联邦范围内的统一法典，之后再开始后续改革。这也是我的看法。以此为基础，我起草了改革《青少年法院法典》的法律草案，并作为报告草案提交讨论。该草案主要致力于最重要的工作，也就是清除纳粹野蛮思想的残余。在联邦参议院按规定进行了表决之后，法律草案又被提交至联邦议会法律委员会接受质询。法律委员会特别成立了一个《青少年法院法典》的次级委员会，以对立法资料进行质询。其成员是各大议会党团的议员，主席是议员埃韦斯（Ewers），他认为《青少年法院法典》的改革特别紧迫，希望新的法律能比政府草案改革得更彻底。为了避免在联邦议会的质询中出现紧急情况（Schnellschuβ），我提前同许多专家进行了会谈（青少年法官、主办青少年案件的检察官、青少年救济人员等），并在罗森堡（Rosenburg）（联邦司法部的所在地）向他们咨询，《青少年法院法典》的次级委员会可能会提出什么样的问题，应当如何回答，等等。后来，作为司法部的享有发言权的代表，我在委员会上遵循了他们的策略。

由于我的上述准备工作，次级委员会的质询进展非常顺利，而且很短暂。我们之前在罗森堡拟定的建议完全得以实现。在随后法律委员会和联邦议会的全体大会上，根据我的记忆，它也得以毫无修改地通过。法定期限经过之后，联邦参议院要求作出一些边边角角的修改，然后也予以了同意。法典最终在 1953 年 8 月 4 日公布，1953 年 10 月 1 起生效。

在整个过程中，我还想提一提由议员们组成的法律委员会，他们不仅在智力上做出了杰出贡献，而且在纳粹时期也是以反抗纳粹政权而著称的。我只要提及威廉·拉福雷特（Wilhelm Laforet）和阿道夫·阿恩特（Adolf Arndt）的名字应该就足够了。后来我再也没有见识过如此杰出的委员会。

我们刚开始的计划是，建议《青少年法院法典》只保留初步改革中绝对必要的各种条款，但是在议员埃韦斯的推动下，法典中增加了一些不同的东西，也就是说完全是一部改革的法典了。这从它实际上——除了为数不多但富有意义的修改之外——直到不久之前还在生效中就可以看出来。我为此感到自豪。当然，随着时代的发展，定期地审查我们制定的新法律是否以及在多大范围内经受住了考验，还是说必须在具体细节上做出修改，仍然是有必要的。

令人惋惜的是，由于司法部门和交通部门之间的权力斗争，这种审查受到了影响，以至于没有对已有所改变的实际状况进行必要的适应。站在司法一侧的人希望也利用刑法——当然只是作为最后手段（ultima ratio）——同青少年犯罪作斗争。这可能是所有（至少绝大多数）州司法行政机关的立场。为了达到此一目的，他们建议引入"吊销驾驶执照"（刑法第 42 条 m）的措施，且最终也得到了贯彻（1952 年 12 月 19 日的《道路交通防治法》）。而站在另一侧的人大力宣扬的是，要制定一部专门适用于与青少年犯罪作斗争的《青少年协助法》（Jugendhilferecht）。它几乎得到了所有救助部门的官方机构的支持。遗憾的是，在这场权力斗争中，所有后来的努力都没能使《青少年法院法典》适应当时变化了的形势。双方都同意的争论起因原本是，创建《青少年法院法典》的所有改革步伐，几乎都是一种"实验"，在一段相对短暂的观察期后，其承载能力亟待审查。但是，这种权力斗争，却阻止了审查的开展。

在立法程序的准备与实施过程中，当《青少年法院法典》方面的工作不再占据我的全部精力时，我又参加了一般性刑法的清理工作。其间我是"为外国招募兵役"（Werbung für fremden Wehrdienst）主题的专题报告人和刑法分则部分（BT）"清理"工作的负责人。对于战后的国家安全（Staatsschutz）而言，这项工作当时非常重要，是在最高检察官尼泽（Nüse）的主持下进行的。总则部分（AT）则由司法部委员（Ministerialrat）爱德华·德雷埃尔（Eduard Dreher）主管。

国家安全的特别意义来自必须尽快地用法律设置起高的门槛，这些门槛应当可以有效阻止"蛊惑民心者"（Rattenfängers）的晋升，就像希特勒所经历的那样。经过多方咨询，我们最后形成了1951年8月30日的《刑法改革法》（StÄG），刑法因此增设了一个相应的章节。

至于为外国招募兵役的问题（那时首先想到的是法国的外籍兵团），则不存在什么疑虑，因此没有经过多少讨论就在刑法中增加了旧刑法的第141条（现行刑法第109条h），该条采纳了我们所建议的刑罚处罚措施（1953年3月6日的第二次《刑法改革法》）。因此，我在这里只想说一下两次与事情本身无关的有趣经历。第一次经历是，《明镜周刊》的记者格拉夫·奈豪斯（Graf Nayhauβ）打电话给我，希望我能为他就该问题详细解释司法部的立场。我按照他的要求非常详尽地作出了回答。令我非常惊讶的是，之后我却在下一期的《明镜周刊》中看到了与我们所谈到的内容完全相反的意见。在我的询问之下，格拉夫·奈豪斯向我解释，他自己和我一样感到惊讶。显然，对编辑来说，我们的解释"是不合时宜的"。第二次经历是这样的：一位国家安全科室的同事问我，是否愿意去接待一个共产主义青年团的代表，以便向他们更进一步地解释司法部在"为外国招募兵役"问题上的立场。我同意了。为了让自己不被青年团的宣传所滥用，我知道自己必须非常谨慎地行事。然后来了三个年轻人，他们同我进行了谈话，在许多问题上试图对联邦司法部的可靠性表示怀疑。在我的记忆中，他们并没有成功。最后，他们非常失望地离开了。大约一周后，一位国家安全科室的同事打电话表扬了我，称赞我在与代表们的谈话中非常有技巧，没有暴露出任何弱点。他是从一个混进那些代表中的线人（V-Mann）那里知道这些的。

最后就是分则部分的"清理"了，我们增设了大量非常重要的构成要件（例如选举犯罪（Wahldelikte），不告发严重的犯罪行为和高利贷），其中有一部分之前就已经在各州作为州的法律被适用了（1953 年 8 月 4 日的第三次《刑法改革法》——所谓的清理法）。随着 1953 年 8 月 25 日《刑法典》的重新公布，立法者的清理活动也宣告结束。

立法清理活动甫一结束，当时的联邦司法部长托马斯·德勒（Thomas Dehler）就根据刑法室的建议指示，要开始为刑法的全面改革做准备，并要求我们制订出一套计划，确定实现计划要分为哪些具体步骤。这也是我和所有其他同事的意见。但是事后来看，我们开始得太早了，理由如下：刑法室的负责人约瑟夫·沙夫霍伊特勒（Josef Schafheutle）还完全受着魏玛共和国时期立法工作的影响。他毫无疑问是自 1918 年以来所提交的各种刑法典草案，甚至包括部分皇帝时期草案方面的最权威的专家。在质询中他总是能给出当时法律状况的答案。他认为，那些人在"前纳粹时期"（Vor-Nazi-Zeit）做出的改革工作之成果绝大部分是正确的，因此也值得维持。实际上，他也几乎没有过任何动摇。此外，委员会，所谓的"刑法大委员会"（Große Strafrechtkommission）的成员几乎都是在纳粹时期仍在工作，却没有因为他们的活动而受到过追究的人。对于教授中的博克尔曼（Bockelmann）、加拉斯（Gallas）、耶舍克（Jescheck）、朗格（Lange）、西弗茨（Sieverts）和韦尔策尔（Welzel），上诉审（Revisionsinstanz）的法官［其中有巴尔杜斯（Baldus）］，事实审（Tatsacheninstanz）的法官和检察官［其中有福尔（Voll）］，以及地方司法行政机关的代表们［其中有勒施（Rösch）］来说都是如此。与这种异议无关的只有律师，因为他们的执业许可会因为纳粹时期的工作而被拒绝。最糟糕的是，基于年龄的原因，年轻的一代没有被包括进去。在随后几年内，这本应该有所改变，但委员会却仍然没有及时吸收新鲜血液，所以导致了严重的问题。

在此基础之上，联邦司法部长诺伊迈尔（Neumayer）任命了"刑法大委员会"的成员。挑选成员时重点考虑的是，每个被任命的成员都必须在其日常的法律工作中积累了丰富的经验，且在法律界不是无名之辈。

此外，为了广泛涵括各种法律职业群体的意见，委员会还必须包括来自各法律行业（主要是法官、检察官和律师）的代表。最后也要考虑来自联邦议会、联邦参议院和各地司法行政机关的人选，因为他们直接为立法负责。至于之后参加者们将谁作为代表送进委员会会议，则完全由他们自己决定。教授和其他参与者之间的关系非常好，而且形成了一视同仁的风格。

委员会会议于 1954 年开始举行。在开幕会上（Eröffnungssitzung），只讨论了程序性问题，会议确认了要处理哪些主题，要遵守哪些一般性的规则，以及要按照何种顺序展开工作，等等。大会同时通过决议，每次"会议周"（Sitzungswochen）期间（会议每次是从周一到周五）都将在不同的地方开展咨询活动。后来还举办过两次由不同人士参加的宣讲活动。然后就形成了两份《临时汇编》（vorläufigen Zusammenstellungen）（VZ），即《58 年临时汇编》（VZ58）和《59 年临时汇编》（VZ59）。从这些情况中不难看出，我们的咨询活动持续了数年之久。

委员会将所有需要处理的题材都划分为具体主题，对它们的处理则从讨论原则问题开始。例如：是应当坚持当时法律中规定的不同刑罚种类"禁锢（Zuchthaus）、监禁（Gefängnis）和拘役（Haft）"，还是应当引入"单一的自由刑"（einheitliche Freiheitsstrafe）？然后是总则部分（例如：错误问题应当如何解决？），最后是分则部分（例如："身体伤害"一章应当如何规定？）。司法部当然也要为各个主题出具意见，该工作后来分配给了我和爱德华·德雷埃尔，德雷埃尔的工作重心是总则部分，我的则是分则部分。

尽管如此，我仍然对总论部分的"竞合"（Konkurrenzen）负责，因为它很大程度上是一个只对分则与附属刑法有意义的规定。就此我与其他同事有一致的意见，认为要引入"单一刑"（einheitliche Strafe），却和沙夫霍伊特勒先生的看法相左。不过我们的看法在律师界"能言善辩的"代表——汉斯·达斯（Hans Dahs）教授面前相形见绌，最后委员会表决保留"整体刑方案"（Gesamtstrafenlösung）。站在律师的角度来看，这是一次胜利，因为可以预期的是，这样的法律状况将是对他们"较为有利的诉讼程序"（fettere Prozesse）。而我觉得该决议是一次失败，只能以它是一次例外，而几乎在所有其他方面，我的论证都很好地得到了贯彻来安慰自己。

关于咨询活动的内容以及对当时法律状况的汇编，在这里就不细说了。它们在刑法改革的资料［《立法资料》（Materialien）］和刑法大委员会会议的备忘录［《备忘录》（Niederschriften）］中都有记载（1959年出版于波恩）。

闭幕会（Abschluβsitzung）1959年才举行，是在雷根斯堡（Regensburg）的"马克西米利安"（Maximilian）酒店举行的，会议内容记在题为"快乐的一页"（Die heitere Seite）的《备忘录（第14卷）》中。会议一开始，一些成员感到颇为不快，因为德雷埃尔的夫人为他们画的漫画不那么好看，他们觉得受到了伤害。不过在后面的庆祝活动中，一切都平息了（可能是由于德雷埃尔的夫人取得了他们的谅解）。其间我听到了一种委婉的暗示说，我作出了"拉克纳式的和韦尔策尔式"（gelacknert und gewelzelt）（意指汉斯·韦尔策尔）的贡献，对此我非常高兴。

值得一提的还有，刑法大委员会会议的备忘录以极高的准确性而著称。这要归功于我们的会议记录员卡尔·伦岑（Karl Lenzen），他为此付出了极大的努力，成功地、尽可能精确地复述了讨论的内容，同时又限定了其范围。为此，他受到了所有参加者的高度评价。

为了尽快将草案提交至联邦议会，《59年临时汇编》（VZ59）经过了联邦司法部成员的审核后形成了《1960年草案》（Entwurf 1960）。这一草案当然与《59年临时汇编》并不完全一致。理由在于，联邦司法部根据宪法中规定的程序将草案提交至联邦议会时，必须为其内容负责。由此做出的改变主要涉及那些司法部提出了相关建议却未被委员会会议所采纳的问题。该草案（《1960年草案》）在当时的那一任期内显然是无法被按时提交的，因此只能在下一任任期内提交（《1962年草案》）。而此时联邦议会已经不再愿意继续推动为了改革工作而设立的"刑法改革特别委员会"。草案因此被"束之高阁"。法律委员会在较长的一段时间内都不再关心此事。这是很糟糕的结果。

当草案在数年后再次接受质询时，却又遭遇到完全变化了的状况。其间年轻的德国和瑞士刑法学者们组建了一个工作组（Arbeitskreis），针对政府的草案提出了一个《反对性草案》（Gegenentwurf）。有鉴于此，法律委员会采取了以下方式。首先由《反对性草案》的代表就其建议进行陈述，然后由政府的代表发言。由于任期的届满和实际状况的变化，政府的代表在发言中也采取了许多新的观点。最后是一位州司法行政机关的代表发言，因为立法也需要联邦参议院的同意。他给出的意见是，由各州司法行政机关建立所谓的"州委员会"，以便为联邦参议院的表决做准备。关于后来参议院的表决没有什么特别要说的，他们主要是表示了同意。

事后来看可以确定的是，司法部当时没有受到外来的压力。相反，司法部对政策的影响要比今天大得多。在今天，如果我们的立场与议员们的相反，就会招致议员们的极力反对，而在那个时候，这种影响正好是反过来的。

我在部里的那段时间，部里官员和议员们之间的关系非常好。兹举一例：尽管我被认为是彻底的保守主义者，却有一位社会民主党（SPD）的议员问我，是否有意出任部长；他说，如果我愿意的话，我可能会得到所有政党的同意。不过让我为了一个这样的职位去努力，对我来说当然是完全不可接受的。

六　作为海德堡的教授

随着我的名字不断出现在委员会成员名单和一长串出版物中，我在法律界变得知名起来，并且开始引人注目。这使得教授们后来在一次私下讨论里说，学术界可能也非常需要我这样的人才，因为我既然能做好法律改革工作，一定也有着良好的教义学知识。

然后我接到了一位海德堡大学法学院同事的电话，他问我，如果我接到海德堡大学的邀请，我会怎么办。对我来说，邀约是非常意外的，当时还没有过这样的情况；我毕竟还没有完成教授资格论文。经过长时间的考虑，我接受了这个声名显赫的教席，在我之前，其拥有者是古斯塔夫·拉德布鲁赫（Gustav Radbruch）、埃伯哈德·施密特（Eberhard

Schmidt）和保罗·博克尔曼（Paul Bockelmann）。关键在于，我非常愿意通过我的实务经验促进学术研究。

根据一份联邦政府与巴登－符腾堡（Baden-Württemberg）州之间的行政契约，我在海德堡开始了 1963/1964 学年冬季学期的教学。一段时间之内，我同时在司法部和大学里任职。那时，我每周都是半个星期在波恩，半个星期在海德堡。对我来说，初次授课有一个特别的问题：抽屉里没有什么能有助于教学活动的东西。我当然不会使用别人的教学材料，因为那些资料肯定与我的风格不符。有时候，我在路上还在研究和准备第二天早上要讲的内容。不过学生们反响似乎很好，可能是因为我的教学活动利用了许多来自实务的经验。我在海德堡讲授的是刑法课程，结果讲授相同课程的同事的课都没有人去听了。我讲课关注的不是雄辩式的夸夸其谈，而是简洁、透明和清楚地阐明刑法教义。下一个学期的练习课与研讨课也深受学生们喜欢。我经常会让学生们进行实务模拟，例如，有一次我让学生们组成一个立法委员会，任务是对保护生命的刑法规定提出改革草案。

从波恩到海德堡的转变对我和我妻子来说，一开始是相当困难的。波恩非常现代，司法部里的人际交往也更有吸引力。海德堡则非常古老，近乎有一点死板；当然，这与海德堡正是以其传统的风格而著称有关。好在海德堡的人际交往非常真诚，所以我们很快就很好地适应了这里。

我和那些在刑法大委员会时期认识的教授们保持着良好关系，其中有些还亲自教导过我，例如威廉·加拉斯（Wilhelm Gallas）。他们一开始就视我为完全平等的同事，大部分人对于我接受海德堡的邀请也都乐观其成。不久开始引入 C3 教授制度，即有点低等级的教授。对我来说这绝对是不会考虑的事情。如果是一个这样的教席提供给我，我会拒绝。我必须得到和所有其他教授同样的待遇。其中一个特别重要的指标是，教授是否可以配备助理以及助理的人数。一般情况下教授会有两位助理，所以我的助理的人数也一直都是两个。

1968 年至 1983 年间，我共指导了十位博士。英格博格·普珀（Ingeborg Puppe）和约尔格·滕克霍夫（Jörg Tenckhoff）在我这里完成了教授资格论文。

就在我开始在海德堡工作后不久，"拉克纳项目"也进入商议之中。这个简略评注的工作是我在部里时就认识的赫尔曼·马森（Hermann Maassen）推动的。它原本由马森和德雷埃尔一起撰写，但是德雷埃尔在第3版后就退出了，因为他得到了撰写施瓦茨评注（Kommentar von Schwarz）的机会，在经济上更有吸引力的后者当然被优先考虑。马森因而找到我。我原本一点都不想接受评注的任务，但是不忍让马森空等，最后还是答应了。刚开始评注还是作为"拉克纳/马森"的作品而出版，从第6版到第21版就只是"拉克纳"的作品了。

其实自该评注第3版时起刑法即已开始经历大幅度的修改。修改的基础主要是刑法大委员会根据各州委员会的深加工（überarbeitung）而做出的诸决议。这些修改我自然是了若指掌，因此下一版中就完整呈现了对新法律的首次评注。在大概只有两到三个月的时间内，新版评注即销售一空而不得不加印，即使是加印本亦很快售罄。"拉克纳"评注因此一时无人不知。

对法律进行评注时的首要问题，是必须让学生觉得评注是可理解的。由于是简略评注，可供发挥的空间非常有限，我必须在不影响其内容的前提下，尽量将两个句子合成一个句子。很多时候，为了想出一个好的表述，我要思虑数小时之久，有时甚至为此而辗转反侧，难以入眠。

为了保持一部这样的著作的现实性，人们必须付出巨大的和不间断的努力。我因此在1995年决定，将评注交出去。自第21版起，更新的任务也委托给在我看来学术能力非常突出的同仁克里斯蒂安·屈尔（Kristian Kühl）。起先屈尔还踌躇不决，如他自己所言，他不知道是否应当担此重任；好在最后他还是被我说服了。2001年8月，在第24版的前言中，我经过考虑，彻底地告别了这本评注。

另一项陪伴了我很多年的大项目，是在《莱比锡刑法典评注》中对诈骗罪的评注。与我的简略评注完全不同的是，在这里我可以不受篇幅限制。我因此能够深入钻研所有的问题，直至那些最细小的细枝末节。在该书第9和第10版的撰写中，我不仅广泛涉猎法学文献，而且整理了几乎超过20年的大量判例。

在60年代的学潮时期，海德堡法学院是一座运转良好的壁垒（Bollwerk），未受太多冲击。我记得，当我在大学上课时，总是有大约 200 名学生组成一条警戒线保护我。他们或者在上课之前就已经坐在前排，或者在其他人提前逗留在大教室时，为我非暴力地将那些人清走。尽管如此，我仍然有两次被卷入运动之中。为了进入大教室的教师室，我必须穿过一条走廊，在这段短暂的路程中我被人拍了照。没多久图片就在全校展出了。图片的中间是我，我的左边是阿道夫·希特勒（Adolf Hit-ler），右边是——这一点是值得注意的——赫尔穆特·施密特（Helmut Schmidt）。施密特因为在 1968 年对骚乱的所作所为，被骚乱分子认为是非常坏的人，甚至将奥内佐格之死（Ohnesorg-Tod）归罪于他。历史地看，这是完全站不住脚的。我的长子发现后，就去撕那些贴在校园里的宣传画，结果被人给打了。此外，在一次专家论坛上我也受到了攻击。论坛上将会有暴乱这一点其实是可以预见的，因为前一天中午就已经有带着法兰克福标志的大巴车在城市里行驶了。我的妻子曾经劝阻过我，我没有理会；但是大约半小时之后学生们就把我送回了家。理由是，论坛开始没多久灯就被闹事的人关掉了，他们还把装有各种颜料的袋子扔向我，洒出的颜料一直渗到我的皮肤上。第二天，主持人找到我，向我保证，所有在这次攻击中被损坏的物品，例如西服，都可以获得赔偿。不过我说这是我的职业风险，拒绝了。

教授们彼此之间的关系是非常好的。我和卡尔·恩吉施（Karl En-gisch）的关系尤为亲近，我认为他是 20 世纪最重要的刑法学者。我们经常一起散步，边散步边进行广泛的讨论。一般是在住宅区里，有时即使我们都到家了，也会绕着小区再走一遍，因为我们是如此愉悦地沉浸在谈话之中。

直至退休，我都忠实地在海德堡大学任教。但是起初我一度有过离开海德堡的想法。1970 年，我收到汉堡大学的邀请。我同其法律事务部门负责人在十分钟内就达成了一致，他向我解释，正式的邀请隔天就会签发。但是第二天我什么也没收到。我于是向他们提出询问。他们告诉我，学校的财务理事提出了疑虑，认为我的薪水太高了。我给他们设定了一个期限，同时通知了海德堡。海德堡的相关人士告诉我，汉堡在临时约定中向我保证的一切，海德堡也可以满足我。当期限到了时，我就拒绝了汉堡的邀请。于是，直到 1982 年 10 月 1 日，我都是海德堡法学院的老师。

当我仔细考虑最近 30 年刑法的发展时，我没有什么好的评价。刑法总是变得更为混乱，总是进一步边缘化（verfranst）和分散化（zersplittert）。在短时间内法律就可以被修改，或者可以出台新的法律，而不去顾及后果。如果某个议员表达了一种愿望，它就必须被转化为法律，而不去尽心尽力地进行实事求是的论证。尽管核心刑法，即刑法总则和分则还保持得很完好，但是在附属刑法中却能观察到一种破碎化（Zerfaserung）的倾向。税务刑法的规定也过于泛滥。如果今天我必须为政治家们提供一个关于如何修改刑法的建议，我将会说，请清理刑法的废旧内容。

主要作品目录

一 专著

《帝国法院诈骗罪理论中的财产与财产损失》（Vermögen und Vermögensbeschädigung in der Betrugstheorie des Reichsgerichts），1964 年。

《交通刑法中的具体危险犯》（Das konkrete Gefährdungsdelikt im Verkehrsstrafrecht），1966 年 5 月 13 日在柏林法学会上的演讲，1967 年。

《量刑理论的新发展及其对审判实践的意义》（Über neue Entwicklungen in der Strafzumessungslehre und ihre Bedeutung für die richterliche Praxis），1977 年 12 月 12 日在卡尔斯鲁厄法学研究会上的演讲，1978 年。

二 评注

《附有联邦与各州补充性法律规定和管理规定的青少年法院法典》（Jugendgerichtsgesetz mit ergänzenden Rechts-und Verwaltungsvorschriften des Bundes und des Länder），与威廉·达林格合著，1955 年第 1 版；增补卷 I：《青少年法院法典的保安刑法》（Wehrstrafrecht des Jugendgerichtsgesetzes），1958 年；增补卷 II：《青少年法院法典判例》（Ergänzungsband

II：Rechtsprechung zum Jugendgerichtsgesetz），1958 年第 1 版，1965 年第 2 版。

《国防刑法注释书》（Wehrstrafgesetz, Kommentar），与爱德华·德雷埃尔和格奥尔格·施瓦姆合著，1958 年。

《刑法典评注》（Strafgesetzbuch mit Erläuterungen），1967 年第 4 版至 1993 年第 20 版，1995 年第 21 版至 2007 年第 24 版与克里斯蒂安·屈尔合著。

《莱比锡刑法典评注》（Strafgesetzbuch, Leipziger Kommentar），第 253 - 256 条，1970 年第 9 版。

《莱比锡刑法典评注》，第 263 - 265 条 a，1970 年第 9 版。

《莱比锡刑法典评注》，第 263 - 265 条 a，1979 年第 10 版。

《莱比锡刑法典评注》，第 253 - 256 条，1983 年第 10 版。

三　期刊与文集中的论文

《违反秩序法》（Das Gesetz der Ordungswidrigkeiten），《警察》1952 年，第 86 - 89 页，第 105 - 107 页。

《论青少年法的改革》（Zur Neuordnung des Jugendrechts），《联邦公报》1952 年 2 月 2 日，第 10 页。

《道路交通安全法的刑法部分》（Der Strafrechtsteil des Gesetzes zur Sicherung des Straßenverkehrs），《德国法律月刊》1953 年，第 73 - 75 页。

《青少年法院法典》（Das Jugendgerichtsgesetz），《法学家报》1953 年，第 527 - 531 页。

《缓刑与假释时的刑罚放弃》（Die Strafaussetzung zur Bewährung und die bedingte Entlassung），《法学家报》1953 年，第 428 - 432 页。

《〈进一步简化经济刑法（1954 年经济刑法典）法〉释义》［Erläuterungen zu dem Gesetz zur weiteren Vereinfachung des Wirtschaftstrafrechts（Wirtschaftsstrafgesetz 1954）］，《德国联邦法律》1954 年 9 月 14 日第 73 期，第 13 - 29 页。

《青少年刑法与成年人刑法的冲突》（Kollisionen zwischen Jugend- und Erwachsenenstrafrecht），《戈尔特达默刑法档案》1955 年，第 33 - 40 页。

《1955 年 9 月 2 日至 6 日刑法大委员会第七次工作会议报告》（Bericht über die siebente Arbeitstagung der Großen Strafrechtskommission vom 2. bis 6. September 1955），《整体刑法学杂志》第 68 期，1956 年，第 246 – 292 页；《联邦公报》1956 年 2 月 29 日副刊，第 1 – 14 页。

《〈青少年法院法典〉中的程序规范》（Die Abgabe des Verfahrens nach dem Jugendgerichtsgesetz），《戈尔特达默刑法档案》1956 年，第 379 – 382 页。

《军事刑法第二部分：第四次刑法改革法，实体法》（Wehrstrafrecht. II. Teil：Das Vierte Strafrechtsänderungsgesetz，A. Materialles Recht），《法学家报》1957 年，第 401 – 406 页。

《交通法与刑法改革》（Verkehrsrecht und Strafrechtsreform），《德国汽车法》1958 年，第 286 – 296 页。

《1945 年 5 月 8 日前实施的犯罪行为之追诉时效》（Zur Strafverfolgungsverjährung von vor dem 8. Mai 1945 begangenen Straftaten），《新法学周刊》1960 年，第 1046 – 1047 页。

《第五次刑法改革法》（Das Fünfte Strafrechtsänderungsgesetz），《法学家报》1960 年，第 437 – 439 页。

《未来法律中对轻微交通违反行为的惩罚》（Gedanken über die Ahndung der leichteren Verkehrszuwiderhandlungen im künftigen Recht），《德国汽车法》1960 年，第 309 – 315 页。

《醉酒驾驶作为危险构成要件》（Trunkenheit am Steuer als Gefährdungstatbestand），《血醇》1962 年，第 217 – 221 页。

《通奸可罚性的是与非》（Für und wider die Strafbarkeit des Ehebruchs），《全体家庭法杂志》1962 年，第 411 – 413。

《醉酒驾驶作为危险构成要件》（Trunkenheit am Steuer als Gefährdungstatbestand），《血醇》1963 年，第 1 – 10 页。

《交通违规应当如何处理？》（Was soll aus den Verkehrsübertretungen werden?），《法学者年鉴》第 4 卷，1963/1964 年，第 73 – 86 页。

《犯罪学与刑法》（Kriminologie und Strafrecht. Kriminalbiologische Gegenwartsfragen），《犯罪生物学的当代问题》第 6 期，1964 年，第 6 – 20 页。

《第七次刑法改革法》（Das Siebente Strafrechtsänderungsgesetz），《法学家报》1964 年，第 674 - 677 页。

《第二部道路交通安全法》（Das Zweite Gesetz zur Sicherung des Straßenverkehrs），《法学家报》1965 年，第 92 - 95 页、第 120 - 125 页。

《罚金程序的重组：将交通违规纳入违反秩序法中需要以哪些原则性的程序改革为前提?》（Zur Neuordnung des Bußgeldverfahrens-Welche grundsätzlichen Verfahrensreformen sind Voraussetzung einer Umwandlung der Verkehrsübertretungen in Ordnungswidrigkeiten?），（第四次德意志交通法庭会议上的大会报告），《机动车行驶与交通法》1966 年，第 50 - 74 页。

《选择性草案与实践中的刑事司法》（Der Alternativ-Entwurf und die praktische Strafrechtspflege），《法学家报》1967 年，第 513 - 522 页。

《叛国的间谍活动》（Landesverräterische Agententätigkeit），《整体刑法学杂志》第 78 期，1966 年，第 695 - 724 页。

《完全昏醉与罪责原则——科隆州高等法院》（Vollrausch und Schuldprinzip-OLG Köln），《新法学周刊》1966 年，第 412 页；布劳恩施韦格州高等法院，《新法学周刊》1966 年，第 679 页；《法学家报》1968 年，第 215 - 221 页。

《还是重新设定性刑法的界限好?》（Empfielhlt es sich, die Grenzen des Sexualstrafrechts neu zu bestimmen?），德意志法学家会议常设代表团编：《第 47 次德意志法学家会议研讨》第二卷（会议报告），1969 年，第 K27 - K52 页。

《性刑法的界限：社会伦理与社会危害》（Die Grenzen des Sexualstrafrechts Sozialethik und Sozialschädlichkeit），《莱茵水星周报》（Rheinischer Merkur）第 11 - 14 期，1969 年 3 月，第 4 - 5 页；也收录于《新刑法改革:〈莱茵水星周报〉特辑》，1969 年，第 28 - 32 页。

《酒类犯罪与故意》（Alkoholdelikt und Vorsatz），《机动车行驶与交通法》1969 年，第 397 - 411 页。

《国际视野下对道路交通中的醉酒犯罪予以统一刑罚惩罚之可能性》（Möglichkeiten zur Vereinheitlichung der strafrechtlichen Ahndung von Trunkenheitsdelikten im Straßenverkehr auf internationaler Ebene），《血醇》1969

年，第 273 – 285 页。

《刑法改革与刑法司法实践》（Strafrechtsreform und Praxis der Strafrechtspflege），《法学综览》1970 年，第 1 – 10 页。

《肇事逃逸构成要件之改革》（Gedanken zur Reform des Tatbestandes der Unfallflucht），《德国汽车法》1972 年，第 283 – 291 页。

《道路交通领域内的刑法与刑事诉讼法：以适用于外国人的法律状况为中心》（Das Strafrecht und das Strafprozessrecht auf dem Gebiet des Straβenverkehrs unter besonderer Berücksichtigung der für Ausländer geltenden Rechtslage），京特·拜茨克、卡尔·拉克纳等编：《道路交通中的外国人：德国与南斯拉夫的民法和刑法问题》，1972 年，第 37 – 56 页。

《堕胎罪的新规定：第 15 次刑法改革法》（Die Neuregelung des Schwangerschaftsabbruchs. Das 15. Strafrechtsänderungsgesetz），《新法学周刊》1976 年，第 1233 – 1244 页。

《改革保护生命的刑罚规定研讨会之体会》（Erfahrungen aus einem Seminar über die Reform der Strafvorschriften zum Schutze des Lebens），《法学家报》1977 年，第 502 – 505 页。

《还是重新确定谋杀、杀人和杀害儿童的构成要件好（刑法第 211 – 213 条、第 217 条）?》[Espfiehlt es sich, die Straftatbestäend des Mordes, des Totschlags und der Kinderstötung（§§ 211 – 213, 217 StGB）neu abzugrenzen?]，德意志法学家会议常设代表团编：《第 53 次德意志法学家会议研讨》，第二卷（会议报告），1980 年，第 M25 – M46 页。

《〈刑法典〉第 131、184 条以及〈传播对青少年有害的书刊和媒体内容管制法〉第 21 条对无线电广播的效力》（Über die Geltung der §§ 131, 184 StGB und des § 21 GjS für Rundfunksendungen），巴登 – 符腾堡州新媒体与中德意志新教教会专家委员会编：《决议报告》（第二卷），1981 年，第 189 – 190 页。

《诈骗性地操纵商品期货期权中的财产损失》（Zum Vermögensschaden bei betrügerischen Manipulationen mit Warenterminoptionen），与克里斯蒂安·伊莫合撰，《德国法律月刊》1983 年，第 969 – 979 页。

《刑法第 218 条及以下数条的宪法侧面与刑法侧面及其早期史》

（Verfassungsrechtliche und strafrechtliche Aspekte der §§ 218 ff. StGB und ihrer Vorgeschichte），《生命权法学者协会丛书》（第一卷），1985 年，第 13 - 27 页。

《通过单纯地报出过高的价格而欺骗?》（Täuschung durch bloβe Nennung eines überhöhten Preises?），与格哈德·韦尔勒合撰，《新刑法杂志》1985 年，第 503 - 505 页。

《如果只是因为实施另一个犯罪行为看似更为紧迫，行为人才停止了犯罪行为实施时，中止是自愿的吗?》（Ist ein Rücktritt freiwillig, wenn der Täter die Tatausführung nur deshalb abbricht, weil ihm die Begehung einer anderen Straftat Vordringlicher erscheint?），《新刑法杂志》1988 年，第 405 - 406 页。

《论立法技术的价值》（Zum Stellenwert der Gesetzestechnik），《赫伯特·特伦德勒祝寿文集》，1989 年，第 41 - 60 页。

《论堕胎时医生的评价空间以及流产迹象的正当化作用》（Zum ärztlichen Beurteilungsspielraum beim Schwangerschaftsabbruch und zur rechtfertigenden Wirkung einer Abtreibungs-Indikation），《新刑法杂志》1992 年，第 331 - 333 页。

《论联邦德国刑法对实施于前民主德国之内的犯罪行为的适用，如果被告在统一之前即移居入联邦共和国》（Zur Anwendung bundesdeutschen Strafrechts auf in der früheren DDR begangene Taten, wenn der Angeklagte vor der Wiedervereinigung in die Bundesrepublik übersiedelte），《新刑法杂志》1994 年，第 235 - 236 页。

恩斯特－约阿希姆·兰珀（Ernst-Joachim Lampe）

恩斯特－约阿希姆·兰珀
（Ernst-Joachim Lampe）

何庆仁 译

　　学者与艺术家和政治家们不同，后者总是力争成为众所瞩目的焦点，并期盼得到公众的认可；而前者通常沉浸在图书馆或者实验室，即使偶尔出现在公众面前，其目的一般也是使自己的研究成果能够为世人所用。所以，学者的自传也（或者应当）不像艺术家和政治家的自传那样，以自我回忆或者展示自我的发展为主，而应该致力于总结自己的研究成果。至于此外他们的个人经历还有什么可以分享的，很大程度上与其同时代的人是一样的，受他们开展工作的时代环境制约，并与时代精神交织在一起。在此意义上，他们的个人经历其实没有什么不平凡之处，只需（或者应当）简短地提及即可。

　　在这样的预想（Voreinstellung）之下，我接受了加入本书的邀请。我因此只会简略地提及那些与我的生活直接相关且具有时代意义的事件，然后就总结我迄今为止在学术上所取得的成就。最后我才会提到那些使我的工作和时代、时代精神联系在一起的事件；这些事件要么受到了时代、时代精神的特别影响，要么对我个人的发展起到了重要作用。

一　生涯历程

　　我是出生于1933年的孩子。那一年声誉不太好，但这无关于年份本身。当千年帝国随着战争结束而走向灭亡时，我们才11岁或者12岁，几乎不可能在此之前培养出对纳粹政权的根深蒂固的亲近感或者疏远感。实际上，我们对纳粹政权的看法大多来自父母，而他们的看法通常只会非常谨慎地告诉我们；如果是不同政见，尤其如此。所以，纳粹政权倒台带给我们的震惊也不是那么强烈。事实上战争时期纳粹政权带给我们的主要是兵荒马乱的痛苦，战后又使我们感受到百废待兴的不幸；以至于战争结束时，我们虽然知道即将来临的是一种未知的生活，却一点也不担心，因为我们知道，无论如何都不会比之前更差了。

我脑海中关于柏林的早期记忆，全都是夜晚的空袭、燃烧的房屋、随处可见的尸体，然后就是在被炸成废墟的城市里所展开的防御活动。在我家的房子附近有一条轻轨，据称要被建设成为又一条防御线。我记得铁路上有一座桥，小时候我经常在上面玩，并从桥上往下俯瞰列车疾驶而过。如果列车上装满了弹药，有人会将它炸毁；如果没有，就用反坦克障碍物设置路障。人们这么做，可能是希望使从容推进的敌人在这里多耽搁几天，以便据说是存在的保卢斯（Paulus）元帅的部队（可能！）赶来增援。已经很久不再有人谈及最终的胜利了，大多数时候当政者所鼓吹的是让那些被围困在零零星星还矗立着的房子里的家庭像男人一样反抗。狂热的党卫队员（SS-Leute）和盖世太保（Mitglieder der Gestapo）在街上巡逻。他们集法官与执行者的权力于一身，在一些街灯旁，人们可以看到那些被他们绞死的人的尸体，有些尸体上还挂着牌子，说明其被处死的原因："我太懦弱了，没能保护妇女和儿童。"这是我生平第一次接触法律与权力，后者在实力上压倒了前者，因此可能是不正常的。但是，我当时想得还没有那么多。

其他的记忆则更为详细一些。在战争的最后几个星期，德军的一个司令部搬到我家所在的居民区，从那里向少数还准备战斗的士兵和所谓的"人民突击队"（Volkssturm）员——他们都是些上了年纪的人，大多数不是准备突击（stürmen），而是准备逃走（türmen）——发布作战指令。从这个司令部那里，我们知道了哪里还有粮食储备；当他们在俄国士兵的常规射击下将我们送进防空洞，并分发食品时，我们一点都不惊慌。我必须承认，那时我家得到的东西要更多一点，但这是因为我之前在最前线对食品筹备行为有所贡献的缘故。当我为此在前线奔走时，我紧张得要命，觉得自己就像英雄，与我在卡尔·迈（Karl May）的小说中读过的英雄完全不相上下。为了突出自己的英勇事迹，我还曾经将一个倒在地上的士兵的帽子戴在头上，可惜它实在太大了，每次在我从一个门洞跑到另一个门洞时，都要滑到我的脸上。为了完整（公正）起见，我还必须提一提我们的面包师傅古尔加斯（Gurgas），他住在我家房子侧面的一间面包房里，这间房子是作为避难所而建造的，因此他只是偶尔才进入共同的防空洞。每次他都不停地烤面包给我们吃，我们这栋公寓里相当多的人因此都安然无恙地渡过了战争，直至千年帝国结束。

即使轰炸的危险得到解除，我们还是必须继续待在防空洞里。据说要直到那些溃散的德国士兵的危险被消除为止，因为他们可能还没有听到无条件投降的消息，仍在负隅顽抗。而那些俄国大兵给我们的印象则是，他们真正关心的不是溃散的德国士兵，而是蜷缩在防空洞里的妇女们，似乎她们更可以证明他们的男人气概。每天晚上他们都粗鲁地敲击防空洞的门，要求进来，然后就开始侵袭妇女。白天的时候他们又变得很友善，尤其是对我们儿童。他们甚至将自己不甚充裕的食品配额送一部分给我们吃，以至于我觉得他们虽然看上去陌生，却相当令人喜爱。此外，我在这些士兵中还有一个特殊的保护者，晚上他会坐在我的床边安慰我，给我看他全家的照片，尤其是他的孩子们的照片，以便当妇女们在被蹂躏而哭喊时转移我的注意力。

大约 14 天后，我们才被允许回家。家里一片狼藉，我们不得不四处清扫。窗户的玻璃全部破成了碎片，只有一块完好无损，我们把破了的都糊上，然后努力开始还算正常的生活。上学是不可想象的，相反，我的父亲倒是在我身上试验起他的教育能力。他在位于布鲁塞尔的军事政府工作，是安全的后方，所以在战争中活了下来，并在盟军占领之前，及时地从那里离职。在父亲惊险的返乡之路上，他意外地在下西里西亚（Niederschlesien）碰到了我的祖母；我的母亲、姐姐和我都作为被疏散者在那里生活，他于是把我们带回了柏林。父亲认为自己是文职军官，又没有职责范围，所以没有去向部队报到，而是和我们待在一起，直至帝国灭亡也没有再去履行职务。他因此有时间将我最近几个月被严重忽视的教育视为他最重要的工作，教我学习拉丁语汇和历史。为了提高我的文学素养，他每次都让我读完两本卡尔·迈的小说后，才读一本"有用的"（vernünftiges）书。遗憾的是，这样的日子没有持续多久，他很快就被苏联国家政治保安部（GPU）逮捕，并被关进了萨克森豪森（Sachsenhausen）的集中营。很久以后我们才听说，没几个月他就在集中营里死于饥饿和疾病，直到最后也未被允许和我们联系。父亲不是我们家族中唯一在战争结束时失去生命的人。他的母亲和祖母没有和我们回柏林，而是留在了下西里西亚，后来两个人都被强行从她们的房子里赶了出来，迁至波兰的西里西亚（Schlesien），并被关进牲口车厢，运来运去直至死亡。在被迫逃离西里西亚的众多逃难队伍中的某个人群里，我的两位堂兄弟也死了，等等。总之，帝国的结束也几乎是我们家族的终结，它的根源本可以不间断地远溯至 17 世纪，而且令人骄傲的是，此一家族渊源有充分的文件和证书予以证实，一个很大的"老箱子"（Ahnentruhe）专门保存着它们。作为先人们最年长的后辈，这个箱子本该传承给我，但是它也在战争中不幸"遇害"了。

自 1945 年中起，我这个最年长的后辈就承担起家中男人的责任：从烧得半毁的房子中找出木头，劈碎用来做饭和取暖（没过多久我就能熟练地爬过防火墙，取下那些烧得半黑的横梁）；和母亲一起到乡下去乞讨食物；在黑市上"讨价还价"；等等。不久学校开始报到，尽管校园的很大一部分都被炸坏了，还是有一些教室仍在那里，每天我们都在废墟中清理一小时后才在那些教室里上课。情况就这样一天天好转起来。

父母和我都没有怀抱纳粹主义的理想，不过理想主义本身对我产生了影响，并在我的心里扎根。1945 年以后它如浮萍一般，不知道该飘往何处。我最后将它集中在了所有艺术中最无形（immateriellste）的音乐上，这样的话它再次毁灭的危险就很小。中学时代我大多数时间是在钢琴旁"与他人合奏"度过的，这听起来很好，其实是一项艰苦的工作，尤其是当人们只有一双资质平平的手时。我师从柏林交响乐团的巴松管独奏者（Solofagottisten der Berliner Philharmoniker）奥斯卡·罗滕施泰因（Oscar Rothensteiner），他是一位杰出的音乐家，也是其所属的室内乐协会（Kammermusikvereinigung）的钢琴演奏者。他无偿地为我这个因为战争而失去了父亲、不名一文的男孩上课，为此我一直非常感激他。1950

年高中毕业后，我在连大众音乐如何运作都完全不知道的情况下，就贸然开始了大学的音乐学习（主专业是钢琴）。但一个学期之后，我放弃了。我认识到了钢琴演奏者通常会面临的经济困境，于是迁就了亲友们的催逼，开始学习"一些正确的课程"。

所谓"正确的"就是指法学，我在法兰克福、柏林和美因茨不是很有兴趣地学习它，并于七个学期后幸运地毕业。那时我认为法律是人类的文化成就（kulturelle Errungenschaft der Menschheit），但是对其细节的学习，让我知道了它并不符合我的喜好。因此，第一次国家考试（1955 年初）之后，我再次开始不懈地努力学习钢琴。我相当坚定地希望自己能够在国际性音乐会的舞台上站稳脚跟。准确地说，我必须再等待一个学期，直至达到了我所期望的水平。这段时间，我在美因茨的尼泽（Niese）教授指导下写作博士论文（但是在论文得到审阅和通过之前，搁置了两年）。之后我才（终于!）可以献身于音乐学习。这是一段快乐的时光，虽然只持续了三个学期。然后我就 24 岁了。一般来说这并不是一个悲剧，对我却是如此：国家停止了之前一直给我发放的孤儿津贴，因为我应当已经大学毕业了且没有继续发放的必要。怎么办？兼职不可能，不全身心地投入学习中，我是绝对无法成功地跻身于国际音乐界的。我死心了，在短暂的危机之后从音乐学院退学，投入在柏林高等法院的见习服务中。这项服务有四年之久，直到今天我仍然认为那是我生命中最灰暗的四年。

第二次国家考试后，我尝试在法学领域内重新为自己定位。我询问尼泽教授，他是否愿意指导我的教授资格论文，他答应了，却没有助理的职位，于是我不得不先进入实务部门。我在莫阿比特（Moabit）的检察署担任了一年的候补司法官，然后在美因茨的诺尔（Noll）教授那里获得了一个助理的职位，是尼泽教授将我介绍给他的。我因此又回到了大学之中。遗憾的是，我和导师之间的关系并不那么令人愉快，尤其是在尼泽教授突然去世之后。诺尔是一位研究刑事政策的学者，而我却因为理想主义，更愿意研究法哲学，它能够最大限度地将我和法秩序的细枝末节隔离开来。我教授资格论文的初稿探讨的是"人的不法"（Das perso-nale Unrecht），其中至少一半的内容是法哲学式的，结果被诺尔否定了，他认为我应该提交一份纯教义学的论文。在我看来，我后来提交的论文比初稿差多了，但是却被通过。初稿中法哲学的部分后来在我的《法人类学》（Rechtsanthropologie）中派上了用场，它引领我进入法哲学的领域之中。也就是说，这项工作并非毫无用处。

作为编外讲师，我在美因茨大学工作了五年，然后接到了前往刚成立不久的比勒费尔德大学任教的聘请。我同意了，尽管在美因茨同我保有良好关系的朗·欣里希森（Lang-Hinrichsen）教授为了能让我在那里成为继任者，已经提前让出了他的教席。事后看来接受比勒费尔德的聘请被证明是一个严重的错误。在我的讲师生涯期间，我的妻子和我已经在美因茨创办了一家律师事务所，而且发展得很好，我们不想放弃。我因此不得不长期在美因茨和比勒费尔德之间往返，这一方面为我赢得了"劈叉教授"（Spagat professor）的头衔，另一方面也招来了我没有将时间和精力充分地献给家庭的批评（律师执业那时已经根本不是我家的重要经济来源了）。我尽可能地坚持了下来，首要原因是，比勒费尔德大学在抱怨连连之后，原则上同意我在冬季学期就完成连同考试在内的全部教学工作量，这样其余时间我就可以在美因茨专心进行研究活动。

除了这些大学活动之外，我从1964年起就是教授协会（Professoren-kreise）的成员，参与起草了《刑法典》部分条文的许多选择性草案；从1975年起我成为联邦司法部发起成立的"反经济犯罪专家委员会——经济刑法改革"的鉴定人；从1982年起我成为德国商业协会（Handelsge-sellschaft）咨询委员会的成员；1991年东、西德统一后，又担任由东、西德双方人员组成的"刑法工作组"（Arbeitskreises Strafrecht）的负责人。该工作组的任务是，为东、西德的法律秩序（最终失败了的）结合做准备。这一点我后面还会提到。

65岁时我退休了。在我70岁生日之际，同仁们为我出版了一本祝寿文集以示祝贺。为了再次证明我是钢琴家，我利用祝寿的机会，（和两位专业的女音乐家一起）演奏了贝多芬第1号作品中的G大调三重奏（das Trio G-Dur aus Opus 1 von Beethoven）。通过这样的方式，我在我生命的尾声里短暂地统一了我的学术职业和艺术爱好。

二　学术作品

我一直以来的基本观点是：法律科学（Rechtswissenschaft）不是人文科学（Geisteswissenschaft），而是人类科学（Humanwissenschaf）基础之上的、规范性的社会科学（Sozialwissenschaft）。因此我不仅将社会学的和人类学的知识引入我的法律方法研究和法哲学研究，而且也引入了我的刑法教义学研究之中。我研究的学术范围包括：（1）（形式地被维持的）存在论（Seinslehre），其中不仅涉及对象（特定的人和共同体）的确定类别，也涉及对象所含有的或者所属于它的东西（deren implizierendes oder possesives Haben）；（2）认识论（Erkenntnislehre），其不仅指向人的认知（Wahrhaben）、人自己和社会环境，也指向（语言表达中的）真实存在（Wahrsein）；（3）人的行为理论，其为社会的归属理论所补充；（4）社会的价值理论，其以人的自由和形而上学的义务为基础；（5）发展理论，其所指涉的是社会环境中人的存在的恒久差异，以及属于人的东西对他所含有的东西的恒久超越。

（一）实体刑法

1. 总论问题

（1）不法理论

我认为法学是一门规范性的社会科学，由此得出的结论是，在刑法的构成要件理论之内，基本概念既不是行为人的行为，也不是对被害人的实害或者危险，而是违反规范地损害了一定的社会关系。1958-1959年时我首次根据联邦法院的两个判例提出了该结论，不过当时还只是从行为人的单一角度提出的；那时我仍将"犯罪行为"（Tat）作为不法评价的对象，却只是视其为行为人的作品：他的（"任意的"）行为和他的（"创造性"地）引起结果的能力制造了犯罪行为：

　　　　作为存在的东西，客观构成要件包含的是客观意义上的行为和客观意义上的结果引起。（……）主观构成要件包含的则是（……）相应的主观要素：行为的任意性和结果引起的创造性。[1]

相反，今天我在"犯罪行为"中进一步看到了一种（由于它的"实施"而引发的）社会进程。该进程不仅受行为人的任意和创造之影响，也受到被害人的不幸和软弱之影响。因此我现在不再使用"客观的构成要件"和"主观的构成要件"概念，而使用"社会的构成要件"和"人的构成要件"之概念。

与我的构成要件理论相适应的不法理论一方面区分了社会的不法和人的不法，另一方面又将两者相互联系成一种社会与人的关系不法（Beziehungsunrecht）。此一看法是在我 1966 年出版的教授资格论文《人的不法》中发展起来的。我是这样描写迄今为止的［主观的——人的 vs. 客观的——非个人的（impersonalen）］不法理论之不足的：

> 韦尔策尔（Welzel）片面地追求主体［行为（Akt－）］无价值，只赋予主体的行为以刑法上的意义，却没有考虑到结果对于故意犯罪和过失犯罪的可罚性所具有的影响。为什么迷信的未遂犯不可罚？为什么既遂原则上比未遂处罚更为严厉？为什么过失相同时，要根据其所产生的结果处以不同的刑罚？所有这些韦尔策尔都无法给出令人满意的解释。反过来看看客观主义者们：对他们来说，被引起的结果（实害或者危险）是刑法制裁的唯一标准。那么不能的未遂犯、意图犯和其他所有的主观不法要素在他们的体系中就都成了异物（……）。[2]

我的关系不法的理论避免了所提到的这些不足。它将发生实害或者危险的事件仅仅理解为社会的不法，并使其处于人类行为的关系之中：

---

[1] 《过失犯中的正犯》（Täterschaft bei fahrlässiger Straftat），《整体刑法学杂志》第 71 期，1959 年，第 579 页以下、第 587 页以及下一页。

[2] 《人的不法》（Das personale Unrecht），1967 年，第 212 页。

法律从不调整对诸法益的保护，而只是保护这种利益之上的人与人之间的关系。因此，风和天气不是不法的主体。①

另一方面，只有当引起实害或者危险的事件是人的行为所导致时，它才将人的行为理解为人的不法：

> 法律（……）不能仅仅指向位于人的内心的心理活动，而是必须等待这些心理活动与社会的客观化发生关系。因为如同人们平时所理解的那样，法律是社会秩序。（……）没有人应当为他只是想过却没有试图去实现的想法承受刑罚。②

它所理解的"行为"（Verhalten），是以意志自由为基础的人的存在。不过它并不认为该意志的动机属于不法，而是将其归属于罪责，因为动机与社会的不法之间缺乏直接联系。它的前后一致的表述是："属于罪责的，是确定意志的；不法则是，意志所确定的。"③

"社会的不法"、"人的不法"、"关系不法"之概念首先只是一种醒目的称呼，还需要更精确地确定其内容。因此，我在后续研究中对它们的内容做了继续探讨。不法的存在论基础一方面是指作为社会关系的有序整体之社会性（Sozialität），另一方面则指其所涉及的主体之个性（Personalität）。④ 社会性之内的个性不只是针对个人的（"自然的"）有机体，也针对超个人的（"法律的"）有机体。这种双重意义也得到法律的承认：它不只保护以个人需求为基础的各种法益，⑤ 也保护那些超个

---

① 《人的不法》（Das personale Unrecht），1967 年，第 214 页；也请参见下文三（二）2。
② 《人的不法》（Das personale Unrecht），1967 年，第 216 页。
③ 《人的不法》（Das personale Unrecht），1967 年，第 234 页。
④ 《论可罚的不法之存在论基础》（Zur ontologischen Struktur strafbaren Unrechts），《希尔施祝寿文集》，1999 年，第 83 页以下。
⑤ 《法益、文化价值和个人需求》（Rechtsgut, kultureller Wert und individuelles Bedürfnis），《韦尔策尔祝寿文集》，1974 年，第 151 页以下。

人的利益；① 法律不仅视那些个人主体为侵犯者，也视超个人主体（"社团"（Verbände）〕为侵犯者。诸法益及其侵犯者之间的关系也有着存在论的基础：社会的因果性。它包括：物理的因果性，即原因与效果之间的"线性"（lineare）关系；生物学的因果性，即有机体的行为与该行为对有机体的反馈之间的"机能的"关系；最后是人的行为与将其社会性地归属于行为人之间的"社会的——机能的"关系。② 不法的可罚性还取决于被侵害的法益的价值（例如个体的生命、正当的社会竞争、文化风俗），以及导致了法益侵害的义务违反的程度。③

（2）正犯与参与

从我的不法理论中所得出的结论首先对刑法中的参与理论有影响：根本性的是区分不法参与与罪责参与，"前者是对犯罪行为之结果的参与，后者是对犯罪决意之原因的参与"④。我认为，教唆和心理帮助属于罪责参与，物理的帮助则属于不法参与。因为教唆和心理的帮助是形成和强化犯罪决意的原因，它们以一个故意地（vorsätzlich）实施犯罪的行为人为条件。而物理的帮助者（通常）对于犯罪结果有所贡献，它只是以一个有意识地（willentlich）实施犯罪的行为人为条件。虽然刑法典规定，帮助的两种形式都以一个故意地实施犯罪的行为人为前提，在我看来这却是有问题的：其可能导致的后果是，为了避免可罚性的漏洞，不得不将一部分帮助行为扩张性地按照过失的正犯处理。⑤

在罪责构成要件中有两种参与形式，在不法构成要件中却只有一种，

① 《超个人的诸法益、制度与利益》（Überindividuelle Rechtsgüter, Institutionen und Interessen），《蒂德曼祝寿文集》，2008 年，第 79 页以下。

② 《因果性及其刑法机能》（Die Kausalität und ihre strafrechtliche Funktion），《阿明·考夫曼纪念文集》，1989 年，第 189 页以下。

③ 《实质的犯罪概念理论》（Gedanken zum materiellen Straftatenbegriff），《鲁道夫·施密特祝寿文集》，1992 年，第 77 页以下；关于过失犯的结论在我前面已经引用过的论文（前文注释 1）中已经论证过了。30 年后，针对不同的观点，尤其是针对充满竞争力的危险升高理论，我再次为它做了辩护（《犯罪行为与过失犯的不法》（Tat und Unrecht der Fahrlässigkeritsdelikte），《整体刑法学杂志》第 101 期，1989 年，第 3 页以下。

④ 《犯罪参与的形式与概念》（Über den Begriff und die Formen der Teilnahme am Verbrechen），《整体刑法学杂志》第 77 期，1965 年，第 278 页。

⑤ 《犯罪参与的形式与概念》（Über den Begriff und die Formen der Teilnahme am Verbrechen），《整体刑法学杂志》第 77 期，1965 年，第 279 页以及下一页。

这种差异已经说明，立法中缺乏与教唆相适应的不法参与形式。为了弥补此一漏洞，我一开始提出的建议是增设参与了犯罪行为（Tatteilnahme）的"引起者（Urheberschaft）"类型。① 在对正犯理论的研究中，我后来用"从属性的"共同正犯替代了它。② 该观点的变化并不是因为我对此有了更好的认识，而是因为考虑到，不法领域中参与与正犯的界限并不明显。

　　我直到最近才发展出一套完整的正犯理论。③ 与文献中得到大多数人支持的理论不同，我不是将犯罪支配，而是将犯罪势力（Tatmacht）作为判断准则。根据我的理论，正犯不是（前瞻性）地对构成要件的实现具有支配的人，而是（回溯性地）对其具有势力（"创造力"）的人。共同正犯是指与他人分享实现构成要件的势力的人，也就是说犯罪行为被相同指向的或者互补的行为按比例地实施（例如同样狠击被害人，或者一直抓着被害人，直到另一个人把被害人的钱包拿走）。此外，共同正犯还包括，为了使另一个人能够实现构成要件，虽然只是侵入了被害人的保护领域（Schutzsphäre）（例如紧紧抓住被害人，以便另一个人可以杀死他），但是使用了特别应受谴责的方式的人：严重滥用对被害人的权力（Gewalt）或者在被害人那里的威望（Ansehen）、对被害人以严重的害恶相威胁、引起或加重被害人的构成要件错误等。我认为像这样扩大正犯概念是有根据的，因为立法者也将使用这些方式作为正犯的前提（例如在勒索和诈骗罪中），主流观点也认为使用了这些方式时成立间接正犯。在被扩大的共同正犯之内，答责（Verantwortung）当然也（从属性地）取决于，另一个其他的共同正犯实施了犯罪行为。

　　除了这两种"横向"（horizontal）结构中的共同正犯模式之外，我还主张承认一种"纵向"（vertikal）共同正犯结构。这种模式——

---

① 《犯罪参与的形式与概念》（Über den Begriff und die Formen der Teilnahme am Verbrechen），《整体刑法学杂志》第 77 期，1965 年，第 298 页以及下一页。

② 《正犯体系：迹象与结构》（Tätersysteme：Spuren und Strukturen），《整体刑法学杂志》第 119 期，2007 年，第 496 页。

③ 《正犯体系：迹象与结构》（Tätersysteme：Spuren und Strukturen），《整体刑法学杂志》第 119 期，2007 年，第 471 页以下。

指的是，只有一部分共同行为人与法益主体有直接联系，该联系通过这些对"犯罪的直接迹象"做出了重要贡献的人，再传导给其他行为人：要么通过犯罪计划，要么通过他们的组织，要么通过提供实施犯罪所必需的器具。①

如此扩张可以将严重犯罪的组织者也评价为如同实施了犯罪的正犯一样的正犯，也就是"正犯后的正犯"（Täter hinter den Tätern）②。

"有组织的犯罪"（Organisierte Verbrechen）一般不是通过诸行为人的一次性分工合作实施，而是由犯罪组织，有时候甚至由犯罪性地堕落的国家所实施。此外，组织上的缺陷也可能是经济团体犯罪的原因。今天特别有争议的是，是否这样的不法体系——除了组织者和其他参加者之外——也可以和应当被追究刑事责任。对此我的观点在前面已经有所暗示：可以，但是其必要和充分的前提是，它们在法律上是独立存在的，且因此可以成为刑法制裁的对象。③它们作为"法人"（Rechtspersonen）为它们的"角色"（Charakter）答责，并因此要为那些可以追溯至其缺陷的体系不法负责，也就是说——

为作为整体的体系所追求的目的中的不法负责，以及为组织实现自己的目的的活动中的不法负责。④

我的观点在刑事政策上的理由是，社会性的体系一般蕴含着对他人法益的重大的潜在危险，如果它有组织地开始运转，或者管理上有缺陷，那

---

① 《正犯体系：迹象与结构》（Tätersysteme：Spuren und Strukturen），《整体刑法学杂志》第 119 期，2007 年，第 517 页。

② 相反，被建议的"通过组织支配的间接正犯"（mittelbare Täterschaft）在我看来是不合适的，因为对犯罪的组织并不意味着对犯罪的实施的支配。为了表达出"书桌犯罪人"（Schreibtischtäter）对不法的参加，仅仅将其评价为作为责任参与形式的教唆行为，又太轻微了。

③ 《体系不法与不法体系》（Systemunrecht und Unrechtssystem），《整体刑法学杂志》第 106 期，1994 年，第 693 页以下、705 页以下、721 页以下。

④ 《体系不法与不法体系》（Systemunrecht und Unrechtssystem），《整体刑法学杂志》第 106 期，1994 年，第 703 页。

么它的特别危险性就总是会体现出来；另一方面，一种特别的"集体感"（Wir-Gefühl），或者被训练出来的有缺陷的答责意识，往往会鼓励成员为了违法目的而将这种潜在危险付诸实施，并且草率地对待它。①

为了否定政治体系，也包括经济团体的答责性，人们提出意见认为，它们没有行为能力和责任能力，因此也不适宜接受刑罚制裁。这太不合理了！行为能力虽然是刑罚制裁的充分条件，却不是必要条件，必要的只是存在个体的自由，而这种自由不仅可以通过行为，也可以通过对行为的组织中表现出来。至少在社会性的体系亲自进行组织活动时，是享有自由的。况且自由的任务是接受应然的指导，② 社会性的诸体系因此对该任务的完成也负有责任：它们必须使自己的目的设定和实现目的的组织活动与法规范相适应。如果它们没有履行此一责任，那么就要——在它们的组织之外——遭受社会道德的非难；当侵犯很恶劣时，就可以（以及应当）通过一项社会道德上可以理解的刑罚来强化它。③

（3）刑罚

接下来是作为刑法之典型法律后果的刑罚。虽然我关于这一主题的专著名称就是《刑罚哲学》，我还是想在这里提及它，因为探讨刑罚正义的核心问题对刑法也有着很大的意义。我是分三步来回答这一问题的。

首先，犯罪与刑罚之间的逻辑关系必须考虑到语言习惯（Sprachge-brauch）。在这种语言习惯中它们应当是相当的（äquivalent），也就是说，人们可以从犯罪的实然（Sein）中推断出刑罚的应然（Gesolltsein），也

---

① 《体系不法与不法体系》（Systemunrecht und Unrechtssystem），《整体刑法学杂志》第106 期，1994 年，第 713 页。体系不法还有何种实际意义，我曾经以反人道的犯罪为例有过阐述（《科尔曼祝寿文集》，2003 年，第 147 页以下）：对该类犯罪而言，除了其党羽之外，政治体系本身也要在刑法上承担责任。例如，如果需要的话，何时将其解散——这应当通过一个"客观的程序"而发生，只有通过该程序才能查明犯罪和对犯罪的体系的答责性（《整体刑法学杂志》第 106 期，1994 年，第 735 页以下；《科尔曼祝寿文集》，第 171 页）。

② 《作为与不作为在刑法中的等置问题》（Die Problematik der Gleichstellung von Handeln und Unterlassen im Strafrecht），《整体刑法学杂志》第 79 期，1967 年，第 476 页以下、491 页以下、493 页。

③ 《体系不法与不法体系》（Systemunrecht und Unrechtssystem），《整体刑法学杂志》第106 期，1994 年，第 724 页以下。

可以从刑罚的应然中推断出犯罪的实然。[①]

　　其次，犯罪与刑罚之间的心理关系必须考虑到法感情（Rechtsgefühl）。这指的是，只有当犯罪是刑罚的充分基础，刑罚是对犯罪的充分救赎时，才符合国民的法感情。由于刑法的特性即在于将犯罪类型化为应受刑罚的犯罪行为，则立法者的任务就必须是，以相当的刑罚（Tatstrafen）对犯罪行为进行威慑；对具体案例进行审判的法官的任务则必须是，在法定的刑罚幅度之内确定相当的、具体的刑罚。在此过程之中，社会观念给予立法者以法感觉，犯罪行为类型和刑罚幅度之间的联系则为法官的法感觉提供了确切的帮助。二者最后当然都留有一定的裁量空间，在该空间内他们（立法者以及法官）必须根据他们对超实在法的正义之确信从事活动。[②]

　　最后，犯罪与刑罚之间的哲学关系必须考虑到超越了实在法的正义诸准则。刑罚幅度与具体刑罚都是受刑罚处罚的不法的后果，都必须通过受刑罚处罚的不法而被超实在法地（"自然法地"）合法化。如果人们和我一样，将受刑罚处罚的不法理解为一种严重扰乱了共同体之关系构造（Beziehungsgefüge）的关系不法，那么，当一个刑罚幅度为关系不法正义性地赎罪（1）、正义性地预防关系不法的再次发生（2）、（重新）唤起并强化公众服从法秩序之下的社会关系之意识（3）时，允许法官对具体刑罚进行裁量就是超越了实在法的正义之举。[③]

　　正义地裁量的刑罚自然不该总是被加之于一个犯罪行为的创作者（Urheber）。惩罚越深入犯罪行为人的人格（Persönlichkeit），就越是要求充分地研究其个性（Individualität）。仅仅就犯罪行为人的某一犯罪行为向独立的法官提出控告还不够，在与他以及那些可能与他的犯罪行为有特殊关系的人进行了详尽的辩论之后，他还必须被法官判决是有罪的，并依法被判处了与该种犯罪行为的方式相适应的刑罚量。该刑罚量由法

---

① 《刑罚哲学：刑罚正义性研究》（Strafphilosophie. Studien zur Strafgerechtigkeit），1999 年，第 27 页以下。

② 《刑罚哲学：刑罚正义性研究》（Strafphilosophie. Studien zur Strafgerechtigkeit），1999 年，第 47 页以下。

③ 《刑罚哲学：刑罚正义性研究》（Strafphilosophie. Studien zur Strafgerechtigkeit），1999 年，第 113 页以下。

官"根据最好的知识与良知"（nach bestem Wissen und Gewissen）确定，以至于其一方面是对有罪者所施加的负担，另一方面也满足了犯罪被害人和公众的需求。[1]

2. 具体犯罪的构成要件（特别是经济犯罪）

对于具体犯罪的构成要件，我只是零星地做过研究，但是有两个例外。

一个例外是文书刑法（Urkundenstrafrecht）。我的博士论文与此有关，[2] 但是没有付梓，所以我通过两篇论文公开了我的研究成果。在第一篇论文中，我论证了两个问题。一个是为什么制作一份"整体文书"（Gesamturkunde）在我看来是违法的。另一个是为什么一个发行自己文书的人从来不能伪造，而只能妨碍（unterdrücken）文书；我认为，即使在后者的情况下，也只有在另一个人事先就获得了文书的证明权（Beweisführungsrecht）时，扣发行为才是可罚的。[3] 第二篇文章强调的是"复合的"（zusammengesetzten）和"附属的"（abhängigen）文书之特殊性：前者通过与一个查看对象（Augenscheinsobjekt）结合在一起才是一份完整的文书，后者则通过和另一份文书的关联才具有文书的完整性；但是之后在这样一个统一体中，伪造和妨碍它们就要受到刑罚保护。[4] 与伪造文书有紧密联系的是"伪造技术图样"（Fälschung technischer Aufzeichnungen）。在它被写进《刑法典》之后不久，我就对它展开了详细探讨，[5] 并由此打开了研究计算机犯罪这一当时的新犯罪形式的大门。结合实务中为数众多的例子，我指出了与计算机犯罪进行刑法斗争的必要

---

① 《刑罚哲学：刑罚正义性研究》（Strafphilosophie. Studien zur Strafgerechtigkeit），1999 年，第 225 页以下。

② 《伪造整体文书和复合文书》（Fälschung von Gesamturkunden und von zusammengesetzten Urkunden），1957 年。

③ 《所谓的整体文书和签发者伪造文书之问题》（Die sogenannte Gesamturkunde und das Problem der Urkunenfälschung durch den Aussteller），《戈尔特达默刑法档案》1964 年，第 321 页以下。

④ 《复合的和附属的文书》（Zusammengesetzte und abhängige Urkunden），《新法学周刊》1965 年，第 1746 页以下。

⑤ 《伪造技术图样：新刑法第 268 条批判》（Fälschung technischer Aufzeichnungen. Kritischer zu § 268 n. F. StGB），《新法学周刊》1970 年，第 1097 页以下。

性、已经存在的刑罚可能性以及遗留下来的可罚性漏洞。①

　　另一个例外是经济犯罪。前述两篇文章以及一篇《未来刑法中的财产保护》的论文②，使我在同人的推荐之下，加入了由联邦司法部成立的反经济犯罪专家委员会。从 1975 年至 1978 年，我为该委员会就竞争刑法（Wettbewerbsstrafrecht）几乎所有相关的问题提供过广泛的专家意见，以至于我此一时间段内研究工作的重心也几乎完全转移至经济刑法。许多成果随后部分发表在杂志和祝贺文集中，部分被大幅度地压缩后在 W. 克雷克勒（W. Krekeler）等编纂的《经济与税务刑法小词典》中得以出版。遗憾的是，它们对立法的影响比预期中的要小得多。尤其是我提出的增设一个"破坏生产经营"（Betriebssabotage）的新构成要件的建议，③ 完全没有人理睬：我们今天的《刑法典》只是规定了破坏计算机（Computersabotage）的构成要件，这虽然是一个重要的部分，却远未涵盖被严重扰乱的该社会领域内的全部现象形式。④

　　另外，我还对一些竞争刑法之外的、激化了经济犯罪行为之可罚性的法律规范做过详细研究。这方面的成果有关于信贷诈骗罪（刑法第 265 条 b）构成要件的一本专著和关于洗钱罪（刑法第 261 条）的一篇论文。⑤ 值得一提的还有我围绕智力成果（Geisteswerke）的刑法保护的三部曲系列论文，其中我一方面承认了智力成果所蕴含的财产性利益，另一方面也承认了要保护作者和发明者的人格权。⑥

---

① 《所谓的计算机犯罪之刑法处置》（Die strafrechtliche Behandlung der sogenannten Computer-Kriminalität），《戈尔特达默刑法档案》1975 年，第 1 页以下。
② 米勒－迪茨主编《刑法教义与刑事政策》（Strafrechtsdogmathik und Kriminalpolitik），1971 年，第 59 页以下。
③ 《破坏生产经营》（Betriebssabotage），《整体刑法学杂志》第 89 期，1977 年，第 325 页以下。
④ 在《刑法分则选择性草案》的《针对经济的犯罪》一卷中，我措辞精确地描述了该构成要件，在理由部分则再次强调了其刑事政策上的意义。
⑤ 《信贷诈骗（刑法第 263 条、第 265 条 b）》（Der Kreditbetrug（§§263，265b StGB）），柏林 1980 年；《洗钱罪的新构成要件（刑法第 261 条）》（Der neue Tatbestand der Geldwäsche（§261 StGB）），《法学家报》1994 年，第 123 页以下。
⑥ 《知识产品的刑法保护》（Der strafrechtliche Schutz der Geisteswerke），《著作权与媒介权档案》第 76 期，1976 年，第 141 页以下；《著作权与媒介权档案》第 83 期，1978 年，第 15 页以下；《著作权与媒介权档案》第 87 期，1980 年，第 107 页以下。

（二）刑事诉讼法

关于刑事诉讼法，我只在一个工作组中做出过一项重要贡献。其涉及的是，在德国统一之后，立即拟定一部通过一个不端行为程序（Verfehlungsverfahren）与轻微犯罪（Kleinkriminalität）作斗争的草案。

截至当时为止，联邦德国所提出的各种建议，要么使轻微犯罪行为像变戏法一样地从刑法中被转移至民法或者违反秩序法，要么虽然还将轻微犯罪行为保留在刑法中，其程序上的侦查以及起诉却听凭检察官的任意决定。相反，由我在工作组内起早的草案，规定的是实体法要素和程序法要素的结合：犯罪的最低限度应当由立法者在顾及行为原则（Tatprinzip）的前提下加以定义；但是在刑罚界限内对它们的规制，则要交给非法院的追诉机构（nichtrichterlichen Verfolgungsorganen）。该草案既满足了检察官在不端行为程序中所追求的赎罪功能，也包含了调解员在寻求和解的调解程序中所实现的、"服务于不法结果之补救（……）或者不法之平衡的"选择性功能。① 关于理由，我的说明是：调解程序——

> 不仅对行为人更为有利，因为和审判程序或者检察程序相比，行为人的冲突状况和犯罪动机更全面地被了解，并成为参考的对象，甚至可能得到帮助。而且它也减轻了被害人在刑事诉讼中出现在公众面前的负担，因为在诉讼中，他们其实只是作为服务于寻求真相（Wahrheitsfindung）的证人而出庭，而在这里他们首先是作为受到伤害的共同体的成员被认真对待。②

在我其他的程序性研究中，有一项与突破刑事判决的实质性法律效力

---

① 《一个针对轻微犯罪的新草案：罚金与刑罚程序之间的不端行为程序》（Ein neues Konzept für die Kleinkriminalität：Das Verfehlungsverfahren zwischen Buβgeld-und Strafverfahren），兰珀主编《轻微犯罪的程序处置建议集》，1993 年，第 55 页以下。

② 《一个针对轻微犯罪的新草案：罚金与刑罚程序之间的不端行为程序》（Ein neues Konzept für die Kleinkriminalität：Das Verfehlungsverfahren zwischen Buβgeld-und Strafverfahren），兰珀主编《轻微犯罪的程序处置建议集》，1993 年，第 91 页。

有关，其中我首次提出了宪法上诉的意义;① 还有一篇是为了纪念德国电视二台（ZDF）拍摄的一部电视剧而写的关于保护即将刑满释放的犯罪人免受媒体干扰的论文。② 在已经退休的联邦法院院长普法伊费尔（Pfeiffer）的《祝寿文集》里，我对法官的确信之形成（Überzeugungsbildung）进行了探讨,③ 但更多的是从法律方法方面展开的。

（三）对法律的基础性研究

如同已经简述过的那样，我学术研究的重心在于法律的逻辑方法基础和经验哲学基础。

1. 法律理论和法律的科际基础

我的法律理论研究涉及（a）法律的基础知识（Propädeutik）及其问题："什么是法律?"（b）法律逻辑的问题，尤其是其语意学（Semantik）和语用学（Pragmatik），以及（c）法律方法的问题。

（1）什么是法律?（法律的基础知识）

法律的概念既不能名义性地被定义，也不能从一个上位概念中通过陈述特定的区分演绎而来，人们必须通过归纳而发展出法律的概念。其中人们不应当过于狭窄地选择归纳的基础，既不能局限于（法规实证主义（Gesetzespositivismus）意义上的）立法，也不能局限于法律实证主义（Rechtspositivismus）意义上的日常的和法学家的语言习惯（Sprachgebrauch）。最可靠的是一个宽泛的人种学（ethnologisch）基础，因此也是一个"类型学的"（typologisch）概念建构，它区分了社会人类学上恒定的核心领域和文化上多变的边缘领域。据此，"法"的概念是：

---

① 《刑事判决中实体法律效力的突破》（Die Durchbrechung der materiellen Rechtskraft bei Strafurteilen），《戈尔特达默刑法档案》1968 年，第 33 - 49 页；《针对刑事判决的宪法上诉》（Verfassungsbeschwerde gegen Strafurteile），《法学家报》1969 年，第 287 页。

② 《作为"时间历史中的人"的犯罪人》（Der Straftäter als "Person der Zeitgeschichte"），《新法学周刊》，1973 年，第 217 页以下；本文的结论为联邦宪法法院在"莱巴赫"（Lebach）案的判决（《联邦宪法法院判例集》第 35 卷第 202 页）中所确认。

③ 《法官的确信》（Richterliche Überzeugung），《普法伊费尔祝寿文集》，1988 年，第 353 页以下。

"对相互类似的［家庭式类似的（Familienänhlich）］诸现象之多样性的语言称呼"；它涉及"那些在生物遗传学的（genetischer）考察中就已经总是属于法律并因此对法律来说是必要的属性［'原初类型的属性（prototypische Eigenschaften）'］，以及那些后来才附加给法律，只是从那时开始才为法律的充分确定所必需的属性［'现实类型的属性（realtypische Eigenschaften）'］。"①

使法律得以规制人类社会关系的属性，必然为法律所拥有。由于人类社会关系是通过心理而形成的，那些对人类心理的机能有影响的属性就全部是法律的属性：（1）对人类的情感机能（emotionalen Funktionen）的影响，以便培养出对共同体生活中的法律秩序的感觉；（2）对人类的智力机能（intellektuellen Funktionen）的影响，以便法律可以决定正确的社会行为；（3）对人类的意志机能（volitiven Funktionen）的影响，以便使法律意识获得相对于其他异常需求和追求（Bedürfnissen und Strebungen）的优先性。

基于上述原因，法律从一开始就有着和心理一样的体系属性。因此它可以：

·在人类情感的四维基础之上［快－不快（Lust-Unlust）、兴奋－平静（Erregung-Beruhigung）、臣服－统治（Submission-Dominanz）、确定性－偶然性（Kontrolliertheit-Kontingenz）］，区分出（a）法与不法、（b）法律原因与法律后果、（c）权利与义务以及（d）法安定性与任意性（Beliebigkeit）、合理性（Billigkeit）；

·在思维的相应维度基础之上，对情感与对象的最初经历进行再塑造（überformen），即（a）以法知识的"案例世界"（Fallwelt），再塑造法感情的"感觉世界"（Merkwelt），（b）以"案件状况"和"现实结果"的案件思维机制，再塑造兴奋与平静的情感机制，（c）以应然与需然（Gesolltem und Gedurftem）思维上的一致，再塑造权利感与义务感的

---

① 《论"正确的法"之问题》（Zur Frage nach dem "richtigen Recht"），杜克斯等主编《当代论辩中的道德与法律》，2001年，第262页。

对立，（d）以逻辑上有效的规范和在具体案件中合理的法之间的可靠性，再塑造确定性与偶然性之间的情感调和点；

·在意志的同样相应的维度基础之上，（a）证实法与不法对社会共同生活而言是有效的二元行为准则，（b）将社会的案件状况提升为一定的（通常可强制执行的）现实后果的（充分或者必要的）法律前提，（c）将有效提出的权利与负有义务者的回答相对照，（d）形成对社会关系的支配，通过强制的方式保障自由的必要限度。①

这从一开始就为正义提供了正确的准则，即正义同样要在这些维度的基础之上划分为（a）社会的、（b）衡平的、（c）分配的和（d）照管的（versorgende）［统治的（gubernative）］正义。②

法律的产生与国家的形成是紧密联系在一起的，法律因此还必须额外满足建构和维护国家的任务：它必须将自然的个体（Individuen）改造为开化了的"人格体"（Personen），这些"人格体"扮演着各种"角色"，意识到共同的"机能"，如果位于同一社会层面，则相互之间有着平等的权利和义务；它必须以市民的去个人化的（entindividualisierte）（"抽象的"）法律权力（Rechtmacht）替代每个个体的个人权力，以被组织的"社会"（Gesellschaft）替代有组织的"共同体"（Gemeinschaft）；它必须让"社会"的等级构造在"国家"的政治统治中达到极致，国家的"构造"则在法律的帮助下控制其成员的"机能"。③

我因此提到了那些可以用来限制法律核心内容的大多数属性。我对法律的完整的核心定义（随着概念的变化当然尚有待补充）是：

> 法律是"人格体"的社会行为规范的总和；它对社会事件或者状况进行评价，将其与积极的或者消极的后果相联系，奠定权利和义务

---

① 《法律的四个维度：确定法律概念的素材》（Die vier Dimensionen des Rechts. Materialien zur Bestimmung des Rechtsbegriffs），《法律理论》第 22 期，1991 年，第 221 页以下。

② 《法律的四个维度：确定法律概念的素材》（Die vier Dimensionen des Rechts. Materialien zur Bestimmung des Rechtsbegriffs），《法律理论》第 22 期，1991 年，第 247 页以下。

③ 《法律的观念与发展》（The Concept and the Development of Law），《法哲学与社会哲学档案》第 78 期，1992 年，第 13 页以下。

的基础，并作为对社会生活的控制机构（Kontrollinstanz）而起作用；它通常以社会的、有支配力的（verfügungsmächtigen）意志（公共意志或者有资格的"人格体"的意志，如"社会"或者"国家"中的个体或者"机构"）为基础，极个别情况下也以本能的控制程序（Steuerungsprozessen）为基础；它以语言确定下来，在发生争议的场合，由有权限的机关根据共同的程序规则加以实施。①

（2）法律何时生效？（法律的逻辑）

法律最重要的属性是其效力。在我的专著《法律语义学》中，我详细地说明了"以语言确定下来"的法律的定义，并明确指出了"法律领域中语言论断和设定（sprachlichen Feststellungen und Festsetzungen）的效力"。② 如果使用了概念性的符号、指向性的表示（weisender Gesten）或者信息信号，就存在着"语言"论断和设定。当它们在法律上意味深远，且意义和效力相互之间并无冲突，不会由此废止时，它们就拥有了"效力"。——例如："官方语言是德语。"③

法律概念一般是在法律语句（Rechtssätz）之内获得其法律意义的。其效力还附加性地取决于，它陈述了法律上重要的东西：一个法律上特定的案件状况。当然，由于法律事实只具有相对的独立性，该法律性的案件状况的内容，应当以一定的自然事实为基础。例如，一项合同要约（Vertragsangebot）绝不只是单纯地告知了自然意义上的（心理的）准备，而总是同时表达了一个法律上特定的约束性意志（Bindungswillens）。④此外，为了获得效力，法律语句还必须在法律上论断或者设定被陈述的内容。陈述式（指示性）或者命令式（强制性）或者许可式（允许性）的法律语句模式可以完成该任务。⑤

---

① 《论"正确的法"之问题》（Zur Frage nach dem "richtigen Recht"），杜克斯等主编《当代论辩中的道德与法律》，2001 年，第 266 页。
② 《法律语义学》（Juristische Semantik），1970 年，第 15 页。
③ 《法律语义学》（Juristische Semantik），1970 年，第 18 页以下。
④ 《法律语义学》（Juristische Semantik），1970 年，第 29 页以下。
⑤ 《法律语义学》（Juristische Semantik），1970 年，第 35 页以下。

一个陈述模式的法律语句将是有效的，如果它涉及的是一种可以以实然表述（Ist-Aussage）在法律上被论断的案件状况，或者如果它的应然表述（Soll-Aussage）设定了一项相应的可论断的履行机能（Erfüllungs-funktion）。例如，应然表述"A 应当将财产和对地产 X 的占有转让给B"，就对实然表述"A 将财产和对地产 X 的占有转让给了 B"有履行机能，这在法律上是可以证明的。① 命令式的法律语句将有效，如果其要求法律上的人实施一个行为（作为或者不作为）。倘使其要求是有前提的，则只有当其陈述式的前句（Vorsatz）["如果 A 和 B 签订了关于地产X 的买卖协议（……）"] 是后句（Nachsatz）[" （……）那么他才应该通过转让和移交地产来履行它！"] 的充分理由之时，才是有效的。② 对于许可式模式的法律语句也是如此。③

语义学受到了语用学的补充。作为逻辑上的语用学，涉及说话者以及说话者经由其语言习惯所追求的目的；作为法律上的语用学，涉及法律人以及他使用法律语言所追求的法律目的。迄今为止，仍然没有对法律语用学的整体性描述。我仅在两篇祝寿文集的论文里对其略有涉猎。④

逻辑语用学的出发点是作为说话的生物的人 [说话的人（homo lo-quens）]。语言能力（Sprachfähigkeit）是人的天性：他在特定的学习阶段，主要是在与母亲的交往中 ["母亲的语言"（Muttersprache）]，培养起自己的语言才能（Sprachvermögen）。养成法律上有效的言语行为并因此成为法律语用学的主体，此一才能则是后来在共同的法律文化影响下形成的。根据德国的法律，年满七周岁时有受限制的能力，年满十八周岁则有完全的能力。从此时开始，人就成为一个法律人（Rechtsperson）。

但是德国现行法有一些不一致的规定。它虽然仅仅在人的完全行为能力受到一个代理机构（vertretungsberechtigtes Organ）的保障时，才承

---

① 《法律语义学》（Juristische Semantik），1970 年，第 40 页以下。

② 《法律语义学》（Juristische Semantik），1970 年，第 51 页以下。

③ 《法律语义学》（Juristische Semantik），1970 年，第 61 页以下。

④ 《 "法学的"逻辑， "逻辑的"法学?》（ "Juristische" Logik， "logische" Jurisprudenz），《克卢格祝寿文集》第 1 卷，1983 年，第 113 页以下；《人及其法律》（Der Mensch und sein Recht），《拉卡姆布拉祝寿文集》，1983 年，第 677 页以下。

认"人格体"的法律地位（民法第 26、86 条），却将"刚出生的"自然个体视为法律人（民法第 1 条）。我认为这种区分是不合理的，若将人格体概念严格与法律上的自我决定能力联系在一起，无行为能力的小孩就只有在与其有行为能力的代理人相结合时才是"（复合的）法律人"。[1]

法律人确立法律（Rechtsbegründung）的前提是，他的意思表示（Erklärung）承载了效力意志（Geltungswillen），即依法应当发生一定的事情。

此时德国法律再次体现出不一致。它将基于强制或者错误而违背本意的说明假定为有效的，以便之后可以通过异议使其灭失（Vernichtung），即"一开始"（民法第 119、123、142 条）是假定有效的。但是，如果承认信任有确立法律的效果，并因此不仅赋予说话者，而且赋予被说话者（如果他同样也是法律人的话）以确立法律的资格，两种假定都是多余的。[2]

为了使意志说明有效，需要法律人在法律语用学上拥有对于对象的支配力，并且法律也承认这种支配力。

我们的法律又一次只是不确定地接受了这两个前提，它没有赋予被解释者的信任以保护能力（Schutzqualität），而是赋予解释者的无能力的意志以法律能力（Rechtsqualität）。[3]

语言和思想（Gedanke）联系在一起，也就是说，和抽象的、涤除了（gereinigte）所有心理伴随情状（Begleitungständen）的精神存在（geistige Entitäten）联系在一起，该存在可以用一个象征性的符号表示，因而可以成为一个概念。如果被使用的概念能够和说话者的设想（Vorstellungen）有关联，尽管不是必须如此，语用学就对语义学有了反作用。倘若设想被排除了，概念建构就是普遍化的；倘若设想被涵括了，概念建构就是个别化的。

第一种情形中的途径是抽象。

·要么是算术的（arithmetisch），即摘挑出那些对各种具体设想来说是共同的要素，删掉其余的要素；

---

① 《人及其法律》，第 678 页以下。
② 《人及其法律》，第 688 页以下。
③ 《人及其法律》，第 695 页以下。

·要么是几何的（geometrisch），即强调设想中的共性，蜕化掉（Depravierung）各种个性。

第二种情形中的途径是具体。

·要么是算术的，即如同所必要的那样联合许多出现的设想，以形成一个具体的设想；

·要么是几何的，即将具体设想结构化，直至指导性的视角变得清晰。[1]

规范发布者（Normgeber）希望（例如在物权法中）将现实的各种要素排除至最低限度的余数（Restbestand）时，就要使用算术的抽象途径；后果是，由于概念要素的数量极少，法律就很清楚，由于不考虑所有现实的特殊性，就具有抽象的一致性。规范发布者不希望排除不一致性，而只是希望蜕化掉不一致性，并将它们维持在一个规范的类型概念（Typusbegriff）里时，就相反地要选择几何的抽象途径；后果是，由于考虑到了现实的特殊性，法律适用就很顺畅，具有成比例的一致性（proportionale Gleichheit）。规范发布者希望将其规则限制于一个人（例如联邦总统）或者一种人的集合体（例如商人）时，就要使用算术的具体途径。如果他希望额外地强调那些应当属于具体化的人的确定属性（例如联邦总统在国际法上的代表权，商人的会计义务），他相反地就要使用几何的具体途径。[2]

法律语用学还对法律的句法学（Syntaktik）有反作用。法官的判决典型地以一个循环的推论（äquativen Schluß）为依据，该推论又以三个逻辑判断为基础：第一，第 X 条的构成要件得到充足；第二，该条规定了一个有效的法律后果；第三，前两者要么在实在法上（de lege）决定了法官的判决，要么在应然法上（de iure）确定了法官的判决。这种二选一指的是什么，取决于法官的意图，即他的判决是只服从法规（Gesetz），还是也服从正义（Gerechtigkeit）。因为：

---

① 《"法学的"逻辑，"逻辑的"法学?》（"Juristische" Logik，"logische" Jurisprudenz?），第 118 页以下。

② 《"法学的"逻辑，"逻辑的"法学?》（"Juristische" Logik，"logische" Jurisprudenz?），第 129 页以下。

最后所提及的法的判断（Urteil de iure），是正义性判断（Ger-echtigkeitsurteil）的同义语。它意味着，通过指向构成要件的判断 A 而得出的配价，与通过指向法律后果的判断 B 而得出的配价是一样的。也就是说，整体来看，构成要件与法律后果之间，例如谋杀和无期徒刑之间，存在着等价性（Äquivalenz）。①

（3）如何发现"正确的"法？（法律方法）

在循环推论的思维里，逻辑与方法不期而遇：逻辑确定可供使用的范围，方法填充其中。

方法的首要任务是提出问题，这些问题在逻辑上应当是开放的：法定构成要件 X 是否充足？法律所规定的、对构成要件充足的反应是否有效？法律所确定的法律后果标准化与法官宣布的现实后果是不是构成要件实现的等价性反应？为了评价既存的案件状况，方法上必须去除掉所有不重要的要素，精简至法律的核心。法律规范的构成要件规定的是最低标准（Mindestniveau），因为其要素在解决问题时必须全部再现。当然，要实现"个别正义"（Individualgerechtigkeit），法官还需考虑案件状况的具体类型结构。②

法律问题被提出之后，接着就应当寻找答案。为此法官应当尽可能有目的地接近答案状况（Lösungssituation），即服从最低能量耗费法则（Gesetz des minimalen Energieaufwandes）［参见下文 2.（2）］。一些联想法则（Assoziationsgesetze）将为其指明道路，我能提到的有接触（Berührung）［邻接（Kontiguität）］法则、相似性（Ähnlichkeit）［类似（Similarität）］法则、联合（Zusammenschlusses）［集中（Konvergenz）］法则和确认（Bekräftigung）［肯定（Affirmation）］法则。

例如，基于邻接法则，法官要考虑所有被他的判决"接触到"的利益。至于他是"如何"考虑的，则首先要基于类似法则，集中于那些既

---

① 《"法学的"逻辑，"逻辑的"法学?》（"Juristische" Logik，"logische" Jurisprudenz?），第 132 页。

② 《法律实证主义的界限：一个法人类学的研究》（Grenzen des Rechtspositivismus：Eine rechtsanthropologische Untersuchung），1988 年，第 139 页以下。

与问题状况，也与答案状况处于一种相似性关系之中的理由；也就是说，在它们之间居间调停。所以，认为法律思维是一种"类推的"（analogisch）观点，是完全正确的。此外，基于集中法则，由于利益的接触就是法律上的"因果关系"，考虑到相似性就大致上可以确定被引起的结果之归属。最后，根据肯定法则，一个已经存在的、对结果归属的判例将支持法官，循着与其前辈相同的方向作出判决。①

　　法官寻求答案时，"法规与法"（Gesetz und Recht）都会被涵括进寻求的过程之中。如果案件状况和现实后果之间的关系直接就可从法律中得出，它就是逻辑地被决定的。相反，如果法官就案件状况有评价空间，对现实后果享有裁量余地（例如法律只为他提供了一个后果的幅度），那么他就必须运用方法，类似于一个立法者一样地做出决定：他必须以均等正义（iustitia commutativa）为基础，平衡案件状况所产生的不均等，而且在一定场合下必须以分配正义（iustitia distributiva）为基础，在权利与义务的分配中再次实现一致性，以及以神的（统治的）正义［iustitia providentialis（seu gubernativa）］为基础，顾及公众与具体个人的、合理的安全需求和照管需求。②

　　所有正义条件的实现都各有各的方法。对均等正义而言，它类似于自动控制电路（Regelkreis）那样的自然科学模型：一种与预定状态有偏差的状态，通过一种均等机制又回到预定的状态。如果多种正义条件交织在一起，自然科学的自动控制电路模型当然就必须做重要扩充。例如，必须把对受刑罚处罚的不法之更新放入一种目的论的关联之中，该关联从过去的不法事件出发，在克服不法事件的过程中经由服刑而在将来结束，在此期间它还要接受各种往往并不一致的目的的指导：实施了的受

---

① 《"法学的"逻辑，"逻辑的"法学？》（"Juristische" Logik，"logische" Jurisprudenz?），第 147 页以下。

② 米勒－迪茨主编《刑法教义与刑事政策》（Strafrechtsdogmathik und Kriminalpolitik），1971 年，第 243 页以下；从社会的视角出发，还可以考虑交互和补充的（reziproker und komplementärer）正义性之需要（参见《所谓的计算机犯罪之刑法处置》（Die strafrechtliche Behandlung der sogenannten Computer-Kriminalität），《戈尔特达默刑法档案》1975 年，第 270 页）。

刑罚处罚的不法应当被赎罪、① 现行法对不法的控制应当被确认、将来的其他受刑罚处罚的不法应当被避免。我将这种模型称为"历史性累进的控制电路"（geschichtlich-progressiven Regelkreis）。②

结论（Konklusion）意味着法官的寻求过程之结束，它是一个类比的或者类推的推论，在逻辑上和心理上都是如此：逻辑上，它将有待评价的案件状况确认为推论出法律后果的充分前提；心理上，它将简要的结论同案件状况与法律后果之间的价值对应联系在一起。由此一来，它就最终合理化了法官的判决行为，该行为通过论断或者设定具体案件的法律，解决了一开始所提出的法律问题。③

2. 法哲学与正义的科际基础

（1）何种法律是"正确的"？

法律方法理论只是帮助正义的寻求者找到通往"正确的法律"之路，至于在道路的尽头所发现的法律是不是"正确的"，它并没有透露什么。即使是法律哲学，对此也不是当然能够提供答案。因为靠自己的力量，哲学的理性甚至不能推进至实体之确定（Wesensbestimmung），遑论推进至法律的正确性之确定（Richtigkeitsbestimmung）。它显然需要接受帮助。

"从上面"（von oben），即或者从上帝，或者从世界精神（Weltgeist）那里得到这样的帮助的尝试，迄今收效甚微。"从上面"不过是回应了伦理之善（sittlich Guten）的训诫 ["行善避恶"（Bonum est faciendum, malum vitandum）]；而伦理上什么是善的，并没有得到说明。因此法哲学必须放弃"从上面"的帮助。"从下面"（von unten）它则只能了解到人的本性（Natur des Menschen）及其社会体系的种类（Art）。依靠这种帮助，法哲学自然也解决不了"正确的法律"之问题。不过通过如下方式，也许可以更为接近找到答案。

---

① 《不法与罪责，赎罪与悔过》（Unrecht und Schuld, Sühne und Reue），《鲍曼祝寿文集》，比勒费尔德1992年，第21页以下。

② 《刑罚哲学：刑罚正义性研究》（Strafphilosophie. Studien zur Strafgerechtigkeit），1999年，第62页以下。

③ 《法律实证主义的界限：一个法人类学的研究》（Grenzen des Rechtspositivismus: Eine rechtsanthropologische Untersuchung），1988年，第173页以下。

（2）法的人类学基础

法人类学从"人的正义"（Menschengerechtigkeit）中推导出自己的正确性，因此接近了"正确的法律"。它根据"人的正义"认为，一项法律如果将人的现实写照（Abbild），即其存在论的和现实的结构，在理想化的形态中提升为典型（Vorbild），就是正确的法律。[①] 存在论的结构表明什么是人，并由此确定了一个范围，符合"人的正义"的法律是绝不允许离开该范围的。现实的结构表明人是如何成其为人的，因此设定了物料（Material），符合"人的正义"的法律必须从该物料中形成。

什么是人？在我的《法人类学》第一卷中，我将其限制为"个体结构"。也就是说，我将人理解为一个个体，他与其他生物虽然是一样的，却表现出一定的特殊性，并因此而适于为法所规范。[②]

首先，对人来说，他的素材（Stoff）起初具有法存在论的（rechts-ontologisch）属性，即他"存在于法律之中"（Im-Recht-Sein）。这是他与法律的内在关系，如同他自己通过同一性（Identität）而存在一样；且这种关系也同样属于所有人。其次，人的形式（Form）也具有法存在论的属性，即他"享有法律"（Recht-haben），这是他与一个规范秩序的外部关系，如同他自己通过多样性（Diversität）而与众不同一样；且这种关系给予不同的人以不同的权利和义务。最后，人的法存在论之属性还体现在，法律存活于人之中，因此自己也必须服从一个生活原则（Lebensprinzip），即短暂的同一性［基因同一性（Genidentität）］是与永恒的变化联系在一起的。[③] 还需要强调的是，"存在于法律之中"与"享有法律"都可以承认不同的样式（Modalitäten）（可能性和现实性是一方面；

---

① 《法律的人类形象：写照还是典型？》（Das Menschenbild des Rechts-Abbild oder Vorbild?），兰珀主编《法人类学论文集》，1985 年，第 20 页。

② 对"法秩序中的人格体结构"之分析，其中人表现为一个自由——答责的（frei-verant-wortliche）、伦理的（sittliche）人格体，我正在研究之中。

③ 《法人类学：对法律中的人的一个结构分析》（Rechtsanthropologie. Eine Strukturanalyse des Menschen im Recht），第 1 卷：法律秩序中的个体结构（Individualstrukturen in der Recht-sordnung），1970 年，第 32 – 136 页；我的"基因的法律理论"与此有关联，参见下文（三）。

必要性和偶然性是另一方面）。例如，法律秩序间的不同，全部不可避免地来自人所含有的同一的法律素材（Rechtsstoff），从中也产生了（当然有限的）人类学上的自然法之可能性。

　　除了法存在论的属性之外，人的认识（Erkenntnis）与其他生物也有所不同，即其意识的主体性和（社会）现实的客体性之间的关系，两者都涵括了法律秩序的存在（Dasein）。（刑法中）故意的认识要素（Wissenselement）就是法律意识和同样通过法律被建构的现实之间的关系，例如拿走"他人"财物。此外，在认识中要再次区分素材与形式。也就是说，一方面，作为对一个法律现实的设想，就"有了"（haben）真实；另一方面，当该设想与法律现实相符时，才"是"（sein）真实的。其中总是重要的是，该"是真实的"是仅仅以个体性的经历为依据，还是要求一种以主体间的经验交换为基础的效力，或者还是因为在一种程序性的证明过程中找到了确信（Bestätigung），它才在法律上是有效的。①

　　和其他生物不同的最后一点是，人不断地同环境进行着交换。由于人所处的环境是法律性地被塑造的，这种交换的空间与时间维度就都获得了一种特定的法律形态：所有改变都是在一个法律空间之内发生的，例如作出一个意志说明、实施一个可罚的犯罪行为。而且每个改变都有其确定的时间点，例如每个发明、每起遗产案件（Erbfall）、每个意志说明、每个犯罪行为。尤其是法律本身就与时间联系在一起，考虑到了时间史的诸表现形式，因而自己也具有历史的属性。②

　　人是如何成其为人的？自然地看，他是一个有肉体有灵魂的生物，他的各种需求通过与环境的不断交换而获得满足：作为个体而活着、作

---

① 认识在个体的故意范围内是主观真实的，在一个共同确信的范围内是主体间性地真实的，在法官的确信范围内则是法律上有效地真实的。《法人类学：对法律中的人的一个结构分析》（Rechtsanthropologie. Eine Strukturanalyse des Menschen im Recht），第1卷：法律秩序中的个体结构（Individualstrukturen in der Rechtsordnung），1970年，第137－138页。

② 《法人类学：对法律中的人的一个结构分析》（Rechtsanthropologie. Eine Strukturanalyse des Menschen im Recht），第1卷：法律秩序中的个体结构（Individualstrukturen in der Rechtsordnung），1970年，第179－200页。

为国民而活着，此外塑造生活以值得活着。一项"人的正义"的法律，应当经由将人最重要的需求规定为权利而帮助他。为此我提出了 15 种基本权（Grundrechte），其基础是人的"心理图析"（Psychogramm），即所有先天的心理记录的总和：

1）自我保护；　　　　　　9）一个合适的（"人的"）环境；

2）自我决定；　　　　　　10）参与社会生活；

3）安全；　　　　　　　　11）交往（Gesellung）的可能性；

4）爱的关系；　　　　　　12）培养职业和职业之外的兴趣；

5）家庭；　　　　　　　　13）实现自我价值；

6）自由与创造；　　　　　14）追求美和真实的价值；

7）收入与财产；　　　　　15）形而上学的和宗教的体验。

8）影响（Geltung）与权力；

所有心理"正常的"（normalen）人都必须享受到这些基本权利，这是他应得的。哪里限制对基本权利的享受，哪里就将侵犯所有"正常的"人的平等。公共利益（Gemeinwohlinteresse）虽然可以限制基本权利，即超越基本权利的"基础"（Basis）而建立一个受特定社会文化影响的"上层建筑"（überbau），但是各基本权利在该上层建筑中都颇具影响，而且可保护各自的核心内容不受限制或者改变。①

人通过与其环境的交往而满足其需求。他的知觉（Wahrnehmung）受最低能量耗费法则之约束，该法则在人类学上符合普遍的减压法则（Entlastungsgesetz），即每个生物组织都排斥泛滥式的刺激（Reizüberflutung），而喜欢将注意力转向那些意味着其需求之满足的刺激。一项"人的正义"的法律也顾及了此一倾向：它清楚地规定了法律交往，例如它设立了确定的合同种类，并对其内容进行了规范，即使只是非强制性地（dispositiv）。它还为此督促法律交往的参与者，可预测地行为，也就是说，根据"忠诚

---

① 《法人类学：对法律中的人的一个结构分析》（Rechtsanthropologie. Eine Strukturanalyse des Menschen im Recht），第 1 卷：法律秩序中的个体结构（Individualstrukturen in der Rechtsordnung），1970 年，第 201、304 页；此外《法律实证主义的界限：一个法人类学的研究》（Grenzen des Rechtspositivismus：Eine rechtsanthropologische Untersuchung），1988 年，第 42 页以下。

和信赖"（Treu und Glauben）而行为。①

　　人通过自己的作为（Handlungen）意向性地满足其需求，例外的情况下通过不作为（Unterlassungen）。"人的正义"的法律中，规范再次为这种能力奠定了基础："买卖"、"结婚"、"成立股份公司"都是通过意向性的（大多数时候是语言性的）作为而发生的，法律要服从于此。但是法律还要服从的事实是，意向性的强度（Intensität der Intentionalität）取决于社会环境的现实：如果某一社会环境并没有什么特殊之处，在其中实施一个作为时，法律就只会要求一般性的谨慎；如果一种状况通常很熟练地就能被克服，法律就不会要求谨慎小心的行为选择。②

　　（3）法的社会学和社会心理学基础

　　法律的内容是对人类社会关系的安排，我一开始就将此作为前提，却较晚才开始分析"社会正义"的法律之法社会学基础。

　　我将社会关系理解为诸社会进程的全部机能（即客观的后果），其制造者（Produzenten）或者是社会的个体，或者是社会的形成之物（Gebilde）。③ 一般社会学的研究对象是，在哪些条件之下制造者们将自己定义成是社会性的，并作为社会的生物而存在，④ 那么法社会学的特定研究对象是：社会的诸形成之物［如社团（Gesellschaften）］如何从各种高度浓缩的关系之中成为法律的机构（Einheiten）？制度性力量（角色期待、保证人地位、伦理规范、法律规范）的模式和结构何时从社会关系的规则性中发展起来？为什么要如此发展？以及特定的、法律性的关系

①　《法人类学：对法律中的人的一个结构分析》（Rechtsanthropologie. Eine Strukturanalyse des Menschen im Recht），第 1 卷：法律秩序中的个体结构（Individualstrukturen in der Rechtsordnung），1970 年，第 305 - 337 页。从中能产生哪些要求，要受人的感官的平均指导力（Orientierungsleistung）和相应的大脑皮层潜能的加工能力（Verarbeitungskapazität）之影响（《意志自由和刑法的不法理论》（Willensfreiheit und strafrechtliche Unrechtslehre），《整体刑法学杂志》第 118 期，2006 年，第 35 页）。

②　《法人类学：对法律中的人的一个结构分析》（Rechtsanthropologie. Eine Strukturanalyse des Menschen im Recht），第 1 卷：法律秩序中的个体结构（Individualstrukturen in der Rechtsordnung），1970 年，第 338、349 页。

③　《论可罚的不法之存在论基础》（Zur ontologischen Struktur strafbaren Unrechts），《希尔施祝寿文集》，1999 年，第 86 页以及下一页。

④　《刑法教义学与诸社会科学》（Strafrechtsdogmatik und Sozialwissenschaften），《吕德森祝寿文集》，2002 年，第 288 页。

和形成之物在发展时主要遵循哪些法则?[①]

对我来说，不法是对社会关系的扰乱。扰乱不必是由人引起的，甚至不必是由人的行为引起的。毋宁说不仅警察法，而且民法也在扰乱者责任和行为责任（Störer-und Handlungshaftung）之外，正确地认识到状况责任（Zustandshaftung）（例如对从邻居房屋上掉下来的砖的责任）。迄今为止，只有刑法努力地想要将其不法评价也延伸至有害于社会的诸状况。有观点认为，自然力量（Naturgewalten）尽管可以带来不幸，却不是对人类的不法。但是，最后随着状况犯（Zustandsdelikten）的发现（例如持有毒品（Besitz von Rauschgift）），这一立论也失去了基础。状况犯的基础显然不是行为，而是一个反社会的（asozialer）状况。不过不能由此而认为，状况犯之外的犯罪也不是以人的行为为基础的，而是一种社会学检验（Soziologicum），即一个反社会的进程；也不能认为犯罪人的个人答责仅仅取决于，他本可以通过作为或者不作为避免或者结束该反社会的进程。因此以下看法对刑法来说也是有效的：

> 决定性的视角是（……），是否某一事件——纵使它是一个自然事件——被赋予了足够的社会意义，以至于它应该"按照法律（von Rechts wegen）"引起人的干预（Eingreifen）。不是（决定不法的）法律规范的前段（Vordersatz），而是它的后段（Nachsatz）针对着人的行为。[②]

只有对于社会心理学而言，社会的行为才是核心概念。心理学家们认为，社会的行为是一个目的指向的（Zielgerichtete）机制，其实施受到一个由动机决定的决意（"故意"）之推动，该决意既包含了结果，也包含了实现目的的途径。一项"社会正义"的法律将接收此一解释的核心部分，但是从中又形成了一个规范的构造，即将非故意的、但是通过个

---

① 《刑法教义学与诸社会科学》（Strafrechtsdogmatik und Sozialwissenschaften），《吕德森祝寿文集》，2002 年，第 287 页以及下一页。

② 《刑法教义学与诸社会科学》（Strafrechtsdogmatik und Sozialwissenschaften），《吕德森祝寿文集》，2002 年，第 282 页。

体的谨慎即可避免结果的行为也涵括于内。① 社会心理学还认识到一个基本概念：行为期待。从中也在法律上形成了一个规范的构造：一个规范的期待可能被紧随而来的行为满足，或者不被满足；但是它仍然是一个规范的期待，它不必因此而修正自己，作为规范它继续存在。

　　一个法律上的行为期待没有被满足，这决定的是人际的（interpersonales）不法。相反，罪责只是一个个人内部的（个体心理的）［intrapersonalen（individualpsychischen）］进程的结果：在该进程中，一个法律上负有义务的人根据过往行为的后果，对其经历进行（或多或少选择性地）处理，并因此而形成一个新的行为决意。从该决意中他知道，决意的实施尽管是不法的，对他来说却将有着主要是积极的后果。罪责之状况以不法之状况为前提；孤立地看，它既不能引起处罚，也不能导致刑罚加重，因为刑法上没有"无不法的罪责"。②

　　　　"罪责是主宰性的（dominanter）规范遵守动机之缺乏。"它的前提一般是，规范接收者们"有着受其自治之约束的行为活动空间（'自由空间'），在该空间之内，规范接收者们可以在遵守规范和不遵守规范之间做出选择。（……）动机要素（……）就决定了罪责，如果不法意识（Unrechtsbewusstsein）和对刑罚的恐惧（Straffurcht）本可以阻止一个'理智的人'实施不法"。③

（4）法的哲学基础

　　众所周知，罪责以意志自由为前提。提出一项罪责非难的法官因此必须从以下前提出发，即被非难的人本可以不一样地行为，也就是合法地行为。对法官来说，否认意志自由似乎是不可忍受的，因为那样不仅会排除罪责的可能性，而且也排除了法律的可能性。与其说法律规范并不是或者

---

① 《刑法教义学与诸社会科学》（Strafrechtsdogmatik und Sozialwissenschaften），《吕德森祝寿文集》，2002 年，第 291 页。

② 《人的不法》（Das personale Unrecht），柏林 1967 年，第 257 页以下。

③ 《刑法教义学与诸社会科学》（Strafrechtsdogmatik und Sozialwissenschaften），《吕德森祝寿文集》，2002 年，第 292 页。

起作用或者不起作用的诱导性动机因子（motivationalen Determinanten），不如说其指向的是受到命令或者禁令的"人格体"，而人格体除了有权利能力和义务能力，是权利和义务的接收者外，还是对自我知觉的决定者。

　　毫无疑问，并不是法律的所有规范都指向有决定能力和行为能力的人格体；许多规范只是服务于安排社会生活的准则。[①] 在所有法律要求某人为一种反社会的状况或者进程答责的地方，尤其是当对该人以刑罚相威胁时，法律的出发点都是，该人本可以通过其他的行为避免这样的状况或者进程。尽管一些神经学家和心理学家会反对，我认为法律的这一假定在神经生物学（neurobiologisch）上同样是合适的：我们大脑的理性中枢（Zentren）不断变大，而情感中枢不断变小，这使得我们的行为已经从主要由直觉引发，发展为主要由理性决定。一个面临"我应该做什么？"的问题，且可以做出回答的人格体，就可以被我们，包括法官在内，视为自治的，即是自由答责的。[②]

　　人应当善用其自由，也就是说，在法律上应当符合法律地行为。这听上去是理所当然的，但是只是最近才公理性地被说明。进化论上（Evolutionstheoretisch），这一要求极可能是以人对光明与黑暗、白天与黑夜、万能的上帝和邪恶的魔鬼的原初经历（Urerfahrung）为基础的；法人种学上（rechtsethnologisch），其基础是以光明的力量去与黑暗的力量（现在大概前者是上帝，而后者是魔鬼）作斗争的伦理任务。神经生物学上，基础则——

　　　　可能是往更高程度发展的一般性生物学倾向这一鲜明特性。在较为复杂的神经系统之价值的增加中，这一点已经有所证明；在高度复杂的人的神经系统中，则已经形成了意识的范围，并在那里制造出了往更高程度发展的心理倾向。作为独一无二的生物，人不仅被推动着往更高程度发展，也主动经历着这一切。即由于不确定性和世界的开

---

① 《法律实证主义的界限：一个法人类学的研究》（Grenzen des Rechtspositivismus：Eine rechtsanthropologische Untersuchung），1988 年，第 93 页。

② 《意志自由和刑法的不法理论》（Willensfreiheit und strafrechtliche Unrechtslehre），《整体刑法学杂志》第 118 期，2006 年，第 32 页以下。

放性而被推动着往更高程度发展（Höhergetriebenwerden），应当成为对人的一种"召唤"，为了满足这种召唤，人就要为某些事情答责。①

即使我们知道对善负有义务，在"来自下面"的帮助下，我们自己也不能推断出什么是善的。逻辑上，该结论是一个"自然主义的错误结论"（naturalistischer Fehlschluss）；生物学上，人类精神中相互冲突的倾向是如此紧密地交织在一起，以至于善根本不能被识别出来。我们因此只能在法哲学中追溯至所有人类文化的共同标准，尤其是人类尊严（Menschenwürde）的最低标准和公共福祉（gemeinen Wohls）的最高标准，并将其作为指导每个法秩序的公理。② 当然，我们仍然不能精确地确定其内容，也不能认为其内容在所有时间都是有效的。

在我看来，"人类尊严"只是意味着人在其个体发展［个体发生（Ontogenese）］过程中所获得的并在法律上"不可侵犯"的价值，它不允许通过再往上归结为其存在的前一级存在（Vorstufe seines Dasein）而被蜕化③；一个尽管如此仍然试图这么做的法律秩序，将不值得加以尊敬。④ 公共福祉在我看来则意味着一个法秩序所确定的目的［"人民利益至上"（Salus populi suprema lex esto）］之共同性，达到了这些目的就可以被评价为善。具体地看，在时间的流程中和不同民族之间，这些目的当然是有很大差异的。话虽如此，一些种类相同的目的还是得以保留：生物学上是法共同体的生存与活力，心理学上是所有成员对享乐经历和利益满足并存的

---

① 《法律的人类形象：写照还是典型?》（Das Menschenbild des Rechts-Abbild oder Vorbild?），兰珀主编《法人类学论文集》，1985 年，第 17 页。

② 《法律的人类形象：写照还是典型?》（Das Menschenbild des Rechts-Abbild oder Vorbild?），兰珀主编《法人类学论文集》，1985 年，第 18 页以下；《刑罚哲学：刑罚正义性研究》（Strafphilosophie. Studien zur Strafgerechtigkeit），1999 年，第 158 页以下。

③ 《公共福祉与人类尊严》（GemeinesWohl und menschliche Würde），《法哲学与社会哲学档案》第 74 期，1988 年，第 305 页。

④ 《违法的法律？可罚的立法者？——对前东德的所谓政府犯罪之法哲学前研究》（Rechtswidriges Gesetz? Strafbarer Gesetzgeber? – Eine rechtsphilosophische Voruntersuchung zur sog. Regierungskriminalität in der ehem. DDR），兰珀主编《统一后对东德的政府犯罪之追诉》（Die Verfolgung der Regierungskriminalität der DDR nach der Wiedervereinigung），1993 年，第 17 页以及下一页。

最大化之参与，精神学上是社会秩序的个体的、人格体的、社会的和实质的正义。① 不过为了从中得出实在的（positive）规范，这些概念性确定是不够的。

3. 发展 vs. 法的历史性

"正确的"法之内容不可能被准确确定的原因在于，人类的生活条件在时间和地点方面一直都是不同的，并且直到今天仍然如此。人类及其环境都从未有过短暂停顿，遑论停滞不前。因此两者，即法与正义，都必须随着一个民族中的人和民族的变化而变化。②

尽管如此，人在许多研究中却都被视为一种历史之外的生物，即虽然创造历史，但自己并不是历史性的，然后就形成了一种过于狭隘的、渐隐于（ausblendenden）所有生命的持续发展中的观点。

我在一系列研究中试图抛弃这种观点的狭隘性，而站在更高的立足点上理解正在经历着的法律发展和已经形成了的法律历史之关系。我的努力可能成功吗？对我来说，它成功了吗？从结局来说当然完全没有。各种要素是如此五花八门，以至于现在法律发展中要符合的法则只能够被推测，而无法被表述。但是这种状况反而使我确信，这可能是未来法律研究中最吸引人的问题之一。

在《基因的法律理论》一书中，我尝试着获得一些关于历史之外的法律发展的初步认识，我是在与生命发展的比较中触及此一论题的。在我看来，二者间的相同处似乎并不重要：虽然生命的发展和法律的发展都涉及各种属性的传统与变异，这些传统与变异都由属于同一种生命形式和同一个法律范围的个体完成，以及都涉及对被证明是最好的资料的选择。但是，不同的是：

（1）进化的资料，即（a）进化的实体（Substanzen）：在自然

---

① 《公共福祉与人类尊严》（GemeinesWohl und menschliche Würde），《法哲学与社会哲学档案》第 74 期，1988 年，第 284 页以下。

② 《公共福祉与人类尊严》（GemeinesWohl und menschliche Würde），《法哲学与社会哲学档案》第 74 期，1988 年，第 295 页。

里是定位于染色体（Chromosomen）的基因信息，这些信息与一个（该种类中的）个体的实然（Sein）有关；在法律里是定位于意识的神经元（neuronischen）信息，这些信息与一个（该法律共同体中的）个体的应然（Sollen）有关；以及（b）进化变化的模式：在自然里是个体染色体序列的［肉体之内的（endosomatische）］形成及其向一个新个体的传播，在法律里是［肉体之外的（exosomatische）］规范语句之表述及其（同一地）向（原则上任意的）许多个体的传播；（2）进化的形式：即（a）变异，在自然里是基因信息随机而不可避免的变化，在法律里是神经元信息自由而理性的改造；以及（b）选择：在自然里是根据实现（包含了生物和环境的）生态系统之内的动态平衡（Homöostase）的标准，进行"存在价值论的"（teleonom）选择，在法律里是根据实现（包含了规范秩序和社会文化的现实性的）社会系统内的和谐的准则，进行"目的论的"（teleolog）选择。①

这些差异是如此巨大，以至于在我看来似乎无法合理说明生物进化和法律进化之间的同族关系（Homologie）。

然后我通过对那些推进了发展的力量进行相互比较，得到了进一步的认识。生物进化的驱动力是多变的生物在多变的环境中存活的必要性；方式是生物的能力，即一方面使自己适应环境的改变，另一方面将环境改造成自己的生活世界；目的是维持生物与环境之间最大化的均衡（动态平衡）。显然，对法律的发展来说也是如此。其驱动力是多变的规范体系在多变的社会文化环境中"存活的"必要性；方式是法律体系的能力，即一方面使社会环境适应自己的要求与满足，另一方面适应社会环境的改变；目的是稳定社会环境与法律秩序之间的和谐。在一个共同的系统理论的意义上，我因此同意了生物进化与法律发展之间的亲近关系。

有疑问的当然还有，法律的发展是否也遵循了与生物进化（往更高程度发展）相应的那些法则。我认为，二者的等置是可能的，因为法律

---

① 《基因的法律理论：法律、进化与历史》（Genetische Rechtstheorie, Evolution und Geschichte），1987 年，第 29 - 30 页。

的发展如同生物进化一样同样导致了——

　　法律持续的复杂化。其总体上应当给予积极评价的后果是，提高了对社会进程的适应性（Plastizität），增加了对总是新出现的社会生活空间的渗透，强化了在使用法律控制手段时的合理性。

该发展也如同生物进化一样是——

　　以对广泛的社会变化以及对社会行为中的个别偏差（Einzelabweichungen）更多地失去抵抗力而换来的，如果这些变化和偏差发生在法律体系之外的领域，尤其是在其法定构成要件之外的领域。①

虽然如此，差异仍然存在：法律机制并不是如同生物进化那样，完全不可逆转和完全定向发生地（irreversibel und orthogenetisch）进化，而是越自由就越会在法律细节上有更多的不同。也就是说，在生物进化中显然完全支配性的是达尔文式的（darwinische）特征，相反，在法律发展中则是拉马克式的（lamarckische）特征。因为——

　　在其进化的展开之外，所有经验的法律秩序从一开始就都有着自己的历史，该历史的形成受人类意志自由之约束，出于（不变的）法律观念和（日渐变化的）法律原则而答责因此就只和人的意识有联系。②

之后我的认识就不那么完整了，而且遗憾的是，它们也没有引起学术上的深入讨论。正因为如此，平行于法律历史而进行的法律发展这一问题也没有得到更好的答案。

---

① 《基因的法律理论：法律、进化与历史》（Genetische Rechtstheorie, Evolution und Geschichte），1987年，第65－66页。
② 《基因的法律理论：法律、进化与历史》（Genetische Rechtstheorie, Evolution und Geschichte），1987年，第105页。

　　现在我正在与一些法历史学家一起比较性地研究远古法律秩序的发展：是否它们如同同一时期人的精神的发展一样，体现出了相应的结构或者内容上的变化？此外是否发展之中的诸法则符合性是显而易见的？我认为，该研究的意义在于能够证明以下思考：法律是一种精神现象。心理学上已经在法感觉中观察到了其基础，生理学上则可以在感官刺激以及对这些刺激的大脑加工中看出一些端倪。分析虽然不是在理论认识的方向上，而是在实际行为反应的需要之方向上展开的，但是心理认知和法律认知还是有着一系列的共同属性。首先，为了出现法律性反应的问题［"法律不管琐碎之事"（minima non curat praetor）］，一个确定的"刺激度"（Reizschwelle）必须被逾越。其次，为了将一种反应认为是必要的，对一个"感觉度"（Empfingdungsschwelle）的逾越也是必要的。最后，如同我在对刑罚的反应中所经验性地证实过的那样，① 反应的强度取决于刺激条件的强度：它会对数性地（logarithmisch）上升和下降。

　　而且，法感觉既证明了相应的集中倾向（Zentrierungstendenzen），一如其对感官知觉来说典型表现出来的那样，例如刑罚幅度的中间点被提取为刑罚的标准值（Eckwerten）② ，也证明了相应的对比构成（Kontrastbildungen）：

　　　　"大声喊叫的"不正义比其他不正义更清楚地被记录。强烈的义务（Engagement）在一起诉讼（Sache）中导致的是更尖锐的评价，微弱的义务（"微不足道"）导致的则是"更软弱的"（wascheweicher）评价。③

　　这样的对比构成［符号 – 理由 – 区分（Figur-Grund-Differenzierun-

---

① 《法感觉和法律认知》（Rechtsgefühl und juristische Kognition），兰珀主编《所谓的法感觉》，1985 年，第 113 页、129 页以下。

② 《法感觉和法律认知》（Rechtsgefühl und juristische Kognition），兰珀主编《所谓的法感觉》，1985 年，第 114、127 页。

③ 《法感觉和法律认知》（Rechtsgefühl und juristische Kognition），兰珀主编《所谓的法感觉》，1985 年，第 115 页。

gen)〕是重要的，因为它使有机体轻而易举地就能在一种模糊的环境中进行定向（Orientierung）。对比构成之属性作为定向工具，在所有的状况中都可以被恒定地维持：一根粉笔在不断变化的光线背景中也要被看作白色的；一项法律评价始终都是有效的，既不受人的判断的影响，也不受人所评价的那些状况的影响。有机体是通过将自己评价的基础置入对象之中而实现这一点的：粉笔被认为是白色的，因为它是白色的；对犯罪人要判处刑罚，因为它是值得判处刑罚的；等等。

要补充的还有，在法感觉中，那些对应于法感觉之感性知觉的适应功能和简化功能（Adaptations-und Prägnanzleistungen），也由此得到了证明：适应了确定的（例如法定的）枢纽值（Ankerwerte）；① 简化了在法定刑罚幅度内会做出的反应。②

例证已经足够了！发展理论上有意义的是，据以形成法感觉中行为方向变化的诸信息，不仅由于频繁出现而作为"符号"被储存下来，得到记忆的强化接受；而且其中的那些典型地导致方向变化的信息〔"信号刺激"（Schlüsselreizen）〕还形成了我们所经历的长时间记忆。这也为正义性问题准备好了答案，如同我所发起的一项针对 3－13 岁儿童的调查所表明的那样。③ 也就是说，人不仅仅是受制于社会环境而生的，而且以如何在社会环境里生活的前法律之确信（vorrechtlichen Überzeugungen）为基础，开展自己的行为。该基础不只是在人的系统发生论（Phylogenese）之过程中形成，今天也在其个体发生论（Individualgenese）中逐渐成熟。

现在已经可以大体上看出来的是，该基础有着法律结构之外（如同语言那样）的自己的结构：④

（1）社会的和谐需求包含了以下趋势，即对扰乱平静的行为施以合

---

① 《法感觉和法律认知》（Rechtsgefühl und juristische Kognition），兰珀主编《所谓的法感觉》，1985 年，第 119 页以及下一页、131 页以下对此已有证明。

② 《正确量刑的条件》（Bedingungen richtiger Strafbemessung），《诺尔纪念文集》，1984 年，第 232 页以下。

③ 《童年时期法律意识的发展》（Die Entwicklung von rechtsbewusstsein im Kindesalter），《法哲学与社会哲学档案》第 92 期，2006 年，第 397 页以下。

④ 《法律的四个维度：确定法律概念的素材》（Die vier Dimensionen des Rechts. Materialien zur Bestimmung des Rechtsbegriffs），《法律理论》第 22 期，1991 年，第 221－253 页。

适的制裁；

（2）平等地参与社会生活的需求，对他人需求的重视也属于此（"己所不欲，勿施于人"）；

（3）社会的秩序需求包含了以下趋势，即相互塑造地分配社会性世界的对象（例如通过所属关系将物分配给人；一方面通过从属关系，另一方面通过情感联系将人分配给人）；和

（4）对原因与后果的探寻，其中原因被理解为创造一个事件，后果则是对此而进行的答责。①

另外，前面提及的对儿童的调查表明，在更为发达的法律观点（Rechtsansichten）和法律惯例（Rechtsinstituten）之间，一致性是非常随机的，就像今天更为发达的法律文化在所有国家中所经历的那样。因此有理由推测认为，儿童的成熟过程并不总是逐渐更好地理解这些惯例，而是也再生产（replizieren）了发展。在人类历史的进程中，其他惯例也大多经历过这样的发展。②

此种推测自然是有疑问的，因为文化的影响伴随着儿童的成熟过程，它调节着对于各有效法律秩序的法感觉。该影响我们在动物那里也能看到，它几乎无法精确地同成熟过程界分开来，以至于清晰地区分出基因遗传下来的法律意识和习得的（erlerntem）法律意识至少在现在是不可能的。尽管如此，我还是要提出一个界分的标准（可能尚有待进一步研究）：习得的法律意识并不是如同遗传的那样，导致一定的权利和义务的固定化；就此而言，毋宁说为了适应法律秩序的变迁，人是有弹性的。③

后续的研究当然非常困难，因为在成年人那里，和基因遗传下来的共同性相比，通过学习实在法而形成的法律意识上的差异要强烈得多。但是，对共同性的探寻基于以下理由也并不是多余的：在人类的发展之

---

① 《童年时期法律意识的发展》（Die Entwicklung von rechtsbewusstsein im Kindesalter），《法哲学与社会哲学档案》第 92 期，2006 年，第 420 页以下。

② 《童年时期法律意识的发展》（Die Entwicklung von rechtsbewusstsein im Kindesalter），《法哲学与社会哲学档案》第 92 期，2006 年，第 419 - 420 页。

③ 《童年时期法律意识的发展》（Die Entwicklung von rechtsbewusstsein im Kindesalter），《法哲学与社会哲学档案》第 92 期，2006 年，第 424 页以下。

中已经证明，与通过对实在法的学习而获得的法律意识比起来，这些共同性有着更大的稳定性（Konstanz），并且它们还将继续被拥有。如果人类要在任何时候尝试创建一部普遍有效的"国际法"，那么首先就必须考虑这些共同性，它们是国际法得以建立的基础。①

三 生涯与研究之交叉

前文中我简短叙述了自己的生活，大致介绍了自己的研究。我想通过再提及一些生活与研究之交叉来结束我的回顾。这些交叉不是外部的巧合，不是"偶然"，虽然我并不总是意识到它们，它们毫无疑问也是存在的。当然，只有在它们向大众开启了我私人领域的一部分时，才有意义。在前文已经描述过早期经历的情况下再次提及它们的额外理由是，它们对我的整个生命都有影响，并且极可能无意识地渗入了我的研究之中。我还要提到的一个不那么重要的原因是，我们已经逐渐开始淡忘我们所见证过的那个可怕的时代。

我很大的一部分研究无疑都与时代精神交织在一起。首先是我对法律的基础研究，尤其是下述观点，即法律不仅植根于理性思维，而且也植根于人类（生物心理学）的和社会的（生物社会学和心理社会学的）规定性（Vorgegebenheiten），这些规定性作为"消极的自然法"（negatives Natur-recht）对实在法进行着无声的反抗。我的这些研究是与以下时代潮流（Zeitströmung）相适应的，即自然科学的认识越来越多地应用于人文科学领域，因此要考虑人的"大脑与精神"（Gehirn und Geist）的交互作用。一些神经生物学家和心理学家认为，甚至可以给予该考虑以本来的基础性地位，我觉得这是可以理解的，因为没有大脑的本性，人的精神连机会都没有。法学家们作出了非常之多的说明来对此表示反对，不仅认为法学是纯粹的人文科学的学者如此，甚至将法学理解为（规范的）社会科学的法学家们也不例外。因为作为社会科学家，他也必须强调法

---

① 《童年时期法律意识的发展》（Die Entwicklung von rechtsbewusstsein im Kindesalter），《法哲学与社会哲学档案》第 92 期，2006 年，第 427 页。

律原则上具有相对于人的本质的优先性；否则他就将失去通往社会秩序之正义的途径，其"法律"就将让位于身体的强壮、政治强权和经济繁荣。尽管如此，自然科学的知识对于法学家来说仍然是重要的。因此我不仅经常极力主张一种科际的交流（interdisziplinären Austausch），发起成立许多研究小组（《所谓的法感觉》，1985 年；《社会科学与行为科学视野中的基本权》，1987 年；《答责性与法律》，1989 年；《法比较与法律多元主义》，1995 年；《法律意识的发展》，1997 年），而且也尽可能地在我自己的研究中加入这些知识。当然，我只能先奠定一些基础，因为此一领域目前还完全没有得到研究。由于我在前文的简短介绍中限于篇幅，只是非常粗略地概述了自己在科际努力方面的认识，许多在法律经验基础上已经获得的认识都不得不忽略过去了，因此我想再一次满怀信仰地重复，根据我的确信，在未来，与仅仅依靠自己相比，理性将主要通过科际的途径走向通往"正确的法律"之路。

时代性的，并因此在长远看来没有意义的，是我对实在刑法的大多数教义学贡献。"立法者改变三个词，整座图书馆就变为一堆故纸！"于是我在前文最大限度地放弃了列举这些绝大部分与财产刑法和经济刑法有关的贡献，而只是简单地报告了其内容。值得一提的是那些对新的法律规范所进行的解释，例如反人道的犯罪或者洗钱的犯罪，因为我必须在这里踏入全新的领域。

对源于社会变迁的诸可罚需求之研究受制于时代精神的渗透与更新。毫无疑问，德国最重要的社会变迁是两德的重新统一。它不仅要求不同法律体系之统一，而且要求清理国家所承的（staatsgetragenen）犯罪，即在东德出于政治原因而没有被意识到或者至少没有被追诉的犯罪。我曾于 1991 年发起成立了一个由来自东德与西德的学者和政治家们组成的研究小组，并同他们（以及一些受邀嘉宾）连续数日讨论，如何在统一后处理东德政府没有抵罪的（ungesühnten）不法，并就如何将东德刑法中的某些实在内容整合入全德的法律之中提出了建议。在我看来，相较于整体上很快就开始了的统一进程而言，工作小组中的经历似乎是非典型的：

　　"刑法工作组"的第一次会议是 1990 年 6 月 14 日 – 16 日在比勒费尔德召开的，它由来自西德和东德的刑法研究者平等地组成。但是，统一进程随后所陷入的那种融合状况，也随着政治和国家法律的情势而突然改变了工作组的构成。来自东德的很大一部分刑法学者离开了大学，或者不得不离开；东德的政府部门被解散了，其工作人员只在少数情况下被接收。工作组因此失去了"会议之初"（ersten Stunde）时的许多同仁。①

　　在我的记忆中，尽管经历了引文中提及的人员流失，工作组之内的讨论还是富有成效的，并且无所顾忌，虽然经常可以察觉到来自东德的参加者们内心的紧张。② 遗憾的是，我们非常谨慎地提出的建议，即接收东德刑法中追诉轻微犯罪的某些启发，根本就没有机会进入政治的讨论，在签署《统一协议》时，西德谈判代表的法律优势太大了，以至于根本就没有对东部与西部的不同法律发展进行细化的探讨，也没有讨论法律同化（Angleichung）的可能性。

　　我投身于研究统一带来的刑法问题是带有一定感情因素的，我觉得我对"政府犯罪之追诉"的有关研究今天仍然可以受到注意；而我参与到同样由于社会变迁而成为必要的联邦德国经济刑法之改革中，则几乎没有任何感情因素。在由联邦司法部成立的工作小组里共事，是我最幸运的经历。该小组的组成人员除了联邦司法部官员和各政党代表之外，还有学者、法官、检察官和其他实务工作者。在那里，我可以并且有义务参与到一次彻底有益的法律改革之细节工作中，这不仅要求系统清理迄今为止的各种判例，而且也要求深入研究新的犯罪形式，与这些形式的刑法斗争也要符合公共观点（communis opinio）。这出乎意料地让我感到非常开心。当然，在里面偶尔我也会感到不快，因为我的许多改革建

---

① 《轻微犯罪的程序性处置建议集》（Vorschläge zur prozessualen Behandlung der Kleinkriminalität），1993 年，前言。

② 令人难过的是，尽管如此，还是有一位我们邀请来就所谓的"政府犯罪"做报告的东德同仁，不仅拒绝了作报告，而且干脆拒绝了参与，因为，一如他在给我写的信里所言，"讨论的自由得不到保障"。

议被拒绝了，而我认为拒绝的理由——"它们不符合政治形势"——并不充分。

主要作品目录

一　专著

《伪造整体文书和复合文书》（Fälschung von Gesamturkunden und von zusammengesetzten Urkunden），1957 年。

《人的不法》（Das personale Unrecht），1967 年。

《法人类学：关于法律中的人的一个结构性分析》（Rechtsanthropologie. Eine Strukturanalyse des Menschen im Recht），第 1 卷：法律秩序中的个体结构（Individualstrukturen in der Rechtsordnung），1970 年。

《法律语义学》（Juristische Semantik），1970 年。

《信贷诈骗（刑法第 263 条、第 265 条 b)》[Der Kreditbetrug（§§263, 265b StGB)]，1980 年。

《基因的法律理论：法律、进化与历史》（Genetische Rechtstheorie, Evolution und Geschichte），1987 年。

《法律实证主义的界限：一个法人类学的研究》（Grenzen des Rechtspositivismus：Eine rechtsanthropologische Untersuchung），1988 年。

《刑罚哲学：刑罚正义性研究》（Strafphilosophie. Studien zur Strafgerechtigkeit），1999 年。

《社会本体论与功能主义之间的刑法教义学》（La dogmtica jurdico-penal entre la ontologa social y el funcionalismo），2003 年。

二　期刊与文集中的论文

《过失犯中的正犯》（Täterschaft bei fahrlässiger Straftat），《整体刑法学杂志》第 71 期，1959 年，第 579－616 页。

《先行行为还是事后故意？》（Ingerenz oder dolus subsequens?），《整

体刑法学杂志》第 72 期，1960 年，第 93 – 107 页。

《所谓的整体文书和签发者伪造文书之问题》（Die sogenannte Gesamturkunde und das Problem der Urkunenfälschung durch den Aussteller），《戈尔特达默刑法档案》1964 年，第 321 – 332 页。

《犯罪参与的形式与概念》（Über den Begriff und die Formen der Teilnahme am Verbrechen），《整体刑法学杂志》第 77 期，1965 年，第 262 – 311 页。

《复合的和附属的文书》（Zusammengesetzte und abhängige Urkunden），《新法学周刊》1965 年，第 1746 – 1749 页。

《盗窃罪的客观构成要件与主观构成要件》（Objektiver und subjektiver Tatbestand beim Diebstahl），《戈尔特达默刑法档案》1966 年，第 321 – 332 页。

《作为与不作为在刑法中的等置问题》（Die Problematik der Gleichstellung von Handeln und Unterlassen im Strafrecht），《整体刑法学杂志》第 79 期，1967 年，第 476 – 514 页。

《刑事判决中实体法律效力的突破》（Die Durchbrechung der materiellen Rechtskraft bei Strafurteilen），《戈尔特达默刑法档案》1968 年，第 33 – 49 页。

《伪造技术图样：新刑法第 268 条批判》（Fälschung technischer Aufzeichnungen. Kritischer zu § 268 n. F. StGB），《新法学周刊》1970 年，第 1097 – 1104 页。

《未来刑法中的财产保护》（Eigentumsschutz im künftigen Strafrecht），米勒－迪茨主编：《刑法教义与刑事政策》，1971 年，第 59 – 104 页。

《作为"时间历史中的人"的犯罪人》（Der Straftter als "Person der Zeitgeschichte"），《新法学周刊》1973 年，第 217 – 222 页。

《法益、文化价值和个人需求》（Rechtsgut, kultureller Wert und individuelles Bedürfnis），《汉斯·韦尔策祝寿文集》，1974 年，第 151 – 165 页。

《所谓的计算机犯罪之刑法处置》（Die strafrechtliche Behandlung der sogenannten Computer-Kriminalität），《戈尔特达默刑法档案》1975 年，第

1 - 23 页。

《智力成果的刑法保护》（Der strafrechtliche Schutz der Geisteswerke），《著作权与媒介权档案》第 76 期，1976 年，第 141 - 163 页；《著作权与媒介权档案》第 83 期，1978 年，第 15 - 67 页；《著作权与媒介权档案》第 87 期，1980 年，第 107 - 146 页。

《破坏生产经营》（Betriebssabotage），《整体刑法学杂志》第 89 期，1977 年，第 325 - 366 页。

《"法学的"逻辑，"逻辑的"法学?》（"Juristische" Logik，"logische" Jurisprudenz?），《乌尔里希·克卢格祝寿文集》第 1 卷，1983 年，第 113 - 134 页。

《人及其法律》（Der Mensch und sein Recht），《拉卡姆布拉祝寿文集》，1983 年，第 677 - 697 页。

《正确量刑的条件》（Bedingungen richtiger Strafbemessung），《彼得·诺尔纪念文集》，1984 年，第 231 - 242 页。

《法感觉和法律认知》（Rechtsgefühl und juristische Kognition），兰珀主编：《所谓的法感觉》（Das sogenannte Rechtsgefühl），1985 年，第 110 - 134 页。

《法律的人类形象：写照还是典型?》（Das Menschenbild des Rechts-Abbild oder Vorbild?），兰珀主编：《法人类学论文集》，1985 年，第 9 - 22 页。

《掏空企业是犯罪》（Unternehmensaushöhlung als Straftat），《戈尔特达默刑法档案》1987 年，第 242 - 260 页。

《人格、人格范围与人格权》（Persönlichkeit，Persönlichkeitssphäre，Persönlichkeitsrecht），兰珀主编：《人格、家庭、财产：社会科学与行为科学视野中的基本权》，1987 年，第 73 - 102 页。

《公共福祉与人类尊严》（Gemeines Wohl und menschliche Würde），《法哲学与社会哲学档案》第 74 期，1988 年，第 283 - 306 页。

《法官的确信》（Richterliche Überzeugung），《格尔德·普法伊费尔祝寿文集》，1988 年，第 353 - 377 页。

《平等原则与人类尊严》（Gleichheitssatz und Menschenwürde），《维

尔纳·迈霍弗祝寿文集》，1988 年，第 253 – 268 页。

《刑法中的答责与答责性》（Verantwortung und Verantwortlichkeit im Strafrecht），兰珀主编：《答责性与法律》，1989 年，第 286 – 305 页。

《因果性及其刑法机能》（Die Kausalität und ihre strafrechtliche Funktion），《阿明·考夫曼纪念文集》，1989 年，第 189 – 212 页。

《犯罪行为与过失犯的不法》（Tat und Unrecht der Fahrlässigkeritsdelikte），《整体刑法学杂志》第 101 期，1989 年，第 3 – 51 页。

《法律的四个维度：确定法律概念的素材》（Die vier Dimensionen des Rechts. Materialien zur Bestimmung des Rechtsbegriffs），《法律理论》第 22 期，1991 年，第 221 – 253 页。

《实质的犯罪概念理论》（Gedanken zum materiellen Straftatenbegriff），《鲁道夫·施密特祝寿文集》，1992 年，第 77 – 94 页。

《法律的观念与发展》（The Concept and the Development of Law），《法哲学与社会哲学档案》第 78 期，1992 年，第 1 – 21 页。

《不法与罪责，赎罪与悔过》（Unrecht und Schuld, Sühne und Reue），《于尔根·鲍曼祝寿文集》，1992 年，第 21 – 32 页。

《一个针对轻微犯罪的新草案：罚金与刑罚程序之间的不端行为程序》（Ein neues Konzept für die Kleinkriminalität：Das Verfehlungsverfahren zwischen Buβgeld- und Strafverfahren），兰珀主编：《轻微犯罪的程序处置建议集》，1993 年，第 55 – 92 页。

《违法的法律？可罚的立法者？——对前东德的所谓政府犯罪之法哲学前研究》（Rechtswidriges Gesetz? Strafbarer Gesetzgeber? -Eine rechtsphilosophische Voruntersuchung zur sog. Regierungskriminalität in der ehem. DDR），兰珀主编：《统一后对东德的政府犯罪之追诉》，1993 年，第 15 – 26 页。

《人类学结构与法律的历史性》（Anthropologische Struktur und Geschichtlichkeit des Rechts），《阿图尔·考夫曼祝寿文集》，1993 年，第 199 – 217 页。

《我们以什么为准：价值、规范、法规》（Wonach wir uns richten-Werte, Normen, Gesetze），武尔夫·席芬赫费尔主编：《被创造的与被想象的世界：人及其观念》，1994 年，第 145 – 170 页。

《洗钱罪的新构成要件（刑法第 261 条）》［Der neue Tatbestand der Geldwäsche（§ 261 StGB）］，《法学家报》1994 年，第 123 – 132 页。

《体系不法与不法体系》（Systemunrecht und Unrechtssystem），《整体刑法学杂志》第 106 期，1994 年，第 683 – 745 页。

《应然定律应当如何表达》（Was Sollenssätze ausdrücken sollten），克里斯托夫·费尔格主编：《道德的思考》（Zum moralischen Denken），第 1 卷，1995 年，第 89 – 106 页。

《基本法在人类学上的合法性》（Anthropologische Legitimation des Grundgesetzes），温弗里德·布鲁格主编：《基本法的合法性》，1996 年，第 189 – 218 页。

《经济犯罪的现实问题》（Aktuelle Probleme der Wirtschaftskriminalitt），希尔施主编：《新形式的犯罪对刑法和刑事诉讼法之影响》，1996 年，第 95 – 116 页。

《古罗马辖区的法律意识之发展》（Zur Entwicklung des Rechtsbewusstseins in der altrömischen Gemeinde），兰珀主编：《法律意识的发展》，1997 年，第 182 – 213 页。

《思想自由、表达自由、民主》（Gedankenfreiheit, Meinungsfreiheit, Demokratie），兰珀主编：《作为人权的表达自由：对法与国家的科际研究》，第 2 卷，1998 年，第 69 – 88 页。

《刑法中行为权利和行为义务的关系》（Zum Verhältnis von Handlungsrecht und Handlungspflicht im Strafrecht），《特奥多尔·伦克纳祝寿文集》，1998 年，第 159 – 177 页。

《法律教育作为法律认可的前提》（Erziehung zum Recht als Voraussetzung für Rechtsakzeptanz），约翰内斯·皮希勒主编：《法律认可与行为导向》，1998 年，第 99 – 107 页。

《论可罚的不法之存在论基础》（Zur ontologischen Struktur strafbaren Unrechts），《希尔施祝寿文集》，1999 年，第 83 – 104 页。

《论"正确的法"之问题》（Zur Frage nach dem "richtigen Recht"），京特·杜克斯、弗兰克·韦尔茨主编：《当代论辩中的道德与法律》，2001 年，第 253 – 282 页。

《犯罪体系的机能基础》（Zur funktionalen Begrndung des Verbrechenssystem），《克劳斯·罗克辛祝寿文集》，2002 年，第 45 - 68 页。

《刑法教义学与诸社会科学》（Strafrechtsdogmatik und Sozialwissenschaften），《克劳斯·吕德森祝寿文集》，2002 年，第 279 - 296 页。

《反人道的犯罪》（Verbrechen gegen die Menschlichkeit），《京特·科尔曼祝寿文集》，2003 年，第 147 - 176 页。

《意志自由和刑法的不法理论》（Willensfreiheit und strafrechtliche Unrechtslehre），《整体刑法学杂志》第 118 期，2006 年，第 1 - 43 页。

《童年时期法律意识的发展》（Die Entwicklung von rechtsbewusstsein im Kindesalter），《法哲学与社会哲学档案》第 92 期，2006 年，第 397 - 427 页。

《诈骗罪中人的不法》（Personales Unrecht im Betrug），《哈罗·奥托祝寿文集》，2007 年，第 623 - 647 页。

《正犯体系：迹象与结构》（Tätersysteme：Spuren und Strukturen），《整体刑法学杂志》第 119 期，2007 年，第 471 - 518 页。

《超个人的诸法益、制度与利益》（Überindividuelle Rechtsgüter, Institutionen und Interessen），《克劳斯·蒂德曼祝寿文集》，2008 年，第 79 - 103 页。

《人类自由在新的刑罚不法理论中之意义》（Die Bedeutung der Menschlichen Freiheit in der neueren Lehre vom Strafunrecht），兰珀、米夏埃尔·保恩、格哈德·罗特主编：《意志自由与法律秩序》（Willensfreiheit und rechtliche Ordnung），2008 年，第 304 - 331 页。

《"决定十字架"中的犯罪人》（Der Straftäter im "Kreuz der Entscheidung"），汉斯·约阿斯、马蒂亚斯·容主编：《决定的人类学十字架》，2008 年，第 138 - 165 页。

克劳斯·吕德森（**Klaus Lüderssen**）

克劳斯·吕德森 （**Klaus Lüderssen**）

何庆仁 译

　　我出生于 1932 年 5 月 2 日，一开始是在位于梅斯内尔（Meβner）的杰默罗德（Germerode）长大，后来又搬至哈茨（Harz）山麓的韦尼格罗德（Wernigerode）。1952 年春，我在富尔达（Fulda）参加了高考。

　　1952 年夏，我开始在大学学习法学，这并非一时的心血来潮（Verlegenheitslösung）。我对哲学、文学和历史都很感兴趣，但是也希望学一些具体的和有约束力的知识；在高考前读了古斯塔夫·拉德布鲁赫（Gustav Radbruch）的《法学导论》后，我坚定了自己学习法学的决心。我有一位远房亲戚是国民经济学家（Volkswirt），他向我推荐了这本书，当然他也暗示说，选择学国民经济学可能要更好一些。他很快就把这本书带给了我。在书的开篇部分，我就发现模型理论（Modelltheorie）非常引人入胜，而且和我所粗浅了解到的法律大相径庭。尽管最初让我动心的是理论性的和原则性的东西，但是战争结束前后我所经历的各种危难状况，使鲜活的归纳开始对我更有吸引力，法学也在其中。人们可能认为，那时形成的国际法的伟大憧憬，或者对在自己的土地上被推翻的独裁统治的反应，会激发起一种假设中的法律情感。但是我并没有这样。甚至纽伦堡审判在很长时间内于我而言也只是一起轰动性的政治事件而已。更早之前的如同施陶特（Staudte）的《凶手就在我们中间》那种类型的激动人心的电影，或者京特·魏森博恩（Günther Weisenborn）以罗罗罗的方式（in rororo-Format）*

---

　　*　罗罗罗（rororo）是 Rowohlt Rotations Romane 的缩写，意指罗沃尔特出版社采取轮转印刷方式出版的小说。轮转印刷术是罗沃尔特出版社二战后发扬光大的一种快速印刷术，因此，罗罗罗的方式主要指一种迎合大众的快速但不失真实的文化方式。——译者注

对集中营的报道，才是我们那一代人全新方向的中心。克劳斯·哈普雷西特（Klaus Harpprecht）曾经直接称呼我们这一代人为45年人，以有别于68年人。此外，美国人的友好占领使他们之后可以毫无阻碍地推行民主以及永不妥协的和平主义，这些都影响了我那几年的生活态度。只是学习法律的想法，当时对我来说还非常遥远。

如果我的家里有法律人，可能会为我提供一些建议。我不知道，那样的话情况是否会有所不同。但是父亲1939年就去世了，他学的是林业学（仅仅作为必修课学过两个学期的法律），母亲则是一位军官的女儿。其实两个家庭在19世纪都出过法律人，有些甚至担任过要职（耶罗梅·冯·威斯特法伦（Jérome von Westfalen）国王在奥克尔（Oker）地区的行政长官（Präfekt des Oker-Departments）、不伦瑞克地区公爵［Herzog von Braunschweig）的议院主席（Kammerpräsident）］。遗憾的是，我在大学期间才了解到这些，并且它们都太久远了。我对法律的现实了解是走私、黑市交易、田野盗窃和森林盗窃等道德与法律上的非常状况（Grenzsituationen）。它们与卡尔·迈（Karl May）的一些作品交织在一起，形成了一种令人不安的早熟的衡量机制。我认为是它直接促成了我学习法律的冲动。

这种动机累积的复杂化可能还需要进一步解释。直至1949年初，我都成天艰难地忙于维持家庭的日常生计。然后母亲、妹妹和我从苏联占领区逃到美国占领区。在这里我们不得不先分开，因为刚开始没有可供一起居住的房子。一个家庭收留了我近一年，在他们周到的照顾下，我过着一种无忧无虑的生活，并得以从之前的精神刺激中慢慢恢复正常。我们在一个由比较高阶的林业官员组成的团体的协助下才逃至西部，我的父亲生前就是这个团体的成员。之后我又加入了林业官威廉·冯·俾斯麦（Wilhelm von Bismarck）的家庭中。他的妻子是一位美术史学者，曾任乌尔施泰因（Ullstein）出版社的编辑，两个人向我展示了一个知识的世界，它让我很快就忘记了，就在几个月之前，我还成天为了木材和甜菜而操心。

学校里的情况大致类似。富尔达的理科中学（Realgymnasium）雅致地镶嵌在巴洛克式的街区之中，之前我还从没有见过这样的情况。它所奉行的是欢乐的天主教信条（fröhlichen Katholizität），对于中德意志的新教徒来说，这是令人非常惊讶的。德语课堂上开有书单，从埃米尔·施特劳斯（Emil Strauβ）和格特鲁德·冯·勒·福特（Gertrud von Le Fort）到雅各布·瓦塞尔曼（Jakob Wassermann）、托马斯·曼（Thomas Mann）、赫尔曼·黑塞（Hermann Hesse）再到阿尔弗雷德·安德施（Alfred Andersch）。这些书在藏书丰富的富尔达地方图书馆里都有。作为少数派教徒聚居区（Diaspora）的一项特殊活动，新教的宗教课组织得特别隆重，且进行得非常有哲学色彩。但是我所喜欢的是神父在教堂里朗诵祈祷文，对我来说这就是在仪式化地展示许多无规则的拉丁语动词；由于在东部时选读的是自然科学，我正好可以利用这个机会学习这些必须补学的词语。当我来到富尔达时，我在数学方面有着巨大的优势，不过随后我对理科的兴趣很快就消失了；17 岁时我还兴致勃勃地做着化学实验，18 岁就成了在物理课上偷偷在书桌下读文学书籍的学生。提这件事是因为，就在高考前不久，检察官多姆博伊斯（Dombois）做了一场关于大学法学学习的报告，其中他提到了好的数学家也会是好的法学家的一般性看法（topos）。他只是一个资质平平的数学家，我后来从赫尔穆特·科英（Helmut Coing）那里也听到了这一评价，所以他的说法未必可信。但是京特·施彭德尔（Günter Spendel）在同一时间也强调过两种天资之间的巧合。可能如果人们既有逻辑的和体系的理解能力，又有联想的和修辞的理解能力，而且还有历史的理解能力的话，就会对学习法学大有裨益，因为起源与效力是休戚相关的。当然，这只是一种非常富有争议的假设。

在古斯塔夫·拉德布鲁赫提出的法科学生的三种类型之模板中，我没有找到那么合适的位置，尽管第三种类型让我有所同感。拉德布鲁赫[1]谈到了"具有强烈的和雅致的兴趣的人，诸如对哲学、艺术、社会和博爱的爱好"，他们"（……）例如因为在有强烈的感受时缺乏艺术创造力，而没有在主要的兴趣上规划其职业（……）"。不过在我看来，法学似乎正好是特别有创造性的东西，因为它结合了解释和理解，所有的一切都是在"决定压力"（Entscheidungsdruck）之下做出的，该压力由

---

[1] 《法学导论》（Einführung in die Rechtswissenschaft），第 7 和第 8 版，1929 年，第 206 页。

一个关于约束性的、分支众多的方法论而引起。沃尔夫冈·瑙克（Wolfgang Naucke）[1] 为此提出过一个别致的公式：

> 法官是在普遍接受且高度复杂的、被称为客观解释或者一般法律思维的混合物（Gemisch）之帮助下，做出判决的，该混合物由对法律的忠诚、法律政策、自己和他人的经验、个人观点、事物的本质、传统理由、语言和决断主义（Dezisionismus）组成。

其中存在着许多听天由命的成分，但是相较于那些坚持无矛盾性、唯一性和封闭性的构想，上述公式仍有其优越性。当我后来在格奥尔格·西梅尔（Georg Simmel）的《道德科学引论》中，卡尔·恩吉施（Karl Engisch）曾经在他给我留下深刻印象的、1953 年出版的《当代法律与法学中的具体化观念》（Die Idee der Konkretisierung in Recht und Rechtswissenschaft unserer Zeit）中特别推荐过这本书，读到不要"省心地追求各种设想的一致性"（kraftsparenden Trieb nach Einheitlichkeit des Vorstellens）有多么重要时，我觉得一位好的法官应当觉得这是理所当然之事。

带着这样的预感，我开始了自己在马尔堡（Marburg）大学的学习。冯·俾斯麦女士给我的建议是，一开始去一所小点的大学要更好一些。我报名参加了很多活动，却都只是凑合着应付。我没有放弃任何一门课程，但也仅仅满足于一知半解。

当时我是根据自己的兴趣来选择听什么课的。可能去听些名师的课要更好一些，那样的话我最后仍然可以在各种热点题材和问题的潮流中重新发现自我。而且在那些没有什么影响的老师那里获得的"偶然发现"可能不是那么重要，尽管有时他们也能带来了一些令人惊讶的、独一无二的洞察。关于这些课程，现在我回想起来时脑海中浮现出的是一组特殊的画面：教堂历史学者恩斯特·本茨（Ernst Benz）（穿着方格夹克）谈到遥远的宗教会议（Konzil）；民法学者舒尔茨 - 舍费尔（Schulz-Schäffer）用滑稽却

---

① 《论社会科学在法学上的重要性》（Über die juristische Relevanz der sozialwissenschaften），1972 年，第 46 页。

清楚的演示讲损害赔偿；埃里希·施温格（Erich Schwinge）早晨 7 点就在法学导论的课上带着轻微的图林根口音引述路德（Luther）的警句"法官啊，邪恶的基督徒"（Juristen, böse Christen）；然后天主教的大学生教士（Studentenpfarrer）以巧妙的分析来解释圣餐变体理论（Trans-substantiation-Lehre）；他的基督教同事，自负、热心且长着一双猫头鹰式眼睛的编外讲师却总是提到伟大的神学家阿道夫·施拉特（Adolf Schlatter），以至于我后来以为，我是在上阿道夫·施拉特的课；弗里德里希·海勒尔（Friedrich Heiler）在黑板上交叉纵横地写满了宗教学中的人名；尤利乌斯·埃宾豪斯（Julius Ebbinghaus）讲了四个小时的康德伦理学后站在讲台旁问我们，是否越听越糊涂，一头雾水的我们于是觉得释然不少；沃尔夫冈·阿本德罗特（Wolfgang Abendroth）讲授政治社会学的强度非常大，然后我发现自己并不是置身在一个公共课的大纲范围之内（我倒是宁愿避开官方在该科目名下所预告的教学安排），而是位于作为一切知识（scientia omnium rerum）之法学的虚幻和神秘的中心。在第一学期读过的学术著作中，最重要的是格奥尔格·耶利内克（Georg Jellinek）的《国家的一般理论》。读它的欲望来自上文提到过的、较为年长的编外讲师瓦尔特·梅德尔（Walter Meder），他按照不断扩充国家定义的原则来展开他的国家法课程。课程结束时他给出了完整的公式。他的波罗的海口音令人印象极其深刻，所以我记住了他的公式：国家是被赋予了原初统治权的、持久的联合体，其特定目的是，下达与法律相联系的、确保和平的各种指令。

我只在马尔堡大学学习了一个学期。1952 年秋，我没再回到那里，而是留在富尔达作为销售员在欧洲交易体系（EES）的一家卖场工作。这段时间内我读了自己的第一本康德著作《纯粹理性批判》。许多自传都称这本书引起了作者的"康德经历"（Kant-Erlebnis）。我未能免俗，它一样引起了我的"康德经历"。我本来是可以留在欧洲交易体系的，并马上可以获得提拔，但这并不是一个多大的诱惑，我在马尔堡的那个学期里已经开始了的学业要重要得多。

现在我转到了大城市美因河畔的法兰克福（Frankfurt/Main）。在那里，格哈德·席德迈尔（Gerhard Schiedermair）讲授关于债法和民事诉讼法的精彩课程时所追求的那种教义式的修辞学吸引了我，但是更吸引我的是赫尔穆特·科英所展示出来的那种经典的质朴。他的魅力在于，他事实上掌握着双重和三倍的理由，并可以言简意赅地从中通过反讽，或者甚至玩世不恭地就把问题说得很清楚，以至于人们可以想见他有多么深不可测。他首先会描述各个概念已有的研究成果，然后就从法律政策上向它们猛烈开火。偶尔他会向听众提问，有一次是我回答的，是一个有关"危险转移"（Gefahrübergang）的问题，和期待中对我的回答的坦率表扬相反，我得到的答复是：是的，这是一个技术性的词语，但是相关当事人对此有着怎样的利益处境（Interessenlagen），又如何查明这些利益处境呢？

　　刑法方面的情况则困难一些。威廉·克拉斯（Wilhelm Claβ）用那些偏执的格言来讲授课程，我觉得太高中化（studienrätlich）了。他非常有洞察力，在他举办的研讨课上，学生们往往以猜测教授的神秘天赋为主。相反，沃尔夫冈·普赖泽尔（Wolfgang Preiser）则隐身于一种完美的美学式的讲课风格中；国际法的历史才是他的热情之所在。京特·施彭德尔提供了我当时在寻找的东西。他只有12个学生定期上的《行为刑法与行为人刑法》课，却驱使我走进了图书馆。我喜欢他的钻研，喜欢他在谈话中将问题推向顶峰，喜欢他随时准备好考虑听众的问题并转化为学术上的严肃讨论。我研读了关于批判性地改革刑法的各种文章，其中充满了19世纪末20世纪初达到顶点的社会学派和古典学派之间的争论，我全身心地投入其中，最终决定跟随施彭德尔支持古典的行为刑法。当我有一天发现了阿明·考夫曼（Armin Kaufmann）的《宾丁规范理论中活着的与死去的》一书时，又开始了第二波独立的刑法研究。这本书中让我敬佩的是，阿明·考夫曼认为规范形成更多的是心理学的产物，而不是存在论。尽管如此，我还是读了汉斯·韦尔策尔（Hans Welzel）、京特·斯特拉滕韦特（Günter Stratenwerth）和维尔纳·尼泽（Werner Niese）的全部著述，发现这又是一个让我忘情于其中的巨大争议。不同的是，这一次我决定与坚定不移地支持客观主义的施彭德尔相反，支持目的主义，我觉得施彭德尔将目的主义与行为人刑法相提并论是不恰当的。韦尔策尔自己在行为无价值中清楚地表述的正是行为刑法；另一个引人注目的看法是，犯罪是背离了法律的意念价值（Gesinnungswerten）的行为。但是我没有注意到这些，至少暂时没有。那时目的主义对正犯与参与的结论、对禁止错误的结论对我来说更为重要。

我当然也在为——在此期间我获得了德意志民族研究基金会（Studienstifung des deutschen Volkes）的奖学金——第一次国家司法考试做着准备，为此我放弃了继续参与哲学系的课程，即我在法兰克福的第一个学期中参加的关于马克斯·舍勒（Max Scheler）和康德的两个研讨班。这一次我又是根据主题而行的，而不是选择老师。法兰克福的两大名师，特奥多尔·阿多尔诺（Theodor Adorno）和马克斯·霍克海默尔（Max Horkheimer）那一年并没有开与我想学的内容有关的课程。

但是直到考试开始我也没有放弃法哲学。我在第一学期已经拜读了拉德布鲁赫的大量著述，之后我又开始研究汉斯·凯尔森（Hans Kelsen）和刚刚开始的卡尔·施密特之复兴（Carl Schmitt-Renaissance）。1945年人的特征是，他们以敏锐的眼睛发现纳粹思维潜在或者公开的迹象，彼得·阿伦斯（Peter Arens）和吕迪格·福尔哈特（Rüdiger Volhard）就是如此。我和他们一起进行研究，我们经常为纳粹法律文献中的新"发现"而惊讶不已。根据我们的考证，恩斯特·福斯特霍夫（Ernst Forsthoff）、埃德蒙·梅茨格尔（Edmund Mezger）和赖因哈特·毛拉赫（Reinhart Maurach）都是有问题的，诸如汉斯·于尔根·布伦斯（Hans-Jürgen Bruns）、弗里德里希·沙夫施泰因（Friedrich Schaffstein）或者格奥尔格·达姆（Georg Dahm）那样显然与纳粹有关系的，我们则很快便弃置一旁，不再继续重视他们。其间有一些没有把握的情况，例如汉斯·韦尔策尔和里夏德·朗格（Richard Lange）。我们认真审视这些学者履历的目的，并不是想得出政治性的结论，我们只是满足于了解情况。

然后我参加了考试，沃尔夫冈·普赖泽尔是委员之一。几个月后，我于1957/58学年冬季学期在他那里得到了一个职位，作为他的刑法练习课的学术助理。他有国际法和刑法的特许教授资格（venia legendi），这种跨专业结合型的教席一直都有。理由很简单：国际法和刑法共同的自然法基础。公法的其他领域和民法与自然法的联系就没有这么密切。

尽管在同一本书中对刑法和国际法进行思考的时代已经过去了，[①] 不过对于普赖泽尔而言，如同他自己所说的那样，这样的形而上学虽然容易陷于抽象的虚无（vacua），仍然是有益的。毋宁说两门学科可感知的历史才是他的课题，他对刑法与国际法之间重要关系的研究亦聚焦于此。第二次世界大战中，当他在荷兰担任某一当时称之为德国地方法院的院长时，他很快发现，太轻的刑罚必然继之以盖世太保的逮捕，较长的监禁反而要更为人道。他还成功地通过巧妙延缓文书寄送而推迟或者阻碍判决。战后荷兰人很快在一本白皮书中强调了这一事实，并非常感谢普赖泽尔。时隔很久，他自己在一篇名为《论自然法在独裁统治时期之实现》[②] 的文章中也谈到这一点。

我为第一次国家司法考试所做的家庭作业的重点是陷害教唆问题（agent provocateur-Problematik），这激起了我围绕它写作博士论文的兴趣。陷害教唆问题中，参与的可罚基础方面值得探讨的内容，我已经在案例分析中发现了。但是在其违法阻却事由方面，我碰到了一个迄今为止都没有得到讨论的问题，即对其提起刑事诉讼的合法性。我很快意识到，陷害教唆的程序处理问题将是原创性的，因为这种所谓的"线人"（V-Leuten）角色是警察的工具而不是司法机关的工具。我前往位于威斯巴登（Wiesbaden）的联邦刑事局（Bundeskriminalamt），以便在那里的警察文献中找到线索。结果我在诸如《警察》和《犯罪侦查学》（Kriminalistik）之类的杂志中，意外发现了这是一个在刑事诉讼文献中从未出现过的问题。而且，在我陈述问题时，那些与我谈话的联邦刑事局官员们都疑神疑鬼地冲我使眼色，说这是完全理所当然的事情，人们对此都不关心。一个私家侦探协会后来为此还专门来找我，使得本来就很敏感的问题变得更为敏感，理由当然是我的工作可能危及私家侦探们的活动。最后，一位读过我报告的联邦法官通过私下接触，也想急切地阻止我继

① 卡尔·特奥多尔·韦尔克：《法律的最后基础：国家与刑罚》（Die letzten Gründe von Recht. Staat und Strafe），1813 年。

② 沃尔夫冈·普赖泽尔：《国际法历史中的权利与规范：关于国际法律秩序及其基础之发展的小论文集》（Macht und Norm in der Völkerrechtsgeschichte. Kleine Schriften zur Entwicklung der internationalen Rechtsordnung und ihrer Grundlegung），1978 年，第 453 页以下。

续研究卧底问题。他说这在刑事政策上是多余的，在学术上也没有什么裨益。他的话没有说服我，不如说是又一种隐形的抵抗而已。

但是，在此期间，在参与的可罚基础方面产生了新的问题。所谓的惹起说（Verursachungstheorie）在我看来似乎是不一致的，它要么是从属的，要么强调参与者对法益侵害的远程惹起。我因此认为，重要的是首先对这一矛盾加以解析，上文的那个程序主题于是就被搁置了。直到后来发表于《卡尔·彼得斯（Karl Peters）祝寿文集》（1974 年）里的教授就职演说中，我才回到这一主题，但是之后就经常关注它了，最近一次是在祝贺联邦法院成立 50 周年的学界论文集中。我耗费了很长的时间，最终将参与的可罚基础方面的两种学说——惹起说和罪责参与说——整理为三种。现在，存在着严格的惹起说和与从属性相关联的不法参与说，这在所有的教科书中都是被清楚区分的。不法参与说在术语上容易让人误以为也是对他人不法的参与（在卷入了另一个人的不法的意义上），一如有一种惹起说的变种认为，一个远程的法益侵害的责任取决于介入了他人的不法。不过，最后并不能说是四种学说，因为罪责参与说就已经蕴含了为他人的不法承担责任的思想，并或多或少被一般性地否定了。值得称赞且有所同感的例外是斯特凡·特雷克塞尔（Stefan Trechsel）完成于 1967 年的博士论文。因而剩下的就是惹起说的分裂了。纯粹的惹起说，一如被我反复批评的那样，与法律的表述不一致；从属的惹起说则不符合逻辑。30 年后，我在《宫泽祝寿文集》（Miyazawa-Festschrift）中对这一问题做过一次完整梳理。我现在的看法是，在参与的可罚基础方面，似乎表现出一种现象，这种现象我在法秩序的其他地方也越来越多地碰到：偶尔人们就是喜欢明显矛盾的答案。也就是说，自我矛盾的东西正好是作为自我矛盾的而被需要。有时是对一种更高程度的智慧的模糊渴望，有时似乎又是一种冷酷的计算，例如就像在证据收集禁止和证据使用禁止之间的分歧（Diskrepanz zwischen Beweiserhebungs-und Beweisverwertungsverboten）那样：使用被允许，与此同时，收集却是被禁止的，并且不能通过事后的使用而被"弥补"（geheilt）。

这一年我不只是写作博士论文。我还必须完成第二次国家司法考试前的见习，而且是德累斯顿银行法务部里为期 1 年的学术助理。对我来说，这一段时间的重要性不言而喻，尤其是当我后来开始研究经济刑法时。见习活动则使我学到了国家司法考试所必需的知识，但更重要的是那些附带性的认知：了解完成判决的背景、感知复杂的沟通过程、学习如何开展职业生涯。

阻碍我尽快博士毕业的，主要是"文学"。当我感到学习法律变得举步维艰时，我有大概 2 年的时间不再读那些专业书籍。这种苦行（Askese）该暂时结束了，我要去读那些真正深刻的著作，主要是歌德（Goethe）、席勒（Schiller）、巴尔扎克（Balzac）、司汤达（Stendhal）、莫泊桑（Maupassant）、托尔斯泰（Tolstoi）、陀思妥耶夫斯基（Dostojewski）、亨利·詹姆斯（Henry James）的书，以及我一再研读的方丹（Fontane）和托马斯·曼（Thomas Mann）的书。60 年代早期，西德不仅仅文学界活跃异常，例如马丁·瓦尔泽（Martin Walser）出版了《半梦半醒》（Halbzeit），京特·格拉斯（Günter Grass）的《铁皮鼓》也得以面世；而且波佩尔（Popper）的《开放的社会及其敌人》也颇有影响，加达默尔（Gadamer）出版了其代表作《真理与方法》，在德意志社会学协会 1961 年举行于图宾根（Tübingen）的工作会议上，波普尔和阿多尔诺之间产生了严重分歧，之后进一步形成了实证主义之争（Positivismusstreit）；另一方面，特吕弗（Truffaut）和戈达尔（Godard）的电影开始进入影院，彼得·汉德克（Peter Handke）的《公众谴责》（Publikumsbeschimpfung）也上映了；亚历山大·米切利希（Alexander Mitscherlich）则在当时成立的西格蒙德·弗洛伊德研究所（Sigmund-Freud-Institut）中实现了心理分析的制度化，并建立了与社会学的联系。50 年代里海德格尔式的虔诚（Heidegger-Andacht）和文学团体 47 年组织（Gruppe 47）的冥思性自我认识已经结束了。在为克服纳粹灾难而于战后勃兴的自然法阶段之后，经验性的社会研究逐渐开创出新的研究领域。弗里茨·鲍尔（Fritz Bauer）由于写作了《犯罪与社会》（1957 年），又并不是完全因为这本书——在美因河畔的法兰克福引起了那场奥施维茨诉讼（Auschwitz-Prozess）。曾在 50 年代大行其道的寂静主义（Quietismus）现在已经被取代了，而不是 1968 年才被取代。

到处都出现了跨学科研究的要求，最后它也影响了法学。当我开始为我的教授资格论文做准备时，我正好面对此一趋势。我希望为潜藏于法学价值判断中的事实断定（Tatsachenbehauptungen）找到新的基础，为此维也纳学派（Wiener Kreise）的经验主义价值哲学开始让我感兴趣。我发现了一份创刊 10 年且无与伦比的杂志《认识》（Erkenntnis），在那里我偶然结识了汉斯·赖兴巴赫（Hans Reichenbach），他认为每个价值判断实际上都预含了一个由相互缠绕的目的－方法之衡量（Zweck-Mittel-Erwägungen）所组成的无尽链条。另外，尼克拉斯·卢曼（Niklas Luhmann）的力作《目的概念与合理性》则带领我进入现代结构社会学和决定社会学（organisations- und entscheidungssoziologischen）。现在我必须为该理论的假定，在它们被具体证明之前，从两个方面进行辩护。

第一个方面是批判理论（kritische Theorie），批判理论不相信上文提及的那种实证主义。我为此曾经对他们所持的批判理性主义（kritische Rationalismus）立场进行过深入研究，尤其是阿多尔诺在《实证主义之争》的后记中所阐明的态度。有一天，卡尔·海因茨·博雷尔（Karl Heinz Bohrer）受邀与于尔根·哈贝马斯（Jürgen Habermas）共进晚餐，把我也一起带了过去，我向哈贝马斯报告了我的研究内容。他很快就提出反对意见说，批判阿多尔诺为实证主义之争所写的后记，是选择了最脆弱的对象，这是不公平的。阿多尔诺只是在压力之下才参与这件事，整个过程之中其实有所保留。这让我非常困惑，但是当时我却不好启齿。

实际上我的主要兴趣是另一方面。根据波普尔的《科学研究的逻辑》（Logik der Forschung）一书，事实的确证（Verifizierung）是不可能的。那么我就必须尽量使赖兴巴赫的目的－方法链条之虚构技术（Falsifikationstechnik）行动起来。波普尔肯定不属于"维也纳学派"，因为虽然表现得不那么明显，他还是悄悄接受了可客观化的"第三个世界"。2005 年出版的汉斯·阿尔贝特（Hans Albert）和波普尔之间的书信往来彻底地说明了这一点。我的疑惑是，尽管在其他方向上有所不同，为什么在经由虚构的方法检验事实这一点上二者不应当相互一致呢？人们用于反对诸虚构性假定（falsifizierenden Hypothesen）的那些基本定律（Basissätze），按照波普尔的哲学前提，也未见得就是客观真理，不如说此时其所关涉到的也是沟通的结果。在这里鲁道夫·卡纳普（Rudolf Carnap）的记录定律（Protokollsätze）理论为我提供了帮助。也就是说，我进一步认为，这些基本定律也是只有在虚构中才能够存在的假定，若对基本定律与有待检验的假定加以比较，不得不说应当给予更为具体的假定以优先性。这样的看法对我来说是如此大胆，以至于我在读了阿尔布雷希特·韦尔默（Albrecht Wellmer）关于波普尔的书后，决定专程去拜访他，以便和他讨论波普尔在《确证可能存在之处》（There may be a whiff of verification）中谜一般悄无声息的转向。讨论的结果很模糊，当"事实的真理"突然在论辩上取决于对诸基础定律的波普尔式沟通时，似乎我对波普尔的批评造成了一个批判理论不愿意面对的裂口。但是，如同我在与他接下来的谈话中所着重指出的一样，通过此一共同点，并不是要使两种方向相互适应。我并没有犯糊涂，而是看到，在基础定律的这种相对化中，诸假定必须被置于一种更好的合法性状态，在这里我可以提出查理·桑德斯·皮尔斯（Charles Sanders Peirce）的哲学或者推论心理学（Psychologie der Abduktion）作为依据。如果在悄悄地接收一个非常普遍的哲学前提时，从一个具体个案中推论出一个一般规则，没有归纳的科学方法，此一定律并非无条件地有效。一段时间之后，皮尔斯一派的语言学家令人高兴地给予我以支持，一些法学家［约阿希姆·莱格（Joachim Lege）和洛伦茨·舒尔茨（Lorenz Schulz）］也如此，但认为我只能以皮尔斯早期的理论为依据。当然，这并不妨碍我在论证提出和检验假定的体系时援引皮尔斯的贡献。反而是波普尔在虚构主义中的前后不一总是有意识地存在着，这让我纠结不已。

现在要做的是，将拼凑在一起的方法论应用于具体的法律案件。我选择了可被处以罚金的垄断行为。因为那时联邦法院做出了所谓的焦油决议（Teerfarben-Beschluss），在波普尔/皮尔斯/卡纳普的方法之后，该决议一定程度上使我回归到具体问题之中。这是一项微观的研究，我无法接受该决议以后可能成为法律推动（Rechtsbetrieb）中的惯例。逻辑实证主义应当在相互交替的理解基础之上，被社会学的实证主义所代替。因为那些对假定进行检验的基础定律在沟通时可能是不一样的，人们对一个可检验的假定加以接受的各种规则也未尽相同。推论亦只是对更高程度的哲学前提之重要性有统一认识，尽管该哲学前提是从具体个案中较为可信地归纳出（一般）规则的必要条件。确定在法律上做出重要承认的各种前提，然后检验在此基础之上应当在何种程度内建构起商谈中的现实性，并在此过程中使决定性的政治影响成为可感知的（因为这里谈及的不可能是任意的建构），这已经是一项比较宏大的任务了。

有待处理的问题是跨学科的，这种感觉使我对常见的那种态度，即接受法律中通行的理论和经验，产生了怀疑。毋宁说这似乎要取决于我公允地提到的"继续哲学化"（Weiterphilosophieren）。我不确定普赖泽尔和弗里德里希·格尔茨（Friedrich Geerds）是否会对此有充分的了解并可以给予我有益的指导，那时我正担任他们的助理，于是我就和赫尔穆特·科英联系，请他为我再出具一份申请德意志研究协会奖学金的专家意见。他那时正好兴冲冲地要给我打电话，因为在祖尔坎普（Suhrkamp）出版社1968年出版的新"理论系列"中，我编辑了费尔巴哈（Feuerbach）和米特迈尔（Mittermaier）的两篇论文，并写了很长的导论。如同后来弗朗茨·维亚克尔（Franz Wieacker）和卡尔·恩吉施（Karl Engisch）也表示过的那样，他说他对我的法历史学评论很感兴趣，这让我对这篇论文的感觉非常良好。在我陈述完后，科英马上就开始为我写专家意见，并很快发送给我。我相信，他的意见书为我最终获得奖学金发挥了重要作用，虽然我对于其中小小的附录"吕德森先生（……）不是我的学生"有点失望。无论如何，至少跨学科的定位他显然是满意的，他的意见书清楚地表明，他很清楚我拒绝那种只是接受性的方法论。他也肯认了我的经验的和实证主义的定位，科英在社团法方面（gesellschaftsrechtlich）从事过很多实践活动，还曾以一项鉴定为基础在那一年出版了一部关于信托之意义的巨著，所以他对我的定位有非常直接的了解。不过，他其实本该对我的定位有所怀疑，因为战后不久，他就通过"法律的最高原则"而表白了自己对超实在法之可能性与必要性的信仰，后来他的90年代又全新出版的《法哲学》也证实了这一点。

法历史学家很少见，尤其是罗马法学家，法哲学家亦如是。在科英那里，这一切却近乎完美地结合在一起，我的研究因此从他那里获益良多。时而出现的"社会学的实证主义"之表述可能过于狭隘，它并不是仅与法律的经验内容有关的社会学。经由一个法律注释学（juristischer Hermeneutik）的宽泛概念，如同其由埃米利奥·贝蒂（Emilio Betti）所展示的那样，科英可以同时发现实证主义的和目的论的法律解释的所有基准点，而绝不是只抓住对原则的简单演绎不放。在作为主笔人之一撰写菲韦格（Viehweg）主编的《问题与法学》（Topik und Jurisprudenz）第一卷中的相应部分时，科英努力使其简明易懂，以使大部分法学受众读起来毫无障碍；其中对美国的法律现实主义的介绍也是如此，他是在美国逗留较长时间后返回来的人，所以在其执笔的内容中对该现实主义也有所涉猎。

当我几年后回到法兰克福大学法学院工作时，学院就是否要引入一阶教育（Einphasen-Ausbildung）展开了讨论，结果却成了我和科英之间的辩论会，他重复了那段对我的研究颇有好感的经历，但是也清楚地指出了我们的分歧所在。支持一阶教育的人认为，实践应当被整合进大学的学习中，这是法律的跨学科定位这一关键视角的必然要求。不是如同有教养的法学家们经常在其他学科里活动那样的意义上跨学科，而是因为法律的成分相应地来自经济学、社会学、历史和心理学等，法律本身原本是一个空壳，所以要跨学科。尽管科英完全不是凯尔森的信徒，即不想借助于法律的独立性这样的概念进行研究，他仍然激烈地反对一阶教育的观念。与跨学科的愿望相适应的是，尤其是在当代社会学和政治学领域，我们可以观察到，在进行重要的价值判断时，跨学科的趋势是显而易见的，它们不仅在形式上而且在内容上都使传统的法律推动成为问题。学院里较为年轻的法学学者们（助理那时已经可以参加会议）无疑受到了这些潮流的感染，但是仅仅如此是不能使其得到贯彻的，因为很大一部分教授拒绝扩充知识，也拒绝纳入迄今为止被忽视了的需求状况和评价源泉（Bedürfnislagen und Wertungsquellen）。科英也不同意，并怀疑这是一种不好的政治化。鉴于我们数年的相互理解，我却在学院的讨论中反对他的看法，他在三天后给我写了一封很长的信答复我，以便再次阐明他觉得自己在学院会议上没有充分表达的立场。我觉得信非常引人入胜，就起草了一份答复，后来也写了一篇文章，历史地和哲学地说明了科英自己看待法律的广博视角。

但是关于一阶教育的讨论现在却走上了其他的道路。学院大部分成员逐渐得到一种印象，似乎黑森州的司法部门早就已经希望，在大学学习阶段强化实践教育，即提前进行一种候补司法官性质的服务。这与我们的意图——其中埃哈特·登宁格（Erhard Denninger）、汉斯－约阿希姆·默滕斯（Hans-Joachim Mertens）、迪特尔·西蒙（Dieter Simon）、施皮罗斯·西米蒂斯（Spiros Simitis）和鲁道夫·维特赫尔特（Rudolf Wiethölter）发挥了重要影响，同他们一起协作对我而言意味着很多——大相径庭，以至于推动学院继而促使黑森州导入一阶教育的决心也消失了。

　　如果留在哥廷根，我就不会经历这些，在那里我被聘请担任 H3 的职位，当时就是这么称呼的，不过自从 1970 年夏季学期起我就已经是该校的编外讲师了。1970/71 学年冬季学期，我还在科隆代过一个学期的课，是替乌尔里希·克卢格（Ulrich Klug）上课，他作为国务秘书不得不前往北莱茵－威斯特法伦州司法部门任职；在那里上的刑法各论和刑法高阶练习课（Fortgeschrittenen-übung）是我第一次给那么多听众授课。我在哥廷根承接的是罗克辛（Roxin）的课程，他被聘请至慕尼黑。到学期末，即 1971 年夏季学期时我面临一个严肃的问题，我应该留在哥廷根、前往基尔还是回到美因河畔的法兰克福。在哥廷根，我与来自格拉茨的奥塔·魏因贝格尔（Ota Weinberger）享有同等权利（pari passu），都位于名单的第一位，但他的拒绝是非常肯定的，我可以在这里担任一个新设立的［后来由拉尔夫·德赖尔（Ralf Dreier）接手了的］法社会学教席，并有一个研究所。在基尔，我排在沃尔夫冈·瑙克（Wolfgang Naucke）继任者的第二位，他接受了美因河畔法兰克福大学的聘请，排在我前面的是汉斯－路德维希·施赖伯（Hans-Ludwig Schreiber），人们都知道，他想去哥廷根（但是如果他来了基尔，哥廷根就会第二次邀请我，因为哥廷根在这份名单上也非常令人高兴地将我列于其中）。最后，在法兰克福，我将接京特·科尔曼（Günter Kohlmann）［之前是克拉斯（Claβ）］的班。基尔很快就被我排除了；我原本是愿意留在哥廷根的，主要是因为离梅斯内尔近，而且我偶然了解到，由于那里的林区管理机构搬往了巴特索登的阿伦多夫（Bad Sooden-Allendorf），正在出售位于我所出生的杰默罗德的森林管理局的房子。但是汉斯－路德维希·施赖伯劝我放弃哥廷根，有一次在我候车期间，我们俩在哥廷根火车站前来回走了很久，他恳切地向我解释，我现在应该选择法兰克福，因为法兰克福 5 年后才会有另一个职位。很显然，返回法兰克福的机会不会那么理所当然地再次降临在我头上。而且我有一种强烈的感觉，不久我将会失去这个机会。最终起决定性作用的是法兰克福的同事施皮罗斯·西米蒂斯无法抗拒的说服力。

当我 1971/72 学年冬季学期接受法兰克福的教席时，所谓的 68 年运动（Achtundsechziger Bewegung）已经通过一些法学学者对理论产生了具体影响。不少学生针对一般的刑法素材，情绪性地站在政治反对派的立场上提出问题，我真希望自己没有回答过这些问题，我担心大部分学生会对此感到厌烦。不过现在再也没什么能阻碍我远离运动了，听众席上语无伦次的甚至粗鲁的各种发言也干扰不了我，而是为我创造了正确地去表述那些问题的机会。这样过了有好几年。在拒绝接受一阶的法学教学之后，在我的院长任期期间，学院发展出了一种理念，要求将对法律实务的重视与跨学科地扩张和强化法律素材联系起来，并为此开设了一门新的、纯大学性的导论课程。一直到 20 世纪 80 年代中期，该理念都没有改变。然后我们就多多少少有点无言以对地回到了传统模式，因为学生们对革新的兴趣消失了。所幸一种对双方都开放的、无偏见的风格保留了下来，我们是通过对现实的法律政策问题加以专业化而塑造起这种风格的。在德意志民族研究基金会的遴选委员会里，我当时有一段时间是委员之一，该发展趋势也有所体现；可能每个时代都有它自己的"弄潮儿"（Hochbegabten）吧。

我想要参加 68 年"运动"的倾向，已经在我后来的助理生涯里被一些矛盾的经历所削弱。我反对越战，但是不支持越共（Vietcong）；支持强化虚构主义研究，但是不认为国家社会主义的根源在于市民的和资本主义的（bürgerlich-kapitalistisch）结构；反对维护错误的权威，但是不反对《紧急状态法》；支持学生参加学院会议，但是反对对课程加以政治化的"改造"（Umfunktionierungen）。我经常和同样正在撰写教授资格论文的好友、历史学者诺特克·哈默施泰因（Notker Hammerstein）一起，站在位于博根海默的大学校园（Bockenheimer Universitätscampus）里观察，一些显然是高年级的学生如何在一大群人面前解释马克思（Marx-Interpretation），如果有人大声提出个别不同的观点，他们就报之以矫揉造作的、不真诚的宽容表情。自从阿图尔·克斯特勒（Arthur Koestler）、伊格纳齐奥·西罗内（Ignazio Silone）和马内斯·施佩贝尔（Manès Sperber）宣告了他们与共产主义的分离以来，对我来说马克思主义就已经结束了；其实20世纪初鲁道夫·施塔姆勒（Rudolf Stammler）提出的批判就已经让我有此想法，我是在马尔堡的第一个学期里偶然读到他的批判的。但是我仍然对由阿多尔诺、霍克海默尔以及后来由阿尔弗雷德·施密特（Alfred Schmidt）和伊林·费切尔（Iring Fetscher）发动的理解马克思的理性化（Intellektualisierung eines Marxverständnisses）感到好奇，50年代我就已经在纳赫尔（Naacher）书店里看过他们的马克思主义研究，那时我们——我、哈默施泰因、福尔哈德和其他人——经常在那里度过午后时光，醉心于新出版的学术著作。这种理性化的理解早就在东德机械地演变为呆板的"反映理论"（Abbildtheorie）。我家的书架里整层整层地都是这些讨论的衍生书籍，从于尔根·里策特（Jürgen Ritsert）到乌尔里希·厄费尔曼（Ulrich Oevermann）、克劳斯·奥费（Claus Offe）和于尔根·哈贝马斯的其他学生。哈贝马斯本人则通过《认识与利益》（1968年）一书最终对此问题发表了重要看法，并在其洞见的国际化进程中越来越引人注目，尤其是在他和卡尔·弗里德里希·冯·魏茨泽克（Carl Friedrich von Weizsäcker）一起接掌了对位于施塔恩贝格（Starnberg）的马普科技世界生存条件研究所（Max-Planck-Institut zur Erforschung der Lebensbedingungen der wissenschaftlich-technischen Welt）的领导以后。他关于左翼法西斯主义的谈话，与伊林·费切尔阐述的恐怖分子的六个基本错误一起，长期地确立了世俗化的基础，也逐渐人文地、社会地克服了那十年的极端主义倾向。

之后我同赫伯特·耶格尔（Herbert Jäger）一道致力于研究一个项目。该项目自1968年以来就从未在不受政治干扰的情况下受过重视，它可能充满了革命的精神，但绝对不是整体革命之尝试的一部分，而是一种刑罚执行的实践改革。

项目开始（1973年末）时，我们连续数周晚上都要在一所由于名为古斯塔夫·拉德布鲁赫之屋（Gustav-Radbruch-Haus）而闻名的半开放监狱里访谈。我们不只是希望实现理性的调整，而且希望对监狱与社会相冲突的深层原因进行考察，并由此得出我们称之为解放性的再社会化之结论。只有那些超然于政党纲领之要求且对我们社会的重大变迁有所设想的学生，才乐意做这样旷日持久的、需要大量人力的、同监狱犯人打交道的危险工作。赫伯特·耶格尔和我当然不需要这样特别的动机，我们也完全不受某种"使命"之束缚；不如说我们发起该项目是因为这就是我们的职业，且其迄今为止已被耽误好久。这不应当是"社会公益工作"，学生们说。我们耐心地忍受着这个自我毁灭式的方案。几周后，当一些学生注意到，由于犯人们有"胆量"违反规范，完全没法把他们组建成一个作为革命性进程之体的小组时，就离开了。另有一些学生鉴于犯人们各种棘手的个人问题，也很快放弃了这样的幻想。不过我们的活动却在学院里被欣然接受，院里甚至从预算中为助手们准备了报酬，并将一间办公室提供给我们使用。

70 年代末，大部分和我们一起开始了上述刑罚执行之实验的同学已经大学毕业了，我们的想法在几年后也已经不再为我们所坚持。从项目中其实本该得出一些东西，例如可以开设一门名为《大学对监狱犯人的复归之协助》的课程。参加项目的那一代学生几乎是无与伦比的。但是，尽管刑罚执行中充满了一种人道主义的情怀，监狱长及其同事对于新生事物也抱持着异乎寻常的开放态度，极少干预各种调研组织的行动，纯粹社会公益性质的活动却是不够的。如果仍然只是这样，就不会再有人加入刑罚执行中的这项"研究工作"。教授们的参与虽然有助于克服官方越来越深的不信任，对于招募新的学生来说，这些却远远不够，何况教授们自己现在又开始倾向于回到一度消失的接受法律政策方案的立场上。

也就是说，不可能再奢望学生们自愿加入对监狱的研究了。好在没有什么能够阻碍职业化的活动，我们于是在德意志研究协会的资助下，成立了心理分析式社会治疗与犯罪社会学研究所（Institut für psychoanalystische Soziotherapie und Kriminalsoziologie），为此我们极为谨慎地撰写了苦苦思索出来的各种申请书。从研究所的名称中可以清楚地看出，它的期待是，关怀具体个人，同时通过行为研究促进整体刑法学的发展。我们在刑罚执行系统进行了 5 年的分组工作，取得了丰硕的研究成果，但重点仍然首先在于对监狱犯人的实际研究，以及围绕我们的活动对于解释犯罪和与犯罪打交道有什么普遍意义的探讨。数年以来，我们都会在每周的"全体大会"上就此进行讨论（从在古斯塔夫·拉德布鲁赫之屋开展工作时就已形成此一惯例），并深切体验到刑法的实践问题显然特别适合于消除刑法与心理学（尤其是心理分析）和社会学的真正对立。我们还努力推动各大工会投身到刑罚执行系统之中。工会委员会的会长们曾受邀来到我们晚上所处的监狱，但是之后却悄悄地对我说，他们必须向他们的上司隐瞒这件事，因为可能不会有什么结果。当我后来同工会的领导人谈话时，从他那里听到的却是相反的话。"我们非常支持工会的这些额外的社会性努力，"然后又说："但是我们没法'当场'使各个工会委员会相信这一点。"不管怎么说，几年后我们使它变成了现实，我和劳动法学者曼弗雷德·魏斯（Manfred Weiβ）、犯罪社会学者卡尔·费迪南德·舒曼（Karl Ferdinand Schumann）一起，在现为执业刑事辩护律师的埃里希·贝尔（Erich Bähr）的协助下，在比勒费尔德组织了一场相关会议，会议的中心是跨学科研究，并将成果公开出版。

学术上更密切的，是与弗里茨·扎克（Fritz Sack）的合作，在刑罚执行系统中的活动开始之后，我很快并非偶然地结识了他。我在他的老师勒内·柯尼希（René König）主编的《社会学简明词典》中读到了他关于犯罪社会学的大作，深为折服。在他的大作中，哲学和社会学看上去在犯罪学的特殊领域里得到了整合，对我来说，这比那时弗里茨·鲍尔（Fritz Bauer）对经验必要性的精心提示有说服力得多。后来祖尔坎普出版社把我和弗里茨·扎克请到一起，一场历经数年之久的、关于所有刑法问题（当然除了教义学的特性之外）的激烈辩论就此开始了。其内容被结集出版为四卷本的《失范的行为》（1975–1980年）和两卷本的《社会科学对刑法的益处与害处》（1980年）。争议一卷接着一卷，有时候我们在一起交替阅读刚刚才印刷出来的文本，然后在随后的一卷中作出回应。它们在犯罪社会学界反响很大，在刑法学者那里则很小，后者还是持一种比较怀疑的态度。

我们的研究所位于大厦的底层，为了供那些被从监狱中释放并正处于考验期的（zur Bewährung）犯人们居住，我们又租了另外几层。几乎

24 小时都会有社会学临床专家（Soziotherapeut）对他们进行一对一的关怀（one to one person care）。因为是分三班倒，社会学临床专家的数量就比居住者的数量多很多，所以超过 10 个人我们就没法接收了。这些罪犯所犯的罪行是积习已久且绝不针对小额财物的财产犯罪。在监狱围墙之外（extra muros）研究那些因为严重的身体侵害或者杀人而被判决的犯人，显然过于困难。心理分析学家们根据位于格罗宁根的范·梅斯达科诊所的研究认为，研究活动很可能需要保持在围墙之内（Moratorium in-tra muros）。但是我和亚历山大·米切利希一起成功地说服了他的很快成为克莱门斯·德·波尔（Clemens de Boor）继任者的副手，某些事情必须"自由地"去做。我们的研究针对的是从海因茨·科胡特（Heinz Ko-hut）和奥托·克恩贝格（Otto Kernberg）的研究中发展起来的理论假设，即声名狼藉的财产犯背后一定有一个深层的关系紊乱（tiefsitzende Beziehungsstörung）。儿童从剥削式的母子关系中脱离之后，如果不能成功地在其他人那里，首先是在母亲那里，使带有个人要求的自我获得承认，反而在之后的年龄里还停留在这个现在病理学上称之为自恋（Narz-issmus）的状态中，那么要么那个其他人彻底地受其支配，要么那个其他人就是一个巨大的威胁。但是，对另一个人的完全支配通常情况下是一件不可能的事情；即使是消灭有危险的其他人，也不是那么想当然地就会发生的，因为尽管自恋会影响生活，却不会阻碍自恋者了解"日常生活的"基础。结论是，现在必须找到可以将自恋集中于其上的替代物，一个被偏爱的领域就是他人的财产。

我们发现，在我们的项目考察过的一共大概 50 位被释放者那里，该假设总是一再得到确认。治疗工作则只有根据心理分析上的个别疗法之模式，通过上演儿童时期类似经历的情景，来祛除儿童早期的（要么被一个过于严厉的、要么被一个过于迁就的母亲或者父母一样的人所导致的）关系紊乱。心理分析学家们对此提出了种种异议，诸如如果人们想得到真正的结果，个别疗法的花费绝不该被忽视；我们的当事人不是心理分析奠基者们眼中的理想类型；以及还应该重视许多最终使所有参加者做出危害社会之行为的其他未知因素；等等，这些都是应该被严肃对待的，而且不可以轻易地就在心理分析的严格原则立场（Prinzipienstrenge）中，以实用主义的理由被相对化。尽管如此，我们还是做出了自己的试验，毕竟在社会救济和心身医学（Psychosomatischen Medizin）的领域里，已经有了短期治疗的各种尝试（Kurzzeittherapie-Versuche）。

所有努力的目的是，为一种确定的效率创造各种前提，以免项目陷入各种无法证明的附随结果（Unvertretbare Nebenfolgen）中而无法自拔。为此首先要建立一个谨慎的监督网络。只有西格蒙德·弗洛伊德研究所的少数成员表示愿意，因此在这里提一下他们的名字：赫尔曼·阿尔格兰德（Hermann Argelander）和奥托·格尔德施密特（Otto Goldschmidt）。作为巴林特工作组（Balint-Gruppe）的负责人，阿尔格兰德还让他的整个工作组都参与了进来。由匈牙利心理分析学家米夏埃尔·巴林特（Michael Balint）（1896–1970 年）发展起来的心理疗法技术要求相关职业的代表们应进行小组谈话（Gruppengespräche），而对于我们挑选的那些社会学临床专家来说，这也是一个报告自己的活动、改进自己方法的机会。我虽然不是社会学临床专家，也有幸加入了巴林特工作组。让毫不动摇地坚持（Rocher de Bronce）道德信念和社会团结的阿尔格兰德确信，有待他解释的东西不会因为我对项目的参加而受影响，并不那么容易。

第二个前提是谨慎地挑选社会学临床专家。我们并不希望找那些专职的社工人员，因为他们对我们当事人成长环境的了解不是来自自己的生活背景。我们想找的人是，在其他行业中有工作经历，例如工匠或者干脆就是工人，却乐意放弃原来的工作一段时间，而献身于我们的项目。不过这绝对与某种如同使命幻想（Missionswahn）一样的东西无关。有数百人通过了我们的面试，所以很难选择要谁不要谁。根据项目的意义，我们从中确定了为数不多的人选，然后他们也没有令我们失望，除了一个或者两个例外之外。他们的任务之一是，陪着接受试验的人员一起返回到劳动生活中，或者无论如何首先向接受试验的人员传达一种观念，劳动可以是什么样的〔为此我们还在公共经济银行（Bank für Gemeinwirtschaft）与金属协会的赞助下租了一个车间〕。

研究所日常工作的详情在所谓的观测报告（Stationsbüchern）和日常会议记录中都有记录，可以说文献非常丰富。遗憾的是，其中只有一小部分通过克里斯蒂娜·古特曼（Christine Gutmann）的博士论文得以公开，现在她在黑森州司法机关的刑罚执行部门担任领导职务。这些年来从项目中所得出的其他学术成果，我想特别提及的是现已成为柏林阿莉塞·萨洛蒙专科高等学校（Alice-Salomom-Fachhochshule）社会教育学教授的海因茨·科内尔（Heinz Cornel）。他在后来由我主编的第 4 卷《开明的刑事政策还是与"魔鬼"的战争？》中所做的伟大研究，可能是关于我们项目的最有启发意义的成果。此外我还想指出埃伦·赖因克（Ellen Reinke）的两项卓越研究：《疾病不能免于刑罚》（Leiden Schützt vor Strafe nicht）（1977 年）和《犯罪人的心理治疗与社会治疗：诊所与研究》（Psychotherapie und Soziotherapie mit Straftätern-Klinik und Forschung）（1997 年），现在她是不莱梅大学社会心理学的教授。项目在实际运转时的核心人物是现已成为美因河畔法兰克福的一位执业心理分析师的约亨·图桑（Jochen Toussaint），他对所有有关的理论讨论极为熟悉，成功地指导了社会学临床专家的日常工作，并处理了各种危机。但是也有一些场合，甚至是在夜晚，我会接到他的电话，让我去帮助处理各种危险的状况。

1983 年，最终的结项（Etablierung），同时也是项目的延长要接受鉴定。德意志研究协会的特别委员会专程来到法兰克福现场考察。特别委员会的主席是卡尔·拉克纳（Karl Lackner），一位传统的刑法教义学家。他自然对我们的项目持保守的怀疑态度，但是他行使主席职务的实事求是精神，以及设身处地地为自己完全不熟悉的思想和想象力着想的能力，无论怎么称赞都不过分。感谢他和霍斯特·许勒尔 - 施普林戈鲁姆（Horst Schüler-Springorum），后者是委员会的一位犯罪学学者，我们才可以继续工作（后来在我自己担任德意志研究协会鉴定人期间的活动中，再也没有经历过如此奢华的鉴定程序）。对于我完全不可缺少的合作伙伴赫伯特·耶格尔和我来说，困难在于，要从两个方面和鉴定人进行磋谈。一方面，心理分析家不想知道什么科学理论的保证，基本上只希望按照原则行事。这在当时完全是一个主旋律，如同奥托·格林鲍姆（Otto Grünbaum）、卡洛·施特伦格（Carlo Strenger）和奥古斯特·许莱因（August Schülein）的研究所表明的那样。西格蒙德·弗洛伊德研究所现在的负责人玛丽安娜·博勒贝 - 洛伊青格（Marianne Bohleber-Leuzinger）女士也早已如此。另一方面我们又必须就取样问题和委员会中的一位心理学方面的女鉴定人作斗争，以证明这些取样并未使行为研究方法（Action-research-Methoden）脱离一般经验的支持。

两年后，最终报告出炉了，这主要归功于海因茨・科内尔的努力，但是没有能够公开。然后我们不得不转而向黑森州司法部门申请继续实施该项目，却因为经费问题很快就失败了。理由是，作为试验可以被短期资助的项目（也已经是一个奇迹了），加以长期配置（Dauereinrichtung）显然是不值得的；况且我们还不能证明治疗的结果。这是事物的本质使然：长期郁积的关系紊乱也只有经过长期的治疗才能被消除。短期的"考察"我们肯定做得到，但是以心理分析的方式"治愈病理学上的自恋"不是那么快就能完成的；是否真的能实现这样的结果，可能也未必确定。我们自己当然都相信我们的未经证实的诊断，但在犯罪学的文献中却找不到支持者：社会学担心进行个体分析会缺乏结构性批评，因而表示反对；职业的刑罚执行专家过于相信传统的心理学（尽管其支持者在具体情况下完全承认心理分析的方法）；归属能力和罪责方面的专家过于僵化（festgelegt）；再社会化的专家（虽然早就发誓忠于"人类尊严"，因此同意接受试验的人必须知道自己的"罪责"，但是其将自己的目标限制在"法律考察"范围之内却未必是理所当然的）则过于胆小。

此一特别的实务经历使我敏锐地看到，在犯罪以及国家和社会对犯罪的反应中，什么东西被聚到了一起。一种体系化因此似乎是必要的，我于是撰写了一本犯罪学的问题导论（1984 年），希望将我亲自看到和学到的东西，以及我在上述实务中的经验，与刑法、犯罪学、社会学、心理学和经济学的阅读心得结合起来。犯罪行为是一个主要被视为伤风败俗的事态的混合物，通常肇因于政治性的动机，后果总是被非难（stigmatisierender Zuschreibung）。人们可以仅仅透过采取一种犯罪率公式（Kriminalitätsformel），来务实地对待这样的困境：当规范的合法性效力（Legitimationskraft）强时，由于人在社会化时的缺陷和社会结构的不足之结合而犯罪的比例，就比规范的合法性下降时要高得多。当规范的合法性弱时，人们则几乎不需要去寻找逾越规范的特别理由。犯罪学中迄今没有得到解释的问题是，它没有看到这种混合关系，而只是通过各种绝对的数值进行研究。而且这三个要素也很少被放在一起看待。当然，合法性要素自身是绝对必要的，它可以用来解释，为什么在社会化的缺陷和社会结构的不足没有被注意到的地方，或者只是在很小的范围内被注意到的地方，仍然存在犯罪。

法学家们认为我的书太接近当代的犯罪社会学了［京特·布劳（Günter Blau）］，相反，社会学家们却批评了书中狭隘的法学家视角［史蒂芬·昆泽尔（Stephan Quensel）］。这自然是让人失望的，却并未给我带来太多困扰，因为当时在法兰克福，我和耶格尔（Jäger）、哈塞默（Hassemer）、瑙克（Naucke）之间发展出紧密的、令我心满意足的学术交流与私人往来。如果有人在我从哥廷根回来后问我，我对法兰克福刑法教席的理想拥有者有何设想，我会提到这三个人的名字。

认识沃尔夫冈·瑙克（Wolfgang Naucke）的时间最久，自从 1964 年举办于汉堡的那次重要的刑法学者会议以来，我们就彼此相识了。在那次会议上，阿图尔·考夫曼（Arthur Kaufmann）、克劳斯·罗克辛（Claus Roxin）和京特·施特拉滕韦特（Günther Stratenwerth）所作的报告，致使 1962 年草案走向了终结。瑙克讲授的科目是法哲学和犯罪学，那时几乎还没有人将这两个专业结合在一起进行研究，他探讨刑法问题时对经验的重视，也由来于此。令人不可思议的是，在互不知情的情况下，我们同时对费尔巴哈（Feuerbach）的一本附有注释的书（1804 年）进行了研究，即费尔巴哈在兰茨胡特（Landshut）就职演说中所讲的、关于哲学和经验与实在法学之关系的那本书。

温弗里德·哈塞默（Winfried Hassemer）是我在国际法哲学和社会哲学协会德国分会（Deutschen Sektion der Internationalen Vereinigung für Rechts-und Sozialphilosophie）1970 年举办于弗莱堡的一次会议上结识的。在维尔纳·迈霍弗（Werner Maihofer）的影响之下，会议主持人决定，也给年轻一点的学者们简短发言的机会。哈塞默即是发言的年轻学者之一，他那时说话的风格就已经和今天差不多了。学术文献上我则早就了解了他。《构成要件与类型》对于我的关于《作为法律来源的经验》之研究来说极为重要；以历史哲学的方式被确立的法学诠释学，阿图尔·考夫曼对其每个问题都做过研究，被哈塞默敏锐地与分析哲学和政治社会学联系在一起。正好埃内斯托·格拉西（Ernesto Grassi）想在他的"罗罗罗研究"系列（Reihe "rororo Studium"）中出版一本与刑法有关的专著，我成功地将哈塞默介绍给他。一年后，那本名为《刑事政策与刑法教义》（1974 年）的书就面世了。

在赫伯特·耶格尔那里，那些意味着刑法文本之魅力的重要问题也和经验研究有关。在他早期关于《性犯罪中的法益保护》（Rechtsgüterschutz bei den Sittlichkeitsdelikten）的研究中，以及关于《极权统治下的犯罪》（Verbrechen unter totalitärer Herrschaft）的研究中，就已经表现出这一点。此外他对心理分析和文学同样兴趣颇浓。

尽管我们法兰克福的学者首先让人想到的是特奥多尔·阿多尔诺、于尔根·哈贝马斯、和马克斯·霍克海默尔的批判理论，但是人们很快也开始谈论起刑法中的法兰克福学派（Frankfurter Schule des Strafrechts）。这种标签化并未引起我们的兴趣，不过却使我们感到，应当或明或暗地让我们成为一个联系体。我们非常迅速地（经常在我们近乎传奇一般的"周二研讨课"上）就对我们原本即认为理所当然的内容达成了一致：刑罚带来了种种无解的问题，刑法学者饱受其苦。我花了很多时间才发现，大多数刑法学者并未认识到这一点。此外，尽管我们不能就如何解决问题达成一致，却可以对应当去哪里寻找答案有一致看法。在我们看来，放弃过时的正统教义（antiquierte Fundamentalismen）、否认一种自创生的（autopoietisch）体系思考（其自我局限于对既存刑法机能的价值无涉的管理）、拒绝象征性的刑法立法，这都是理所应当的。相反，在理性的去犯罪化的目的中，在为传统自由主义立场——无论其主要是哲学地还是"仅仅"政治地被确立——的辩护中，在根据最新的科学理论标准进行基础研究——包括经验对价值判断的归纳作用——的必要性中，在充分利用宪法对刑法的积极效用中，在对刑法领域进行科学的政策咨询和寻找刑法的（特别是法律性的）替代方案中，我们都发现了要严肃对待的各种问题。

当然，我们也各有不同的研究重心。仅仅在心理分析方面我和赫伯特·耶格尔有共同之处，仅仅在仍未终结的康德之讨论方面我和瑙克是一致的，仅仅在当代犯罪学的结构主义问题方面我和哈塞默有共同的看法。我们轮流前往比勒费尔德大学的跨学科研究中心（ZIF）主持工作，或者一起去参加国外的会议，例如去米兰、巴塞罗那、帕维亚（Pavia）、比萨（Pisa）、乌尔比诺（Urbino）、赫尔辛基、威尼斯和托莱多（Toledo）。

当主要由格拉尔德·格林瓦尔德（Gerald Grünwald）和汉斯－约阿希姆·鲁道菲（Hans-Joachim Rudolphi）发起的刑事诉讼改革工作组（1976 年）（一个与之前那个提出了整体刑法选择性草案的教授工作组类似的组织）成立时，哈塞默、瑙克和我都受到邀请。我们三人很快就制订了一个计划，要撰写一本也包含了犯罪侦查学（Kriminalistik）在内的跨学科的刑事诉讼法教科书。我们连续数年定期地碰面，对我们提交的各个部分之草稿进行讨论。那真是些令人难忘的夜晚。直到今天我们也不知道，为什么它们突然没有理由地就停止了，但私人情谊与学术关系自然继续。

在工作组〔其提出了一个关于辩护的草案和一个关于拘留审查（untersuchungshaft）的草案〕由于对立法的一致性程序（Einigungsprozesse）之必要性感到沮丧而解散后，我在刑事诉讼法中走上了自己的道路。汉斯·丁内比尔（Hanns Dünnebier）以德·格鲁伊特（de Gruyter）出版社的名义，让我继任勒韦/罗森贝格（Löwe/Rosenberg）评注书中《辩护》一章的撰写者，我接受了。第 25 版时，我又接手了其导论中的方法论部分，我由此而在该评注书中发展出"契约理论"，并贯彻了一种将实体刑法和刑事诉讼法全面结合在一起的理念。顺便提一下，这也属于我们法兰克福的刑法教授拥有广泛共识的内容〔自从第 26 版起，我的学生，埃朗根大学的马蒂亚斯·雅恩（Matthias Jahn）以一种值得感谢的方式接管了很大一部分工作〕。与此同时，在我前述项目期间做了一系列的义务辩护（Pflichtverteidigungen），也包括为我们自己的当事人做义务辩护之后，我开始参与一些重大经济刑法案件的辩护和鉴定，大多数情况下是和辩护律师一起。这些后来都被我学术性地整理进两本《经济法的去犯罪化》中。

即使是在潜心研究刑罚执行的那段时间（一共 12 年），我也没有忘记刑法的教义学问题。因此，当我为《博克尔曼祝寿文集》所写的论文不是对于项目高度重要的量刑证据提供（Beweisanträge zur Strafzumessung）问题，而是被许多认真的同仁认为"学术性的"、"结果无价值"之问题时，赫伯特·耶格尔很是不解。很久以来，那种认为犯罪结果的发生原本不属于禁止内容（Verbotsmaterie）的观点，就使我忧心不已；但是认为对于处罚而言，结果必须是至关重要的，也不是没有疑问。很显然，其判断标准并不在刑法内部。

将我的全部精力都投入对心理分析式的社会治疗之理论与实务中，这当然也是值得考虑的。项目中的心理分析家们就曾极力向我提出这样的建议，甚至给我推荐了心理分析的课程。我自己对一种这样的专业化表示怀疑，因为它最终只有在一个多维的导向基础之上，才能够得以实现，而这些多维的导向我现在并不想放弃。因此，当我得到一个机会参与《刑事辩护人》杂志的编辑工作时（1982年），我感到万分幸运。在那里，刑法是在一种最广泛的意义上被追问的，约稿和编辑文章时的责任感，以及与如同赖因霍尔特·施洛特豪尔（Reinhold Schlothauer）和汉斯·约阿希姆·魏德（Hans-Joachim Weider）一样优秀的刑事辩护人的合作，都促使我在工作时并没有仅仅考虑实务关联（Praxisbezug）。

一门专业的逻辑，或者一组被组合起来的专业的逻辑，不是根据圆满实现（Entelechie）的原则而自我发展起来的。无论如何，像法学这样实务性非常强的专业，也可以从外部被某些力量所控制。首要的就是政治力量。例如，刑法中法益和归属标准的可利用性（Disponibilität）日益被强化，刑事诉讼中的协议或者调解（Verständigung oder Absprachen）不断在增长，这些究竟是如何发生的？这两种现象都推动着我们去质疑刑罚的合法性。

出发点是公共的（öffentliche）刑罚权，即不是以犯罪被害人的名义，而是公众的名义进行处罚；由于代表公众的是国家，因此甚至可能是以国家的名义（Staatsräson）。但是对于民主主义来说，这也是有效的吗？在国家的位置上出现的不应该是公共福祉吗？不难发现的是，现在国家与公共福祉的分离还没有发生，人们因此必须追寻国家的（staatlichen）刑罚权形成之原因，以便将其与公共福祉名义下的可能的刑罚权区隔开来。刑法史学者，尤其是那些研究当代刑法之历史的学者，尽管反复探讨了法治国刑法的日渐成形之过程，国家刑罚权的原初权利却仍然没有得到说明，而只是简单地被承认。

我因此在 80 年代晚期撰写了一篇论文《公共刑罚权的危机》。那些因为公众新成长起来的知识兴趣，并希望致力于研究公共刑罚权之产生的法史学者们，马上就对此表示出兴趣。它再次成为德意志研究协会的一个项目，这一次是在迪特马尔·维罗魏特（Dietmar Willoweit）的领导之下。该项目持续了将近 10 年（1996－2005 年），其成果被汇编为一个多卷本的丛书，我也是主编之一。丛书名称被有意确定为《古欧洲社会中的冲突、犯罪与制裁》（Konflikt, Verbrechen und Sanktion in der Gesellschaft Alt-Europas），现在已经出版了 12 本著作，其中有的是实例研究，有的是论坛文集，还有的是大规模的体系化研究选集。

我们最终没有得出一个共同的方案，实际上从一开始我们内部就有两个对立的派别：一派认为刑罚总是存在，其在一定程度上是自然形成的，另一派则认为刑罚是从完全确定的历史态势中产生的。问题是，刑罚必须同公共的刑罚相区分，也要同战争相区分。只有在二者被成功区分的前提下，以下假定才可以被具体化，即在中世纪晚期的中欧，刑罚的训诫机能（Disziplinierungsfunktion）是伴随着国家的产生而产生的，在该过程中宗教和神学每次都发挥了决定性的作用。那时宗教根据第一次启蒙所重新定义的人的无穷个性，发展出了一种高度风格化的罪恶概念（Sündenbegriff）。与此相应的是一个被精心建构的宗教审判权，其归属形式在我们今天的刑法中仍可以看到。通过此一方式，宗教成功地确定了（valutieren）国家性的犯罪的新概念。宗教犯罪和猥亵君王（Majestätsbeleidigung）故而是最严重的罪行，必须以被国家所代表的公众的名义，施以严厉的惩罚。刑罚的这种理论和实践在专制主义达至顶峰，其外在迹象是令人难以想象的残酷。之后所发生的尝试是，在该体系内加入更多的理性、标准、可预测性、自由思想和人性，只是其起因之谜还是未被触及；直到今天，犯罪首先是对国家的不顺从之理论仍以此为据。就刑法来说，公共福祉和国家仍然总是被同一化，这样的看法要追溯至启蒙——准确地说：第二次传统的启蒙——的一个失误。是否可以在刑法之内谈及一种已经开始或者即将来临的、最终贯彻了和公共福祉相关联之法益导向的第三次启蒙，是我 1997/98 学年冬季学期在美因河畔法兰克福大学法学院所组织的德意志银行基金会客座教席上所讲授的主题之一：《个体是法秩序中的永动机——三次启蒙》（Das Individuum als perpetuum mobile der Rechtsordnung-Drei Aufklärungen）。

以上简短叙述中的每个词语都是有待商榷的，不过问题总算被表述出来了，并因此为触及当代刑罚概念之根源的现实反省提供了基础。在前面提及的那套丛书中，我曾经主编过一本《公共刑罚权的实施》，其中我阐明了自己对该争议的看法，该书主要研究的是我在普赖泽尔的国际法历史研究所担任助理期间遇到的问题：历史描写中过时的概念使用。当时我们主要借助了荷兰的法律史学家亨德里克·R. 赫廷克（Hendrik R. Hoetink）的研究。1989 年两德统一后，不得不面对的问题是，应当如何处理当时民主德国公民，尤其是位居政府部门和其他权力机构领导职位的人的"犯罪"，对此似乎出现了一种他者理解（Fremdverstehen）的观点。在一篇小文章《国家灭亡，不法仍存》（1992 年）里，我对这个我一直关注［即使在华沙、克拉科夫（Krakaw）和布拉格关于转型正义（justice in transition）的激烈讨论期间也如此］的问题，有详细分析。

一年后民主德国加入联邦共和国时，我正在美国的哥伦比亚大学（纽约）、耶鲁大学法学院（新哈芬）、得梅因（Des Moine）（爱荷华）和盖恩斯维尔（Gainsville）（佛罗里达）发表我关于公共刑罚权之危机的理论。之后在一次跨学科的讨论中，方法论上的问题吸引了我，在美国被称之为"法律与文学"（Law and Literatur）或者"法律文学运动"（Law as Literature Movement）的宽广而紧凑的知识发展令我感触尤深。该运动希望建立一些突破了所有狭隘的专业界限的东西，即建构起类似于欧洲大陆的法律注释学（juristische Hermeneutik）那样的学问。就此而言判例法没有可索求的内容，充满理智的法学家们，特别是东海岸的学者，因而对此并不满意，但也没有直接接受 19 世纪在欧洲发展起来的法律解释体系，而是将求助的目光转向了文学。所以，在对文学的借鉴方面，美国的法学家们现在可能有着优势地位，故而应当在欧洲，尤其是在德国讨论对他们的理解与接受。美国有各种有关法律与文学的研究中心，在布法罗（Buffalo）大学即有一所，盖约拉·宾德尔（Guyora Binder）

就在那里工作，他和罗伯特·魏斯贝格（Robert Weisberg）（斯坦福大学）在 20 世纪末出版了巨著《法律的文学危机》。在访问了布法罗和斯坦福之后，我成功地在法兰克福同美国和德国的文学家、法学家们一起组织了一场会议（2001 年）。其成果尚未出版，概括性的说明发表在我的《丰富的映射：文学中的法律与犯罪》第 1 卷（2002 年第 2 版）中。后来我又陆续举办过一些小型的研讨会，还有一些活动也在筹划之中。

　　犯罪与刑罚占据了世界文学题材的很大一部分。古斯塔夫·拉德布鲁赫、埃里克·沃尔夫（Erik Wolf）、托马斯·维滕贝格尔（Thomas Würtenberger）、保罗·博克尔曼（Paul Bockelmann），早前的约瑟夫·科勒（Josef Kohler）以及许多其他法学学者都曾经写过与文学有关的作品，不过他们都没有注意到方法论上的问题。但是，在我一开始进行尝试时，一位友好的文学家对我说，我不能仅仅把文学作为知识来源加以利用，这与文学的美学维度相矛盾，因为文学的兴趣是一个完全不同的东西，而与其题材无关。我渐渐地陷入这样的争论之中，在德意志民族研究基金会举办的夏季研究院（Sommerakaemien）期间也是如此，例如 1973 年和作家彼得·汉德克（Peter Handke）、社会学家约亨·克吕格尔（Jochen Krüger）关于监狱文学的辩论，以及很久之后（2003 年）与德国文学专家约亨·赫里施（Jochen Hörisch）之间关于海因里希·冯·克莱斯特（Heinrich von Kleist）、赫尔曼·梅尔维内（Hermann Melville）、威廉·拉伯（Wilhelm Raabe）和约瑟夫·罗特（Joseph Roth）的讨论。我认为，知识兴趣和美学不是相互排斥的，最终在围绕席勒（Schiller）和艾兴多夫（Eichendorff）的相关研究中，我对此做出了清楚的说明。当然，如此对待文学时必须特别小心，倘使可以做到这一点，那么就一定可以在"美好的文学"中发现一种跨学科研究刑法的特殊知识来源。

　　我主张的跨学科研究在这里可能取得了一定成功。这多多少少是一个慰藉，因为我在犯罪学中的努力几乎没有什么成效。在和弗里茨·扎克一起编撰的几卷书出版之后，我们之间有关"批判的"犯罪学的合作就陷入停顿，原因何在很难说清。有时我想，大概是因为我拒绝了汉诺威（Hannover）大学的聘任邀请（1975 年），那时扎克正在那里任教。但是我拒绝的主要理由是，该校的一阶教育模式还无法赢得我的信任，据说该模式虽然已经渗入他们大学学习中的实践训练，但范围过于宽泛，而内容却又过于紧凑。弗里茨·扎克无论如何都不会将自己固定在他可以参与其中的当代刑法学的某个想法上，但可以说他坚持成为一个"完全与众不同（totaliter aliter）的"人。实际上他看上去也是那样的人，以至于他只注意到了他所极力反对的刑法。与之相反，我们，我、哈塞默和耶格尔，同时也包括诸如科尔内里乌斯·普里特维茨（Cornelius Prittwitz）和克劳斯·京特（Klaus Günther）那样年轻一点的学者，都读了非常多犯罪社会学和其他刑法之外的著作。而自我命名为"批判的"犯罪社会学的学者们则从未离开它的界限，生活在一个自我关联的世界里，该世界是他们自己人为地通过不断重复其狭隘理解的学科专业而制造出来的。交互作用之范式（Interaktionsparadigma）是一种伴随康德而在新时期出现的理论模型，是以主体为中心的认识论（subjektzentrierten Epistemologie）的极端化，长期以来它都被认为是有所裨益的，一如其可以被用于揭露那些不必要的犯罪化一样。但是，当右翼极端犯罪分子在上世纪 90 年代中期开始蔓延，我们发现，即使批判的犯罪学家们有时候也想要处罚那些不必要的"犯罪行为"，此时该范式显然就不再有效了。也就是说，这里似乎与一个"被要求的归咎"（gebotene Zuschreibung）有关。扎克自己也曾经偶然地谈及这个话题，但并不是想一定程度上实现法定归咎（legitimer Zuschreibung）。我在《弗里茨·扎克祝寿文集》中所指出的此一不足并没有受到重视。在扎克看来，知识的依赖性侧面（Aspektabhängigkeit der Erkenntnis）只是有着批判性范畴（kritischen Kategorie）的机能，当人们在刑事政策上不需要它们时，就可以抛弃它们。哲学地看，这是完全不可取的。亨纳·赫斯（Henner Hess）和塞巴斯蒂安·舍雷尔（Sebastian Scheerer）曾对此质疑说："什么是犯罪？"并在其中指出了归咎批判（Zuschreibungskritik）的界限，这是对扎克非常恰当的评判。当然，赫斯和舍雷尔也没有看到科学理论的维度。之后在一篇论战性的文章里我强调了这一点。所以我和扎克的关系就最终中断了。

当刑法在 90 年代受到一种完全出乎意料的方向——"祛除罪恶"（Beschwörung des Bösen）——之推动时，我意识到，与犯罪社会学合作的这种新的跨学科任务是没指望了。因此，大众汽车基金会（Volkswagenstiftung）资助的几次会议，主要是由那些对自己的专业自视甚高的学者把持的，这些会议后来使我编辑了 5 卷本的《开明的刑事政策还是与"魔鬼"的战争（……）》。在策划和组织会议的过程中，那些逐渐取得大学教授资格的学生为我提供了很大帮助。他们撰写了几乎全部 5 卷书的导论，并且额外提交了一些论文。他们是克劳斯·京特、洛塔尔·库伦（Lothar Kuhlen）、赖因哈德·默克尔（Reinhard Merkel）、科尔内里乌斯·内斯特勒（Cornelius Nestler）、科尔内里乌斯·普里特维茨（Cornelius Prittwitz）和洛伦茨·舒尔茨（Lorenz Schulz）。定期和他们进行长时间的强化讨论对我最后十年的大学工作有很大影响，对此我深怀感激。

在编辑每一本文集时，我们都会聚在一起进行讨论。我们认为，刑法和犯罪学的专业人士应当向公众解释新出现的"罪恶"的含义，因为公众并不当然地感到自己有责任去了解犯罪与刑罚的所有问题。最大的困难在于，公众甚至并不想要这种解释。刑法所体现的中等的合法性程度无疑是很难被理解的。刑罚（还）存在这一点本身就表达了一种社会的中间状态。如果共同的合法性确信之缺乏是如此强烈，以至于各个权力中心只能借由刑罚彼此斗争，或者与从属于各个权力中心的人做斗争，那么就离开了法律的层面。在沟通完全停止的地方，人们甚至没有必要再顺应刑罚的存在，因为它充其量只是边缘的东西。只有在现代被启蒙了的、民主法治国的法律社会里，刑法才有那种如此难以被解释的战争和斗争之外的机能。由于刑罚应受制于法治国的种种界限，而一些构成要件又无法得到说明，人们就会想，也许合法性的界限本身就说明了刑罚的合法性。换言之：只要社会还需要刑法，就标志着权力和对权力的参与之间的对立没有结束。因此，一个刑法性的社会是：一方面法律给出了过剩的、不受控制的权力比重（Machtanteile），另一方面法律给出的仿佛是受到压抑的参与比重（Partizipationsanteile）。也就是说，刑法是一种不完美的社会的组织形式，它的作用只能是尽可能地限制权力纷争。如果刑法想要做得更多，即排除掉一个社会中使刑法成为必要的那些组成部分，那么它自己同时就成为多余的了。因此，现在人们必须区分刑法的多种类型，有时可以谈到博爱的和厌世的（philantropischem und misantropischem）刑法，有时也可以如同（不久前）在国际刑法中那样谈及强化的（emphatisch）刑法。

这五卷书试图为这些抽象的说明提供一点直观的素材。其中暴力现象和宏观犯罪（makro-delinquenz）是主要的研究对象，但是也包括了文化比较中法律信赖、自我结构和学习过程（LegalBewährung und Ich-Struktur sowie Lernprozesse）的问题；比其他类似文集做得更多的是，它还与大不列颠建立了联系。丛书中到处都可以看到，最近 20 年来颇受欢迎的行为人利益与被害人利益之对立是一个假问题。行为人导向从来不是目的本身，其总是涉及经由行为人的社会化，长远地实现对潜在被害人的保护。被害人导向同样也绝不是要不顾法治国的必要保护措施来对待嫌疑人或者罪犯，否则长此以往，对被害人自身也没有好处。

自从 2000 年退休以来，我和我的两个被聘请至法兰克福任教的学生，克劳斯·京特和科尔内里乌斯·普里特维茨共同开设了关于刑法之基础的研讨课，偶尔也讨论最新的尖锐话题。类似的情况也发生在我与主要以刑事辩护人和兼任讲师为业的学生沃尔夫·席勒（Wolf Schiller）和于尔根·塔施克（Jürgen Taschke）之间，和他们合开的课讨论的是经济刑法的主题。学术上我关注的是法律与文学，此时特别令我着迷的是一个悖论，即通过虚构而提升现实（Paradoxon der Realitätssteigerung durch Fiktion）；以及经济刑法和企业伦理学（Unternehmensethik），此时吸引我的是刑法的从属性和发展出法律性的替代方案，以接替在法治国层面上可被反驳的、无效能的经济刑法。其中涌现的问题是，有太多刑法之外的规则可以用于实现对经济犯罪的严密控制（Kontrolldichte），但这种严密控制对自由化最终却可能产生比采用限制性刑法手段更严重的影响。鉴于在很少顾及法治国保护措施的欧洲执行机构（Europäische Exekutive）的影响下，刑法的合法性已经遭遇危机，引入其他非刑法措施的方案无疑也是一种充满矛盾的选择。况且，透过借道于跨国性的"被规制的自我规制"（regulierter Selbstregulierung），一些难以被概览的和不确定的新的义务很可能被引入刑法之中。对于当代普遍存在的法律化之倾向而言，这是很典型的；遗憾的是，随着该倾向的强化，似乎对法律的失望也反射性地在增加。长期来看，只有求助于社会学奠基于承认理论和共识理论的实证主义（Positivismus der Anerkennungs-und Konsenstheorien），更强烈地强调起源和效力的统一，才能跳出此一循环。受限于主权的规则也能向外渗透；在此意义上，国际法的传统准则又现实化了。人们应当首先明白中等程度的谈话状况的重要性，这样可以避免理想谈话状况的乌托邦，如同避免了纯粹决断论的机会主义（Opportunismus der reinen Dezision）一样，因为对法律语句的认可程度差异是极大的：从勉强的甚至可能在压力下才可以实现的适应，到非常肤浅地接受，再到有意识地、了解充分地认可，直到理解了深层结构后习惯性或者反射性地内在化。我在这里看到了其在哲学上和社会学上与我之前一项研究（《法学中的起源与效力》，1996 年）的联系，我将此一令人惊讶的洞见归功于法哲学中很少被读到的那些作者，例如恩斯特·卡西雷尔（Ernst Cassirer）、恩斯特·特勒尔奇（Ernst Troeltsch）和格奥尔格·西梅尔（Georg Simmel），他们为中等层级的理论法学赢得了很多。"不是从哲学，而是必须从实际问题出发推动研究。"［埃德蒙·胡塞尔（Edmund Husserl）］

"人道主义的干预"（humanitären Interventionen）使我们预料到，未来世界的内部政策将从战争转为警察法、刑法和刑事诉讼法。与各种新的正统派的纷争将注意力引向了神学在刑法中的残余，包括那些过分的要求，即（由于不断成长的宗教多样化）而要求以刑法强化对宗教实践的保护。长期来看（à la longue），刑法和刑事诉讼法的国际化还将要求重新思考，是否在欧洲大陆还深有统治力的纠问式程序（inquisitorischen Verfahrens）应当为一个对抗的或者抗辩的（adversarisches oder kontradik-torisches）程序所代替。引入该程序（绝不是指例如接受"陪审团"，与剑桥、牛津和伦敦的英国同仁们的讨论也使我确信了这一点）将符合国家逐渐退出公共生活的趋势。在较为严重的规范失范的场合，只有当人们不厌其烦地去了解人，以及尊重人的合理需求时，那些可能慢慢取代刑法的社会干预才能成为理性的和法治国的、有效的和自由的。其中对各种无法忍受的状况——例如监狱内的"小黑屋"（使人平静的囚房）、自杀、性强制和"转移"（犯人运输）等，所有这些即使在法治国和自由的社会里也并没有绝迹——的控诉非常重要，同时大脑研究和心理分析的新成果，以及借由"美好的"文学而精致化的法律论证同样重要。

问题很多。我们所缺乏的是一个当代刑事政策思维的体系，其基础是已经过去了的上一个世纪的经验和已经开始了的下一个世纪的预测。计算机化和信息科学、基因技术和全球化，人们也许必须由此出发。定性的社会研究、经验的主体哲学以及"法益"文化是最重要的学术先决条件。我想，即使对以此一方式为导向的刑法学而言，迪特尔·亨里希（Dieter Henrich）不久前对哲学所说的一句话也是有效的。他说：

> 一方面是理性的清晰与敏锐（rationale Klarheit und Schärfe），另一方面是同感和热情（Empathie und Passioniertheit），二者并不是相互排斥的：理性并不抑制同感，而在对时间之痛的理解与经历中亦可强化对现实的判定。[①]

主要作品目录

一　专著

《论参与的可罚基础》（Zum Strafgrund der Teilnahme），1967 年。

《经验作为法律渊源：司法判决程序中假定的诱导与虚构》（Erfahrung als Rechtsquelle. Abduktion und Falsifikation von Hypothesen im juristischen Entscheidungsprozeβ），1972 年。

《刑法与"黑数"》（Strafrecht und "Dunkelziffer"），1972 年。

《崎岖道路上的刑事政策》（Kriminalpolitik auf verschlungenen Wegen），1981 年。

《犯罪学：问题导论》（Kriminologie. Einführung in die Probleme），1984 年。

《公共刑罚权的危机》（Die Krise des öffentlichen Strafanspruchs），1989 年。

---

① 《虚无主义的形式、自恋和当代形而上学：与哲学家迪特尔·亨里希的谈话》（Formen des Nihilismus, Narzissmus und moderner Metaphysik, ein Gespräch mit dem Philosophen Dieter Henrich），《中间道路》2008 年第 2 期，第 47 页以下，尤其是第 48 页。

《丰富的映射：文学中的法律与犯罪》（Produktive Spiegelungen. Recht und Kriminalität in der Literatur），1991 年第 1 版，2002 年第 2 版；第 2 卷，2007 年。

《国家灭亡－不法仍存？——前民主德国的政府犯罪》（Der Staat geht unter-das Unrecht bleibt? Regierungskriminalität in der ehemaligen DDR），1993 年。

《刑罚的废止？》（Abschaffen des Strafens?），1995 年。

《法学中的起源与效力》（Genesis und Geltung in der Jurisprudenz），1996 年。

《药品制造业、医疗机构与医生的合作：可罚的共谋还是富有意义的协作？》（Die Zusammenarbeit von Medizinprodukte-Industrie, Krankenhäusern und Ärzten-Strafbare Kollusion oder sinnvolle Kooperation?），1998 年。

《经济法的去犯罪化》（Entkriminalisierung des Wirtschaftsrechts），第 1 卷，1998 年；第 2 卷，2007 年。

《"对你们来说国家的益处似乎不是正义"：席勒与法》（"Daβ nicht der Nutzen des Staats Euch als Gerechtigkeit erscheine". Schiller und das Recht），2005 年。

《职业的博彩经纪人不受刑罚威胁》（Keine Strafdrohungen für gewerbliche Spielvermittler），2006 年。

《艾兴多夫与法》（Eichendorff und das Recht），2007 年。

《法律上自由的空间：一个当代的尝试》（Rechtsfreie Räume. Eine moderne Versuchung），即将出版。

二　评注与编撰

勒韦、罗森贝格：《刑事程序规则与法院组织法：大评注》（Die Strafprozessordnung und das Gerichtsverfassungsgesetz. Groβkommentar），第 137－150 条，1989 年 24 版；第 137－212b 条，2002 年第 25 版，2007 年第 25 版（与马蒂亚斯·雅恩合著）。

《失范的行为》（Abweichendes Verhalten），与弗里茨·扎克合著，1975 年第 1 卷、第 2 卷，1977 年第 3 卷，1980 年第 4 卷。

《社会科学对刑法的益处与害处》（Vom Nutzen und Nachteil der Sozialwissenschaften für das Strafrecht），与弗里茨·扎克合著，1980 年。

《开明的刑事政策还是与"魔鬼"的战争：一种对立?》（Aufgeklärte Kriminalpolikt oder Kampf gegen das "Böse" – ein Gegensatz?），第 1 – 5 卷，1998 年。

《公共刑罚权的执行》（Die Durchsetzung des öffentlichen Strafanspruchs），2002 年。

三 期刊与文集中的论文

《卡尔·约瑟夫·安东·米特迈尔与刑法学中的经验主义》（Carl Joseph Anton Mittermaier und der Empirismus in der Strafrechtswissenschaft），《法学教学》1967 年，第 444 – 448 页。

《暴力取走财物可以是勒索吗?》（Kann gewaltsame Wegnahme von Sachen Erpressung sein?），《戈尔特达默刑法档案》1968 年，第 257 – 278 页。

《证据法对刑法的塑造力》（Die strafrehtsgestaltende Kraft des Beweisrechts），《整体刑法学杂志》第 85 期，1973 年，第 288 – 319 页。

《如何法治国地和扎实地进行一项社会学的和法学的基础研究?》（Wie rechtsstaatlich und solide ist ein sozialwissenschaftlich-juristisches Grundstudium?），《法学教学》1974 年，第 131 – 135 页。

《通过煽动犯罪来预防犯罪》（Verbrechensprophylaxe durch Verbrechensprovokation），《卡尔·彼得斯祝寿文集》，1974 年，第 349 – 371 页。

《法学中的辩证法、论题和"具体的秩序思考"》（Dialektik, Topik und "konkretes Ordnungsdenken" in der Jurisprudenz），《里夏德·朗格祝寿文集》，1976 年，第 1014 – 1042 页。

《结果归属与"犯罪化"：社会学门前的法学——提给犯罪学家的研究问题》（Erfolgszurechnung und "Kriminalisierung". Die Jurisprudenz vor den Toren der Soziologie-Forschungsfragen an die Adresse der Kriminologen），《保罗·博克尔曼祝寿文集》，1979 年，第 181 – 200 页。

《法律的政治界限与政治的法律界限：关于纳粹谋杀者的追诉时效之

讨论》（Politische Grenzen des Rechts-rechtliche Grenzen der Politik. Zur Debatt über die Verjährung von NS-Morden），《法学家报》，1979 年，第 449 - 458 页。

《法学的论题与以共识为导向的法律效力》（Juristische Topik und konsensorientierte Rechtsgeltung），《赫尔穆特·科英祝贺论文集》，1982 年，第 549 - 564 页。

《刑罚式国家的市民自由与理性：纪念保罗·约翰·安塞尔姆·费尔巴哈（14. 11. 1775 - 29. 5. 1833）逝世 150 周年》［Bürgerfreiheit und Vernunft im strafenden Staat. Betrachtungen zur 150. Wiederkehr des Todesjahres von Paul Johann Anselm Feuerbach（14. 11. 1775 - 29. 5. 1833）］，《法学教学》1983 年，第 910 - 913 页。

《通过孤立而歧视：社会救济与精神治疗之真空地带中被忽视的刑事司法问题》（Diskriminierung durch Alleinlassen. Vernachlässigte Probleme der Strafjustiz im Niemandsland zwischen Sozialarbeit und Psychiatrie），梅内主编：《心理分析与司法：犯罪人的评鉴与复归》，1984 年，第 57 - 68 页。

《被释放犯人的复归协助、新的研究倾向与大学的研究领域》（Rehabilitationshilfen für entlassene Strafgefangene, neue Forschungsansätze und universitäre Arbeitsfelder），《鲁道夫·瓦塞尔曼祝寿文集》，1985 年，第 927 - 937 页。

《被伤害者查阅被扣押的档案之权利》（Das Recht des Verletzten auf Einsicht in beschlagnahmte Akten），《新刑法杂志》1987 年，第 249 - 296 页。

《被束缚的被告人》（Der gefesselte Angeklate），《卡尔海因茨·迈尔纪念文集》，1990 年，第 269 - 283 页。

《公司法上撤销股东大会决议之诉的滥用与刑法：预备性思考与素材》（Mißbräuchliche und aktienrechtliche Anfechtungsklagen und Strafrecht-Vorüberlegungen und Materialien），《特奥多尔·海因修斯祝寿文集》，1991 年，第 457 - 497 页。

《政治关系重大变化中法定性原则的连续性与界限》（Kontinuität und Grenzen des Gesetzlichkeitsprinzips bei grundsätzlichem Wandel der politischen

Verhältnisse），《整体刑法学杂志》第 104 期，1992 年，第 735 - 784 页。

《机能主义与"古典欧洲"原则思想之间的刑法　或者：告别"古典欧洲"刑法？》（Das Strafrecht zwischen Funktionalismus und "altEuropäischem" Prinzipiendenken oder：Verabschiedung des "altEuropäischen" Strafrechts？），《整体刑法学杂志》第 107 期，1995 年，第 877 - 906 页。

《乌尔里希·克卢格的刑法作品和刑事政策作品》（Zum strafrechtlichen und kriminalpolitischen Werk von Ulrich Klug），《乌尔里希·克卢格纪念文集》，1995 年，第 29 - 36 页。

《被要求的归属？》（Gebotene Zuschreibung？），《弗里茨·扎克祝寿文集》，1996 年，第 113 - 122 页。

《宽宥地取消替代自由刑？》（Gnadenweiser Erlass von Ersatzfreiheitsstrafen？），《亚历山大·伯姆祝寿文集》，1999 年，第 553 - 580 页。

《通过整合的专业化而普遍化：论〈古斯塔夫·拉德布鲁赫手稿完全版〉》（Universalität durch integrierende Spezialisierung-zur Gesamtausgabe der Schriften Gustav Radbruchs），《法哲学与社会哲学档案》第 85 期，1999 年，第 469 - 496 页。

《隐藏的侦查者》（Verdeckte Ermittler），《联邦法院 50 年：学界献礼》，第 4 卷：刑法与刑事诉讼法，2000 年，第 883 - 910 页。

《民主时代的公共刑罚权：从国家利益至上到公共福祉再到被害人？》（Der öffentliche Strafanspruch im demokratischen Zeitalter-von der Staatsräson über das Gemeinwohl zum Opfer？），《世纪之交的刑法问题》，2000 年，第 63 - 74 页。

《错误与预防》（Irrtum und Prävention），《克劳斯·罗克辛祝寿文集》，2001 年，第 257 - 281 页。

《一个新的刑法第 166 条？》（Ein neuer §166 StGB？），《斯特凡·特雷克塞尔祝寿文集》，2002 年，第 631 - 644 页。

《胎儿保护与自然主义的错误结论之问题：阶段性概要》（Der Schutz des Embryos und das Problem des naturalistischen Fehlschlusses. Skizze einer Zwischenbilanz），《迪特尔·莫伊雷尔纪念文集》，2002 年，第 209 - 235 页。

《刑法的欧洲化与治理的权利设定》（Europäisierung des Strafrechts und gubernative Rechtssetzung），《戈尔特达默刑法档案》，2003 年，第 71 - 84 页。

《法官"专业知识"（刑事诉讼法第 244 条第 4 款第 1 项）的界限：青少年罪犯行为的内心侧面之评价，尤其以附条件的故意为中心》[Grenzen der "Sachkunde" des Gerichts（§ 244 Abs. 4 Satz 1 StPO）. Die Beurteilung der inneren Tatseite bei jugendlichen Tätern，speziell mit Blick auf den bedingten Vorsatz]，《汉斯·路德维希·施赖伯祝寿文集》，2003 年，第 289 - 314 页。

《被害人学：犯罪学与刑事政策中发现被害人的原因与影响》（Viktimologie：Ursache und Wirkung der Entdeckung des Opfers auf die Kriminologie und die Kriminalpolitik），布拉格尔主编：《被害人学理论与实践之发展：昨天、今天与明天》，2004 年，第 171 - 190 页。

《当代的刑法：最后手段、实用主义和文化盛宴之间的严峻考验》（Das moderne Strafrecht-Zerreißprobe zwischen ultima ratio，Pragmatismus und kulturellem Hochgefühl），《刑事辩护人杂志》2004 年，第 97 - 101 页。

《刑讯逼供仍是禁忌：没有必要转化范式》（Die Folter bleibt tabu-kein Paradigmenwechsel ist geboten），《汉斯·约阿希姆·鲁道菲祝寿文集》，2004 年，第 691 - 712 页。

《第一性还是第二性的刑法管辖？》（Primäre oder sekundäre Zuständigkeit des Strafrechts?），《阿尔宾·埃泽尔祝寿文集》，2005 年，第 163 - 180 页。

《刑法与刑事诉讼法中的悖论》（Paradoxien im Strafrecht und Strafprozessrecht），《迪特尔·西蒙祝寿文集》，2005 年，第 367 - 378 页。

《汉斯·凯尔森与欧根·埃尔利希》（Hans Kelsen und Eugen Ehrlich），《汉斯·凯尔森：20 世纪的国家法学家与法律历史学家》，2005 年，第 264 - 275 页。

《积极的死亡帮助：权利与义务》（Aktive Sterbehilfe-Rechts und Pflichten），《法学家报》2006 年，第 689 - 695 页。

《形而上学与经验之间的主体：当代脑科学对刑法的影响？》（Das Subjekt zwischen Metaphysik und Empirie. Einfluss der modernen Hirnforschung auf das Strafrecht），《当代人类学论文集》，2006 年，第 189 - 205 页。

《以关于博彩业的新国家契约在德国撤销职业博彩经纪人的不可罚性?》（Aufhebung der Straflosigkeit gewerblicher Spielvermittler durch den neuen Staatsvertrag zum Glücksspielwesen in Deutschland?），《新刑法杂志》2007 年，第 15 - 21 页。

《通过公司法第 87 条第 1 款第 1 项而具体化刑法典第 266 条中的财产照管义务》（Zur Konkretisierung der Vermögensbetreuungspflicht in §266 Strafgesetzbuch durch §87 Abs. 1 Satz. 1 Aktiengesetz），《弗里德里希·克里斯蒂安·施罗德祝寿文集》，2007 年，第 569 - 577 页。

《"结果无价值"》（Der "Erfolgsunwert"），《罗尔夫·迪特里希·赫茨贝格祝寿文集》，2008 年，第 109 - 122 页。

《刑事程序中的协议：模式及其意蕴》（Verständigung im Strafverfahren. Das Modell und seine Implikationen），《赖纳·哈姆祝寿文集》，2008 年，第 419 - 422 页。

《企业中的职员：一个准公务员?——放弃处罚刑法典第 299 条第 1 款第 2 种妨害竞争行为》（Der Angestellte im Unternehmen-quasi ein Amtsträger? Der Verzicht auf die Gefährdung des Wettbewerbes in der geplannten Strafvorschrift des §299 Abs. 1 Ziff. 2 StGB），《克劳斯·蒂德曼祝寿文集》，2008 年，第 889 - 990 页。

《奥斯维辛诉讼：历史与现在》（Der Auschwitz-Prozess-Geschichte und Gegenwart），《埃贡·米勒祝寿文集》，2008 年，第 423 - 438 页。

《刑事司法中"被规制的自我规制"：关于"调解"合法性之问题的一篇非正统的论文》（"Regulierte Selbstregulierung" in der Strafjustiz? -Ein unorthodoxer Beitrag zur Frage der Legitimation der "Absprachen"），《格哈德·费策祝寿文集》，2008 年，第 531 - 542 页。

《"系统理论"与经济刑法》（"Systemtheorie" und Wirtschaftsstrafrech），《克鲁特·阿梅隆祝贺论文集》，2009 年，第 67 - 80 页。

DIE DEUTSCHSPRACHIGE
STRAFRECHTSWISSENSCHAFT IN
SELBSTDARSTELLUNGEN

德语区刑法学的
自画像

〔德〕 埃里克·希尔根多夫 主编
Hilgendorf, Eric (Ed.)

何庆仁　王莹　徐凌波　梁奉壮　译

社会科学文献出版社
SOCIAL SCIENCES ACADEMIC PRESS (CHINA)

目　录

上　卷

目 录   III

维尔纳·迈霍弗（Werner Maihofer）

维尔纳·迈霍弗 （Werner Maihofer）

何庆仁 译

　　1918 年 10 月 20 日，即第一次世界大战的尾声，我出生于博登湖畔的康斯坦茨 （Konstanz am Bodensee） 城，并在那里度过了幸福的童年。我的母亲——当我长大后她几乎不及我的肩膀——是一位酷爱运动的女性，滑雪、滑冰、网球无所不能。她来自狂欢之城施托卡赫 （Narrenstadt Stockach），出身于一个活泼热情、喜爱唱歌和人情练达的家族。

　　父亲则从小就在精神方面不断激励我。他是一位制作白葡萄酒的农民的儿子，具有阿尔卑斯地区人常见的外貌特征。通过在南巴登州的施林根 （Schlingen） 议会做见习生，父亲摆脱了自己的农民出身，然后逐步成为康斯坦茨的行政首长 （Verwaltungsdirektor）。我还清楚地记得，他每年是如何在我们的餐桌上铺开康斯坦茨城的预算案的。从我很小的时候开始，父亲就每个星期天都带着我，一起去参加他所属教区的冥思时间 （Besinnungsstunde）；该教区奉行教义信仰自由，所以在这些时间里通常会谈及主要的哲学和宗教议题。通过此一活动，我们围绕上帝与世界进行了持续一年多的谈话，这使我在熟悉当时战后的基本问题方面，远远超出了我的同龄人。父亲是一个十分和善的人，总是为家庭着想，而很少考虑自己。

　　父母都是来自萨尔茨堡的移民的后裔，他们的生活方式在当时来说有点另类。在我很小的时候，我们全家就一起去参加为那时体面的市民所禁忌的日光浴，或者去游泳、登山、滑冰和滑雪。尽管我们的生活条件很简朴，我的哥哥和我还是在母亲的严格督促下学习了音乐课程。后来在战争中去世的哥哥本有希望成为音乐家，我则有很长一段时间在生活的业余空闲里，担任四重奏中的中提琴手（Bratschist im Quartett）。

上学后，我的兴趣主要是法语、英语及其文化，因为那时我想成为一名外交官。

但是最后几年级时，体育变得越来越有意义，不仅因为我夏天时成为学生帆船俱乐部 6 米赛艇的一名主力赛艇手，而且因为冬天时我被提名为花样滑冰的冬奥会候选人。后者使得我两次向学校请假，整个冬天都为了冬奥会而在柏林和加米施－帕滕基兴（Garmisch-Partenkirchen）进行训练。我于是俨然成了一位"体坛健将"（Sportskanone），母亲甚至因此一度希望我成为一名职业运动员。

我的学生时代随着 1937 年提前举行的高考而结束了（"领袖需要士兵！"），紧随其后的，是接受大学教育之前必须服的劳役和兵役。但是，役期结束时，随之而来的不是渴望中的大学学习，而是第二次世界大战。

作为情报官员（Nachrichtenoffizier），我首先参加了在法国的征战。我们坐在莱茵河上的冲锋舟里，穿过马其诺防线（Maginot-Linie）进入孚日（Vogesen），之后在近乎和平的环境下在波尔多（Bordeaux）待了几个月，在那里我深切地体会到，法国的独特文化在遭受了精神上的困境之后，即使在当时那样被压迫的状况下，仍然表现出了文化的自我意识和不屈不挠的世界主义精神（Weltoffenheit）。

在俄国的征战则是一种完全不同的可怕经历。多数时候我是在曼施泰因（Manstein）军团的情报中心从事日常工作。从乌克兰战役、克里姆战役直至想要征服列宁格勒和斯大林格勒的无意义的努力，这场征战最终以军事上的灾难而结束。

关于那时在俄国的记忆，除了军事领域之外，直到今天仍然令我印象深刻的，是我对人类人道主义精神的体验。从战争返乡后，超过一年多的时间里，我都在选读俄国古典作家的著作，这绝不是偶然的。在所有那些经历之后，我是如此渴望尽快地理解俄国。

1945 年夏，我从美国的战俘营回家。1946 年夏，在等待了那么多年以后，我终于被允许在弗莱堡开始我的大学学习。

我们返回校园时大学所处的状况，几乎是今天所不可想象的。我们不是一般的年轻大学生，而是已经成熟的大人。我们经历过可怕的战争，承担过沉重的责任。在这场国家灾难之后，人们所追求的是，"一切都必须成为新的和不同的"。我还记得，每次看见学校礼堂上的警句"真理将使汝等自由"（Die Wahrheit wird euch frei machen）时，我都抑制不住内心的激动之情。

　　我们也试图在科学中发现真理。因此我们带着还没有枯竭的求知欲，与对我们有好感的院系招生代表们碰面，过程中他们尽力帮助我们解答那些困扰我们的原则性问题。他们知道，我们是从战争返乡的一代，对我们的未来而言，一切都取决于现在。因此，我们从一开始就受到了良好的学术指导和人格培养，这在今天已很难想象。

一　我如何开始刑法研究

　　我在第二学期听了舍恩克（Schönke）的刑法课，并在假期写了一篇家庭作业。作业被发回来时，上面写着："未经审查，请来面谈。"我于是战战兢兢地去找他，舍恩克说："这篇文章不是您自己写的。"我对他说："当然是我自己写的，还是我自己用两只手指打字打出来的。"之后他问我，我是否已经在哪里从事过学术性的工作，我说没有。在谈了很长时间的话后，他为我的论文给出了优的成绩，并邀请我参加他给博士生开的研讨课。在那里，我主要对当时犯罪体系的若干关键问题做了一些研究，诸如"客观的罪责要素"或者"不作为的未遂"之类，并发表了我最初的几篇小论文。

　　随后我研究了不久前由韦尔策尔（Welzel）发展起来的目的的行为概念。韦尔策尔认为，刑法中的行为概念是主体的目的性活动（subjektiven Zwecktätigkeit），该概念源自黑格尔所理解的道德。我觉得韦尔策尔的理解是有问题的。一方面，从该观点出发，忘却犯和过失犯不可避免地要掉出可罚的不法之范围，这当然是目的主义者们无论如何都不乐意接受的后果；另一方面，我也反对其不法的主观化中体现出来的意念刑法（Gesinnungsstrafrecht）之倾向。

　　这促使我提出了自己的社会的行为概念，并在我的博士论文《犯罪体系中的行为概念》和一篇关于"社会的行为概念"的论文中对它进行了深入拓展。按照社会的行为概念，所有归属的开端都不是纯粹的原因设定，但也不只是故意，而是主体目的性的和社会上重要的行为，即一个指向法益侵害的行为。这样的思考最终形成了一种涵括了刑法体系全部阶层的归属理论，其中人类存在（Menschsein）与行为有关，同源似在（Alssein）* 与不法有关，自我存在（Selbstsein）与罪责有关。

为什么对于从纯粹的自然事件中确定人的行为来说，人类存在是完全重要的，可以从下面这个被反复讨论的例子中看得很清楚：A 在和 B 谈话时拖得非常久，以至于 B 晚点出发，遇到意料之外的暴雨，B 就在一棵树下躲雨，结果被雷电给劈死了。这是杀人吗？按照自然的行为概念，行为受现实的因果事件流程之影响，则结果引起似乎是存在的。按照目的的行为概念，该结果不也是由 A 的行为有目的地引起的吗？还是说此一事件是一个纯粹的自然事件，但是是不可归属的行为事件，因为它存在于人类无论如何都可预见和可避免的事件流程范围之外？

以上设例中，纯粹的自然事件和可归属的文化事件之区分，要取决于人类对该类事件的可预见性和可支配性，人类存在的存在（Existential des Menschseins）因此就一般性地成为区分行为和非行为的人的准则（personalen Kriterium）。在不法中，也正是一般国民的，以及合格司机或者医生等的同源似在之存在准则，最终在相应的结果引起和法益侵害中区分出了不法与非不法，一如我在关于那时所谓"不法之非难"（Unrechtsvorwurf）的论文中所力图强调的那样。最后，作为犯罪体系中的第三个基本存在，即就一个被引起的法益侵害判断其罪责时，需要追问的是，是否这个自我独立的意识和意志，以及由此而成的自我存在，作为罪责是可归属的；在今天日益突出的多元文化之背景下，根据我们的法律概念来判断罪责问题，显然应当更强烈地考虑"外行领域的平行评价"（Parallelwertung in der Laiensphäre）。

---

* 同源似在（Alssein）一语借鉴了舒国滢教授的译法（参见舒国滢《战后德国法哲学的发展路向》，载《比较法研究》1995 年第 4 期，第 338 页），谨此致谢！——译者注

二　我如何开始法哲学研究

1950 年博士毕业后，在准备主题为"法律与存在"的教授资格论文时，我再次开始研究海德格尔（Heidergger）的《存在与时间》，并将它誊写为一本布满了评论的手抄本。

海德格尔出版过一本关于康德的著作，埃里克·沃尔夫（Erik Wolf）针对这本书开设了一门研讨课，在课上我对该书进行了激烈的批评。埃里克·沃尔夫后来向海德格尔报告了此事，后者便邀请我去蔡宁根（Zähring-en）进行一次私人谈话。在往来于蔡宁根和我们的居住地黑尔登（Herd-ern）的路上，我们的谈话越来越具有原则性。最终涉及的完全不是海德格尔在《存在与时间》中对法律与国家的观点：他将法律与国家归入非真实的范围，认为它们是由"人的公共性和平均性"所确定的。而在古希腊，秩序女神忒弥斯（Themis）和正义的化身戴克（Dike）恰好应当在该范围内保证存在的真实性，这一点海德格尔本人也引用过。可以说我的提醒是对《存在与时间》的重要批评，我预想到海德格尔会对此表示强烈反对。意外的是，他支持了我的尝试，即对存在的分析不只是对自我存在的现象的分析，也与同源似在的结构有关，以便能在其社会性的多样结构中理解同源似在。"请您坚持刚才对我所说的观点，不要被任何事和任何人所动摇。"他在这场值得纪念的谈话的最后说道。或者，如同我在我的日记里所写的那样："昨晚在海德格尔那里，我的想法出乎意料地得到了支持，即使我的想法对《存在与时间》的全部基础性分析（Fundamentalanalytik）提出了质疑。他认为同源似在的发现是重要的新思想，迄今还没有得到阐释。请您不要放弃这一研究，请坚持下去！"

我一生都在不断研究该主题，在萨尔布吕肯和比勒费尔德开设了多年的法哲学课程中，在为数众多的著述里，我都没有离开过它。这些活动的目的，都是在世界中确定存在的基础性建构（fundamentale Konstitution）：其人类存在、同源似在和自我存在。在人类存在那里，每个人都是基础性地被建构的，都来自他的人权和人类尊严，一如我们已经在康德和黑格尔那里学到的，以及如同我作为对恩斯特·布洛赫（Ernst Bloch）的著作《自然法与人类尊严》的回答而在《法治国与人类尊严》中所强调的那样。人类存在不是在一个虚无的空间内自我实现，而是在我们特有的同源似在之世界里自我实现，就像黑格尔的两个学生费尔巴哈（Feuerbach）和马克思（Marx）教给我们的那样。

同源似在中的人类存在一方面在性别世界里得以发生，即在性别世界里人作为男人或者女人而存在，也就是说作为"对生的性别生物"（gegenständliches Gattungswesen），费尔巴哈就是这么称呼的，二者合在一起才是"全部人类"，也才产生了"全部人类"。另一方面，同源似在中的人类存在也在我们的工作世界里发生，即在工作世界里人作为"主人或者仆人"（Herr oder Knecht）而存在，一如马克思所言，或者像布洛赫后来所说的那样作为"雇主或者雇工"（Unternehmer oder Unternommener）而存在。

在同源似在的这两个世界里，以及在它们的交叉世界里，"不可让渡的人权"应当如何被赋予，所有参加者的"不可侵犯的人类尊严"应当如何被尊重，就像传统哲学将它们视为全部人类存在的基本保证一样，二者也应该是同源似在中的人类存在的基本保证。这是我们今天的时代和世界所面临的主要问题。

由此进入当代哲学，海德格尔和萨特（Sartre）并不是从人类存在，而是从自我存在出发的。但是，自我存在在我们的时代和世界中的生活环境和法律环境下得以实现和完善的真实机会，诸如性别世界、工作世界，显然并不是不重要的问题，因为同源似在中的自我存在就是在这些世界里实现自我的。

我们的法哲学历史悠久，与施塔姆勒（Stammler）或者拉德布鲁赫（Radbruch）关系密切。要将之更新为一种合适的法哲学和社会哲学，似应统一传统的和当代的思考倾向，并兼顾同源似在中的人类存在所要求之正式人道保证，以及同源似在中的自我存在所要求之真实机会。我一生都在不断地思索这样的法哲学，它对所有法律思维提出的人道与自由之要求，也在我思考刑法时发挥了决定性的影响。

三　我的萨尔布吕肯岁月

取得教授资格后，我很快就受邀接任萨尔布吕肯大学和维尔茨堡（Würzburg）大学的刑法和法哲学教席。因为对应当接受哪所学校的邀请还犹豫不定，刚开始我同时在两所大学任教，此外还在弗莱堡开设一门研讨课；在将近一年的时间里，我每周都开着我的大众汽车从弗莱堡到萨尔布吕肯，再从那里前往维尔茨堡，然后返回弗莱堡，也就是当时我的妻子带着四个孩子生活的地方。

我面临的选择并不是非常容易做出，它将决定我今后十余年的自我发展。从第一印象来看，所有人都支持维尔茨堡及其享有盛誉、历史悠久的大学。相反，作为一所几乎毫不知名的、新成立的大学，萨尔布吕肯的未来充满变数；而且它位于萨尔（Saarland），当时该州在文化和财政上还属于法国，最终能否归属于德国要在一场即将举行的公投（bevorstehenden Volksabstimmung）后才会有结论。

彼时萨尔的大学正处于一位声名显赫的法国校长的领导之下，和他在一起的是一群各专业的优秀法国客座教授，他们都是从法国旅行过来授课、指导练习以及参加会议的。只有少数几个民法、刑法和公法的德国教授在指导学生学习萨尔现行的法律，如果我来的话，就将成为他们中的一员。

在和校长的聘请会谈中，校长清楚地告诉我，法国将该大学视为在萨尔文化政策方面树立威望的对象（Prestigeobjekt），决心慷慨地将它升级为一所标准的大学，它将远超出萨尔的范围，而成为欧洲的重心。据说这样可以赢得即将举行的公投，所以对于校长的承诺德国也不会反对。我认为，这所年轻的大学未来发展的方方面面都是确定无疑的。因此，我毫不犹豫地在 1955 年来到了萨尔布吕肯大学，在这里我一直工作到1970 年，并作为院长和校长积极地参与了其后续发展。

通过聘请我，以及紧接着聘请格哈德·基尔魏因（Gerhard Kielwein）（舍恩克在其德国刑法与外国刑法研究所里的最后一位助理）和阿图尔·

考夫曼（Arthur Kaufmann）（来自海德堡的拉德布鲁赫的一位学生），法学院的实力得到加强。再加之后来又成立了法哲学和社会哲学研究所，我于是得以在 1960 年的时候，再次更加强烈地投入我的教授资格论文所钻研的领域之中。

1965 年持续数日的"达姆城对话"（Darmstädter Gespräch）为我提供了充分的机会，与那时各哲学流派的主要人物进行讨论。但是对话最后演变为恩斯特·布洛赫和我之间，关于民主与社会主义是"和平共处"关系还是"意识形态竞争"关系的二人对话。其中，我的观点是，"我们时代的希望"在于这两种只是表面对立的政治体系的意识形态之竞争，二者一起才能够从相互补充的和将它们联系在一起的人道主义遗产中，创造出可以被称为"无阶级的、世界公民的社会"。

恩斯特·布洛赫在其 1961 年出版于民主德国的、令人惊叹的著作《自然法与人类尊严》中，曾对该"人道主义的遗产"进行过研究。我则于 1968 年时在一本献给恩斯特·布洛赫的著作《法治国与人类尊严》里，从我这一方给出了回答。

和布洛赫的该哲学对话，以我在法兰克福的保罗教堂（Paulskirche）为恩斯特·布洛赫的《马克思主义的进化》（Evolution des Marxismus）颁发和平奖时所发表的讲话，而隆重结束。

这些法哲学方面的活动，使我所在的大学超出联邦德国的界限而为世人所知，同样如此的还有那些基础性的高校改革。我和热衷于欧洲事务的民法学者海因茨·许布纳（Heinz Hübner）一起拟定了其改革大纲，然后共同推动这部今天仍然有效的、进步的大学法在州议会获得通过。

在我作为萨尔布吕肯的刑法教授的其他时间里，刑法改革变得越来越迫切。

"明镜周刊事件"（Spiegelaffaire）发生之后，激起了改革我们当时的政治性刑法的初步讨论，我在一封反对司法部长弗朗茨·约瑟夫·施特劳斯（Franz Joseph Strauβ）的读者信里表达了自己坚定的立场。通过两篇题为《媒体自由与叛国罪》（1963 年）和《法治国中的国家保护》（1964 年）的论文，我力图抵制强化妨害媒体自由的地方性规定（Landesbestimmungen），也抵制妨害市民自由的保护国家的规定。

我们的国家是独裁的还是民主的，围绕此一问题的讨论，之后被那时拟制定的《紧急状态法》推至顶峰。对此，在波恩举行的一次联邦代表大会（Bundeskongress）上，我也在开幕报告《紧急状态前的民主》（Demokratie vor dem Notstand）（1965 年）中表达了自己坚定的立场。这不是我们战后返乡应当回到的国家，也不是能够使我们从之前的谎言与压迫中获得自由的真理。

四　选择性草案如何形成

那时我们年轻一代的学者大都认为，我们的刑法有许多地方还表现出独裁和不自由的特征，并不符合一部既理性又人道的刑法的要求。

关于刑法改革的辩论越深入，我们就越清晰地认识到，我们根本不是生活在一个战争和专政结束后，所曾经向往和希望的国家与社会。我们绝对不想在一个独裁的国家里生活，市民自由，诸如言论自由和媒体自由，不能被危害国家的犯罪和叛国罪直截了当地削弱；我们也不想在一个不自由的社会里生活，不能忍受针对亵渎上帝（Gotteslästerung）、针对已订婚者（unter Verlobten）的拉皮条行为的刑罚规范仍然有效，以及不能忍受同性恋无一例外地被处罚、不加区分地处罚堕胎。

所有这些要求区分法律与道德的改革问题，都与源自人类形象的世界观联系在一起，也有赖于对刑罚的理解。我曾经试图通过论文《人类形象与刑法改革》和《我们未来刑法的刑事政策方案》（1966 年）来抵制既有做法，可惜没有成功。

起草了 1962 年草案的国家刑法改革委员会举办过多次会议，我们年轻的刑法学者在会上与我们的父辈们一再进行辩论，结果却是我们最终感到彻底的挫败。在一次举办于美因茨的刑法改革会议后的谈话中，他们对我们的不理解，终于促使彼得·诺尔（Peter Noll）和我产生了由我夫人所激发的决心（"你们只是不停地挑毛病，你们自己做点什么吧！"）：以我们自己的设想为根据，独立地提出一部选择性草案。我们清楚，如果我们希望有所成就，就必须和之前学界贯彻学术性草案时总是失败的做法有所不同。为此，我们决定采取以下四种行事方式。

第一，工作组的人员构成应当通过合作产生，每个人都必须是被每个人挑选出来的，以确保工作组内的同质性（Homogenität）。

第二，同样要被保证的是，参与者的选择整体上要有代表性，因为它必须与应当通过此一草案的议会之构成相适应。

第三，我们必须准备好打一场新闻战役（publizistische Kampagne），让我们的起草活动始终伴以媒体报道。这最后导致，全部 16 个成员每个月至少必须在媒体上露两次面，以至于媒体上很快就充满了关于刑法再社会化、刑法改革等的文章和谈话。

第四，我们初步决定，我们的学术性草案从一开始就以联邦议会惯常的形式起草和提交。

被遴选出来的教授们随后就在每个周末开始了自己的改革工作。这些准备良好的会议多是在各宫殿、城堡举行，后来则逐渐更多地在一些私人基金会里举行。在德意志研究基金会拒绝资助之后（"立法不是研究！"），这些私人基金会提供的经费支持，对我们的立法工作发挥了非常重要的作用。

伴随着选择性草案起草工作的不断进展，同某个政党较为接近的同仁与该政党在刑法特别委员会中工作的议员们的联系也日益密切。与基民盟（CDU）的代表马克斯·居德（Max Güde）、社会民主党（SPD）的代表阿道夫·米勒-埃默特（Adolf Müller-Emmert）和自由民主党（FDP）的埃米·迪默·尼古劳斯（Emmy Diemer-Nikolaus）之间的联系就是如此。议员们这种及早开始且持续下来的指导，以及我们双方之间在工作进展过程中的紧密合作，使我们提交给议会的选择性草案，成了刑法特别委员会咨询的基础；在做了一些修改之后，它最终成了我们现行刑法的新总则。这是一个学术与政治开展合作的成功典范，且有着超越议会的妥当性。

今天来回顾的话，以我们 1966 年的选择性草案（AE 66）接替 1962 年的政府草案（E 62），其效果可以从几个例子中看得很清楚。两个草案间的区别不只是那些受到我们批评的具体规则之不同，而且还在于更深层次的差异。该差异一方面存在于两个草案背后的完全不同的人类形象，另一方面则产生于二者没有任何类似性的刑事政策方案。

1962 年草案在其官方理由的开端即表明了对罪责刑法（Schuld-strafrecht）的信奉，其所理解的罪责刑法以人在道义上自由的自我决定为基础。这里显然是以孤立个体的道义责任为前提的，是一种"国家必要的虚构"（staatsnotwendiger Fiktion）。但是，人作为社会生物的社会属性却因此被忽视了，该属性强调个体特性与外部事实和各种强制的相互影响。考虑到作为社会生物的人，将罪责评价主要理解为一种道义上的谴责评价，并进而将刑罚理解为报应性的补偿，因此就失去了正当性。在社会生物的视角之下，罪责不再是刑罚的理由，而只是刑罚的前提与界限，且要服务于保护法益。

刑罚目的上这样完全不同的出发点，也使得两个草案的量刑原则存有诸多分歧。

在 1962 年草案第 60 条里，罪责被说成是刑罚裁量的基础。如此模糊的表述，使得一定情形下，罪责的限度也有被超越的可能。相反，1966 年的选择性草案在第 59 条第 1 款中清楚地规定，绝不允许逾越罪责的限度确定刑罚。同时，与 1962 年草案不同的还有，我们在第 2 款中明确指出，只有在使犯罪人重新适应法律共同体或者保护法益是必要的时候，才可以达至犯罪行为之罪责所确定的刑罚的极限。

从人是一种社会生物的基本看法中，也得出了关于刑罚种类的深远结论。也就是说，如果我们意识到，人不可能脱离在交互式主客体关系中相互影响的人际关系，并且人正好是由此而被定义的，那么所有导致了犯罪人的去社会化（Entgesellschaftung）的刑罚，就都必须被视为理论上的错误和实务中的迷途。

作为以上认识的结论，选择性草案在许多地方都提出了建议性规则，以限制自由刑的种类和范围。除了废除禁锢刑（Zuchthausstrafe）之外（这一点在今天看来是理所当然的，但在当时却激起了极大的争议），选择性草案还将缓刑（Strafaussetzung zur Bewährung）从政府草案规定的只有被判处 9 个月以下徒刑者始得适用，延长为被判处 2 年以下自由刑者均可适用。此外，选择性草案还规定，对于服完三分之二刑期的人，必须将其剩余刑期暂缓执行（Aussetzung des Strafrestes），当然，剩余刑期之内犯人可能要接受考验。这后来也成为法律的正式内容。遗憾的是，选择性草案的一个核心要求，即抑制不利于再社会化的、6 个月以下的短期自由刑，并未被立法者所接受。

关于迄今仍未解决的短期自由刑之问题，我们后来的 1992 年选择性草案，出于现实利益，再次建议对其做出补救。遗憾的是，我们的刑法又一次向退回到教权化和集权化（Klerikalisierung und Etatisierung）之前的状态迈出了重要的一步，关于该状态之不堪，拉德布鲁赫曾经有过令人印象极为深刻的描述。

从所有罪责必然具有社会属性的洞见中，还可以得出对立法者的一个必然要求，即刑事上可罚的范围应当限制在日常生活中"朴素道德"（einfachen Sittlichkeit）的基本存续上，因此也是限制在"伦理的最低限度"（ethischen Minimums）上。

无论是创设有问题的新刑罚法规还是强化和扩充很大程度上需要改革或者根本就是过时的诸旧构成要件，都违反了选择性草案的几项基本原则。这些原则是从基本法的法治国思想和社会国思想中无可辩驳地得出的。

其一，刑法应当是市民的自由大宪章（Magna Charta Libertatum）；其二，刑法只有作为社会政策的最后手段才能加以运用。由此形成了选择性草案所追求的目的。

第一个，也是最重要的目的是，对那时尚以重刑化和纯粹的监管式执行（Verwahrvollzug）而著称的刑法予以人道化。由此不仅应更大幅度地降低刑罚，而且也应彻底清除名誉刑和带有侮辱性的禁锢刑。行为刑法应当代替源自纳粹刑罚方案的思想刑法。

第二个重要的目的与刑法的理性化有关。通过减少徒刑、清除有害的短期自由刑、广泛适用缓刑、将一些其他的反应形式（Reaktionsformen）纳入刑罚梯度（Strafniveau）之内（例如免于刑罚的有罪宣判）以及将犯人的改善作为执行的目标，该目的即可实现。

两个目的都以最后手段性原则为前提，刑罚只应当是一个共同体保护它的法益时的最后工具。这意味着，只要有同样有效却较少侵犯性的其他反应形式，或者侵犯强度相同却更有效的其他反应形式，刑罚就是不被允许的。

最后手段性原则也要求只能以刑法推动保护法益，所有纯粹道德上合法的构成要件都应当远离刑法典。

对于确定值得以刑罚保护的法益而言，首先应当以保护个体利益为准，而不是不明确的群体观念（Gemeinschaftsdenken）。单纯的共同不快（Gemeinlästigkeit）不再是充分的。选择性草案因此再次希望将可罚的行为局限于"伦理上最低限度的基本存续"和"朴素的道德"。

人道与效率是不可放弃的，它们互为条件，又相互限制。我们否定了单方面地强调效率思想（Effektivitätsgedanken）的想法，如同否定片面强调报应的想法一样。这意味着：只有有效率的刑罚才是人道的。即使不能实现任何积极的效果，仍然让某人承受一种恶害，这并不人道。

当然，也不是每一个有效率的刑罚都是人道的。有效率的刑罚必须受到有责地实现的不法限度之限制（作为限度原则的罪责）。其中我们为刑罚限度明确地设定了一条原则，即可以突破罪责的下限，但绝不可逾越罪责的上限。

在虽然存在着一个违法的行为，却不是有责地被实现之时，如果不得不适用一种保安性反应（sichernden Reaktion），也必须确保其合理性。我们在选择性草案中提出的此一要求，也为立法者所接受。

以我们的1966年选择性草案接替1962年草案的实际影响，还可以通过下面的几个构成要件得到说明。

第一个例子是亵渎神明的条款。1962年草案甚至恶化了当时刑法第166条的法律状况。该条规定，谁"公开以侮辱性的意思表示亵渎上帝而引起一种不快"，要被判处3年以下徒刑。这一构成要件表述本身在那时就已经基于种种原因而充满争议了。始终不清楚的是，"上帝"是否意味着最高神灵（höchsten Wesens）的概念，可以同样包含多神论的、泛神论的和一神论的上帝想象，还是说仅指基督教宗教团体的上帝想象。当然判例并未受困于此，而是将其追溯至国家所承认之宗教团体的信仰。同样不清楚的还有如何理解亵渎这一概念。通过要求至少侵犯了一个直接感知到该意思表示的人的宗教情感，原规定的范围是有所限制的。而1962年草案第187条对原规定的新表述，将该侵犯以单纯"侵犯了一般的宗教感受"所代替。那么，谁如果对一个国家的或者宗教的部门表示反感，就可能已经创设了刑事追诉的可能性。这将违反每个世俗社会中宗教自由和信仰中立的基本要求。

与此相反，我们要求废除传统的亵渎上帝的构成要件，而代之以一个一般性地针对公开侮辱信仰问题（Glaubenssachen）的刑罚规范。立法者在刑法第166条的修正中，部分考虑了我们的要求，即单纯地扰乱公共和平仍然被视为足以引起刑事追诉，对单个信仰的优先保护却已被承认每一种值得保护的世界观信仰所代替。

情况相同的还有，1962年草案希望继续惩罚单纯的同性恋行为。这是政府草案善于倒退（Rückwärtsgewandtheit）的一个特别鲜明的例子，因为不只是参加了起草活动的绝大多数学界代表，甚至连知名的教会代表，都对处罚成人之间单纯的同性恋行为的合法性表示了质疑。而选择性草案支持坚定的去犯罪化，只希望将针对未成年人的同性性行为视为值得以刑罚处罚的行为。

下一个要被提到的是叛国罪的难题。那时联邦共和国正好发生了两起深深震撼了公众的案例，其中刑法第99条叛国罪的规定以及联邦最高法院对其的解释扮演了重要角色：涉及新闻媒体泄密的"明镜周刊事件"，以及泄露了非法国家秘密的佩奇案（den Fall Pätsch）。

由于所谓国家秘密的实质概念〔"诸事实，（……）将其对外国政府保密为了联邦共和国的利益（……）是必要的"〕尤其是没有范围限制的，这就使得出于政治动机对不受待见的新闻工作者采取行动成为可能。我们因此要求新设立一个新闻工作者泄密的构成要件，它应当以一个形式的和实质的国家秘密概念为基础。根据我们的理解，国家秘密只应当是，由国家授权的机构亲自对其采取了安全措施，以保护其免于被公众所获悉，并且是为了避免国防方面的重大不利而必须保密的信息。我们还认为，针对非法的国家秘密明确规定免于刑罚是必要的。该建议得到了立法者的接受。

刑法应当精简至可清楚定义的反社会行为的核心存在（Kernbestand），这些反社会行为应当令人无法忍受地侵害了他人可明确证实的利益。但是，1962年草案不仅保留和扩充了世界观上充满争议的各种旧构成要件，而且还创设了在全世界都独一无二的若干构成要件。1962 年草案中第 203 条规定的妻子就是如此，该条规定如果她让人实施人工授精时以其他人的精子代替她的丈夫的精子，则是可罚的。此外，自愿绝育被置于刑罚威胁之下亦如是。

在堕胎方面，判例所创设的允许终止妊娠的伦理理由（ethische Indikation）再次被排除。立法者希望强制一名被强奸的妇女生下她被迫接受的孩子，并养育他，这甚至比刑法大委员会走得还要远得多，因为委员会曾经一致投票对此表示反对。顺便提及，堕胎问题是唯一一个在拟定选择性草案的学者圈（Alternativkreis）中没有获得通过的议题。理由是，我们有一个原则，必须经过全体一致同意后才能采取行动，但阿图尔·考夫曼基于宗教理由，不能接受我们多数人认为正确的允许终止妊娠的期限模式（Lösungsmodell）。他提出了一个少数建议，其内容是允许终止妊娠的理由模式（Indikationenmodell）。

我在联邦议会的一次谈话中，曾经非常强烈地表示，在堕胎问题上应当支持允许在一定期限内堕胎（Fristenlösung），然后联邦议会也这样决议了。但是宪法法院对我们捍卫的这一模式进行了谴责。终止妊娠的理由模式于是再次被提上了政治性的日程安排。

不过，不能因此而错误地认为，经咨询后可以终止妊娠的现行规定非常接近我们当时的立场。刑法第 218 条 a 第 1 款否定了构成要件符合性，却使违法性得以存在，又在结论上不同意参与的可罚性和紧急防卫的可能性，这真是一个刑法教义学中的怪物（Unikum）。

此外，我们还致力于将那些因为制订时的失误，而显露出种种界限问题和矛盾的刑罚规定，用新的方案加以代替。

特别要提及的是谋杀与杀人的区分，它一直以来就扎根于德国法律传统，又总是成为法教义学争论的对象，然后在 1941 年时形成了第 211 条和第 212 条的修正法条。区分经过深思熟虑而实施的杀人和单纯的故意杀人一直都非常困难，但是两条修正法条并没有克服该困难，而只是以其他的教义学问题取代了它。这主要是因为，联邦法院将谋杀的构成要件视为亲手犯，并一如既往地坚持该观点，也支持由此而生的所有教义学上的结论。只要想想纳粹谋杀的帮助者竟然受追诉时效保护，就可以知晓其荒谬之处。对该判例的修正是早就该做的事情。将所有的故意杀人行为（除了基于要求的杀人之外）结合到一个刑罚规定中，一如选择性草案第 100 条所规定的那样，永远是更好的做法。

选择性草案初次公开至今已过去 43 年了。在此期间讨论仍在继续当中。许多人提出，应当放弃治疗思想（Behandlungsideologie）；应当以短期的休克刑（Schockstrafen）代替改变人格的治疗，后者可能有极权主义式的强制教化（totalitären Zwangserziehung）之嫌；鉴于刑法越来越强烈的政治机能化（关键词：敌人刑法），应当返回带有清晰报应特征的核心刑法。在这些讨论的影响之下，再社会化和预防思想整体上陷入了防御状态，也就是说，那些选择性草案也追求的目的似乎受到了冲击。

那么看上去重要的就是，必须清楚地说明，影响了 1966 年选择性草案的诸原则，不应当因此而被动摇。

再社会化并不总能取得人们当时所允诺的成果，这与基本思想无关，而是因为各州缺乏实施的诚意（Durchsetzungsbereitschaft）。所谓社会治疗的极权主义属性也是言过其实，因为人们很快就认真地接受了自愿治疗的思想。

对核心刑法的要求（以及与此相应地将所有不属于核心刑法的构成要件予以去犯罪化）完全与选择性草案的追求是一致的。最近有所屈服的去犯罪化讨论，因此应当继续迫切地展开。

至于回归报应刑法，只能坚决加以警告。报应概念本身是一个空壳，其连接点通常是民众的报应需求。如果这些易变的、任何时候都可以被操纵的特性一起决定了可罚性和刑罚的严重程度，人道化原理与最后手段性原则就会停滞不前，自由的法治国最终也将不复存矣！

因此，选择性草案中得到了实施的部分，我们的草案是并且仍然是那些被启蒙了的刑法政策的里程碑；而那些还没有被接受的建议，则是未来的使命。

五　我如何投身政治

那时候有一个在政治上讨论非常激烈的谜一样的问题，即如何理解东、西方年轻人的叛乱行为。这些叛乱行为既发生在民主的体系，也发生在社会主义的阵营，既发生在伯克利也发生在布拉格，既发生在柏林也在发生北京的大学生中间。针对该问题，在从事早期的法哲学研究时，我试图根据谨慎的评估以及经验调查，在一项关于"年轻人为了东西方社会的进化而叛乱"的研究中做出更多探索。我的结论是，发生在两大体系里的叛乱有着近乎相同的事实性原因，如同今天的年轻人的"生物学年龄和社会学年龄之间的冲突"那样；叛乱在两大体系里正好有着相反的侵犯体系的作用，这里要求的是"在社会主义中有更多的民主"，那里则是"在民主里要求更多的社会主义"；年轻人的叛乱使双方都促进了我们曾经称之为"东、西方社会的进化"的东西，且直至实现全球人类的"无阶级的世界公民的社会"。

在 1968 年召开于杜塞尔多夫的钢铁行业大会（Eisenhüttentag）上，我报告了我的上述研究。会议快结束时，一位认真聆听了我报告的陌生人——瓦尔特·谢尔（Walter Scheel）——走向我，对我说："您刚才所说的表明，您是我们中的一员，我特此邀请您参加自由派下一次在斯图加特举办的三王来朝节聚会（Dreikönigstreffen）。"

在那里，我首先碰到了一些热情的青年民主人士，他们恳请我作为他们的代表入党。考虑了一段时间后，我最终同意在当时的关键局势下加入自由民主党（FDP）。自由民主党正处于从最初德勒（Dehler）领导下支持法治国的政党，走向蒙德（Mende）领导下支持国家自由的政党的关键时期。绝非偶然的是，甚至在诸如萨尔州的党主席那样的顶级政治家那里都开始支持恢复死刑。在随后的政党大会上，经过了激烈的争论后，整个支持国家自由的领导层被如同瓦尔特·谢尔、卡尔－赫尔曼·弗拉赫（Karl-Herrmann Flach）、汉斯·沃尔夫冈·鲁宾（Hans Wolfgang Rubin）和我这样的支持社会自由的政治人物所接替，我们成了当时青年民主人士的"代表"。

这个支持社会自由的新政党当然也需要一个相应的原则性纲领（Grundsatzprogramm）。经过我领导的纲领委员会历时数月之久的讨论，最终形成了所谓自由派的弗莱堡纲要（Freiburger Thesen der Liberalen），该纲要于 1971 年 10 月在弗莱堡隆重地获得通过。在谢尔的领导下，自由派加入了勃兰特（Brandt）的政府，之后该纲领本该相应地成为法律，我则要被提名担任联邦部长，承担财产入股和共同决策（Vermögensbeteiligung und Mitbestimmung）的特别任务。我那时将这样的政府理解为市民和劳动者之间永久的"历史性联盟"，也公开地这么称呼它，它符合我对未来社会自由的政策之理解。后来，由于在面对面的坦率交谈中和维利·勃兰特（Willy Brandt）达成了原则性一致，他希望委托他最亲近的同事与我一起，根据社会民主党和自由民主党各自的政党纲领，拟定该"历史性联盟"的纲要。遗憾的是，他的这一意图由于纪尧姆事件（Guillaumeaffäre）*而落空了，一如他的许多其他意图也因此而落空一样。社会民主党也因此不再是未来的"历史性联盟"的纲领性伙伴。所谓的"历史性联盟"现在变成了政治人物之间为了追求特定结果而务实地进行的合作。维利·勃兰特是如何被他自己的同党同志"逼下台"的场景，深深地震撼了我。后来在联邦总统为他举办的送别会上，我系了一条黑色的领带。

我仍然参与了后续的联合执政，担任执行特别任务的联邦部长，以便将在弗莱堡纲要中所决议的财产入股、共同决策和环境保护之原则作为联合政府的法律性规则予以贯彻，其中在共同决策规则方面，经过旷日持久的协商，我们达到了目的。

瓦尔特·谢尔被选为联邦总统之后，在进行政府重组时，赫尔穆特·施密特（Helmut Schmidt）提名我担任内政部长。作为内政部长，我负责制定联邦共和国的《紧急状态法》。这给了我一个机会，与我当时最激烈的反对者，即宪法部门的主管克尔布勒（Kölble）合作，并一步步将《紧急状态法》之制定引回到它的民主最低限度（demokratisches Minimum）上。这是一次真实的"穿越制度的长征"（Marsch durch Institutionen），人们当时这么说。由于那时内政部不只是安全部门，而且也负责发展体育、音乐和文化，这使我从弗莱堡纲要，也从我自己的生活经验出发，为进一步发展这些政治上被忽略的领域做出了不少贡献。

---

* 纪尧姆事件是东、西德历史上最骇人听闻的间谍事件。1974 年 4 月 25 日，联邦总理维利·勃兰特最亲密的同事之一京特·纪尧姆被发现是东德间谍，引起一片哗然。事件以勃兰特于 1974 年 5 月 7 日辞职，承担起政治责任而告终。——译者注

在同样由内政部负责的环境保护方面，我实施了那时极富争议的《含铅汽油法》（Benzin-Blei-Gesetz）和《污水税法》（Abwasserabgebeng-esetz），它们直到今天仍然有效。

最后，作为内政部长，我从那段时间爆发的恐怖主义的局面中挺了过来，对一个自由派人士而言，这是一个特别的挑战。该局面首先是从一系列诸如针对蓬托（Ponto）和布巴克（Buback）的谋杀行为开始的，在对这些行为的追诉中，一些参加了谋杀行为的赤军旅（RAF）成员被刑事拘捕。被拘捕的恐怖分子和在外面自由活动的恐怖分子因此都产生了越来越强烈的反对情绪。恐怖分子相应地将他们的目标从谋杀转向绑架，希望可以借此使他们被拘捕的同伙获得自由。此类行为的顶峰是绑架汉斯·马丁·施莱尔（Hanns Martin Schleyer），其目的是以此要求释放那时被关押在施塔姆海姆（Stammheim）的恐怖分子头目巴德尔（Baader）、迈因霍夫（Meinhof）和恩斯林（Ensslin）。当他们的目的没有得逞时，赤军旅又动员他们在巴勒斯坦的同伙，劫持一架飞机来实现他们的目的。为了不断逼迫政府释放被拘押在施塔姆海姆的德国恐怖分子头目，被巴勒斯坦恐怖分子作为人质而劫持的"兰茨胡特"（Land-shut）号——汉莎航空公司的一架客机——里的乘客本来是要被枪杀的。幸亏我冒险做出了一个决定，他们才得以最终脱险：当客机"兰茨胡特"号在罗马飞行目的地不明地起飞后，我立即派出配备了第9国境守备队（GSG 9）队员的另一架飞机紧随其后，飞往在途中才确定的目的地。这样，当"兰茨胡特"号着陆于莫加迪殊（Mogadischu）时，第9国境守备队队员也同时抵达那里，并通过突然袭击解救了人质。人质最后全部毫发无损，这既有解救得力的因素，也有幸运的成分。

尽管我们在全欧洲展开了积极追捕，仍然没有能够成功地解救出汉斯·马丁·施莱尔。在他遇害后，我就辞职了，以承担起所谓联邦范围内追捕失误（Fahndungspanne）的政治责任。不过，当时所称的该追捕失误其实根本就是莫须有，这一点今天已经得到认可。我回到了我那时所属的研究型大学比勒费尔德，同时仍然留在联邦议会工作。

当联邦议会第三次对延长纳粹谋杀者的追诉时效进行咨询时，我极力主张，仅仅对同时充足了种族屠杀（Völkermord）之构成要件的谋杀行为彻底取消追诉期限，其余情况下的谋杀则经过 30 年后即不再追诉。此一建议刚开始在所有的政党那里都反响良好，最后却被驳回了，因为那样种族屠杀的构成要件就会成为重法，而不再能溯及既往地适用。我始终认为这是不正确的，我赞同的是，在我们这里如同在所有其他的文化国家里一样，应当再次使谋杀可受追诉时效限制。

就在重新开始在比勒费尔德大学授课后不久，一个位于佛罗伦萨（Florenz）的欧洲高校机构的代表团告诉我，他们决定选择我成为他们的新校长。这使我可以在欧洲层面继续我的政治工作。在与委员会主席雅克·德罗尔斯（Jacques Delors）及其后来被我选为继任者的秘书长埃米勒·诺埃尔（émile Noël）的紧密合作下，我成功地将之前只是由各成员州承担经费的学校，建设成为一所同时也由公共财政支持的高校，没有这一步它今天可能已经不复存在了。通过由我发起的全欧洲性的会议和项目，以及大规模地扩充所谓让·莫内研究员（Jean-Monnet-Fellow）的研究团队（Forschungsstabe），学校成功地发展为一所欧洲性的大学，而不再局限于最初参加的几个州。这些活动在我访问布鲁塞尔时为我提供了令人高兴的机会，使我可以参加欧盟制度委员会那时正在举行的宪法辩论。无论如何，这都是我的学术生涯和政治生涯中最美好的时光。

之后我于 1988 年返回家乡的博登湖，作为康斯坦茨大学的荣誉教授讲授了几年的《民主的理论与政治的实践》。就像是一些告别演讲一样，在课堂上，我对从迄今为止的政党民主向未来的市民民主之过渡进行了研讨，该过渡对我们的国家来说也是即将来临的。

主要作品目录

一　专著

《犯罪体系中的行为概念》（Der Handlungsbegriff im Verbrechenssystem），1953 年。

《法律与存在：法存在论序说》（Recht und Sein Prolegomena zu einer

Rechtsontologie），1954 年。

《论人类秩序的意义》（Vom Sinn menschlicher Ordnung），1956 年。

《作为存在之法的自然法》（Naturrecht als Existenzrecht），1963 年。

《社会主义中的民主：青年马克思思想中的法律与国家》（Demokratie im Sozialismus. Recht und Staat im Denken des jungen Marx），1968 年。

《法治国与人类尊严》（Rechtsstaat und menschliche Würde），1968 年。

《从合意政治到答责社会：自由市民社会的威斯巴登诸原则》（Von der Gefälligkeitspolitik zur Verantwortungsgesellschaft：Wiesbadener Grundsätze für die liberale Bürgergesellschaft），1998 年第 3 版。

二　期刊与文集中的论文

《不作为的未遂》（Der Versuch der Unterlassung），《戈尔特达默刑法档案》，1955 年，第 289 - 298 页。

《不法非难：人的不法理论之思想》（Der Unrechtsvorwurf. Gedanken zu einer personalen Unrechtslehre），《特奥多尔·里特勒祝寿文集》，1957 年，第 141 - 164 页。

《过失的体系化：所谓过失的四个标准是人的归属理论的基本要素》（Zur Systematik der Fahrlässigkeit. Die Sogenannten vier Maβstäbe der Fahrlässigkeit als Grundelemente einer personalen zurechnungslehre），《整体刑法学杂志》第 70 期，1958 年，第 159 - 195 页。

《事物的本质》（Die Natur der Sache），《法哲学与社会哲学档案》第 44 期，1958 年，第 145 - 174 页。

《自然法的问题：埃里克·沃尔夫的著作〈自然法理论的问题〉之思想——方向性的尝试》（Das Problem des Naturrechts. Gedanken zu Erik Wolfs Schrift：Das Problem der Naturrechtslehre. Versuch einer Orientierung），《法哲学与社会哲学档案》第 46 期，1960 年，第 417 - 430 页。

《社会的行为概念》（Der soziale Handlungsbegriff），《埃伯哈德·施密特祝寿文集》，1961 年，第 156 - 182 页。

《具体的存在：路德维希·费尔巴哈的哲学人类学之研究》（Konkrete Existenz. Versuch über die philosophische Anthropologie Ludwig Feuerbachs），

《埃里克·沃尔夫祝寿文集》，1962 年，第 246 – 281 页。

《媒体自由与叛国罪》（Pressefreiheit und Landesverrat），《媒体法与交流法杂志》第 33 期，1963 年，第 385 – 391 页。

《什么是法律？——法哲学基础问题导论》（Was ist Recht? Zur Einführung in die Grundfragen der Rechtsphilosophie），《法学教学》1963 年，第 165 – 171 页。

《人类形象与刑法改革：刑罚的哲学问题》（Menschbild und Strafrechtsreform. Das philosophische Problem der Strafe），《实践心理学杂志》1965 年第 3 期，第 3 – 17 页。

《民主与社会主义》（Demokratie und Sozialismus），翁泽尔德主编：《向恩斯特·布洛赫致敬：关于其作品的论文集》，1965 年，第 31 – 67 页。

《死刑的问题》（Das Problem der Todesstrafe），《德国政治与国际政治活页》1965 年第 10 期，第 44 – 52 页。

《自然法则与事物的本质》（Droit naturel et nature des choses），《法哲学与社会哲学档案》第 51 期，1965 年，第 233 – 264 页。

《客观的罪责要素》（Objektiv Schuldelemente），《赫尔穆特·迈尔祝寿文集》，1966 年，第 185 – 217 页。

《刑法分则的改革》（Die Reform des Besonderen Teils des Strafrechts），赖尼施主编：《德国的刑法改革》，1967 年，第 72 – 88 页。

《叛国罪》（Der Landesverrat），赖尼施主编：《德国的刑法改革》，1967 年，第 151 – 170 页。

《亵渎上帝罪》（Die Gotteslästerung），赖尼施主编：《德国的刑法改革》，1967 年，第 171 – 189 页。

《当代国家的黑格尔原则》（Hegels Prinzip des modernen Staates），《格哈特·胡塞尔祝寿文集》，1969 年，第 234 – 273 页。

《被前置的国家保护》（Der vorverlegte Staatsschutz），鲍曼主编：《刑法改革失败了吗？——1962 年政府草案和 1966 年刑法学者的选择性草案之间的联邦议会》，1969 年，第 186 – 196 页。

《自由》（Freiheit），舒尔茨主编：《非政治人物的政治：当代讨论入门》，1969 年，第 157 - 167 页。

《年轻人为了东、西方社会的进化而叛乱》（Die Revolte der Jugend für die Evolution der Gesellschaften in Ost und West），什切斯尼主编：《伏尔泰俱乐部：批判性启蒙年鉴》，第四卷，1970 年，第 94 - 111 页。

《论法社会学与法律理论的关系》（Zum Verhältnis von Rechtssoziologie und Rechtstheorie），雅尔主编：《法律理论：关于基础性讨论的论文集》，1971 年，第 247 - 302 页。

《现实主义的法学》（Realistische Jurisprudenz），雅尔主编：《法律理论：关于基础性讨论的论文集》，1971 年，第 427 - 470 页。

《国家与社会紧张关系中的立法与判例》（Gesetzgebung und Rechtsprechung im Spannungsfeld von Staat und Gesellschaft），博克尔曼主编：《法制：社会的控制者还是反射镜?》，1971 年，第 31 - 57 页。

《自由主义的社会政策》（Liberale Gesellschaftspolitik），《自由派的弗莱堡论纲》，1972 年，第 25 - 54 页。

《从哲学到法律批判》（Von der Philosophie zur Kritik des Rechts），《勒内·马齐奇纪念文集》，1974 年，第 187 - 191 页。

《整体的刑法科学》（Gesamte Strafrechtswissenschaft），《海因里希·亨克尔祝寿文集》，1974 年，第 75 - 87 页。

《职业领域内的宽容与解放：从政治民主到经济民主》（Toleranz und Emanzipation in der Arbeitswelt. Von der politischen zur ökonomischen Demokratie），舒尔茨主编：《宽容：民主美德的危机及其克服的 16 个建议》，1974 年，第 175 - 194 页。

《政治性的犯罪》（Politische Kriminalität），《迈尔百科全书词典》，第 14 卷，1975 年，第 365 - 369 页。

《论费尔巴哈的人类学对法哲学的重要意义》（Zur Frage der rechtsphilosophischen Relevanz der Feuerbachschen Anthropologie），吕贝、萨斯主编：《关于路德维希·费尔巴哈之讨论与分歧中的无神论》，1975 年，第 175 - 194 页。

《今日国家与社会中的基本价值》（Grundwerte heute in Staat und Gesellschaft），戈尔舍内克主编：《国家与社会中的基本价值》，1977 年，第

88 – 102 页。

《种族屠杀不受追诉时效限制》（Nichtverjährung des Völkermordes），《法律政策杂志》1979 年，第 81 – 87 页。

《基本价值导向与未来前景》（Grundwertorientierung und Zukunftsperspektive），《联邦政治文化中心》，第 168 卷，1980 年，第 13 – 25 页。

《今日欧洲的法律思想》（Europäisches Rechtsdenken heute），《赫尔穆特·科英祝寿文集》，第 1 卷，1982 年，第 579 – 596 页。

《科学对法律准备的贡献》（Der Beitrag der Wissenschaft zur Vorbereitung von Gesetzen），迈霍弗主编：《立法的理论与方法》，1983 年，第 9 – 16 页。

《自由式民主的诸原则》（Prinzipien freiheitliher Demokratie），本达、迈霍弗、福格尔主编：《宪法手册》，1983 年，第 173 – 237 页。

《法律事实研究与立法学》（Rechtstatsachenforschung und Gesetzgebungswissenschaft），海因茨主编：《今日的法律事实研究：法律事实研究之康斯坦茨文丛》，第 1 卷，1986 年，第 157 – 174 页。

《从共和国的革命者到欧洲的爱国者》（Vom republikanischen Revolutionär zum Europäischen Patrioten），《欧洲大学研究所工作文件选》，1986 年，第 647 – 662 页。

《欧洲多元文化之下文化欧洲的统一》（Die Einheit der Kultur Europas in der Vielfalt der Kulturen Europas），鲁伯尔、里克斯巴隆主编：《文化视野下的欧洲：史料编纂与观念》，1987 年，第 3 – 14 页。

《政治的现实性与民主的道德》（Realität der Plitik und Moral der Demokratie），《彼得·施奈德祝寿文集》，1990 年，第 227 – 245 页。

《正义与合目的性》（Gerechtigkeit und Zweckmäβigkeit），《法哲学与社会哲学档案》第 39 期，1991 年，第 34 – 39 页。

《法律与品格》（Recht und Personalität），《阿图尔·考夫曼祝寿文集》，1993 年，第 219 – 248 页。

《欧盟的联邦宪法与权能分配》（Förderativverfassung und Kompetenzverteilung einer Europäischen Union），魏登费尔德主编：《欧盟的改革：1996 年马斯特里希特条约修正资料集》，1995 年，第 61 – 74 页。

《普芬道夫现在还在对我们说什么？》（Was uns Pufendorf noch Heute zu sagen hat），盖尔、格利希主编：《萨穆埃尔·普芬道夫及其持续至今日的影响》，1996 年，第 223 – 282 页。

《论政党的意识形态》（Von der Ideologie der Parteien），《赫曼·克伦纳祝寿文集》，1996 年，第 461 – 510 页。

《法律作为我们时代中经济、政治和文化生活的准则》（Recht als Maβstab für ökonomisches，politisches und kulturelles Leben in unserer Zeit），《保罗·特拉佩祝寿文集》，2002 年，第 203 – 220 页。

沃尔夫冈·瑙克（Wolfgang Naucke）

沃尔夫冈·瑙克 (Wolfgang Naucke)

何庆仁 译

一

1933 年 6 月 8 日，我出生于比特费尔德专区卡尔斯费尔德 (Carls-feld/Kreis Bitterfeld) 的一家医院。我是在萨克森省 (Provinz Sachsen) [今天的萨克森 – 安哈尔特 (Sachsen-Anhalt) 州] 比特费尔德专区的罗伊奇农庄 (Dorf Roitzsch) 长大的。父亲来自汉诺威，是一位医生，在农庄的纳粹等级制里级别很高。第二次世界大战开始后，他应征成为一名救护队的军官。母亲则出身于下弗兰肯 (mainfränkischen) 一个富裕、开朗的天主教商人家庭，她主持着家庭的大部分日常生活，家庭氛围也基本由她决定。我童年的活动空间是纳粹市民的父母之家 (NS-bürgerlich Elternhaus) 以及农庄，后者以露天开采褐煤和农业为主，几乎独立于那个政治性的和好战的年代。

二

1939 – 1943 年，我在罗伊奇和美因河畔的马克特布赖特 (Marktbreit a. M.) 读至公立小学 (Volksschule) 毕业，1943 – 1947 年在比特费尔德上初中，1947 – 1952 年则在巴特塞格贝格 (Bad Segeberg) 读高中。其中 1943 – 1945 年时我加入了少年队 (Jungvolk)，并在这段时间的尾声晋升为少年领导 (Jungschaftsführer) (职能上)，是正式确认过的高级别领导（级别上）。战争失败这一点，人们可以从少年队工作动向的变化中看得很清楚。为了战无不胜，少年队被要求学会自我牺牲。出乎意料的是，当纳粹的架构被废除时，各个级别和各个年龄层的纳粹骨干们很快就成了彻底的机会主义者。哭哭啼啼的凄惨无助代替了巧言令色的张牙舞爪，政治上铺天盖地的各式宣传（Großformeln）一下子成了肤浅无知的私人观点。关于集中营里有组织地杀人和对关押者惨无人道的摧残，之前出于巩固权力的需要被长期封锁，现在也公之于众，这些都在我的脑海里留下了极为深刻的印象。1945 年 8 月在日本引爆的两颗原子弹，则让我对那些可以命令使用核武器的人产生了永不妥协的抗拒感。

1945 年春，纳粹市民的生活方式消失了。纳粹的规则和市民的规则也都失去了原有的约束力。这使我完全不再信任那些权力造就的优势地位，也使我知道了不必认真对待所有建立在仪式和套话之上的权威。我将这样的状况视为一种自由。对于那些支撑起纳粹政权的人，我没有表示过怀疑。但是在童年几乎是无忧无虑的状态下，我发现大人们很奇怪，他们都在"年少无知"、"不是个人的责任"、"没有集体罪责"、"所有的人都做过"、"我只是一个小齿轮"、"我什么都不知道"、"领袖对一切负责"等托辞筑成的保护墙（Begriffsmauern）后躲了起来。这样的保护墙，经过轻微的语言调整后，作为减轻罪责的毫不奇怪的法律模式，后来我又多次碰到。

我们 1945 – 1952 年期间的日常生活经历了三个不同的占领者政权。美国人在 1945 年夏的占领并不引人注目。那时没有学可上，我只好去学习其他技艺。经过一段时间的训练，我成了拥有最高级别证书的农业工人，能够很好地牵引耕牛进行劳作。1945 年夏的波茨坦会议将萨克森省的一部分划归苏占区。几天之内，我们全家就从农庄社会等级的最上层跌落到最底层。在学校里，俄语强制性地取代了拉丁文；在苏占区社会主义词汇表（Vokabular der SBZ-Sozialismus）中，我们必须学习资本主义和社会主义之间的争论以及唯物主义历史观。按照该词汇表，我属于受纳粹污染了的家庭的成员，是阶级敌人。1946 年 4 月德国社会民主党（SPD）和德国共产党（KPD）合并之后，德国统一社会党（SED）、自由德国青少年组织〔FDJ，从 1946 年起其主席就是埃里希·昂纳克

（Erich Honecker）*］和自由德国工会联合会（FDBG）的前景就变得不那么可观了。1947 年，我们全家冒险逃往英占区，因为我的父亲作为战俘在那里生活。英国人的统治较为宽松，近乎感觉不到它的存在。我属于 C 级逃犯，即只有很少权利的逃犯。1949 年联邦共和国的成立与我的状况毫无关系，也几乎没有人知道《基本法》。渐渐开始的冷战和朝鲜战争则让人感到焦虑。学校里一点意思都没有，只是强化了我对那些无聊权威的不信任；好在我自己利用这段时间读了不少书。1952 年 2 月高考到 1952 年夏季学期期间，我是一位收入颇丰的林业工人。

三

1952 年夏在基尔大学学习法学的第一个学期是令人失望的。我原本以为，法学的对象是时代的大事件对具体市民法律状况的影响和后续影响（Fortwirkung），法学应当详细地讲解这些影响。由于在底层体验过简单的政治概念的威力，我希望法学使所有的规则都成为无效的，包括禁止杀人和保护私人财产的规则；我认为应当废除它们，并用一个根据良好创立的理论而有效建构的正确法律取而代之。然而，在法学学习的第一周里，我在法律历史方面学到的是渊源问题，即对查理曼大帝（Karl der Große）旅途的探索；在民法上学到的是买牛奶时瓶子抵押的方式；刑法方面则是一个一般性的犯罪结构。我从来没有感知过这样的一般性犯罪结构。我希望学习的有待刑法评价的场景本来应当是这样的，例如：1945 年 1 月末，19 岁的格尼娅·萨波里舍茨（Genia Saporischez），我们的乌克兰女工（Zwangsarbeiterin），拒绝工作。老迈的农庄警察穿着制服来到现场，当着全家人的面粗鲁地痛打了她一顿。然后格尼娅就又工作了。我后来很容易就从中看到了受到刑法、外国法、警察法和劳动法保障的、一种预防性的权力集合体（Machtsumme）；当它在政治上被需要

---

　　* 　埃里希·昂纳克（1912 年 8 月 25 日－1994 年 5 月 29 日）后来成为前民主德国统一社会党总书记，前德意志民主共和国国务委员会主席，也是最后一位正式的东德领导人。——译者注

时，该权力集合体随时可以发动。对于一个正在接受训练的刑法学人来说，这样的集合体在 1952 年夏也是可以观察到的，但是 1952 年夏学到的一般性犯罪结构却与权力和权力集合体毫无关系，也不想与之有关系。顺便提及，格尼娅曾经试图进行报复。美军来了之后，她带着她的男朋友占领了我们家的二楼，穿上我母亲的衣服，让我们全家伺候她。几周之后她从屋里被强制接走并消失了。难道是参加者的可罚性？

1952 年的夏季学期里，1949 年的《基本法》在基尔起了一点边缘性的作用（Randrolle）。

在开始学习《基本法》时，我发现了一个后来反复发生的法学研究模式：一部理想的法律并不是法学的研究对象。法学有两种研究可能性：它可以通过一种聪明的方式支持那些统治性的政治概念；如果它和这些概念一起翻了船，它还可以转换至强调学术性的、被称为中立的无约束性的法学上去。1952 年夏时我就不得不陷入这一转换的过程之中。我遇到的绝大多数大学老师在纳粹时期就已经担任教职。他们努力地强调法学的非政治性和学术性，这对于学生们来说既无聊又琐碎。值得感谢的是那时已退休的国际法教授舍恩博恩（Schönborn）1952/1953 学年开设的课程，虽然来上课的学生并不多。他详细地讲述了《海上战利品法》（Prisenrecht）在 19 世纪和 20 世纪的发展与状况。《海上战利品法》是一种保护海盗行为的国际法。我希望重视那些有说服力却在学术上受到忽略的刑法领域之想法，就来自舍恩博恩对作为正式法（normalem Recht）的《海上战利品法》之阐述。

我阅读了很多法哲学和政治哲学的经典著作，最终从中学时代以来就读过其著作选集的康德吸引了我。我觉得他批判经验主义法律理论（关于实在法的理论）的方法简直华美无比。我是那种不会局限于二手文献的读者。康德的三个主要问题：我能够知道什么？我应该做什么？我可以希望什么？（《纯粹理性批判》，1781 年第 1 版，第 805 页）对我而言是清楚的，并可以适用于对法律学习的追问。回答是：如果人们期待从日常政治和学术上习以为常的众说纷纭（Meinungsumgebung）中得到答案的话，人们就不能确定地知道什么，不能正确地行为，也不能希望什么。这些回答在我看来并不是特别的大胆。大约 40 年后，我将这些仍然印象深刻的读后感写成了一本书（《康德对经验主义法律理论之批判》，1996 年）。当时我在理解上遇到的难题是，在成功地进行了批判之后，康德究竟认为决定了真实的知识、正确的行为以及纯粹理性和形而上学的光明前景的新的根据何在。我有一种预感，如果这些难题无法克服，建立一个无懈可击的法律领域将是毫无希望的。

1952 年那时标准而无害的（normaler harmloser）法学与我自己的经验之间的分歧，使我的一个想法成为可能，即不妨将以康德的方法进行的批判作为法学的一个独立部分。当然，该分歧促使我放弃学习法律也完全是可能的。我没有急于做出决定。1953/1954 学年，德意志学术交流援助中心（Der deutsche akademische Austauschdienst）为我提供了前往洛桑（Lausanne）学习法律的奖学金。在一家化肥厂的工作为我挣到了一笔小小的旅费。好几个月的时间里，我都是该厂工会主管机构的成员，负责向吝啬的管理层维护一个计件工人小组的利益；这个小组的工人们要把颗粒状的、有化学腐蚀性的肥料装进每袋两百磅重的大麻袋里，然后用手将这些麻袋装上火车车厢。

在洛桑，我有了稳定的时间来读康德的著作。大学里的法语课程非常出色。1953/1954 学年时，四个德国的法科大学生在洛桑展开了持续的争论。当一个法律问题必须被转化成其对政治、哲学和国家理论的从属性时，我之外的其他同学总是认为，这样的问题可以"在教义学上和体系上"被解决，并且坚持教义学上和体系上的内容具有丰富的法学内涵。这对我是一种早期的锻炼，可以说类似的争论后来伴随了我全部的职业生涯。

1954 年的夏天和秋天，我在意大利求学，大部分时间就读于佩鲁贾（Perugia）的意大利外国人大学（Università italiana per stranieri）。返回基尔后已经距第一次国家司法考试不远了。1956 年 1 月，我通过了该考试。

赫尔穆特·迈尔（Hellmuth Mayer）（1895－1980 年）愿意接受我的博士论文选题《康德与费尔巴哈》，但是我的研究进展缓慢。主要的干扰是，我在某地方法院的头一个月见习期里，见识到了实务界是如何理解法律的，并因此而受到强烈刺激。1956 年秋天，我再次在德意志学术交流援助中心的资助下，作为研究类学生（research student）前往苏格兰的格拉斯哥大学（Universität Glasgow/Schottland）。我的研究目的是，厘清在康德那里学术批判与学术创新的关系，尤其是关涉到刑法时。我在研究技巧方面没有足够的经验，以至于无法将康德在学术创新方面失败的印象付诸文字。但是我确定地领悟到，通过大量引用康德，费尔巴哈只是美化了追求效率的现代刑事政策。这样一种方法在法学领域内前景光明，并对职业生涯也有促进作用，这是我在格拉斯哥所没有预料到的。带着完稿的论文《康德与费尔巴哈的心理强制论》，我于 1957 年返回基尔。评鉴人赫尔穆特·迈尔和卡尔·拉伦茨（Karl Larenz）通过了这篇论文，但是有所保留，主要是因为我忽略了关于康德的二手文献。毋宁说我是有意忽略那些二手文献的，因为它们不过是学术上的康德实证主义。1960 年的候补司法官考试后，我得到了在基尔担任学术助理的职位，辅助赫尔穆特·迈尔开设犯罪学的研讨课。

四

该职位的拥有者必须组织好研讨课，并管理图书馆。我因此对学术管理工作有了初步体验。令我吃惊的是，可以自由进行学术研究的空间非常狭小，我甚至觉得作为学生和见习生时我反而更为自由一些。图书馆的工作则使我概览了不同的犯罪学研究方向。在此期间发表了我最初的一些研究成果，其主题主要与危险性惯犯（Gewohnheitsverbrecher）概念中预测危险性时的自负（prognotische Anmassung），以及《刑事诉讼法》第 81 条 a 充满权力属性的现代风格（machtvolle Modernität）有关，这些主题可以说百谈不厌、历久弥新。

在关于诈骗罪的教授资格论文里，我对大量犯罪学和法学素材方面的权威进行了检验。各种刑罚理论集成之下的刑法一直只有微弱的合法性，社会科学上的各种理论认知能否对此提供支持，这是 20 世纪 60 年代初就开始了的争论。提及刑罚理论，那时其经历过从一种包含了报应思想的并合理论（Vereingungstheorie）向纯粹地通过刑罚而预防的转变。在同样的年代里，还可以清楚看到的是，刑法被时兴的保护法益之要求所解消（auflösen）了。这两方面的发展都不是新出现的，而是一再受到相同力量的推动，即有效地同犯罪作斗争的需求。以一种经验的和科学的现代原理为基础，同犯罪作斗争的努力试图使刑罚干预和保安处分干预在减少犯罪数量方面变得富有成效。而同犯罪作斗争显然需要在刑事政策上具有灵活性的法律。自从19世纪初刑法学发展起来后，当刑法无理由地扩张或者变得反常时，往往就在其概念的中心找不到不言而喻的边界之所在。诈骗罪构成要件的不断扩张就清楚地展现了此一发展。我的教授资格论文所执着追求的是，找到一种控制政党政治中不断摇摆的刑事政策的方式。学术史地看，我认为，在战后具有批判国家之机能但于1960年前后逐渐归于平息的自然法时代里，英占区最高法院的诸判例所表述的内容直到今天都是值得钦佩的。我试图维持它们在刑法学上的可适用性，哪怕我的努力无法成功也无所谓。于是我在关于诈骗罪的研究中描述了一种方式，借以对解消法律的刑事政策之界限进行限制。我认为，被准确制定的法律——诈骗罪的规定在19世纪被设置得准确而狭小——必须如同其被制定的那样准确地得到适用（《基本法》第103条II）；对准确的法律进行解消是违宪的，因为宪法应当被理解为界定权力的宪法。据此，在诈骗罪中，所有经由解释而实现的扩张（事实概念的解消、欺诈行为的简化、引入不作为的诈骗、财产概念的任意扩张）必须立即被放弃。甚至连这样的结论对我来说都已经是一种妥协了。在写作教授资格论文期间，我曾经向赫尔穆特·迈尔倾诉说，我不知道，为什么诈骗罪要被视为具有刑罚可罚性。他的评论是，我应该好好地睡一觉，然后我就会知道为什么了。这是一种调侃式的和充满担心的（iro-nisch-besorgt）评论，但是其实有着坚实的经验主义基础。对刑法第263条的认可，或者至少耸耸肩之后的容忍，是承认诈骗罪刑罚可罚性的条件。

即便如此，赫尔穆特·迈尔仍然认为我的最终结论太激进了。不过他还是宽宏大量地通过了我的论文。汉堡大学鲁道夫·西弗茨（Rudolf Sieverts）教授的第二评鉴意见则非常正面。1964年1月，基尔大学法律与国家科学学院授予我刑法、刑事诉讼法、犯罪学和法哲学教授资格。在试讲报告（Probevortrag）中，我为刑法中的溯责禁止（Regreßverbot）作了辩护，辩护的方式则是对条件理论进行批判，我认为后者是一个在政治上极为难以捉摸的刑法"理论"。我们并不是必须接受条件理论，因为溯责禁止的教义可以更好地限制刑法中归属的范围，并符合了最大限度地同犯罪作斗争的要求。在以前，通过重视刑法分则中与目的导向相联系的构成要件之界限，可以部分地在法学上反对条件理论，却没有通过总则中的概念限制条件理论。对演讲的最大质疑来自学院内部国家科学专业的成员，他们从根本上质疑说，我所讲的刑法上的论证对象及其措辞是否适合于判断犯罪行为之归属，其实是成问题的。

五

之后学院就开始推动我在 1964/1965 学年获得基尔大学的教席一事。我本人则利用 1964 年夏担任编外讲师的这段时间，对我之前零散的研究进行了总结。

最急迫的问题是内容不断摇摆的刑法的约束力。可以看到的是，在几个月之内，有时甚至几个小时之内，我的同代人就从犯罪人变成被害人，或者从被害人变成犯罪人，而且总是以一部有约束力的刑法的名义。以我的叔叔为例，他曾经担任过纳粹人民法院的首席检察官（Erster Sta-atsanwalt），是那场 1942/1943 年间党卫队领袖（SS-Führer）海德里希（Heydrich）被杀于布拉格之后的刑事诉讼的主控检察官（Gnadensach-bearbeiter）。诉讼最终依法以一个死刑判决而宣告结束。1945 年夏，我的叔叔因为他在布拉格的职务行为，作为刑事犯罪人在我们家中被逮捕；经过 1945/1946 年的瓦尔德海姆诉讼（Waldheim-Prozess），他因为支持纳粹政权被判处 25 年徒刑。我的叔叔在东德的监狱里服了 17 年的刑，之后再次成为策勒（Celle）州高等法院的检察官，而海德里希诉讼和瓦尔德海姆诉讼现在都被认为是违法的。也就是说，海德里希诉讼在它的时代是合法的，瓦尔德海姆诉讼在它的时代也一样合法，现在我们却知道情况并非如此。这样的想法显然需要进一步深究。

我订阅了《联邦法律公报》（Bundesgesetzblatt）。从中我认真地记录，立法者到底希望建立一种什么样的刑法群（Strafrechtsmassen），尤其是在附属领域内。如果探究这一根据日常需求而形成的刑法群之约束力，答案通常是：约束力来自《法律公报》的公布，以及来自防卫社会的与时俱进的合目的性。这样的回答是永恒的。据说我的叔叔在自我辩护时也提到了这一点，最近它在东德垮台之后的柏林墙射手案（Mauerschützen-Verfahren）中再次出现，它也是刑法中处于支配性地位的客观解释论的基础。

但是，对于一种大学里的争论而言，以"各合乎目的的刑罚法定性"这样的表述，来回答内容摇摆不定的刑法之约束力问题，多少是不合适的。我在研究开始之时就有的思考，即刑法学作为法学的一部分，必须有一个"对现代刑法进行原则性批判"的分支，到处都可以找到坚实的根据。

那时我的基本立场与康德一致，他曾经表述说，立法者总是希望摆脱批判"之主"（"ihre Majestät" der Kritik），以免自己受到"合理怀疑"（gerechten Verdacht），那么，原本根本不应该成为法律的"一部纯粹机械化的拙劣作品"，也可能是合乎目的的刑法（《纯粹理性批判》，1781年第1版，1936年前言，第178页）。在日常刑法研究中，我的该基本立场遇到了诸多人和事方面的麻烦，我希望可以克服它们。我从叔本华和尼采引人入胜的著作中获得了许多启发。叔本华和尼采的著作主张，未来人们希望遵守的刑法，其书写和阅读风格都必须是清楚的。尼采具有从细微的利益从属性之角度描写政治、道德和法律规则的卓越能力，这深刻地影响了我（尼采希望站在一个破坏者的位置上也不能改变这一点。人们总是会遇到康德提出的那个难题：一个在学术上被详尽阐述的批评，例如对刑罚的批评虽然如此有效，却几无可能使被批评的对象推倒重建）。

第二个问题与转化成了刑法批判方案的约束力问题有紧密关联，它使约束力问题变得更为具体。从教授资格论文的研究中，我发现了一个刑法上的事实，即诈骗罪在所有现代的政治世代里以相同的法律技术——主要通过不断调整被保护的法益——持续地被扩张。由此我得出了探寻刑法延续性的必要。有待追寻的还有下述并不清晰的印象，即自从费尔巴哈以来刑法就藏身于"刑法是法益保护"的套话之后，成了各种内部和外部政策所要求的同犯罪作斗争的武器。我产生了启蒙以降刑法的"警察化"（Verpolizeilichung）的想法［后来在题为《论法律中警察思想的深入人心，兼论法律中形而上学的终结》（Vom Vordringen des Polizeigedankens im Recht，d. i. vom Ende der Metaphysik im Recht）的文章中我集中阐述了该观点，《埃勒尔祝寿文集》，1986 年，第 177 页]。相反的观点则认为，刑法原则上是最好的法律，只是偶尔反常而已。我觉得这有违经验常识。对延续性的检验正好可以提供素材，以促进对现代刑法发展的学术批判。

同专业延续性问题有关的，是人的延续性问题。我所属的刑法世代主要接受的是纳粹时期高校中的刑法学者的指导，有些还曾享有知名地位，他们在联邦共和国里做着和之前完全不同的研究，仿佛什么都没有发生一样。这种状况对"刑法"专业的对象、内容和方法而言意味着什么，是延续性思考的一个重要部分。刑法在政策上固有的基本目的，即同各自的犯罪作斗争，可以被不同的政治世代代代相传吗？这样的代代相传也可以使实务上和学术上实施同犯罪作斗争的人的代代相传成为可能吗？

我和赫尔穆特·迈尔讨论过该问题。他要我注意，他不是纳粹支持者，该问题与他和他指导过的教授资格获得者［弗里德里希 – 格尔茨（Friedrich Geerds）、约阿希姆·黑尔默（Joachim Hellmer）、弗里德里希 – 威廉·克劳泽（Friedrich-Wilhelm Krause）、克劳斯·勒尔（Klaus Röhl）］们都无关。进一步的谈话表明，这是一个非常棘手的问题。这涉及弗赖斯勒（Freisler）。赫尔穆特·迈尔认为，虽然贬低弗赖斯勒作为纳粹司法国务秘书（NS-Justizstaatssekretär）和作为人民法院院长期间的全部活动是正确的，但是他在教义学上仍然是一个"好的法学家"。我的观点则是，区分同一个人政治上不能忍受的刑法活动和教义学上清白的刑法活动，是不可能的，这事关一个法学家人格（Juristen-Person）的统一：一个人民法院中残暴的审理者或者一篇法学上令人反感的机会主义的论文（例如卡尔·施密特（Carl Schmitt）：《领袖受法律保护：论阿道夫·希特勒 1934 年 7 月 13 日在帝国议会的演讲》，《德意志法学家报》（DJZ）1934 年，第 945 页以下：在教义学上和政治上该文都为 1934 年的勒姆谋杀案（Röhm-Morde）做出了辩护）都会使一个作者的全部出版物在法学上空洞无物。许多人认为我的观点过于不能妥协和过于不切实际，他们相信，刑法政策的合理与否和刑法教义学的好坏可以截然分开。然而，这只是让我们不去讨论刑法中人的延续性的一种廉价的可能性，它使一些大学刑法学者在 1945 年之后仍然担任公职，也在两德统一后再次使东德的大多数刑法教授付出了职务的代价，因为除了从属于政治的社会主义刑法理论，这些教授们没有展示出好的教义学。

格奥尔格·达姆（Georg Dahm）（1904 – 1963 年）认为刑法专业的延续性和人的延续性问题很有意义。达姆战前是纳粹刑法在学术上的支持者，20 世纪 60 年代初他在基尔大学拥有一般法理论的教席，但是也开设刑法练习课。我曾经向他寻求修改意见，他在回答中小心翼翼地指出，有必要对纳粹政权时期和之后世代里学者们的刑法作品加以研究，但是可能为时尚早。达姆认为，20 世纪 20 年代末 30 年代初他们在法学研究方面的经历，是我们这一代很难理解的：一种深刻的民主疲劳（Demokratiemüdigkeit），以及一种在刑法上所有问题都可以讨论，却什么都不会发生的绝望之情。1933 年的青年刑法学者们有所作为的可能性早已在无聊和封锁中结束了。

对我来说，这样的谈话确证了一种学术上常新的怀疑：刑法是公共政策上的，而不只是刑事政策上的权力。这样的怀疑是我所乐见的，且从未发现过相反的情况。人们可以根据时代精神人道地和合目的地操纵这种权力，但不能废止它。一旦刑法的权力界限变得疲劳，例如一旦通过严密组织和严格遵守的民主结构所确定的该界限不再明确，那么刑法上的权力马上就会不可分割和不受限制地变为可利用的。

我在 1964 年平静的编外讲师期间研究的第三个问题是另外两个问题的余波：刑法中是否有一部分内容独立于同犯罪作斗争的需要？在作为全职法学研究者一年之后，我确信，存在着这样一种不依赖于政治的甚至拒绝政治的刑法。在批判了经验的、条文繁多的实在刑法之后，仍然留存下来的，是一个恒久的核心刑法。

每个市民都必须被保护免受暴力的压制。这种保护是其自由的重要部分，至于暴力是被另一个市民、另一个组织还是被国家所行使无关紧要。此一狭小刑法领域的特征在于，可以按照对刑法的诸谨慎批判，重建刑罚正义。重建的过程则取决于一个康德典范意义上的法律形而上学的世俗化的成功。此时，我再次遇到了那个问题，即无论哪一刑法群都是有约束力的；我也再次遇到了那种可能性，即区分独立于政治的、对个人自由负有义务的核心刑法和其他以某种方式预防性的、对某些人来说有用的刑法。

我在大学教职生涯的开端时曾经认为，坚定地或者说傲慢地反对此一核心刑法的各种异议都是可克服的。现在看来，我低估了那些困难。人们可以以下述原理来攻击一部高度目的性的刑法：刑法不能将人作为其他目的的工具而加以利用（康德：《道德的形而上学：法律理论的形而上学原理》，第 2 部分，一般性注解 E）。但是，尽管每个法学致辞者（Festredner）都珍视这一原理，在致辞之外，刑法却仍然是预防。通过指明合目的的刑罚和保安处分的理所当然的必然性，刑法轻易地就拒绝了该原理。

六

1964 年 10 月我成为基尔大学刑法、刑事诉讼法、犯罪学和法哲学专业的教席教授（o. Professor）。

1964 年底我和黑尔加·扎雷（Helga Saare）结婚，她出生于格赖芬哈根（Greifenhagen），是一位检察官的女儿。我们的两个女儿分别于 1969 年和 1971 年来到这个世界。我的夫人和两个孩子也都以法律为业。

1964 年的聘任协议中规定，我可以在研究和教学中"合理地维护"我的专业。这一表述我非常满意。它确保了独立性，又相信该独立性会被谨慎行使。我将其作为我未来职业实践的座右铭。

不过我很快就发现，我美好的研究计划并不是与世隔绝的，也不能完全自由地得以实施。有太多的新信息不得不去考虑，尽管乍看之下它们与我的计划并没有关系。

在基尔担任教授后的就职演说题为《康德报应刑法的射程》（Die Reichweite des Vergeltungsstrafrechts bei Kant），该演说对我的研究纲要中的一个非常重要的部分进行了阐发：核心刑法的界限是有限的。它只包括针对个人的故意的暴力犯罪，只有在该领域内，刑罚惩罚才优越于犯罪人总是可以为自己的行为所做出的各种解释。其他的刑法都是位阶更低的刑法。

从一开始我就觉得授课活动引人入胜，该工作表演性的一面让人激动，但使授课内容让听众易于理解却有一定难度。在刑法学习大纲和刑法教科书方面我没有太大的抱负，我只是要求自己，必须在每堂课上都确信，自己讲述的是刑法中合理的内容。如果将刑法描绘成对握有惩罚还是不惩罚的个人权力（persönlichen Macht）的指导，是最容易实现这一点的。不过这样的尝试与需要严肃对待的职责——训练学生分析案例的技巧——有所冲突，因为考试成绩取决于对那些技巧的表面掌握，却与惩罚性的权力无关。

1965 年，我获选为基尔大学大学法庭（Universitätsgericht）的成员，该法庭是针对学生的纪律法庭，由校长、大学董事（一位高级法官）和法学院的一位成员组成。当时的工作流程是，首先由一个正式的法庭对某个大学生的犯罪行为作出判决，然后法庭将刑事诉讼卷宗转交给大学法庭，由大学法庭继续审判。大学法庭则有权另行宣布退学、禁止在其他大学注册、学期作废（Streichen von Semestern）或者训斥的处罚。出乎意料地获得的权力让我非常吃惊，我的纯理论研究现在要接受实践检验了。要承认的是，大学法庭显然已经过时了，一个对其他市民无效的苛刻的行为法典，对于大学生们来说也不该继续存在。所以大学法庭很快就消失了，甚至都不必去正式废除它。在该法庭供职为我提供了宝贵的机会，以训练自己批判刑法的能力。我的体会之一是，如果一个具体的法律决定已经确定了，那么以做出决定的机构在法律上是过时的为由而阻止该决定，几乎是不可能的。毋宁说质疑作出决定的机构在法律上的可维护性时，必须将该质疑转换为具体决定的理由而重新表述出来。

一个例子：一位法科大学生帮助拉皮条（Kuppelei）的行为，被刑事法庭根据 1965 年时存在于刑法中的规定判处罚金。他的母亲，一位二战军人的遗孀，将房间按小时出租给一对大学生，房间则是由他布置的。大学法庭必须决定，这位法科大学生是否可以继续不受限制地学习法律。该问题是无法回避的。法庭里另外两位年纪较大的成员决定将权力交给我。我援引琐碎原则（Bagatellprinzip）和禁止双重处罚原则，在我的陈述中采纳了其减轻处罚的作用；而按照当时的主流观点，该原则其实不适用于纪律处罚。我不记得大学法庭决定的具体内容了，但是那个大学生最后被允许继续学习法律。

1966 年起成为位于石勒苏益格市的石勒苏益格·荷尔斯泰因（Schleswig-Holstein）州高等法院刑一庭的一员，则为我带来了更为广泛的实务经历。刑一庭负责上诉审（Revisionen），所有案件均提前由书记员（Berichterstatter）做出书面鉴定，之后进行口头审理和做出判决。此外，根据旧的《法院组织法》（GVG）第 120 条，刑一庭也作为一审法庭负责所谓的"轻微的国家保护案件"（Staatsschutzsachen）。为了履行职责，我特意学习了上诉审的相关流程；我还了解到，保护国家的刑法是多么的胆怯。

在审判活动中，我学会了很多如何在庭审中查明案件事实，以及如何在法律上论证它们的方式。在刑一庭的工作也不断成为我学术研究上的新题材。例如，对培养良好的法律氛围，以及对许多犯罪人、被害人和其他诉讼参与人而言，事务分工问题（Geschäftsverteilungsprobleme）和成本问题，要比故意是否"属于"主观的构成要件要素之问题更为重要。在受到刑一庭的一个判决之启发而完成的一篇小论文里，我有力地推动了让被告人分摊必要费用的理论，以反对当时《刑事诉讼法》第 467 条不明确的条文（《新法学周刊》，1970 年，第 84 页）。刑法学是否正确地确定了其对象，可以通过参与具体的刑事诉讼活动变得更为清楚。为此，我于 1972 年在一场刑法学者会议上做过题为《刑法学与刑法实践之关系》的演讲。遗憾的是，反响并不热烈。一位享有盛誉的年长的同仁提问说，是否我因此就认为，刑法学应当致力于研究各个法官的判决。我的回答是"是"，例如判处罚金时判决主文（Tenor）的表述就是一个学术问题（《新法学周刊》，1978 年，第 407 页）。

在刑一庭的活动，还促使我定期地去参访刑罚执行机构和其他保安处分执行机构（Maßregelvollzugsanstalten），通常是和学生们一起。我发现，刑罚执行和其他保安处分执行中剥夺自由的现实性，远比区分预备与未遂的任何一种观点都更令人印象深刻。

从 1968 年起，我成为基尔大学校务委员会的成员，并担任大学自治机构的主任。那时，学潮（Studentenunruhen）正好开始蔓延。刚开始这些事件还挺让我感兴趣，我逐渐熟悉了的大学虽然待我不薄，但我仍然对它有一些不满。在我看来，它过于自信，有时甚至过于傲慢与自负；在专业上，它过于频繁地关心教授们的个人观点；就法学而言，它过于接近那个时候支配性的政治概念，且不现实地评价刑法教义的影响范围；在法学教学方面，它则对不依赖于学识的实务人员的种种努力关注不够。因此，我曾经在学潮开始时，希望借此改变这样的局面。但是我对学潮的兴趣突然就结束了。1969/1970 学年冬天，在一次基尔大学校务委员会会议之前，发生了一起骚乱。学生们冲破了一条通道的管制，在时任校长医学家魏斯贝克（Weisbecker）经过时将他击倒，然后学生们在那里欢呼。我认为，这起事件是以暴力压制他人的一个令人厌恶的例子，也一个核心刑法的例子。

学生的这些骚动对教学上的尝试倒是有一定的好处。借由 1969/1970 学年在基尔大学开设的历时三个学期的刑法研讨课，我和学生们一起撰写了一部专著，今天它仍然没有从文献上消失［瑙克、巴克（Bake）等：《法秩序辩护：刑法第 14、23 条——对一个刑法概念之产生与运行的批判》，1971 年］。书中的一份补遗介绍了当时研讨会的研究方式，其中的一个倡议者和共同作者是克劳斯·马克森（Klaus Marxen），现在他是柏林洪堡大学的刑法学和法哲学教授，以及柏林高等法院的法官。

刑法专业似乎希望以"刑法与社会科学"为题进行重新定位。我也参加了此一辩论，当然，是带着研究诈骗罪教义与诈骗罪犯罪学之间的关系时所形成的怀疑。在该重新定位之中，我发现，所谓的重新定位其实只是以一种权威代替了另一种权威，即将一种被视为无效的刑事政策用另一种更为有效的加以取代。难以判定的刑罚正确性之问题，被改造为社会科学上经验的研究计划。与该路线相反，我试图在一种"具体的和人道的法学实用主义"（konkret-humanen juritischen Pragmatismus）中寻求帮助（瑙克、特拉佩：《法律社会学与法律实践》，1971 年第 2 版，第 79 页）。但是后来我并未追随这一主题，因为其表述有点矫揉造作，带有某种天真的倾向，这样的实用主义的批判性力量是非常微弱的。毋宁说毫无保留地批判我在"刑法与社会科学"之主题背后揣测出的各种政治性目的，更接近我的本意。我从刑法对一种无边无际的预防机制之贯彻中看出了那些意图，因为该机制以经验上得到准确认识的刑法性控制工具为基础（《论社会科学在法学上的重要性》，1972 年）。

研究具体刑法制度的权力内容之方法，使我相继发表了关于告诉（Strafantrag）、禁止错误、临时逮捕、解释问题（Auslegungsfragen）、比例原则以及刑事诉讼法第 81 条 a 方面的诸多著述，尤其是刑事诉讼法第 81 条 a，我多次对其进行过研究。作为 1966 年《赫尔穆特·迈尔祝寿文集》的主编（与弗里德里希·格尔茨一起）所进行的工作，则让我对这种当代出版形式的学术合理性产生了不再那么缓和的怀疑。

来自编外讲师期间的研究计划并未在基尔大学取得阶段性成果。

七

自 1971/1972 学年起，我成为美因河畔法兰克福大学的刑法、刑事诉讼法、犯罪学和法哲学专业的教授（1998 年退休）。前往康斯坦茨或者维也纳的机会被我放弃了。我是沃尔夫冈·普赖泽尔（Wolfgang Preiser）（1903 – 1997 年）的继任者。普赖泽尔非常重视刑法和国际法之间源远流长的联系，并由此出发对国际法进行过深入研究，可惜我没有继受这一成果。这是一种非常短视的行为。1945 – 1946 年针对纳粹高层人士的纽伦堡审判，就已经使刑法与国际法再次靠拢；两德统一和东欧剧变后，两大法律的联系更是迅速蔓延。如果置于刑法与国际法长期联系的背景之下，这些现象显然能够得到更好的理解，对欧洲刑法来说也是如此。从 20 世纪 70 年代开始，我陆续出版过一些关于刑法发展之趋势的著述，但是却对可预期的刑法国际化缺乏论述。是否想到这一点，是确定刑法学的研究对象时所要面临的问题之一。

在法兰克福，按照自己的研究计划开展工作，比在基尔还要困难。原来的设想，即人们可以组织上独立和业务上自由地研究刑法问题，并在学术圈中接受检验，成了一种幻想。大学对政治、社会和市场敞开的大门，反过来影响了学者们的研究活动和研究内容。

我在法兰克福任教的第一年，也受到了仍在持续中的学潮的影响。整个校园弥漫着一种高度紧张和毫无目的的政治化的焦虑。冲击课堂、"向瑙克发火"（Putz bei Naucke）、穿着奇装异服的人（Stadtindianer）吼叫着出现在课堂等，这些都是家常便饭。有意思的是，学生们经常随意在课堂上提出一些革命性的讨论要求（Diskussionsverlangen）（例如：在讨论故意时，有学生要求对国防预算中的钱是否应当挪至大学预算展开争论），不过讨论往往与他们预想中的路线（Linie）背道而驰。在苏占区学校的两年里，我曾经接触过马克思主义和列宁主义，这使我对于那些套话没有什么感觉。我再次被贴上了阶级敌人的标签，因为我继续在法兰克福从事法官的活动。一个规模较大的组织施加给个体的暴力令我生厌。用身体或者抬高膝盖堵住教室入口，当然会造成他人自由的损失，这让我很生气。不过，我并没有为了保护我的课堂而叫来警察的想法。

刑法课程的讲授本身倒是没有受到学潮的多少冲击。那时"结构性暴力"（strukturelle Gewalt）的朦胧印象开始形成。从该印象中得出的教义学上的结论是，如果一个市民被认为是结构性暴力的承载者，则可以对其进行紧急防卫：一个使危及生命的暴力变得更狡诈的危险策略。我将这种策略视为一种自从19世纪初以来就被观察到了的现象的范例，即每个政策都可以被法律解释成正确的。与专业联系更密切的，是学生们在刑法练习课上提出的要求：详细阐述犯罪体系的意识形态内容。他们所期冀的答案显然只是将犯罪体系视为资本主义的结构。如果不将答案局限于此，而是研究犯罪体系解消诸刑法制度的政治能力，那么我其实早已开始从事这样的研究。对于仅仅得到了部分表述的问题来说，想要加以解答太复杂了。人们通常在种种激昂的情绪之后，还是回到扎实的案例分析之上，以便为获得考试知识做好准备。20世纪70年代初"韦塞尔斯式的"图书大获成功，充分说明了这样一种大学标准的回归：学到一目了然的和学术上标准化了的指定素材。至于我自己，我利用与学生们之间关于政治与刑法教义的辩论，将刑法教义描写为对绝对保护自由的刑法界限的保障（《康德之处法律问题的教义化》，《新法律史杂志》，1979年，第3页）。

20世纪70年代，法兰克福大学法学院围绕法律展开过非常有启发性的讨论。在走道里、电梯中、办公室内、午餐时，更多的时候是在全体教师大会上，我们都争个不停。论证和表决时，老师们会分成观点各不相同的派别，但是不像早期的大学那样有明显的界限。组织性的问题，即法兰克福的法学教学应当是一阶的还是二阶的（einstufig oder zweistufig），内含了关于另一个问题的激烈争论：是否存在着法学教学方面的法律？如果有，它应当有何种内容？我觉得这样的争论对一所法学院来说是非常合理的；我认为合理的还有，人们就此无法达成一致。赢家是地方的立法者。他们考虑的不是接受我们的观点：法律科学的大学学习应当组织得比既存状况更好，以便为法律实践做好知识准备；而是借机通过了他们想要的《法学教学法》（JAG），尽管该法附有一个批判性的和启蒙了的崇高序言，其内容即使对最殷勤的教师和学生来说也十分拙劣。作为法兰克福的特点，在专业领域内毕竟得到了贯彻的是，在大约超过15年的时间里，法律科学的大学学习都是以一个学期的法律基础导论开始的。不过整体专业领域（Gesamtfachbereich）内的一般性讨论后来几乎就无声无息地消逝了。

令人高兴的是，刑法组里这样的讨论仍在继续。刑法方面的大学课程应当如何组织，老师们进行了毫不妥协的争论，争论的焦点是，传授给学生的应当是正确地合目的的刑法，还是正确地独立于目的的刑法。为此，法兰克福的刑法老师及其同仁们，包括学生，特意开设了一门持续数周的研讨课。一开始参加者有：赫伯特·耶格尔（Herbert Jäger）、温弗里德·哈塞默（Winfried Hassemer）、克劳斯·吕德森（Klaus Lüderssen）、恩斯特·阿马多伊斯·沃尔夫（Ernst Amadeus Wolff）和我，以及来自远方的观察者弗里德里希·格尔茨。

参加讨论的前提当然是，每个人都知晓广泛的信息，并享有争论时的独立性。在我们眼中，刑法是作为整体性的刑法而被理解的，包括了所有哪怕只是可想象的各种基础专业和临近领域。我们可能不能达成一致，但是彼此都可以准确地知道，同仁们在刑法中的论证建立在什么样的基础之上。我可以提出我长期研究的所有问题（尤其是关于刑法学是对刑法的恒久检验的观点、核心刑法的界限、关于刑法中从未中断过的摧毁自由的斗争之延续性的观点，以及远离一种程式化的教义），但是必须让它们接受激烈的批评。这种流程都是相互的。刑法科学的一个侧面都要面对其他不同的侧面。两本文集，1979 年出版的《一般预防的主要问题》和 1983 年出版的《经由社会科学而在刑法中取得进步?》记录了当时法兰克福的刑法争论。那个研讨课的开设当然不止于讨论如何在教室内组织相关的教学活动，20 世纪 70 年代中期以预防目的为导向的刑法改革，以及因为追诉和处罚赤军旅的恐怖行径而带来的刑法和犯罪学的变革，都不可避免地成为固定在周三举行的、法兰克福刑法学者的研讨课的对象。法兰克福持续讨论的那些问题因此是与现实息息相关的。我的观点是，刑法预防导向的改变，尤其是扩张惩罚的趋势，与为了同赤军旅作斗争而以预防为导向地削减限制刑法的规则，有着共同的基础，即有效地同犯罪作斗争，而且这两种倾向可以相互强化。同仁们严肃地对我进行了批评，认为预防与限制刑法不是相互排斥的，人们必须重视以刑法科学来指导政党政治上被确定的刑事政策。我认为，他们的批评都是学术性的，而不是政治性的，并对个人自由来说充满了危险。这些观点上的纷争延伸到刑法的各个分支，且在私下的会面里也得以继续。这不是集中于一个地方的、旧有学派之争的新版本。它是学派之争的后续影响，是预防理论的胜利，是学术上对这种胜利的欢呼或者叹息。

　　伴随着人和题材的变动，法兰克福的周三研讨课一如既往地进行着。一个法兰克福学派，如同有时可以读到的那样，并不存在，存在着的是一种法兰克福的辩论风格。该风格在法兰克福刑事科学研究丛书第 50 卷（1997 年）（西班牙语版 2000 年）、第 69 卷（1999 年）和第 100 卷（2007 年）[主题分别是"刑法的不可能状态"（Vom unmöglichen Zustand des Strafrechts）、"刑法立法的歧途"（Irrwege der Strafgesetzgebung）、"法治国刑法的彼岸"（Jenseits des rechtsstaatlichen Strafrechts）] 中均有所反映。

　　1972 - 1995 年，作为美因河畔法兰克福州高等法院刑三庭的成员，我继续着我的法官活动。刑三庭的职责是，负责审理道路交通案件的上诉审、根据《违反秩序法》（OwiG）提起的上诉审和根据《关于执行自由刑和剥夺自由的保安处分措施法》（StrVollzG）提起的上诉审。按照刑三庭的业务分工，我承担一部分上诉审的工作；在其他案件中，我则参与庭里对原则性问题的讨论。刚开始非常困难，因为在刑三庭的工作中，我遇到了一个对于刑法发展而言非常重要的状况，而我对其无能为力。

《刑事诉讼法》第 349 条 II 规定了一种程序（未经口头审理即可认为上诉毫无根据，并决议驳回上诉），对习惯了经过谨慎准备后进行口头审理的我来说，该程序是难以接受的。不过它并没有怎么影响我，因为根据《刑事诉讼法》第 349 条 II，该类决议只有经过一致同意才有效，而我在我的案件中一律拒绝表示同意，并要求庭里必须进行口头审理。我觉得我必须像一个法学教授那样面对一切。但是我低估了业务分工的组织化力量。一段时间后，刑三庭庭长极为友好地向我指出了以下《法官组织法》中的状况：为了节省时间而简化某些案件的决议过程，这并不违反对刑庭的业务分工；我的行为显著地扰乱了刑三庭的工作流程。我可以选择要么退出审判，要么继续在庭里让同仁们感到为难，要么屈服于《刑事诉讼法》第 349 条 II。我屈服了。我参与了一些按照《刑事诉讼法》第 349 条 II 所开展的决议程序，即使这个难以被决断的上诉本该在数小时的辩论后才能被认定为毫无根据。现在我认为我的这些行为是错误的。

长期在同一个刑事法庭（strafrechtlichen Spruchkörper）工作，使我获得了大量从文献和最高法院的判例中无法知悉的信息。在呈报给我的每一卷卷宗里，我都看到了《道路交通法》——我开设的第一次大学研讨课就与该领域有关——的深远意义：攸关所有市民的身家性命；不断地被扩充；依赖于汽车的数量；摇摆于保护生命、健康和财产与使交通流畅成为可能，以便促进汽车产业发展和增加工作岗位之间；意外事故与可归属的行为之界限不断推移；制裁时有很大的裁量余地，同时又试图通过各种规定和细则排除该裁量；不断地增加和强化被认为是控制性的道路交通规则，同时人们在交通中又不愿意遵守这些规则。以《刑事诉讼法》第 153 条 II 为依据，上诉审中开始出现中断审理的趋势；卷宗内也可以看到刑事诉讼中的预先和解（Die Vorformen der Verständigung）。这曾经激起我的雄心壮志，试图去探询我在课堂上所讲授的内容，是否可以对刑法发展起到重要作用，可惜后来未能付诸实践。稍可安慰的是，在刑三庭的活动，至少促使我形成了大学法学教学必须改革的坚定立场。"法学教学"（Juristenausbildung）是大学无法兑现的一种承诺，因为大学是不可能对实践中的法律职业进行培训的。作为职业，人们必须掌握刑法方面的《上诉法》（Revisionrecht），无论他是法官、检察官还是辩护人，而这种掌握根本不可能在课堂里实现。通过训练《上诉法》中规定的日常工作也无法掌握《上诉法》。只有当人们在课堂上理解了，为什么以及在何种范围内必须存在刑法方面的《上诉法》，哪些程序对一个上诉来说是合适的，之后再投身于实际的上诉审活动中一段时间，才有可能掌握《上诉法》。

　　在法兰克福的第一个 15 年内，我还作为法学院的院长、大学的副校长、许多委员会的成员以及德意志研究协会的鉴定人（DFG-Gutachter），参加过学术性的自我管理工作。在德意志研究协会里，长年的鉴定活动使我深切地体会到，刑法学的对象不应当被理解得过于狭隘。通过长期参加大学的管理活动，我则了解到，大学是如何自我发展的，以及大学的自我管理是否可以有助于该发展。因为亲身参与其中，我近距离地观察到，大学里进步的改革力量与立法者的联合在 1970 年前后引发了什么，即看上去改革力量得到了他们想要的法律，并在此过程之中获得了相对于改革的反对者的优势，与此同时，却也带来了学术自由的隐患。我是在基尔开始接触大学事务的，那时大学只有一部自制的、由主管部门批准的章程。之后来自立法者的呼声终结了大学章程的权力，大学因此失去了信任，也失去了重新表达自我的权限。谁希望在将来对大学改变点什么，就必须争取接受政党政治指导的立法者的支持，其前提显然是立法者知道大学应当成为什么样的。遗憾的是，我在和各政党科学政策方面的发言人以及科技部门谈论大学的任务与状况时，惊讶地发现他们对此竟然一无所知。

　　20 世纪 70 年代的立法改革重新分配了大学里的权力，并因此创造了一个不断扩张的模式。该立法改革将大学的结构加以民主化，但并非为了民主化而民主化，而是为了获得大学里的安宁。安宁甫一实现，民主的热情就悄无声息地消逝了。改革运动中成立的委员会首先被官僚化，紧接着又被号称更有效的组织结构代替。此时，那些骚乱和改革的缺陷已经不可避免地显露出来：根据对社会的好处来调整大学，且在确定其内容时，大学只能够边缘性地参与其中。何况即使是这种无奈的调整，过去和现在也都只能通过立法的形式。

就法学领域而言，上述变化意味着，法律应当为从外部告知给法学院的现实内容服务。"学习法律科学（刑法科学）"这样的表述消失了；在立法者看来，刑法现在是促进预防的一部分。对于刑法科学的一个非常重要的部分来说，这并没有什么，因为该部分已经实现了从过去的惩罚行为人到预防以及在刑法上将危险与风险前置的转变。可是如果因此认为刑法科学可以自行确定预防的方向与界限，无异于自欺欺人；毋宁说该职责已转移至各政治性的政党。其后果在各种法学教学法中有清楚体现，即法学教学中要讲授的内容越来越狭隘了。就我自己而言，自从1964年开始了职业生涯以来，我就形成了一个坚定的信念，没有什么大学法，也没有什么法学教学法，能够左右我以我自己的方式合理地维护刑法专业；只要学生们相信我，他们就可以前途光明地为考试做好准备。带着这样的观点，我和教学上荒唐的大课——大学作为服务机构的后果之一——之间相处融洽［《赞美大课》（Lob der Massenvorlesung），《批判性司法》，1997年，第240页］。还需要提及的是，20世纪90年代中期，虽然拥有丰富的管理经验，我仍然犯过错误。那时，由于针对大学的立法以法学教学方式与内容为核心而展开，我因此对法律科学之外的问题表现得不够关心。

1989/1990年两德统一后，我再次返回学术性管理的岗位，成为在新的联邦州内改革两所法学院的委员会的成员。我所看到的，不再只是令人惊讶的了。在新的联邦州内改革法学院的工作，是由一个学术政治方面的行政机构负责的，学术性管理则要受制于这些行政机构的不受约束的行为。留给人们傲慢印象的那些工作，即"清算"前东德大学的制度和人员，是由行政机构执行的，这使我们学术性的自我管理显得有些多余。

从法兰克福开始，我有了丰富的机会，在国内和国外报告我的学术观点，并听取他人的口头评论。我在欧洲各国，尤其是当时的东欧（在东德、波兰和匈牙利），以及在美国作过多场报告，也收获了其他学者对我提出的诸多质疑。与国外同仁之间的私人联系是巨大的收获，当人们不能以当地语言作报告，而只能进行大致的讨论时，信息的流逝是显而易见的，就此只能通过友好的客气来加以弥补。我法学生涯中最令人困惑的法学会谈之一，是 1990 年 3 月初的一次报告之旅。那时东德还存在，我在东柏林碰到了东德检察总长的一位同事，之后就在洪堡大学做了一场关于《法治国刑法的脆弱性》（die Zerbrechlichkeit des rechtsstaatlichen Strafrechts）的报告。从我所住的西部宾馆（West-Hotel）前往大学的人行道要途经柏林墙的一处裂缝，在我看来，它充分证明了追求预防的想法不仅流于失败，而且使很多人因此不幸遇害。会谈中讨论的法律问题是，是应当按照东德的法律对昂纳克（Honecker）和其他东德高官进行侦查，还是应当按照纽伦堡法庭的规则进行。我的核心观点是，只有纽伦堡审判的规则才适合该侦查程序，并可以促进刑法的发展。对话伙伴同意了我提出的法学论据，但是他反驳说，根据纽伦堡法庭的规则进行审判，会将昂纳克及其同伙等同于希特勒和希姆勒（Himmler），这在政治上是不正确的。但是，如果过于迁就政治考量，人们就难以从当代刑法的争论中体会到更大的教益。因此，在 1945/1946 年的纽伦堡法庭，以及 1993 年的南斯拉夫法庭和 1998 年的国际法院之间架起一座桥梁，并为此而提供理论上紧迫且必要的支撑，势在必行。该桥梁及其支撑并不是因为法律和政治上的利害关系而思考建立的！针对东德国家罪犯（DDR-Staatskriminelle）的诉讼最后是在东德，并很快在德意志联邦共和国内，按照东德或者德意志联邦共和国的国内法进行的。这造成了所有概念上的困难，也让行为人享有了全部的特权，这些特权似乎无法避免，部分还受到欢迎（参见《强化国家之罪犯在刑事司法中的特权》，1996 年）。

自从转职于法兰克福后，我发表的著述都与博士论文和教授资格论文以来的路线完全一致。刑法范围之问题，以及刑法的约束力独立于政治的问题，对我来说越来越重要了。我认为，在现代刑法的延续性中寻找到一种这样的刑法，也越来越具有现实意义。追踪这些问题并不是专注于个人的爱好，而是重视那些刑法学不允许回避的议题。毋宁说我所关注的学术问题，就是从那些日常生活中围绕着我的政治问题演变而来，直至千禧年以及之后。

1970 年后，科学与学术迎来了一段快速发展的时期，刑法也是如此。人们年复一年地在法学中听到的康德式的政治语言，被一种雅致的论调所接替；受马克思影响的各种观点也几乎一夜之间就被放弃了。鉴于如此剧烈的观点变迁，从自然科学的历史中衍生出来的精致表述，即"范式转换"（Paradigmenwechsel）开始流行起来。那种人们轻易就可以放弃的专业立场成了一种"路径"（approach），它期待着某些权威来接收自己，尤其是商谈理论（共识理论）和系统理论［Diskurstheorie（Konsenstheorie）und Systemtheorie］。在学术语言中随之也出现了大量如同标语般的新词汇。不久前还被称为探讨、辩论和深思熟虑的那些内容，现在成了"商谈"了。"终极理由的不可能性"（Unmöglichkeit von Letztbegründungen）挂在了每一个人的嘴边，从该不可能性中得出的却不是康德式的结论，即该不可能性解消了法律的全部约束力。人们没有终极理由地推动着法律科学，或者更苛刻地说，"似乎"有终极理由，却不必去谈及。"不公正"被代之以"不具有可行性"，"公正"则成了"没有选择余地"。从追寻刑法的终极理由中解脱出来，使我们可以再次展开刑法上的幻想（strafrechtliche Phantasie）。人们臆造出种种新的犯罪、新的刑罚、新的刑罚替代措施、新的保安处分、新的非正式制裁和新的法外秩序机制。"经由程序而具有合法性"（Legitimation durch Verfahren）发展出了一种类似于之前的自然法一样的魅力。学生们还对在课堂上使用拉丁语表示抗议，因为他们在拉丁语中发现不了什么在"法律作为自创生系统"（Recht als autopoietischem System）的语汇里有待学习的东西；许多学生更偏爱"自我关照的法律"（selbstreflexives Recht）这样的表达。"复杂性的简化"（Reduktion von Komplexität）成为炙手可热的标签。"刨根究底"的程序从学潮中保留了下来，理由可能在于，它是比"带着理由去怀疑"更为简单的处理方式。正义概念毫无反抗地就落入政治性政党的理论宝库里。刑法科学此时采纳的是一种顺从于《基本法》的相对主义立场，日常研究工作则转化为一种中庸的实证主义，这为同法律打交道提供了充分的活动空间。当人们发现，即使是《基本法》中规定的基本权利，通常也可以透过一定的解释方法而被软化时，该活动空间很快就变得越来越大。对我自己的刑法研究工作而言，我坚决认为，仅仅通过法学技术而时代性地弱化基本权，以强化权力界限（Machtbegrenzung），这是不能被允许的（《刑法规范的合法性》，吕德森主编《被启蒙的刑事政策还是与魔鬼的斗争》，第 1 卷，1998 年，第 156 页）。

　　我的观点是，商谈理论是原西德思想界的产物，它与原西德的表层冲突是相适应的。对于我毕生从刑法实务以及从 1989 年后军事政策的发展中看到的那些激烈冲突而言，它其实无能为力。在我看来，即便是刑法上的同意理论和承诺理论，也远比一个一般性的、显然亲近于商谈理论的共识理论，更有经验基础，也更为谨慎。

　　系统理论则根本不是刑法中新奇的东西，其主要内容在费尔巴哈那里就已经存在于刑法中了。任何预防性的刑罚理论都是在传递系统理论。20 世纪 60 年代后期，在雷达城堡（Schloβ Rheda）举行的几场筹建比勒费尔德大学的会议上，我曾经遇到过前期系统理论在西德的先驱 N. 卢曼。我问他，是否系统理论也可以对集中营里的情况加以理论性的处理，而不将这些情况评价为非正义的。回答是，系统理论可能会这样，因为它只与观察有关。我提出异议说，刑罚并不是要禁止系统理论，而正好是因为了解了系统的机能，才放弃了系统理论，以便建立起抵制错误社会系统的机制。卢曼的评论是，系统理论并不识别错误的系统，因而该异议是不重要的。在刑法上，这样的理论要么单调乏味，要么政治上稳固无比。后来听到的似乎非常在理的观点，例如因为网络化和全球化，世界被闻所未闻地复杂化了，以至于人们需要系统理论及其继续发展出的综合性理论所提供的给养，也没有对刑法产生任何影响。相反，尽管有许多人主张当代刑法出现了闻所未闻的复杂性，但是诸事实其实很简单，经过足够的努力完全可以在实务上对这些事实进行控制。自从 1970 年以来，已经出现了越来越多所谓与犯罪作斗争的刑法。那些在大学学潮之下发展起来的理论，都不能阻止各期《联邦法律公报》不断公布由《刑法》、《保安处分法》、《警察法》和《违反秩序法》所组成的规范集合体，而且这些法律之间通常是可互换的。

　　如何才能控制该规范集合体之问题，是我主要的学术追求。我希望激起学生们对此一问题的兴趣，所以，在基尔时，我在第一学期就开始为他们引导性地概述整体刑法，包括其发展趋势与权力；到了法兰克福这一课程也得以继续。后来，以授课内容为基础，我出版了我的那本《刑法导论》（1975 年第 1 版，2002 年第 10 版）。用这本书可能分析不了案例，却可以清楚地发现，"案例分析"（Fälle-lösen）是刑法中多么微小和不自然的部分。《法哲学的基本概念》一书同样也是为学生而写［1982 年第 1 版，2008 年第 6 版，后者由雷吉娜·哈策尔（Regina Harzer）做了新的修订，她是我在法兰克福的同仁，现在是比勒费尔德大学的刑法和法哲学教授］。我写作这些"基本概念"的意图在于，希望使大学生读者确信，康德的"什么是法律"之问题（康德：《道德的形而上学：法律理论导论》，B 章）是很难的，甚至可能根本无法回答，至少不能通过在《法律公报》中印刷越来越多的文本，然后将它们体系化而得到回答。由此我们可以发现，当代法律理论对法律的约束力究竟何在之问题的回答越来越肤浅，通过学术来控制法律发展也变得越来越困难。

　　按照之前的计划，我原本希望在众望所归的刑法权威那里寻找控制刑法的技术，却发现这些权威们对控制技术并不是特别感兴趣。贝卡里亚（Beccaria）作为现代刑法的主要见证者受到普遍承认，但他却在世俗的刑罚中发现了一种维护国家安全的、没有固定边界的工具；他甚至认为，如果必要的话，可以杀死无可救药的国家敌人，可以对严重犯罪人判处终身苦役，也可以实行身体刑（Körperstrafen）［《贝卡里亚：刑法的批判者与强化者——关于由托马斯·福姆鲍姆（Thomas Vormbaum）重新翻译的贝卡里亚 1764 年〈论犯罪与刑罚〉一书的引论》，2004 年，第 IX 页］。费尔巴哈坚持清楚的刑法典，却只是因为在他看来这样最能发挥预防机能；他还认为死刑是必不可少的［《费尔巴哈的法定刑罚的优异机能理论》，希尔根多夫（Hilgendorf）与魏策尔（Weitzel）主编《历史发展中的刑罚思想》，2007 年，第 101 页以下］。对于古典派的宾丁（Binding）来说，刑罚是目的刑，该目的——保障社会的规范——通过清晰的一般预防加以实现；而可变的社会规范则使得刑法具有时代性，直至"准许剥夺不值得生存的生命"［《法律理论与国家犯罪：关于重新印刷宾丁与霍赫（Hoche）1920 年合编的〈准许剥夺不值得生存的生命〉一书的引论》，2006 年，第 VI 页］。李斯特通过合目的的、特别预防的刑法推动安全政策；当安全需要时，刑罚苦役、体罚和死刑都是不可避免的。所以，在他那里，刑法只是对目的性措施进行着自相矛盾的限制（《1882 年马堡计划的刑事政策》，《法治国刑法的脆弱性》，2000 年，第 223 页以下）。拉德布鲁赫（Radbruch）紧随李斯特之后表达了一种含混的刑事政策，认为立法者为了公共利益所规定的，实务人员都必须执行；其界限仅仅在于一个狭隘的、怯弱的法定不法的概念 [《"法定的不法"：一个现实的法学基本概念》，法贝尔（Faber）与弗兰克（Frank）主编《施泰因（Stein）祝寿文集》，2002 年，第 283 页以下]。凯尔森（Kelsen）苛刻地要求法学家们相信一个有约束力的"基本规范"（Grundnorm），以便所有的实在法都具有约束力，而这种苛求给法学家们带来的只是，对于法律科学中的教义方法来说，至少保留了追求"好的良知"的可能。然而，全部的法律内容都要听命于现实的政治，这在凯尔森那里是必然的结论。也就是说，即使是纳粹的和斯大林的刑罚体系也不能被评价为正确的或者错误的 [《纯粹法理论对法律与政治之关系的结论》，约尔登（Joerden）与维特曼（Wittmann）主编：《法律与政治》，2004 年，第 37 页以下]。

在学术权威们破除刑法界限（entgrenzten Strafrechts）的延续性之衬托下，实践中破除刑法界限的延续性问题显得更为尖锐。任何人，只要他开始反思，都不难发现破除刑法界限的诸多实践。例如，破除世俗刑法的界限在法国大革命、在整个欧洲的殖民刑法（Kolonialstrafrecht）、在第一次世界大战期间的刑法、在 1918/1919 年慕尼黑苏维埃共和国（Münchener Räterepublik）的刑法、在魏玛共和国末期的政治刑法、在纳粹时期的刑法、在二战甫一结束的战后时期的刑法以及肯定不会是最后一次的在前东德的刑法（详细论证参见《论法治国刑法的脆弱性》，2000 年）中都可以找到。此一延续不断的路线强而有力，并在当代被渗透到法网严密的安全刑法之中。在这样的现实面前，那些认为该路线其实是误解了一个原本良好的预防刑法的观点，是多么的苍白。

对具体而现实的刑法规则的研究进一步表明，去除刑法界限的倾向已经侵入了细节问题之中。与此有关的研究题材很多，在我看来，有代表性的是：诈骗罪中欺骗行为与相对人陷入错误之间的因果关系、诈骗罪中的财产损失、"诈骗"模式无法遏制的扩张、《刑事诉讼法》第 153 条在犯罪体系中的归类、刑法第 113 条、诉讼中的调解（Die Absprachen im Prozeß）以及《刑事诉讼法》第 81 条 a（具体论证参见《法定性与刑事政策》，1999 年）。

在权威们那里找不到刑法的固定界限，在其晚近的历史、当代的立法和教义学加工中也找不到，凡此种种无不说明，刑法的政治世界观无非就是同犯罪作斗争的诸草案。自从 19 世纪初以来，流行的就是一种刑罚乐观主义和保安处分乐观主义（Straf-und Maβregeloptimismus）。如果再次对我法学生涯之初所关心的那些问题进行质问（它们与这里的状况有重要关系），回答将是，还是应当对刑法进行批判，也就是说，不是如同通行的那样，根据另外一种刑事政策来批判现有的刑事政策。毋宁说，该批判必须被表述为，从根本上反对将刑法只是理解为有助于同犯罪作斗争。

我一开始就试图在刑法科学的犯罪体系中，涵括结束刑事诉讼的各种新形式［非正式的诸纠纷解决方式（informelle Erledigungen）］、刑罚裁量、保安处分和刑事诉讼法的诸原则（《法治国的和实践的一般犯罪理论之基本方针》，1979 年；以及《刑法导论》，2002 年第 10 版，第 7 章边码 303 以下），但是没有激起什么共鸣。我于是选择对国家刑法服务于一个尚不清晰的安全目的之倾向展开批判，并将其作为刑法科学的重要课题。我提倡从以刑事政策为导向的教义学中脱离出来，形成一种自由主义的和界定刑罚的教义学（《戈尔特达默刑法档案》，1998 年，第 271 页以下）。刑法是"界定同犯罪作斗争的法律（VerbrechensBekämpfungsbegrenzungsrecht）"之表述（《整体刑法学杂志》，1982 年，第 563 页以及下一页）之后在学界获得了一定名声，可能是因为其富有异国风情的表述方式。对我来说，更重要的是，我在文中提出了一个批判式的刑罚法定性之方案，即从合目的的刑法群中提取出批判性的法律，并予以整理（《合目的的和批判性的刑罚法定性：费尔巴哈的理论之描述》，《佛罗伦萨法学杂志》第 36 卷，2007 年，第 284 页以下）。此外，更值得重视的是，同犯罪作斗争的《刑法》、《保安处分法》、《违反秩序法》和《警察法》与批判国家的各种绝对性规则（Absolutheitsregeln）之间，产生了深刻的对立（《法律理论与国家犯罪——关于重新印刷宾丁与霍赫 1920 年合编的〈准许剥夺不值得生存的生命〉一书的引论》，2006 年，第 LII 页）。该对立表明，亲近国家的刑法科学和疏远国家的刑法科学之间，开始出现有组织的冲突（《论法治国刑法的脆弱性》，2000 年，第 263 页）。

在后续研究中我发现，我所从事的完全不是独创性的研究。刑法和犯罪学中早就存在一个多层次的路线（facettenreiche Linie），它作为刑法科学的一部分，对以现实政治为基础的刑法进行着独立的批判。

在刑法科学内设立一个批判国家的独立分支，显然离不开借鉴学术史上 18 世纪的自然法中对刑法进行批判所获得的成果，也与坚持人权对刑法的批判力（而绝不是建构力）之观点有关，而且还必须将康德对纯粹经验的、实证主义的法理论之批判，视为一种学术行为准则，在当代刑法的细节中对其加以检验。此时，我重新找到了我法学生涯之初所关注的东西：更准确和更实质地表述问题！尽管这在学术上可能不那么聪明，但我仍然更为果断地坚持自己的观点。

主要作品目录

一　专著

《康德与费尔巴哈的心理强制理论》（Kant und die psychologische Zwangstheorie Feuerbachs），基尔法学文丛第 3 册，1962 年。

《整体刑法学论文集》（Beiträge zur gesamten Strafrechtswissenschaft），《赫尔穆特·迈尔祝贺论文集》，共同主编，1966 年。

《法律社会学与法律实践》（Rechtssoziologie und Rechtspraxis），与保罗·特拉佩共同主编，卢赫特汉德出版社丛书，1970 年。

《"法秩序辩护"（刑法第 14、23 条）：对一个刑法概念之产生与运行的批判》["Verteidigung der Rechtsordnung"（§§14，23 StGB），Kritik an der Entstehung und Handhabung eines strafrechtlichen Begriffs]，共同执笔者，1971 年。

《论社会科学在法学上的重要性》（Über die juristische Relevanz der Sozialwissenschaften），1972 年。

《刑法中的一般性条款与法律适用》（Über Generalklauseln und Rechtsanwendung im Strafrecht），1973 年。

《刑法发展的倾向》（Tendenzen der Strafrechtsentwicklung），1975 年。

《刑法导论》（Strafrecht. Eine Einführung），1975 年第 1 版；2002 年第 10 版。

《在轻微财产犯罪，尤其是商店盗窃的特定领域内，是否通过其他的例如民法制裁取代刑法制裁更为合适？如果是的话，应当通过何种制裁取而代之？》（Empfiehlt es sich，in bestimmten Bereichen der kleinen Eigentums- und Vermögenskriminalität，insbesondere des Ladendiebstahls，die strafrechtlichen Sanktionen durch andere，zum Beispiel durch zivilrechtliche Sanktionen abzulösen，gegebenenfalls durch welche?），第 51 届德意志法学家会议专家意见书 D 部分，1976 年。

《一般预防的主要问题》（Hauptproblem der Generalprävention），与温弗里德·哈塞默和克劳斯·吕德森合著，1979 年。

《法治国的和实践的一般犯罪理论之基本方针》（Grundlinien einer rechtsstaatlich-praktischen allgemeinen Straftatlehre），法兰克福大学学术协会的会议报告，1979 年。

《法哲学的基本概念》（Rechtsphilosophische Grundbegriffe），1982 年；2005 年第 5 版由雷吉娜·哈策尔做出新的修订。

《经由社会科学而在刑法中取得进步?》（Fortschritte im Strafrecht durch die Sozialwissenschaften?），与温弗里德·哈塞默和克劳斯·吕德森合著，1983 年。

《刑罚目的与犯罪概念的相互作用》（Die Wechselwirkung zwischen Strafziel und Verbrechensbegriff），法兰克福大学学术协会的会议报告，1985 年。

《康德对经验主义法律理论的批判》（Kants Kritik der empirischen Rechtslehre），法兰克福大学学术协会的会议报告，1996 年。

《强化国家之罪犯在刑事司法中的特权》（Die strafjuristische Privilegierung staatsverstärkter Kriminalität），1996 年。

《法定性与刑事政策：刑法与刑事诉讼法论文集》（Gesetzlichkeit und Kriminalpolitik，Abhandlungen zum Strafrecht und Strafprozeβrecht），1999 年。

《论法治国刑法的脆弱性：新近刑法史的素材》（über die Zerbrechlichkeit des rechtsstaatlichen Strafrechts，Materialien zur neueren Strafrechtsgeschichte），2000 年。

二　期刊与文集中的论文

《法律的现实风格》（Versuch über den aktuellen Stil des Rechts），《基尔大学赫尔曼·埃勒学会论丛》第 19 期，1986 年；以及《立法与法律科学批判性季刊》1986 年，第 189 – 210 页。

《程序性去犯罪化之体系》（Das System prozessualer Entkriminalisierung），《格林瓦尔德祝贺论文集》，1999 年，第 403 – 418 页。

《后预防刑法的轮廓》（Konturen eines nach-präventiven Strafrechts），《立法与法律科学批判性季刊》1999 年，第 336 – 354 页。

《日常生活中的康德法律理论》（Kants Rechtslehre im Alltag），兰德韦尔主编：《自由、平等、独立》，1999 年，第 89 – 102 页。

《一项了无生命的规定：基本法第 103 条 II》（Eine leblose Vorschrift：Art. 103 II GG），《立法与法律科学批判性季刊》2000 年特刊——温弗里德·哈塞默 60 周岁祝寿文集，第 132 – 138 页。

《国家理论与禁止错误》（Staatstheorie und Verbotsirrtum），《罗克辛祝寿文集》，2001 年，第 503 页以下。

《发展欧洲刑法的法治国基础的 11 个论题》（11 Thesen zur Entwicklung rechtsstaatlicher Grundlagen Europäischen Strafrechts），与彼得·亚历克西斯·阿尔布雷希特、斯特凡·布劳姆、京特·弗兰肯贝格、克劳斯·京特、施皮罗斯·西米蒂斯合作，《立法与法律科学批判性季刊》2001 年，第 279 – 289 页。

《"法定的不法"：一个现实的法学基本概念》（"Gesetzliches Unrecht"：ein aktueller juristischer Grundbegriff），《埃克哈特·施泰因祝寿文集》，2002 年，第 283 – 296 页。

《费尔巴哈的刑法批判之概念》（J. P. A. Feuerbachs Begriff der Strafrechtskritik），《克劳斯·吕德森祝寿文集》，2002 年，第 297 – 304 页。

《市民的犯罪、国家的犯罪与禁止溯及既往》（Bürgerliche Kriminalität，

Staatskriminalität und Rückwirkungsverbot），《斯特凡·特雷克赛尔祝寿文集》，2002 年，第 505－516 页。

《记录的与累积的（新近）刑法史》（Über protokollierende und summierende（neuere）Strafrechtsgeschichte），埃克特主编：《法律历史的实际益处——汉斯·哈滕豪尔 70 周岁祝寿文集》，2003 年，第 353－361 页。

《费尔巴哈的国家概念之问题》（Fragen an Feuerbachs Staatsbegriff），《费尔巴哈（1775－1833）的当代意义》，2003 年，第 41－48 页。

《贝卡里亚：刑法的批判者与强化者》（Beccaria, Strafrechtskritiker und Strafrechtsverstärker），贝卡里亚：《论犯罪与刑罚》，托马斯·福姆鲍姆译自 1764 年的意大利文版，2004 年，第 IX－XLVI 页。

《作为刑法模型的 1918/1919 年慕尼黑苏维埃共和国刑法》（Das Strafrecht der Münchener Räterepublik 1918/1919 als strafrechtliches Modell），瑙克、赛费特主编：《1918/1919 年慕尼黑苏维埃共和国的刑法史素材集》，2004 年，第 XI－XV 页。

《刑法的破碎性》（Das Zerfasern des Strafrechts），阿尔特霍夫等主编：《失范与表演之间：关于国家与法律的跨学科研究》，2004 年，第 37－49 页。

《纯粹法理论对法律与政治之关系的结论》（Die Folgen der reinen Rechtslehre für das Verhältnis von Recht und Politik），约尔登与维特曼主编：《法律与政治》，2004 年，第 37－49 页。

《法律理论与国家犯罪》（Rechtstheorie und Staatsverbrechen），宾丁、霍赫主编：《准许剥夺不值得生存的生命》，2006 年重新印刷版，第 VI－LXXI 页。

《费尔巴哈的法定刑罚的优异机能理论》（Feuerbachs Lehre von der Funktionstüchtigkeit gesetzlichen Strafens），希尔根多夫与魏策尔主编：《历史发展中的刑罚思想》，2007 年，第 101－125 页。

《合目的的和批判性的刑罚法定性：费尔巴哈（1775－1832）的理论之描述》［Die zweckmäßige und die kritische Strafgesetzlichkeit, dargestellt an den Lehren J. P. A. Feuerbachs（1775－1832）］，《法定性原则与刑法》（Principio di legalitá e diritto penale），《佛罗伦萨法学杂志》第 36

卷，2007 年，第 321 – 345 页。

《当代刑法对竞合理论之破坏》（Die Zerstörung der Konkurrenzlehre durch das moderne Strafrecht），法兰克福犯罪学与法哲学研究所主编：《法治国刑法的彼岸》，2007 年，第 415 – 427 页。

《经由解释实体刑法而制造程序性暴力》（Die Erzeugung prozessualer Gewalt durch die Auslegung materiellen Rechts），《赖纳·哈姆祝寿文集》，2008 年，第 497 – 513 页。

克劳斯·罗克辛（Claus Roxin）

克劳斯·罗克辛（Claus Roxin）

何庆仁 译

我的生涯与追求

一　个人经历

我于 1931 年 5 月 15 日出生在汉堡。父亲是巴克莱银行（Barclays Bank）汉堡分行的职员，后来成为其代理人。他毕生都忠诚地在该银行工作，直至退休，只是因为战争才中断过一段时间。母亲是一位秘书，结婚后就离职独力承担起全部的家务，当时的女性通常如此。父亲和母亲都是在汉堡出生的，他们双方的父母都来自梅克伦堡（Mecklenburg）；在梅克伦堡的什未林（Schwerin）附近，有一座村庄名为罗克辛（Roxin），这里可能就是我父亲的家族起源的地方，不过 19 世纪时其成员已经广泛分散至世界各地。祖父母和外祖父母后来都从贫穷的乡下搬到了大城市汉堡，以寻求更好的挣钱机会和更令人向往的生活。

在父母位于汉堡易北河畔布兰肯内塞（in Hamburger Elbvorort Blankenese）的家里，我和比我小约 4 岁的弟弟一起度过了一个充满爱意和备受呵护的童年，直至今日我仍然与他保持着友好的情谊；那里也是我结婚之前一直居住的地方。我在布兰肯内塞上完小学，后来又上了针对少年的理科中学（Oberrealschule für Junge），然后在 1950 年春参加高中会考后毕业。在布兰肯内塞的求学时光当然被打断过。因为战争，我们在鲁尔河畔的埃森（Essen an der Ruhr）停留过一段时间（1940－1942

年）；1943 年时，为了保护儿童免遭空袭，我又被送至（Kinderlandver-schickung）波希米亚（Böhmen）的霍斯茨（Horschitz）。

在我很小的时候，父母就希望我将来能上大学。如同那时的习惯一样，他们甚至为此设立了一个储蓄账户，可惜的是，该账户后来因为货币改革而成为牺牲品。由于我在德语和所有的语言课程中（历史课也一样）总是得到"好"的成绩（德语甚至是"非常好"），而在自然科学的课程和数学方面成绩不好，所以我只能考虑一个人文科学的专业。我最想成为教师或者文学家，因为我的教学天赋在之前的学生时代就已经有所显现；对文学的兴趣则是由于自从 7 岁起我就是一个狂热的阅读者。问题是，老师在当时并不稀缺，战后返乡的人占据了所有的职位。文学则是一门没有收入的艺术，毕竟学文学不可能很快就获得大学的教授席位。鉴于法律从业人员有着巨大的和多样的职业可能性，父亲于是建议我学习法律。我接受了该建议，并且从未为这样的职业选择而感到过后悔。

从 1950 年冬季学期开始，我在汉堡大学学了 7 个学期的法律。我的刑法老师是海因里希·亨克尔（Heinrich Henkel）、鲁道夫·西弗茨（Rudolf Sieverts）、奥托卡尔·特萨（Ottokar Tesar）和维尔纳·哈德维希（Werner Hardwig）。汉堡大学其他专业的知名学者也同样激发了我对法学的热爱：莱奥·拉佩（Leo Raape）、鲁道夫·劳恩（Rudolf Laun）、爱德华·伯蒂歇尔（Eduard Bötticher）、汉斯－彼得·伊普森（Hans-Peter Ipsen）以及汉斯·默勒（Hans Möller）——就先只提这些——都对我的法学学养产生了重要影响。抽象概念和具体生活现实之间的联系，法学显然与此有关，从一开始就吸引了我。我因此是全心全意地在学习，并从大学的学习中感受到比之前在中小学的学习多得多的乐趣。

1954 年春我通过了第一次国家司法考试，成绩是"好"，并在汉堡结束了全部的见习期。之后于 1959 年 6 月参加了第二次国家司法考试，成绩是"很好"。1954 年至 1959 年间，除了见习服务之外，我还是海因里希·亨克尔（刑法、刑事诉讼法和法哲学）教席下的学术助理。在此期间，我多次利用见习服务的假期参与学术培训；见习考试和候补司法官考试之间相当长的一段时间内都是如此。1957 年 3 月我在海因里希·

亨克尔的指导下获得博士学位，成绩优异，后来根据博士学位论文出版了专著《开放的构成要件与法律义务要素》。

我在大学学习的最后阶段已经表现出来的对刑法的特别兴趣，为了获得博士学位而在海因里希·亨克尔指导下付出的努力，以及高兴地接受海因里希·亨克尔提供给我的助理职位，这些都与刑法专业的复合性有关。刑法与哲学、诸社会科学（Sozialwissenschaften）、心理学和精神病学都有着很强的关联，我的视野由此得到极大拓展。吸引我的还有当时弥漫在刑法学界的基础性争论，即因果行为论还是目的行为论之争。我自己后来形成的体系方案就来源于对该争论的思考。

第二次国家司法考试之后，我于1959年末再次在亨克尔的教席下获得了一个全职的助理职位，并在那里凭借论文《正犯与犯罪支配》而于1962年7月获得教授资格。1961年5月我结了婚，妻子同样是一位法律人。我是之前几年在一个由我主持的考试课程上结识她的，她是班上的一位女大学生。我们后来共养育了三个子女（两个女儿和一个儿子）。

我于是结束了在汉堡的全部学习。去外地甚至去外国学习，这在现在很普遍，但在战后早期几乎不可能。因为我必须靠上补习课来自己挣钱读书，而且我不能因此就撇下我的学生们不管。好在1950年时，我就已经作为交换学生在瑞典学习过3个月，之后又前往西班牙、英格兰、希腊和意大利做过长途假期旅游，其中意大利我甚至去过好多次。

在我获得教授资格前5天，沙夫施泰因（Schaffstein）教授来到我在汉堡大学的助理办公室告诉我，哥廷根大学的法学院——在我不知情的情况下我的教授资格论文被提交给该学院——希望聘请我担任一个新成立的刑法、刑事诉讼法和一般法理论的教席教授。我很快就接受了邀请，不过在汉堡大学法学院的请求下，仍然在1962/1963学年冬季学期作为编外讲师在汉堡授课，然后在1963年夏季学期时才前往哥廷根正式就任。

我在哥廷根从事了整整8年学术上收获良多的研究工作，宁静的首府为此提供了杰出的可能性；我还进行了大量的教学工作，在学生中亦口碑甚佳。1966年收到的前往波鸿任教的邀请被我拒绝了。我的老师亨克尔所做的让我返回汉堡任教的努力，在施米德霍伊泽（Schmidhäuser）

因为私人原因的反对下流于失败。之前法兰克福的聘请也已经输给格尔茨（Geerds）。不过 1970 年时我收到了一份更令我欣喜的邀请，即前往慕尼黑大学作为毛拉赫（Maurach）的继任者担任刑法、刑事诉讼法和一般法理论的教席教授，我最终于 1971 年夏季学期时得到该教席。毛拉赫曾经反对聘请我，因为作为目的主义论者（Finalist），他不希望有一个如同我一样的、以《目的行为论之批判》而著称的继任者。令人高兴的是，他是慕尼黑法学院里唯一持此观点的人；特别是恩吉施（Engisch）支持聘请我，博克尔曼（Bockelmann）和阿图尔·考夫曼（Arthur Kaufmann）也都对此表示同意。

从哥廷根调往慕尼黑有很多原因。我在哥廷根感觉非常好，并且有很好的发展机会。和我的刑法同事们——沙夫施泰因、许勒尔 - 施普林戈鲁姆（Schüler-Springorum）和阿茨特（Arzt）——也形成了友好的关系，其中与沙夫施泰因之间的关系持续至他离世（2001 年），同许勒尔和阿茨特的友谊则至今犹存。对一些其他同事——维亚克尔（Wieacker）、多伊奇（Deutsch）、加米尔舍格（Gamillscheg）和亨克尔（Henckel）——我一样心怀感激。然而，慕尼黑显然提供了比哥廷根更大的平台、更多的国际性机会以及丰富得多的文化底蕴；阿尔卑斯山也比哈茨山（Harz）更有诱惑力。况且，自 1968 年起，哥廷根的学潮已经严重冲击到了正常的教学活动，大量的学术时间被这些骚乱占用。最后一个原因是，我在哥廷根是全校"教授共同体"（Professorenschaft）的主席，深受教授全体大会和起草针对下萨克森州高校法的诉状之累，以至于我觉得搬到慕尼黑是一种解脱。

来到慕尼黑之后，我以高度的责任感投入研究与教学之中，热心工作了 28 年，直至 1999 年秋退休，那时我 68 岁半。在此期间，我从未再申请去其他大学，正如我向巴伐利亚州政府承诺的那样：如果我的愿望得到满足，就不会再提出任何申请。我因此成了那种日渐稀罕的教授，即终身从不提出要求得到什么的申请。值得一提的是，该申请程序是在我已经到了慕尼黑，做出了承诺后才被引入的。

在慕尼黑度过的是一段美好的时光。我出版了大量的刑法和刑事诉讼法教材，并在两个学科的全部领域内发表了为数众多的论文。我的学术作品目录（包括外语出版物和被翻译的作品在内）写满了 60 页打印纸。此外，我还——多数时候是在慕尼黑大学的大礼堂或者最大的教室里——开设听众众多的一些大课：主要是持续一整年、每周六学时的刑法基础课，但是也有关于刑事诉讼法的课程，和一门每学期都举行的围绕刑法和刑事诉讼法的研讨课，在该课堂上我和学生们一起分析和讨论州高等法院重要的新判例。我的教学活动使我数十年之内在慕尼黑——当然主要是在法学界——都是一种城市知名的现象，甚至帮助我获得"慕尼黑之光"（München leuchtet）的（金质）勋章；连市长乌德（Ude）和市议会的许多成员都曾经是我的听众。

而且慕尼黑提供了建立广泛国际学术关系的可能（我还会在下文再谈到这一点）。在慕尼黑大学的整体刑法学研究所——自 1974 年成立之时起到 1999 年止，我都是该所的执行所长，我指导了无数的同仁和来自世界各地的奖学金获得者。我还在许多国家和地区做过学术演讲：西班牙、意大利、葡萄牙、希腊、波兰、以色列、塞尔维亚、土耳其、瑞士、芬兰、格鲁吉亚、日本、韩国、中国、中国台湾、墨西哥、阿根廷、巴西、智利、巴拉圭、秘鲁、哥伦比亚和委内瑞拉。这 23 个国家和地区的大多数我都去过好几次。

到目前为止，我退休已快 8 年，刚开始我仍然坚持给学生们上研讨课，但是后来就停止了在慕尼黑的课程。现在，我只是还在西姆湖的妇女之岛（Fraueninsel im Chiemsee）上，在那儿的女修道院里和乌尔里希·施罗特（Ulrich Schroth）一起开设一门不对外开放的研讨课（Blockseminar）。但是我的学术研究和国际性活动并未因此而停止，甚至在一些方面还有所发展。

我是在巴伐利亚的城市和大学很糟糕地对待其退休教授的情况下，取得这些退休之后的成就的。在巴伐利亚，退休教授既没有研究室也没有一个固定的研究场所，他们不能以市政府的名义得到最少的秘书服务，也没有学术助理的支持。甚至连退休教授们使用带有大学标志的信纸［所谓的官方标志（corporate design）］都被禁止，即使他们是为了大学而开展活动。我抱怨这些并不是出于私人原因，因为这几乎不会对我造成什么妨碍。但是负责任的政治家和学术管理者应当思考，如果将富有工作能力的退休教授以如此方式排除在外，断绝其所有的工作可能性，将会浪费大量的学术资源，损害公共福利。这一点在大多数其他国家都已经得到承认。而且，在人文科学（例如在文学和艺术活动）领域内有足够的例子证明，65 岁至 80 岁之间仍然可以做出重要的成绩，而这些成绩是较年轻的学者们通常根本没有能力去取得的，因为他们缺乏年长者的那些经验。

现在我在位于施塔恩贝格（Starnberg）县斯托克多夫（Stockdorf）花园环抱的家中工作，这所房子是我在租了数十年之后于 2003 年买下来的。实际上，退休之前我就已经经常在家里工作了。自从孩子们成年后搬出去以来，我就和我的妻子单独住在那里。这时家庭已经不再那么占用我妻子的时间了，所以她就在 1985 年补考了候补司法官考试，1987 年又在她以前的老师汉斯 - 海因里希·耶舍克（Hans-Heinrich Jescheck）的指导下获得博士学位。随后她成为一名经济刑法领域内的女律师和刑事辩护人，并于 2004 年秋成立了一家事务所（罗克辛律师事务所），自己担任所长。我妻子的执业活动给我的研究和教学工作带来了大量的实务性看法，就如同我反过来有时候也可以在法律问题上给她提供帮助，甚至可以进行二次学习一样。

由于我的职位继任者——一开始是乌尔里希·西贝尔（Ulrich Sieber），然后是赫尔穆特·扎茨格（Helmut Satzger）——值得高度赞扬的乐于助人的精神，我可以继续使用研究所的基础设施，并可以在那里接受和发布信息。我以前的秘书科廷（Kotting）女士现在只为大学工作半天，在剩余的空闲时间里则作为私人秘书为我服务，这样我就几乎可以像以前一样地工作，也能够继续指导奖学金获得者和博士生。那些我在退休之前就已经有着良好合作关系的同事们——海因茨·舍赫（Heinz Schöch）、克劳斯·福尔克（Klaus Volk）、贝恩德·许内曼（Bernd Schünemann）和乌尔里希·施罗特（Ulrich Schroth）——也尽可能地为我提供了各种帮助。

退休后我完成了刑法总论教科书的第 2 卷（2003 年）。2004 年圣诞的一个噩耗（泰国海啸夺去了我两个外孙的生命，我还差点失去我最小的女儿）虽然沉重打击了我的生活信念，却丝毫没有损及我的工作意愿（甚至可能反而激发了我工作的意愿）。我因此能够在 2006 年时出版经过重大修改后的总论教科书第 1 卷的第 4 版，以及我的教授资格论文《正犯与犯罪支配》的第 8 版。此外，我还发表了为数众多的论文、演讲和祝寿文集文章。

我甚至还开始了一个全新的国际"生涯"。由于不再受慕尼黑大学里各种课程、会议和考试的羁绊，我极大地强化了——除了 2005 年，那一年我谢绝了所有的邀约——自己在国外的演讲活动，尤其是国际性的场合。我认为我们专业的"国际化"，正好是那些不再受其工作地点之约束的教授们的重要任务，一如我后文还将进一步阐述的那样。

未来将会如何，我不得而知。在我这样的年龄，人们已经不再可以做长期规划了。但是我仍然决心继续自己的职业，只要我还有足够的气力，并且有这样的外部机遇。

二　我的研究工作与教学工作

首先必须声明的是，作为教授，我总是觉得自己只对专业之内的研究与教学负有义务，对于承担高校、政治和社会的其他"职务"则一点兴趣都没有。当然我也努力地去履行那些与我的职业相伴而生的义务：我在哥廷根（1967/1968 年）和慕尼黑（1973/1974 年）都担任过法学院院长；常年是院务会议中科研改革委员会的成员（和法学专业遴选小组的"共同发起者"）；我是德意志研究协会"犯罪学"方向审核小组的专业鉴定人（1973－1981 年），后来成为其成员；也是洪堡基金会遴选委员会（1975－1980 年）的委员；并且是弗莱堡马普研究所的专业咨询委员会（1973－1997 年，其中自 1989 年起担任主席）和各种聘任委员会的成员。数十年来我都是两份刑法杂志（《整体刑法学杂志》和《新刑法杂志》）的共同主编；出于对固有传统的热爱，我还和举办地的同仁们一起多次主办刑法学者会议。此外，我多年以来都担任慕尼黑大学奖学金负责人的职务。自 1994 年起，我成为巴伐利亚科学院的正式成员。

但是，对我来说，上述同职业联系在一起的无法回避的"副业"（Nebenaufgaben）已经足够了。人们试图引起我兴趣的其他行政性工作，例如在汉诺威的一个政治职位、哥廷根大学的校长，乃至弗莱堡马普研究所所长（我极为尊敬的同事耶舍克原本非常乐意为我去争取它），都被我毫不犹豫地拒绝了。我甚至退出了"德意志法学家会议"，且令人意外地从未加入国际刑法学协会（AIDP），以便从那些可能同各种名誉性工作联系在一起的负担中解脱出来。

这并不是因为懒惰，或者一个不想离开象牙塔的教授对外部世界的畏惧，而是因为我清醒地认识到，人们会被过多的行政性和管理性工作分散精力，以至于在忙忙碌碌中不再能专注于学术研究。那些转而承担了政治工作的教授们几乎没有人再回到学术界，这也坚定了我的看法。政治毫无疑问是重要的，但是只有当人们愿意献身于政治时，人们才必须成为政治家。而我始终都希望自己是一名教授。

当然，必须坦白的是，我拒绝参与专业之外的组织性活动有一个重大例外；它与我的一生不可分割地结合在一起，甚至使我为大众所欢迎。1969年时（即还在我的哥廷根岁月时期），我和一些研究人员［例如海因茨·施托尔特（Heinz Stolte）和汉斯·沃尔施莱格（Hans Wollschläger）］共同成立了卡尔·迈协会（Karl-May-Gesellschaft），并且在长达28年的时间里（1971－1999年）出任该协会的主席。协会最开始只是由少数几个专业人士组成，目前却已经成为德国最大的文学协会之一，并出版了大量的出版物，举办过各种各样的活动。我热衷于该协会的这些不寻常的举动，源于自己十多岁时对卡尔·迈作品的大量阅读，那时他的作品是我最主要的阅读对象；也源于我希望同作品中的主人公分享自己人生之旅中学术上有所成就时的快乐。而且，记录了他十多岁时犯过刑事案件的卡尔·迈的传记，也给了我多次去探究犯罪学的动机。除此以外，我还发表过一些关于卡尔·迈的作品，只是在刑法学界不太为人所知而已。直到今天，我仍是卡尔·迈协会的"名誉主席"，是其年鉴的主编之一，也是位于拉德博伊尔（Radebeul）的卡尔·迈基金会管理委员会的主席。

我的学术研究有四大重点，而且现在也是如此：在刑法体系的基础问题与刑法解释的细节问题方面进行的努力，以追求理论认识的进步和实务问题的更好解决（1）；对刑法立法和刑事诉讼法立法进行的刑事政策研究，以实现刑事立法的人道化以及有利于再社会化，并体现法治国和自由主义之思想（2）；在大教科书方面的工作，以清楚交代刑法问题的关联性和背景，并为刑法问题之解决进行充分论证（3）；在解决刑法专业中的共同问题时促进国际合作（4）；对我一直认为和科研同等重要的、我职业中的另一项任务——教学——的叙说，则将结束我学术自传式的陈述（5）。

1. 我的学术研究涵括了刑法和刑事诉讼法的全部领域。就此值得一提的是，这在今天是非常罕见的。许多教授都局限于刑法总论或者各论，局限于刑事诉讼法或者我们学科的特定领域（经济刑法、医疗刑法、环境刑法、国际刑法等）。当然，我也不是对所有的领域都有着同等程度的研究。

我"本来的"且在国际上也最有影响的研究范围，当然是刑法的一般理论。几乎在刑法的所有领域中，我都努力通过自己的研究贡献，使其得以进一步发展。我只想选取两个伴随了我整个教授生涯，且今天仍然致力于钻研的论题：在德国和在德国之外已经被广泛接受的正犯理论，以及以刑事政策为基础的刑法体系。其中，后者已经由我所重新激活并以现代形式得以继续发展的客观归属理论，成为德国刑法教义学和国际性的刑法教义学中一个核心的讨论主题。

先从我的教授资格论文所研究的正犯理论说起。该书第 1 版没有后来所增加的最后一章，之后伴随着不断的更新和大范围的增补，直至今日仍然一版再版。除此以外，我还针对正犯理论撰写过大量论文，在两个版次的《莱比锡刑法典评注》中对刑法第 25 条至 31 条做出过详细注解，并在我的教科书中对该题材有全面阐释。写作《正犯与犯罪支配》一书的起因，在于对判例中"主观的"参与理论感到不满，它通过内容空洞且流于形式化的正犯意志和参与者意志之概念，使得对于正犯与参与的区分几乎沦为一种任意的决定。与此相反，我希望通过对犯罪支配概念进行精心润色，并引入义务犯的新范畴，奠定正犯理论的坚实结构，以便将界分参加形式的标准，从行为人的主观看法转变为客观上可描述的准则，并据此在该领域内实现法定的确定性要求。

除了有着上述纯粹法学方面的意图，我的研究还有另一个历史性的背景。我不无担忧地看到，只要面临了法庭的审判，纳粹政权的暴力罪犯在大多数场合下，是如何仅仅作为"帮助犯"被施以不成比例的轻微刑罚的。为了反对这样的做法，我希望证明，亲手杀人的人总是正犯，即使他在其中是为了他人的利益而行事，而且那些控制着杀人机构（Vernichtungsapparat）的人也同样是正犯。

众所周知，为了惩罚前东德国防委员会的成员，通过有组织的权力机构所实现的间接正犯之理论，在 1994 年为联邦法院以一种被不当扩张的方式所接受；而且自那以后的十余年内，在国外，最近在国际刑法中，也受到了很多讨论和适用。其实，我是从对在耶路撒冷进行的艾希曼诉讼（Eichmann-Prozess）的直观体验中发展出该理论的。我最早发表的那篇文章（刊登在 1960 年的一份报纸上）的标题就是《以色列允许判决艾希曼》。1966 年时，我还加入了一个由德意志法学家会议常设代表团召集的专家委员会，其任务即为批判性地研究德国法庭对纳粹犯罪过于轻缓的处理。

也就是说，从一开始，对纳粹时期的罪行之剖析就伴随着我的学术研究。但是，我从未因此而对那些至少短暂赞同过纳粹政权的同事们进行任何人身攻击；相反，如同我在哥廷根的同事沙夫施泰因一样，如果他们基于真诚的确信抛弃了其早期的错误思想，机缘所至的话我同样可以和他们成为朋友。

事实上，我的观点一直是，战争结束即意味着同过去的彻底决裂。从中我正好看到了我们不受过去之累的年轻一代的机会与任务。我自己的感想是，希望能对发展出一套刑法上的对比式方案（Kontrastprogramm）有所贡献：创建一部自由主义的、法治国的、有利于再社会化的、保障人权的刑法。该目标直至今日仍伴随着我的研究，也是我重视刑事政策之研究的心理基础。

可能在这里需要插入一段个人性的说明：和其他那些为公众所熟知又年长于我的同代人不同，我不是青年纳粹分子，也不是通过战后早期对纳粹罪行的揭露才改变信仰的。这并不是我个人的觉悟有多高，而是由于战争结束时我还非常年轻（大约 14 岁），并且一些抵制当时时代精神的社会化条件（Sozialisationsbedingungen）对我产生了影响：我的父亲因为职业的关系主要与英国人接触比较多，从来没有加入"纳粹党"；我在埃森时期所属的一个新教青年组织的牧师和我在被派送至波兰期间的班级老师都是反政府人士，且对此毫不隐讳；我大量阅读的卡尔·迈的作品则激发了我世界和平的观念［迈是贝尔塔·冯·祖特纳（Bertha von Suttner）* 的追随者，后者曾经为迈写过一篇令人动容的悼词］。

上述介绍可能表明，刑法学的研究并非单纯地拘泥于条文；也不是一种概念上的"玻璃珠游戏"（Glasperlenspiel），就像在那些对刑法教义学颇有造诣的反对者们那里间或能听到的一样；而是透过赞同或者反对的方式，由政治、历史和社会现实所共同决定，其中也体现了社会性的塑造意志（Gestaltungswillen）。一些年轻的法律人往往深受抽象的"理论"和考试技巧之苦，如果了解了这些，他们将会带着更大的乐趣投身于自己的专业学习。

在我研究实体法的第二个重心，即对刑法体系的研究那里，情况也有些类似。连一些刑法教授们都将正确确定刑法体系中犯罪要素的基础与归类之重要争论，比喻为家具在一间房屋内的搬来搬去，并认为其更多具有的是美学上的意义，而不是实践意义。

然而实情并非如此。在独裁时代，犯罪主要意味着"义务违反"。战后早期的判例则钟情于自然法的观点，将犯罪理解为对"道德法则"（Sittengesetz）的违反，并因此而在针对婚姻与家庭的犯罪、当时所谓的风化犯罪（Sittlichkeitsdelikt），以及在不阻止自杀的行为中导致了一种危险的、道德化的司法实践。该实践后来为新刑法典的政府草案（所谓的1962 年草案）所广泛接受。

为此，一个由年轻的刑法学者组成的组织，我当时亦是该组织成员，在1966 年提出了一个针锋相对的"选择性草案"，其中将可罚的行为理解为"法益侵害"。"刑罚服务于保护法益（……）"——我们所提出的立法建议的第 2 条如是规定。所谓"法益"概念，在我们那里不是指某种义务或者道德命令，而是指为一种和平与自由的共同生活所必需的诸前提：生命、身体完整、自由、财产等。

---

* 贝尔塔·冯·祖特纳（1842 - 1914 年），奥地利著名的女作家和和平主义者，曾于1905 年获得诺贝尔和平奖。——译者注

　　我的建立在刑事政策之上的刑法体系就是从这些胚细胞中成长起来的，直至今日我仍致力于其研究；在最近才刚刚出版的总论第 1 卷最新版（2006 年）中，我对法益理论做了最新的扩展与辩护。刑法体系发展的早前时代曾经将刑法不法建立在各种存在的事实之上，即因果关系或者人的行为的目的性，其中目的主义还试图通过援引"物本逻辑的结构"，以便从他们的观点中推演出各式各样的法律结论。因果行为论和目的行为论之间的论争是战后二十余年非常重要的刑法争点，该论争也激发了我对刑法的强烈兴趣。

　　我试图超越这两种体系的立场，认为不是从经验事实，而是从一种规范的原则，即刑法的目的中推导出刑法不法。如果刑法的目的是保护法益，那么刑法禁令的对象就不是因果关系之引起或者人的行为的目的性，而只可以是一个对刑法所保护之法益具有不被允许的风险的行为。则刑法不法的内涵就不是因果事件或者目的事件，而是实现了一个不被允许的风险。通过此一转换，客观归属理论就以一种极其简洁并因此只是指导性的方式得到描述。现在，对于刑法教义学而言，该理论具有如同之前的目的主义一样的意义。也就是说，客观归属理论是从一个刑事政策性的、以刑法目的为导向的体系方案之基本理论中，令人信服地得出的结论，该基本理论可以回答前述关于刑法任务的那些历史性误解。

　　在一篇自传体式的自我陈述里，上述勾画即为已足。可能多少已经表明了的是，对刑法体系之基础的研究，也要置于一个非常宽广的关联之下。客观归属理论现在能够在德国刑法学界得到广泛贯彻，尽管理所当然地不是那么一致，而且即使在国外也是我的最常被讨论的"教学题材"（Lehrstücken），这些都不是偶然的。

　　我自然从不希望成为那种将自己的研究局限于毕生去持续钻研和拓展少数几个基本理论的教授，即使它们影响是如此深远。毋宁说除了发展核心理论之外，我还力图通过自己的解答，推动对所有其他问题的探讨。

　　很难给出一个具体的图景。我因此将满足于以标题的方式，列举最近 15 个月来在论文、报告和其他作品中所处理过的论题，它们中的很大一部分也已经公开发表了（时间段从 2006 年 1 月至 2007 年 3 月，即至本文写作之时）：《"营救性酷刑?"》（Rettungsfolter）、《自杀的间接正犯》、《作为间接正犯之独立形式的组织支配》、《国家允许将什么置于刑罚之下?》、《不能犯未遂的可罚性》、《死亡帮助》、《正当防卫权的限制》、《大规模监听与私人生活的核心领域》、《德国犯罪原理的发展与当代倾向》、《刑法对政治、哲学、社会道德和宗教的从属性与独立性》、《德国刑事诉讼法的发展》、《单一正犯的未了未遂》、《不纯正不作为犯的因果关系与保证人地位》、《谋杀构成要件中"阴险"（Heimtücke）的规范化》、《刑事诉讼法中证明禁止的矛盾》。我把这些文章大致上按照其完成的时间杂七杂八地罗列在一起，是为了表明，我们专业领域中的工作是多么丰富多彩，它们又是何等有趣的论题。

2. 我在刑事政策方面的努力，主要是从 1966 年到 2008 年参与起草了超过 12 份的选择性草案。而且，为了解释和深化这些草案的基本理论，我还做过不少演讲，发表过许多文章。选择性草案主要是起草和提出立法建议，希望借此来影响或者推动刑法和刑事诉讼法的改革工作。

通过选择性草案来干预刑事政策方面的讨论，这样的想法源于那时年轻的刑法学者们对已经提及过的 1962 年草案的不满。该政府草案是为了制定一部新的刑法典，而由"刑法大委员会"在 1954 年至 1962 年间起草的，委员会的成员有久负盛名的教授，也有法官、辩护人和部委官员。它是一部建立在当时对刑法一般理论的认识状况基础之上的立法作品，总体而言是一部成功的法典，但是我们认为其制裁体系和道德化的泛刑色彩（Vielstraferei）已经过时了。

其实在 1963 年召开于萨尔布吕肯的刑法学者会议上，那一年我作为新晋升的教授首次与会，一些"不满者"就聚集在维尔纳·迈霍弗（Werner Maihofer）的研究室里，一起思考可以做些什么，来将改革导入一个现代的航道。然后 1964 年，英年早逝的、也在美茵茨授课的瑞士刑法学者彼得·诺尔（Peter Noll）倡议成立一个"选择性草案工作组"（Alternativ-Kreis），即组建一个由当时 14 位教授成立的工作小组（Arbeitsgemein-schaft）。工作组先后在不同的地方召开会议，协同研究，首先提出了刑法的新"总则"，并在 1966 年公之于众，以同政府草案竞争。

当自由民主党（FDP）将我们的选择性草案作为该党的草案提交给

联邦议会时，它进一步引起了政治上的关注。我还记得，我是如何同于尔根·鲍曼（Jürgen Baumann）一道，在柏林的联邦议会上向自由民主党的议会党团（FDP-Fraktion）发表讲话，以使他们相信我们的草案。时任联邦司法部长的托马斯·德勒（Thomas Dehler）是刑法大委员会的召集者，他是那时第一个背弃政府草案而建议自己的议会党团支持选择性草案的人。弗朗茨·冯·李斯特（Franz v. Liszt）的关门弟子埃伯哈德·施密特（Eberhard Schmidt）也和刑法大委员会的一些同事在举办于明斯特的刑法学者会议（1976年）上表态支持选择性草案。

那些反对政府草案并促成了选择性草案之形成的立场，在1964年的刑法学者会议（举办于汉堡）上就已露端倪。我在那里做的一场报告中，对1962年草案中所规定的错误规则进行了激烈的批评。自从我的《目的行为论之批判》（1962年）发表后就将我视为学术对手的、闻名遐迩的同仁韦尔策尔（Welzel）就此做了一场补充性报告，而在会议议程中根本就没有这样的安排，而且他的报告是在未了解我的报告的情况下撰写的。这引发了激烈的争论，后来一页纸在会上很多刑法学者之间自发地传递开来，他们都在纸上表示赞同我的看法。幸好当时主持会议的卡尔·恩吉施（Karl Engisch）以刑法学者会议上还从来没有就某一报告进行过表决为由，阻止了对我们的报告作出决议。这是非常明智的，因为由此避免了刑法学不同"方向"之间的彻底绝交。

实际上，争议各方的相互理解是完全可能的。对1962年草案发挥了重要影响的威廉·加拉斯（Wilhelm Gallas），一位举足轻重的刑法学者，就在我报告的当晚邀请我到一家小酒馆喝酒，我们进行了非常有建设性的长谈。在1967年的刑法学者会议上，年长的刑法学者们本该对我们的选择性草案展开批评，但对立其实已经大为平息。即使与韦尔策尔之间，当我1971年和他还有阿明·考夫曼（Armin Kaufmann）一起前往阿根廷与智利时，最终也建立起了一种令人非常愉快的关系。在1974年洪堡基金会召开于路德维希堡（Ludwigsburg）的一次会议上，我和喜欢在背后对同仁品头论足的他聊了一整个晚上，我回忆说，目的行为论的魅力对促使我学习刑法发挥了重要影响："其实我觉得自己越来越接近您的研究了。"他说："您能这么说就太好了，罗克辛先生。要是您之前就此说得更清楚一点就好了。"对此我无法反驳。

回到选择性草案！1969 年的《刑法改革法》是对 1962 年草案和选择性草案的一种折中，但是在制裁体系方面吸收了选择性草案中的大量内容：废除禁锢刑、引入单一刑、抑制短期自由刑（不过选择性草案希望的是彻底废除）、扩大缓刑、免除刑罚（Das Absehen von Strafe），以及其他建立在选择性草案中的建议基础之上的以再社会化为目标的改革。

刑法总则部分的选择性草案是我们最受立法者认可的作品。后来的草案中，由恩斯特－瓦尔特·汉纳克（Ernst-Walter Hannack）主持的《性刑法改革建议集》（1968 年）也受到立者的较好贯彻。其余草案则在对改革日益不那么友好的氛围中只能一点一滴地影响立法规则；但是，如同关于"刑法中的赔偿"的选择性草案一样，它们都推动了有关改革政策的讨论，并随时可以再次被现实化。我们最后的一部草案是临终陪护（Sterbebegleitung），由舍赫（Schöch）和费雷尔（Verrel）负责起草，2005 年时已经出版，并在 2006 年的法学家会议上得到广泛贯彻。最近的一份草案是杀人罪的新规则，将于 2008 年出版。

在这里详细描述各选择性草案的具体内容是不可能的，其主题及各自的起草者从网络上都可以了解到。工作组成立迄今已经 44 年了，显然，只有通过不断地年轻化，它才能存在这么久。在最初的创始成员中，我是唯一一位直至今日仍然积极参与其工作的人。工作组的研究风格和团结一致到现在也没有什么变化。

还有必要提及一下"选择性运动"（Alternativ-Bewegung）的时代背景。它与 60 年代所谓的学潮类似，都是从反对战后二十余年的复辟趋势中发展起来的。不过学潮运动在相当程度上越来越激进，希望以一个他们认为是"社会主义的"社会来替代现有的"系统"；而我们则是并非毫无成果地致力于体系内的社会自由主义的改革，也没有发展起来一种政党政治的关联。为了保持独立性，我拒绝加入任何政党。但是鲍曼和迈霍弗，两位我们选择性草案工作组中的著名成员，为了自由民主党而接受了政治性的职位。

我们的改革行为并未使我们同那些煽动性的大学生之间产生亲近关系。在哥廷根的最后两年，我得到了一个非常有教育意义的教训，尽管它没有对我造成什么损害，却使我看到了人是多么易于被骗。那些与我已经形成了双方都颇有好感之关系的同学们，突然都不再和我打招呼，而是狂热地投身于骚动性地扰乱课堂、"占领"某个空间和教学活动的"重新机能化"（Umfunktionierung）。因为我那时还较为年轻，身体状况不错，这些没有给我带来太多麻烦。但是一些上了年纪的同事却因此失去了对大学的信任，以及对自己职业的乐趣。即使到了70年代，当一部拜仁州新的《高校法》颁布时，我正好是慕尼黑大学法学院的院长，"西德意志共产主义联盟"（KBW）在"我的"课堂上宣讲一篇题为"大教室里的温内托"（Winnetou im Audimax）*的长文，其中我被"揭发"是披着羊皮的狼。令我欣慰的是，这反而激起了绝大多数听众的不满，我于是知道，一个理性的共同工作又有了可能。

数十年之久地参与刑法改革工作使我自己得到了两点重要的认识。第一点是，刑事政策应当成为大学之中刑法学研究的重要组成部分。教授们不应当拘泥于解释现存的法律和发展法学"理论"，而应当意识到，刑法在一定程度上拥有塑造社会的力量，它为该塑造的方式负有共同责任。第二点认识是，在我们的专业中，团队合作也可以是通往新认识的途径；通过交流各自的论据，可以带来单独个人发现不了的原创性答案。总而言之，对刑法改革工作的不间断研究，极大地充实了我的法学思维。

3. 我研究工作的第三个重心是几本大教科书。除了精心护理先后八次出版、现在已有800多页的教授资格论文，它涉及的是总论中的一个特别章节（正犯理论），退休前我还一直在更新两本诉讼法的教材，到它们最后一版时分别都超过了500页。一本是以教学为导向的、按照问答模式设计的《刑事诉讼法：检验你的知识》（从1976年彻底重写的第3版到1997年第15版），另一本是从爱德华·克恩（Eduard Kern）手里接过来的研究用书《刑事诉讼法》（从1969年第9版到1998年第25版）。实体刑法的"总论"是在我生涯后期才出版的，即1992年出版的第1卷《犯罪原理的基础构造》（2006年第4版），而第2卷《犯罪的特别形态》则于2003年才面世。

---

* 温内托是德国作家卡尔·迈系列小说的主人公。——译者注

　　退休之后我将诉讼法教科书交给我的学生们继续发展；教学性的那本在 2006 年的第 16 版中作者已经变成罗克辛、阿亨巴赫（Achenbach）。做出这样的决定，是因为不断地修订全部五册内容丰富的教材，对于一个退休了的"散兵游勇"（Einzalkämpfer）来说，充其量只有放弃了其他工作才可以做到。而我希望继续撰写论文、报告和评注，也想继续维持我的国际性交往。

　　我因此将精力集中于完善我的刑法教科书。最近几年我对我的刑法教科书付出了极大的心血，它探讨的是刑法的刑事政策基础和可罚行为的共同前提，现已超过 2000 页。在战后由单一作者出版的教材中，我的刑法教科书是其领域内最宏大的著作。截至第 2 卷完成，我为之努力了 25 年（当然并不是只做这一件事，而是同时也从事了许多其他的学术活动）。

　　如果人们考虑到，总是不断有各种新的概览和复习材料（Grundrisse und Repetitorien）面世，它们以简洁的方式整理了学习素材，可以快速通读，为学生们提供了所学专业领域内最重要的信息，我这样坚持写作宏大教科书的做法看上去可能落伍了。这是可以理解的！但是我仍然认为，还是必须为那些想要更深入地钻研专业内容的人提供点什么。针对性太强的学习帮助很大程度上只能够告知作为成熟的、被大多数人所赞同的观点和不能继续被讨论的结论。想要了解"主流观点"是否和为什么是正确的人，还必须去学习其他观点和所有主要的论据，并能做出权衡。一种范围非常宽广的阐述，就像我所希望的那样，因此就必不可少。正是因为如此，我的教科书的具体章节几乎都写得如同专著一样，例如《正犯与参与》一章和《未遂》一章分别就有 329 页和 294 页，而且都是大型号的纸张，几乎都可以作为独立的著作来阅读了。

　　在一个如此宏大的范围内进行写作时，作者将获得很多机会，一如我试图加以利用的那样。他可以通过一种连贯易读的阐述，以相当精练的语言，来代替只是提供简洁解释的信息之罗列，以便这本读物不只是一种学习体验，也是一种阅读体验。他也可以将许多针对各具体问题已经发表的论文，整合到一个宏大的整体阐述中，那么其潜藏的立意将变得显而易见，也能为学理和判例在许多案件中提出新的和进一步的解决方案。

我当然清楚，如此远大的目标只能够或多或少地实现，但是人们必须尽可能地加以尝试。迄今为止，有关我的刑法教科书的反响强化了我的期望，即我所做的费力工作并不是不讨好的。两卷书都当选为"年度法学书籍"（juristischen Büchern des Jahres）。两卷中的部分卷已经有了西班牙文、中文和日文的翻译版本，三种文字尚未出版的另一卷应该很快就可以翻译完成。第 1 卷的西班牙文版本 1997 年出版后还被多次重印。此外，我的教科书的部分章节也被翻译为意大利文、葡萄牙文、土耳其文和希腊文。

令我高兴的还有那些读者来信，从中我可以看到，有些学生是多么深入地对我的理论进行了研究。因为我发现，我的问题研讨式的阐述激发了学生们自己的学术思考。如果人们考虑到这一点，并且注意到一本全面的教科书对学理与判例之作用要远甚于分散的单独文章，就可以理解，我为什么在我的学术生涯中赋予教科书工作以如此重要的意义了。

4. 作为我学术活动的第四个亦即最后一个重点，我想提到的是刑法领域的国际合作。在前文对职业生涯的简短叙述中，我已经介绍过我在不同国家的相关活动和报告之旅，必须承认的是，与外国同仁和奖学金获得者的交往，最大限度地丰富了我的学术视野和人际关系。

国际关系可以拓展人们的视野。如果不只是将自己的活动范围局限于本国之内，人们将可以更好地理解可罚行为的社会和文化原因，也能更好地理解各国对可罚行为在反应上的区别。人们还可以从超国家的视角看到许多问题的类似性，在社会的和法律的关系方面都是如此，并进而研究出共同的解决方案，以使各参与国在处理相关问题时能有更正确的做法。长此以往，欧洲刑法的共同基础，甚至一部跨文化刑法的共同基础，就可以逐步形成；人们已经可以看到这方面的初步苗头了。如果通过国际合作为这样的发展预先做好准备，将有利于世界的和平，因为统一的法律观念是各民族相互理解的重要前提之一。

不容否认的是，德国刑法理论是一种出口商品，一如我在去年（2006 年）前往土耳其和中国旅游时再次感受到的那样。在继续发展法治国氛围和全面而成熟的刑法教义学方面，我们可以为许多国家提供有价值的帮助。对此我们责无旁贷。

所有这些在这里无法详细展开了。但是我想至少自传式地概述一下我的国际关系网是如何形成的。我从未在国际性的委员会中工作过，从未受政府机关的委托而出游，也从未参与过大学的"交换项目"。可以说除了马普学会组织的少数几次旅游外，几乎我所有的国外联系之起因都是私人交流。我的许多文章被翻译为多种外国语言。在阿根廷，据说甚至要将我的全部论文结集为一个完整的版本（从2008年起）陆续出版。这些论文的广泛传播，以及与日俱增的国际知名度，使我收到了许多前去做客座报告的邀请，如同反过来我也邀请外国的同仁们到哥廷根和慕尼黑讲学一样。

由此形成的人际关系一般都会持续下去，这使得外国的同仁们又可以将他们的学生送到慕尼黑进行长期学习。另外也有不少年轻的外国人自己来到在国际上历来都是颇受青睐的学习之地的慕尼黑，接受我的学术指导。在我这里学习的西班牙年轻人是如此之多，以至于我甚至因为在刑法领域中培养了这么多西班牙年轻学者，而获颁了一枚勋章（1994年：San Raimondo de Peñafort）。我的这些学生们后来大多数都成为自己国家的教授，当初与他们的联系又再次带来国际合作方面新的和越来越宽广的可能性。

很多年内我都有一位来自葡萄牙的助理和一位来自希腊的助理。现在仍然有一位来自巴西的博士生接受我的指导并为我工作（同时也是贝恩德·许内曼的助理），我和许乃曼都认为他是如此有天赋，以至于我们相信，他可以在德国开始一段自己的学术生涯。所有这些可能已经表明，刑法在今天是一个多么国际化的学科。

我个人同外国同仁和学生们的合作，以及我的著述对刑法学甚至判例的影响，为我在国外带来了诸多荣誉，在这里我不想一一列举，它们中的很大一部分也是因为德国刑法学在许多国家被分享才加之于我的。不过这至少说明了，一种这样的国际性活动不仅被我，而且也被参与其中的其他国家的大学和同仁们评价为宝贵的和重要的。参加者因此为世界刑法文化做出了微薄的个人贡献，在全球化的时代，这不是学术上的奢侈，而是不得不为之事。

当然，我在国外的所作所为并不仅仅是出于学术上的动力，而且也是因为我非常喜欢旅游，并对其他国家及其人民有着浓厚兴趣。因此我们——我几乎每次都和我的夫人一起旅行——在最近几年已经习惯于在学术活动之后，紧接着也要在远方度几天假。自从退休后可以自由支配自己的时间以来，我就可以享受这样的生活了。

5. 最后应当交代一下教学活动，尽管它其实是教授职业的主要任务，很多教授却并不重视它。学生们往往也认为课堂上收效甚微，转而选择去上复习课或者求助于培训材料。的确，大学中有许多糟糕的课程。原因有很多：要么是因为讲师们的懒惰（请原谅，我认为在我们的行业中可能有这样的情况！）；要么相反，讲师们太有研究抱负，以至于忽略了授课的义务；要么是因为，授课者缺乏教学天赋。第三个原因可能是最常见的，因为研究方面成果颇丰和教学方面卓有成效以两种不同的能力为前提，二者只是在极少数的情况下才可以同时达到同一水准。教学培训的作用也实属有限：每个人从上学伊始就知道，虽然每位老师都经过培训，但仍然总是有好的和糟糕的老师。尽管如此，所有教授都有义务在研究之外将教学作为他的一项"主业"（Hauptgeschäft）。至于最近的那些将两种机能分离的想法，我不敢苟同。谁不亲自从事研究，谁就总是只能够像一位中小学老师一样地教学，对于大学教育而言，这是不够的。

毫无疑问并被历史多次证明了的是，无论讲坛大小，确实有一些无与伦比的课程，它们会对听众的职业选择产生影响，而且通常令听课的人终生难忘。我认为这样的课程是非常重要的，它们提供了以下两种难以被其他途径同等程度实现的机能。

首先，它们提供了迈向知识殿堂的入口，只有图文并茂的生动讲解才可以做到这一点。大教科书对于学习的深化以及简洁的概论对于复习都必不可少，但是创造一个理解的基础，以便消化基础信息乃至训练解决问题的思维，却只有通过一位教师才能够最大限度地实现。为此他必须能设身处地地为那些对所学内容一无所知的学生们着想，正如许多聪明的教授经常会提到的一样。他还必须循序渐进地根据学生的理解能力安排那些基础知识，通过反问和复习来强化听众的理解，并通过自己的举例使法律思维的过程形象生动。

其次，课堂还可以使听众清楚地了解到，正在讲解的内容不只是学习素材，而且是一项我们理解社会的非常重要的事业，将其以这样或者那样的方式作为毕生使命是值得的。对此书籍本身是无能为力的，至少在初学者那里是如此。为了实现该机能，课堂上必须闪耀着火花，激发起听众对于专业问题的兴趣，而不只是为了考试而刻苦学习。就此而言，没有人可以做得像一位教授那么好。他可以以自己的人格魅力和自己理论的说服力吸引听众，甚至可以通过讲授感染听众，令听众对自己所讲的内容感到欢欣鼓舞。在所有的听众那里都如此当然是不可能的，但是至少可以在不少的学生那里获得成功。我自己的体验是，很久以来，如果曾经的某位听众给我写信或者当面对我说，我的课程是如何影响了他的职业选择和他对法律的认识，总是会成为我的幸福时刻。

一门好的课程应当是什么样的呢？我曾经在巴伐利亚州文教部长（Kultusministerium）的请求下，在一份由其所发行的杂志上写过一篇文章，这里就不想再重复了。我只是给出几个关键词：它应当准备充分、结构清晰、尽可能自由和充满激情地讲述以及通过举例使内容易于理解。它还应当要求听众发表意见，因为这会促进共同思考。我的做法是，在重要的问题上先阐明支持或反对某一特定观点的理由，然后让学生们表决决定哪种看法更值得优先选择；在结论非常有争议时，则会继续与不同的"派别"进行讨论。这是我在汉堡上大学时从老教授拉佩（Raape）那里学到的，他 80 多岁了还坚持上课，是一位很有天赋的老师（不过不是刑法老师，而是罗马法和国际私法的老师）。除了分析出正确的答案之外，课堂讲授还应当清楚地揭示出问题的实践意义、其在法律上的影响范围以及在宪法和刑事政策上的背景。

广义上，指导奖学金获得者、博士生和助理们的工作也属于教授的教学任务。关于与为数众多的年轻的外国客人之间的工作，前文已经多有提及。它需要付出许多心力，但是也结出了人际的和学术上的丰硕果实，并且可以使一位教授在全世界都拥有真诚的朋友和同仁。况且，能够帮助年轻的学者们在他们的家乡获得一个与其能力相适应的工作岗位，也是美事一桩。

我指导过的博士生很多，且仍在不断增加，所以我都无法准确地确定其数量。他们当中很多人撰写的博士论文都作为专著出版了，很好地丰富了我们的学术园地，不少书的作者还是外国人。

我还指导六位助理获得了教授资格：汉斯-约阿希姆·鲁道菲（Hans-Joachim Rudolphi）、伯恩哈德·哈夫克（Bernhard Haffke）、贝恩德·许内曼、维尔弗里德·博特克（Wilfried Bottke）、曼弗雷德·海因里希（Manfred Heinrich）和克里斯蒂安·耶格尔（Christian Jäger）。第七位教授资格获得者，汉斯·阿亨巴赫（Hans Achenbach），在完成教授资格论文之前就收到了大学教授的聘书，然后就不得不终止了在我这里接受指导。我的博士生克努特·阿梅隆（Knut Amelung）和黑罗·沙尔（Hero Schall）也在没有教授资格论文的情况下获得了一个教席。从我这里毕业的博士于尔根·沃尔特（Jürgen Wolter）则是在我的学生鲁道菲那里获得的教授资格，但是直至今日仍属于与我联系较为紧密的学生圈子中的一员。

我和所有的学生们都保持着友好的联系，并在学术上多次合作。教授压制和剥削学术新人的情况，在我看来是一种奇谈。遗憾的是，至少在我的专业内，存在着这样的个别现象。我自己的老师，海因里希·亨克尔，待我就像一位慈爱的父亲一样，为我所做的远比我为他所做的多得多。当然，从整体上来看，对于双方以及对于学术来说，学术导师及其入门弟子之间的关系一般都是富有成效的。

尽管如此，我从来没有形成一种以下意义上的"学派"，即要求我指导的博士生或者教授资格获得者采取确定的学术观点。这违背了我对学术的理解，在我看来，所有的法学知识都是暂时的，必须反复接受质疑。但是，刑法是在法治国、自由主义和刑事政策影响之下被制定的，是我们每个人都分享的基本思想，因为这是从我们共同的研究中得出的结论。

三　结语

在结语部分要说的是，我作为刑法教授的活动，兑现了自己当初所承诺的职业生涯。不同于一些抱怨没有得到认可的同仁，我觉得国内外的同行、学生和公众，都很重视我，待我不薄，有时甚至比我在批判性的自我评价中所认为的更好（人偶尔会遇到嫉妒和厌恶，这是在所难免的，但是它们并未使上述评价相对化）。在自己能力范围之内，我能为研究与教学所做的，我认为我都已经做了（并且希望继续做下去）。对此人们应该感到满足了。

对于法学院系和刑法专业的未来，我有一些担忧。不断地中小学化（Verschulung），越来越多的学生希望接受投入越来越少的教育，许多法学专业错误地热衷于寻求第三方资助（Drittmittelkult），片面地偏爱能带来经济收益的研究，日益突出的官僚化以及各种委员会的乱象（Gremienunwesen），等等。在刑法专业领域内，犯罪化泛滥的政治倾向，也伴随着监督式国家的干预之强化（überwachungsstaatlichen Eingriffsverschärfungen）和诉讼裁判的去正式化（Entformalisierung von Prozessentscheidungen）迎面而来，这使得学术研究不敢深入背景之后，或者使学术研究者感到心灰意冷。另外，可能没有人是为了钱才成为教授的，但是让人望而却步的微薄薪资，一如现在的年轻教授们通常所得到的那样，对于顶尖学术人才的收入来说，是完全没有吸引力的。

另一方面，我们的专业又面临着巨大的挑战：欧洲化、全球化、恐怖主义、技术进步带来的新犯罪形式等。我希望，尽管有这些挑战，迄今为止声誉良好的德国刑法学，能够成功地应付这些问题。

主要作品目录

一　专著

《开放的构成要件与法律义务要素》（Offene Tatbestände und Rechtspflichtmerkmale），1959 年；1970 年第 2 版。

《正犯与犯罪支配》（Täterschaft und Tatherrschaft），1963 年；2006年第 8 版。

《刑事政策与刑法体系》（Kriminalpolitik und Strafrechtssystem），1970

年；1973 年第 2 版。

《卡尔·迈：刑法与文学：散文集》（Karl May, das Strafrecht und die Literatur. Essays），1997 年。

《犯罪论的现状》（La teoría del delito en la discusión actual），2007 年。

《刑法的刑事政策基础》（Fundamentos político-criminales del Derecho penal），2008 年。

二 评注

《莱比锡刑法典评注》（Strafgesetzbuch, Leipziger Kommentar），第 25－29 条，1978 年第 10 版。

《莱比锡刑法典评注》（Strafgesetzbuch, Leipziger Kommentar），第 14、30、31 条，1978 年第 10 版。

《莱比锡刑法典评注》（Strafgesetzbuch, Leipziger Kommentar），第 25－27 条，1993 年第 11 版。

《莱比锡刑法典评注》（Strafgesetzbuch, Leipziger Kommentar），第 28－31 条，1994 年第 11 版。

三 教科书

《刑事诉讼法》（Strafprozessrecht），1967 年第 3 版；1997 年第 15 版；2006 年第 16 版（罗克辛、阿亨巴赫）。

《刑事程序法：研究用书》（Strafverfahrensrecht. Ein Studienbuch）（爱德华·科恩初创），1969 年第 9 版；1998 年第 25 版；2009 年第 26 版（罗克辛、许内曼）。

《附有案例复习材料的刑法考试指南》（Strafrechtliche Klausurenlehre mit Fallrepetitorium），1973 年第 1 版；1982 年第 4 版，与许内曼、哈夫克合作。

《刑法的基础问题》（Strafrechtliche Grundlagenprobleme），1973 年。

《写给青年法律人的判例集：刑法总论》（Entscheidungssammlung für junge Juristen, Strafrecht, Allgemeiner Teil），1973 年第 1 版；1984 年第 2 版。

《刑法与刑事诉讼法导论》（Einführung in das Strafrecht und Strafprozessrecht），与阿茨特、蒂德曼合作，1983 年第 1 版；2006 年第 5 版。

《刑法总论（第 1 卷）：犯罪原理的基础构造》（Strafrecht, Allgemeiner Teil, Band I, Grundlagen-Der Aufbau der Verbrechenslehre），1992 年第 1 版；2006 年第 4 版。

《联邦最高法院判例·刑法总论》（Höchstrichterliche Rechtsprechung zum Allgemeinen Teil des Strafrechts），1998 年。

《刑法总论（第 2 卷）：犯罪行为的特别形态》（Strafrecht, Allgemeiner Teil, Band II, Besondere Erscheinungsformen der Straftat），2003 年。

四　期刊与文集中的论文

《1960 年草案的错误规则与严格的罪责理论》（Die Irrtumsregelung des Entwurfs 1960 und die strenge Schuldtheorie），《犯罪学与刑法改革月刊》1961 年，第 211 - 221 页。

《过失犯的义务违反与结果》（Pflichtwidrigkeit und Erfolg bei fahrlässigen Delikten），《整体刑法学杂志》第 74 期，1962 年，第 411 - 444 页。

《目的行为论之批判》（Zur Kritik der finalen Handlungslehre），《整体刑法学杂志》第 74 期，1962 年，第 246 - 292 页。

《防卫挑拨》（Die provozierte Notwehrlage），《整体刑法学杂志》第 75 期，1963 年，第 541 - 590 页。

《有组织的权力机构之框架下的犯罪》（Straftaten im Rahmen organisatorischer Machtapparate），《戈尔特达默刑法档案》1963 年，第 193 - 207 页。

《论 1962 年草案中的错误规则》（Die Behandlung des Irrtums im Entwurf 1962），《整体刑法学杂志》第 76 期，1964 年，第 582 - 618 页。

《宣誓无能力的刑法问题与宪法问题》（Zur straf- und verfassungsrechtlichen Problematik der Eidesunfähigkeit），《法学家报》1965 年，第 558 - 563 页。

《相互同意的绝育之刑法评价》（Die strafrechtliche Beurteilung der einverständlichen Sterilisation），《下萨克森医师报》1965 年，第 165 -

175 页。

《刑法中参与理论的问题》（Zur Dogmatik der Teilnahmelehre im Strafrecht），《法学家报》1966 年，第 293 - 299 页。

《刑法改革中值得怀疑的倾向》（Fragwürdige Tendenzen der Strafrechtsreform），《眼界》1966 年第 3 期，第 33 - 37 页。

《国家刑罚的意义与界限》（Sinn und Grenzen staatlicher Strafe），《法学教学》1966 年，第 377 - 387 页。

《关于刑法中法律观念与法律素材之关系的若干注解》（Einige Bemerkungen zum Verhältnis von Rechtsidee und Rechtsstoff in der Systematik unseres Strafrechts），《古斯塔夫·拉德布鲁赫纪念文集》，1968 年，第 260 - 267 页。

《李斯特与选择性草案的刑事政策方案》（Franz von Liszt und die kriminalpolitische Konzeption des Alternativentwurfs），《整体刑法学杂志》第 81 期，1969 年，第 613 - 649 页。

《检察官的法律地位与未来任务》（Rechtsstellung und Zukunftsaufgaben der Staatsanwaltschaft），《德意志法官报》第 385 - 389 页。

《作为与不作为的界限》（An der Grenze von Begehung und Unterlassung），《卡尔·恩吉施祝寿文集》，1969 年，第 380 - 405 页。

《盗窃犯人被追踪时的肇事逃逸》（Unfallflucht eines verfolgten Diebes），《新法学周刊》1969 年，第 2038 - 2040 页。

《终了未遂的开始：兼论不纯正不作为犯中预备与未遂的界限》（Der Anfang des beendeten Versuchs. Zugleich ein Beitrag zur Abgrenzung von Vorbereitung und Versuch bei den unechten Unterlassungsdelikten），《赖因哈特·毛拉赫祝寿文集》，1972 年，第 213 - 233 页。

《罪责原则的刑事政策思考》（Kriminalpolitische überlegungen zum Schuldprinzip），《犯罪学与刑法改革月刊》1973 年，第 312 - 325 页。

《过失犯中的规范保护目的》（Zum Schutzzweck der Norm bei fahrlässigen Delikten），《威廉·加拉斯祝寿文集》，1973 年，第 241 - 259 页。

《论推定的同意》（Über die mutmaßliche Einwilligung），《汉斯·韦尔策尔祝寿文集》，1974 年，第 447 - 475 页。

《论防卫过当》（Über den Notwehrexzeβ），《弗里德里希·沙夫施泰因祝寿文集》，1975 年，第 105－127 页。

《卡尔·迈、刑法与文学：在伯尔尼大学的客座演讲》（Karl May, das Strafrecht und die Literatur, Gastvortrag an der Universität Bern），1977 年 6 月，《瑞士刑法杂志》1978 年，第 1－32 页。

《自杀时的共同作用成立杀人罪?》（Die Mitwirkung beim Suizid-ein Tötungsdelikt?），《爱德华·德雷埃尔祝寿文集》，1977 年，第 331－355 页。

《论行为决意》（Über den Tatentschluβ），《霍斯特·施罗德纪念文集》，1978 年，第 145－166 页。

《行为决意与未遂时实行的开始》（Tatentschluβ und Anfang der Ausführung beim Versuch），《法学教学》1979 年，第 1－13 页。

《参加预备的可罚性（刑法第 30 条）》［Die Strafbarkeit von Vorstufen der Beteiligung（§30 StGB）］，《法学工作报》1979 年，第 169－175 页。

《自选择性草案以来刑事政策的发展》（El desarrollo de la política criminal desde el Proyecto Alternaivo），《刑法教义》布伊诺斯艾利斯 1979 年第 7 期，第 507－523 页。

《今日刑法科学之变迁》（Wandlungen der Strafrechtswissenschaft heute），《博识》1979 年，第 913－922 页。

《刑法科学之变迁与刑事政策的当代状况》（Die Wandlungen der Strafrechtswissenschaft und die gegenwärtige Situation der Kriminalpolitik），《博识》1980 年，第 23－32 页。

《自选择性草案以来刑事政策的发展》（Zur Entwicklung der Kriminalpolitik seit den Alternativ-Entwürfen），《法学工作报》1980 年，第 545－552 页。

《德意志联邦共和国堕胎法的发展》（El desarollo del derecho sobre el aborto en la República Federal de Alemania），《加泰罗尼亚法律杂志》1980 年特别号，第 251－264 页。

《德意志联邦共和国刑法科学之变迁》（Wandlungen der Strafrechtswissenschaft in der Bundesrepublik Deutschland），《成蹊法学：法律、政治与社

会科学杂志》第 15 卷，东京 1980 年，第 1 – 22 页。

《失败的未遂：兼论被重复实施的实行行为之问题》（Der fehlgeschlagene Versuch. Zugleich ein Beitrag zum Problem der wiederholten Ausführungshandlung），《法学教学》1981 年，第 1 – 9 页。

《正在形成中的生命之刑法保护》（Probleme beim strafrechtlichen Schutz des werdenden Lebens），《法学工作报》1981 年，第 542 – 549 页。

《正当防卫的"社会伦理限制"：一种回顾性的尝试》（Die "sozialethischen Einschränkungen" des Notwehrrechts – Versuch einer Bilanz），《整体刑法学杂志》第 93 期，1981 年，第 68 – 104 页。

《终止妊娠的法律规则之发展与状况》（Entwicklung und Stand der gesetzlichen Regelung des Schwangerschaftsabbruchs），伯克勒主编：《作为个人问题与社会问题的终止妊娠》，1981 年，第 13 – 34 页。

《晚近西德对刑罚与保安处分的目的与正当性之讨论》（Zweck und Rechtfertigung von Strafen und Maβregeln in der neueren westdeutschen Diskussion），《但泽大学法律与行政学院学术专刊》1982 年第 10 期，第 37 – 60 页。

《罪责刑法的问题》（Zur Problematik des Schuldstrafrechts），《整体刑法学杂志》第 96 期，1984 年，第 641 – 660 页。

《论刑法中因为欺骗而引发的同意》（Die durch Täuschung herbeigeführte Einwilligung im Strafrecht），《彼得·诺尔纪念文集》，1984 年，第 275 – 294 页。

《论由人所引发的防御性紧急避险》（Der durch Menschen ausgelöste Defensivnotstand），《汉斯 – 海因里希·耶舍克祝寿文集》，第 1 卷，1985 年，第 457 – 484 页。

《罪责在刑法中还剩下什么?》（Was bleibt von der Schuld im Strafrecht übrig?），《瑞士刑法杂志》第 104 期，1987 年，第 356 – 376 页。

《原因自由行为注解》（Bemerkungen zur actio libera in causa），《卡尔·拉克纳祝寿文集》，1987 年，第 307 – 323 页。

《赔偿与刑罚目的》（Risarcimento del danno e fini della pena），《意大利刑事诉讼法杂志》1987 年第 1 期，第 2 – 23 页。

《被害人在刑罚体系中的地位》（Die Stellung des Opfers im Strafsystem），《法律与政治》1988 年，第 69 – 76 页。

《作为免除刑罚事由的良心犯》（Die Gewissenstat als Strafbefreiungsgrund），《维尔纳·迈霍弗祝寿文集》，1988 年，第 389 – 411 页。

《目的主义与客观归属》（Finalität und objektive Zurechnung），《阿明·考夫曼纪念文集》，1989 年，第 237 – 251 页。

《溯责禁止注解》（Bemerkungen zum Regreβverbot），《赫伯特·特伦德勒祝寿文集》，1989 年，第 177 – 200 页。

《德国刑事诉讼法的改革》（Über die Reform des deutschen Strafprozeβrechts），《格尔德·尧赫 65 周岁祝寿文集》，1990 年，第 183 – 200 页。

《预先判决在刑法和刑事诉讼法中的问题》（Strafrechtliche und strafprozessuale Probleme der Vorverurteilung），《新刑法杂志》1991 年，第 153 – 160 页。

《赔偿作为制裁体系中的"第三条路线"》（Zur Wiedergutmachung als einer "dritten Spur" im Sanktionensystem），《于尔根·鲍曼祝寿文集》，1992 年，第 243 – 254 页。

《罗泽 – 罗扎尔案的复活》（Rose-Rosahl redivivus），《京特·施彭德尔祝寿文集》，1992 年，第 289 – 301 页。

《变迁中的罪责原则》（Das Schuldprinzip im Wandel），《阿图尔·考夫曼祝寿文集》，1993 年，第 519 – 535 页。

《沉默权：十字路口的司法权》（Nemo tenetur: die Rechtsprechung am Scheideweg），《新刑法杂志》1995 年，第 465 – 469 页。

《何谓帮助犯？》（Was ist Beihilfe?），《宫泽浩一祝寿文集》，1995 年，第 501 – 517 页。

《不能犯未遂与幻觉犯的界限》（Die Abgrenzung von untauglichem Versuch und Wahndelikt），《法学家报》1996 年，第 981 – 987 页。

《以色列刑法典草案总则部分中犯罪责任能力的教义学结构——与德国法的一个比较研究》（The Dogmatic Structure of Criminal Liability in the General Part of the Draft Israeli Penal Code-A Comparison with German Law），《以色列法律评论》第 30 卷第 1 – 2 期，1996 年冬春季，第 60 – 81 页。

《晚近判例中被告人接受辩护人建议时的权利》（Das Recht des Beschuldigten zur Verteidigerkonsultation in der neuesten Rechtsprechung），《法学家报》1997 年，第 343 - 347 页。

《过去与今日之检察官的法律地位》（Zur Rechtsstellung der Staatsanwaltschaft damals und heute），《德意志法官报》1997 年，第 109 - 121 页。

《非自愿的自认其罪与刑事诉讼中的隐私权》（Involuntary Self-Incrimination and the Right to Privacy in Criminal Proceedings），《以色列法律评论》第 31 卷第 1 - 3 期，1997 年冬春季，第 74 - 93 页。

《多人参加时的终止》（Der Rücktritt bei Beteiligung mehrerer），《特奥多尔·伦克纳祝寿文集》，1998 年，第 267 - 286 页。

《刑法体系的刑事政策基础》（Zur kriminalpolitischen Fundierung des Strafrechtssystems），《京特·凯泽祝寿文集》，1998 年，第 885 - 896 页。

《阻止既遂是从终了未遂中终止》（Die Verhinderung der Vollendung als Rücktritt vom beendeten Versuch），《汉斯·约阿希姆·希尔施祝寿文集》，1999 年，第 327 - 343 页。

《刑法有未来吗?》（Hat das Strafrecht eine Zukunft?），《海因茨·齐普夫纪念文集》，1999 年，第 135 - 151 页。

《我生命中的法学时刻》（Die juristischen Highlights meines Lebens），《法律历史杂志》第 19 期，2000 年，第 637 - 640 页。

《刑法中的生命保护：导论与概览》（Lebensschutz im Strafrecht - Einführung und Überblick），《刑法杂志》第 16 卷特刊，2001 年冬季，第 1 - 16 页。

《不纯正不作为犯中的相当性条款》（Die Entsprechungsklausel beim unechten Unterlassen），《克劳斯·吕德森祝寿文集》，2002 年，第 577 - 586 页。

《因果流程提前引发时的结果归属》（Zur Erfolgszurechnung bei vorzeitig ausgelöstem Kausalverlauf），《戈尔特达默刑法档案》2003 年，第 257 - 268 页。

《不阻止一个基于要求的杀人而成立过失致人死亡?》（Fahrlässige Tötung durch Nichtverhinderung einer Tötung auf Verlangen?），《汉斯·路德

维希·施赖伯祝寿文集》，2003 年，第 399 – 403 页。

《刑法教义学中的规范主义、刑事政策与经验》（Normativismus, Kriminalpolitik und Empirie in der Strafrechtsdogmatik），《恩斯特·约阿希姆·兰珀祝寿文集》，2003 年，第 423 – 437 页。

《法益保护与个人自由紧张关系下的刑法不法》（Das strafrechtliche Unrecht im Spannungsfeld von Rechtsgüterschutz und individueller Freiheit），《整体刑法学杂志》第 116 期，2004 年，第 929 – 944 页。

《国家的刑讯可以在例外情况下被允许或者至少免于刑罚吗?》（Kann staatliche Folter in Ausnahmefällen zulässig oder wenigstens straflos sein?），《阿尔宾·埃泽尔祝寿文集》，1973 年，第 461 – 471 页。

《土耳其新刑法典的总则部分》（Der Allgemeine Teil des neuen türkischen Strafgesetzbuches），《戈尔特达默刑法档案》2005 年，第 228 – 243 页。

《磨坊旁的水塘理论：反思证据使用禁止的矛盾之处》（Die Mühlent-eichtheorie-überlegungen zur Ambivalenz von Verwertungsverboten），与格尔哈特·舍费尔、冈特·维德迈尔合作，《刑事辩护人杂志》2006 年，第 655 – 661 页。

《组织支配与行为决意》（Organisationsherrschaft und Tatentschlossenheit），《弗里德里希·克里斯蒂安·施罗德祝寿文集》，2006 年，第 387 – 400 页。

《作为间接正犯之独立形式的组织支配》（Organisationsherrschaft als eigenständige Form mittelbarer Täterschaft），《瑞士刑法杂志》第 125 期，2007 年，第 1 – 23 页。

《德国刑事诉讼法对被告人的保护》（Der Schutz des Beschuldigten im deutschen Strafprozessrecht），北京大学《中外法学》2007 年第 1 期，第 87 – 98 页。

汉斯－路德维希·施赖伯（**Hans-Ludwig Schreiber**）

汉斯－路德维希·施赖伯（Hans-Ludwig Schreiber）

何庆仁 译

一

我于 1933 年出生在门兴格拉德巴赫。长我 40 岁的父亲是天主教徒，母亲则信奉新教。我也是天主教徒，不过可能受父母信仰不一的影响，我更愿意称呼自己是一个持有一定怀疑态度的天主教徒。由于父亲是纳粹政权的反对者，我们一家数次被遣送。我们先是从门兴格拉德巴赫被送往斯德丁（Stettin），原本担任劳动局长官的父亲此时只能在州劳动局从事职业咨询工作；之后又被送往但泽（Danzig）。战争结束时，我们全家经过汉堡逃到汉诺威，在这里，父亲获任为州劳动局的副主席，却不幸于 1947 年就去世了。

我在汉诺威上的是侧重拉丁文和希腊语的高中（Humanistische Gymnasium），然后在相对年轻时就于 1951 年在那里参加了高考。因为对翻译和解释古代语言有强烈的兴趣，我一度想在大学里学习古代语言。为此我特意在大学开学时去听了一堂一位著名的古典语文学家（Altphilologe）的课。课上详细地讨论了原文中存在的是"igni"还是"igne"的问题，我觉得无聊得不得了，于是就不再考虑学习古代语言了。

虽然后来对医学有很大的热情，我却从未考虑过要去学医。我们法律人也是同人类打交道的，但不像医生同病人的接触那样令人压抑和直接；医生受人类影响的程度显然要强烈得多。我还曾经对人类与伦理的关系表现出浓厚的兴趣，刚开始我甚至对伦理比对法律更有兴趣，直到我认识到法律其实比伦理更为具体。

最后，当我向我的拉丁语老师——一位优秀的男性——说我准备学习法学时，他回答道："真的吗？可是您对法学世界一无所知啊！"是的，我对法学还知之甚少，但我想学习的正好是去了解这个世界，我有这样的想法已经很久了。

二

然后我选择在波恩学习法律，而不是像我在汉诺威的同班同学们那样去哥廷根。理由是，我希望到外面见识见识不同的世面，了解我还不了解的世界。那时朔伊纳（Scheuner）和弗卢梅（Flume）已经在波恩授课，他们很善于鼓舞年轻的大学生学习法学。第二学期时汉斯·韦尔策尔（Hans Welzel）来到波恩，他的个人魅力一下子就吸引了我，因为他带来的是生动的和实践中的法律。他不只是人们通常所说的教义学者（Dogmatiker），他更善于以其生动的方式赢得学生们的支持。我因此决定，不选朔伊纳，而参加韦尔策尔的研讨课；在那一期研讨课上，我完成了一篇关于不真正不作为犯的报告。我们当时都说，韦尔策尔的研讨课上坐着教皇和一众红衣主教（der Papst und die Kardinäle）。坐在韦尔策尔旁边的红衣主教们有京特·施特拉滕韦特（Günter Stratenwerth）、阿明·考夫曼（Armin Kaufmann）。我非常敬重的汉斯·约阿希姆·希尔施（Hans Joachim Hirsch）那时也已经列席研讨课，他给人留下了极为勤奋和聪明的印象，但是课上的主角显然还是施特拉滕韦特和考夫曼。韦尔策尔的研讨课对我产生了深远影响，他的课堂上总是充满了争议和辩论，课后韦尔策尔则会和我们一起去喝杯啤酒，大家会在酒吧里坐很久并继续讨论。

三

1957 年，我意外地以"良"的成绩通过了第一次国家司法考试。韦尔策尔马上表示愿意为我提供一个博士论文选题。他鼓励我写点与尤利乌斯·宾德尔（Julius Binder）有关的东西，还在哥廷根时他就结识了宾德尔的遗孀。我拜读了宾德尔在 1902 年出版的一本小册子，然后决定对法律义务概念之发展进行研究。按照宾德尔的观点，法律与伦理无关，他还认为义务是一个错误的概念，毋宁说法律是强制和责任。在非常友好地被通过了的博士论文中，我探讨了法律义务的概念，及其从斯多葛学派（Stoa）以来直至今天的发展。这段时间内我都是施特拉滕韦特和韦尔策尔的助理。

论文完成后我才成为见习生。见习期是在下萨克森度过的，有时也在波恩，因为这段时间我仍然在韦尔策尔那里作为助理而工作。1962年，我在汉诺威通过了候补司法官考试，成绩是当时极少给出的"优"。因为成绩优异，我在 14 天内就和另一位考试成绩为"良"的人一起受雇于司法机构，并很快在希尔德斯海姆（Hildesheim）承担起候补司法官的职责。

不久韦尔策尔给我写信，说我的考试成绩大家都知道了，但我还是应当再次回到他那里。我于是作为法官向司法机构请求暂时停职，而在韦尔策尔那里接受了一个助理的岗位。我和汉斯·韦尔策尔之间相处得一直都非常融洽。他不仅是一个高度专心致志且富有洞察力的人，而且也是一个很好的倾听者。很多时候，如果有人在研讨课上报告了一些他回答不上来的内容，他会幽默以对，然后第二天早上再次从容不迫地解释和倾听。不过，对于那些他不欣赏的同仁，一如众所周知的那样，他通常会疾言厉色地加以批判。

我还没有出版的博士论文现在出版了；接下来要做的是确定一个教授资格论文的选题。我原本是想写与引起者概念（Urheberbegriff）有关的内容，因为我觉得，正犯理论的背景必须再次被完善。但是韦尔策尔认为，以他的刑法教义学就能发现月球的另一面，遗憾的是，那是从来就不能住人的一面。他因此建议我换一个主题，例如可以写写和法规之约束（Gesetzesbindung）有关的内容。那时学界正在对"法无明文规定不为罪"原则之解释和法规之约束进行争论，我于是选择了《法规与义务》的题目。和博士论文一样，我希望对其加以历史性的展开。我先将历史的部分，有 400 页之多，交给韦尔策尔，以便他可以在我开始写作体系部分前就看到它。没想到韦尔策尔认为历史的部分就足够了，以至于它可以单独作为我的教授资格论文而出版。后来我的教授资格论文获得顺利通过。

人们可以毫无疑问地说，50 年代是一个学派形成的时期，韦尔策尔也以其目的行为论参与其中。韦尔策尔式的教义学被阿明·考夫曼改良和升华。不过相较于目的主义，我对韦尔策尔的自然法书籍中所展望的物本逻辑结构（sachlogischen Strukturen）更有兴趣。对我来说，在哪一阶层审查故意是不重要的，这极可能与我宁愿去接近实务有关。实际上，韦尔策尔本人并不重视学派的形成，尽管人们经常这样议论他。他不仅容忍他的学生采取不一样的观点，反而还直接鼓励我们这么做。例如，他曾经在我写作博士论文时对我说过，我可以主张我想主张的观点，只是不能写我认为他很愚蠢，因为那样的话他的自尊心将使他很难通过我的论文。

比我更强烈地脱离了韦尔策尔的教义学的，是和我一样同为助理的雅各布斯（Jakobs）。据说他本来是要接手韦尔策尔的教科书的，后来却写了一本新的教科书，并奠定了一个完全不同的体系的基础。不过雅各布斯的友人刑法和敌人刑法（Freund-und Feindstrafrecht）之观点并不能令我信服，在我看来，敌人刑法是卡尔·施密特（Carl Schmitt）才会使用的概念。

在我担任助理期间，韦尔策尔承担起《布罗克豪斯百科全书》中的法历史部分和法哲学中一部分的撰写工作，他将任务交给了我。尽管书中那些词条是不署名的，我仍然通过以下方式说明了我的作者身份：在该版本的《布罗克豪斯百科全书》中，"效力"（Geltung）概念之下包含了一个"法律效力"的小段落，其中我引用了我的博士论文，肯定没有其他人这么做过。韦尔策尔还计划在我的协助下一起写一本关于法哲学的体系书，却由于力不从心而没能完成。最后，汉斯·韦尔策尔患上了早老性痴呆症（Alzheimer）。他人还在波恩，精神却已严重衰退。他的妻子和我以及其他人一起努力地告诉他，在大学里不该再有他的办公室了。我还记得韦尔策尔是如何回答我的："啊，施赖伯先生，您是说他们为他们的老教师感到羞愧吗？这真令人悲伤。"然而，将韦尔策尔从大学中隔离开来，很可能是必要的。

四

在此期间我又回到司法机构，一共担任了六年的法官和检察官，有时候也作为汉诺威立法部门的负责人而工作。1970 年 10 月 16 日，我在波恩获得了刑法、刑事诉讼法和法哲学的教授资格，并很快于 1971 年 4 月 1 日在那里获得一个 C－3 的职位（C－3－Stelle）。70 年代初大学扩建蔚然成风，致使教授资格获得者们轻易地就能同时受到多所大学的青睐。我有一次夸张地说，谁写了超过三段的连贯文章，马上就可以接到好几份任教邀请。因此，我 1971 年夏天接到了基尔大学的邀请，仅仅一周后奥格斯堡（Augsburg）大学也聘请我去任教，没隔一段时间又接到了哥廷根的聘约。韦尔策尔建议我不要去基尔，因为那里就像一个候车厅（Wartesaal）一样，他希望我去他曾经工作过的哥廷根。1971 年秋，我接受了哥廷根的邀请，并在那里留了下来。在大学的扩建期间，我之后还获得过其他的邀请，最开始是来自海德堡和曼海姆的邀请，1974 年弗莱堡则希望我去担任耶舍克（Jescheck）的继任者。由于蒂德曼（Tiede-mann）和阿茨特（Arzt）都回绝了它的邀请，弗莱堡才来征求我的意见，尽管我迄今对外国法毫无研究。

这期间学潮风起云涌。哥廷根有一个非常强硬且激进的核心。即使在法学院里也发生了越来越多的冲击，但并没有发生更大的持续性破坏行动，而且与其他学院相比已经算是不那么危险了。我的课堂曾经多次受到干扰，我还被泼过水，也被各种各样可能的东西砸过。尽管如此，这些都对我影响甚微，即便我被称为法西斯主义者。有一次我的课堂被占领了，一群人闯进教室，号召罢课。当我解释说，我们正在讨论为阶级利益服务的阶级司法（Klassenjustiz）时，他们就离开了。之后捣乱者再也没来过我的课堂；如果人们得到了满足，就不会再叫嚣了。来自维尔茨堡（Würzburg）大学的克里斯蒂安·施塔克（Christian Starck）采取了类似的做法，但是在其他方面我很少和他有一致意见；杰出的民法学者乌韦·迪德里希森（Uwe Diederichsen）也和我的做法差不多。克劳斯·罗克辛（Claus Roxin），我在哥廷根的前任，就曾经饱受 68 年学潮之苦，他的课听众非常多，因此也引来了许多捣乱者。

事后看来，我认为 68 年学潮是有原因的。我们这一代人对于制度毫无批判力，不仅国家、教堂，而且大学也都老朽和僵化了；我们把太多的东西视为理所当然。但是，我仍然为许多 68 年代人的转变感到意外，而且简直是失望。他们中太多的人逐渐失去理智，并且比其他人快得多地去迎合骚乱。

五

拒绝了前往弗莱堡的邀请后，我就没有再收到过其他的邀请。从 80 年代初开始我就在下萨克森住了下来。罗克辛离开哥廷根时将他的助理克努特·阿梅隆（Knut Amelung）托付给我，阿梅隆为我讲述了许多学潮时期的事情。我还从韦尔策尔手中接过了指导欣里希·吕平（Hinrich Rüping）的教授资格论文的任务。吕平一开始是去图宾根找的内尔（Nörr），但是因为他更想研究刑法，尤其是刑法史，所以就回到了哥廷根。我在弗里德里希·沙夫施泰因（Friedrich Schaffstein）的帮助下指导他于 1974 年春获得教授资格，那时我甚至还没有指导过一名博士生毕业。

在哥廷根，有一些受第三帝国之累的教授仍在继续授课。除了沙夫施泰因外，主要还有卡尔·米夏埃利斯（Karl Michaelis）和弗朗茨·维亚克尔（Franz Wieacker）。我了解的沙夫施泰因是一位和蔼可亲且相当有教养的老人，人们根本无法理解，他怎么会那么深地为纳粹所迷惑。有一次他来找我，因为他在纳粹时期所写的一篇关于法律救济程序中的强化禁止（das Verschärfungsverbot im Rechtsmittelverfahren）的文章，要被刊在学术书籍协会的《研究之路》上（in den "Wegen der Forschung" in der Wissenschaftlichen Buchgesellschaft）。他不确定是否应当准许文章付梓，因为他觉得这篇文章是他的一个耻辱。我建议沙夫施泰因同意出版。他接受了我的建议，并在那篇文章之下写道："研究之路也是他们的歧途，这里记录的就是歧途之所在。"

弗朗茨·维亚克尔对我影响很深，我和他一起定期地参加法学院会议中学习改革委员会的活动。他可以称得上是工作狂，据说在他离世前不久，他的两个学生还拿着罗马法的手册坐在他的病床前，和他讨论校勘事宜。弗朗茨·维亚克尔是一个奇怪的单身汉，但也是我结识过的最聪明的法学家之一。作报告时他通常坐在礼堂前面的第二排，说话的声音特别洪亮。哥廷根大学 250 周年校庆时，正好处于学潮时期，他做了一场非常精彩的演说。原本要由也是哥廷根大学法学院毕业生的魏茨泽克（Weizsäcker）做这次演讲，但是有人威胁到时要轰他下台，所以他就放弃了。经过我向当时的校长坎普（Kamp）的推荐，维亚克尔接过了演说的任务，并报告了哥廷根大学数百年的历程。

六

除了研究与教学，我还投入了很多心力在高校管理之上。我是哥廷根大学 1981 - 1983 年的副校长，1992 - 1998 年的校长。1974 年成立的奥斯纳布吕克（Osnabrück）大学希望在 1980/1981 学年的冬季学期扩建一所法学院，我作为其成立委员会的主席，同哥廷根和明斯特的同仁们，其中包括基希霍夫（Kirchhof）、格茨（Götz）和迪德里希森（Diederichsen），一起组建了奥斯纳布吕克的法学院，并且也在那里授课。我在那里的第一批学生中有一个人是现在下萨克森州的州长（Ministerpräsident）克里斯蒂安·武尔夫（Christian Wulff）。*

在哥廷根，格哈德·施罗德（Gerhard Schröder）** 也曾经听过我的课。在学潮时期，施罗德从来不是那种激烈地从事破坏行为以至于达到犯罪程度的人，尽管他总是举手要求发言，并发表一些放肆的评论。例

---

* 克里斯蒂安·武尔夫后于 2010 年 6 月 30 日当选为德国总统。——译者注
** 格哈德·施罗德后于 1998 - 2005 年出任德国总理。——译者注

如，在我的同事埃尔温·多伊奇（Erwin Deutsch）的课上就曾经这样，埃尔温·多伊奇为此很是恼火。几年前施罗德给我打电话，回忆起了一个小插曲，那件事我已经记不起来了，但是显然对他来说很重要：有一次，我在课上解释诈骗罪中的财产损害，他举手说，我的观点是错误的，身为一位女清洁工的私生子，他对此有更好的认识。我回答道，专业论证更能让我信服，然后整个教室的同学都开始嘲笑他。这些当然并没有持久地破坏施罗德和他的母校之间的良好关系，我们后来甚至因为他对哥廷根大学的突出贡献而授予他荣誉博士学位。在我担任校长期间，格哈德·施罗德作为下萨克森州的州长隆重拜访了我们，拜访时他逐字逐句地问："你们有什么需要吗？"我们回答说，我们所需要的是分子生物学（Molekularbiologie），以便可以跟上海德堡和慕尼黑的步伐。于是在建立哥廷根分子生物学中心时，他给了我们极大的帮助。他还为我的祝寿文集撰写了前言，对此我心怀感谢。

奥斯纳布吕克大学成立之后，当时的州长恩斯特·阿尔布雷希特（Ernst Albrecht）希望在奥尔登堡（Oldenburg）另建一所法学院，就聘请了三位专家到内阁给他提供意见。由于缺乏资金，他想建立一所只有7位教授的学院。我对此表示反对，因为7位教授对于一所法学院来说是不够的。他反驳说，他和我是同时在波恩上的大学，只是他学的不是法学，而是经济学，那时在波恩只有7位经济学家上课，却教给了他足够的经济学知识，使他完成了提交给联邦总理的十大经济政策。我的回答引起了长达数分钟的沉默："州长先生，我尊重您的经济政策，但是我可以想象，如果您是在一个人员配备完整的学院里学习，您将会成为多么优秀的人才。"直到阿尔布雷希特决定要笑的时候，他的内阁部长们也才跟着笑了起来。这件事情表明了阿尔布雷希特的严肃，但是在其他方面他其实是一个很好接近的人，尽管他总是挂着一副被很多人理解为拒人于千里之外的傲慢笑容。在我看来，这更是一种不喜交际的表现，他只是希望通过自己的行为与人们保持一定的距离。之后阿尔布雷希特于1987年聘请我在他的内阁里担任国务秘书（Staatssekretär），并持续至1990年。这几年内我学到了很多东西。1990年，格哈德·施罗德胜选接掌州政府，他希望留任财政国务秘书范·舍尔彭贝格（van Scherpenberg）和我，用他自己的话说，这是对我们的惩罚，因为我们曾经为阿尔布雷希特工作过。对我来说这却完全不是问题，正如我当时所说的那样，那时那么多的猪都挤到了饲料槽旁，况且阿尔布雷希特的政府与他本人之间其实有许多争议。最后黑尔加·舒哈特（Helga Schuchardt）成为内阁部长，这对于大学来说是毁灭性的。我于是很高兴地重新回到高校。

三个月后，库尔特·比登科普夫（Kurt Biedenkopf）和汉斯－约阿希姆·迈尔（Hans-Joachim Meyer）想为我争取萨克森州科技部国务秘书的职位，被我拒绝了，因为我还是想留在学术圈内。不过我接受了萨克森州高校结构委员会（Hochschulstrukturkommission）主席的职位。

七

另外，作为哈勒（Halle）大学法学院成立委员会的主席，我还兼职在那里工作，直至 1992 年我成为哥廷根大学的校长。原本我一点都不想当校长，最后在同事们的强烈要求下才勉强同意。这段时间我身心俱疲，虽然在哥廷根也有一间宿舍，但平时我和妻子一直住在汉诺威。每天早晨，我不得不六点半就坐火车从汉诺威出发，然后七点多到达哥廷根；而且没有一个晚上可以在九点以前回到家里。校长一职使我对大学有了更多的了解，我对它的尊敬也因此而饱受"大学"体系的打击。我发现，今天的大学管理实际上非常业余，也非常任意和偶然。

在担任校长期间，我还被请求出任哥廷根亨德尔协会*的主席。我虽然不会演奏乐器，却是一个不折不扣的音乐发烧友，于是最终我还是非常乐意地答应了。在协会里我认识了很多人，包括一些来自英国的朋友。我主持了亨德尔节 12 年。其间亨德尔协会一度遇到了巨大的财政问题，几乎走向衰落。在我的请求下，克里斯蒂安·武尔夫给予了我们大

---

*　哥廷根亨德尔协会（Göttinger Händel-Gesellschaft）是一个旨在支持亨德尔节，以及保护格奥尔格·弗里德里希·亨德尔（Georg Friedrich Händel）（1685－1959 年）的音乐作品的协会。——译者注

力支持。我还成功地邀请到大众汽车基金会的秘书长威廉·克鲁尔（Wilhelm Krull）担任亨德尔协会监事会的主席。与此同时，协会也在走向壮大；随着尼古拉斯·麦格甘（Nicholas MacGegan）——一位来自旧金山的苏格兰人——的到来，我们拥有了一位杰出的艺术总监；我们还有超过 1500 名的会员。

尽管管理活动非常繁重，我始终赋予大学的教学工作以特别的意义。不仅在出任国务秘书，而且在担任大学校长期间，我都坚持为学生授课，以便不失去同刑法的联系。在国务秘书任内，我必须特意为此去请假。通常我会每周申请四课时的时间，那样的话就至少可以被批准两到三课时。在校长任内，我更是亲自参与到完全正常的教学活动之中，还开设练习课。这总是给我带来巨大的快乐，直至今日也是如此；现在我仍和贡纳尔·杜特格（Gunnar Duttge）一起在哥廷根主持一门研讨课。此外，我还撰写了一些著述，截至 2003 年的作品目录汇编在由我的学生们主编的祝寿文集第 1031 页以下。

八

相较于表现形式多种多样的民法，刑法一直被认为是单一性的学科。这是过于短浅的看法！实际上，刑法正如一面凸透镜一样反映着人类共同生活的典型冲突和问题。在我看来，这才是刑法的魅力之所在。作为法官和国务秘书的实践使我逐渐远离了教义学性的和理论性的刑法，而开始关注刑法的实践运用及其对人类的影响。就此值得特别重视的是，法律的干预性和界定性（Eingriffshafte und Begrenzende）机能在欣欣向荣的医事法中的体现。医事法中的此一实务性问题因此极大地吸引了我。

对于刑法上的罪责之问题，以及一位精神病医师怎样才可以在诊断时共同起作用之问题的研究，是我和医学的初次接触。我曾经和哥廷根的精神病医师芬茨拉夫（Venzlaff）共同主讲过一门课程，课上我们邀请患者来做自我介绍，其中不仅有有责任能力的，也有无责任能力的。他们先说明自己的成长史，然后精神病医师给出诊断，我则力图将被描述的内容进行法学上的归类。该课程使我后来从法官协会（Richterakade-mie）那里得到一个项目，即连续数年举办一系列法律与精神病学方面的活动。

在哥廷根教医事法的同事多伊奇向我建议说，可以和医学部的人一起开设一门研讨课。我们于是选择了患者同意或者医师说明（Einwilligung oder Aufklärung）的基础问题作为主题，然后与医学部的同事和学生们一起在研讨课上展开讨论。多伊奇是一位一流的法学家。此时我接受的是卡尔·恩吉施（Karl Engisch）的观点，在我还是大学生的时候，我就在慕尼黑对他的观点有所了解。恩吉施是一个饱受怀疑论（Skepsis）之苦的人，最终成了实用主义者（Pragmatiker）。他的观点也影响了我对教义学的理解。

我的基本想法之一是，应当对医生婉言相告，让他们接受法律；也就是说，一方面告诉他们，法律规制的必要性是迫在眉睫的，但是另一方面也要向他们表明，我们法学家有时候同样可以极为讲究程序和一丝不苟（formal und eng）。其间我将自己视为一座桥梁。在外科医生那里我已经非常成功地做到了这一点，我在维尔茨堡的朋友瓦克斯穆特（Wachs-muth）对此给我提供了极大的帮助。

九

我的研究重心主要是生命的起点与终点问题，以及人类生命保护的界限问题。德意志外科医学协会（Deutsch Gesellschaft für Chirurgie）和德意志内科医学协会（Deutsch Gesellschaft für Innere Medizin）所主办的各次代表大会因此多次邀请我前去做报告。去年我还在威斯巴登（Wies-baden）的内科医师代表大会（Internistenkongress）上做过一场关于患者处分权（Patientenverfügung）的报告。我原则上支持患者处分权，但也认为完全取决于患者处分权是错误的。在我所参与了的选择性草案中，我亦曾对该片面性提出过严厉批评。对以前所谓的消极的、间接的死亡帮助，即放任患者死亡（Sterbenlassen）之问题，必须超出患者处分权的范围加以进一步探讨。

医事法的领域内已经成立了越来越多的实务性研究组织。我们曾经多次邀请联邦法院刑事审判委员会和民事审判委员会（Strafsenate und Zivilsenate des BGH）的法官们进入诊所，向他们展示手术的过程，然后一起就法官和医生们各自关心的论题进行两至三天的讨论。从这些实务活动中产生了一系列的文献，即便是最近几年也仍有出版。我自己最近在此一领域内的文章研究的问题则是，谁应当承担医疗行为的风险。我的结论是，医生们不应当为要求医师说明时的不近人情而感到生气，毋宁说医师说明之要求可以保护他们免于承担责任。风险必须被说明，说明之后它就可以转嫁给患者，那么那些并没有违反规则却是有责地引起的事故，就必须由患者自己承担。

如果人们研究医事法，很自然地就会接触到那些非常根本性的问题。在妊娠后期的堕胎方面，这样的根本性问题表现得尤为明显，对此我本人持强烈的怀疑态度。贡纳尔·杜特格曾经就此写过一篇很好的文章，论证了一旦早期的胎儿已经形成为一个完整的人，则晚期堕胎与早期堕胎在性质上是一样的。我的看法稍有不同，我认为倘若胎儿已经准备好生存，则其价值将处于不断的成长中。我更愿意采取一种务实的观点，在我看来，用针刺畸形胎儿的心脏致其死亡的行为（Fetozide）也是晚期堕胎。如果人们考虑到这样的处理措施，就会发现晚期堕胎与早期堕胎在处理上是不一样的。当然，原则上几乎无法在教义学上对杜特格进行反驳。这样的冲突令人不寒而栗。人们只能祈祷，希望自己不要陷于这样的冲突状况之中。

我对器官移植也多有着墨。我曾经担任德意志器官移植委员会（Deutschen Transplantationskommission）的主席达12年之久，并发展出器官分配的指导方针。人类生活的基本问题自然也受世界观和宗教的影响。正因为此，在胎儿保护、脑死亡和器官移植方面，我都和红衣主教迈斯纳（Meisner）有过激烈的论战。

在我的哥廷根大学校长任内，我发起过一个系列性的活动，即每周一晚上六点在各个学院轮流举办关于"什么是人？"的报告。活动非常成功，每次都有500－800人参加我们的公开课，出版的第一本文集销售了数千册。其中有一次报告我希望邀请一位杰出的宗教界代表，因此就询问红衣主教莱曼（Lehmann）的意向。由于日程安排繁忙，他原本想要拒绝。但是当我暗示说，他若不来我就准备邀请红衣主教迈斯纳时，他就答应了，并做了一次非常精彩的报告。

　　我与维也纳的"人类科学研究所"（Institute für die Wissenschaften vom Menschen）有很多合作。研究所是在克尔奇斯托夫·米夏尔斯基（Krzysztof Michalski）的领导下由东欧人（Ostleuten）建立的，建立之时东欧集团（Ostblock）还处于封闭状态，但已经开始向西欧开放。去年我们还为研究所成立 15 周年举行了庆祝活动。研究所每年都要在教皇的避暑胜地（Sommersitz）举办甘多尔夫城堡会谈（Castel Gandolfo-Gespräche）。我是参与会谈的三个人之一。我们住在甘多尔夫城堡里，在这里人们可以听到法语、英语、波兰语和德语。许多活动是和教皇一起举办的，我们也被允许和约翰内斯·保罗二世（Johannes Pauls II）共进早餐。

　　在其中一次会议上，我谈到了启蒙之后的人权。教皇邀请各位报告人在就餐后到他的房间去坐坐。约翰内斯·保罗二世经常被批评过于固执，而我所接触的教皇却是一位善于倾听和非常沉着地与人讨论的人。他对我说，他认为我是一位本来意义上的异教徒（Häretiker），异教徒一语来自"αἵρεσις"，意指选择。他批评我说，我只选择那些我接受的东西。对此我回复道，如果他不是坐上了教皇的宝座，从那里居高临下地定义一切，我甚至很愿意接受他的一些看法。约翰内斯·保罗二世反驳说："教授先生，"他深吸了一口气，"我是如何坐上教皇宝座的，您可以问问拉钦格（Ratzinger）*。"他还想听听对天主教的其他批评，我就说我不太赞同对一些红衣主教的选择。教皇向前俯下身来说："您就从来没有弄错过吗？"这句话让我感触很深。此外，我对圣母玛利亚学说（Mariologie）的一些批评则被他驳回了。

---

　　*　拉钦格是当时来自德国的红衣主教，后于 2005 年 4 月 19 日获选为教皇约翰内斯·保罗二世的继承人，成为教皇本笃十六世（Benedikt XVI）。——译者注

十

　　当我认真地考虑刑法的发展时，我发现总是有各种各样的行为被制裁。基于作为法官和国务秘书的实务经验，我始终反对这样的发展。我认为刑法更应当被精简至基础性的问题之上。

　　至于刑法学和刑法教育的不足，我觉得是缺乏实务关联，对刑罚方式（Strafenwesen）之社会作用的经验认知也有所欠缺。长期以来我们都进行纯粹教义学的研究，因为基于法治国的理由，教义学很自然地就已经非常重要了。我因此在我的课堂上，以及在我关于诉讼法和诉讼现实（Verfahrenswirklichkeit）的文章中，都试图学术性地解释，我们的实务经历和经验（Erfahrung und Empirie）实在是太少了。

　　对第三方资助之研究（Drittmittelforschung）越来越趋之若鹜，在我看来也是要被批判的。这些研究太轻易地就选择了错误的重心，并在上面浪费精力，而真正重要的问题却付诸阙如。刑法获得的第三方资助非常少。我担任过大众汽车基金会管理委员会五年的副主席和五年的主席，在那里我们可以分配大量的第三方资助资金。我们重视的是选择一些问题范围和问题重心，然后在此基础之上再去资助那些处于学术兴趣之中心的项目。我们的目标是，在确定资助对象时不要如同德意志研究协会那样充满了任意性。通常一个主席会被指派负责一个和他的专业领域相近的研究重心，我被分派的重心当然是诉讼法和诉讼现实，那几年所资助的诉讼法方面的研究因此也非常侧重实务性。直至今日，大众汽车基金会仍然按照此一模式在运作。

主要作品目录

一　专著

《法律义务概念》（Der Begriff der Rechtspflicht），1966 年。

《法规与法官："法无明文规定不为罪"原则的历史发展》（Gesetz und Richter. Zur geschichtlichen Entwicklung des Prinzips "nullum crimen, nulla poena sine lege"），1976 年。

《精神病学中的法律问题》（Rechtsprobleme in der Psychiatrie），与汉斯·劳特尔合著，1978 年。

《政党捐助与刑法》（Parteispenden und Strafrecht），1989 年。

《欧洲人权协定的生命伦理学：迈向统一生命法之路的一步》（Das Europäische Menschenrechtsübereinkommen zur Bioethik – Ein Schritt auf dem Wege der Einheit des Biorechts），2000 年。

《细胞、组织或者器官的异种移植：科学的发展与伦理的、法的干系》（Xenotransplantation von Zellen, Geweben oder Organen. Wissenschaftliche Entwicklungen und ethisch-rechtliche Implikationen），与贝克曼合著，2000 年。

《何谓人?》（Was ist der Mensch?），与诺贝特·埃尔斯纳合著，2002 年。

二　评注

《体系刑法典评注：总论》（Systematischer Kommentar zum Strafgesetzbuch, Allgemeiner Teil），第 1、2、12、44、69 – 69b、73 – 73d 条，1975 年第 1 版；1977 年第 2 版。

三　期刊与文集中的论文

《有溯及力地延长早期实施的犯罪之追诉时效的可容许性》（Zur Zulässigkeit der rückwirkenden Verlängerung von Verjährungsfristen früher begangener Delikte），《整体刑法学杂志》第 80 期，1968 年，第 348 – 368 页。

《纳粹谋杀者追诉时效争论的是与非》（Verjährung von NS-Mordtaten-Argumente im Für und Wider），《福音基督教评注》1969 年，第 22 – 24 页。

《枉法的问题》（Probleme der Rechtsbeugung），《戈尔特达默刑法档案》1972 年，第 193 – 208 页。

《陪审员审阅卷宗？——论刑事诉讼中的直接审理和口头审理原则》（Akteneinsicht für Laienrichter? Zu den Grundsätzen von Unmittelbarkeit und Mündlichkeit im Strafprozeβ），《汉斯·韦尔策尔祝寿文集》，1974 年，第 941 - 956 页。

《被判决的行为和被判决的人格中的特别情况》（Besondere Umstände in der Tat und in der Persönlichkeit des Verurteilten），《弗里德里希·沙夫施泰因祝寿文集》，1975 年，第 275 - 291 页。

《程序权与程序现实》（Verfahrensrecht und Verfahrenswirklichkeit），《整体刑法学杂志》第 68 期，1976 年，第 117 - 161 页。

《法学家眼中病床旁的真相》（Wahrheit am Krankenbett aus der Sicht des Juristen），措克勒主编：《病床旁的真相：帮助患者？》，1978 年，第 35 - 46 页。

《"圆桌"旁的审判？》（Die Hauptverhandlung am "Runden Tisch"），《赫尔曼·施图特祝寿文集》，1979 年，第 271 - 278 页。

《新德国刑法典总则中刑法答责性的规则》（Die Regelung der strafrechtlichen Verantwortlichkeit im Allgemeinen Teil des neuen deutschen Strafgesetzbuches），耶舍克主编：《德意志联邦共和国和意大利的刑法改革》，1981 年，第 71 - 96 页。

《现今刑罚方案的矛盾与分裂》（Widersprüche und Brüche in heutigen Strafkonzeptionen），《整体刑法学杂志》第 94 期，1982 年，第 279 - 298 页。

《法学视野中生的权利与死的权利》（Das Recht auf Leben und das Recht auf Tod in juristischer Sicht），库尔茨罗克主编：《研究与信息》，1982 年，第 142 - 151 页。

《未来的移植法前思》（Vorüberlegungen für ein künftiges Transplantationsgesetz），《乌尔里希·克卢格祝寿文集》，1983 年，第 341 - 358 页。

《科学研究的法学与伦理学视角》（Rechtliche und ethische Aspekte der Forschung），克莱因佐根、措克勒主编：《医学中的进步：诱惑还是挑战？》，1984 年，第 196 - 205 页。

《法律、正义》（Recht, Gerechtigkeit），布伦纳、康策、科泽勒克主

编:《德国政治、法律语言的历史性专业辞典》，1984 年第 5 册，第 231 -
311 页。

《多人参加犯罪时的正当化问题与免责问题》（Rechtfertigungs- und
Entschuldigungsprobleme bei Tatbeteiligung mehrerer），埃泽尔、弗莱彻主
编:《正当化与免责：比较法的视角》，1985 年，第 1152 - 1188 页。

《法官如何独立?》（Wie unabhängig ist der Richter?），《汉斯 - 海因
里希·耶舍克祝寿文集》，1985 年，第 757 - 775 页。

《刑事程序中精神病评估的基础：法学的基础》（Grundlagen der psy-
chiatrischen Beurteilung im Strafverfahren, Juristische Grundlagen），芬茨拉
夫主编:《精神病鉴定》，1986 年，第 3 - 77 页。

《对人进行实验时的法律规则》（Rechtliche Regeln für Versuche mit
Menschen），黑尔姆兴、维瑙主编:《医学上对人进行的实验：人类科学
与政治》，1986 年，第 15 - 33 页。

《从犯行为中的正当化事由与免责事由之问题》（Problems of Justifi-
cation and Excuse in the Setting of Accessorial Conduct），《杨百翰大学法律
评论》1986 年，第 611 - 643 页。

《消极的和间接的死亡帮助之刑法规则：死亡帮助法的选择性草案》
（Zur strafrechtlichen Regelung der passiven und der indirekten Sterbehilfe-Al-
ternativentwurf eines Gesetzes über Sterbehilfe），舍赫主编:《存在着一项尊
严死的权利吗?》，1987 年，第 88 - 102 页。

《医疗行为的法律界限》（Rechtliche Grenzen ärztlichen Handelns），
施泰因希尔珀主编:《医生与结算诈骗》，1988 年，第 19 - 29 页。

《"第三帝国"的刑法典》（Die Strafgesetzgebung im "Dritten Reich"），
德雷埃尔、泽勒特主编:《"第三帝国"的法律与司法》，1989 年，第 151 -
179 页。

《自我死亡的权利》（Das Recht auf den eigenen Tod），瓦格纳主编:
《生命的界限》，1991 年，第 68 - 88 页。

《以法律保护生命的起点和终点》（Der Schutz des Lebens durch das
Recht an seinem Beginn und an seinem Ende），《威廉·加拉斯祝寿文集》，
1991 年，第 120 - 133 页。

《侦查程序中的证据申请权》（Zum Beweisantragsrecht im Ermittlungs-verfahren），《于尔根·鲍曼祝寿文集》，1992 年，第 383 – 394 页。

《福利国中分配正义的法律准则》（Rechtliche Kriterien der Verteilungsgerechtigkeit im Sozialstaat），纳格尔、富克斯主编：《公共卫生中的社会正义》，1992 年，第 302 – 314 页。

《法学视野中的基于要求的杀人》（Tötung auf Verlangen aus juristischer Sicht），《医疗进修杂志》第 87 期，1993 年，第 31 – 54 页。

《对受国家控制的不法的刑法性清理》（Die strafrechtliche Aufarbeitung von staatlich gesteuertem Unrecht），《整体刑法学杂志》第 107 期，1995 年，第 157 – 182 页。

《针对立法者的行为需求？》（Handlungsbedarf für den Gesetzgeber?），劳夫斯等主编：《医生责任的发展》，1997 年，第 341 – 347 页。

《启蒙之后的人权》（Menschenrechte nach der Aufklärung），米夏尔斯基主编：《今日之启蒙》，1997 年，第 107 – 121 页。

《何时人死亡？——法律的视角》（Wann ist der Mensch tot? -Rechtliche Perspektive），赫格林格、克莱纳特主编：《脑死亡与器官移植》，1998 年，第 91 – 99 页。

《医疗刑法之改革》（Zur Reform des Arztstrafrechts），《汉斯·约阿希姆·希尔施祝寿文集》，1999 年，第 713 – 724 页。

《基因技术的法律界限》（Rechtliche Grenzen der Gentechnologie），戈特沙尔克主编：《基因与人类：透视生物科学》，2000 年，第 240 – 251 页。

《德意志联邦共和国器官萃取与器官中介的规则》（Regeln für die Organgewinnung und Organvermittlung in der Bundesrepublik Deutschland），洪内菲尔德、施特雷费尔主编：《科学与伦理年鉴》，第 5 册，2000 年，第 141 – 150 页。

《作为基因技术之界限的法律》（Recht als Grenze der Gentechnologie），《克劳斯·罗克辛祝寿文集》，2001 年，第 891 – 904 页。

《异种移植：法律的视角》（Xenotransplantation-rechtliche Aspekte），格里姆主编：《异种移植：基础、机遇、风险》，2003 年，第 315 – 323 页。

《"严重的其他精神怪癖"与责任能力》（Die "schwere andere seelische Abartigkeit"und die Shuldfähigkeit），《法律、精神病与心理治疗工作室文集》，2003 年，第 7 – 16 页。

《人类的尊严：一个法律上的虚构？——关于人类尊严原则在胚胎研究讨论中的射程之注解》（Die Würde des Menschen-eine rechtliche Fiktion？Bemerkungen zur Reichweite des Menschenwürdeprinzips in der Diskussion über Embryonenforschung，Klonen und Präimplantationsdiagnostik），《医事法》2003 年，第 367 – 372 页。

《精神病鉴定的法律基础》（Rechtliche Grundlagen der psychiatrischen Begutachtung, zusammen mit Henning Rosenau），与亨宁·罗泽瑙合作，《精神病鉴定》，2004 年，第 53 – 123 页，2008 年第 5 版。

《诉讼程序与审理中的鉴定人》（Der Sachverständige im Verfahren und in der Verhandlung），与亨宁·罗泽瑙合作，《精神病鉴定》2004 年，第 126 – 137 页。

《论接受城市和乡镇的货币性捐赠在刑法第 331 条上的可罚性》（Zur Strafbarkeit der Annahme von geldwerten Zuwendungen durch Städte und Gemeinden nach §331 StGB），与亨宁·罗泽瑙、丹尼埃尔·康贝、安特耶·弗拉克迈尔合作，《戈尔特达默刑法档案》2005 年，第 265 – 280 页。

《研究与治疗中的家族细胞之使用》（Stammzellverwendung in Forschung und Therapie），《阿尔宾·埃泽尔祝寿文集》，2005 年，第 1129 – 1139 页。

《死亡帮助的无解难题：新的草案与建议》（Das ungelöste Problem der Sterbehilfe. Zu den neuen Entwürfen und Vorschlägen），《新刑法杂志》2006 年，第 473 – 479 页。

《人对其行为在法律上有责任吗？》（Ist der Mensch für sein Verhalten rechtlich verantwortlich？），《阿道夫·劳夫斯祝寿文集》，2006 年，第 1069 – 1078 页。

《死亡与法律：脑死亡与生命的支配权》（Tod und Recht：Hirntod und Verfügungsrecht über das Leben），《穿越：欧洲评论》第 33 期，2007 年，第 25 页以下。

《帮助自杀者的可罚性》（Strafbarkeit der assistierten Suizides），《京

特·雅各布斯祝寿文集》，2007 年，第 615 – 625 页。

《死亡帮助的立法者驱动》（Gesetzgeberische Initiativen zur Sterbenhil-fe），《公共卫生概览、培训与品质杂志》2008 年，第 208 – 214 页。

《生命（杀人罪）的选择性草案》［Alternative-Entwurf Leben（Tötun-gsdelikte）］，共同执笔者，《戈尔特达默刑法档案》2008 年，第 193 – 270 页。

《医疗风险的责任》（Haftung für das ärtzliche Behandlungsrisiko），《公共卫生概览、培训与品质杂志》2008 年，第 520 – 524 页。

弗里德里希－克里斯蒂安·施罗德

(Friedrich-Christian Schroeder)

弗里德里希 – 克里斯蒂安·施罗德
(Friedrich-Christian Schroeder)

徐凌波 译

一 这位是来自居斯特罗的施罗德先生

"这位是来自居斯特罗（Güstroff）* 的施罗德先生，他是一位新教徒。"我到雷根斯堡大学任教时，校长这样对希尔施（Hirsch）先生说。但他后面关于我的信仰的补充并没有影响我们日后的合作。

我准备按照时间顺序来介绍我的学术经历，这样能够更好地阐释我是如何开始着手从事我的研究方向的。我在学术上的不同研究兴趣也并不是各不相干的，而是互相交叉和互相影响。我还要向过程中帮助过我的许多朋友和研究机构表示感谢。

1936 年 7 月 14 日我出生在梅克伦堡（Mecklenburg）的居斯特罗。我父亲的祖父母分别是农民和公务员，而他的外祖父母则是教授和医生。他的祖母是民事诉讼法学者约翰·尤利乌斯·威廉·冯·普朗克（Johann Julius Wilhelm von Planck）的女儿、诺贝尔奖获得者马克斯·普朗克（Max Planck）的妹妹。我的母亲则来自施特拉松一个古老的市议员和法律人家庭。她在婚前学习的是日耳曼文学和艺术史专业。我的父亲也是一名公务员，他曾经在什末林（Schwerin）和什切青（Stettin）工

---

* 这里的 Güstroff 一词是居斯特罗（Güstrow）在巴伐利亚方言中的念法，因此这句话是校长开的一个玩笑。——译者注

作。我在什切青上的小学，这座奥得河（Oder）西岸的美丽小城在战后划为了波兰的领土，这让我至今都感到遗憾。为了躲避轰炸，我们举家躲到了我叔叔在吕根岛（Rügen）的农庄里。吊诡的是，在战争轰炸的阴影下，我在吕根岛上度过了我少年时代最美好的一年时光。每天有成群结队的战斗机嗡嗡作响地从农庄上空经过，农庄只有在被像黄蜂一样的战斗机轰炸的时候才会变得十分可怕。在农庄里劳作的俄军战俘会给我雕刻玩具，或是用甜菜的残渣来酿伏特加（在当时我们完全不知道俄军的战俘遭受了残忍的对待）。随着苏联军队的战线不断向前推进，我们在 1945 年初坐着马车逃向西部。

我们逃到了吕贝克（Lübeck），它离后来的苏军占领区只有数公里的路程。我在那里第一次目睹了被空军轰炸过的城市废墟。我们住在鱼龙混杂的棚屋里，父亲则尝试着找其他可以谋生的工作。这样的难民生活对于我的父母而言是十分苦闷的，但对于当时只有九岁的我来说则十分新鲜，我从中也学到了很多。生活上任何小小的改善都能令人感到无比的愉悦。而失去故土家园以及东西德分裂所带来的伤感则成为我日后研究东欧和东德问题的原动力。

在吕根岛的时候，我曾经上过多个年级混合在一个班的学校，和高年级的学生一起上课使我后来可以跳一级继续上学。1946 年我开始在卡塔琳妮（Katharineum）中学上学，这是一所文科中学，托马斯·曼（Thomas Mann）也曾经在这里就读。除了拉丁语、希腊语等古老语言和英语之外，我还学习了法语和俄语。我的俄语老师是一个十月革命前在俄国长大的德国人，他同时也是吕贝克当地日报的作者和文学评论家，他给我留下了很深的印象。

二　大学期间

除了古拉丁语和古希腊语之外，我还对生物学有着浓厚的兴趣。在选择专业时我犹豫了很久。最后我选择了法学，因为法律学生的就业去向并不像其他专业那么固定。虽然汉堡（Hamburg）离家更近，但是为了追随我外祖父母的事业，我还是决定去波恩（Bonn）。我父母每个月最多只能给我 100 马克的生活费，因此我只能住在两人间里。1955 年夏季学期，我在第一节课上听见一位瘦削高大的教授抱怨他的行为理论受到了很多人的反对。我很同情他，于是就在课间对他说："但是您的理论是能够解释未遂的！"现在看来我当时的说法实在是太天真了。韦尔策尔（Welzel）于是在第二节课上调侃说，自己这门课虽然已经开过 18 次了，但是总是能够获得新的灵感；比如刚才就有一位年轻的同学向他指出，在未遂理论方面，他的教科书还有修改的余地。我的刑法学术生涯就以这样不完美的形式开始了。除此之外我还上了弗卢梅（Flume）的民法、弗里森哈恩（Friesenhahn）和雅赖斯（Jahrreis）的公法以及艺术史学者吕策勒（Lützeler）开设的关于詹姆斯·恩索尔（James Ensor）的课。

1955－1956 年冬季学期，我因为会俄语而获得了柏林自由大学东欧研究所为期三个学期的奖学金。我因此迎来了最美好的学生生活，在位于达勒姆（Dahlem）的宏伟教学楼里上各种关于苏联法律、俄国文学与历史的有趣课程。我们还常常到东柏林与那边的学生举行研讨课（那时柏林墙还没建起来），或是去剧院看戏剧，去买书和唱片，等等。我听了厄勒（Oehler）的刑法课，还参加了海尼茨（Heinitz）开设的研讨课。我至今仍然保留着当年在东方法学者瓦尔特·梅德尔（Walter Meder）开设的关于一般国家理论与苏联法理学的课上的作业。而在阿尔韦德·布洛迈尔（Arwed Blomeyer）的民事诉讼法课上，有一个金发的男生总是坐在第一排而且每次老师提问他都会高高地举起手，我们对此都感到压力很大。很久之后我才知道，他就是后来成为德国赤军旅（RAF）律师的霍斯特·马勒（Horst Mahler）。1956 年秋匈牙利事件爆发，最初看起来似乎能够摆脱苏联的统治，但这次动乱最终由于西方势力没有介入而流产。

在一位朋友的建议下，我决定在西德完成我的学业，这也是因为在此之前慕尼黑大学的赖因哈特·毛拉赫（Reinhart Maurach）在 1955 年出版的《苏联刑法手册》给我留下了很深的印象。几经周折我终于在一个哥萨克流亡政府（kosakische Exilregierung）主席兼诗人那里找到了住所。他们每隔两周就会在周末举行会议讨论如何在重获自由之后建立国家政权。虽然毛拉赫告诉我他在这个学期并不打算开研讨课，我仍然请求他给我一次展示自己在研究东欧法方面的能力的机会。他给我定了"苏联刑法之应然"的题目。我翻遍了柏林自由大学东欧法研究中心所有关于苏联的杂志和书籍，搜集了大量的数据并将他们组织成一个体系，然后将论文寄到了慕尼黑。其间我决定继续留在慕尼黑学习。我忐忑不安地去参加毛拉赫的第一节课，随后他带我去了系主任办公室，并告诉我，"您的论文充分展现了您的才华。我能把这篇论文收录到我们的东欧法研究中心论丛中吗？"就这样在21岁时我出版了我的第一本学术论著。随后我加入了"德国人民学术委员会"。在所有课程中，卡尔·恩吉施（Karl Engisch）的法哲学课给我留下了很深的印象，当时他还出版了一本题为《法学思维导论》（Einführung in das juristsiche Denken）的口袋书。我在罗马法研究中心担任学生助理，并参加了关于纸莎草纸学（Papyrologie）的研讨课，这满足了我对于古代哲学的兴趣。除此之外，我还旁听了艺术史学家汉斯·泽德尔迈尔（Hans Sedlmayr）的课，我在中学时就读过他写的《遗失的中世纪》（Verlust der Mitte）一书。令人印象深刻的还有瓦尔特·赫斯的研讨课，课上我们参观了许多艺术馆中的名画，他关于现代艺术的著作则在《罗沃尔特德国大百科全书》（Rowohlts Deutschen Enzyklopädie）系列中（那个时候这个系列几乎所有卷我们都看过）。后来在慕尼黑大学门口的反核抗议中，我认识了一位艺术系的女生，后来她成了我的妻子。

　　我的国家考试辅导老师更喜欢简单明确没有过多理论修饰的案例分析，他的要求在一定程度上修正了我对法学理论的热情。但我分析案例的能力与理论能力相结合使我在1959年的第一次国家司法考试中（Referendarexamen）获得了"极优"（sehr gut）的评定。毛拉赫也因此邀请我在慕尼黑的东欧法研究中心担任科研助理。当时苏联颁布了新刑法，他就让我翻译这部新刑法典并进行评注。这部刑法典于1960年在《慕尼黑东欧法研究中心论丛》中出版（题为《苏联刑事立法的基本原则》）。毛拉赫还向当时著名的研究马克思主义的学者约瑟夫·M. 布罗钦斯基（Joseph M. Bochenski）推荐我参与写作他的《国际共产主义教科书》（Handbuchs des Weltkommnismus）第二版的《法律》一章。这项工作促使我对苏联法理学、法政策的沿革，以及苏联法律体系的基本特征进行了深入研究。由于经费问题这本书并没能出版，不过这部分内容还是成功发表在了杂志《议会》（Parlament）的副刊上（1962 年）。

因为这份论著，海德堡福音派学术联合会的马克思主义委员会（Marxismuskommission der Evangelischen Studiengemeinschaft）邀请我去做了一场关于"法治国元素在苏联的发展"（Die Entwicklung rechtsstaatlicher Elemente in der Sowjetunion）的报告。通过这次报告，我也开始参与当年同为学校科研助理的吕贝（Lübbe）、哈贝马斯（Habermas）以及罗尔莫泽（Rohrmoser）长年的讨论，这些讨论给了我很大的启发，令我受益匪浅。

三　在慕尼黑担任科研助理期间

我接替了赫尔曼·布莱（Hermann Blei）的工作成了毛拉赫的助手。毛拉赫有着敏锐的洞察力以及渊博的历史知识，而且总是能用生动形象的语言来解释各种法律概念。虽然在公开场合他显得十分不易接近，但私下里他与人交谈却十分真诚。他的科研助理都要参与编写他的《刑法总论》和《刑法分论》，助理必须独立完成对大量新作出的判决和新提出的理论的研究，只有出色的研究才能被写进书里。我在担任助手期间，主要参与了第四版总论和分论的编写。当时的慕尼黑汇集了许多优秀的学术人才，当时与我同为科研助理的同事后来大多都成了教授〔包括莱尔希（Lerch）、赫尔佐格（Herzog）、策尔纳（Zöllner）、E. 舒曼（E. Schumann）、里夏迪（Richardi）、K. W. 内尔（K. W. Nörr）、克尼斯（Knies）、黑尔德里希（Heldrich）、伊森泽（Isensee）、D. 西蒙（D. Simon）、兰德尔茨霍费尔（Randelzhofer）、P. 施洛瑟（P. Schlosser）、卡纳里斯（Canaris）、齐普夫（Zipf）、W. 布洛迈尔（W. Blohmeyer）、布赫纳（Buchner）〕。

1962 年毛拉赫心脏病发作，他推荐我和东欧法研究所另一位较年长的助手代替他为波鸿高校周（Bochumer Hochschulwoche）（这是波鸿大学的宣传活动）开幕式做演讲。高校周的组织者泽拉菲姆（Seraphim）教授决定由我来做题为《苏维埃法四十年》的演讲。我请他不要把我的演讲安排在开幕式上，但他并没有答应。早晨在波鸿火车站他没有发现我。就在我走过去向他打招呼时，他惊恐地告诉我："您相信吗？市长先生也要来参加开幕式。"于是我不仅要应对我自己的怯场，还要应对他的。泽拉菲姆介绍我是"慕尼黑东欧法研究所主管"，于是报纸上都在为我这个"年轻的主管"而感到惊叹。

　　因为工作繁忙，我几乎快把我的博士论文给忘了。我问毛拉赫是不是可以把我以前出版的某一本关于东欧法的研究作为我的博士论文。他严厉地否定了这个提议，并要求我写一篇关于德国刑法的博士论文；否则我就会因为一直在研究外国法而游离在学术圈的边缘。他的拒绝虽然一度使我十分郁闷，但我还是应该感谢他当时的坚持。在参加卡尔·恩吉施开始的关于正犯与共犯的研讨课上，我对间接正犯成立的各种理由产生了兴趣：比如在利用无目的以及无身份的工具时，采用的是形式的、消极的（for-mell-negativ）理论，而在其他的情形下采用的则是实质的、积极的（ma-teriell-positiv）理论。在我看来，这一问题在"正犯后的正犯"（Täter hinter Täter）这个概念中达到了顶峰。在我的博士论文中，我对此前的各种理论进行筛选，并将理论上所谓的正犯之后的正犯的案件汇集在一起，探寻其中的基础。我认为，理论上经常讨论的"多纳案"（Dohna Fall）中，决定性的要素在于行为人利用了已经存在的行为决意（Benut-zung der bereits bestehenden Tatentschlossenheit）。这份博士论文完成于1962年，毛拉赫和恩吉施都给出了"优于1分"（summa cum laude）[*] 的评分。不巧的是，在那之后不久，克劳斯·罗克辛（Claus Roxin）就出版了他的教授资格论文《正犯与犯罪支配》。他采取了"就具体的行为意义作出欺骗"（Täuschung über den konkrete Handlungssinn 和 "利用有组织的权力机构的犯罪支配"（Tatherrschaft kraft organisatorischer Machtap-parate）的概念解释相关的案件。后者在理论上获得了极大的影响力。但令我高兴的是，联邦最高法院在判决中采取的仍然是"利用了直接实施行为者的绝对的行为决意"（《联邦最高法院刑事判例集》第40卷，第218页），而罗克辛则在我70周岁的祝寿文章（2006年）中尝试将这两

---

　　[*]　德国的博士评分体系中，此为最优等。——译者注

种观点加以整合。博士论文的写作使我意识到，教义学的沿革变化能够使具体问题的展开变得更加明确，这对于理解具体问题十分有帮助。这同样也适用于立法，它使得我开始对刑法教义学发展与立法之间的关系产生了持续的兴趣。

"正犯后的正犯"概念成为我的标志。在图宾根大学霍斯特·施罗德（Horst Schröder）的教席中，我一直被称为"施罗德后的施罗德"（der Schröder hinter dem Schröder）。法律系的学生每次演出时，"正犯后的正犯"概念都会被拿来调侃。

因为这些调侃，我开始担心我的第二次国家司法考试（Assessorexamen）。当时慕尼黑大学法律系对于申请教授资格的前提条件是，在第二次国家司法考试中达到"十分满意"（vollbefriedigend）。而我则在1964年拿到了"优"（Gut）。随后我开始为自己教授资格论文选题而感到烦恼。我到现在仍然保留着当时所做的一个表格，上面列出了各种选题的优劣。最后我选择了一个很有挑战性的题目，"国家保护法"（Staatsschutzrechts）这个内涵十分丰富的概念，涉及了叛国罪、危害国家安全罪，还有反革命罪（Konterrevolution），这个概念是我通过之前的研究才了解到的，而我要做的则是将这些内容各异的概念纳入一个能够进行有效区分评价的体系之中。这样的体系只可能是根据保护法益来加以安排的体系。通过对历史上的、发生在国外的各种最为重要的行为类型进行筛选，并对其中的不同犯罪类型（目的犯、危险犯、公民抗命、暴力犯罪以及言论犯罪）加以比较，我在论文中指出，国家的存续及其组织机制是这类犯罪最为基本的保护法益，所谓的政治国家正是建立在这两者及其各种简化形式和前置阶段的基础上的。这个基本概念也成为本书的标题《刑法对国家及其组织的保护》（Der Schutz von Staat und Verfassung im Strafrecht）（1970年）。尽管需要做大量的法制史和法律比较的研究，我还是在两年半的时间内完成了论文。其中我的妻子给了我极大的帮助，当时我们已经有了3个孩子，但她还是没有让我承担任何家务。

1968年1月，我以"刑事诉讼法中的教养责任"（Die Fürsorgepflicht im Strafprozess）为题做了我的教授资格报告，获得了刑法、刑事诉讼法以及东欧法专业的教授资格。

在我还是编外讲师（Privatdozent）期间，就有一名年轻的学生想要我来指导他的博士论文。他当时在基督教社会联盟（CSU）的一个地区联盟工作，因此没有很多的时间用来写博士论文。考虑到当时各大学发生的事件以及他的政治立场，我让他以"从当前的问题考察侵入住宅罪"作为选题。作为一名年轻的博士生导师，我对于自己带的第一位博士生极其严格。现在回想起来我还感到十分抱歉，因为这位年轻的博士生确实有更重要的事情要做：他后来成为巴伐利亚州的州总理办公厅的主管，1993 年又当选为巴伐利亚的州政府总理。尽管我对他要求很严格，我们还是建立了良好的关系。有一次他对记者说："施罗德教授先生什么都没有送给我，这让我觉得很荣幸！"而我自己则为了保持学术上的中立性没有加入任何政党。不过，在埃德蒙·施托伊贝尔（Edmund Stoiber）* 执政以后，见他一面总是很困难。

四　在雷根斯堡（Regensburg）任教期间

获得教授资格 3 周之后，我就收到了新成立的雷根斯堡大学的邀请，希望我担任其刑法、刑事诉讼法以及东欧法的教席教授。我在研究东欧法方面所花去的时间也因此得到了回报。而且参与一所新大学的建立也是一件令人愉快的事情。所有的规章制度都要重新起草。几乎每个月都会传来好消息：新的职位、新的办公室、新的教学楼等等。除此之外，我在备课和上课中也获得了许多乐趣。在课程讲授上，我认为，不应该用各种各样的"理论"来塞满听众的脑子，而应当向他们展现解释上相互对立的两极，并鼓励他们在这两极之间寻找自己的观点。

新设立的教席也带来了各种极具吸引力的工作（编写新的教科书或是法条评注，而现在，人们更乐于接手前人的教科书或法条评注工作）。

在任教之初，C. F. 穆勒出版社就给我提供了机会，对联邦最高法院在刑事诉讼法方面所作出的 15 个重要判决进行梳理和研究。这样读者就

---

* 德国基督教社会联盟政治家，1993－2007 年曾任巴伐利亚州政府总理。——译者注

能够通过对联邦最高法院判决的学习来进行案例分析。

在东欧法的研究中，民主德国法律的研究是十分简单的，因为它只是简单地根据不同的法律部门在传统德国法的基础上继受了苏联的法律。但这种情况在 1968 年东德颁布了自己的刑法典之后发生了变化。这种介于德国法律传统和苏联影响之间的东德刑法引起了我的兴趣。我发表了一系列相关的论文，并对东西德各自的刑事立法进行了汇总和比较。里夏德·朗格（Richard Lange）将我加入了"柯尼希施泰因会"（Königsteiner Kreis），这是一个由来自苏占区的法律人、国民经济学家以及公务人员组成的协会。协会中汇聚了许多有个性的人物，比如原图林根总检察长库施尼茨基博士（Dr. Kuschnitzki）[古斯塔夫·拉德布鲁赫在著名的《成文法上的不法与超法规的法》（Gesetzliches Unrecht und übergesetzliches Recht）中曾为他做过辩护]，还有后来成为法兰克福市市长的维利·布伦德特（Willi Brundert）教授，在针对德意志大陆燃气公司的公开审判中他也受到了审判，以及后来的外交部长汉斯 - 迪特里希·根舍（Hans-Dietrich Genscher）和维尔纳·韦伯（Werner Weber）、里夏德·朗格、威廉·文格勒（Wilhelm Wengler）、汉斯 - 彼得·施奈德（Hans-Peter Schneider）、卡尔·德林（Karl Doehring）等诸位教授。柯尼希施泰因会召开了许多学术会议，对德国内政中的许多现实问题撰写了专家意见，并为学生开设研讨课。它将年轻的学生与见证了德国历史的长者联结在一起，这十分激动人心。

社会自由主义的联邦政府从 1968 年开始每年发布《国家现状报告》，并附有相关的学术"资料"。1972 年我加入了其中一个委员会，起草关于《联邦德国 - 民主德国法律体系比较》的学术"资料"。通过深入的研究与各种会议，我在与各位著名的同事的讨论中受益匪浅。但要按照项目委托人以及委员会主席 P. C. 路兹（P. C. Ludz）教授的意思并采用他的"内在描述"（immanente Diskription）来批判地阐述民主德国的法律体系并不容易。随后我成为联邦政府内部关系事务部门中德国研究工作组的成员，后来又担任了该工作组的代理主席。

1970 年受"基督教社会联盟法学家工作组"的邀请，我针对联邦政府提出的第四次刑法性犯罪改革草案做了批判性的报告。在研究中我发现政府的改革草案是有合理性的。但要向工作组汇报这样的结论却有一定的难度。我在费尔巴哈（Feuerbach）起草的 1813 年巴伐利亚州刑法典中找到了根据，在这部刑法典中没有规定介绍卖淫（Kuppelei）以及同性性行为等罪名。直到 1861 年巴伐利亚州才从《普鲁士刑法典》中继受了这些罪名。我问我的听众们："你们想要保护普鲁士的余孽吗？"台下一片哑然。我问自己，究竟有什么法益是优先于性决定自由的，随后我在《法政策杂志》上发表了这次报告，题为《针对性自决权的犯罪》。在法律委员会的最后一次会议上，这个表达成为刑法典相应章节的标题。我再一次在多多少少非自愿的情况下成为某个法律领域的专家，学生们也常常拿这个领域开一些不入流的黄色笑话。与政治刑法一样，性犯罪领域对于刑法上如何安排保护法益而言也是一个棘手的问题。我在后来的日子里也就这一领域发表了许多论著，包括一次全面性的阐释［《论全新的性犯罪刑法》（Das neue Sexualstrafrecht），1975 年］。在德国联邦议会讨论持有儿童色情产品行为的可罚性问题时，我在 1990 年将对表演者的保护作为了论证这一行为可罚性的根据。1992 年我则尝试将规制淫秽物品的相关刑法条文进行体系化（《淫秽物品、未成年保护与艺术自由》）。

1970 年汉斯 - 海因里希·耶舍克（Hans Heinrich Jescheck）邀请我加入了马克斯·普朗克外国刑法与国际刑法研究所的咨询委员会和董事会。我在该委员会工作了 25 年直到 1995 年。委员会每年召开会议对研究所所进行的所有项目进行评估。我从中也获得了许多启发，也与许多国外的同事们建立了联系。我曾经建议，以茨威格特（Zweigert）和科茨（Kötz）主编的《比较私法导论》（Einführung in die Rechtsvergleichung auf dem Gebiet des Privatrechts）为模板，编写一本比较刑法的教科书。然而遗憾的是，这个建议未能实现。耶舍克在他的刑法教科书中总是会提及各种刑法比较的内容。后来我又通过在各国的演讲而认识了许多来自西班牙、波兰、苏联、捷克、斯洛伐克、日本和土耳其的刑法同事。

在雷根斯堡大学工作了三年之后，我收到了基尔大学的邀请。虽然能回到我的第二故乡石勒苏益格 - 荷尔斯泰因让我十分兴奋，但我仍然无法下定决心离开这所年轻的大学，尤其是校园中充满朝气的氛围。

1971 年巴伐利亚州司法部邀请我在德国法官学会的论坛上就"体育

与刑法"做报告。从中我认识到了这个问题的重要性，并与巴伐利亚州司法部的汉斯·考夫曼（Hans Kaufmann）一起以"体育与法"为题做了报告（1972 年）。这次报告的发表开辟了一个全新的法律领域，随后在这一领域中又有大量的研究陆续发表。我在后来的许多讲座中强调了刑法对于体育的意义。我指出，通过电视传播各种粗暴的犯规行为和被媒体所推崇的"故意犯规"（Notbremse）所带来的模仿效应是十分危险的，然而这一警告并没有获得重视。在兴奋剂的滥用方面，行政官员、教练以及运动员都负有责任。因此我很快就退出了这个可以说是我所开辟的法律领域，并转向对其他领域的研究。不过 1994 年杂志《体育与法》创刊时还是在征得我同意的情况下将我的名字列在了上面。东德政权崩溃之后，秘密地注射兴奋剂的问题才再一次成为热点。

受《法学家报》原主编约翰·乔治·赖斯米勒（Johann Georg Reiβ-müller）的邀请，我从 1964 年开始在《法兰克福汇报》的"政治书籍"专栏中对东欧法以及德国的法政策、司法历史撰写评论。1973 年我还给《法兰克福汇报》写了一篇题为《协助逃跑行为是否可罚?》的文章。后来我又在报纸第一版的背面"当代"专栏中就大众关心的一系列法政策和司法政策发表了一系列的文章。这些文章获得了强烈的反响，但我为正当防卫以及民兵预备役所做的辩护以及要求在量刑时考虑国外的刑罚水准等观点也受到了来自左翼团体的抨击。

1973 年毛拉赫将慕尼黑东欧法研究所在学术方面的领导工作交给了我，我的第一部学术论著就是在这里发表的。通过与被东欧驱逐的学者合作，东欧法研究所持续地关注着东欧、中东欧的法律发展状况，并出版了《慕尼黑东欧法研究所研究论丛》以及《东欧法年鉴》。因为曾经在所里工作了多年，所以研究所的领导工作对我来说并不困难。与之相连的是，我还在德意志东欧研究协会（Deutsche Gesellschaft für Osteuropa-kunde）中负责法律专业组的领导工作，每两年我会组织一次学术论坛。

与此同时，我还十分荣幸地接手了埃德蒙·梅茨格尔（Edmund Me-zger）在《莱比锡刑法典评注》中的工作，对刑法典第 56 条和 59 条进行法条评注。尽管我已经答应毛拉赫接替他的工作编写他的《刑法分论教科书》，我还是无法拒绝参与这部法典评注中最重要部分的写作。梅茨格从

1944 年起开始撰写的法条评注完美得几乎无须加以补充。因此我的写作重点就在于尽力地将故意与过失，这两个往往导向两种完全不同犯罪类型的概念，重新整合在一起。在过失概念中，我否定了违反客观注意这一要件的独立意义，并对"可认识性因素"进行了深入探讨。这一观点首见于《莱比锡刑法典评注》的第 9 版（1974 年），并在第 10 版（1980 年）和第 11 版（1994 年）现行刑法第 15－18 条的法条评注中做了进一步的拓展。因为繁重的工作，我并没能接手科尔劳施－朗格（Kohlrausch-Lange）的原创法典评注，这部《刑法典评注》最终在 1961 年第 43 版停刊。

1975 年我在波兰的多所大学作了演讲。通过这次巡回演讲我结识了我的同事托马斯·卡兹玛拉克（Tomasz Kaczmarek），并在雷根斯堡大学和波兰布雷斯劳大学（Breslau）之间建立起合作伙伴关系。这在当时对于双方而言都很不容易，从德国方面而言，这意味着德国曾经最为著名的大学法学院及其图书馆的波兰化，并要承认对方大学的新名字"弗罗茨瓦夫"（Wroclaw）。弗罗茨瓦夫大学尽可能地照顾到了这种情绪。1999 年我被该校授予了荣誉博士学位。

毛拉赫原本想把他的《刑法总论》的编写工作交给我。但我告诉他，在我看来，他的《刑法分论》是更重要的，它是自宾丁以来第一部大型的刑法分论教科书。推掉刑法总论的编写工作的另一个原因，则是因为我已经认识到了目的行为论的弱点，但尚未找到替代它的概念。因为刑事立法上做了一系列的改革，所以教科书中的许多部分必须彻底重新进行编写。在性犯罪的部分作为准备工作，我在 1973 年撰写了相关的专著。性犯罪被放在针对人格价值的犯罪部分中进行阐述。同样，交通事故发生后的逃逸行为则被修改为"未经允许离开事故现场"（Unerlaubtes Entfernen von Unfallort）。按照我的观点，危害公共安全的犯罪则因为它们危及的是所有他人的重要法益，而被诠释为"一般性的危险犯罪"（allgemeine Gefährdungsstraftaten），并将其视为介于侵害个人与侵害整体之间的犯罪。而被隐藏在针对国家和国家权力犯罪中的针对外国公民、其他种族以及其他国家的犯罪则被我单独列为一章。最后，我认为妨害公共秩序和妨害司法犯罪的本质在于它们妨害了刑法的实施，并将其放在了最后一章（1985 年我在专著《妨害刑法的犯罪》

中做了进一步的论述）。《毛拉赫／施罗德刑法分论》的上下卷分别于 1977
年和 1981 年出版。从 1988 年和 1991 年的出版的第 7 版开始，因为论述
任务的增加——我在《法典评注者的负担》一文中说过许多这方面的心里
话——我邀请曼弗雷德·迈瓦尔德（Manfred Mailwald）成为共同作者。

我收到过汉堡大学的邀请，但因为学校里的人际关系太过复杂，我
还是拒绝了这次邀请。

1978 年我在雷根斯堡大学为法律工作者设置了东欧学的辅修专业。
学生在大学的前四个学期中每学期选修四个学时（Semesterwochenstuden）
的俄语、俄罗斯的历史经济以及东欧的法律制度等课程。从以往的经验
来看，第一次国家司法考试之后，成绩最好的学生往往会选择读博士或
是立刻参加第二次国家司法考试。因此第一次国家司法考试之后所设置
的补充课程（Ergänzungsstudien）很少有好学生参加。我们的辅修课程则
获得了很好的反响。我一共组织过 13 次修学旅行（Exkursion）游览东
欧，还有一次去了北京，每次大约有 20 名学生参加。1987 年我们到了立
陶宛、爱沙尼亚和拉脱维亚（Baltikum，即波罗的海三国），1990 年也就
是苏联解体之际则到了乌克兰（Ukraine）。1981 年我受瑞士圣加伦大学
的邀请开设东欧法课程。圣加伦大学的同事们也给了我许多启发。

在我关注苏联法律发展的过程中，除了刑法和刑事诉讼法之外，我对
苏联的国家和法律理论尤为感兴趣。我发现，国家的概念从列宁所定义的
统治阶级镇压被统治阶级的工具转变为"维持人类共同生活的条件"。我
将这一发现发表在 1979 年出版的小册子《苏联国家理论的变化》一书中。
德国研究东欧法的学者对于这本书的反响平平。他们不仅将苏维埃马克思
主义的国家消亡理论错误地解读为国家在未来仍然会继续存续，而且完全
忽略了苏联关于当下国家的理解。《世界报》（Die Welt）上还发表了一篇
满是嘲讽的文章，指出从苏联清洗不同政见者的行为来看，我的这本书
完全是从西方知识分子的视角来为苏联政权"洗地"（Säuberung）。10
年之后苏联法律的发展验证了我的观点，它也证明了巨大的政治变革总
是以精神文化的发展作为准备，而非源自对于美好天堂的向往。

1983 年我将关于东德刑法的一系列论文汇集成了论文集《现实社会
主义的刑法》（Das Strafrecht des realen Sozialismus）。

我在教授资格论文《刑法上对国家及其组织的保护》中对刑法史做了深入的考察。我任教的大学所在的城市雷根斯堡是卡尔五世（Karl V）颁布《加洛林纳法典》（Peinliche Gerichtsordnung）的地方，这也成了我研究《加洛林纳法典》的契机。我研究了它的产生历史及其规范意义，并将最重要的论文汇编成《研究之路》（Wegen der Forschung）在科学出版社（Wissenschaftliche Buchgesellschaft）出版。1982 年时值《加洛林纳法典》颁布第 450 周年，我与彼得·兰道（Peter Landau）一起组织了学术研讨会［《刑法、刑事诉讼法与继受》（Strafrecht, Strafprozess und Rezeption），1984 年］。在研究《加洛林纳法典》的过程中，我发现上普法尔茨（Oberpfalz）地区——该行政区现在的首府正是雷根斯堡——在 17 世纪时颁布了一项邦法（Landrecht），这项法律的内容对于当时德意志境内普鲁士、符腾堡等邦国的大规模法典化产生了重要影响。我指导博士生撰写关于其刑事诉讼规则（Malefizprozessordnung）和债法的博士论文，我自己也发表了一系列关于上普法尔茨地区的法典化的论文。2002 年雷克拉姆出版社委托我负责加洛林纳法典的再版工作。其中我删去了古斯塔夫·拉德布鲁赫（Gustav Radbruch）所撰写的导言中的部分内容，因为其中所涉及的政治立场已经不再站得住脚，并用我自己写的内容替代了删节部分，在这部分内容中，我讨论了颇受争议的《加洛林纳法典》的作者问题以及法典所使用的语言，并对法典中所使用的"古弗兰肯"（altfränkisch）单词做了解释。

1986 年埃伯哈德·施米德霍伊泽（Eberhard Schmidhäuser）推荐我在他退休之后担任"刑法论丛·新成果"（Strafrechtliche Abhandlungen, neue Folge）系列的共同主编。对此我感到十分荣幸并欣然接受了这项提议。尽管一直有与之相竞争的论丛出版，但是"刑法论丛"系列仍然发展得很好。在我担任共同主编以及在 2002 年施米德霍伊泽去世之后作为独任主编期间，出版了这套丛书的第 62 - 197 卷。1988 年我受到了德国最古老的也最具声望的图宾根大学的邀请。但出于家庭原因我只能婉拒。

在讲授刑事诉讼法课程时，我改变了原本按照范畴（原则、诉讼参与人、诉讼前提、诉讼对象等）讲授的方式，而是按照刑事诉讼的进程来讲授刑事诉讼法中的相关概念和制度。后来在讲授强制措施时，我也不再按照主流的讲法，根据不同的机制而是按照强制措施的功能来进行讲解（《法学家报》1985 年，第 1028 页），除了形式的抗辩之外还发现了实质的抗辩（《新法学周刊》1987 年，第 301 页）。我将这些原则写进了 1993 年出版的刑事诉讼法简明教科书中。在后来的版本中我对这些概念做了进一步的拓展（到现在为第 4 版，2007 年）。我正确地将辩护进行了功能化，并与日益获得重视的被告人权利一起放在了诉讼程序之初。而非法证据的排除（Beweisverbot）——在我看来这是在举证过程中对干预权限的限制——则被我首先放在了检察官的证据调查过程中，因为非法证据的排除在检方的证据调查阶段就已经具有重要性，这样一来，证据排除在法庭审理阶段所具有的特殊性就仅仅在于"禁止举证"（Einbringungs-verbot）。这样的讲授方式也使我获得了许多粉丝的来信（Fanpost）。

众所周知的是，在德国，大学的老师也可以做刑事辩护人。我将这一点告诉了一位俄罗斯的同事，然后他对我说："这样很好，就像如果一个人什么都没切过，他是不能成为一名优秀的外科医生的！"因此我也受托担任一些刑事案件的辩护人，这些案件往往在实体法或是诉讼法上具有一些令人感兴趣的地方。这些经历也让我的讲课变得生动有趣。令人印象尤其深刻的是一起逃税案（Steuerhinterziehung），检察官在我提出根据《刑事诉讼法》第 153 条 a 终止诉讼程序的动议时告诉我，判处缓刑是我的委托人所能期待的最低刑罚了。我因为这个消息而没去上课，两天之后我回到课堂上告诉我的学生们，我的委托人最后被判处了 90 天的日额罚金刑，这让他们都大吃一惊。之所以得到这个结果主要是因为案件的主审法官想要在当年结束这起案件的诉讼程序。在另一起案件中，我的委托人则是一个被判处了无期徒刑的强奸杀人犯。他被进行了"化学阉割"（chemische Kastration），在服刑 18 年之后进行了第一次休假（Urlaub），在休假期间他去了一家妓院（Bordell），"想看看自己还有没有用"。基于信任他将这件事告诉了他的心理医生，他的第二次休假也因此而被取消了，法院的理由是："如果犯人经过了 18 年监禁后在妓院度过他获得自由的第一夜，他就不应该获得休假。"在经过了一个多月无果的上诉后，最终我针对法院的这项裁决提起了宪法诉讼："如果一个人在18 年里都跟男人待在一起，他在获得自由之后的第一夜却没有和女人过夜，那么监禁生活一定已经彻底毁了他。"对此，联邦宪法法院的一名法官给我打了电话，告诉我："我们会让您的委托人再次获准休假。但是请您撤回您的起诉！"虽然如果宪法法院对这个问题做出解释的话我一定会因此而成名，但是为了委托人的利益我还是接受了这名法官的提议。这名委托人在监狱里结了婚，在经历了无数的上诉之后，终于在1992年也就是刑期将满30年之际获得了假释。他和他的妻子一起生活了没几天就搬进了养老院，假释仅仅六个月后他就因心脏病发作而去世。这起案件体现了当时国家刑事追诉的严厉性，这让人感到十分痛心。同样体现了当时的时代性的还有，我因为在课上对于这名犯人的评价过于正面，而受到了女性听众的攻击，她们觉得我这样说有敌视女性之嫌。

五　1989年之后

我出生在德国中部，50年代在柏林读书，并长期从事苏维埃法律体系的研究，所以80年代末90年代初的社会主义国家危机给我的印象尤为深刻。1989年11月，当我在电视上看到柏林墙被打开时不禁泪流满面。

政治环境的急剧变化也影响了我的学术研究工作。1990年初我开始在联邦司法部的一个工作组从事法律与法律协调问题的研究。人们迫切地讨论着究竟东德的哪些法律规定能够被全德国所继承。其中很明确的是，州司法部在其中能够具有多大的潜力。当部长问道，谁能在两天之内完成专家意见时，所有在场的大学教授都默默地退到了司法部部门主管及其工作人员的后面。这个问题最后以民主德国全盘接受联邦德国的法律制度而告终。

就东西德合并所产生的法律问题，我写了一系列的论文，尤其是关于"法无明文规定不为罪"原则（nulla poena sine lege）。1992年德国联邦议会议长请我加入了清理德国统一社会党（SED）的历史和所造成的后果的12人专家委员会。专家委员会的工作十分紧张。我们召开了44次听证和37次非公开的会议。其中我所在的报告组"统一社会党的法律、司法和警察"召开了13次会议。从与其他来自历史、神学、政治学领域的专家以及隶属于委员会的其他联邦议员的讨论中我受益匪浅。与社会民主党议员玛戈·冯·勒内泽（Margot von Renesee）的合作尤其具有建设性。通过研究讨论，委员会形成了内容丰富的报告，记录在《联邦议会纪要 12/7820》中。

我通过 45 年研究所获得的对于社会主义法律体系的了解现在只能作为法律史料来使用了。但是不久之后我发现，"74 年的苏联法律"（这也是我一本小书的题目）对于原苏联成员国仍然具有深刻的影响，要了解这些国家的法律制度必须对苏联的历史有所了解。

受欧洲委员会（Europarat）和其他组织机构的委托，我一直在为俄罗斯、白俄罗斯、乌克兰、保加利亚、摩尔多瓦、拉脱维亚、土库曼斯坦、乌兹别克斯坦等国的刑法和刑事诉讼法提供立法建议。我将俄罗斯 1996 年颁布的刑法及其在 2006 年所做的修正案翻译成了德语，放在外国刑事立法汇编中。

1994 年我成为联邦政治教育中心的学术顾问团成员（Wissenschaftlicher Beirat der Bundeszentrale für politische Bildung）。直到 2002 年我都在为这个重要机构所采取的所有措施提供建议和专家意见。2002 年中心的东方学院（Ostkolleg）被解散，这个学院在 10 年中招收了来自社会各阶层的学生共同学习东欧学的各种知识，并建立了许多的联系（我也曾经多次去该学院做讲座）。

许多研究德国统一问题的委员会和论坛也被解散。1997 年在我的建议下柯尼希施泰因会也在持续了 50 年的研究工作之后决定解散。随着协会的解散，协会所组织的一个由社会各阶层参与的论坛也随之终止。圣加伦大学也停开了它的东欧法课程。

而在其他领域中，我的研究仍然在继续。其中的一个研究重点是性犯罪，这个领域自 1992 年以来发生了剧烈的变化，联邦宪法法院在 1995 年作出的判决对此产生了重要影响（《联邦宪法法院判例集》第 92 卷第 1 页 BVerfGE 92，1）。在我在博士论文中用文学上的例子阐明了"正犯后的正犯"概念之后，我再次转向研究法律与文学的关系［例如托尔斯泰（Tolstojs）的《复活》，以及普希金（Puschkins）的《黑桃皇后》］以及客观归责理论。

2004 年 9 月 30 日我正式退休，但在学校找到教席的继任者之前我仍然可以继续使用教席的各种设备。我以"闪电作为谋杀手段"（Der Blitz als Mordinstrument）为题做了告别演讲，对德国刑法 140 年的历史做了回顾，并对客观归责理论做了重点探讨。

因为很难找到东欧法方向的继任者，因此我向学校建议将教席设置为欧洲刑法的教席。令我感到失望的是，俄罗斯严重地倒退回了一个独裁国家，并且普遍存在着司法腐败。此外我还在伊斯坦布尔、莫斯科、第聂伯罗彼得罗夫斯克（Dnjepropetrowsk）等地就德国刑法做过讲座。和以前一样，我还指导了多名博士生和受奖学金资助的外国留学生。我的继任者托尼奥·瓦尔特（Tonio Walter）还为我保留了使用他办公室的权利。2007 年我在奥斯纳布吕克（Osnabrück）召开的刑法学者会议（Strafrechtlehrertag）上推荐基尔大学的安德烈亚斯·霍耶（Andreas Hoyer）担任"刑法论丛·新成果"系列的共同主编。

六　回顾

回顾过去，可以说作为一名法律学者我已经并将继续取得巨大的成绩。我的学术生涯十分幸运，但许多成就也是因为我个人的积极进取而获得的。对于我而言，工作与兴趣是相统一的。别人用下国际象棋来消遣，而我则用法律问题作为娱乐。我对于刑法总论、刑法分论、刑事诉讼法、苏联和俄罗斯法律、刑法历史的兴趣为我提供了许多涉及政治学、历史、文学的命题。但对刑法的基本问题我则更多地持谨慎态度。比起那些已经被反复研究的问题，我更喜欢去发现新的教义学问题，或是重新发掘那些以往所忽略的问题，例如：就选择的构成要件的认识错误（Irrtum über Tatbestandsalternativen）、侵犯对象与故意的不一致（Abweichung von Vorsatz bei groβflächigen Angriffsobjekten）、新型的目的犯（neuartige Absichtsdelikte）、过失的构造（Konstruktion der Fahrlässigkeit）、财物损害罪中的状态改变理论（Zustandsveränderungstheorie bei Sachbeschädigung）、就对等给付进行的强制和勒索（Nötigung und Erpressung von Gegenleistung）、强制的三种类型

（drei Arten von Nötigung）、伪造文书的间接正犯（Urkundenfälschung in mittelbarer Täterschaft）、独特的所有权犯罪（刑法典第297条）（der einzige Eigentumsdelikt §297 StGB）、禁止淫秽物品以保护表演者（Pornographieverbot als Darstellerschutz）。

我在体系论方面的成果主要体现在刑法分论（政治刑法，对外国人、其他种族和外国实施的犯罪，财产犯罪，以及妨碍刑法实施的犯罪）和刑事诉讼法上。我后来也转向对犯罪体系（System der Straftat）的研究，尤其是客观归责理论的价值，这让我彻底摆脱了我导师毛拉赫所主张的目的行为论。

我对教义学的历史渊源尤为感兴趣，即如何阐明我们当下这个高度分化的教义学体系是从哪里发展起来的问题。

关于我所发表的论著的详细目录可以参阅我70周岁的祝寿文集，也可参见网址 www. unwww. uni-regensburg. de/Fakultaeten/Jura/Walter/Seiten/Schroeder. php（上面还有我所指导的50篇博士论文的目录）。

主要作品目录

一 独著

《正犯后的正犯：间接正犯理论》（Täter hinter dem Täter, Ein Beitrag zur Lehre von der mittelbaren Täterschaft），1965年。

《刑法上的国家与宪政保护：以法律史与比较法为视角的体系性阐述》（Der Schutz von Staat und Verfassung im Strafrecht. Eine Systematische Darstellung, entwickelt aus Rechtsgeschichte und Rechtsvergleichung），1970年。

《德国的刑事立法：联邦德国与民主德国刑法典综览》（Die Strafgesetzgebung in Deutschland. Eine synoptische Darstellung der Strafgesetzbücher der Bundesrepublik Deutschland und der Deutschen Demokratischen Republik），1972年。

《新的性犯罪刑法：源流、分析与批评》（Das neue Sexualstrafrecht.

Entstehung-Analyse-Kritik），1975 年。

《苏联国家理论的变迁》（Wandlungen der sowjetischen Staatstheorie），1979 年。

《社会主义刑法：以民主德国为例》（Das Strafrecht des realen Sozial-ismus. Eine Einführung am Beispiel der DDR），1983 年。

《针对刑法的犯罪》（Die Straftaten gegen das Strafrecht），1985 年。

《淫秽物品、少年保护与艺术自由》（Pornographie, Jugendschutz und Kunstfreiheit），1992 年。

《苏联法 74 年》（74 Jahre Sowjetrecht），1992 年。

《俄罗斯联邦刑法典：德文译本与导论》（Strafgesetzbuch der Russi-schen Föderation, dtsch. übersetzung und Einführung），1998 年第 1 版，2007 年第 2 版。

《针对专断与缺陷治疗行为设置专门的刑法规范？》（Besondere Strafvor-schriften gegen eigenmächtige und felerhafte Heibehandlung?），1998 年。

《卡尔五世刑事法院条例（加洛林纳法典）》（Die peinliche Gericht-sordnung Kaiser Karls V.），2000 年。

《刑事立法理论与刑法教义学文集》（Beiträge zur Gesetzgebungslehre und zur Strafrechtsdogmatik），2001 年。

《俄罗斯新版刑事诉讼法：公正刑事程序的里程碑？》（Die neue rus-sische Strafprozessordnung），2002 年。

二　评注

《莱比锡刑法典评注》（Strafgesetzbuch Leipziger kommentar），第 56 - 59 条，1974 年第 9 版。

《莱比锡刑法典评注》（Strafgesetzbuch Leipziger kommentar），第 15 - 18 条，1980 年第 10 版；1994 年第 11 版。

三　教科书与案例集

《刑法分论》（Strafrecht Besonderer Teil），莱因哈特·毛拉赫开创，从第 7 版开始与曼弗雷德·迈瓦尔德共同修订，《第一卷：针对人格与财产价值的犯罪》，1977 年第 6 版；2003 年第 9 版；《第二卷：针对共同体价值的犯罪》，1981 年第 6 版；2005 年第 9 版。

《刑事诉讼法》（Strafprozessrecht），1993 年第 1 版；2007 年第 4 版。

四　期刊与文集中的论文

《亲手实现构成要件中的正犯与共犯：联邦最高法院斯塔辛斯基案判决评述》（Täterschaft und Teilnahme bei eigenhändiger Tatbestandsverwirklichung. Zum Stsaschznskji-Urteil des Bundesgerichtshofes），《东西德法律》1964 年，第 97－107 页。

《"颠覆"的概念：政治刑法改革》（Zum Begriff der Wühlarbeit. Ein Beitrag zur Reform des politischen Strafrechts），《法学家报》1966 年，第 809－810 页。

《东西方冲突压力下刑事诉讼中的证据标准》（Die Beweisaufnahme im Strafprozess unter dem Druck der Auseinandersetzung zwischen Ost und West），《东西德法律》1969 年，第 193－203 页。

《刑法空间效力的限制》（Schranken für den räumlichen Geltungsbereich des Strafrechts），《新法学周刊》1969 年，第 81－85 页。

《统一的德国刑法是否存在？东西德刑法改革比较》（Gibt es noch ein deusches Strafrecht? Ein Vergleich der Strafrechtsreform in beiden Teilen Deutschlands），《科尼希史坦会》1971 年，第 1－8 页；《雷根斯堡大学报》1971 年，第 4 期，第 2－7 页。

《正当防卫作为基本政治观念的风向标》（Die Notwehr als Indikator politischer Grundanschauugen），《莱因哈特·毛拉赫祝寿文集》，1972 年，第 127－142 页。

《利用欺骗或强制手段获取的签名》（Die Herbeiführung einer Unterschrift durch Täuschung oder Zwang），《戈尔特达默刑法档案》1974 年，第 225－230 页。

《法定原则与机会原则》（Legalitäts- und Opportunitätsprinzip heute），《卡尔·彼得斯祝寿文集》，1972 年，第 411－427 页。

《刑法上的管教权》（Das Erzieherprivileg im Strafrecht），《理查德·

朗格祝寿文集》，1976 年，第 391 - 400 页。

《第四次刑法改革法后性犯罪的发展：兼论犯罪统计学理论》（Die Entwicklung der Sexualdelikte nach dem 4. StrRG. Zugleich zu：Theorie der Kriminalstastik），《犯罪学与刑法改革月刊》1976 年，第 108 - 115 页。

《社会主义国家的犯罪构造要件与犯罪》（Straftatbestände und Kriminalität in den Sozialistischen Staaten），《犯罪学家》1976 年，第 43 - 49 页；《犯罪，研究与信息》第 20 卷，1976 年，第 37 - 45 页。

《刑法的时间效力》（Die zeitliche Geltungsbereich der Strafgesetz），《保罗·博科尔曼祝寿文集》，1979 年，第 785 - 799 页。

《关于选择性构成要件的认识错误》（Der Irrtum übertatbestandsalternativen），《戈尔特达默刑法档案》1979 年，第 321 - 328 页。

《论过失犯：行为人的预防与处理：德国州法院关于第十二届国际刑法论坛的预备论坛》（Die Fahrlässigkeitsdelikte. Vorbeugung und Behandlung der Täter），《整体刑法学杂志》第 91 卷，1979 年，第 257 - 269 页。

《刑法上的宪政与国家保护》（Das Strafrecht zum Schutz von Verfassung und Staat），联邦内政部主编：《宪法保护与法治国》，1981 年，第 219 - 236 页。

《论危险犯》（Die Gefährdungsdelikte），《整体刑法学杂志》第 94 卷，1982 年，第 1 - 28 页。

《谋杀罪要素的基本思考》（Grundgedanken der Mordmerkmale），《法学教学》1984 年，第 275 - 278 页。

《刑事执行的移交》（Die übertragung der Strafvollstreckung），《整体刑法学杂志》第 98 卷，1986 年，第 457 - 485 页。

《德国与苏联刑法关于正当化与免责事由的比较》（Rechtfertigung und Entschuldigung im deuschen Strafrecht im Vergleich zum sowjetischen），阿尔宾·艾泽尔主编：《正当化与免责事由：以比较法为视角》，第 1 卷，1987 年，第 523 - 547 页。

《刑事追诉的概念》（Der Begriff der Strafverfolgung），《戈尔特达默刑法档案》1985 年，第 485 - 491 页。

《财产犯罪的体系》（Die Systematik der Vermögensstraftaten），《法学

教学》1987 年，第 113 – 116 页。

《1945 年后司法对于过去历史问题的清理》（Der Umgang mit dem Umgang der Jusitz nach 1945 mit ihrer eigenen Vergangenheit），《法律史杂志》第 7 卷，1988 年，第 389 – 392 页。

《德国罪名体系的发展》（Die Entwicklung der Gliederung der Straftat in Deutschland），《北海大学法学》第 7 卷，1988 年，第 175 – 196 页。

《东西德刑法的最新发展》（Die neuere Entwicklung des Strafrechts in beiden Staaten in Deutschland），哥特弗里德·齐格、弗里德里希 – 克里斯蒂安·施罗德主编：《德国刑法发展：分歧与共识》1988 年，第 5 – 22 页；新版：《东西德刑法的最新发展：政治与时代》，《议会周报》1988 年第 4 – 5 期，第 18 – 28 页。

《刑事诉讼与刑事执行中的人权》（Menschenrechte im Strafverfahren und Strafvollzug），乔治·布伦纳主编：《民主德国的人权》，1989 年，第 257 – 273 页。

《过失作为构成要件实现的可认识性》（Die Fahrlässigkeit als Erkenn-barkeit der Tatbestandsverwirklichung），《法学家报》1989 年，第 776 – 780 页。

《民主德国的刑法教义学》（Die Strafrechtsdogmatik in der DDR），《法学综览》1990 年，第 89 – 93 页。

《苏联关于交易的刑法规制》（Die Strafrechtliche Regelung des handels in der Sowjetunion），《比较法学杂志》1991 年，第 444 – 465 页。

《性犯罪改革》（Die Reform der Straftaten gegen die Entwicklung des Sexuallebens），《法政策杂志》1992 年，第 295 – 297 页。

《在执行国家任务中的杀人行为的可罚性》（Zur Strafbarkeit von Tötungen in staalichem Auftrag），《法学家报》1992 年，第 990 – 993 页。

《德国联邦议会"清理东德统一社会党极权历史与后果"的咨询委员会》（Die Enquetekommission des Deutschen Bundestages Aufarbeitung von Geschichte und von Folgen der SED-Diktatur in Deutschland），《政治研究》1992 年，第 23 – 27 页。

《刑事诉讼程序各阶段中人权的效力范围》（Der Geltungsbereich der Menschenrechte in den Stadien des Strafverfahrens），《戈尔特达默刑法档

案》1993 年，第 205 - 213 页。

《清理东德与统一社会党极权历史问题的法律视角》（Rechtliche Aspekte der Aufarbeitung der DDR-Geschichte und SED-Herrschaft），彼得·埃森曼主编：《德国第二极权的回顾》，1993 年，第 37 - 54 页。

《〈第 27 次刑法改革法〉：儿童色情》（Das 27. Strafrechtsänderungsgesetz-Kinderpornographie），《新法学周刊》1993 年，第 2581 - 2583 页。

《自杀帮助与受托杀人》（Beihilfe zum Selbstmord und Tötung auf Verlangen），《整体刑法学杂志》第 106 卷，1994 年，第 565 - 580 页。

《俄罗斯法官的选任》（Die Bestellung der Richter in Russland），《东西方法律》1995 年，第 165 - 169 页。

《强制罪的基本结构与如何消除联邦宪法法院所制造的处罚漏洞》（Die Grundstruktur der Nötigung und die Möglichkeiten zur Beseitigung ihrer durch das BverfG geschaffenen），《新法学周刊》1996 年，第 2627 - 2629 页。

《新型目的犯》（Neuartige Absichtsdelikte），《特奥多尔·伦克纳祝寿文集》1998 年，第 333 - 348 页。

《俄罗斯的立法问题》（Problem der Gesetzgebung in Russland），弗里德里希 - 克里斯蒂安·施罗德主编：《俄罗斯的法典编纂》，1997 年，第 9 - 26 页；1999 年第 2 版，第 9 - 27 页。

《人权视角下俄罗斯新刑法典的考察》（Das neue russische Strafgesetzbuch im Licht der Menschenrechteuyu），《西原春夫祝寿文集》，1998 年，第 486 - 495 页。

《德国法学博士教育的发展》（Die Entwicklung der juristischen Promotionen in Deutschland），与安德里阿斯·康茨勒合著，《法学教学》1998 年，第 281 - 285 页。

《纳粹恐怖立法的正当性？——一个争论》（Rechtfeitigung nationalsozialistischer Terrorgesetze? - Eine Kontroverse），《新司法杂志》1998 年，第 309 页。

《联邦最高法院与罪刑法定原则》（Der Bundesgerichtshof und der Grundsatz "nulla poena sine lege"），《新法学周刊》1999 年，第 89 - 93 页。

《性犯罪的变革（1992 - 1998）》（Die Revolution des Sexualstrafrechts

1992－1998），《法学家报》1999 年，第 827－833 页。

《刑事诉讼法可以使用"犯罪人"这个词吗?》（Darf die StPO von "Tätern" sprechen?），《新法学周刊》2000 年，第 2483－2485 页。

《民主德国不法的刑法清理十年》（Zehn Jahre strafrechtliche Aufarbeitung des DDR-Unrechts），《新法学周刊》2000 年，第 3017－3022 页。

《俄罗斯新经济刑法》（Das neue russische Wirtschaftsstrafrecht），《整体刑法学杂志》第 114 卷，2002 年，第 215－235 页。

《强制罪的三种类型》（Die drei Arten der Nötigung），《卡尔·海因茨·格塞尔祝寿文集》，2002 年，第 415－427 页。

《立法技术的发展》（Die Entwicklung der Gesetzgebungstechnik），托马斯·冯恩鲍姆、于尔根·维尔普主编：《刑法典增补卷：刑事立法三百年：一个回顾》，2004 年，第 382－422 页。

《法条翻译的问题》（Problem der Übersetzung von Gesetzestexten），《整体刑法学杂志》第 117 卷，2005 年，第 236－244 页。

《推动改变犯罪时间》（Die veranlassung zur Veränderung der Tatzeit），《戈尔特达默刑法档案》2006 年，第 375－378 页。

《20 世纪东欧法中的平等原则》（Der Gleichheitsgrundsatz im Recht Osteuropas im 20. Jahrhundert），贝蒂娜·博克、罗斯玛丽·吕尔主编：《东西欧交流中的规范与价值概念》，2007 年，第 197－202 页。

《语言与法》（Sprache und Recht），卡蒂亚·凯瑟尔、桑德拉·莱曼主编：《情境中的科学：德国语言学的合作领域》，2007 年，第 431－436 页。

《俄罗斯法中重新设置财产没收》（Die scheinbare Wiedereinführung der Vermögenskonfiskation in Russland），《整体刑法学杂志》第 119 卷，2007 年，第 450－458 页。

《刑法中失败的隐喻》（Missglückte Metaphem im Strafrecht），《京特·雅各布斯祝寿文集》，2007 年，第 627－633 页。

《犯罪报应与行为禁令之间的刑法》（Das Strafrecht zwischen Tatvergeltung und Verhaltensverbot），《哈罗·奥托祝寿文集》，2007 年，第 165－178 页。

京特·施彭德尔（**Günter Spendel**）

京特·施彭德尔（Günter Spendel）

徐凌波 译

　　这篇自传既要介绍我的人生经历，也要阐述我的刑法学观点。所谓的"自传"更多的是一张时间表，而不是自我描述。在自传中应当事实求是地进行记录，而不是表达自己的"个性"。但我在阐述的过程中还是会不可避免地带有"主观色彩"。首先我将介绍自己在纳粹时期度过的少年时代。①

　　1922 年 7 月 11 日我出生于威斯特法伦的赫尔内（Herne）。赫尔内位于鲁尔区的中部，这一地区因其丰富的煤炭资源而成为德国最重要的工业区。就在我出生的那天，帝国时代的司法部部长、刑法学者古斯塔夫·拉德布鲁赫（Gustav Radbruch）不顾政府内部的反对颁布了允许妇女参加法律工作的法案。25 年之后他成为我的博士生导师。我出生的那年，魏玛共和国正处于风雨飘摇之中：就在我出生前不久，1922 年 6 月 24 日右翼极端分子谋杀了当时的外交部长，犹太裔的瓦尔特·拉特瑙（Walter Rathenau）（生于 1867 年）。1922 年 4 月 16 日他与当时的总理约瑟夫·维尔特一起在意大利热那亚（Genua）省拉帕洛（Rapallo）与苏联签订了条约，恢复双方的外交关系。同年 8 月 11 日魏玛共和国举行第三届宪政大会，随后在《柏林日报》上发表了总统弗里德里希·埃伯特（Friedrich Ebert）（1871 - 1925 年）的公告，这份公告以《德意志之歌》

---

① 施彭德尔：《独裁下的少年时代：1933 - 1945 年回忆录》（Jugend in einer Diktatur. Erinnerungen eines Zeitzeugen 1933 - 1945），1998 年。

第三段中的"统一、法与自由"为题，并宣布将这首歌的第三段定为国歌。[1] 从 8 月起开始发生通货膨胀。1923 年 1 月 11 日法国军队违反国际公约占领了鲁尔区。

我的学生时代受到了父母的极大影响。[2] 我父亲原先是一名采矿工程师，后来成为该专业的教师。上世纪 30 年代我们举家搬到了法兰克福，而在纳粹政府时代我所就读的文理中学也被改造成了"高中"。父亲与当时的学校校长在一次学生家长大会上一同决定，我们将成为当时最后一届仍然例外地学习希腊语课程的学生。而我的母亲则是一名教师，她希望我选择法律专业，因为看到我她总会想起自己在帝国法院当律师的堂兄。

对于自己的专业与职业规划，我犹豫了很长时间。最终，我决定顺从母亲意愿，其中的关键原因在于我阅读了从一位旧书商手中购得的拉德布鲁赫的《法学导论》（1929 年第 7、8 版）。在最后一章《法学》中，拉德布鲁赫根据不同的"性格特点"区分了不同类型的法学家，根据这种分类我能很容易地对自己进行定位。[3] 拉德布鲁赫在书中指出的第三种法学家兼具两种相互矛盾的特点：一方面相当具有艺术气质，因此常常会因为法条的规定而感到自己受到"束缚"；另一方面又具有严谨的科学性格，认为法学的强制性和必要性太弱了，并常常抱怨与自然法则相比，人类的法律总是偶然而多变。我就属于这一种人。后来我在拉德布鲁赫的《法哲学》（1932 年第 3 版，第 100 页，脚注 2[4]）一书中则看到他说，选择法律专业还有一条基本经验，那就是"如果数学不好，那一定学不好法律"[5]。高中时我最喜欢的就是数学课，因此这样看来我

---

① 参见施彭德尔《作为国歌的德国之歌》（Zum Deutschland-Lied als Nationalhymne），《法学家报》1988 年，第 744 页以下；《国歌作为国家象征及其保护》（die Nationalhymne als Staatssymbol und ihr Schutz），《勇气》1991 年，总第 291 期，第 18 页以下；《德国国歌》（Zur deutschen Nationalhymne），《迪特·布卢门维茨纪念文集》，2008 年，第 869 页。

② 关于我的学生时代，参见施彭德尔《独裁下的少年时代：1933－1945 年回忆录》（Jugend in einer Diktatur. Erinnerungen eines Zeitzeugen 1933－1945），1998 年，第 14 页以下。

③ 拉德布鲁赫：《绪论》（Einführung），第 206 页以下，第 209 页。《拉德布鲁赫全集》（GRGA）第 1 卷，《法律哲学》（Rechtsphilosophie），阿图尔·考夫曼统一修订，1987 年，第 211 页，396 页以下，第 388、399 页。

④ 霍伦伯格（Hollenberg）：《无能的法学家》（Jurist ohne Eignung），1931 年。

⑤ 在做老师期间我也常常在考试中发现这一规律。

并没有人错行，不过反过来却很难说"数学好的人，法律就一定学得好"。

8 年之后（九年制中学的最后一年被纳粹政府取消了）的 1940 年，我从中学毕业了。由于健康原因我被免除了兵役和劳役。1940 年深秋，我在法兰克福开始了法律专业的学习，三分之二学年过后 1941 年夏天我到了弗莱堡继续学业。在法兰克福大学我认识了民法学者弗里茨·冯·希佩尔（Fritz von Hippel）①、公法学者弗里德里希·吉泽（Friedrich Giese）、刑法学者威廉·克拉斯（Wilhelm Class），而在弗莱堡则认识了犯罪学家埃里克·沃尔夫（Erik Wolf）、阿道夫·舍恩克（Adolf Schönke），以及私法学者古斯塔夫·伯默尔（Gustav Boehmer）。这些教授或多或少都对纳粹政权持反对态度。纳粹评论家恩斯特·克里克（Ernst Krieck）批评沃尔夫在他的著作《德意志思想史中伟大的法律思想家》（Große Rechts-denker der deutschen Geistesgeschichte）（1939 年第 1 版）一书中居然以公司法学者吉尔克（1841 - 1921 年）而不是希特勒作为结尾，且娶了犹太女子为妻，无异于狠狠地扇了种族思想一个耳光。② 沃尔夫虽然在 1933 年还写了许多颂扬纳粹政权的文章，但后来则彻底改变了自己的立场成为坚定的纳粹反对者。1941 年夏季学期结束时，他邀请我在回法兰克福前到他家去做客。在他家中，他说了许多批判纳粹暴行的话，这些话在当时一旦公开肯定会要了我们的命。他预言德军远征苏联的行动尽管在一开始取得了胜利，但最终会彻底失败，而在党卫队的统治下战争结束的时候情况一定会变得很糟糕。1945 年作为编外讲师（Privatdozent）我再次拜访了沃尔夫并提及了那次谈话。他告诉我，1944 年 7 月 20 日之后他就因为与许多"可疑的"教授有来往而受到了审讯，而审讯的人员告诉他，作为一名法制史的学者，他可以写一份自白书来为自己洗清嫌疑。

而民法学者伯默尔则因为在课堂上大肆批判纳粹暴政而被学生向盖世太保举报了。他之所以没有被捕，是因为当时的大学校长竭尽全力保护了他，加上他曾经是威廉二世的儿子的老师，他的学生和其他名人尽

---

① 施彭德尔：《弗里茨·冯·希佩尔八十岁寿辰》（Fritz von Hippel zum 80. Geburtstag），《法学家报》1977 年，第 466 页以下。

② 关于纳粹"哲学家"克里克（Krieck），参见《拉德布鲁赫全集》第 18 卷，摘要 2，第 429 - 430 页。

力地为他的爱国精神作了证明。但他也在学院里批评学校一些老师孤立
拉德布鲁赫，当时我对于拉德布鲁赫的具体政治经历还一无所知。我因
此而决定在 1942 年初拜访这位"没落的"法学家，他的《法学导论》
曾经对我的人生产生了如此重要的影响。他答应了我的拜访请求，但也
提醒我，虽然人们很重视他的著述，但在这些著述中人们"只看到他最
好的一面而忽略了他日常生活中的样子"[1]。他之所以这么说是因为，这
位身患重病（帕金森氏症）的老人（双手颤动、行动不便）担心自己会
给一个年轻人留下负面的印象。但他完全多虑了：他充满了个人魅力，
这正是我想要反复尝试描述的。[2] 我们慢慢熟识并成为忘年之交，直到
去世他都是我最重要的导师。1943 年初，就在我结束假期返回弗莱堡拜
访他的时候，听闻了他儿子安塞尔姆（Anselm）在战争中被榴弹击中，
左腿受伤，随后在位于斯大林格勒的野战医院伤重不治的噩耗。而他的
女儿雷娜特（Renate），一位学艺术的女大学生，则早在 1939 年 3 月在
一场雪崩中遇难。

　　1943 年底我通过了第一次国家司法考试，随后在法兰克福州高等法
院见习，其间我交换到卡尔斯鲁厄州高等法院的辖区。我先是在黑森林
地区的菲林根（Villingen）地方法院工作了半年，1944 年初因为遭到轰
炸，我又被调到了弗莱堡州法院。在学生时期和见习时期我都亲眼目睹
了所谓"特别法庭"的审判。这是州法院所设立的专门负责审理政治犯
的法庭，通常由三名职业法官组成。1944 年我亲眼见证了一名被迫参加
特别法庭的州法院法官是如何通过对犯罪事实的有力论证阻止了特别法
庭的主席原本打算作出的死刑判决，而改判被告人有期徒刑的。当然法
庭也作出了许多让人羞耻的判决。

　　在弗莱堡受到空袭时，我受征召加入了人民突击队（Volkssturm），

---

① 整个摘要的复制：《拉德布鲁赫全集》第 18 卷，摘要 2，施彭德尔修订于 1995 年，第
　　193 页，边码 207。

② 施彭德尔：《古斯塔夫·拉德布鲁赫（1878 - 1949）的悼词》[Gustav Radbruch (1878 -
　　1949), Nachruf]，《犯罪学家画像》，2001 年，第 64 页；《古斯塔夫·拉德布鲁赫：一位
　　法学家的一生》（G. Radbruch. Lebensbild eines Juristen），1967 年；《时代变迁中的法学
　　家：纪念拉德布鲁赫诞辰一百周年》（Jurist in einer Zeitenwende. G. Radbruch zum 100 Ge-
　　burtstag），1979 年。

并被派到了莱茵河左岸的阿尔萨斯（Elsass）。我在那里还遇见了一些弗莱堡的教授，比如哲学家马丁·海德格尔（Martin Heidegger）（1889 – 1976 年），还有我的大学老师、公法学者特奥多尔·毛恩茨（Theodor Maunz）（1901 – 1993 年）。他后来做了巴伐利亚州的文化部长，并邀请我到维尔茨堡大学任教。但因为曾经对纳粹政权表示过顺从，最后他不得不宣布辞职。

战争结束时，我也完成了我的见习期，并获得了足够的机会扮演"控方"或"辩方"的角色。在检察院学习期间，我和我的工作狂上司更加频繁地去地方法院参加主审判程序（Hauptverhandlung）的审理。后来我又获得了律师的授权，作为辩护人参加依照 1946 年 3 月 5 日颁布的《去纳粹化法案》进行的审判活动。在审判过程中，一名身为共产党员的陪审员因为厌恶纳粹被告人而连带着也对我这个辩护人感到反感。有趣的是，律师们总是嘱咐我尽力朝着轻罪甚至无罪的方向进行辩护。我也见识过他们严重地违反各项程序法原则。例如当时法院在一周之前就对我的委托人的部分罪行进行了审理，委托人在那之后才找了律师，而且他并没有告诉律师和我，他的罪行已经被审理过了。就在我向法庭指出，这样的审理是无效的时候，法庭对我的异议置之不理，继续进行审理（如果我没记错，后来还发生过类似的事情）。当然这也是可以理解的，要让一个外行法官在法律程序中对纳粹被告人产生同情是不可能的。

在做预备文官与候补文官（Assessor）时，我还亲历了精神病院谋杀案中对医生的审判以及对纳粹时期使用毒气室杀死犹太人的一审程序。前者在 1946 年审理完毕，并在 1947 年判处被告死刑，因为当时死刑还没有被废除（1949 年 5 月 23 日通过的《基本法》第 102 条中才正式在德国废除了死刑）。就像其他许多刑事程序一样，本案中被告人也提出了抗辩理由，主张如果自己没有参与到杀人行为中甚至会出现更为严重的后果。[1]

---

① 对此参见施彭德尔《作为刑罚减轻事由的条件公式思想：纳粹体制下谋杀精神病人》（der Conditio-sine-qua-non-Gedanke als Strafmilderungsgrund. Zu den Geisteskrankenmorden unter dem NS-Regime），《恩吉施祝寿文集》，1969 年，第 509 页；也可参见施彭德尔《作为刑罚减轻事由的条件公式思想：纳粹体制下谋杀精神病人》，《恩吉施祝寿文集》，1969 年，第 509 页；以及《理性与法律》（Für Vernunft und Rech），2004 年，第 171 页。

其中用来确定行为与结果之间因果关系的是条件公式，而这也成为我后来博士论文的主题。社会民主党的御用法学家阿道夫·阿恩特（Adolf Arndt）曾经作为控方参加过黑森州的一起医生杀人案的审判，他在 1947 年康斯坦茨举行的法学家大会上错误地指出，条件公式在这些案件失去了作用，它成为奥斯维辛案的辩护人为自己委托人洗清罪责的借口。[①] 而在毒气室案中，法兰克福地方法院则在判决中对这个问题没有予以回答。[②]

　　1945 年我去海德堡看望拉德布鲁赫时，他让我考虑攻读博士学位。我从来没有想过自己能够在他的指导下攻读博士学位，因为我并没有在海德堡大学学习过三个学期，无法满足海德堡大学的读博条件。当我意识到他很惊讶我没有打算找他做博士导师时，我告诉了他这个实际情况。而他告诉我，系里认为我可以在没有满足这个形式条件的情况下在他那里攻读博士。于是我们很快达成了一致，他也同意我将因果关系问题作为论文选题，在论文中我要讨论的并不是刑法上的原因究竟是什么的问题（根据通说所有犯罪结果的条件都被认为是原因），而是如何在逻辑上和法律上正确地认定原因的问题（即根据条件公式，如果假设行为不存在，则结果不发生）。卡尔·恩吉施（Karl Engisch）（1899－1990 年）成为论文当然的"非正式"评审人，而后论文的出版甚至还需要当时美国占领当局的许可。[③] 我在论文中的主要观点在于，在假设被讨论的行为不存在的同时并不能当然地将另一个替代的原因置于其中。用一个简

---

① 参见阿道夫·阿恩特《安乐死犯罪》（Das Verbrechen der Euthanasie），《康斯坦茨法学家大会》，1947 年，第 184、193 页；以及拉特恩泽尔（Laternser）：《1962/1963 年奥斯维辛案的另一面》（Die andere Seite im Auschwitz-Prozess 1962/1963），1966 年，第 186 页。

② 对此参见施彭德尔《作为刑罚裁量问题的假定的同样或更重的行为结果——评奥斯维辛谋杀的有毒气体供应案》（Der hypothetisch gleich oder schwerer Deliktserfolg als Strafmaßproblem. Zum Fall der Giftgaslieferungen für die Auschwitz-Morde），《汉斯·于尔根·布伦斯祝寿文集》，1978 年，第 249 页；以及对此参见施彭德尔《作为刑罚减轻事由的条件公式思想：纳粹体制下谋杀精神病人》（der Conditio-sine-qua-non-Gedanke als Strafmilderungsgrund. Zu den Geisteskrankenmorden unter dem NS-Regime），《恩吉施祝寿文集》，1969 年，第 191 页。

③ 论文的出版还遇到了其他困难。由于即将进行货币改革，原来的帝国马克将会失去价值，因此当时法兰克福的许多印刷厂都拒绝印刷论文。论文的打印也出现了许多没能彻底纠正的错误。

单的例子来表示：例如医生在一场必要的手术中，并没有使用通常的麻醉药物奴佛卡因（Novokain）而是使用完全不必要的可卡因（Kokain），随后病人因此而死亡。即便因为病人的病情或是特殊体质使用奴佛卡因病人也仍然可能、很可能或者肯定会死亡，可卡因与死亡结果之间的因果关系并不能因此而被否认。我对条件公式所做的具体化虽然在理论上受了一定的批评，但却为最高法院采纳。[①] 但是随后这又被最高法院的判决无视，并在另一起案件中被误解：一名卡车司机在 6 米宽的街道上以 75 厘米的间距超过了一个骑着自行车的人。骑车人当时的血液酒精浓度为千分之 1.96，并不具有驾驶的能力，但这从外部很难看出来。骑车的人当时作出了错误的判断向左边靠了过去，随后被卷到了车子的轮胎里。根据专家证人的意见，即便被告人按照规定保持了 1 到 1.5 米的超车间距，这起事故也仍然很可能发生。[②] 最高法院错误地将这视为了一个因果关系问题，作出了错误的判决。即便被告人保持了通常所要求的但在这里仍然是过窄的超车间距，结果仍然会出现，但并不能因此就否定本案中事实上已经存在的条件关系，也并不能就此否认卡车司机的过失责任。[③]

前文中已经提到，博士论文的出版遇到了一些障碍。而且因为战后这个特殊时期，博士论文的写作也十分不容易。在写论文时，法兰克福的研讨课图书馆因为整修而关闭。所有的书都摞在一个房间的地板上，要从里面找到自己想要的书完全得靠运气。在博士口试前一天我到法兰克福火车站申请购买一张快车车票，以免自己要在第二天 1947 年 7 月 25 日上午坐着拥挤的慢车赶到海德堡。一开始火车站职员还不同意我的申请，他说博士考试并不是什么特殊情况。第二天下午考试的时候天气十

[①] 参见《奥地利最高法院刑事判例集》，第 1 卷，第 49、50、321、330 页；《联邦最高法院刑事判例集》第 2 卷，第 20、24 页；《联邦最高法院刑事判例集》第 10 卷，第 369、370 页；《联邦最高法院刑事判例集》第 17 卷，第 181、186 页。

[②] 《联邦最高法院刑事判例集》第 11 卷，第 1、5、7 页。

[③] 对于本案参见施彭德尔《条件理论与过失犯——评〈联邦最高法院刑事判例集〉第 11 卷第 1 页的判例》（Conditio-sine-qua-non-Gedanke und Fahrlässigkeitsdelikt—BGHSt 11, S. 1），《法学教学》1964 年，第 14 页；更详细的论述参见《行为犯中条件理论的因果关系公式》（Die Kausalitätsformel der Bedingungstheorie für die Handlungsdelikte），海德堡博士论文，1948 年，第 41 页以下。

分炎热，考官们的额头上布满了汗珠，而晚上则停止供水了。

　　考官是四名海德堡大学的法学教授，但是他们的课我从来没有听过，因此口试对于我来说有点困难。与司法考试的口试不同，在博士口试中考官们考察的并不是如何做出法律判断，而是通过谈话来考察知识。这也让我觉得不适应。口试一开始进行得很顺利，民法学者欧根·乌尔默（Eugen Ulmer）（1903 - 1988 年）考察了关于买卖合同中卖方负责送货（Versendungskauf）的知识。因为我并不认识这位考官，于是也并不知道他在几个月前刚就这个问题发表了论文。罗马法学者沃尔夫冈·孔克尔（Wolfgang Kunkel）（1902 - 1982 年）则问了我完全没有准备过的教会法的问题，但他这个问题显然是针对另一位考生，一位年轻的福音派神学学生。他先问了他天主教教会认为圣经中哪一段是婚姻神圣性的根据。这位考生对这个问题十分了解，但他没能回答允许离婚的例外情况有哪些，这个问题我倒是知道。孔克尔问我是否读过科沙克（Koschaker）的著作《欧洲与罗马法》（1947 年第 1 版），如果没有是否能根据这个标题大致推测出里面的基本内容。我流利地说出《查士丁尼国法大全》中"君主喜欢之事具有法律效力"（Quod principi placuit, legis habet vigorem）等句子时他表示很满意。我的博士导师则考察了徇私枉法罪的发展历史、附属刑法的概念以及针对人格的犯罪。法律系系主任、公法学者瓦尔特·耶利内克（Walter Jellinek）（1885 - 1955 年）则提问为什么帝国法院坚持留在莱比锡。对于这个问题我援引了伯默尔教授在课上讲过的话来回答，他表示很惊喜。

　　第二天我回到法兰克福时才发现，为了节约用电那天并没有城市有轨电车。不过我仍然为自己顺利地完成了学业而感到高兴。考试结束当天晚上，拉德布鲁赫和他的妻子邀请我参加了"博士盛宴"（Doktorschmaus），与我们当时在法兰克福饥寒交迫、靠着美国的食物援助计划（Care Paketen）和在美国的亲友接济的日子完全不同。①

　　1948 年我通过了第二次国家司法考试（Assesorexam），然后开始在

---

① 我的导师拉德布鲁赫送给我一本奥诺雷·杜米埃（Honoré Daumier）刚刚出版的法学家漫画，而他的夫人则将部分救助食品送给了我和我的父母。

黑森州司法部工作。考完试参加工作之前我还参加了拉德布鲁赫 70 周岁的生日。他向来参加庆祝的 18 位祝寿者一一表示了感谢。他还送给了我一本他的祝寿文集。① 尽管 1 年之后我即将成为政府参事（Regierungsrat），我还是在刑法部门工作了 6 个月之后申请了一年的研究假期，用来写我的教授资格论文。随后我在法兰克福州法院作为候补司法官从事工作，与此同时我也并没有中断我的学术研究。半年之后拉德布鲁赫过世，我为他写了讣告。②

我在法兰克福大学的刑法学者威廉·克拉斯（1901–1973 年）那里完成了教授资格论文。我们在战后就已经相识，他还是我第一次国家司法考试的考官。他思想十分独特，而且除了刑法之外涉猎十分广泛，然而他始终专注于教学而对于学术创作十分谨慎，因此著述不多。在纳粹统治期间他还招收过犹太博士生，从而使他们能够获得毕业证书。我还在大学读书时，他有一次在课上成功地回应了年长的听众的挑衅。③

我选择了"量刑理论"作为教授资格论文的选题。这是一个在理论上讨论不多的领域。在论文中我指出，刑罚判决包括了法官的三项基本功能：（1）调查案件事实（被告人究竟做了什么）；（2）狭义上的法律适用（他的行为在法律上如何定性）；（3）裁量刑罚（多高的量刑是合适的？）。法官通过对证据的自由心证解决第一个问题，通过将案件事实归属到具体的法定构成要件之下解决第二个问题，通过刑罚的论证来解决第三个问题。"根据"（Grund）这个概念包含了三个"基本含义"：首先是事实根据（Realgrund）（例如行为人侵占了大量的金钱），其次是目的根据（Zweckgrund）（对于这一行为应当进行报应），第三则是思考根据（Denkgrund），即将上述两个根据正确而合乎逻辑地联系起来（例如

---

① 参见《拉德布鲁赫全集》第 16 卷，施彭德尔编，1988 年，第 322 页。

② 参见施彭德尔《拉德布鲁赫去世》（Zum Tode Gustav Radbruchs），《新法学周刊》1950 年，第 17 页；之在《犯罪学家画像》2001 年第 64 页以及施彭德尔：《独裁下的少年时代：1933–1945 年回忆录》（Jugend in einer Diktatur. Erinnerungen eines Zeitzeugen 1933–1945），1998 年，第 39 页以下有所扩展。

③ 参见施彭德尔《威廉·克拉斯去世》（Zum Tode von Wilhelm Class），《新刑法周刊》1974 年，第 685 页；以及施彭德尔《独裁下的少年时代：1933–1945 年回忆录》（Jugend in einer Diktatur. Erinnerungen eines Zeitzeugen 1933–1945），1998 年，第 35 页。

考虑到犯罪所造成的巨大损害，处以较严厉的刑罚是否妥当，如果处以较低的刑罚是不是不合理的）。量刑就是要在过多和过少之间寻找中间之道。这个中间之道并不存在一个唯一正确的量刑，而是存在一个法官的"裁量空间"，法官在这个空间内选择一个较重的或者较轻的、较为合理的刑罚（裁量空间理论，最高法院在许多判决中都采纳了这一理论）。①

　　我的教授资格论文推迟了半年，因为第二评审人一直迟迟没有给出意见。最后还是系主任亲自去催促并告诫评审人不要让私人恩怨影响到申请教授资格的人。② 在口试中我选择了"法官对于合议庭讨论内容的保密义务及其在刑事诉讼程序中的界限"。黑森州的特别法庭曾经在庭长和一名观点偏激的陪审员的推动下将一名犹太裔的匈牙利工程师判处了死刑，因为他曾经与 4 名"雅利安"女孩交往过，判决的罪名是"混淆血统"（Rassenschande）和"危险的有伤风化犯罪"。另一名陪审员披露了当时的合议庭讨论内容，并表示自己当时对于该判决投了反对票。③ 1953 年 5 月我在就职报告中从法治国原则的角度提出了自己的主张，强调了"刑法中客观主义的必要性"。如果离开客观的犯罪标准而优先考虑主观的犯罪要素，那么法安定性就会因为立法者和法官的主观判断而受到限制。

　　在我的就职演说不久前，我被提名为州法院委员以及终身法官。作为法官和大学的编外讲师，我同时要兼顾司法审判和学术研究，这是十分困难的。刑事法官的责任尤为重大，他不仅要根据具体个案作出判决，而且还需要向公众展示法律在打击犯罪中的力量。著名的刑事辩护律师马克斯·阿尔斯贝格（Max Alsberg）（1877－1933 年）在论文《刑事法官的世界观》中将对权力的追求理解为刑事法官的基本立场，并要求通

---

① 关于具体案例中各种基础原则的运用，参见施彭德尔《刑法第 51 条第 2 款与刑罚裁量问题》（§51 Abs. 2 StGB und das Problem der Strafzumessung），《新法学周刊》1956 年，第 775 页以下。

② 类似的评审人拖延论文评审的情况也发生在拉德布鲁赫的博士论文上，当时李斯特和科勒之间存在的分歧，参见《拉德布鲁赫全集》第 16 卷，第 210 页。

③ 对于本案参见施彭德尔《宽恕纳粹司法？德国司法的刑事惩罚》（Freispruch für die NS-Justiz? Strafrechtliche Ahndung von Justiz in Deutschland），韦伯、皮亚佐罗主编《法律的曙光》，1998 年，第 65、70 页以下。

过诉讼程序（Rechtsmittel）来避免形成专断的"法官王国"。通过对一系列精巧骗局的有效介入，我们成功地阻止了许多犯罪，并阻止了两百万马克的金钱从联邦银行账户中被取出，这让我们感到十分有成就感。在法院的审判工作中往往会出现许多法学理论完全没有意识到的问题，它也使我们意识到某些顶尖的教义学理论对于司法实践也并不重要。

就在我开始在大学任教之时，我的父亲突然去世。我的私人生活甚至是公务活动都受到了影响。1945 年之后的第一个十年时间里，纳粹时期的影响仍然在持续。有纳粹黑历史的法律人很少会在最高司法行政机构和法院工作。直到《基本法》第 131 条在担任公职的权利作出了新的规定之后，那些只是形式上与纳粹政权有联系的法律人又重新回到政府机构工作。一位曾经服从了纳粹统治的前辈告诉我，他曾经作为检察官去监督一个死刑判决的执行，犯人在战争期间因为在商场盗窃财物而被判处了最高的刑罚。在提到当时他们对纳粹法律尤其是种族清洗法案的适用时，这些法律工作者都提到了当时主流的法律实证主义名言"恶法亦法"。现在许多学者认为，法律实证主义不能被当作无原则地盲从恶法的借口。但这个观点是错误的，而且显然对实务并不了解。

由于有的教授不仅形式上（例如作为纳粹党成员），而且实质上通过撰写各种论文效忠过纳粹统治，1945 年之后学校的运作发生了一些变化。许多教授战后的日子因此过得十分艰难，例如激进的纳粹刑法学者乔治·达姆（George Dahm）（1904－1963 年），而海因里希·亨克尔（Heinrich Henkel）（1903－1981 年）则在法院当辩护人，我在我们法庭与他见过几次，他本人十分平易近人，很难想象他竟然是纳粹政权的支持者。①

---

① 1934 年他详细地论证了"启蒙精神"是与纳粹主义相悖的因而应当予以反对，而团结的德国人民已经完成了纳粹革命［《新国家中的刑事法官与立法：思想基础》（Strafrichter und Gesetz im neuen Staat. Die geistigen Grundlagen），卡尔·施密特主编《当代的德意志国家》丛书第 3 本，第 11、65 页］。后来在该丛书第 10 本《法官独立性的新内涵》（1934 年，第 8、21 页）中他又有进一步阐述，其中他指出，应当重新诠释法官独立原则，法官的独立性必须受到元首国家基本原则的约束。而他在《德国刑事诉讼法教科书》（1943 年，第 172、173 页）中则指出，法官有义务遵循国家元首的基本原则，并服从元首以及法院院长的领导。在该教科书 1953 年出版的第二版（第 144 页），和 1968 年出版的第三版中，这种所谓"受制于国家基本政治理念的自由"则被重新修改了。

　　除了个别的例外，许多刑法学者慢慢又重新回到了自己的学术研究中，而有的人则花了更长的时间。例如著名的刑法教义学家埃德蒙·梅茨格尔（Edmund Mezger）（1883－1962 年）曾经在刑事政策和犯罪学领域对纳粹思想极其拥护，1945 年 10 月 20 日美军政府将他撤职，直到 1948 年 10 月 1 日他才在慕尼黑重新任教。① 1954 年他重新成为当时新组建的刑法委员会的成员和代理主席。1962 年一位西班牙刑法学者才发现，梅茨格尔在 1944 年还向当时的党卫队领导层（即党卫队国家安全部）提出申请，要求以一名犯罪学家的身份参观达豪集中营，以便"对不同类型的人（Menschtypen）进行研究"②。而另一些学者则表现得仿佛"第三帝国时代完全不曾出现在他的履历上一般"③。他们也为其他同事撰写祝寿论文，并在生日时也获得了同样的殊荣。例如纳粹刑法学者沙夫施泰因（Schaffstein）就显得"什么都没发生过"。他的著作目录只有节选，那些被诟病的文章则被删去了。在给他的祝寿文章以及去世后的讣告中也仅仅简短地提及了他在纳粹统治时期的经历，甚至是直接删去。而 1952 年刑法学者赫尔穆特·迈尔（Hellmuth Mayer）（1895－1980 年）则在自己的教科书《刑法总论》前言中公然写道：他在 1936 年出版的《德国人民刑法》一书构成了他新作的基础，而在该书的前言中他表示自己赞成国家社会主义的基本思想，还将此书推荐给当时的政权。他甚至鼓吹应当将《德国人民刑法》一书的标题作为"斗争宣言"（Kampftitle），以警示法律不应当附属于一时的政党意识形态。④ 而该书中所引用的各种纳粹用语在今天看来简直不堪入目。另一些学者则被视为纳粹的

① 对此参见图尔法特（Thulfaut）《埃德蒙·梅茨格尔（1883－1962）的刑事政策与刑法理论：一个学术性的与传记性的研究》（Kriminalpolitik und Strafrechtslehre bei Edmund Mezger（1883－1962）. Eine wissenschaftliche und biographische Untersuchung），2000 年；以及施彭德尔《"谁逃离了他的过去，就输掉了比赛"》（"Wer vor seiner Vergangenheit flieht, verliert immer das Rennen"），《法律与政治》2005 年第 4 期，第 237 页。
② 穆诺茨·孔德（Munoz Conde）：《埃德蒙·梅茨格尔于 1944 年访问达豪集中营》（Die Besuche Edmund Mezgers im KZ Dachau im Jahre 1944），《法律现代史年鉴》2002/2003 年第 4 期，第 369 页。
③ 格哈德·沃尔夫（Gerhard Wolf）：《从纳粹思维中解放刑法》（Befreiung des Strafrechts vom nationalsozialistischen Denken），《法学教学》1996 年，第 871 页。
④ 赫尔穆特·迈尔：《刑法总论》，1953 年，第 12 页。

代言人而受到攻讦，但事实上他们却并不是纳粹的支持者，例如军事刑法学者埃里希·施温格（Erich Schwinge）（1903－1994 年）。① 这也表明，人们在判断哪些人是纳粹的支持者或反对者时往往并不实事求是。

因此，1945 年之后刑法理论很少对纳粹犯罪尤其是纳粹领域的司法犯罪进行深入研究，而是转向讨论行为理论，也就不令人奇怪了。1935 年时韦尔策尔还直言"国家社会主义革命浪潮以最为直接的方式将我们所处的历史地位以及如何面对过去的问题抛给了我们每一个人"，② 而现在他则只是尽力地宣扬他的目的行为理论。纳粹时期在"意志刑法"（Willensstrafrecht）的口号下强化了刑法的主观化，而在战后尽管对法治国思想的必要性进行了各方面的强调，但这种主观化的趋势却仍在继续。③

我个人并没有参与到上述讨论中，而是关注形式与实体刑法中的其他方面，例如部分法律行为（Teilrechtsakt）、刑事辩护人的法律地位、未遂的主客观理论、法官的刑罚裁量以及刑法改革。除此之外，我在刑事法庭的工作上也投入了大量的经历。我在大学讲课时与哲学家、音乐理论家特奥多尔·阿多尔诺（Theodor Adorno）（1903－1969 年）不期而遇，我在法兰克福大学读书时就多次听说过他的名字。我只在日报上读过他艰涩难懂的论文，为了找一篇涉及我所感兴趣的逻辑问题的文献才去了哲学系的图书馆。他并未能给我的问题提供建议。当时一名学生正向他约面试的时间，并表示希望以康德的范畴理论（Kategorienlehre）作为题目，他对于这个题目提出了严厉的批评，这名学生开始犹豫自己的选题，但这位平易近人的教授最后还是接受了这名学生。1963 年，法兰克福的学生杂志《讨论》（Diskurs）上刊登了一篇文章，文章中提到了纳粹的青年领袖巴尔杜尔·冯·席拉赫（Baldur von Schirach）（1907－

---

① 参见施彭德尔《犯罪学家画像：九份传记》，2001 年，第 92 页；以及《处于法治国与独裁之间的法学家》（Juristen zwischen Rechtsstaat und Diktatur），《法律与政治》2007 年第 1 期，第 46 页以及第 50 页以下。

② 韦尔策尔：《自然主义与价值哲学》（Naturalismus und Wertphilosophie），1935 年，第 VII 页。

③ 也请参见施彭德尔《犯罪论体系中的不法概念》（Der Begriff des Unrechts im Verbrechenssystem），《乌尔里希·韦伯祝寿文集》，2004 年，第 3 页以及第 13 页以下。

1974 年）写的诗并附上了 1934 年特奥多尔·维森格伦德（Theodor Wiesengrund）教授的赞美。文章的最后问道，阿多尔诺教授是否就是这里的维森格伦德。这位在 1934 - 1949 年间因为种族问题而避居英国和美国的学者不得不承认了自己曾经试图逢迎权贵的过去。60 年代学生运动时他受到了左派学生的攻击。在这里之所以要提及这一点，是因为就在本文写作之时，一本以《法律理性批判：刑法教义学中对阿多尔诺消极辩证法的接受尝试》为题的专著正要出版。作者在书中尝试通过对刑法中流行的教义学问题的讨论"从多个方面阐释法律理性的非理性成分"，他认为这些问题体现了法律概念中所内含的非理性成分和必然存在的弱点①。

　　1958 年我成为法兰克福大学的编外教授（apl. Professor），1961 年我接替了退休的乌尔里希·施托克（Ulrich Stock）（1896 - 1974 年）② 的教席成为维尔茨堡大学的教授，同时也最终结束了法官的工作，这个教席曾经为古典学派著名代表人物弗里德里希·厄特克尔（Friedrich Oetker）（1854 - 1937 年）③ 所拥有。1962 年我结了婚，我的妻子对我的工作给予了极大的支持与帮助，尤其是在出版古斯塔夫·拉德布鲁赫全集方面。除了专业论著之外，我越来越多地参与到对纳粹时期犯罪的清算工作中，尤其是其中的司法犯罪。例如早在我尚在黑森州司法部工作时期就处理过一起案件：在臭名昭著的纽伦堡种族方案通过之前三个月，韦茨拉尔（Wetzlar）地方法院的一名法官违反当时尚有效力的法律规定拒绝了一

---

① 博士研究生瓦斯科·罗伊斯（Vasco Reuss）尝试将阿多尔诺的"消极辩证法"解释为"思想的自我意识与其概念在所想的对象上不一致"（第 55、56 页）。实在法正是对于概念之非概念性的一种谬误形式（第 112 页）。要解决其所提出的案例需要的并不是一种"辩证法的"理论。

② 参见施彭德尔《七十寿辰祝寿词》，施彭德尔主编《刑法学研究：施托克祝寿文集》，1966 年，第 9 页；《乌尔里希·施托克七十寿辰》，《新法学周刊》1966 年，第 873 页；《乌尔里希·施托克悼词》，《新法学周刊》1975 年，第 630 页。

③ 施彭德尔：《维尔茨堡刑法学者弗里德里希·厄特克尔与夏洛克问题》（Der Würzburger Strafrechtler Friedrich Oetker und das Shylock-Problem），《从中世纪到新时代法学：温弗里德·特鲁森祝寿文集》，1994 年，第 365 页；《弗里德里希·厄特克尔》，《新德国传记》第 19 卷，1999 年，第 469 页。

名"雅利安"男子与他犹太裔未婚妻的结婚申请。[①] 与其他学者不同，
我并没有泛泛地从纳粹政权的非法性角度进行批判，而是具体地分析了
案件的事实情况，指出法院判决的事实基础是不充分的。[②] 我在这方面的
部分论文与法院判决一起汇编成了我的个人文集《通过判决实施的枉法行
为》（1984年）。后来联邦最高法院在判决中也接受了我的观点（尤其是
BGHSt 41，S. 317，329/330，339/340）。1968年我在卡昂大学（诺曼底）
就纳粹统治期间的精神病人谋杀案做了报告，法国的听众对于这个问题十
分感兴趣。[③]

　　1968-1969年冬季学期，我成为当时的法律与国家理论系的系主
任，1970年担任新成立的奥格斯堡大学法律系的学术委员会成员，1971
年担任该系的职业委员会成员。但我拒绝了奥格斯堡大学的任教邀请。
1974年科隆大学邀请我接替里夏德·朗格的教席也被我拒绝。[④] 1973年
我的母亲去世，我在前述的《通过判决实施的枉法行为》一书的前言以
及1998年发表的《独裁统治下的少年》一文中记录了她如何影响了我的
政治立场。

　　如前所述，我在黑森州司法部工作期间接触了各种司法人员枉法案

---

① 施彭德尔：《枉法裁判的问题点》（Zur Problematik der Rechtsbeugung），《拉德布鲁赫纪
　　念文集》，1968年，第312页；以及《经由判决的枉法裁判》（Rechtsbeugung durch Re-
　　chtsprechung），1984年，第21页。

② 其他论文参见《经由判决的司法谋杀》（Justizmord durch Rechtsprechung），《新法学周
　　刊》1971年，第537页；后收录于《经由判决的枉法裁判》（Rechtsbeugung durch Re-
　　chtsprechung），1984年，第37页。《作为刑罚裁量问题的假定同样或更重的行为结
　　果－评奥斯维辛谋杀的有毒气体供应案》，《汉斯·于尔根·布伦斯祝寿文集》，1978
　　年，第249页；以及《理性与法律》，2004年，第191页。《司法与纳粹犯罪：对阿德
　　米拉尔·卡纳里斯等人的"临时军事审判"的战后司法》（Justiz und NS-Verbrechen. Die
　　"Standgerichtsverfahren" gegen Admiral Canaris u. a. in der Nachkriegsrechtsprechung），《克
　　鲁格祝寿文集》，1983年，第395页；后收录于《经由判决的枉法裁判》，1984年，第
　　89页。《纳粹时期的非法判决》（Unrechtsurteile der NS-Zeit），《耶舍克祝寿文集》，
　　1985年，第1卷，第179页。《宽恕纳粹司法？德国司法的刑事惩罚》，韦伯·皮亚佐
　　罗主编：《法律的曙光》，1998年，第65页。

③ 施彭德尔：《作为刑罚减轻事由的条件公式思想：纳粹体制下谋杀精神病人》，《恩吉施
　　祝寿文集》，1969年，第509页；后收录于《理性与法律》，2004年，第171页。

④ 施彭德尔：《时代变迁中的刑法学者》（Strafrechtsgelehrter in Zeiten des Umbruchs），《里夏
　　德·朗格祝寿文集》，1976年，第17页；以及《法律与政治》1997年第1期，第38页。

件并在后来对纳粹期间的司法人员犯罪做了大量的研究。在法官职业生涯中，我还阻止了一起枉法裁判。在一起堕胎案件中，被告人否认自己的罪行，但所有的证据都对她不利。当时的两个陪审员尚未对案件事实作出认定，陪审法庭的庭长就让书记员先写好被告人有罪的判决。但陪审员根据我的指导得出了无罪的认定，按照合议庭的投票规则，最终因为未能形成有罪的多数意见而无法作出预先写好的判决。第二天上午，我所在的州法院的主管当着其他四名法官的面告诫我，"在这种证据情况下，我们这些专业法官应当保持一致"，他的枉法目的也就一目了然了。

我之所以研究司法人员的枉法行为，主要有两方面的原因：一方面是因为特殊的法条解释问题以及立法修改，另一方面则是因为我要对该条进行评注。1945 年之后，最高法院首先尝试从主观方面后来又转向从客观方面对枉法行为进行限制解释。联邦最高法院早期违反法条的原意将故意局限在了直接故意的范围内。① 根据这一解释，对于"混淆血统"的案件，法官如果在没有确切证据证明存在"罪行"的情况下，对作出错误判决的可能性予以容认，法官的行为便无法被认定为枉法行为。而在《刑法总则实施法》中，政府草案则试图通过在法条中明确增加"有目的地或是明知地"的字眼来确认此前判决中的错误观点，将间接故意从枉法行为中排除出去。我在阻止这项改革，从而使间接故意成为枉法罪成立充分条件上发挥了重要的作用。因为我在回答州司法部的咨询时，告诉他们这项立法草案是错误的。他们在咨询了其他与我采取同样观点的学者的意见之后决定取消这项修正。这就阻断了最高法院原本所采取的限制解释路径。因此他们转而从客观方面进行限制，尤其是在对东德统一社会党执政时期的枉法行为进行审判时，联邦最高法院认为，并不是所有客观上对法律的违反都可以被认为是枉法行为，只有更为严重的对法律的违反才构成枉法。

我对枉法罪进行研究的另一个理由则是因为 70 年代末 80 年代初我

---

① 参见施彭德尔《论法官的刑法责任：枉法裁判的故意形式》（Zur strafrechtlichen Verant-wortlichkeit des Richters. Die Vorsatzform bei der Rechtsbeugung），《海尼茨祝寿文集》，1972 年，第 445 页；也请参见《莱比锡刑法典评注》，第 10 版，1982 年，旧版第 336 条边码 77 以下。

受邀参与撰写《莱比锡刑法典评注》。我评注的第一个法条就是枉法罪。① 因此我再次将眼光投向了德国的另一个不法政权中的司法人员犯罪行为，并撰写了一系列的研究论文。② 我将这些研究加以汇总，并于 2000 年在伦敦政经学院召开的东西德统一 10 周年纪念大会上做了报告。③

除了旧刑法典第 336 条 a、新刑法典第 339 条之外，我还对刑法典第 323a－c 条（醉态、妨碍戒除瘾癖的治疗以及不救助罪）以及第 32、33 条（紧急防卫和防卫过当）进行了评注。其中我延续了我教授资格论文（1954 年）以来所支持的客观主义犯罪论，并坚持采用古典犯罪论体系，仅在主观构成要件和罪责层面进行进一步精确化的犯罪概念。④ 因此我并不认可"防卫意图"作为"排除违法性的主观要素"。⑤ 拉德布鲁赫所提出的在作为犯与不作为犯之间并不存在共同的上位概念的观点，至今仍然被许多学者认为是不可推翻的。对此我在一篇论文中进行了反驳，尽管这篇论文在理论上未能得到重视。我认为，将积极的作为与消极的不作为

---

① 参见《莱比锡刑法典评注》，第 10 版：（《复合的和附属的文书》（Zusammengesetzte und abhängige Urkunden），《新法学周刊》1965 年，第 1746 页以下。

② 《柏林墙射手案与联邦法院》（"Mauerschützen" – Prozeβ und Bundesgerichtshof），《法律与政治》1993 年，第 2 期，第 61 页；《德意志社会统一党政权下联邦法院的枉法裁判》（Der Bundesgerichtshof zur Rechtsbeugung unter dem SED-Regime），《法学综览》1994 年，第 221 页；《枉法裁判与联邦法院：一个批判》（Rechtsbeugung und BGH—eine Kritik），《新法学周刊》1996 年，第 809 页；《最近联邦法院判例中的东德不法判决概述》（DDR-Unrechtsurteile in der neueren BGH-Judikatur—eine Bilanz），《法学综览》1996 年，第 177 页；《德意志社会统一党政权的不法判决与联邦法院判例》（Unrechtsentscheidungen des SED-Regimes und BGH Judikatur），韦伯、皮亚佐罗主编《法律的曙光》，1998 年，第 257 页；《罗伯特·哈弗曼案：一场司法闹剧》（Der Fall Robert Havemann— Beispiel einer Justizfarce），《法学综览》1999 年，第 221 页。

③ 《德意志社会统一党的司法犯罪与刑法》（SED-Justizverbrechen und Strafrecht），《法律与政治》2000 年第 4 期，第 226 页。

④ 也请参见施彭德尔《犯罪的概念》（Zur Begriff des Verbrechens），《威尔弗里德·库佩祝寿文集》，2007 年，第 597 页。

⑤ 施彭德尔：《驳"防卫意图"是正当防卫的必要要件》（Gegen den "Verteidigungswillen" als Notwehrerfordernis），《博克尔曼祝寿文集》，1979 年，第 245 页；《正当防卫与防卫意图：客观目的与主观意图》（Notwehr und Verteidigungswille，objektiver Zweck und subjektive Absicht），《迪特里希·厄尔勒祝寿文集》，1985 年，第 197 页。

视为完全互斥的概念是错误的。① 例如存在对立的并不是"溺水"与"不溺水"，而是"溺水"和"放任其溺水"（也就是没有把被害人从水里救上来）。对于理论上持续争论的是否存在不作为的因果关系的问题，我也希望能够作出更为准确的回答。② 否认不作为的因果关系的学者忽视了，长期以来法学理论与法律判决中，主流观点在因果关系问题上采取的是条件理论或者等价理论，导致结果发生的所有条件都可以被认为是结果的部分或共同原因，准确地说，这里要探讨的并不是原因关系，而是条件关系。因此不能否认的是，将不作为视为导致结果发生的消极的必要条件是可能的。根据条件理论，与在作为犯中一样，也可以在不纯正不作为犯中肯定因果联系的存在。当然最为准确的表示应当是"条件关联"。

　　我在现代刑法教义学的成就例如"犯罪支配"、"正犯后的正犯"、③"行为不法与结果不法"等概念上并没有建树。许多刑法学者倾向于重构犯罪学体系，这导致了与实践的脱离。人们也可以注意到，研究这些问题的学者往往很少甚至没有从事过司法实践工作。

　　1992 年我的学生和同事们在维尔茨堡主教宫的托斯卡纳大厅为我举行了 70 周年的庆祝仪式。我早年的博士生及教授资格申请者曼弗雷德·泽博德（Manfred Seebode）将包含了 50 篇论文的祝寿文集交给了我。我在感谢致辞中开玩笑说自己完全没有料到会有这么多同事参与庆祝，因为我早就应该被许多年轻的同事归入古老法律史中去了，在座的各位听到后哄堂大笑。

　　除了法条评注之外的另一项庞大工程则是由阿图尔·考夫曼（1923 - 2001 年）主编的古斯塔夫·拉德布鲁赫 20 卷的个人全集。一开始我负责

---

① 参见拉德布鲁赫《行为概念对刑法体系的意义》（Der Handlungsbegriff in seiner Bedeu-tung für das Strafrechtssystem），1904 年，第 140 页；施彭德尔：《时代变迁中的法学家：古斯塔夫·拉德布鲁赫百年诞辰》（Jurist in einer Zeitenwende, Gustav Radbruch zum 100. Geburtstag），1979 年，第 33 页。

② 施彭德尔：《因果关系与不作为》（Kausalität und Unterlassen），《体系与目的之间的刑法：罗尔夫·迪特里希·赫茨贝格祝寿文集》，2008 年，第 247 页；也请参见《法学家报》1973 年，第 137、138 页。

③ 施彭德尔：《"正犯后的正犯"：一个必要的法律形象？》（Der "Täter hinter dem Täter"，-eine notwendige Rechtsfigur?），《里夏德·朗格祝寿文集》，1976 年，第 245 页；《正犯的概念》（Zum Begriff der Täterschaft），《克劳斯·吕德森祝寿文集》，2002 年，第 605 页。

的是第 16 卷《传记体文集》（1988 年）、第 17 卷和第 18 卷的私人书信（分别于 1991 年和 1995 年出版）。在阿图尔·考夫曼去世前不久，他还请我负责编纂原本交由另外两位同事负责的最后一卷的内容，该卷题为《文化哲学与文化史文集》，于 2002 年出版。拉德布鲁赫的这部个人全集不仅展现了这位在学术史、文化史乃至政治史上发挥了重要作用的学者的人格特征，而且堪称德国自 19 世纪末到 20 世纪上半叶历史的见证。在德语区范围内这是一项独一无二的工程。① 我在编纂时尽可能地对拉德布鲁赫在书信以及文章中所提到的人物与事件作出更为详细的阐述，从而让读者能够更加容易理解文章的上下文语境。这四卷文集中，我的编者注释就像是这位著名法学家文集的评注一样。② 早在第 16 卷《传记体文集》出版时，就有书评指出，文集中的编者注释详尽地解释了书中所涉及的历史和政治事件，完全可以将其与拉德布鲁赫本人的文章分开来看。③

　　参与编辑拉德布鲁赫的全集也正好符合我对传记写作的兴趣。早在 1909 年，拉德布鲁赫就批评许多法学家对阐述自己的重要人生经历不感兴趣。在这一点上目前的情况发生了一些变化。我自己也写了许多关于拉德布鲁赫④、约瑟夫·科勒⑤以及尤利乌斯·赫尔曼·冯·基希曼

---

① 施彭德尔：《经由大学的个性：古斯塔夫·拉德布鲁赫全集》（Individualitätdurch Universität. Zur Gustav-Radbruch-Gesamtausgabe），《博识》（Universitas）1988 年，第 691 页。

② 霍勒巴赫（Hollerbach）对第 4、16、17 和 18 卷的书评参见《法学综览》2003 年第 394 页、1988 年第 481 和 482 页、1992 年第 262 页、1996 年第 43 页；乌尔里希·韦伯（Ulrich Weber）的相关书评则参见《法学家报》2004 年第 1120 页、1993 年第 1153 页、1996 年第 721 页。

③ 参见埃德加·赖纳斯（Edgar Reiners）：《超越国家的法律思维：拉德布鲁赫全集》（Übernationales Rechtsdenken—Zur Radbruch-Gesamtausgabe），《瞭望和平》第 67 期，1987 年，第 285 页。

④ 施彭德尔：《古斯塔夫·拉德布鲁赫（1878－1949）的悼词》［Gustav Radbruch（1878－1949），Nachruf］，《犯罪学家画像》，2001 年，第 64 页；《古斯塔夫·拉德布鲁赫：一位法学家的一生》（G. Radbruch. Lebensbild eines Juristen），1967 年；《时代变迁中的法学家：纪念拉德布鲁赫诞辰一百周年》（Jurist in einer Zeitenwende. G. Radbruch zum 100 Geburtstag），1979 年。

⑤ 《约瑟夫·科勒：一位博学法学家的画像》（Josef Kohler, Bild eines Universaljuristen），1983 年；《法学家约瑟夫·科勒（1848－1919）》［Josef Kohler（1848－1919），Jurist］，《维尔茨堡大学知名教授传》（Lebensbilder bedeutender Würzburger Professoren），1995 年，第 178 页。

（Julius Hermann von Kirchmann）① 的传记。2001 年我出版了题为《犯罪学家画像》的传记体文集，在此之前我也写了许多关于著名法学家的小文章，这些法学家对于整个思想史都发挥了重要的作用，例如保罗·约翰·安塞尔姆·费尔巴哈（Paul Johann Anselm Feuerbach）、耶林（Jhering）、赫尔曼·坎托罗维奇（Hermann Kantorowitcz）、冯·基希曼以及弗朗茨·冯·李斯特（Franz von Liszt）、拉德布鲁赫以及埃里希·施温格（Erich Schwinge），这些文章收录在贝特尔曼学术词典之中。②

　　1990 年退休后我仍然一如既往地继续着学术上的工作。我最近写的一篇论文涉及的是一个在各方面都具有迫切现实意义的问题，即击落被恐怖分子劫持的飞机的正当性问题。③ 在我亲爱的同事埃里克·希尔根多夫的建议下，我在 2004 年就"坚持理性的思考立场是法学的前提条件"、"驳当代的非理性"、"法治原则之圭臬"等非刑法领域的问题以及各类刑事案件和具有普遍意义的问题撰写了一系列文章，并汇编成《理性与法》一书出版。④ 这个标题包含了两个在我人生中产生了关键影响的概念。前一个概念代表着对于批判性思维力量的追求，从而免于像曾经出现在德国的两个独裁政权那样被模糊的感觉和盲目的信仰或意志所左右，因为"理性是法的核心以及立法的灵魂"，我也将这句话放在了前述这部文集的前言中。该标题的后一个概念则代表了我在法律方面的各种努力。法律对于人类共同生活的重要性不亚于呼吸的空气，正如法学家海因里希·冯·科克采伊（Heinich von Cocceji）的名言："有社会必有法。"（Ubi societas ibi ius）

---

① 《尤利乌斯·赫尔曼·冯·基希曼：一段普鲁士的司法史》（Jul. Herm. von Kirchmann. Zugleich ein Stück preuβischer Justizgeschichte），《法律与犯罪：弗里德里希·威廉·克劳泽祝寿文集》，1990 年，第 3 页；《尤利乌斯·赫尔曼·冯·基希曼（1802 – 1884）》，施彭德尔：《犯罪学家画像》，2001 年，第 24 页。

② 我的编辑在获得我允许的情况下开玩笑地把冯·基希曼的搞笑的职业经历也放了进去！

③ 施彭德尔：《防空法与联邦宪法法院：一个必要的批判》（Luftsicherheitsgesetz und Bundesverfassungsgericht. Eine notwendige Kritik），《法律与政治》2006 年，第 3 期，第 131 页。

④ 这本书广受好评，参见最近劳夫（Lauf）（《萨维尼杂志》第 123 卷，2006 年，第 413 页以下）与玛丽亚－卡塔琳娜·迈尔（Maria – Katharina Meyer）（《国际刑法教义学杂志》2008 年，第 348 页以下）的书评。

主要作品目录

一　专著

《行为犯中条件理论的因果关系公式：刑法条件公式的批判性研究》（Der Käusalitätsformel der Bedingungstheorie für die Handlungsdelikte. Eine kritische Untersuchung der Conditio-sine-qua-non-Formel im Strafrecht），海德堡大学博士论文，1948 年。

《量刑理论》（Zur Lehre vom Strafmaβ），1954 年。

《古斯塔夫·拉德布鲁赫：一位法学家的一生》（Gustav Radbruch, Lebensbild eines Juristen），汉堡，1967 年。

《时代变迁中的法学家：纪念拉德布鲁赫诞辰一百周年》（Jurist in einer Zeitenwende. Gustav Radbruch zum 100. Geburtstag.），1979 年。

《约瑟夫·科勒：一位博学法学家的画像》（Josef Kohler. Bild eines Universaljuristen），1983 年。

《经由判决的枉法裁判：六项刑法研究》（Rechtsbeugung durch Rechtsprechung. Sechs strafrechtliche Studien），1984 年。

《独裁下的少年时代：1933 - 1945 年回忆录》（Jugend in einer Dikutatur. Erinnerungen eines Zeitzeugen 1933 - 1945），1998 年。

《犯罪学家画像：九份传记》（Kriminalistenporträts. Neun biographische Miniaturen），2001 年。

《为了理性与法：十二项研究》（Für Vernunft und Recht. Zwölf Studien），2004 年。

二　评注与编辑

《莱比锡刑法典评注》（Srafgesetzbuch Leipziger Kommentar），1982 - 1988 年第 10 版，1992 - 1999 年第 11 版，第 32、33、323a - c 条。

参与编辑《古斯塔夫·拉德布鲁赫全集》（阿图尔·考夫曼主编）第

4、16－18 卷。第四卷：文化哲学与文化历史卷，海德堡，2002 年；第 16
卷：自传，海德堡，1988 年；第 17 卷：书信（一）（1898－1918 年），海
德堡，1991 年；第 18 卷：书信（二）（1919－1949 年），海德堡 1995 年。

三　期刊与文集中的论文

《理性思考是法学的前提条件》（Über eine rationalistische Geisteshal-
tung als Voraussetzung der Jurisprudenz），《古斯塔夫·拉德布鲁赫祝寿文
集：文化与法哲学文集》，海德堡 1948 年，第 68－89 页。

《实体法上的刑罚问题与刑事诉讼法的部分法律效力》（Materiell-
rechtliche Straffrage und Strafprozessuale Teilrechtskraft），《整体刑法学杂
志》第 67 期，1955 年，第 556－571 页。

《刑法第 51 条第 2 款与量刑问题》（§ 51 Abs. 2 StGB und das Problem
der Strafzumessung），《新法学周刊》1956 年，第 775－777 页。

《刑法第 59 条根据主观未遂论进行的反面推论：法逻辑学研究》
（Der sognannte Umkehrschluss aus § 59 StGB nach der subjektiven Versuchs-
theorie. Eine logische juristische Studie），《整体刑法学杂志》第 69 期，
1957 年，第 441－459 页。

《刑法改革基本问题：刑法体系研究》（Grundfrage jeder Strafrechtre-
form. Eine Studie zur Szstematik des Strafrechts），《特奥多尔·利特勒祝寿
文集》，1957 年，第 39－54 页。

《刑事辩护人的全权代理与法律地位》（Zur Vollmacht und Rechtsstel-
lung des Strafverteidigers），《法学家报》1959 年，第 737－741 页。

《刑法改革的刑事政策任务》（Die Kriminalpolitische Aufgaben der
Strafrechtsreform），《新法学周刊》1960 年，第 1700－1706 页。

《作为与不作为的区分》（Zur Unterscheidung von Tun und Unterlas-
sen），《艾伯哈德·施密特祝寿文集》，1961 年，第 183－199 页。

《道路交通中的刑法与刑事程序》（Strafrecht und Strafverfahren im
Straβenverkehr），《1962 年洪堡第六届国际刑法比较法研讨会》，1962
年，第 337－378 页。

《法官量刑的论证》（Die Begründung des richterlichen Strafmaβes），

《新法学周刊》1964 年，第 1758 – 1765 页，《奥地利法学家报》1964
年，第 593 – 600 页。

《刑事诉讼中的发现真相》（Wahrheitsfindung im Strafprozeβ），《法学
教学》1964 年，第 465 – 473 页。

《主观未遂理论之批判》（Kritik der sujektiven Versuchstheorie），《新
法学周刊》1965 年，第 1881 – 1888 页。

《客观未遂论的新论证》（Zur Neubegründung der objektiven Versuchs-
thorie），施彭德尔主编：《乌尔里希·施托克祝寿文集：刑法学研究》，
1966 年，第 89 – 114 页。

《刑事诉讼中的证据禁止》（Beweisverbote im Strafprozeβ），《新法学
周刊》1966 年，第 1102 – 1108 页。

《主观未遂与参与理论之批判——〈联邦法院刑事判例集〉第 11 卷
第 268 页》（Zur Kritik der sujektiven Versuchs- und Teilnahmetheorie. BGHst.
11. S268），《法学教学》1969 年，第 314 – 318 页。

《量刑理论的发展》（Zur Entwicklung der Strafzumessungslehre），《整
体刑法学杂志》第 83 期，1971 年，第 203 – 242 页。

《反对当代的非理性》（Wider das Irrationale unserer Zeit），《民主中
的人格：艾里希·施温格祝寿文集》，1973 年，第 21 – 38 页。

《不真正不作为犯的教义学》（Zur Dogmatik der unechten Unterlas-
sungsdelikte），《法学家报》1973 年，第 137 – 144 页。

《维尔茨堡主教梅斯珀尔布伦的尤里乌斯·埃希特及其大学理念》
（Der Würzburger Fürstbischof Julius Echter von Mespelbrunn und die Idee der
Universität），《尤里乌斯·埃希特与他的时代：纪念 1573 年 12 月 1 日当
选维尔茨堡选帝侯主教四百周年》，1973 年，第 163 – 178 页。

《过失参与自杀或杀人》（Fährlässige Teilnahme an Selbst- und Fremdt-
ötung），《法学教学》1974 年，第 749 – 756 页。

《犯罪人的法治国，公民的警察国？》（Rechtsstaat für den Verbrecher-
Polizeistaat für den Bürger），《弗里德里希·奥古斯特祝寿文集：为了法与
自由》，1977 年，第 2 卷，第 1209 – 1233 页。

《贺弗里茨·冯·希佩尔八十岁寿辰》（Fritz von Hippel zum 80. Geburtstag），《法学家报》1977 年，第 446 - 447 页。

《帮助犯与因果关系》（Beihilfe und Kausalität），《爱德华·德雷埃尔祝寿文集》，1977 年，第 167 - 187 页。

《法与风俗的价值对立：以正当防卫为例》（Der gegensatz rechtlicher und sittlicher Wertung am Beispiel der Notwehr），《德国法官报》1978 年，第 327 - 333 页。

《谋杀罪中的阴谋与法定刑》（Heimtücke und gesetzliche Strafe bei Mord），《法学综览》1983 年，第 269 - 273 页。

《德国联邦最高法院于谋杀罪的阴谋要件》（Der BGH und das Mordmerkmal Heimtücke），《刑事辩护人》1984 年，第 507 - 509 页。

《夫妻双方的无限防卫》（Keine Notwehreinschränkung unter Ehegatten），《法学家报》1984 年，第 507、509 页。

《正当防卫与防卫意图：客观目的与主观意图》（Notwehr und Verteidigungswille. Objektiver Zweck und subjektive Absicht），《迪特里希·厄尔勒祝寿文集》，1985 年，第 197 - 208 页。

《少年刑事司法中的枉法》（Rechtsbegung im Jugendstrafverfahren），《法学综览》1985 年，第 485 - 490 页。

《故意的概念》（Zum Begriff des Vorsatzes），《卡尔·拉克纳祝寿文集》，1987 年，第 167 - 183 页。

《1945 年后的法律实证主义与刑事司法》（Rechtspositivismus und Strafjustiz nach 1945），《法学家报》1987 年，第 581 - 587 页。

《作为国歌的德国之歌》（Zum Deutschland-Lied als Nationalhymne），《法学家报》1988 年，第 744 - 749 页。

《犯罪论体系中的不法认识》（Das Unrechtsbewusstein in der Verbrechenssystematik），《赫尔伯特·特伦德勒祝寿文集》，1989 年，第 91 - 105 页。

《席勒的"威廉·退尔"与法》（Schillers Wilhem Tell und das Recht），《瑞士刑法杂志》第 107 期（汉斯·瓦尔德纪念专刊），1990 年，第 154 - 167 页；扩充版，《勇气》第 287 期，1991 年，第 32 - 44 页。

《国歌作为国家象征及其保护》（Die Nationalhymne als Staatssymbol

und ihr Schutz），《勇气》1991 年，第 291 期，第 18 - 26 页。

《暴力行为人的威胁问题》（Zum Problem der Bedrohung durch einen Gewalttäter），《鲁道夫·施密特祝寿文集》，1992 年，第 205 - 214 页。

《针对弗里德里希·埃伯特的叛国罪指控：一个政治与法律教学素材》（Der Landesverrats-Vorwurf gegen Friedrich Ebert. Ein politisch-juristisches Lehrstück），《勇气》第 299 期，1992 年，第 19 - 26 页。

《给古斯塔夫·拉德布鲁赫的信》（Briefe an Gustav Radbruch），《阿图尔·考夫曼祝寿文集》，1993 年，第 321 - 351 页。

《维尔茨堡刑法学者弗里德里希·厄特克尔与夏洛克问题》（Der Würzburger Strafrechtler Friedrich Oetker und das Shylock-Problem），《从中世纪到新时代法学：温弗里德·特鲁森祝寿文集》，1994 年，第 365 - 380 页。

《纳粹不法判决的废除》（Zur Aufhebung von NS-Unrechtsurteilen），《法政策杂志》1997 年，第 41 - 44 页。

《原因自由行为与交通犯罪》（Actio libera in causa und Verkehrsstraftaten），《法学综览》1997 年，第 133 - 137 页。

《针对濒死者的杀人未遂行为的量刑》（Zur Strafmessung bei einem Tötungsversuch an einem Sterbenden），《法学家报》1997 年，第 1185 - 1188 页。

《法官不被允许地介入羁押事务》（Unzulässiger richterlicher Eingriff in eine Haftsache），《法学家报》1998 年，第 85 - 88 页。

《原因自由行为与没有尽头》（Actio libera in causa und kein Ende），《汉斯·约阿希姆·希尔施祝寿文集》，1999 年，第 379 - 390 页。

《古斯塔夫·拉德布鲁赫与理查德·哈赫》（Gustav Radbruch und Ricarda Huch），《亚历山大·博姆祝寿文集》，1999 年，第 837 - 847 页。

《正犯的概念》（Zum Begriff der Täterschaft），《克劳斯·吕德森祝寿文集》，2002 年，第 605 - 611 页。

《古斯塔夫·拉德布鲁赫：伟大法学家的一生与著作》（Gustav Radbruch. Leben und Werk des Großen Rechtsgelehrten），《布洛克豪斯信息图书馆》2002 年 1 月，第 13 - 225 号，第 1 - 9 页。

《刑事诉讼中上诉法院的多数决》（Zu Stimmenmehrheit des Revisions-

gerichts im Strafprozeβ），《艾伦·施吕希特祝寿文集》，2002 年，第 647 －
652 页。

《辩护的理念》（Die Idee der Verteidigung），《君特·科尔曼祝寿文
集》，2003 年，第 683 －692 页。

《古斯塔夫·兰伯特·拉德布鲁赫》（Radbruch，Gustav Lambert），
《新德国传记》第 21 期，2003 年，第 83 页。

《古斯塔夫·拉德布鲁赫的从政之路》（Gustav Radbruchs politischer
Weg），《作为帝国司法部长的古斯塔夫·拉德布鲁赫（1921 －1923）》，
2004 年，第 23 －34 页。

《犯罪论体系中的不法概念》（Der Begriff des Unrechts im Verbrech-
enssystem），《乌尔里希·韦伯祝寿文集》，2004 年，第 3 －16 页。

《"谁逃离了他的过去，就输掉了比赛"》（"Wer vor seiner Vergangen-
heit flieht，verliert immer das Rennen"），《法律与政治》2005 年第 4 期，第
237 －244 页。

《司法与政治：对政治名声谋杀的分析》（Justiz und Politik. Analyse
eines politishen Rufmordes），《弗里德里希·艾伯特作为帝国总统（1919 －
1925）》，2005 年，第 59 －74 页；也载于《刑法思考的历史发展：维尔茨
堡法学院系列讲座》，2007 年，第 597 页。

《被遗忘的法学家：威廉·卡尔：学者与改革家》（Vergessene Juris-
ten：Wilhelm Kahl-Wissenschaftler und Reformer），《法律与政治》2006 年
第 2 期，第 112 －115 页。

《处于法治国与独裁之间的法学家》（Juristen zwischen Rechtsstaat und
Diktatur），《法律与政治》2007 年第 1 期，第 46 －54 页。

《犯罪的概念》（Zur Begriff des Verbrechens），《威尔弗里德·库佩祝
寿文集》，2007 年，第 597 －605 页。

《因果关系与不作为》（Kausalität und Unterlassen），《体系与目的之
间的刑法：罗尔夫·迪特里希·赫茨贝格祝寿文集》，2008 年，第 247 －
253 页。

《两位法学家与纳粹统治》（Zwei Rechtsgelehrte und die NS-Diktatur），
《法律与政治》2008 年第 2 期，第 100 －105 页。

《德国国歌》（Zur deutschen Nationalhymne），《迪特·布卢门维茨纪念文集》，2008 年，第 869 - 880 页。

《悼念鲁道夫·瓦塞尔曼》（Rudolf Wassermann），《新法学周刊》2008 年，第 2401 页；《鲁道夫·瓦塞尔曼逝世》（Zum Tode von Rudolf Wassermann），《法律与政治》2008 年第 3 期，第 129 页。

《不救助罪》（Zum Vergehen der unterlassenen Hifeleistung），《曼弗雷德·泽博德祝寿文集》，2008 年，第 377 - 386 页。

京特·施特拉滕韦特（Günter Stratenwerth）

京特·施特拉滕韦特 (Günter Stratenwerth)

徐凌波 译

　　我出生于 1924 年 1 月 31 日。我的父亲是一名市政府的公务员，他在第一次世界大战之后退役，并回家结了婚。7 岁之前我一直生活在瑙姆堡 (Naumburg an der Saale)。因为父亲不想继续从事公职，我们全家在 1932 年初搬到了我母亲的故乡比勒费尔德 (Bielefeld)。父亲一开始在一个亲戚办的房地产公司工作，后来他又独立出来成为税务咨询师和一名诚实的（因而成就不大的）房产中介。1942 年 3 月我高中毕业，两周之后我参了军。

　　我和我的同龄人在 14 岁时就有义务加入希特勒青年团 (Hitlerjugend)。可以选择的仅仅是究竟是加入青年团的总部还是它下面的特别队伍 (Sonderformation)。最后我决定加入青年团的飞行员部队，这主要是因为其他想要加入的人很少。我们不仅要参加飞机的制造，而且从 15 周岁开始还要学习飞机驾驶 (1941－1942 年冬我获得了战斗机飞行员执照)。当我在 1942 年上半年入伍并选择兵种时，我当然地选择了空军。经过了新兵训练之后，我在法国驻守了几个月，但并没有像我所期待的那样开始学习驾驶战斗机。苏联红军以大规模的钳形攻势包围了斯大林格勒 (Stalingrad)，罗马尼亚的军队原本应当阻止这种攻势，但他们却临阵脱逃了。于是赫尔曼·戈林 (Hermann Göring) 元帅决定派空军野战师 (Luftwaffenfelddivision) 来填补他们的空缺。这支队伍由他所辖军队中的年轻人组成，其中的士兵和上级军官都没有受到良好的步兵训练。在第一次进攻中就受到了敌军的重创。同年 11 月我也在战斗中受伤。在野战医院待了一段时间之后我终于找到了我所属的集团军，军队人数已经从原来的 3000 人锐减到只有 150 人。1943 年夏天我回家休假，我的父亲对于自己受过良好飞行训练的儿子居然被当作步兵派去参战感到十分愤怒，然后他成功地把我调到了飞行员学校，我完全不知道他究竟是怎么做到的。反正我后半段的军旅生涯就先是学习驾驶战斗机，后来又在德累斯顿（Dresden）担任飞行教练，直到它在 1945 年 2 月在空袭中被摧毁，这跟我原本打算参与德军获得最后胜利的期望完全不同。后来我又被派到了巴伐利亚，1945 年 4 月 30 日一次空军行动因为暴风雪而被取消，我随后紧急迫降在了阿尔卑斯山区的奥地利小城陶恩帕斯（Tauern-pass），它的附近有一座空军疗养院。这次紧急迫降对我来说就成了战争的终点。

1945 年中我回到了比勒费尔德，随后在秋天拜访了我以前的中学老师。他告诉我，哥廷根大学第二天就要复课了，我于是赶紧在哥廷根大学注册成为大学生。其实我更想成为一名飞机制造师，但是这个职业在当时前景并不光明。同时我也打算选择我原来最喜欢的数学专业或者是法学专业。数学对我来说过于抽象了，因此一直停留在初级阶段。而大大出乎我意料的是，我很有法学方面的天分。我上了几个学期之后，保罗·博克尔曼（Paul Bockelmann）就认为我已经具备教授资格了（attestieren）[很久之后他还想让我作为卡尔·恩吉施（Karl Engisch）的继任者到慕尼黑去任教]。和当时所有的在校学生一样，汉斯·韦尔策尔（Hans Welzel）开设的"法学导论"十分吸引我，他努力地试图去理解在纳粹统治的 12 年时间里究竟发生了什么，对于我们这些从欧洲各个战场回来的学生来说没有比这更吸引人的了。我们当时几乎什么课都听，从历史、文学到音乐、天文乃至哲学，尤其是尼古拉·哈特曼（Nicolai Hartmann）的课，当然还有各个方向的法学专业课。我们迫不及待地想要将自己在战争中虚度的岁月弥补回来。我们的一位大学老师后来告诉我，他从来没有也再不会有像我们这一代这样好学的学生。

战后复课时，哥廷根大学法学院拥有当时最出色的学者，比如刑法专业的保罗·博克尔曼、埃伯哈德·施密特（Eberhard Schmidt），韦尔策尔在刑法和法哲学方面都有造诣，私法方向则有路德维希·赖泽尔

（Ludwig Raiser）和弗朗茨·维亚克尔（Franz Wieacker），公法方向则是格哈德·莱布霍尔茨（Gerhard Leibholz）和鲁道夫·斯门德（Rudolf Smend）。我们只能从他们文章中的只言片语中了解他们在纳粹时期做了些什么，他们从来没有发表过口头评论。我们当然也可以感受到他们教学方式上的不同。博克尔曼在课上总是激昂雄辩，而且每次都准时地用一个笑话来结束课程。① 施密特的讲授则十分清晰易懂，虽然他在习题课上喜欢各种激烈的观点对抗，但在大课上他则一直维持着他的权威。② 与韦尔策尔开设的法哲学大课和研讨课不同，他讲的刑法课十分晦涩。维亚克尔和斯门德的课则十分引人入胜。尼古拉·哈特曼以严厉著称，大家在上他的研讨课时必须找出什么是他书上已经写过的。除了他之外还有一位十分可爱的哲学教授库尔特·斯塔芬哈根（Kurt Stavenhagen）③，他来自波罗的海三国地区（Balte），并为我的教授资格论文题了词。直到他1951年英年早逝之前我都从与他的谈话中受益匪浅。他当时的许多学生后来都成为优秀的哲学教授。早在中学时我就对哲学十分感兴趣，一开始看的主要是当时流行的作者比如 E. G. 科尔本海尔（E. G. Kolbenheyer），后来在德累斯顿期间又从市图书馆借了许多书来看。笛卡尔（Descarte）的《谈谈方法》（Discours de la methode）陪伴我度过了那些被盟军轰炸的日子。哲学也成为我最终选择刑法的原因。

上了六个学期的课之后，我觉得自己关于一般的法学理论知识已经学得差不多了，于是我就参加并通过了第一次国家司法考试，其中我的司法考试论文《关于刑法上的错误的类型及处理》（Arten und Behandlung des Irrtums im Strafrecht）获得了"优等"的成绩。我原来打算在韦尔策尔的指导下攻读博士学位，因为想要系统地研究自然法以便更好地反思纳粹的统治。但是韦尔策尔1951年就出版了《自然法与实质正义》的第一版。因此我只能选择研究约翰尼斯·邓斯·司各脱（Johannes Duns Scotus）或是奥卡姆的威廉（William of Ockham, Wilhelm von Ock-

---

① 在意志自由问题上："上帝给了我们妻子，为了上帝给我们的机车。"
② 比如他说："如果我说店主没有占有，他就是没有占有。"
③ 《康德与柯尼斯堡》（Kant und Königsberg），1949 年；《人与人格：人类学与伦理学研究》（Person und Persönlichkeit, Untersuchungen zur Anthropologie und Etik），1957 年。

ham）。他们两人的作品都是用拉丁语写的。我最后选择了邓斯·司各脱。幸好我考取了拉丁语的小语言证书（kleinem Latitum），经过一年时间的紧张研究，我在 1950 年 2 月通过了博士生口试。[1] 韦尔策尔在介绍自然法的发展史时将理智主义（Intellektualismus）和唯意志主义（Voluntarismus）的观点相对立。而邓斯·司各脱所处的时代正是托马斯·阿奎那（Thomas von Aquins）以理性优先的亚里士多德传统取代过去强调意志的奥古斯丁传统的时候。[2] 除此之外我还在私法教授汉斯·尼德迈尔（Hans Niedermeyer）教席担任阅卷助理（Korrekturassistent），他开设的课程强度很高因此只有法学院的进阶学生才能听得懂。我后来又担任过韦尔策尔的阅卷助理。1951 年在韦尔策尔极力的催促下我不情愿地在继续其他学术研究工作的同时开始参加第一次司法考试后预备文官的见习（Referendardienst），1954 年我通过了第二次司法考试（再次获得了优等的成绩），同时结束了见习。我第一次当老师的经历是在第一次司法考试通过之后给学生辅导司法考试（Repetitorium），这种经验对我后来的工作十分有帮助。

　　1952 年韦尔策尔受邀到波恩大学任教。虽然我更加年长，但是之前我在他的研讨课上与他就如何处理排除违法性事由的事实前提错误问题发生了分歧，因此他最后带了阿明·考夫曼（Armin Kaufmann）作为助手去了波恩。而我则在 1953 年成了国际法学者赫伯特·克劳斯（Herbert Kraus）的助手，他搜集了许多未公开的战犯审判判决，打算对它们进行整理和分析评价。这也促使我选择了《责任与服从》（Verantwortung und Gehorsam）作为教授资格论文的主题。[3] 正如这篇论文的副标题的题目，我要讨论的是，如何在刑法上评价由主权国家命令实施的行为，或者简单地说就是法律上的服从义务的根据及其界限。这个问题对当时实践中所处理的种种案件都具有根本的意义。1955 年韦尔策尔邀请我去波恩担任他研讨

---

① 《约翰尼斯·邓斯·司各脱的自然法理论》（Die Naturrechtslehre des Johannes Duns Scotus），1951 年。

② 韦尔策尔：《自然法与实质正义》（Naturrecht und material Gerechtigkeit），第 4 版，1962 年，第 66 页以下。

③ 1958 年。

课的助手，1956 年我在那里获得了教授资格，并做了关于"'事物本质'的法学理论问题"（Das rechtstheoretische Problem der "Natur der Sache"）的就职演讲（Antrittsvorlesung）。[①] 当时韦尔策尔在他关于自然法的书中进一步发展了他的物本逻辑结构。而我所要做的也是发现这种合法则性（Gesetzmäβigkeit）的效力根据和适用范围。我的结论是，只有当人（Mensch）被当作人（Person）来对待时，才可以考虑这种物本逻辑。我在教授资格论文中将斯塔芬哈根的研究作为我论文的基本的价值出发点。[②]

　　然后我成为大学讲师。当时一块参加韦尔策尔研讨课的同学至今仍然让我印象深刻。阿明·考夫曼（Armin Kaufmann）和我常常在课上激烈地争吵，而韦尔策尔则在一旁长时间地沉默，等着最后公布"正确"答案。他有的时候会思考好几天来组织他的观点然后再将观点告诉我们。

　　1960 年我收到了来自埃朗根（Erlangen）的邀请。当时我、考夫曼和施米德霍伊泽都是可能的教授人选，最后我选择了到埃朗根任教。我非常喜欢这所大学。但是 3 个月之后我就获得了巴塞尔（Basel）大学的邀请。早在我还在波恩的时候，巴塞尔大学法学院就表示了对我的兴趣。但他们先邀请了考夫曼和施米德霍伊泽，随后因为各种原因而被拒绝。我答应了他们的邀请，主要是因为我已经有 20 年的时间没有离开德国境内，因此想要到国外去站在外国的立场上来看待德国的问题。这个 O. A. 格尔曼（O. A. Germann）曾经拥有的教席自从 1959 年起就一直空缺着，而我就是填补这个空缺的人选。当我 1961－1962 年冬季学期到达巴塞尔时受到了热情的欢迎。我很快融入了这所古老的大学。虽然我有必要对瑞士的法律有所了解，但经过仔细考虑我觉得我更有必要将瑞士法尤其是司法实践与德国法作一定的区分。（我上课用的课程讲义内容构成了我四卷本瑞士刑法教科书四分之三的内容。[③]）但我也有足够的空间来研究

---

① 1957 年。

② 《责任与服从》（Verantwortung und Gehorsam），第 82 页以下。

③ 《瑞士刑法总论 I：犯罪》，1982 年（第 3 版，2005 年）；《分论 I：针对个人利益的犯罪》，1973 年［第 6 版与吉多·燕妮（Guido Jenny）合著，2003 年］；《分论 II：针对公共利益的犯罪》，1974 年［第 6 版与费利克斯·博默尔（Felix Bommer）合著，2008 年］

我自己感兴趣的学术问题，首先是《德国刑法总论 I》，1962 年在海曼（Heymann）出版社出版。[①] 1963 年在收到波鸿大学（Bochum）和哥廷根大学的邀请时，我还没有离开巴塞尔的想法。但 1967 年收到的来自慕尼黑大学的邀请让我变得犹豫起来。慕尼黑大学当时已经成为一所大规模的大学，我担心我在慕尼黑必须放弃许多我在巴塞尔所珍视的东西，尤其是我追求个人学术兴趣的自由。我的家人在巴塞尔过得也很愉快。但另一方面我也明白，如果我连如此著名的大学的邀请都拒绝的话，以后我就很难有机会回到德国任教了。最后我还是决定留在巴塞尔，直到 1975 年海德堡大学邀我去任教时我才没有错过这最后的机会。

后来发生的事情让我意识到，不去慕尼黑是多么正确的决定。我因为这个决定而避免被卷入 1968 年的学潮。在这场学潮发生之前，其实早在战后初期，学生们就开始寻求对高校制度进行改革，因为德国的大学在纳粹统治时期都没有起来反抗独裁统治。改革的目标一方面在于在外部关系上尽量减少大学对国家政府的依赖性，另一方面在内部关系上拓展非教席教授和学生在大学自治中的参与权。许多文献都对此有所记录。[②]《哥廷根大学报》（Göttingen Universitätszeitung）（后来的《德国大学报》）也积极地参与到了这次运动中，而多年以来我一直是该报的编辑。但许多改革的努力在开始后不久就都失败了。因此对我来说，充满政治热情的学生在 60 年代末再次掀起学运高潮也就不难理解了。采取这一立场的人被划为"自由派"，但随着保守派力量与暴动学生之间的磋商，这一派的力量在多所大学里被摧毁。即使是在巴塞尔也有小规模的运动。由于学校的教员们都十分愿意与学生进行对话，再加上校内学生人数不多，学生的暴动很快得以控制。要猛烈地去批斗一位原本受人尊敬的大学老师其实也是一件不容易做到的事。我们成功地通过诸如纪律委员会等机构避免了各种冲突的发生。但这次运动也波及了大学的老师们，主要是老师们对于学校在此期间聘用的新教员有所怀疑，部分还在

---

① 《刑法总论 I：犯罪》，1971 年；与洛塔尔·库伦（Lothar Kuhlen）合著第 5 版，2004 年。

② 参见路德维希·赖泽尔《国家的大学》（Die Universität im Staat），1958 年；恩斯特·安里希：《德国大学的理念与改革》（Die Idee der deutschen Universität und die Reform der deutschen Universität），1960 年。

院内引起了紧张的争议。随后学校内部开展适当的改革，尤其是增加学校各方成员的参与权等做法，使这场波动很快就平息了。但此前大学与政府之间存在的明显的联系并没有重新建立起来。

我将学术上的研究重点主要放在了刑法的归责理论（strafrechtliche Zurechnung）上，但我并不打算创建一个新的归责体系。我所研究的主要是体系的内在结构问题，例如如何处理可避免的禁止错误问题。韦尔策尔在 1949 年教科书的第 2 版①中采取了我在司法考试论文中的观点，认为对此应当类推适用当时刑法典第 51 条第 2 款的规定，在这种情况下认定为归责能力的降低（verminderte Zurechnungsfähigkeit）。他在一年之前还认为，这种错误只有在更轻微的情况下能被考虑。② 除此之外，我还研究了在正当化原则的框架内如何考虑侵害他人自决权的因素、③ 故意与过失的区分问题、④ 在分工实施的行为中划定负责领域的必要性、⑤ 以及风险升高原则的准确含义⑥等。而在瑞士刑法的研究上，我的研究重点主要在于重新理解 1942 年《瑞士刑法典》。这其中包括了我在巴塞尔大学的就职演讲，我在演讲中对不法论的最新发展也做了回顾。⑦

对于我来说越来越重要的是了解刑法的现实。这首先要归功于 1964 年开始的《选择性草案》（Alternativ-Entwurf）的起草工作，它由当时在美因茨大学任教的彼得·诺尔（Peter Noll）（他勉强原谅了我抢走了他在巴塞尔的教席这件事）发起。由他独自完成这项工作在我看来是有些不切实际的。而且从他所拟的标题来看，这也并不是一部与政府草案相

---

① 《德国刑法学基础》，第 2 版，1949 年，第 83 页。
② 《对行为违法性的认识错误》（Der Irrtum über die Rechtswidrigkeit des Handelns），《瑞士法学家报》1948 年，第 368 页以下（＝《刑法与法哲学论丛》1975 年，第 250 页以下）。
③ 《整体刑法学杂志》第 68 期，1954 年，第 41 页以下。
④ 《整体刑法学杂志》第 71 期，1959 年，第 51 页以下。
⑤ 《分工与医生的注意义务》（Arbeitsteilung und ärztliche Sorgfaltspflicht），《埃伯哈德·施密特祝寿文集》，1961 年，第 383 页以下。我还对医学和法学交叉领域中的问题一直有所研究，尤其是在瑞士医学会的工作小组中（Arbeitsgruppen der Schweizerischen Akademie der medizinischen Wissenschaft）。
⑥ 《论风险升高原则》（Bemerkungen zum Prinzip der Risikoerhöhung），《加拉斯祝寿文集》，1973 年，第 227 页以下。
⑦ 《刑法上的行为无价值与结果无价值》（Handlungs-und Erfolgsunwert im Strafrecht），《瑞士刑法杂志》第 79 期，1963 年，第 233 页以下。

反的刑法草案，而只是将对 1962 年草案的批评"以建议的形式"加以汇
总。① 因此所有对《1962 年草案》写过论文提出批评的刑法同事（还有
安妮－伊娃·布劳内克）都被邀请参与到这部选择性草案中。在蒂森基
金会（Thyssen-Stiftung）的资助下，参与选择性草案的同事们很快就在
德国某个幽静的旅馆里进行了多天紧张而深入的讨论。令大家都感到惊
讶的是，我们很快就在改革的基本方针上达成了一致，无论参加者来自
哪个刑法学派。这首先涉及的是刑事政策概念。考虑到纳粹统治时代的
阴影，《1962 年草案》并不打算将犯罪人单纯视为打击犯罪措施针对的
对象，而选择了纯粹的以罪责（Schuld）和报应（Vergeltung）为导向的
刑法。与之相反，《选择性草案》的起草者们则认为对于那些事实上并
不自由的犯罪人应当予以帮助，帮助他们克服那些促使他们犯罪的生活
上的困难。刑事制裁体系不能仅仅片面地以报应②或者治疗为目的，应
当在二者之间进行平衡。③ 在这种情况下，《选择性草案》的总则部分经
过一年多的时间才完成。④ 它对于 1969 年所进行的大规模刑法改革也产生
了一定的影响，这主要应当归功于联邦司法部的官员们与《选择性草案》
的起草者们进行了多次的会谈和讨论。在这些讨论中，我们对提出的建议
做了进一步的阐释。1967 年刑法学者会议（Strafrechtslehrertagung）上老
一辈的刑法学者对《选择性草案》作出了回应，具体内容可见于会议综
述中。⑤

　　在讨论刑事制裁体系的规划时，我认为当时就刑事保安处分规则的
实际适用范围及其具体执行情况显然缺少实证性的研究，这在瑞士也是
如此。巴塞尔大学的博士生们从 1965 年已开始着手在博士论文中研究这

① 于尔根·鲍曼（及其他作者）：《刑法典的选择性草案·总论》，1966 年，第 3 页。
② 尤其受到推崇的是乌尔里希·克卢格的文章《告别康德与黑格尔》（Abschied von Kant und Hegel），于尔根·鲍曼主编《新刑法典计划》，1968 年，第 36 页以下。
③ 进一步的讨论参见施特拉滕韦特《刑法改革的指导原则》（Leitprinzipen der Strafrechtsreform），1970 年，第 7 页以下。
④ 1966 年，第 1 版。
⑤ 《整体刑法学杂志》第 80 期，1968 年，第 1 页以下和第 119 页以下。

一问题，但这些论文要到 70 年代才陆续出版。① 1969 年我去美国纽约、芝加哥、伯克利等地访问了一个学期，希望通过与美国同事的接触以及参观美国的监狱设施和各种戒毒中心来了解美国的刑事执行状况。经过这次访问，我决定与同为《选择性草案》参与者的彼得·诺尔、汉斯·舒尔茨（Hans Schulz）以及日内瓦的菲利佩·格拉茨（Philipp Graven）带着我们的博士生一同对瑞士所有大型监狱的刑事执行状况进行实证调查。为了进行这次实证研究，我当时的助手们专门设计了一个研究项目，② 以便能够进行横向的比较。我的博士生们为了了解情况一共对 1248 名犯人和 614 名监狱工作人员进行了深入的调查。③ 在这个项目中共有 11 份博士论文在 1976－1983 年之间以丛书的形式出版。④ 他们对后来进行的大规模自由刑执行改革产生了影响。其中的观点虽然反映了瑞士刑罚和保安处分措施执行的真实状况，但因为我自己对于这些真实情况并没有切身体会，因此没有写入我的《瑞士刑法教科书》的第二卷中。⑤

　　我们这一代人一直致力于防止纳粹的独裁统治在德国重现。因此，我们都十分重视法治国原则。除了在前述《哥廷根大学报》即后来的《德国大学报》工作之外，1955 年我还在哥廷根大学参与了全校范围内反对自由民主党人莱昂哈德·施吕特（Leonhard Schlüter）的抗议活动，施吕特是著名的极右翼分子，因为这次抗议他被迫辞职了。在哥廷根大学读书时，令人难忘的还有埃伯哈德·施密特开设的研讨课。研讨课论文的题目是关于"超法规的紧急避险"。当时我找到了他 1929 年写的一

---

① 克里斯蒂安·布吕克纳（Christian Brückner）：《习俗犯罪与刑法典第 42 条所规定的处分规则》（Der Gewohnheitsverbrecher und die Verwahrung in der Schweiz gemäβ Art. 42 StGB），1971 年；彼得·埃伯佐尔德（PeterAebersold）：《瑞士法上的处分规则与归责能力的降低》（Die Verwahrung und Versorgung verhindert Zurechnungsfähiger in der Schweiz），1972 年；彼得·金茨（Peter Kuentz）：《刑法典第 44 条对喝酒成瘾者的处理》（Die Behandlung der Gewohnheitstrinker nach Art. 44 StGB），1975 年。

② 施特拉滕韦特、埃伯佐尔德：《瑞士刑事执行法：实证研究的计划、方法与执行》，1976 年。

③ 更为详细的内容参见施特拉滕韦特、贝尔努利（Bernoulli）：《瑞士刑事执行法：实证研究的结论》，1983 年。

④ 《瑞士刑事执行》，1976 年。

⑤ 《瑞士刑法总论 II：刑罚与保安处分》，1989 年；2006 年第 2 版。

篇论文，① 在论文中他认为国家有权决定究竟是孕妇的生命还是胎儿的生命更为优先。对此我在论文中进行了激烈的反驳。施密特在最后的评论中写道："为什么这么激动？当然整体来看写得很好。" 1961 年我在给他的祝寿文章里就此对他表示了感谢。

　　我在瑞士工作期间也仍然继续着对法治国问题的研究，尤其是在保安处分制度中所存在的法治国缺失问题。② 这个问题的敏感性还导致了一次舆论风波。1969 年瑞士政府出版了一本名叫《国民防御》（Zivilverteidigung）的小册子分发给每个家庭，希望每个人（以及每位女士）都能了解他们在民防体系中能采取哪些措施，并能够及时采取行动。③ 在这本书出版后不久，我——一个德国人！——极力地贬斥了这本粗劣的作品，但随后一家"左翼"报纸把我的批评公之于众。这立即引起了公众的愤怒，他们甚至想要把我逐出巴塞尔。直到我提起了纳粹历史上对于同性恋者的追捕，而后彼得·诺尔又站出来为我说话，这场风波才得以平息下来。虽然有所耽搁，我还是加入了《瑞士刑法典》分则部分改革的专家委员会。我们首先讨论了三个版本的堕胎罪草案（这三个版本事先都

---

① 《帝国法院与超法规紧急避险》（Das Reichsgericht und der übergesetzliche Notstand），《整体刑法学杂志》第 49 期，第 350 页以下。

② 开始于：《刑法中剥夺自由措施的法治国因素》（Zur Rechtsstaatlichkeit der freiheitsentziehenden Maβnahmen im Strafrecht），《瑞士刑法杂志》第 82 期，1966 年，第 337 页以下；随后：《对精神变态所采取的刑法措施》（Strafrechtliche Maβnahmen an geistig Abnormen），《瑞士刑法杂志》第 89 期，1973 年，第 131 页以下；《限制自由的保安处分的正当性》（Zur Rechtfertigung freiheitsbeschränkender sichernder Maβnahmen），《瑞士刑法杂志》第 105 期，1988 年，第 105 页以下；《刑法总则改革的政府草案中限制自由的措施》（Die freiheitsentziehenden Maβnahmen in bundesrätlichen Entwurf für die Revision des Allgemeinen Teils des StGB），《瑞士刑法杂志》第 117 期，1999 年，第 277 页以下；《保安处分的新发展：与法伦理原则是否一致？》（Neue Tendenzen im Massnahmerecht：Vereinbarkeit mit rechtsethischen Grundsätzen?），《当前司法实践》2000 年第 9 期，第 1345 页以下。

③ 其中包括要求公民在存在战争危险时，立刻将任何可疑情况准确地向最近的警察局报告，例如清洁工在一个单身汉的房间里发现了一罐燃油，但房间里并没有烧油的炉子，并且常常有陌生人来拜访的情况。通过调查发现他一直维持着这种"反常的关系"，并被迫将燃油倒入饮用水池中，"一升燃油就可以让几百万升的水变得无法饮用"（第184 页）。

通过了全民投票），随后又分别讨论了各种针对身体和生命法益的犯罪、性犯罪以及破坏家庭的犯罪。70 年代末我们则讨论了为了抗制挟持人质和恐怖行为而新设置的构成要件，最后还讨论了文书犯罪和财产犯罪，尤其是针对新出现的计算机犯罪的内容。1986 年在汉斯·舒尔茨提出的草案预备稿的基础上，专家委员会开始着手对刑法总则进行全面的改革，尤其是刑事制裁体系。瑞士旧刑法典的刑事制裁体系的内容可以追溯到 19 世纪。改革的内容主要是以德国和奥地利刑法为模本，削减短期自由刑，并在保安处分措施的设置上进一步加强法治国的保障。当然后来由于受到了来自公众在刑事政策方面的激进观点的压力，在之后的立法程序中，对法治国的强化在一定程度上朝着相反的方向发展了。时至今日，有的讨论依然在延续，例如在事后追加实施或是经过公民投票决定实施的终身保安监禁制度①的问题，不过因为这违反了《欧洲人权公约》，已经无法在实践中被考虑了。

　　作为巴塞尔大学的教授，我还要给学生开设法哲学课程。除了之前提到过的论著之外，1958 年我撰写了后来成为畅销书的《费舍尔百科辞典》（Fischer Lexikon）中的哲学部分。而《法哲学》一文则基本只是对韦尔策尔的自然法一书的综述。虽然巴塞尔大学的学生数量急剧增长，但我多年以来一直都是当时唯一一位全职的刑法老师，因此很少有时间来讲哲学。我通常只会开设相关资料的导论和研讨课。我在杂志和文集中也发表了一些零星的论文。但从 20 世纪 80 年代后期开始，尤其是感受到西方文明的危机②之后，我越来越多地开始研究启蒙精神的遗产，我在给阿图尔·考夫曼③和维尔纳·迈霍弗（Werner Maihofer）④ 的祝寿文

---

①　对此参见卡尔-路德维希·孔茨、京特·施特拉滕韦特《"处分"工作组报告》（Zum Bericht der Arbeitsgruppe "verwahrung"），《瑞士刑法杂志》第 123 期，2005 年，第 2 页以下。

②　汉斯·约纳斯：《答责原则》，1979 年；迪特·比恩巴赫尔：《经济与伦理》，1986 年。

③　《最大限度的自由？》（Größtmögliche Freiheit），《维尔纳·迈霍弗祝寿文集》1988 年，第 571 页。

④　《正义有多重要？》（Wie wichtig ist Gerechtigkeit?），《阿图尔·考夫曼祝寿文集》1993 年，第 353 页以下。

章中都提到了这一点。我也因此而陷入了与法兰克福学派的对立之中，这种对立首次公开地体现在 1990 年 9 月在赫尔辛基举行的"芬兰刑法典100 周年"国际研讨会上，随后又体现在我于 1993 年在巴塞尔举行的刑法学者会议上的发言中。① 我们的分歧并不在于阻止刑法因为屈服于日常政治或者说民粹主义的目标而日益工具化的趋势。我们在这一点上观点是一致的。我们关于法益概念争论的关键在于采用何种标准才能达到阻止刑法功能化的目的。法兰克福学派主张刑法应当坚持个人法益概念，因为他们仍然是以启蒙时代的社会图景为指向的。② 而在我看来，鉴于当前地球上所有的生命都受到威胁，刑法必须扩张它的适用范围。③ 我在《自由与平等》这本小书中对此做了进一步的论证。④ 这也解释了我后来对公司刑事责任感兴趣的原因，⑤ 在我看来迫切需要设置公司的刑事责任。除了要与法益理论相一致之外，多年以来的实践经验也证明了这一结论。

　　我从来没有刻意去建立与他国刑法学者的联系。要在两个国家的法秩序的两个法律领域中应付不断增加的研究和写作任务，这对我来说已经够吃力了。但我的一些文章被翻译成了其他语言，比如我的《德国刑

---

① 《以刑法保障未来安全？》（Zukunftssicheung mit den Mitteln des Strafrechts?），《整体刑法学杂志》第 105 期，1993 年，第 679 页以下。

② 有代表性的是由法兰克福犯罪理论研究所出版的文集：《不可能的刑法状态》，1995 年。

③ 《论法益概念》（Zum Begriff des "Rechtsgutes"），《伦克纳祝寿文集》，1998 年，第 377 页；《对"自由立法"法理论的质疑》（Kristische Anfragen an eine Rechtslehre nach "Freiheitsgesetzen"），《E·A·沃尔夫祝寿文集》，1998 年，第 495 页以下；《"真"刑法？》（"Wahres" Strafrecht?），《吕德森祝寿文集》，2002 年，第 373 页以下；《针对集体法益犯罪的犯罪化》（Kriminalisierung bei Delikten gegen Kollektivrechtsgüter），赫芬德尔、希尔施、沃勒斯主编《法益理论》（Die Rechtsgutstheorie），2003 年，第 255 页；《论行为犯的正当性》（Zur Legitimation von "verhaltensdelikten"），希尔施、泽尔曼、沃勒斯：《调解原则》，2006 年，第 157 页。

④ 2007 年。

⑤ 关于这个问题见《公司的刑事责任？》（Strafrechtliche Unternehmenshaftung?），《鲁道夫·施密特祝寿文集》，1992 年，第 295 页以下；《公司刑法中的归责问题》（Zurechnungsproblem im Unternehmensstrafrecht），《布格施塔勒祝寿文集》，2004 年，第 191 页以下；《公司责任的应然条件》（Voraussetzungen einer Unternehmenshaftung），《瑞士刑法杂志》第 126 期，2008 年，第 1 页以下。

法总论 I》① 以及《刑法罪责原则的未来》这本小书在 1977 年被翻译成了西班牙语。② 马塞洛·桑齐内提（Marcelo Sancinetti）和帕特里西亚·齐费尔（Patricia Ziffer）将我关于不法理论的文章编入了一本专著中。③ 其他的论著则翻译成了意大利语。④ 对我来说参与其他国家的立法工作也是十分重要的，比如成为瑞士专家团的成员，以帮助斯洛伐克起草新的刑法典。90 年代我还多次去玻利维亚（Bolivien）参与他们迫切需要进行的刑法改革。玻利维亚当时的司法部部长多年前曾在巴塞尔学习。刑法国际化和欧洲化所产生的新问题，我则想把它们留给我年轻一代的同事们来解决。

最后，作为自传，我觉得这可能并不是讨论刑法总论的任务以及分论具体问题的地方。它最多只能讨论最有争议的问题，即如何尽可能地按照理性来实施一个安定的社会共同生活所需的基本规则。对于犯罪理论来说这意味着，正如瑞士这样的国家经验所显示的那样，刑法理论应当与实践相结合，而不是仅仅以自身为目的。从实践中总是会不断产生新的任务尤其是新的犯罪范畴。同样重要的还有，应当对刑事制裁体系的安排和实施从学理上进行跟进。从导致犯罪实施的情绪来看，这已经足够困难了。在这个社会中刑法首先必须被视为控制这种情绪的工具。虽然按照曾经指导我们这一代人对制裁系统进行改革的基本原则，人们可以在公众的报应需求面前保持冷静，但想要做得更多却很难。不可否认的是，我们在不破坏公共秩序的前提下的确取得了一定的进展，例如对自由刑的限制。进一步的努力则将要留给下一代的青年

---

① 1976 年第 2 版由格拉迪斯·罗梅罗（Gladys Romero）翻译为西班牙语，马德里，1982 年；2002 年第 4 版由马努埃尔·坎西奥·梅里亚（Manuel Cancio Melia）和马塞洛·A. 桑齐内提（Marcelo A. Sancinetti）翻译于 2005 年，布宜诺斯艾利斯版。2004 年第 5 版在 2006 年由杨萌翻译为中文。

② 《刑法罪责原则的未来》（El future del principio juridico penal de culpabilidad），1980 年，恩里克·巴奇加卢波（Enrique Bacigalupo）译。

③ 《刑法中的行为与结果》（Accion y resultado en derecho penal），布宜诺斯艾利斯，1991 年，2006 年第 2 版。

④ 例如 1993 年就"工业社会危机中的刑法"的演讲：《工业社会危机中的刑法》（II diritt-openale nella crisi della societa industrial），《法律文化史材料》1994 年，第 249 页以下；以及《正义有多重要？》，《阿图尔·考夫曼祝寿文集》，1993 年，第 353 页以下。

学者来完成。

主要作品目录

一　专著

《约翰尼斯·邓斯·司各脱的自然法理论》（Die Naturrechtslehre des Johannes Duns Scotus），1951 年。

《"事物本质"的法理问题》（Das rechtstheoretische Problem der "Natur der Sache"），1957 年。

《责任与服从：执行命令行为的刑法评价》（Verantwortung und Gehorsam. Zur strafrechtlichen Wertung hoheitlich gebotenen Handelns），1958 年。

《新闻的叛国》（Publizistischer Landesverrat），1965 年。

《行为责任与量刑》（Tatschuld und Strafzumessung），1972 年。

《瑞士刑事执行法：实证研究的计划、方法与执行》（Der Schweizerische Stratvollzug. Programm, Methode und Durchführung einer empirischen Untersuchung,），与彼得·埃伯佐尔德合著，1976 年。

《刑法罪责原则的未来》（Die Zukunft des strafrechtlichen Schuldprinzips），1977 年。

《瑞士刑事执行法：实证研究的结论》（Der Schweizerische Stratvollzug. Ergebnisse einer empirischen Untersuchung），与安德烈亚斯·贝尔努利合著，1983 年。

《刑罚目的理论的作用》（Was leistet die Lehre von den Strafzwecken），1995 年。

《工业社会危机中的刑法》（Das Strafrecht in der Krise der Industriegesellschaft），1998 年。

《自由与平等》（Freiheit und Gleichheit），2007 年。

二　评注

《瑞士刑法典评注》（Schweizerisches Strafgesetzbuch. Handkommentar），

与沃夫冈·沃勒斯合著，2007 年第 1 版；2009 年第 2 版。

三 教科书

《瑞士刑法总论第一卷：犯罪》（Schweizerisches Strafrecht. Allgemeiner Teil, Bd. 1, Die Straftat），1982 年第 1 版；2005 年第 3 版。

《瑞士刑法总论第二卷：刑罚与保安处分》（Schweizerisches Strafrecht. Allgemeiner Teil, Bd. 2, Strafen und Massnahmen），1989 年第 1 版；2006 年第 2 版。

《瑞士刑法分论第一卷：针对个人利益的犯罪》（Schweizerisches Strafrecht. Besonderer Teil, Bd. 1, Straftaten gegen Individualinteressen），1973 年第 1 版；2003 年第 6 版与吉多·燕尼合著。

《瑞士刑法分论第二卷：针对公共利益的犯罪》（Schweizerisches Strafrecht. Besonderer Teil II：Straftaten gegen Gemeininteressen），1974 年第 1 版；2008 年第 6 版与费利克斯·博默尔合著。

《刑法总论第一卷：犯罪》（Strafrecht, Allgemeiner Teil I：Die Straftat），1971 年第 1 版；2004 年第 5 版，与洛塔尔·库伦合著。

四 论文

《附属性规范控制中的刑事诉讼强制措施》（Stratprozessuale zwangsmaβmahmen bei inzidenter Nomenkontrolle），《法学家报》1957 年，第 299 – 303 页。

《间接故意与有认识过失》（Dolus eventualis und bewusste Fahrlässigkeit），《整体刑法学杂志》第 71 期，1959 年，第 51 – 71 页。

《分工与医生的注意义务》（Arbeitsteilung und ärztliche Sorgfaltspflicht），《埃伯哈德·施密特祝寿文集》，1961 年，第 383 – 400 页。

《刑法中态度要素的功能》（Zur Funktion strafrechtlicher Gesinnungsmerkmale），《赫尔穆特·冯·韦伯祝寿文集》，1963 年，第 171 – 191 页。

《死亡的法学概念》（Zum juristischen Begriff des Todes），《卡尔·恩吉施祝寿文集》，1969 年，第 528 – 547 页。

《解释理论的争议》（Zum Streit der Auslegungstheorien），《奥斯卡·

阿道夫·盖尔曼祝寿文集》，1969 年，第 257 - 274 页。

《论风险升高原则》（Bemerkungen zum Prinzip der Risikoerhöhung），《威廉·加拉斯祝寿文集》，1973 年，第 227 - 239 页。

《无认识的目的性》（Unbewuβte Finalität），《汉斯·韦尔策尔祝寿文集》，1974 年，第 289 - 305 页。

《刑法中结果无价值的重要性》（Zur Relevanz des Erfolgsunwertes im Strafrecht），《弗里德里希·沙夫施泰因祝寿文集》，1975 年，第 177 - 193 页。

《论主体不能犯》（Der Versuch des untauglichen Subjekts），《汉斯·于尔根·布伦斯祝寿文集》，1978 年，第 59 - 69 页。

《刑法与社会治疗》（Stafrecht und Sozialtherapie），《保罗·博科尔曼祝寿文集》，1979 年，第 901 - 921 页。

《论社会国原则》（Zum Prinzip des Sozialstaats），《库尔特·艾兴伯格祝寿文集》，1982 年，第 81 - 91 页。

《过失犯中注意规范的个别化》（Zur Individualisierung des Sorgfaltsmaβstabes beim Fahrlässigkeitsdelikt），《汉斯 - 海因里希·耶舍克祝寿文集》，1985 年，第 1 卷，第 285 - 302 页。

《限制自由的保安处分的正当性》（Zur Rechtfertigung freiheitsbeschränkender sichernder Massnahmen），《瑞士刑法杂志》第 105 期，1998 年，第 105 - 124 页。

《"最大限度的自由"？》（Groβtmögliche Freiheit?），《维尔纳·迈霍弗祝寿文集》，1988 年，第 571 - 586 页。

《客体认识错误与犯罪参与》（Objektsirrtum und Tatbeteiligung），《于尔根·鲍曼祝寿文集》，1992 年，第 57 - 69 页。

《公司的刑事责任？》（Strafrechtliche Unternehmenshaftung），《鲁道夫·施密特祝寿文集》，1992 年，第 295 - 307 页。

《正义有多重要？》（Wie wichtig ist Gerechtigkeit?），《阿图尔·考夫曼祝寿文集》，1993 年，第 353 - 362 页。

《以刑法保障未来安全？》（Zukunftsicherung mit den Mitteln des Strafrechts?），《整体刑法学杂志》第 105 期，1993 年，第 679 - 696 页。

《基于"自由法"之法理论的批评》（Kritische Anfragen an eine Rechtslehre nach Freiheitsgeseten），《恩斯特·阿马迪厄撕·沃尔夫祝寿文集》，1998 年，第 495 – 507 页。

《论法益概念》（Zum Begriff des Rechtsgut），《特奥多尔·伦克纳祝寿文集》，1998 年，第 377 – 391 页。

《反洗钱的刑法规范发展》（Die Entwicklung der strafrechtlichen zur Bekämpfung der Geldwäscherei），韦根主编：《处于公法与私法紧张关系之中的银行》，1999 年，第 17 – 30 页。

《保安处分的新发展：与法伦理原则是否一致？》（Neue Tendenzen im Massnahmerecht：Vereinbarkeit mit rechtsethischen Grundsätzen？），《前沿司法实践》2000 年第 9 期，第 1345 – 1351 页。

《"真"刑法？》（"Wahres"Strafrecht），《克劳斯·吕德森祝寿文集》，2002 年，第 373 – 381 页。

《成人刑法的未来制裁体系：一个刑事政策上的进步？》（Das künftige Szstem der Sanktionen im Erwachesenenstrafrecht ein kriminalpolitischer Fortschritt），迪特曼主编：《调解与生命之间：抗制犯罪的新路径》，2002 年，第 371 – 384 页。

《长期严重脑损伤病人的中断治疗》（Zum Behandlungsabbruch bei zerebral schwerst geschädigten Langzeit patienten），《汉斯－路德维希·施莱伯祝寿文集》，2003 年，第 893 – 901 页。

《侵害集体法益行为的犯罪化》（Kriminalisierung bei Delikten gegen Kollektivrechtsgüter），黑芬德尔、冯·希尔施、沃勒斯主编：《法益理论：刑法的正当性基础还是教义学的弹珠游戏？》，2003 年，第 255 – 260 页。

《公司刑法中的归责问题》（Zurechnungsprobleme im Unternehmenstrafrecht），《曼弗雷德·布格施塔勒祝寿文集》，2004 年，第 191 – 200 页。

《微罪领域的刑罚发展方向》（Das straften im Bagatellbereich nach künftigem Recht），《瑞士刑法杂志》第 122 期，2004 年，第 159 – 168 页。

《行为犯的正当性》（Zur Legitimation von Verhaltensdelikten），希尔施、泽尔曼、沃勒斯主编：《中介原则：刑罚正当性中的界限原则》，2006 年，第 157 – 165 页。

《大学结构与社会变迁：以巴塞尔大学为例》（Universitäre Strukturen und gesellschaftlicher Wandel），胡戈利、库兴霍夫、穆勒主编：《未来的大学：观念的变革?》，2007 年，第 103 – 114 页。

《"物本逻辑结构"?》（Sachlogische Struktur?），《京特·雅各布斯祝寿文集》，2007 年，第 663 – 674 页。

《不作为犯的追诉时效》（Die Verjährung bei Unterlassungsdelikt），《弗朗茨·芮克林祝寿文集》，2007 年，第 245 – 254 页。

《企业责任的应然条件》（Voraussetzungen einer Unternehmenshaftung de lega ferenda），《瑞士刑法杂志》第 126 期，2008 年，第 1 – 16 页。

《杀人罪、伤害罪与被害人的同意》（Tötung und Körperverletzung mit Einwilligung des Betroffenen），《克努特·阿梅隆祝寿文集》，2009 年，第 355 – 363 页。

克劳斯·蒂德曼（**Klaus Tiedemann**）

克劳斯·蒂德曼（Klaus Tiedemann）

徐凌波 译

我的生涯与职业

一

1938 年 4 月 1 日我出生于小城（Unna），它位于威斯特法伦光明之路（Westfälischer Hellweg）上，颇具中世纪风格。光明之路两旁视野宽阔可以看到哥特风格的厅堂式教堂，在我的记忆中它们比实际看起来要庞大宏伟得多。我在翁纳小城的城市教堂里接受了洗礼和坚信礼，这座教堂因为传教士兼词作者菲利普·尼古拉（Philipp Nicolai）[*] 而小有名气，我的父亲也曾经在那里兼职担任管风琴手。

第二次世界大战所引起的混乱直到战争快结束时才影响到这个鲁尔区东部的小城。当时英国的空军每天晚上向居住区投放燃烧弹，白天则用重机枪朝平民扫射。我家的房子位于一个名叫博纳坎普（Bornekamp）的山谷里，这个山谷穿过森林和草地一直延伸到鲁尔河。因为建成之后又用云松木做支柱进行了加固，这座房子得以在战火中幸免。房子是我祖父马丁·布克哈特（Martin Burkhardt）时建造的。他是一名成功的画家，在位于埃森（Essen）的福克旺（Folkwang）学校学习绘画艺术，他

是一名严厉的手工业行会会长，在一战时当过骑兵。二战即将结束之前，被囚禁在附近地区的战犯们帮助我们渡过了面包和烟草短缺的时期，还帮我们用木板补好了已经破碎不堪的玻璃窗户。

童年的美好记忆包括曾去攀登过的石灰岩山，和山前的一座名叫"猫丘"的山丘，冬天时可以在上面滑雪，另外还有方便捉迷藏和偷柴火的松树林，林子里有护林员监视着，我们每次偷柴火时还会打赌会不会被他捉住。山谷里并没有直接通往鲁尔河的路。我和妹妹洛蕾（Lore）必须先骑车登上400米高的哈尔斯特朗——它的南面是陡峭的白垩岩壁——前往鲁尔河和默讷河。默讷河的水坝被著名的水坝克星（dam buster）* 摧毁，哈尔斯特朗因此发生了大面积的洪水泛滥。战争结束后，鲁尔河重新恢复了宁静，静静地流淌过宽广的草原。而在以这条河命名的工业区弥漫着的煤灰则是我不想记起的糟糕回忆。有时朋友会邀我一起去鲁尔河上划船，因为在鲁尔河上划船会收取昂贵的费用，所以划船也成了一件十分奢侈的事。即便当我的父亲从斯堪的纳维亚的俘虏营被放回了家，并在市里的女子中学做了一名教师之后，划船对我们来说也是可望而不可即的。

或许是因为博纳坎普山谷里有宽广的森林，我十分喜爱各种参天古木。现在从我家花园也可以望见附近一条小河边的树木，这条河的名字源自古老的凯尔特传说。伴随着它静静的水流声我听着古巴歌手易卜拉欣·费雷尔（Ibrahim Ferrer）的民谣。歌手唱着："她会怎么对待那些可怜的花呢？"而"我的"树的命运却更悲惨。我在施陶芬居住了35年，最近为了获得更多的替代能源而决定在这里建一座小型电站。尽管联邦环境保护部因为建电站会排放大量废水而进行了劝阻，这项决议还是获得了施陶芬村议会的多数赞成票。因这项决定而受到威胁的还有在这里分布广泛的菩提树、白蜡树和银杏。银杏在中国和日本可以入药，更因为歌德的《西东诗集》（West-östlicher Divan）而声名远播。施陶芬的绿党议员居然认为在砍伐这些古木之后可以重新补种上新的树，真是太傻太天真了（Sancta simplicitas）！

在翁纳我就读于赫德小学（Herder-Volksschule），随后则是裴斯泰洛

---

* 即二战时英国空军的兰开斯特轰炸机。——译者注

齐文理中学（Pestalozzi-Gymnasium）。学校的老师们都十分优秀，在他们的引导下我对外语、文化、欧洲观念乃至物理、化学、历史、文学和音乐都产生了浓厚的兴趣。在我 1957 年开始学习法学时我仍然没有完全放弃对自然科学的兴趣。后来担任亚历山大·冯·洪堡基金会（Alexander von Humboldt-Stiftung）的顾问以及它内部的费奥多尔·吕嫩选举委员会（Feodor Lynen-Auswahlausschuss）的主席时，我又再度获得了学习自然科学的机会。我对自然的兴趣也遗传给了我的儿子米夏埃尔（Michael），他后来成了一名机械工程师并先后在西门子和博世工作。而遗传自我父亲的文学音乐天分则遗传给了菲利普（Philip），1969 年他出生时就显露出了极高的天分，现在在柏林成为一名戏剧导演。戏剧评论家格哈德·施塔德迈尔（Gerhard Stadelmaier）在《法兰克福汇报》上不止一次地将他评价为同时代最具音乐性的导演。

1957 年高中毕业之后，我到了哥廷根（Göttingen）开始大学的学习生活，在那里认识了后来的同事弗朗茨·维亚克尔（Franz Wieacker），从哥廷根时期一直到在弗莱堡和明斯特乃至在巴黎他都对我产生了持续的影响。在巴黎，我成为著名的刑事政策学家马克·安塞尔的助手，并通过他了解了法国的法律文化。通过阅读法国哲学家、心理学家加斯顿·巴什拉（Gaston Bachelard）的作品我也爱上了法国的生活方式。

1962 年我在卡尔·彼得斯（Karl Peters）的指导下在明斯特获得了博士学位，在那之后我又在图宾根（Tübingen）成为这位著名犯罪学家的助手，1968 年夏季学期在斯图加特（Stuttgart）通过第二次国家司法考试考试（Assessorexamen）之后，我在图宾根完成了教授资格论文。之后我与 1963 年成为律师的英格·卡琳·霍夫曼（Inge Karin Hoffmann）结了婚。她在婚姻家庭法领域颇有成就。在即将获得教授任职资格之前，我就获得了吉森（Gieβen）大学法律系的刑法教席。吉森大学是当时全德国唯一一所有刑法方向空余教席的学校，它在纳粹时期曾被关闭，几年前才重新复课。贝林、弗兰克、李斯特等都曾在那里短暂地工作过。我从学校档案中找出了他们的画像悬挂在我的办公室里。在那个动荡的 1968 年，无论社会还是学校都受到了影响，是这些画像使我仍能感受到刑法传统的气息。吉森成了伪革命者（Pseudo Revolutionäre）的温床。

他们前往法兰克福，在那里由于缺少对马克思、恩格斯理论的了解，革命并没能成功。他们整晚喝着茶开着会进行着无穷无尽的激烈辩论，毫无乐趣可言。唯一可以安慰我的是，当时每周学生们仍会坐火车从法兰克福赶回吉森上刑法习题课。我在一座临时的简陋棚屋里给他们讲"正常的"刑法。大家只是想获得一个"令人满意的"（befriedigend）的评分，而不是通过对刑事政策的评论而获得一个"极优"的评分。因为联邦的铁路系统并不会考虑大学的时间安排，因此习题课的时间通常要推迟20分钟。所有的学生对此都表示理解，除了那些在棚屋前拿着大喇叭把我当成青年反动派来欢迎的人。其实我是个老古董：我只用铁棍打过高尔夫。而在我的第二故乡瑞士的上瓦莱州（Oberwalis），在费尔南达·富克斯（Fernanda Fux）和路易斯·米勒（Louis Müller）家中，比起著名而深受喜爱的瑞士玫瑰酒（Dôle），我更喜欢喝小胭脂红（Humagne rouge）或是本地红酒科娜林（Cornalin）。

学潮之初还发生了一些其他事情。一群携带凶器的暴徒攻击了法律系紧闭的大门。当时的系主任卡尔·彼得斯带着我交给系里的唯一一份教授资格论文成功地从系主任办公室底层的窗户逃了出来。尽管他并没有受过专门的运动训练，但他常常在绍尔兰山区（Sauerland）和黑森林（Schwarzwald）散步，因此身体素质良好。另外发生的事情也十分新鲜。当时学校的校长、著名的民法学者、后来成为教会议会主席的路德维希·赖泽尔（Ludwig Raiser）在大学礼堂发表公开演讲时，居然被学生用"你"（Du）来称呼，他都惊呆了。这一进步显然是受到了平等和博爱口号的感染！

在哥廷根大学的刑法教席度过了短暂的过渡期后，1973年我幸运地回到了当时声望卓著的弗莱堡大学法学院。我在这里的刑法和刑事诉讼法教席一直工作到2003年退休，并担任了由埃里克·沃尔夫（Erik Wolf）创建的犯罪学与经济刑法研究所的所长。这个研究所经历了曲折的发展过程，从最初埃里克·沃尔夫开设的监狱法研讨课，到"犯罪学与刑事执行法"研究所，最后由我的前任所长托马斯·维滕贝格（Thomas Würtenberger）决定更名为现在的名称。研究所之所以冠以"经济刑法"之名主要由于联邦司法部委托给我们的重要研究任务，当时的司法部主管克吕格尔博士（Dr. Krüger）在雷根斯堡召开的刑法学者会议（Strafrechtslehrertagung）上与我讨论这项委托。1971 年 11 月他用一台破旧的打字机——这在当时政府机关里十分常见——用有些破损的字体写信给我，表示司法部长以及议会国务秘书希望通过这项研究促成经济刑法的改革，使经济刑法适应现代社会生活的需要。首先要针对广泛存在的补贴金诈骗行为采取立法措施，这一违法行为给国家公共福利乃至欧洲经济共同体都带来了沉重的负担。我还在吉森的时候就与我的助手、博士生以及实务工作者一道着手对针对补贴金滥用行为所可能采取的各种刑事和行政手段进行了梳理和评价。通过这项研究我们提出了一项立法建议，这项建议记录在一本书中。按照司法部的要求，书中所提及的案例都进行了中立化处理，以防这本书给未来的潜在犯罪人提供指导。这本书后来在火车站的书店里卖了 1 万本。

我参与了联邦司法部成立于 1972 年的反经济犯罪委员会（经济刑法改革），在已经提到的亚历山大·冯·洪堡基金会从事咨询工作，并接受来自联邦刑事局（Bundeskriminalamt）和欧洲委员会的各种研究咨询工作，这都给我在弗莱堡大学法律系的本职教学工作带来了极大的负担。医学部曾经邀请我作为两个系的代表，出席学校的行政委员会会议。但这个委员会每周都会举行会议，因为时间关系，我只能像拒绝其他一些高强度的研究委托一样婉拒了邀请。当然我总是会准时而积极地履行自己作为系主任、副主任以及教授委员会主持人的工作。对于我的老朋友图宾根的于尔根·鲍曼教授以及弗莱堡马克斯·普朗克外国刑法与国际刑法研究所的刑法主管汉斯－海因里希·耶舍克教授我也一直有求必应。我一直努力扩张我的研究所，使其成为国际学术交流的中心。我的秘书埃费琳·维勒（Evelyn Wihler）三十多年如一日地为我的工作提供各种支持，所里许多国外的访问学者亲切地将她称为研究所的母亲。

二

直到完成教授资格论文之前，我的研究方向一直是由导师卡尔·彼得斯决定的。我在学生时代就被他的《刑事诉讼程序》教科书所吸引，并在做他助手期间参加了该书新版的修订工作。师母哈特维希·彼得斯则委婉地对我提出劝告。她清楚地发现，自己的丈夫在多年的实证研究中已经误入歧途。他带领他的团队在图宾根大学由他所创建的刑事诉讼法与刑事执行法研究所研究了 1000 多起重审案件，这是从 1945 年起所能接触到的所有有错判嫌疑的刑事案件。这项研究是独一无二的。在此之后只有部分刑事辩护律师会提及个别的重审案件以及他们自己对这些案件的观点。在这方面，我也对国外关于刑事再审程序的文献进行了综述和评价。在刑事诉讼法方面的研究使我大量地接触了各种证据法方面的问题，例如一直到现在都没有得到彻底澄清的"线人"（V-mann）的证据问题。我在刑事诉讼法方面的各种著述都完成于图宾根时期。

　　除此之外，我还对刑事执行法进行了研究。我在由彼得斯指导的博士论文中尝试将刑事执行法与宪法以及比较法相联系。在查阅联邦司法部为刑法改革所准备的各种文献时，我就发现在刑事执行法与宪法之间的关系方面存在文献上的空白。这也是我日后研究的主题之一。这与我在学生时期参加了已故国家法与税法学者弗里德里希·克莱因（Friedrich Klein）在明斯特开设的研讨课有关，这是我写宪法论文最多的一次研讨课：我为冯·曼戈尔德和克莱因主编的《基本法评注》做过各种准备工作，这也得到了来自吉森的系主任的肯定评价，他们认为我也有能力胜任宪法教席的工作。

　　我在图宾根完成的教授资格论文探讨的则是"整体刑法学"领域中的另一个空白领域，即此前几乎完全被忽视的附属刑法领域，尤其是尝试将刑法总论的内容适用到这些重要的领域中。科隆的里夏德·朗格（Richard Lange）对我这份完成于 1968 年的研究作出了高度的评价，他也是少数几位将这个问题称为刑法的"现代"问题的刑法学者之一。与朗格一样，我着重研究的是附属刑法中与经济相关的部分，一个全新的学术领域经济刑法就这样应运而生了。机缘巧合的是，我的导师卡尔·彼得斯的导师弗里茨·冯·卡尔克，这位帝国议会议员、1902 年刑法改革委员会成员以及 16 卷本的《德国与外国刑法比较研究》的编写者，在20 世纪初研究著作权刑法时就已经提出了部分经济刑法的命题。彼得斯则对其中的诉讼法内容感兴趣，他在 1952 年第一版的《刑事诉讼法教科书》中就从社会伦理侧面讨论了如何更好地打击当时被刑事司法和刑法学广泛忽视的由美国犯罪学家埃德温·萨瑟兰（Edwin Sutherland）所提出的白领犯罪。后来在美国访学时我认识了他的学生唐纳德·克雷西（Donald Cressy）和马绍尔·克林纳德（Marschall Clinard）：第一次我们是在我于耶鲁大学开设的经济刑法研讨课时认识的，第二次合作则是受联合国的邀请与澳大利亚犯罪学家约翰·布莱斯维特（John Braithwaite）一道确立产品安全标准以及公司伦理底线。

我在教授资格论文《附属刑法中的构成要件功能》中讨论的仍然是其中的学理性、教义学方面的问题，而忽略了后来被刑法同行们称为当代经济刑法核心问题的刑事政策性的改革问题。后来在这方面我进行了大量的研究，在大学开设的研讨课上与来自各个经济行业的代表们进行探讨，并在全德国做了多场与之相关的报告。1972 年我在第 49 届德国法学家大会上所做的专家意见中撰写了 100 多页的问题与解决方案综述。在这份专家意见的基础上，前面提到的联邦司法部改革委员会又继续邀请其他的专家用了六年的时间对这一问题进行了进一步的研讨。这个由多人组成的改革委员会每年会在德国和欧洲其他国家的不同地点多次召开长达一周的会议。由于委员会成员来自不同的职业，因此在观点上常常存在极大的分歧，但更多时候我们都能达成一致意见。来自不莱梅的总检察长丁内比尔（Dünnebier）主持改革委员会的态度十分强硬，随后态度相对温和的、来自斯图加特的总检察长魏因曼（Weinmann）取代了他的主席地位。在参加改革委员会时期我还认识了最近刚刚去世的联邦最高法院院长普法伊费尔（Pfeiffer）与公司法学者、后来成为海德堡大学校长的乌尔默（Ulmer）。

根据普法伊费尔的建议，改革委员会关于刑法、刑事诉讼法以及民法、破产法和公司法的改革建议以法条的形式形成了书面草案，从而能够一目了然地看到司法部和立法者后来所作出的改动。在改革建议的基础上形成了 1976 年《第一次反经济犯罪法》（其中设置的犯罪构造要件包括了补贴金诈骗和信用诈骗罪，并在刑法典中设置了破产犯罪）。随后在 1986 年通过了《第二次反经济犯罪法》（其中设置了计算机诈骗罪、投资诈骗罪、支票卡与信用卡滥用罪以及各种针对社会保险的犯罪）。不久之后同样是

基于这次改革委员会的工作成果于 1997 年在《刑法典》中设置了第 26 章
"妨碍竞争犯罪"。其中第 298 条（关于招标时限制竞争的约定）对于传统
的竞价约定问题作出了新的规定。对于这项规定（早在 1851 年普鲁士刑法
典中就规定了类似的构成要件），建筑行业十多年来一直有着强烈的反对
意见，他们通过联邦经济部施压，并邀请了包括恩吉施（Engisch）、吕德
森（Lüderssen）在内的多名学者提供专家意见，在一段时间内成功地阻止
了这一构成要件的设置。这就是经济刑法犯罪构造要件的诞生史！

作为改革的准备工作，我在弗莱堡大学的研究所参与了补贴金犯罪、
妨碍竞争犯罪以及计算机犯罪乃至各种具体问题尤其是破产犯罪的研究
工作。我的助手以及后来的同事乌尔里希·西贝尔（Ulrich Sieber）（他
的研究领域主要是计算机犯罪和信息法）、格哈德·丹内克尔（Gehard
Dannecker）（税务刑法以及竞争法）约阿希姆·福格尔（Joachim Vogel）
（诈骗罪和资本市场刑法）以及托尼奥·瓦尔特（Tonio Walter）（诈骗罪
比较以及知识产权犯罪）在这些研究中以及在《莱比锡刑法典评注》第
十二版撰写新增条文的评注时给我提供了极大的帮助。除此之外，乌尔
斯·金德霍伊泽（Urs Kindhäuser）在我的指导下撰写了教授资格论文
《作为犯罪的危险》（Gefährdung als Straftat）之后，也同样从事着对补贴
金诈骗、信用诈骗、高利贷犯罪的研究。

我还向其他对德国经济刑法感兴趣的国家——日本、中国以及中东、
北非、北美、中美洲和南美洲诸国当然还包括欧洲诸国——介绍了德国已
初具雏形但尚未完全体系化的经济刑法及其基本原则：包括抽象危险犯、
纯正的和不纯正的身份犯、对重大过失（Leichtfertigkeit）行为的处罚以及
设置各种堵截性的构成要件等。我参与了英国议会、法国改革委员会以及
德国联邦议会法律委员会及其刑法改革特别委员会的听证，并接受了加拿
大、芬兰、意大利和西班牙等国的委托为他们的改革提供书面咨询意见。
在准备和实施这些国外项目的过程中我产生了进行法律比较工作的念头并
着手进行了研究。在我看来，法律的比较并不是单方面地输出德国的法学
思考成果，而是通过交流互相学习和吸收各方的有益成果。我发表的著述
常常受到来自外国刑法及学理文献的启发。与拉丁语系国家的密切交流加
上我在文学上的兴趣不仅使我的意大利语有了长足的进步，也促使我开始

学习西班牙语。这也让我能够阅读我最喜欢的作家加西亚·马尔克斯（García Márquez）还有其他拉丁语作家例如罗亚·巴斯托斯（Roa Bastos）、卡尔彭蒂尔（Carpentier）以及魔幻现实主义之父胡安·鲁尔福（Juan Rulfo）的原著。我还常常与弗莱堡大学的罗马语学者谈论加斯顿·巴什拉以及圣琼·佩斯（Saint-John Perse）。我尤其喜爱后者与赫尔德林一样优美诗意的语言风格。我在西班牙语区的朋友和同事们帮我满足了文学上的这些兴趣。我在南美洲访问时，曾经寄了整箱的书回德国。这比想象中的要困难得多，也对我的动手能力提出了极大的挑战。不过这是值得的，它使我整个冬天都能坐在施陶芬的家中盖着毛毯舒舒服服地看上一晚上。

　　在许多国家，尤其是西班牙、南美洲、东亚以及希腊和土耳其，我所提出的刑事政策建议，结合各国具体的社会经济情况或是针对可预见的发展（例如计算机），而在各国具体的刑法改革方案中受到了相应的调整。几乎全世界都在经济刑法领域进行改革的原因主要是基于这样一种观点，即当刑法之外的其他预防措施常常无法发挥效果时，就可以采取刑法手段来抗制各种经济生活中的权利和权力的滥用。我一直致力于说服联合国大会和国际刑法学协会（AIDP）采纳这一观点，我曾经担任国际刑法学协会的副主席。我从一开始——在我的教授资格论文和法学家大会专家意见中——就不断地强调，经济的、公司的行为同样需要行为指引和法安定性。因此我将改革的问题进一步明确地区分为立法问题与刑法典的解释与适用问题。例如在涉及刑法之外的概括性条款时，我主张限制性地适用概括性条款并将其限制在得到普遍认可的评价范围之内。这一点有时会被误解。许多人认为，为了更好地实现抗制经济犯罪的目的，必须尽可能地扩张现行法的适用边界。

　　通过对外国刑法以及法律比较的研究，我也着手研究如何在经济共同体例如欧共体（现在的欧盟）以及南美洲的南方共同市场（Mercosur）内进行法律统一的问题。后者的刑法保障问题主要是由阿根廷学者进行研究。作为由阿根廷前总统阿方辛（Alfonsin）在布宜诺斯艾利斯大学建立的刑法学、犯罪学重建委员会的三名成员之一，我与阿根廷的刑法学者建立了密切的联系。在一次得到洪堡基金会资助的巡回演讲中，我先认识了阿根廷的经济刑法学者恩里克·阿夫塔里昂（Enrique Aftalión），在那之后又先后认识了曾在弗莱堡大学访问的洪堡学者们，例如法哲学家欧根尼奥·布莱金（Eugenio Bulygin）与卡洛斯·尼诺（Carlos Nino）以及经济刑法学者、后来在美国执教的埃德加多·洛特曼（Edgardo Rotman）等。尤其值得一提的是劳尔·扎法罗尼（Raúl Zaffaroni），他不仅是一名出色的刑法学者，还是阿根廷最高法院的法官。他是目前拉美地区最著名的刑法学者。在西班牙裔学者希门尼斯·德·阿苏瓦及其学生的努力下，拉丁美洲地区曾经是除了德国之外刑法学最为发达的地区。我们第一次见面的场景至今仍然历历在目，那时我还是一名年轻的博士生，在巴黎圣威廉大街马克·安塞尔的研究所里第一次认识了这位学识渊博风度翩翩的学者。他了解全世界几乎所有重要国家的刑法体系，他对刑法教义学有着很高的造诣，而对于比较刑法以及刑法未来的发展方向也极富远见。在我的建议下，吉森大学图书馆经过了漫长的采购程序终于购入阿苏俄撰写的多卷本（价格也十分昂贵）刑法学著作。不过在我离开吉森之后是否还有人会去看这本书，就不得而知了。

因为主客观方面的原因，除了西班牙之外，秘鲁（Peru）也成为我进行比较法研究的重点地区。在阿根廷和哥伦比亚之后，秘鲁——它在欧洲常常被忽视——成为拉美地区刑法学发展的核心区。我的朋友，美洲最古老的大学、卡尔五世于1551年建立的圣马科斯大学教授劳尔·佩纳·卡布莱拉（Raul Pena Cabrera）以及利马的天主教大学教授何塞·乌尔塔多·波佐（Jose Hurtado Pozo）带我见识了秘鲁的风土人情。佩纳本人只会说西班牙语，但他却拥有大量的前哥伦布时代的拉美艺术藏品。他与他自费组建的研究团队一起写作的刑法学著作在国际刑法领域享有盛名。其中考察了德国、西班牙、意大利的刑法学术讨论。他的英年早逝令人唏嘘。我常常会想象他作为圣马丁大学的校长是如何与造反学生谈判的，又是如何在全副武装的军队面前临危不惧的。他的学生乌尔塔多则以其对外国法继受的社会学和文化史研究而获得了全球的关注，现在在瑞士弗里堡大学工作。他在弗朗索瓦·克莱尔的指导下获得了博士学位，并致力于法国与德国刑法学思想的交流。

需要澄清的是，欧洲所进行的各国刑法秩序的协调化与统一化并不是其他人所理解的法秩序一体化。这一运动主要是为了在对跨国的、或是发生在他国的经济活动进行司法审判时保证平等原则得以遵循，从而促进公正性与法安定性的实现。在统一的经济共同体内部仍然可以而且应当保持各国国家刑法的特性，未能生效的欧洲宪法条约延续欧洲人权法院判决中的观点就作出了如下规定：英国和法国没有义务放弃现行法律体系中（可推翻的）有罪推定；奥地利也并没有义务取消现行刑法中所规定的单一正犯概念，后者在德国仅在违反秩序法中被规定；而丹麦也不需要在刑法中规定禁止类推。但是 2007 年 12 月 13 日《里斯本条约》通过后如何处理这些刑法问题并不明晰，《里斯本条约》所倡导的超国家刑事司法体系与这些问题之间仍然存在着紧张关系。我曾经代表德国刑法学界在布鲁塞尔参加了关于建立超国家刑事司法体系的论证。

三

　　对于使用刑法手段抗制经济犯罪的研究，尽管建立在实证研究的基础上，并且在实践中也获得了极大的支持，但是我的这些研究和建议在一开始长期为理论所忽视。在德国联邦议会通过《第一次反经济犯罪法》之后，这些研究更是受到了广泛批评。首先是"经济犯罪"这个概念本身就需要进行澄清，以避免公众将"经济"本身视为犯罪。就像过去提出的女性犯罪、未成年犯罪以及老年人犯罪等概念一样，也并不是针对特定的性别、年龄的人群的。保守派甚至是许多法官都对打击经济犯罪持批评态度，甚至认为这是左倾的观点。左翼自由派也认为它是危险的，因为他们坚持对刑法的适用进行限制（即非犯罪化），即便出现了新的、值得保护的利益，刑法也不应当被扩张适用。彻底的左派理论家则认为打击经济犯罪的目的只是巩固现有的资本主义经济体系。其他专业的学者则认为立法者的立法速度太快，而且对自己未能参与其中感到无法理解。

　　20 世纪 80 年代这种意识形态化和两极化的倾向才得以缓解。因此《第二次反经济犯罪法》才得以在科尔（Kohl）政府时代顺利通过。现在以经济刑法为题的博士论文和教授资格论文变得十分普遍。经济刑法在大学课程中也有了自己的教科书、有了自己的国家司法考试试卷以及各种案例选集。在不到十年的时间里，经济刑法从一个不起眼的边缘领域逐渐变成显学，这其中也受到了欧盟法的法秩序协调化进程的影响。

在一些刑法学者眼中，布鲁塞尔方面对于本国经济刑法构成了阻碍，尤其是在要以刑法保护欧盟的利益特别是经济利益时，尽管欧盟没有足够的经济实力，对欧盟的保护也缺乏有效机制。刑法的欧洲化受到了刑法学者的一致反对。欧洲刑法的反对者们常常言辞激烈地认为，这将导致法治国保障被取消，就像1933－1945年所发生的那样。有的学者甚至预言德国的刑法文化会因此走向灭亡。

受到刑法理论批评的首先是欧洲刑法中所设置的集体法益概念，这一概念早在第一次和第二次《反经济犯罪法》中就受到了广泛的批评。对纳粹时期的集体主义思考的反对成为刑法学界反对"超个人法益"或是社会法益的根据。这一批评同样也适用于环境刑法领域。70年代环境刑法改革之时我也为联邦议会提供了咨询意见。现在则普遍认为，在这些现代的刑法领域中，以传统犯罪构造要件如杀人罪和身体伤害罪为中心并辅之以早在19世纪就已经出现在德国法上的水源投毒罪（现在称为危害公共安全的投毒罪）并不足以应对环境污染。在环境刑法中，尽管结果和损害并不一定涉及具体的个人，但这些结果却仍然是明显可见的。而在经济刑法领域情况却有所不同。而且与20世纪70年代的刑法改革不同的是，现在的问题并不是单向的。就在联邦最高法院审判委员会主席维尔纳·扎尔施泰特（Werner Sarstedt）在参加完第49届法学家大会之后坐出租车回宾馆的路上，他突然意识到，在他自己整个职业生涯中，还从来没有审理过一起"经济犯罪案件"。而来自伯尔尼的著名刑法学者汉斯·舒尔茨（Hans Schultz）也在瑞士联邦议会做报告时首先指出，瑞士几乎没有规定任何经济犯罪。但他在报告的书面文字中显著地弱化了这一主张。

当前观点认为，立法者究竟能够将哪些行为置于刑罚威吓之下并不取决于传统的法益理论，而是取决于宪法的比例原则。而在刑法上对各种经济机制的承认由于纯粹的意识形态观念以及对复杂经济过程缺少足够了解而受到阻碍。因此来自科隆的刑法学者乌尔里希·克卢格（Ulrich Klug）根据自己战后在银行工作的经历指出，传统的盗窃罪、诈骗罪这样仅考虑两到三人之间关系的构成要件是不足以适应当前经济生活中复杂的利益状况的。令人遗憾的是，他的这一观点并没有发表在法学杂志、教科书或是祝寿文集中，而是在哈亨堡（Hachenburg）主编的《公司法评注》中提出的。一般的刑法学者也只有在对刑法典第 266 条（背信罪）进行评注时或是在刑事诉讼中为公司职员的背信行为进行辩护时，才会注意到这一观点。

主要作品目录

一　专著

《法国与德国宪法中罪犯的法律地位：整体刑法学的法比较研究》（Die Rechtsstellung des Strafgefangen nach fanzösichem und deutschem Verfassungsrecht. Rechtvergleichende Untersuchungen zur gesamten Strafrechtswissenschaft），1963 年。

《比较法视野下刑事诉讼中法效力理论的发展趋势》（Entwicklungstendenzen der strafprozessualen Rechtskraftlehre unterbesonderer Berücksichtigung des ausländischen Rechts），1969 年。

《附属刑法中构成要件的功能》（Tatbestandsfunktionen im Nebenstrafrecht），1969 年。

《第三次刑法改革法草案中的刑法政策与教义学》（Strafrechtpolitik und Dogmatik in den Entwürfen zu einem Dritten Strafrechtsreformgesetz），1970 年。

《有效抗制经济犯罪的刑法手段》（Welche strafrechtlichen Mittel empfehlen sich für eine wirksamere Bekämpfung der Wirtschaftskriminalität），第 49 节德国法学家大会专家意见 C，1972 年。

《经济领域的越轨预防、信用保障与数据保护》（Delinquenzproph-zlaxe，Kreditsicherung und Datenschutz in der Wirtschaft），与克里斯托弗·萨瑟合著，1973 年。

《德国与法国银行金融领域的犯罪与刑法》（Straftaten und Strafrecht im deutschen und französischen Bank und Kreditwesen），与让·科森合著，1973 年。

《联邦德国的补贴犯罪：表现形式、原因与结论》（Subventionkrimin-alität in der Bundersrepublik：Erscheinungsformen，Ursachen，Folgerungen），1974 年。

《反垄断法之违反与刑法》（Kartellrechtsverstäβe und Strafrecht），1976 年。

《竞争与刑法》（Wettwerb und Strafrecht），1976 年。

《美国与联邦德国的经济犯罪与经济刑法》（Wirtschaftskriminalität und Wirtschaftsstrafrecht in den USA und in der Bundesrepublik Deutsch-land），1978 年。

《环境刑法的新秩序》（Die Neueordnung des Umweltstrafrechts），1980 年。

《经济和犯罪》（Poder Economico y Delito），1985 年。

《税务犯罪中的法定减轻事由——以政党献金为例》（Die gesetzliche Milderung im Steuerstrafrecht，dargestellt am Beispiel der Abzugsfähigkeit von Parteispenden），与吉尔哈德·丹内克合著，1985 年。

《德国与欧共体的经济犯罪与经济刑法》（Doitsu ozobi EG ni okeru keizaihanzai to keizsikeiho），1990 年。

《宪法与刑法》（Verfassungsrecht und Strafrecht），1991 年。

《经济刑法的教训》（Lecciones de derho penal economico），1993 年。

《欧盟成员国刑法的协调》（La armonizacion del derecho penal en los Estados miembros de la Union Euroea Bogota），1998 年。

《刑法与犯罪的新形式》（Derecho penal z nuezas formas de criminali-dad），2002 年第 1 版，2007 年第 2 版。

《宪法与刑法》（Constitueion y Derecho penal），2003 年。

二　评注

《莱比锡刑法典评注》（Strafgestzbuch Leipziger Kommentar）1996 年第 11 版，第 283 - 283d、264 - 265b、263a、298 - 302 条；2008 年第 12 版，第 298 - 302 条；2009 年第 12 版，第 283 - 283d 条。

《公司刑法评注》（GmbH Strafrecht Kommentar），1981 年第 1 版；1995 年第 3 版；2003 年第 4 版。

《破产刑法：莱比锡刑法典评注特别卷》（Konkursstrafrecht, Sonderausgabe aus dem Leipziger Kommentar），1985 年第 1 版；1995 年第 2 版。

《经济诈骗：莱比锡刑法典评注特别卷》（Wirtschaftsbetrug, Sonderausgabe aus dem Leipziger Kommentar mit Einführung und Nachträgen），1999 年。

三　教科书与案例习题集

《经济刑法与经济犯罪》（Wirtschaftsstrafrecht und Wirtschaftskriminalität），《第一卷：总论》；《第二卷：分论》，1976 年。

《刑法与刑事诉讼法导论》（Einführung in das Strafrecht udn Strafprozessrecht），与贡特尔·阿茨特、克劳斯·罗克辛合著，1983 年第 1 版，2006 年第 5 版。

《刑法中期考核》（Die Zwischenprüfung im Strafrecht），1987 年第 1 版；1993 年第 2 版（题为：《刑法入门习题》），1997 年第 3 版，1999 年第 4 版。

《经济刑法：导论、总论与重要条文》（Wirtschaftsstrafrecht. Einführung und Allgemeiner Teil mit wichtigen Rechtstexten），2004 年第 1 版；2007 年第 2 版。

《经济刑法：分论与重要法律、行政规范条文》（Wirtschaftsstrafrecht. Besonderer Teil mit wichtigen Gesetzes und Verordnungstexten），2006 年第 1 版；2008 年第 2 版。

四　期刊与文集中的论文

《法国法治国的基本权利问题》（Das Grundrechtsproblem in französoschen Rechtsstaat），《公共管理》1962 年，第 367 - 373 页。

《服刑人员权利的欧洲阐释》（Eine Europäische Erklärung der Rechte des Strafgefangen），《法学家报》1962 年，第 245 - 248 页。

《服刑人员健康损害的责任》（Haftung für Gesundheitsbeschädigungen Gefangener），《新法学周刊》1962 年，第 1760 - 1762 页。

《刑事诉讼程序中的牺牲诉求？》（Aufopferungsansprüche im Strafverfahren），《德国法律月刊》1964 年，第 971 - 975 页。

《刑法中的平等与社会国》（Gleichheit und Sozialstaatlichkeit im Strafrecht），《戈尔特达默刑法档案》1964 年，第 353 - 376 页。

《刑事诉讼中的传闻证据》（Zeugen vom Hörensagen im Strafverfahren），《法学教学》1965 年，第 14 - 21 页。

《德国刑事执行的规范基础》（Die normative Grundlage des deuschen Steafvollzuges），《新法学周刊》1967 年，第 87 - 91 页。

《参与叛乱或与破坏国家安定》（Beteiligung an Aufruhr und Landfriedensbruch），《法学家报》1968 年，第 761 - 769 页。

《关于抗争案件判决的评论》（Bemerkungen zur Rechtsprechung in den sog. Demonstrationsprozessen），《法学家报》1969 年，第 717 - 726 页。

《推定的同意，以侵占公款为例》（Die mutmaβliche Einwilligung, insbesondere bei Unterschlagung amtlicher Gelder），《法学教学》1970 年，第 108 - 113 页。

《财产犯罪与经济犯罪构造要件的改革》（Zu Reform der Vermögens und Wirtschaftsstraftatbestäande），《法政策杂志》1970 年，第 256 - 261 页。

《行政刑法与法治国》（Verwaltungsstrafrecht），《奥地利法学家报》1972 年，第 285 - 291 页。

《经济立法与经济犯罪》（Wirtschaftsgesetzgebung und Wirtschaftskriminalität），《新法学周刊》1972 年，第 657 - 665 页。

《补贴诈骗》（Die Subventiondbetrug），《整体刑法学杂志》第 86 期，1974 年，第 897 - 920 页。

《抗制经济犯罪作为立法者的任务：以税收与补贴犯罪为例》（Die Bekämpfung der Wirtschaftskriminalität als Aufgabe des Gesetzgebers. Am Besipiel der Steuer und Subventionskriminalität），《戈尔特达默刑法档案》1974 年，第 1 - 4 页。

《刑法方法与手段的发展》（Die Fortentwicklung der Methoden und Mittel des Strafrechts），《整体刑法学杂志》第 86 期，1974 年，第 303 - 348 页。

《刑法的时间界限》（Zeitliche Grenzen des Strafrechts），《卡尔·彼得斯祝寿文集》，1974 年，第 193 - 208 页。

《刑法规范的转变与联邦最高法院的判决》（Der Wechselcvon Strafnormen und die Rechtsprechung des Bundesgerichtshofes），《法学家报》1975 年，第 692 - 694 页

《犯罪构造要件与规范矛盾》（Straftatbestand und Bormambivalenz），《弗里德里希·沙夫施泰因祝寿文集》，1975 年，第 195 - 210 页。

《经济犯罪学研究的目标与问题》（Ziele und Probleme wirtschaftskriminologischer Forschung），《里夏德·朗格祝寿文集》，1976 年，第 541 - 554 页。

《刑法第 283 条修改后的适用问题》（Grundfragen bei der Anwendung des neuen §283 StGB），《新法学周刊》1977 年，第 777 - 783 页。

《交易企业与刑法：比较与总结》（Handelsgesllschaften und Strafrecht Eine vergleichende Bestandsaufnahme），《托马斯·维滕贝格尔祝寿文集》，1977 年，第 241 - 256 页。

《无力偿还作为破产的成立要素》（Die überschuldung als Tatbestandsmerkmal des Bankrotts），《霍斯特·施罗德纪念文集》，1978 年，第 289 - 305 页。

《作为犯罪的数据传输》（Datenübermittlung als Straftatbestand），《新法学周刊》1981 年，第 945 - 952 页。

《新经济刑法的施行与批评：寻找中间路径的努力》（Handhabung und Kritik des neuen WIrtschaftsstrafrechts Versuch einer Zwischenbilanz），《汉斯·丁内比尔祝寿文集》，1982 年，第 519 - 540 页。

《调解诈骗》（Der vergleichesbetrug），《乌尔里希·克鲁格祝寿文集》，1983 年，第 405 - 417 页。

《超国家欧洲刑法总论》（Der allgemeine Teil des Europäischen supranationalen Strafrechts），《汉斯－海因里希·耶舍克祝寿文集》，1985 年，第 1411 – 1440 页。

《政党资助法作为刑法的减轻规定》（Das Parteienfinanzierungsgesetz als strafrechtliche lex mitior），《新法学周刊》1986 年，第 2475 – 2479 页。

《立法者所实施的抗制经济犯罪：1986 年 8 月 1 日生效的〈第二次反经济犯罪法〉概述》（Die Bekämpfung der Wirtschaftskriminalität durch den Gesetzgeber Ein überblick aus Anlaβ des Inkrafttretens des 2. WIKG am 1. 8. 1986.），《法学家报》1986 年，第 865 – 874 页。

《刑法中的代理人与公司责任》（Die strafrechtliche Vertreter- und Unternehmenshaftung），《新法学周刊》1986 年，第 1842 – 1846 页。

《经由隐饰的实物出资的设立与重组欺诈》（Gründungs-und Sanierungsschwindel durch verschleierte Sacheinlagen），《卡尔·拉克纳祝寿文集》，1987 年，第 737 – 760 页。

《〈第二次反经济犯罪法〉中的公司罚款》（Die "Bebuβung" von Unternehmen nachdem 2. Gesetz zur Bekämpfung der Wirtschaftskriminalität），《新法学周刊》1988 年，第 1169 – 1174 页。

《欧洲经济共同体农产品市场领域的惩罚体系改革》（Reform des Sanktionswesens auf dem Gebiete des Agrarmarktes der Europäischen Wirtschaftsgemeinschaft），《格尔德·普法伊费尔祝寿文集》，1988 年，第 101 – 117 页。

《环境刑法：保护还是改革》（Umweltstrafrecht—— Bewärung oder Reform），与乌尔斯·金德霍伊泽合著，《新刑法杂志》1988 年，第 337 – 346 页

《经济刑法词条》（Art wirtschaftsstrafrecht），《赫尔德国家辞典》，第 5 卷，1989 年第 7 版，第 1068 – 1071 页。

《经济犯罪领域国际犯罪学研究的现状与目标》（Stand und Ziele der internationalen kriminologischen Forschung auf dem Gebiet der Wirtschaftskriminalität），《弗朗茨·帕林祝寿文集》，1989 年，第 445 – 464 页。

《利益冲突中的背信：以监事会成员的行为为例》（Untreue bei Interessenkonflikten—am Beispiel der Tätigkeit von Aufsichtsratsmitgliedern），《赫伯特·特伦德勒祝寿文集》1989 年，第 319 – 335 页。

《欧共体金融利益的刑法保护》（Der Strafschutz der Finanzinteressen der Europäischen Gemeinschaft），《新法学周刊》1990 年，第 2226 – 2233 页。

《刑法总论与分论之关系》（Zum Verhältnis von Allgemeinem und Besonderem Teil des Strafrechts），《于尔根·鲍曼祝寿文集》，1992 年，第 7 – 20 页。

《未经许可出口武器行为的犯罪构造要件发展史》（Zur Geschichte eines Straftatbestandes des ungenehmigten Rüstungsexportes），《京特·施彭德尔祝寿文集》1992 年，第 591 – 609 页。

《欧洲共同体与刑法》（Europäisches Gemeinschaftsrecht und Strafrecht），《新法学周刊》1993 年，第 23 – 31 页。

《市场经济中的刑法》（Strafrecht in der Marktwirtschaft），《瓦尔特·施特雷与约翰内斯·韦塞尔斯祝寿文集》，1993 年，第 527 – 543 页。

《欧盟框架内的德国经济刑法》（Das deutsche Wirtschaftsstrafrecht im Rahmen der Europäischen Union），《宫泽浩一祝寿文集》1995 年，第 673 – 683 页。

《错误理论的现状：以经济刑法与附属刑法为例》（Zum Stand der Irrtumslehre, insbesondere im WIrtschafts und Nebenstrafrecht），《弗里德里希·格尔茨祝寿文集》1995 年，第 95 – 111 页。

《计算机犯罪与刑法》（Computerkriminalität und Strafrecht），《京特·凯泽祝寿文集》1998 年，第 1373 – 1385 页。

《判例与理论中的诈骗刑法》（Das Betrugstrafrecht in Rechtsprechung und Wissenschaft），《联邦最高法院 50 年祝寿文集》，2000 年，第 4 卷，第 551 – 567 页。

《国法大全总论》（Der allgemeine Teil des Corpus Juris），芭芭拉·胡伯主编：《国法大全作为欧洲刑法的基础》，2000 年，第 61 – 66 页，第 123 页以下。

《国际刑法学会第 14 届国际刑法论坛》（Der XVI Internationale Strafrechtskongreβ der Association Internationale de Droit Pénal），《整体刑法学杂志》第 112 期，2000 年，第 704 – 705 页。

《卡尔·彼得斯的刑事诉讼思想》（Der Strafprozeβ im Denken von

Karl Peters），《法学家报》2000 年，第 139 - 145 页。

《欧盟作为刑法的渊源》（Die EU als Rechtsquelle des Strafrechts），《克劳斯·罗克辛祝寿文集》，2001 年，第 1401 - 1413 页。

《竞争刑法》（Wettbewerb als Rechtsgut des Strafrecht），克劳斯·蒂德曼主编：《欧盟的经济刑法》，2002 年，第 279 - 293 页。

《银行秘密刑法保护的新侧面》（Neue Aspekte zum strafrechtlichen Schutz des Bankgeheimnisse），《新法学周刊》2003 年，第 2213 - 2215 页。

《经济领域的贿赂：新旧改革问题》（Schmiergeldzahlungen in der Wirtschaft—Alte und neue Reform），《恩斯特 - 约阿希姆·兰珀祝寿文集》，2003 年，第 759 - 769 页。

《背信的构成要件：限制高管薪水的手段？——评曼内斯曼案》（Der Untreuetatbestand—ein Mittel zur Begrenzung von Managerbezügen？ Bemerkungen zum Fall Mannesmann），《乌尔里希·韦伯祝寿文集》，2004 年，第 319 - 331 页。

《欧洲刑法的现状与未来》（Gegenwart und Zukunft des Europäischen Strafrechts），《整体刑法学杂志》第 116 期，2004 年，第 945 - 958 页。

《欧洲刑事诉讼法的未来》（Bemerkungen zur Zukunft des Europäischen Strafprozess），《阿尔宾·埃泽尔祝寿文集》，2005 年，第 889 - 899 页。

《依据〈联邦信用机构法〉第 55a、第 555b 条公开与利用联邦银行数据行为的可罚性》（Strafbarkeit des Offenbarens und Verwertens von Bundesbankangaben nach §§55a, 55b），《银行法与银行经济杂志》2005 年，第 190 - 192 页。

《经济刑法的立法技术》（Zur gesetzgebungstechnik im Wirtschaftsstrafrecht），《弗里德里希 - 克里斯蒂安·施罗德祝寿文集》，2006 年，第 641 - 647 页。

《欧洲法律统一中的诈骗罪与腐败犯罪》（Betrug und Korruption in der Reichsangleichung Europäischen Verfassungdvertrag），《哈罗·奥托祝寿文集》，2007 年，第 1005 - 1064 页。

《欧洲宪法公约中的刑法》（Strafrecht in Europäischen Verfassungdvertrag），《海克·容祝寿文集》，2007 年，第 987 - 1004 页。

《商业贿赂犯罪的原则与法政策评述》（Grundsätzliche und rechtspolitische Bemerkungen zum Straftatbestand der Wirtschaftskorrution），《彼得·高伟勒祝寿文集》，2009 年，第 533 – 542 页。

《组织机构背信中股东的强制起诉权限》（Zur Klageerzwingungsbefugnis von Aktionären wegen Organuntreue），《福尔克马尔·梅勒祝寿文集》，2009 年。

赫伯特 · 特伦德勒 （Herbert Tröndle）

赫伯特·特伦德勒 (Herbert Tröndle)

徐凌波 译

一

我出生在一家铁匠铺的阁楼上。我的祖父布拉修斯·特伦德勒 (Blasius Tröndle) 在 19 世纪末修建了这栋屋子。门前是圣布拉辛路,它穿过斯瓦比亚山脉一直延伸到莱茵河上游的山谷中。这里曾是去往阿尔布鲁克车站的必经之路,因而车水马龙。

1913 年我的父亲约瑟夫·特伦德勒 (Joseph Tröndle) 继承了这间铁匠铺,同时还经营着修锁和安装等生意,之后他娶了我的母亲罗莎·黑泽利 (Rosa Häseli)。她来自附近的一个瑞士边陲小城,幼年失怙,有许多兄弟姐妹。随着战争的爆发,我的父亲应征入伍,1918 年回到家乡。

我出生于 1919 年 8 月 24 日,是家中的第三个孩子。我从来都不喜欢待在父亲的铁匠铺里,而更喜欢跟着母亲在厨房里做家务。她用独特的方式对我进行了启蒙教育:因此早在上学之前,我就能够准确地说出瑞士所有联邦州的名字,并学会了数数和认字母。

七八岁的时候,父亲给我买了一架新的钢琴。这对我来说是一个特殊的惊喜。他发现,我在打铁这项家族传统生意上完全没有天分。因此在我小学四年级之后他便为我申请了瓦尔茨胡特 (Waldshut) 文理中学。

在学校里,或许是因为老师教学方式的问题,我对数学和自然科学始终没什么兴趣缺缺,但十分热爱艺术与音乐相关的所有课程。二年级时我的音乐老师海因里希·明茨 (Heinrich Münz) 便把学校的大提琴借给了我。我的大提琴老师是一名小学教师，在他的指导下，几个月后我就加入了学校的交响乐团。

我在这些附带的课余兴趣上远比学业本身上心得多。因为对学习没有兴趣，我最后只获得了中等的成绩，因此放弃了在文理中学继续学习。随后我的父亲在德意志银行为我谋取了一个见习生的职位。但在我正式去银行见习之前，却被告知由于某些不可预见的原因这个名额已经被别人占了。由于反正也没有别的更好的出路，我便索性在学校继续学业。我比之前显得对学习更有兴趣，我的拉丁语老师认为我终于改邪归正了。当时中学学制从九年缩减为八年（为了更早地进入社会！），与我在银行完成见习的时间相比，我完成高中毕业考试的时间反而提早了。

1938 年 3 月我以优异的成绩完成了高中毕业考试，并获得了一项音乐上的表彰。与全班同学一样，我应征入伍。按照规定，在服兵役之前首先要为国家服 6 个月的劳动役（Reichsarbeitendienst）。

就在此时，意想不到的事情发生了，导致 3 天之后我手中的镐子和铁铲变成了一支笔！出于美观，我将更衣柜上的名字写成了哥特体。在第一次集合时，我的名字便引起了营地长官的注意。最高监工（Oberst-feldmeister）* 迅速召见了我，并交给我一项任务：他让我用哥特体将营地的历史记录（大约有四年之久）抄写到牛皮纸上。我每周的劳动时间都用来完成这项工作，我在制作表格和目录方面的表现也让书记处的工作人员十分满意。就这样，在 6 个月国家劳役期间，我过得比其他人要舒服得多。

二

入伍之后日子就过得没那么舒坦了。冬天我们也要在阵地上进行重机枪训练，每天上午和下午各四个小时（！）排成 12 排不断地练习正步，以保证 4 月 20 日在驻军地城市菲利根（Villingen）进行的阅兵式上不出错！

---

* 纳粹时期德国国家劳役团级别之一。——译者注

在训练了差不多一年之后战争便爆发了。我所属的步兵第75团先是奉命驻守西部，1940年5月10日又被派往对法作战前线。尤其痛苦的是，由于法军一直在撤退，为了追赶他们，我们必须每天都要行军60公里以上。停火期间我们又从卢瓦尔河（Loire）转移到了日内瓦湖（Genfer See）附近。我们在那里戍守边境线一直到1941年初。入伍两年多之后我先后晋升为中士（Unteroffizier）和（中士衔）候补军官（Offizieranwärter）。作为军官，每天执勤前我首先必须参加一个小时的骑术训练。一开始训练时并没有马鞍和马镫，所以训练异常辛苦。我们常常开玩笑说，跟在马背上相比，地面简直像天堂一样。

1941年3月，我所属的团又被派往普鲁士地区东南部为下一次作战做准备。6月我们奉命穿过波兰马祖里亚（Masuren）壮丽的海岸线到大"苏瓦乌基之角"（Suwalki Zipfel）。1941年6月22日凌晨3点我们从那里突破了苏联的边境线。在立陶宛边境地区交战之后我们又继续向东部挺进，行军数百公里，其间不断地与撤退中的苏联红军交战。东征开始的第一周我晋升为上士（Feldwebel）。行军过程中我们经历了多次代价惨烈的战斗（比亚韦斯托克双重会战（Doppelschlacht von Bialystok）、维特比斯克（Witebsk）–斯摩棱斯克（Smolensk）战役以及十月的佛亚斯马–布良斯克双重会战（Doppelschlacht bei Wjasma und Brjansk））。1941年10月中旬，我晋升为少尉（Leutnant），我们师团也因为损失惨重而从前线调回。1942年1月底我们重新回到东线战场的伊尔门赛（Ilmensee）和旧鲁萨（Staraja Russa），苏联红军在那里布置了大量的兵力将我方的一个军团包围在了德米杨斯克（Kessel von Demjansk）。他们十分擅长在寒冷的冬季作战并能够灵活地利用各种冰封的河道和沼泽地。而我们却没有对俄罗斯的冬天做好充分的准备，因此这场旷日持久的攻防战打得异常艰难。2月的一天——那天虽然是个晴天，但也有零下30多度——我带着一个重机枪排（sMG-Zug）和一个护卫排（Schützenzug）在据点D一米多深的雪地里遇到了一队在各方面都比我们强大得多的苏联红军。在强大的炮火掩护下，俄国人一波又一波不断地冲击我们的阵地。我的理智告诉我，只有坚守阵地才有一线生机。数小时之后他们的进攻开始减弱。而此时我的部队则已经死伤过半，并与所属的集团军（Einheit）失去了联系。

直到第二天晚上我和幸存下来的士兵才重新联系上了大部队。幸存下来的部下们都获得了表彰，而我则获得了一级铁十字勋章（Eisernes Kreuz I. Klasse）。

接下来的几个月中——春天终于来了——我们经过长达数周的战斗，在俯冲轰炸机的掩护下，与其他的集团军一起从德米杨斯克突围。由于我军伤亡惨重，1942 年 5 月 11 日我调任三营 11 连连长，这个连中有半数以上都是仅受过几个月的训练就被派上战场的年轻士兵。

6 周之后也就是 1942 年 6 月 27 日，我的连指挥部被敌方迫击炮命中，在轰炸中我失去了我的左腿，而我的右脚也完全粉碎。附近连的一位战友穿过被敌方炮火覆盖的阵地跑过来为我做了简单的急救，然后将我送到了几百米外的医疗站让医生为我进行必要的治疗。之后我又被送到了距前线几公里的后方主医疗站，在那里施耐德医生（Dr. Schneider）截去了我的两腿膝盖以下的部分。他的手术十分专业，第二周截肢的伤口就已经开始愈合。而且直到现在，截肢的部分也完全不需要额外的医疗护理。

我十分感谢当时战地医生的精湛医术和那位战友的及时抢救，这不仅是因为他们在我重伤时帮助了我，也是因为其中的种种细节对于我此后的人生产生了关键性的影响。我虽然受了很重的伤，但也觉得这对我来说是一种"解脱"。而从现在来看，这个悲惨的结局却又带有宿命性的意味：我是我们团倒数第二位一直参与对苏作战且幸存的军官。43 年之后，一位名叫康拉德·芬克（Konrad Fink）的人写信给我，称从报纸上看到我被授予了联邦大十字勋章的报道。他在信中问我是不是"特伦德勒少尉"，因为他记得 1942 年的夏天他和另一位战友一起将那位身受重伤的少尉送到了医疗站急救。他清楚地记得，那位少尉一直高举着双手喃喃自语"我还能弹钢琴！"

在被送往野战医院之前，我在主医疗站躺了许多天，得了严重的褥疮。这之后的半年内它把我折腾得够呛，尤其是当我在炎炎夏季随着人满为患的医疗队从普斯科夫（Pleskau）经过里加（Riga）被送往因斯特堡（Insterburg）*。受伤两周之后，我在因斯特堡的野战医院接受了持续

---

*　即俄语中的切尔尼亚霍夫斯克。——译者注

的治疗。在野战医院我还收到了从阵地上送来的金制的联邦十字勋章。

几周之后，随着我身体状况的好转，我被送回了故乡位于巴登维勒（Badenweiler）的医院。在背上的褥疮基本痊愈之后，我开始尝试做一些复健训练。1943 年 3 月底，我基本适应了新装的义肢并能够骑自行车，于是我便离开那儿到了位于弗莱堡的战地医院，其间我还晋升为中尉（Oberleutnant），并于 1943 年夏季学期开始了我的学业。一开始我攻读的是政治经济学专业，旁听了奥伊肯（Eucken）和冯·迪策（von Dietze）的课程。但我无法理解国民经济学的内容，所以便在第二学期转到了法学专业，旁听了舍恩克（Schönke）、毛恩茨（Maunz）、埃里克·沃尔夫（Erik Wolf）、伯默尔（Boehmer）和拜尔勒（Beyerle）的课程，并通过了初阶考试（Anfängerübung）。

1944 年到 1945 年的冬季学期我搬到了耶拿（Jena）。我在那里选修了克鲁施（Krutsch）、舒尔策－冯·拉索（Schulze-v. Lasaulx）的民法与民事诉讼法，冯·韦伯（v. Weber）的刑法与刑法史，吉泽（Giese）与瓦克（Wacke）的宪法与行政法，利尔曼（Liermann）与耶路撒冷（Jerusalem）的国际法与法制史，此外我还通过了进阶考试（übungen für Vorgerückte），并旁听了约翰森（Johannsen）的哲学导论。

我之所以转学去耶拿完全是因为我后来的妻子伊尔莎·多塞（Ilse Dosse）当时即将从魏玛的一所高级技工学校毕业。他的父亲是沃尔芬比特尔（Wolfenbüttel）的福音派传教会的领袖，还曾经作为少校（Major）参加了在南斯拉夫（Jugoslawien）的战争。他原本极力反对自己的女儿嫁给我，一来我是外地人，二来我信仰的又是天主教。1944 年秋我未来的岳母来看望我之后，他便不再反对，因为他完全信任自己妻子的眼光。1944 年圣诞我和伊尔莎在大斯托克海姆（Groß Stöckheim）的牧师宅邸订婚。

尽管耶拿城内被战争炮火所摧毁，大学的课程仍然在 1945 年 1 月如期继续着。学期结束后不久战争也结束了。盟军战线的推进使得我无法顺利回到故乡巴登州南部。我便与未婚妻一起回到了他父母的家乡布伦瑞克（Braunschweig）。1945 年 4 月 5 日我们在那里举行了婚礼，教堂婚礼（die kirchliche Trauung）由我岳丈的战友莱斯蒂科夫（Leistikow）主持。在此之前，我们还穿过反坦克战壕前往市政厅进行登记（die stande-samtliche Trauung），那也是我最后一次穿上我的军装。

三

战后的一个月，我和妻子都待在大斯多克海姆的牧师宅邸中，我们完全依靠岳母的社会救济金以及她家的大花园作为生活来源。我的岳父和他的两个儿子没能从战场上回来，他留下的庞大图书馆使我能够在家中继续学业。其中温德尔班德（Windelband）的《哲学史》（Geschichte der Philosophie）是我的最爱。

1945 年 9 月哥廷根大学复课，我也即刻开始继续大学的学业。战后的萧条局面并没有影响学生们的学习热情。学生们的热情也感染着学校里的老师们。不到十年间哥廷根大学聚集了法学各个领域最为顶尖的学者，比如民法和民事诉讼法领域有赖泽尔（Raiser）、拜茨克（Beitzke）、冯·吉尔克（v. Gierke）、费尔根特雷格（Felgentraeger），刑法和刑事诉讼法领域有韦尔策尔（Welzel）、埃伯哈特·施密特（Eberhart Schmidt）、博克尔曼（Bockelmann），公法领域有斯门德（Smend），国际法有格雷韦（Grewe），罗马法则有尼德迈尔（Niedermeyer）和维亚克尔（Wieacker）。我完成了民法、合同法、刑法的进阶考试并在民事诉讼法考试中获得了优异的成绩，随后又继续选修了宪法和法制史的研讨课。

在结束第六学期的学习之后我向策勒州高等法院申请参加第一次国家司法考试，1945 年 3 月 13 日在策勒完成了口试。当天考试委员会主席暨法院审判委员会主席雷德佩宁（Redepenning）在考试前告诉考生们，考试委员会认为战后这个特殊时期尤其是战争所造成的学业中断，或其他考试准备方面的巨大困难，原则上都不能成为降低考试标准的理由。随后我以第一名的成绩通过了考试。

1947 年夏季学期我在拜茨克教授的指导下完成了博士学位论文《民法典第 814 条在瑕疵合同中的适用》（Der § 814 BGB, insbesondere seine Anwendung auf fehlerhafte gegenseitige Verträge）。

因为我想回家乡完成见习（juristische Vorbereitungsdienst），于是我们便从英占区搬到了法占区，这在 1947 年是一场异常艰难的工作。为了确保能将家中的贵重物品安全地运到目的地，我特地买了一张二等座的火车票，以便能够随时随地盯着我的行李。我花了整整六天的时间才从汉诺威到达我的家乡阿尔布鲁克（Albruck）。

四

1947 年 9 月 1 日我开始在只有一名法官的塞京根地方法院（Ein-Mann-Amtsgericht Säckingen）见习。地方法院的法官费伦巴赫（Fehren-bach）从一开始就让我参与他的所有审判工作，包括完成裁判理由以及主持临时讯问（kommissarische Zeugenvernehmung）。6 个月之后我便熟悉了法院的所有日常业务，在接下来的 8 个月中我又在瓦尔茨胡特（Wald-shut）检察院进行见习。在那里只有一名检察官，他同时还要代理因病无法工作的检察长的工作，于是就把地方检察官的工作交给了我。我一个人完成了检察院在 6 个地方法院的绝大部分起诉工作。而在此期间我的博士论文面试时间也临近了。因为之前在口试中都取得了优异的成绩，于是我天真地认为，即便不离开瓦尔茨胡特检察院专门做准备，我也能够顺利通过口试。但种种外部迹象似乎已经预示着这次我不会走运：当时除了占领军的地盘外，每到冬天傍晚往往会停电，一切都处在黑暗里。我参加面试的屋子里，只有桌子上摆着两盏兴登堡灯（Hindenburgli-cht）*。屋内气氛十分阴森诡异，坐在对面的教授们在微弱的火光中若隐若现。面试的结果也让人十分沮丧，考试委员会主席尼德迈尔教授告诉我，虽然我的博士论文很优秀，但是我没能通过面试，我有一年的时间准备然后重新进行面试。

这个教训对我也是有益的：为了在不耽误见习的情况下更好地准备面试，我决定在每天工作开始前花两个小时的时间重新梳理并拓展我的

---

*　二战时德国士兵用蜡烛和铝壳做成的简易照明工具，以德国元帅兴登堡命名。——译者注

理论知识。这对我的实务工作以及第二次国家考试都大有裨益。我在瓦尔茨胡特政府参加培训时通过了博士论文口试，随后当罗拉赫（Lörrach）和塞京根地方法院的法官们在 1949 年夏天和秋天出去度假时，我还代理他们主持了长达数周的工作。

1950 年 6 月 15 日我在第二次国家司法考试中获得了"优秀"（Gut）*，在 15 名考生中名列第一。

巴登州司法部任命我为巴登州候补法官（Gerichtassessor），1950 年 10 月 1 日，我作为替补开始参加已经十分熟悉的塞京根地方法院的实务工作。其中包括所有的民事和刑事案件，除此之外还有监狱事务。一开始我的任务就相当繁重：每年要审理 400 多起民事诉讼，每周要进行一次民事庭审和一次刑事庭审以及许多其他案件，每个月要去莱茵费尔登（Rheinfelden）或是道路尚不通畅的林间小镇里肯巴赫（Rickenbach）和黑里施里德（Herrischried）参加法院会议。当时那里的环境依然如 100 年前曾在塞京根做审计员的诗人约瑟夫·维克多·冯·舍费尔（Joseph Victor von Scheffel）在他的《豪恩斯坦黑森林游记》（Reisebildern aus dem Hauensteiner Schwarzwald）中所描述的那样。

为了及时完成所有的工作，我每天晚上还有周末都要加班。这在战后重建时期对于法律工作者而言并不稀奇，当时的人们也很少休假。1952 年，由于长期的超负荷工作我终于病倒。我在提交给斯图加特司法部的报告中也表示，相比于战前（1937 年），冷战后的法律事务要繁重得多，司法部这才向地方法院增派了一名工作人员。

1953 年 9 月 1 日我成为联邦最高法院的助理人员（Hilfsarbeiter），以免被调到其他的部门任职。当时的最高法院院长赫尔曼·魏因考夫（Hermann Weinkauf）将我安排到了第一刑事审判委员会。我向他提出异

---

* 德国国家司法考试评分中，0 分为不满意的（ungenügend），1–3 分为有缺憾的（mangelhaft），4–6 分为充分的（ausreichend），7–9 分为令人满意的（befriedigend），10–12 分为完全令人满意的（vollbefriedigend），13–15 分为优秀的（gut），16–18 分为非常优秀的（sehr gut）。不同联邦州的及格线（Prädikatexamen）有所不同，例如在巴伐利亚州及格线为"完全令人满意"，而在巴登–符腾堡州则是"令人满意的"。——译者注

议，表示"自己的专业其实是民法"，但他并没有理会："在您这个年纪就到联邦最高法院工作时，您的具体工作就应当由我来决定"。不可否认的是，我被派到刑事审判委员会担任助理这件事对于我日后的职业生涯具有决定性的意义。在卡尔斯鲁厄（Karlsruhe）我开始了全新的职业生涯：过去在地方法院工作时遇到问题我只能自己思考如何解决，而在最高法院，所有的法律问题都能从我训练有素且经验丰富的同事那里获得有益的建议，更不用说还有资料丰富的最高法院图书馆。我的具体工作是由第一审判委员会主席马克斯·赫尔希纳博士（Dr. Max Hörchner）分派的。根据投票表决的结果，我需要撰写一份关于"参与非故意的正犯行为"（Teilnahme an unvorsätzliche Haupttat）的专家意见。当时，第四刑事审判委员会的意见认为，即便是非故意的正犯行为也可能存在共犯。与之相反，在我看来，共犯成立的前提在于，其所参与的正犯行为必须是基于故意而实施的，但并不一定要求具有违法性认识。1969年第二次刑法改革法对此也作出了明文规定。我的这份专家意见发表在《戈尔特达默刑法档案》1956年第129页以下。

由于长年与家庭分离，在最高法院任职的两年时间里，我每个周六都去火车站接我的妻子和四个孩子，然后在周一早晨又将他们送回，我最终提出申请在1955年底结束了在最高法院的工作，重新回到瓦尔茨胡特州法院。审判委员会主席赫尔希纳对我的工作作出了肯定评价，认为我足以胜任州法院法官的工作，当时我36岁。

1956年1月2日我开始了在瓦尔茨胡特州法院的工作。

1956年6月底是我人生关键性的转折点之一：联邦司法部邀请我作为专家顾问到波恩为刑法改革提供咨询意见。在经过两周的考虑之后我欣然接受了这一邀请。

五

1956年10月1日我开始在联邦司法部工作。当时刑法部门主管是约瑟夫·沙夫霍伊特勒（Josef Schafheutler），爱德华·德雷埃尔（Eduard

Dreher）是刑法改革的总顾问（Generalreferent für Strafrechtsreform），而担任顾问的则是卡尔·拉克纳（Karl Lackner）和格奥尔格·施瓦姆（Georg Schwalm）。作为编外顾问我也投入了刑法改革的咨询工作中。其实早在 1954 年 4 月 6 日刑法大委员会（Große Strafrechtskommission）就已经开始了其改革工作，在我加入之前的两年时间内他们已经完成了一系列基础性问题的研究，刑法总则的大部分内容也在司法部通过了一读程序。1956 年 12 月我第一次参加委员会的专家咨询（Kommissionsberatung），1958 年我参加了文书犯罪（Urkundenstraftaten）、高利贷犯罪（Wucher）以及完全醉态（Volltrunkenheit）等分则条文的讨论，1959 年我则参加了关于正犯与共犯、紧急避险、诬告罪、徇私舞弊罪、妨害选举犯罪问题的二读程序。刑法大委员会的最后一次（第 143 次）会议于 1959 年 6 月 19 日召开。

刑法改革草案（E 1960/1962）的立法理由书共 540 页。其中我参与撰写立法理由的部分包括总则中的刑法空间效力、所使用的语言、正犯与共犯、正当防卫与紧急避险，以及分则部分的文书犯罪、高利贷犯罪、诬告犯罪、妨害选举的犯罪和妨害司法的犯罪等。

有幸参加刑法大委员会的咨商以及联邦司法部刑法部门的改革准备工作，用当时刑法大委员会最年轻的成员汉斯-海因里希·耶舍克[1]的话来说，就像"参加了一场最高等级的研讨课"。无论是总则还是分则问题，无论是刑法解释还是制裁体系问题，无论是理论还是实务问题，我都能够从这个领域中最为权威和资深的学者那里获益良多。

1958 年 9 月 5 日我还被任命为巴登-符腾堡州高等法院法官（Oberlandgerichtsrat）[*]。

1960 年底，当时州法院院长富克斯（Fuchs）告诉我，瓦尔茨胡特

---

[1] 耶舍克：《刑法论文集（1980－1998）》（Beiträge zum Strafrecht 1980－1998），第 649 页。

[*] Oberlandgerichtsrat 一词直译为高等法院委员，是现行《德国法官法》（DRiG）于 1972 年颁布之前，德国对于州法院、州高等法院法官的称呼，根据现行《德国法官法》第 19 条 a 的命名规则，这个称谓已经被"法官"（Richter）所取代。现行法官的级别包括了法官（Richter）、主审法官（vorsitzender Richter）、庭长（Direktor）、副院长（Vizepräsident）与院长（Präsident）五个级别。——译者注

州法院将设置一个新的法院庭长（Landgerichtsdirektor）职位，如果我有兴趣，他会向司法部极力推荐我。我因此有机会继续作为法官从事实务工作。我太太表示，如果我们在瓦尔茨胡特造一所房子的话，那么她也愿意回到那里去生活。于是我的生活又有了一个新的目标。继承了父业的兄长为我们在瓦尔茨胡特找到了一个理想的住址。1961 年 3 月 10 日我提交了担任瓦尔茨胡特州法院主管的职位申请。我想当然地认为有了富克斯院长的推荐，这一申请一定会被批准。然而我错了：几天后我在斯图加特演讲时，司法部的人事顾问卡尔·亨（Karl Henn）告诉我，由于各种因素的影响，我任职的机会并不大。他们已经准备任命另外一位法官担任这一职位，那样的话我作为州法院法官的生涯就只有三年半了。与那位法官相比我并没有优势。毕竟我也知道，当时整个巴登 - 符腾堡州最年轻的州法院庭长也比我年长 10 岁左右。让我觉得意外的主要是，我在联邦最高法院和联邦司法部的工作经历对于他们决定庭长人选居然没有起到任何作用。我将这件事告诉了司法部部门主管沙夫霍伊特勒和联邦司法部的人事顾问赫尔曼·马森（Herrmann Maassen），并指出，如果像我这样有着四年半的联邦司法部顾问工作经验的人都没有机会担任一个相对偏远地区的州法院庭长的话，那么以后资历深的州法官也不会再愿意前往最高级别的联邦司法机构任职了。后来我才知道，当时的联邦司法部部长舍费尔（Schäffer）为此专门打电话给巴登 - 符腾堡州司法部部长豪斯曼（Haußmann），豪斯曼告诉他，我将被任命为瓦尔茨胡特州法院的庭长。

六

1961 年 6 月 19 日我作为法院庭长再次回到了瓦尔茨胡特州法院工作，负责一审和事实审上诉（Berufung）的工作。但是新的工作环境发生了许多变化：新的法院办公楼即将竣工，这样我就能拥有独立的办公室。而当时十分赏识我的州法院院长富克斯则即将调任康斯坦茨州法院，新任院长为海因里希·齐默尔曼（Heinrich Zimmermann）。

　　而我家的新房也在顺利建设过程中。设计师的灵感和我妻子的创意在房子的设计建筑过程中得到了恰到好处的体现。对于具体细节处的安排也多是他们的手笔，总之比我付出的要多得多。1962 年 8 月底我们全家从波恩搬到了瓦尔茨胡特新建成的住所中。

　　1963 年夏天，州法院院长齐默尔曼因遭遇严重的车祸而无法继续工作，于是我被任命为代理院长。1964 年院长人选再次发生了更换。齐默尔曼因病退休，阿尔冯斯·拜辛（Alfons Beising）继任院长。前任院长卸任、继任院长履新仪式连同州法院成立一百周年纪念日的庆祝的仪式一起于 1964 年 12 月 9 日在法院大厅举行，与 100 年前法院成立时一样，受邀参加庆典的包括司法部部长、州高等法院院长、相邻辖区州法院院长以及相邻州高等法院院长等。我在庆典致辞中提到，1864 年，当时的辖区法院（Kreisgericht）成立时瓦尔茨胡特尚属于前奥地利（vorder Österreichisch）地区*。除了 19 世纪上半叶的中断外，瓦尔茨胡特始终是黑森林南部地区的中级法院。

　　1966 年州司法部明确表示我可以申请担任奥芬堡（Offenburg）检察院检察长。随后我提交了申请。因为司法部当时并不打算在拜辛院长卸任之后任命代理院长，而通过调任奥芬堡检察院我就有机会在拜辛卸任之后继任州法院院长的职位。

七

　　1966 年 5 月 2 日我就任奥芬堡检察院检察长。与家人的短暂分离让我的妻子尤其感到痛苦，因为当时正好我们的长子也入伍开始服兵役。

　　当时的热点问题是交通领域的醉酒驾驶问题，这一问题在巴登－符腾堡极具争议，量刑也十分不均衡。在斯图加特，即便是初犯也曾被州高等法院处以有期徒刑且没有适用缓刑。而同样的情况，卡尔斯鲁厄州

---

　　* 前奥地利地区，指的是 13－19 世纪奥匈帝国的统治者哈布斯堡家族从施瓦本公国继承的领土，包括了现在瑞士的福拉尔贝格州、法国的阿尔萨斯和德国的巴登－符腾堡。——译者注

高等法院所判处的刑期则相对较短，而且通常会适用缓刑。而我在论文①以及第五届德意志交通法院会议（5. Deutsche Verkehrsgerichtstag）②上则指出，上述两者都不符合现行法律的规定，对于醉驾的处罚过轻或是过重在法政策上都是值得检讨的。根据现行法律规定，对于醉驾初犯应当处以较高的罚金刑，在必要的时候可以允许分期缴纳罚金。

作为检察长我会指示下属的检察官们在起诉初次醉酒驾驶且并未引起实害结果的犯罪人时，以大致相当于犯罪人一个月税前收入的罚金作为量刑建议。因此在奥芬堡州法院辖区内，这类案件通常都被处以较高的罚金刑。总检察长阿尔贝特·沃尔（Albert Woll）与司法部长席勒（Schieler）对此都并未提出异议。在现行法允许的范围内，我还尝试在履行自己的起诉职务的过程中适当地关注刑法未来的改革动向。治下甚严的总检察长从来没有批评过我。我总是及时地向他汇报各种必须汇报的事项。因此我能够确定他对于我的做法基本上是赞同的。

法官联合会的刑法委员会（Strafrechtsausschuss des Richterbundes）曾经在刑事诉讼中的上诉形式的改革（Rechtsmittelreform）中建议，在刑事案件中增设一级事实审（zweite Tatsacheninstanz），我在《法官报》1968年第123页上对这一建议做了具体的阐述。我认为③，过去100年的审判经验表明，对刑事审判庭（Strafkammer）和陪审法庭（Schwurgericht）所作出的判决应当禁止提起事实审上诉（Berufung）。判决中出现的事实问题错误应当通过一审法院整体水平的提高以及重新设置法律审上诉（Revision）程序的方式来解决。而对于地方法院（Amtsgericht）及其陪审法庭（Schöffengericht）的判决，基本上也没有提起事实审上诉的必要。因为受理事实审上诉的法官就像是为无米之炊的厨子。

1966年6月我成为斯图加特州司法考试局（Landesjustizprüfungsamt）的成员。此外《莱比锡刑法典评注》的主编保尔海因茨·巴尔杜斯（Paulheinz Baldus）和京特·维尔姆斯（Günther Willms）还让我参与编写

---

① 《血醇》1966年，第457页以下；《德国法官报》1967年，第261页。
② 《司法》1967年，第156页以下。
③ 《戈尔特达默刑法档案》1967年，第161页以下。

了评注第 9 版的内容。

八

1968 年 6 月 19 日司法部部长、社会民主党（SPD）人席勒将瓦尔茨胡特州法院院长的任命书交给了我，我成为当时全德国第二年轻的州法院院长。虽然我当时并不属于任何政党也并不支持社会民主党，但席勒部长告诉我上一任司法部长始终将我视为院长的最佳人选，我在司法实践中一直致力于限制短期自由刑的适用，这也十分符合他在法政策上的取向。在任职演讲中我提到，检察院与法院之间的人事调动在南德地区十分常见，这一现象是有其深刻的现实考虑的，而且在法政策上也能带来有益的效果。[①] 尽管检察官需要遵守上级的指示而法官则应当保持个人的独立性，但检察官的经历和特质仍然有助于我成为一名出色的法官。

在德国法官学会（Deutsche Richterakademie）举办的会议中我就"法官如何处理其与其他诉讼参与人的关系"[②]（Über den Umgang des Richters mit den anderen Verfahrensbeteiligten）的问题指出，关键在于维护公正性及法官的权威。

1969 年 9 月 29 日至 10 月 5 日第十届国际刑法大会在罗马召开，而在此之前先在布拉格举行了小型的研讨会来为这次会议作准备。在会议的第三个环节，我和卡尔·彼得斯（Karl Peters）一起就"法院在刑罚适用中的任务"（die Aufgabe des Gerichts bei der Anwendung der Strafen）问题作了报告。[③]

1969 年的两次刑法改革法使得罚金刑被视作法政策上的进步而日益得到青睐：以罚金刑替代短期自由刑的比例从改革前的 67% 上升到

---

① 《德国法官报》1969 年，第 364 页。
② 《德国法官报》1970 年，第 213 页。
③ 《整体刑法学杂志》第 81 期，1969 年，第 84－113 页；此外也可以参见第 82 期，1970 年，第 578 页。

86%，而地方法院的适用比例更是达到了90%。我在《莱比锡刑法典评注》第9版（旧刑法典第27至33条）中介绍了这一变化，并首次从理论上对罚金刑作了全面的阐释。在一系列演讲中我都将罚金刑作为处理交通犯罪的法律后果。①

交通法院协会一直致力于通过量刑建议来推动法律解释上的统一。雅古施（Jagusch）认为这一做法是不切实际的。我则为他们进行了辩护，② 在汉堡召开的一次关于比较法的论坛上详细介绍了日额罚金刑在实践中是如何运作和执行的。③ 在维也纳大学犯罪学研究所④以及格拉茨大学法律系⑤的演讲中我则比较了德国和奥地利的日额罚金刑制度。

1974年受柏林自由大学法律系的邀请我参加了夏季学期举办的关于"刑事诉讼改革"的系列讲座，其他的主讲人还包括耶舍克、丁内比尔（Dünnebier）、罗克辛（Roxin）和卡尔·彼得斯。⑥ 我主讲的题目为"刑事诉讼中的上诉程序改革"（Zur Reform des Rechtsmittelsystems im Strafverfahren），在报告中我指出，在三审终审制中，应当逐渐取消事实审上诉、扩张法律审上诉的范围并对刑事诉讼程序进行简化。

1975年我在汉堡法学家协会⑦（Gesellschaft Hamburger Juristen）的演讲中指出，虽然自刑法改革法之后，再社会化（Resozialisierung）已经毫无争议地成为刑罚目的之一，但是在新增加的缓刑规定（刑法典第56条）中再社会化这一目标并没有得到很好的考量。"犯罪人的再社会化"因为"社会的再社会化"（Resozialisierung der Gesellschaft）而面临危机。而且犯罪标签理论也增加了犯罪人再社会化的难度。

作为事实审法官，我对1973年2月14日联邦宪法法院作出的席利

---

① 《当代犯罪学问题》1972年第10期，第138页。

② 《血醇》1991年，第73页以下。

③ 《整体刑法学杂志》第86期，1974年，第545页以下。

④ 《德国法月报》1972年，第561页。

⑤ 《奥地利法学家报》1975年，第589页。

⑥ 汉斯·吕特格（Hans Lüttger）主编《刑事诉讼改革问题》（Probleme der Strafprozessreform），《格申论丛》第2800卷，1975年，第127页。

⑦ 《再社会化背离社会现实》（Unsere gesellschaftliche Wirklichkeit als Widersacherin der Resozialisierung），《司法》1976年，第88页。

案判决（Schily-Beschluss）① 表达了我的不满：② 在差不多两年的时间内（直到 1974 年底法律生效）③，该判决使得处理施达姆海姆反恐案件（Stammheimer Terroristenprozess）* 的地方法院无法按照习惯法上的做法，④ 让作为恐怖分子帮凶的律师基于自身的权利为自己辩护。

1978 年巴登－符腾堡州司法部邀请了全德国处理恐怖主义案件的刑事庭庭长参加在绍尔高（Saulgau）举行的会议，互相交流审判经验。司法部为了撇清自己操纵司法的嫌疑便委托我主持这次会议，会议最终取得了丰硕的成果。

1976 年我在当年的交通法院会议上明确反驳了主张对轻微的过失犯罪予以非罪化的观点。⑤ 排除所有轻微过失犯罪的可罚性将会带来不可预计的后果：这会给侦查带来无法解决的难题，因为在侦查过程中通常只需要判断是否存在过失，而不是是否存在较重的过失。与会人员对我的观点表示了赞同。

1973 至 1988 年间我还担任了马克斯·普朗克（Max Planck）外国刑法和国际刑法研究所的管理委员会（Kuratorium）和顾问团成员。

九

1978 年爱德华·德雷埃尔请我从第 38 版开始接手他所主笔的《刑法典评注》。他给了我一年半的准备时间以便交接工作。在我尚未参与的情况下他独自完成了第 37 版的撰写工作，其中就最新的立法变化作了大量的增补。我当时还在参与编写由瓦尔特·德·格鲁伊特（Walter de

---

① 《联邦宪法法院判例集》第 34 卷，第 293 页。（该案在裁判主旨中指出，法院因为认为辩护律师有参与恐怖分子活动的嫌疑从而排除作为被告的恐怖分子的辩护权利，是对律师所拥有的基本法第 12 条中执业自由的侵犯。——译者注）

② 《德国法官报》1975 年，第 327、403 页。

③ 参见《联邦立法汇编》第 1 卷，第 3686 页。

　* 又称为赤军旅案（RAF-Prozess），赤军旅（Rote Armee Fraktion）是德国的一支左翼恐怖主义组织，活跃于 20 世纪 70 年代。——译者注

④ 《新法学周刊》1972 年，第 2140 页。

⑤ 《德国法官报》1976 年，第 129 页。

Gruyter）出版社出版的《莱比锡刑法典评注》，而且从 1973 年第 10 版起我接替了已经过世的保尔海因茨·巴尔杜斯（Paulheinz Baldus）的主编工作，这给我接手德雷埃尔主编的、由贝克出版社出版的《刑法典评注》造成了障碍。虽然《莱比锡刑法典评注》的绝大部分工作我已经完成并提交给出版社，但要接手德雷埃尔的《刑法典评注》我就必须辞去《莱比锡刑法典评注》的主编工作。我于是委婉地告诉格鲁伊特出版社的黑尔维希·哈森普夫鲁格（Helwig Hassenpflug），我将辞去莱比锡评注的撰写和主编工作。

德雷埃尔把含有最新内容的评注共 1336 页交给了我，这使我接手这本面向法律实务的刑法典评注（Praktikerkommentar）的过程变得容易了许多。而当时的政府高级委员（Oberregierungsrat）、后来成为政府主管（Regierungsdirektor）的卡尔·伦岑（Karl Lenzen）——他是联邦司法部的顾问——从第 23 版起就负责对评注的附录、标题和索引进行校对，他熟悉评注上每一页的具体内容，这也给了我极大的帮助。

1976 年我当选为德国法学家协会的常务代表（die Ständige Deputation des Deutschen Juristentages）。1977 年弗莱堡大学法律系聘请我参与教学工作：我与弗莱堡的律师格哈德·哈默施泰因（Gerhard Hammerstein）轮流在两周时间内每天用 2 个小时的时间，就联邦最高法院关于刑事实体法的最新判决进行介绍与点评。此外我还要补充《莱比锡刑法典评注》第 10 版中关于文书犯罪的相关最新内容（1982 年出版时这部分内容共 218 页）。为此我几乎牺牲了全部的业余时间和假期，我妻子对此也已经习以为常，她周到地照顾我的生活，为我提供各种帮助。

我在爱德华·德雷埃尔 70 周岁的祝寿文集中讨论了关于刑法禁止溯及既往原则（基本法第 103 条第 2 款）是否同样适用于判决这一富有争议性的问题。借助马克斯·普朗克（Max Planck）关于"科学中的伪问题"（Scheinproblemen der Wissenschaft）的讨论，我则将判决观点变化与禁止溯及既往原则的关系称为"刑法学上的伪问题"（Scheinproblemen der Strafrechtwissenschaft）。

我在着手撰写自己的第一版评注（第 38 版）时延续我在《莱比锡刑法典评注》中的观点，对日额罚金刑进行了全新的解释；在处理联邦德国与民主德国之间的关系上则明确反对使用"功能性的国内概念"（funktionaler Inlandsbegriff），而主张适用国际刑法的规则。此后我编写的各版评注的具体内容我已经在由维罗维特（Willoweit）主编、贝克出版社出版的《20世纪的法学理论与法学文献》（2007年，第385页）中作了简要的介绍。

1980年7月11日我被弗莱堡大学聘为荣誉教授。

1980年在柏林召开的第53届法学家协会会议上我主持了刑法部分的讨论，会议讨论了杀人罪的改革问题，其中阿尔宾·埃泽尔（Albin Eser）汇报了专家意见，而卡尔·拉克纳（Karl Lackner）和汉斯·富尔曼（Hans Fuhrmann）则做了专题报告。

1982年我在汉堡的赫尔曼－埃尔勒学会（Hermann-Ehrle-Akademie）以及黑伦阿尔布（Herrenalb）的福音派学会（Evangelische Akademie）做了题为"被忽略和被过度利用的当代法治国"（Die Vernachlässigung und Ausbeutung des Rechtsstaats in unserer Zeit）①的一系列报告，并在斯图加特西南三台的电视节目上，在与多伊布勒－格梅林（Däubler-Gmelin）、维利·盖格尔（Willi Geiger）以及 H. J. 鲁道菲（H. J. Rudolphi）一起的讨论中鲜明地指出，现代国家日益丧失对抗违法行为的能力。在现代法治国中，不仅应当保护公民的个人自由免受国家权力恣意的侵犯，同时也应当运用国家权力保护公民免于犯罪的侵害，后者长期以来都被忽略了。

尤其值得反思的是，自1970年开始刑法的改革沦为政治斗争的工具，改革者们不再就刑法规范的修改寻求在议会中取得广泛的一致意见。例如《第三次刑法改革法》（3. Strafreformgesetz）关于游行示威的刑法条文修改中过度强调了公民的个人自由，这是欠缺正当的事实根据的。守法公民的利益，即获得安定的社会生活的权利却受到了极大的忽视。这种修改使得暴力的行为人能够打着和平示威的幌子煽动更多的公民，最终助长了在示威中使用暴力的倾向。这使得国家迄今都无法有效地应对

---

① 《世界报》1982年5月8日，精神世界版，第Ⅰ页；《时代转折》第54期，1983年1月，第1页以下。

集体骚乱。

1983 年在弗莱堡天主教学会（Katholische Akademie）举行的关于"医学的负责范围与其风险"（der verantwortliche Umgang der Medizin mit ihren Risiken）的会议上，我做了题为"病人自我决定权——善或恶？"（Selbstbestimmungsrecht des Patient——Wohltat oder Plage?）① 的报告，其中阐释了刑法对医生的说明解释义务设置了更高要求的原因，并指出对医生设置过高的要求既无益于医生的执业自由也无益于病人的福祉。

十

1984 年 8 月底我退休，但这仅仅意味着我公职义务的完成，各种讲课、报告以及考试工作仍要继续，甚至还有所增加：1984 年 9 月在汉堡举行的第 55 届法学家协会论坛上我主持了刑法部分关于"被害人在刑事诉讼程序上的法律地位"（Die Rechtsstellung des Verletzten im Strafverfahren）的讨论。就这一问题，彼得·里斯（Peter Rieβ）汇报了专家意见，瓦尔特·奥德斯基（Walter Odersky）以及格哈德·哈默施泰因（Gerhard Hammerstein）则做了专题报告。1984 年 10 月作为国际刑法学协会（AIDP）德国分会的理事会成员，我到开罗（Kairo）参加了为期一周的会议。

1984 年 12 月联邦议会法律委员会在就《刑事执行法》第 101 条（在被监禁者绝食时是否允许对其进行强制进食的问题）的公开听证会中请我就这一问题出具专家意见。② 我认为，如果犯人出于自由意志决定绝食，那么针对犯人积极的反抗而进行的强制进食是不允许的。强制进食侵犯了犯人的身体完整性这一基本人权，也侵犯了他的人格尊严。③ 1985 年 2 月 27 日公布的《刑事执行法》第 101 条版本中也明确规定，即便绝食的犯人出现紧迫的生命危险时，执行机构和医生也没有义务对其进行人工给养。如果犯人出于自由意志决定绝食，那么在一个法治国

① 《德国法律月刊》1983 年，第 881 页。
② 《委员会纪要》1984 年 12 月 14 日，第 40 号。
③ 详见《克莱因克内希特祝寿文集》，1985 年，第 411 页以下。

中，对犯人进行强制进食是缺少正当理由的。因此立法者应当全面禁止对犯人的强制进食。[①]

在我的继任者托马斯·海因里希·布伦克霍斯特（Thomas Heinrich Brunckhorst）就任半年之后我正式离任瓦尔茨胡特州法院院长，州司法部部长海因茨·艾里希（Heinz Eyrich）向我授予联邦大十字勋章。他对我就任法院院长的工作做了极高的评价，将我称为"有能力且值得信赖的地区利益守护者"。我认为这主要源自我不分昼夜的勤勉工作。

我自己则完全没有感觉到退休所带来的不同：1985 至 1986 年间我甚至更加忙碌了。一方面我要根据 8 部法律修改法对《刑法典评注》第 43 版（1986 年出版）进行修订，其中就包括了《第二次反经济犯罪法》，这部法律对刑法做了 60 处修改。另一方面我还要为第 56 届德国法学家协会论坛准备题为《选择死亡的权利？——维护生命义务与自我决定权之间的刑法》（Recht auf Tod？——Strafrecht im Spannungsverhältnis zwischen Lebenserhaltungspflicht und Selbstbestimmung）的报告。1986 年 5 月我在联邦议会的法律委员会作为专家针对"罚金刑缓刑"（Geldstrafe zur Bewährung）提案提出了反对意见并获得了成功。

1986 年 6 月 15 日联邦宪法法院委托我作为专家证人就刑法典第 240 条（强制罪 Nötigung）的合宪性问题在第一审判委员会主持的口头审理程序中提供专家意见。在庭审中我指出，主张第 240 条强制罪违宪的观点缺少有力的根据。[②] 1986 年 11 月 11 日联邦宪法法院在判决（《联邦宪法法院判例集》第 73 卷第 206 页）（E73，206）中指出，在强制罪中，作为强制手段的暴力要件满足基本法所要求的明确性。宪法虽然并没有要求将参与静坐示威的行为一律视为不可罚的，但静坐示威所使用的强制手段也并没有达到本罪所要求的违法性。判决因此搁置了这一重要的问题，并因为在措辞上强调了判决中的次要理由而误导了此后的判决，[③]

[①] 《巴伐利亚州医师协会论集》，1986 年，第 1 页以下。

[②] 参见《刑法典第 240 条合宪性的吁求》（Plädoyer für die Verfassungsmäßigkeit des §240 StGB），《卡尔·拉克纳祝寿文集》，1987 年，第 628 页以下。

[③] 《雷布曼祝寿文集》，1989 年，第 485 页；另请参见波尔、莫伊雷尔（Boor/Meurer）主编《时代精神》，1995 年，第 2 卷，第 406 页以下。

最终极大地动摇了法安定性。

　　联邦最高法院刑事第一审判委员会 1988 年 5 月 5 日的判决（《联邦最高法院刑事判例集》第 35 卷第 270 页）在一定程度上消除了这种法律上的混淆。最高法院在判决中指出，① 联邦宪法法院仅考虑了反对北约在德国架设核武器的人的观点，而忽略了刑法典第 240 条强制罪保护每个公民自由的功能，而且是否处以刑罚也并不能由任意的主观目的来决定。但 1995 年同样由联邦宪法法院的第一审判委员会作出的判决（《联邦宪法法院判例集》第 92 卷第 1 页）则使实务情况变得更加糟糕，审判委员会的多数意见认为扩张解释第 240 条中的暴力概念违反了基本法第 103 条第 2 款的规定。这显然是错误的，因为根据普遍的观点，只有恣意的解释才构成对宪法的违背。我在瓦尔特·奥德斯基（Walter Odersky）的祝寿文集（1996 年，第 284 页）以及联邦最高法院成立 50 周年的祝贺文集（2000 年，第 527 页以下）中均指出，联邦宪法法院在完全没有顾及法律后果的情况下，错误地解释了《基本法》第 15 条第 3 款第 3 句，因此对暴力概念的解释以及其此前作出的判决（《联邦宪法法院判例集》第 73 卷，第 206 页）的宪政后果均作出了错误的判断。受到这一宪法判决的约束，联邦最高法院在将联邦宪法法院 1995 年 1 月 10 日的判决（《联邦宪法法院判例集》第 92 卷第 1 页）运用到部门法中时，在 1995 年 6 月 20 日的判决（《联邦最高法院刑事判例集》第 41 卷，第 182 页）中用看起来很牵强的理由部分地消除了这一错误。

　　回到 1986 年在柏林召开的第 56 届德国法学家协会会议，我就"选择死亡的权利？"② 这一问题在 800 多名听众面前做了报告。在报告中，我对"《选择性草案》中关于安乐死部分的规定"（Alternativentwurf Sterbehilfe）提出了异议，《选择性草案》试图从立法上对各种虽然被允许、但根据尚有待厘清的安乐死案件作出统一的规定。同时我也反对任何在立法上废除第 216 条基于要求的杀人罪的努力，但是参与自杀的行为原

---

① 我在这一问题上的论文参见《雷布曼祝寿文集》，1989 年，第 485 页；另请参见波尔、莫伊雷尔（Boor/Meurer）主编《时代精神》，1995 年，第 2 卷，第 481 页。
② 《第 56 届德国法学家大会文集》（Verhandlungen des 56. Deutschen Juristentages），1986 年第 2 卷第 M 部分，第 29 页以下。

则上仍然应当认为是不可罚的。

1986年11月10日我在弗莱堡大学座无虚席的大讲堂就同一问题作了报告，我用浅显的语言向非法学专业的学生们解释了"为什么安乐死会成为一个法律上的难题"。①

在拉文斯堡案中（Ravensburger Fall）中，丈夫将已经处于生命最后阶段的妻子呼吸机予以关闭。对于本案，我在汉斯·格平格尔（Hans Göppinger）的祝寿文集（1989，S. 595ff.《刑法的生命保护与病人的自我决定权》）中指出，丈夫应当被宣告无罪，维持生命的措施并没有得到病人的同意，因此结束这样的措施并没有实现任何犯罪构造要件。

1989年汉斯–海因里希·耶舍克与特奥·福格勒（Theo Vogler）主编了我70周岁的祝寿文集，50多名作者参与了写作，全书共918页，由瓦尔特·德·格鲁伊特出版社出版。

1997年1月15日在联邦议会法律委员会就器官移植法案进行的公开听证会上，我提出，② 在器官的移除中，只有器官捐献者在得到医生的完全充分的解释时作出了高度个人性的同意，才能进行器官的移除，而立法上对于死亡时间的精确界定既不可能也不必要。能否将脑死亡等同于病人整体的死亡在医学上仍有争议，因此立法者是无法对此进行澄清的。没有争议的是，脑死亡是"不可逆转"的起点，在此之后病人便再也不可能做出有效的个人同意。

1997年11月5日《器官移植法》通过，立法者在其中将脑死亡定义为病人整体死亡的时点，并认为在脑死亡之后只需要获得病人家属的同意，便可以允许进行器官的移植。我在汉斯·约阿希姆·希尔施（Hans Joachim Hirsch）的祝寿文集（1999年，第780页）中对此提出了反对意见，因为该法案将脑死亡者等同于尸体来处理。

1991年4月27日我在德国医事法协会于威斯巴登（Wiesbaden）举

---

① 《整体刑法学杂志》第99期，1987年，第25页以下。

② 《生活法杂志》1997年，第3页以下；另外还可以参见《法兰克福汇报》，1997年5月17日，他人作品版。

办的会议上讨论了"给未成年人开避孕药"的问题，我举例说明①只有在极其例外的情况下才会考虑给一个未成年的少女开具避孕药。

1992 年 11 月 11 日我在联邦议会法律委员会的公开听证中讨论了在对东德统一社会党（SED）的犯罪行为进行刑事追诉时产生的追诉时效问题。②

联邦宪法法院不仅在对静坐示威进行法律评价时过分强调了《基本法》第 5 条和第 8 条所规定的《基本法》上的自由权利，③ 而且对一般法律问题施加了"过重的宪法负担"［施莱希（Schlaich）］，因此严重忽略甚至取消了普通法律规范所具有的保护功能。例如在公共的观点表达中很少考虑对个人名誉的保护（"士兵是潜在的或是天生的杀人犯"），④这导致了公共生活中的语言暴力。而《刑法典》第 90 条 a 所规定的诋毁国家形象标志罪也很少被适用，一些恶意作品的创作者（例如将男性裸体的画面和国旗拼接在一起）也可以主张自己享有《基本法》第 5 条第 3 款的权利而免于刑事处罚。在这类充满误解的判决中，联邦宪法法院多次用自己的价值判断取代了专业领域的事实审法官的价值判断。⑤ 这不仅改变了判断的对象，而且还作出了许多仅仅只是迎合当下主流政治观点而无法从中抽象出一般规则的个案性判决。这给法律体系的一贯性以及下级法院的审判工作都带来了难以解决的问题。

1992 年 4 月 25 日，州政府总理埃尔温·托伊费尔（Erwin Teufel）为我出色的工作表现向我授予了"巴登－符腾堡州勋章"（Verdienstmedaille des Landes Baden-Werttenberg）

1999 年在我 80 周岁生日之际贝克出版社出版了由瓦尔特·奥德斯基主编的我的论文集《基本问题的解答：一位刑法评注者 30 年工作精选集》，全书共 505 页。

---

① 《医事法杂志》1992 年，第 320 页以下，同样还可以参见《施密特祝寿文集》，1992 年，第 231 页以下。
② 《戈尔特达默刑法档案 140 周年》1993 年，第 241 页以下。
③ 参见《奥德斯基祝寿文集》，1996 年，第 295 页以下。
④ 《联邦宪法法院判例集》第 86 卷，第 1 页以下。
⑤ 例如《戈尔特达默刑法档案 140 周年》1993 年，第 269、273、280 页。

十一

除了前面提到的工作之外，在 1984 年退休之后我还着重研究了堕胎罪的改革问题。汗牛充栋的学术文献和报告反复地强调了《基本法》对于未出生者生命的保护，尤其是其与孕妇的身体利益之间的优先关系问题。这显然与时代的潮流相违背。罗尔夫·施蒂纳尔（Rolf Stürner）[①] 早在 20 年前（1985 年）就已经指出，"解放运动的潮流已经压倒了对毫无防卫能力的生命的保护！"今天仍是如此。这种趋势会带来严重的后果。为了扭转这一趋势，科隆的公证官维尔纳·埃塞尔（Werner Esser）与维利·盖格尔、京特·迪里希（Günter Dürig）、沃尔夫冈·吕夫纳（Wolfgang Rüfner）、卡尔·拉克纳以及阿道夫·劳夫斯（Adolf Laufs）一起建立了"生命权法律保护协会"（Juristenvereinigung Lebensrecht）。一开始我也是理事会的成员之一。

因为《刑法典》的评注工作（直到第 49 版）的关系，我持续关注着堕胎罪及其改革过程。我在其他的论文中也指出，堕胎罪条文的修订没能更好地实现对生命的保护。从第 15 次刑法修改法中增加的"与期限方案相同的"紧急情况适应症（Notlageindikation）就导致了堕胎的大量增加，[②] 且极易被滥用。此外联邦最高法院第六民事审判委员会将"孩子视为损害"的判决[③]则将胎儿视为一个可以被处分支配的财物，并且在堕胎失败时判处负责堕胎的医生承担损害赔偿责任，而完全没有顾及这样判决所可能带来的后果。

1991 年 11 月 14 日联邦议会就达成一个合宪的堕胎罪规定[④]举行听证，我在听证中对立法草案提出了反对意见，该草案或多或少地将胎儿的生命

---

① 《法学家报》1985 年，第 753 页以下。
② 这一问题的全面介绍参见《法政策杂志》1989 年，第 54 页。
③ 《医事法杂志》1986 年，第 31 页。
④ 《东西德统一后的刑法典第 218 条：德国联邦议会听证程序中的刑法专家意见》（§218 im vereinten Deutschland. Gutachten der strafrechtlichen Sachverständigen im Anhörungsverfahren des Deutschen Bundestages），1992 年，第 177 页以下；《京特·施彭德尔祝寿文集》，1992 年，第 615 页。

置于孕妇的支配权之下，并在结论上采取了当时联邦议会议长丽塔·聚斯穆特（Rita Süβmuth）所谓的"第三条道路"。她将民主德国，一个非法治国（Unrechtsstaat）的、明显违反宪法的期限方案与福利国家思想指导下的违宪的适应症方案相结合，① 完全没有考虑对胎儿生命权的保护，而将胎儿能否继续活下去的问题交给孕妇来作出"负责任的良心决定"②。

阿尔宾·埃泽尔提出要警惕过度夸大生命保护的各种根据草率的观点，对此我也提出了反对意见。③ 尤其令人不解的是，埃泽尔认为他称之为"以紧急情况为导向的讨论模式"的"中间道路"足以认定胎儿"自身的利益"，而另一方面他又用自我决定取代了第三人判断，在此基础上他实际上取消了"适应症方案"中的最后一项保障。他一方面希望医生在对孕妇的堕胎决定进行咨询时作出告诫，与此同时他又主张医生的咨询应当是非直接性的（即并不直接针对生命保护问题）。④

1995 年 8 月 21 日颁布的《孕妇与家庭帮助法改革案》⑤ 中的规定以所谓的"咨询保护概念"（Beratungschutzkonzept）* 为基础。联邦宪法法院虽然在第二份关于堕胎期限规定的判决中认为 1992 年 7 月 21 日颁布的《孕妇与家庭帮助法》⑥ 中关于"正当的堕胎期限并辅之以咨询义务"

---

① 对此参见我发表在《世界报》1990 年 8 月 6 日上的文章。

② 《教会与社会》1991 年，第 13 页。

③ 《教会与社会》1991 年，第 9 页。

④ 《京特·施彭德尔祝寿文集》，1992 年，第 619 页。

⑤ 《联邦立法汇编》第 1 卷，第 1050 页。

＊ 这里的咨询保护概念（Beratungschutzkonzept）在德国刑法典中主要体现在第 219 条关于孕妇在紧急状况和冲突状况下接受咨询的义务。该条第 1 款规定"咨询的目的在于保护未出生的生命。它应当致力于鼓励孕妇继续妊娠并展望有孩子的生活。它应当帮助孕妇作出负责任和认真的决定。通过咨询必须使孕妇明白，其未出生的孩子在怀孕的任何阶段都独自享有活下去的权利，因此法律规定终止妊娠只是在例外情况下才是被允许的"。该条第 2 款规定，这种咨询只有特定的咨询机构才能作出。在接受咨询之后，咨询机构会向孕妇出具书面证明，证明她在决定堕胎前接受过咨询。根据刑法典第 218a 的规定，孕妇只有向医生出具了这一证明，才可能排除堕胎罪的构成要件。而且堕胎手术必须在接受咨询的三天后才能进行，这是为了保证孕妇在接受咨询之后对自己的堕胎决定有足够的时间进行深思熟虑。总而言之，德国刑法典虽然在第 218 条 a 规定了排除堕胎罪构成要件（第 1 款）、排除违法性（第 2、3 款）以及免除刑罚（第 4 款）的各种情况，但仍然希望通过咨询概念的设置促使孕妇慎重对待自己堕胎的决定。（上述法条翻译参见徐久生译《德国刑法典》，中国方正出版社，2004。）——译者注

⑥ 《联邦立法汇编》第 1 卷，第 1398 页。

的规定是违反宪法的，但同时又接受了"咨询保护"这一概念，并认为这一概念对于过渡阶段也是有效的。

我从一开始便认为，宪法法院对于"咨询保护概念"的容忍是毫无根据的。① 如果在不可罚的堕胎案件中完全由孕妇来承担"最终的责任"（Letztverantwortung），那就意味着胎儿的生命保护被完全牺牲了。② 而这显然背离了宪法法院在同一份判决的裁判主旨中所强调的国家保护义务。③ 这并不像合议庭成员所指出的那样，是在生命权和孕妇自我决定权之间的妥协和折中，而是完全的互斥。这也解释了为什么判决中所提出的根据也恰恰可以用来反驳这一判决。因此在莱曼（Lehmann）主教将这一"里程碑式的判决"视为"全人类的胜利"的同时，自由民主党议员乌塔·维费尔（Uta Würfel）则现实地认识到，一旦德国法院对孕妇的最终责任表示了尊重，便朝着辅以咨询义务的期限解决方案（Fristenlösung mit Beratungspflicht）迈进了一步。咨询保护概念的自相矛盾性还体现在，一个正直的、有责任感的医生完全无法知道这个咨询模式究竟要求他做什么、期待他做什么以及允许他做什么：一方面他可以实施一个违法的、与他之前所作出的咨询建议完全相背离的杀人行为；另一方面在他没有履行自己的解释、说明、咨询义务时，他又面临着相当高的刑罚威吓。④

1995 年 10 月 1 日《孕妇与家庭帮助法改革法》⑤ 中所规定的、得到宪法法院认可的咨询保护概念正式生效。立法者却完全没有检讨这一概念中所包含的根本性矛盾。它不仅与宪法的其他条款相冲突，而且取消了医生的保护义务，并使得参与堕胎的相关行为都变得不可罚。孕妇一方面拥有广泛的决定权，另一方面却又无助且没有能力做出独立的决定。这项规定使得她们进一步陷入孤立的境地：胎儿和母亲都极度缺少保护，而这一局面正是咨询保护概念所造成的。⑥ 此外立法者延续宪法法院的

① 《生活法法学家协会论集》1993 年第 10 号，第 71 页以下。
② 《生活法法学家协会论集》1995 年第 12 号，第 91 页以下。
③ 《医事法杂志》1994 年，第 356 页。
④ 《医事法杂志》1994 年，第 357 页。
⑤ 我对这一问题的详细阐释见于《新法学周刊》1995 年，第 3009 页以下。
⑥ 《德国联邦议会就〈孕妇与家庭帮助法改革法〉听证会纪要》，1995 年 5 月 11 日，第 3 号，第 117 页以下。

错误观点，认为《刑法典》第 218 条第 1 款的规定在排除构成要件的同时也排除了为了胎儿的利益而进行的紧急帮助（Nothilfe）的可能性，这一观点也是错误的。虽然在教会和残疾人组织的压力下，立法者基于伦理上的考量删除了胚胎缺陷作为堕胎的适应症，但它又打着医学和社会的适应症的幌子出现。这自始就是违宪的，并取消了 22 周的期限限定，由此而为每年 800 - 1000 起的晚期堕胎大开方便之门。

很显然 1995 年的《孕妇与家庭帮助法改革法》根本没有完成它加强保护未出生胎儿生命的任务。（允许堕胎）放弃了特定领域中生命法益的保护，甚至从法律上追求、促进、推动非法地参与到堕胎行为之中，并迫使医生从事违背法律或职业标准的行为，法秩序的核心也因此受到了重创。

然而咨询保护概念明显被视为禁忌。当无视孕妇的意志甚至通过第三人强迫她选择堕胎时，咨询保护概念完全背离了国家的保护义务而成为一部"伤害法"（Verletzungsgesetz）[1]。京特·雅各布斯（Günther Jakobs）[2]因此认为咨询保护概念完全不是一个"法律上可能的体系"（rechtlich mögliche System）所应具备的特征。为了解决冲突，这个概念试图让被害人而不是犯罪人付出代价，这一做法与将被害人（对于法益冲突他也完全没有责任）视为法益的拥有者的观点是不相容的。这些将给公众的法律意识带来极其严重的后果。如果有人认为借助咨询保护概念能够挽救应当被挽救的法益，那么他就忽略了自己所主张的这个用来保护生命的概念是完全无效的，而且会极大地损害法律意识。一旦放弃了保护生命的各种法律前提，便没有人会（愿意）挽救生命。[3]

即便是在犯罪学中，咨询保护同样也是禁忌。[4] 犯罪学家京特·凯泽（Günter Kaiser）主张，堕胎应当被归为"家庭内的暴力"，但在犯罪学领域中这种观点几乎没有人认同。这难道是因为在犯罪学上堕胎实在不值得研究，所以人们就否认了它所具有的暴力性，正如人们在《刑法

---

① 《米勒－迪茨祝寿文集》，2001 年，第 922 页。
② 《米勒－迪茨祝寿文集》，2001 年，第 923、931 页。
③ 《米勒－迪茨祝寿文集》，2001 年，第 936 页。
④ 《凯泽祝寿文集》，1998 年，第 1387 页以下。

典》第 218 条的构成要件中废除了真正需要保护的法益那样吗？人们总是批评适应症的设置没有发挥作用，却从来没有指出，它和期限规定一样在实践中被运用着。这只能用内勒－诺依曼（Noelle-Neumann）所描述的"沉默的螺旋"来解释，即相反的根据被隐藏或是被排除，因为它并不符合趋势。①

"沉默的螺旋"令人们认识到，为了让咨询保护这一概念不必受到质疑，法律上从来没有成功地阻止这一概念所造成的严重后果，即晚期堕胎的大量增加被刻意忽视。许多胎儿从这种被称为"灰色的"（多伊布勒·格梅林）或是"并不违法的"［格奥尔格·赫夫蒂（Georg Hefty）］堕胎行为中幸存下来。例如在"奥登堡案"中，一个被诊断患有 21 三体综合征（Trisomie 21）而在怀孕 25 周后经由医生手术被引产的孩子虽然受到了严重的伤害却幸存了下来，9 个小时后他被视为一名新生儿而得到了照顾。奥登堡检察院两次以并不充分的理由终止了对医生的调查。在我的极力批评下，② 检察院重新开始了对医生的追诉程序，一年之后医生被判决有罪。

咨询保护概念也给教会的咨询造成了困扰。在立法上正式认可咨询保护概念之后，我受德国主教会议主席卡尔·莱曼的委托在 1995 年的主教会议上就这一概念提供了法律建议，③ 并详细解释了天主教会的反堕胎立场为什么没有为立法者所接受。在这个多重咨询的体系中，教会的咨询被认为是不可放弃的。将教会的咨询纳入国家的系统之中，使教会能够发挥稳定的作用，对这个立法体系共同承担责任，但也使教会被卷入恶法的困境之中。④ 保护的概念是与法律上的义务相联系的，当一个无助的孕妇在受到来自伴侣和周遭环境的巨大压力而要求教会出具咨询证明（Beratungsbescheinigung）时，教会会陷入困境，因为出具证明的行为，与

---

① 京特·凯泽在一份给我的私人书信中对我在《凯泽祝寿文集》中的观点表示了赞同："您对您所提出的异议进行了清晰的论证，我找不到任何与之相悖的理由。但是我担心的是，这并不能改变什么。对此您也说明了其中的缘由。"

② 《新刑法杂志》1999 年，第 462 页。

③ 《新法规》1996 年第 1 期，第 51 页。

④ 《生活法杂志》1997 年，第 51 页以下。

咨询行为本身的作用是相反的，甚至在某些情况下会成为帮助犯罪的工具。

我所提供的专家意见在主教会议上并没有得到讨论。因为我的结论引起了主教会议主席卡尔·莱曼的不满，他多年来一直致力于让梵蒂冈方面同意教会参与到德国的"咨询保护概念"之中。尽管在 1992 年①他也拒绝将教会的咨询运用到一个程序中，因为在那个程序里面，教会所出具的咨询证明会成为合法地杀死一个未出生胎儿的法律条件。

这也正是 1999 年 9 月 18 日教皇下令禁止天主教会出具这种咨询证明的原因。而"生命的礼物"（Donum Vitae）这个天主教的业余团体则完全没能领会教皇作出这一决定的理由，而仍然在出具这种法定的咨询，从而在这个无效的、往往是有害的、在法学上缺少根据的法定保护模式中发挥着作用。

我在给哈罗·奥托（Harro Otto）的祝寿文集②中再一次总结了咨询保护概念在过去十年中所带来的后果，并将它称为"以牺牲胎儿生命保护为代价的规制"。这个概念被认为是理智的，但对于胎儿的生命保护而言却是无效的。没有人会真的认为这个概念有效地减少了堕胎的数量。

咨询保护这个概念与原来的期限方案没有本质的不同，同样违背了宪法法院在判决中所提出的原则。冯·坎彭豪森（von Campenhausen）③正确地认为这是一个"麻烦"，因为他所要反对的事实上正是他自己创设的。确实如此，咨询保护概念与过去的不同之处并不在于咨询本身，在原来的适应症方案中已经规定了咨询，而是是否允许孕妇完全不需要考虑咨询结果地单独决定胎儿的生死。虽然没有明说，但是立法者显然否定了胎儿的生命具有优先性。"咨询保护"是个具有欺骗性的语词：它只展示了硬币的一面，而真正体现了它本质的另一面则被隐瞒了。咨询证明在客观上只是推动了堕胎行为的实施，也就是帮助了一个违法行为。因此卡尔·拉克纳认为自始至终这个概念涉及的就是"不法的帮助"。

只要看看德国极低的出生率就可以明了咨询保护概念的失败，得到

---

① 正如 1995 年 9 月 21 日的教皇教令所援引的那样。
② 2007 年，第 821 页以下。
③ 《莱茵墨丘利报》1998 年 2 月 13 日。

国家支持的堕胎行为导致了出生率的过低（罗伯特·施佩曼（Robert Spaemann）。主管部长乌拉·施密特①宣称，通过税收手段对堕胎行为在经济上予以支持，甚至由公立保险来支付堕胎的费用是符合"整体公共利益的"（！），在我看来这是完全不可理喻的。我们这样一个少子化的社会竟然每年要从公立保险中拿出数十万来支付堕胎的费用以阻止数以千计的孩子出生，这简直是荒谬。

十二

在我的后半生，我作为一名司法实务工作者处理与刑法相关的各种问题。回顾我的这一生，最值得强调的是 1955 年，正如恩斯特·本达（Ernst Benda）在 2005 年 1 月 3 日的《法兰克福汇报》中所形容的那样②，"与动荡的 1968 年不同，1955 年不仅仅是战后的恢复，更是向着一个更好时代的起航"，而且"从来没有一个时代像当时那样，每个人都自信满满地投入其中"。

现在的立法者认为，与讨论一些未来生活的问题，例如国家应当对生完孩子的母亲以及要抚养多名孩子的家庭有所帮助使其不至于陷入困境相比，满足少数享乐主义者的要求是更为重要的，2001 年的《同居法》（Lebenspartnergesetz）和《性交易法》（Prostituiertengesetz）即是证明。乌多·迪·法比奥（Udo Di Fabio）在《自由的文化》（Die Kultur der Freiheit）（2005）③ 一书中批评道，"通过最大限度地实现完美的个人主义"，"下一代的安全问题被搁置了"，"不公平的生育制度"（die generative Ungerechtigkeit）是这个时代的根本问题，导致"德国社会明显地丧失了活力"。他们"对未来的忽略"只有通过"有意识地修正"文化中"违反日常理性"的错误发展趋势才能够得到修正。事实上这也是法治国家的

---

① 参见比希纳《生活法杂志》2004 年，第 52 页。
② 援引自迪·法比奥《自由的文化》（Die Kultur der Freiheit），2005 年，第 210、213 页。
③ 例如迪·法比奥《自由的文化》（Die Kultur der Freiheit），2005 年，第 133、144、149、151、161 页。

必然要求。迪·法比奥在评论中指出，[1] 以公立保险的形式来让全社会负担杀死未出生胎儿的费用与国家保护生命的义务是不相容的。

在我生命的第九个十年，我更加清楚地认识到，我所取得的成就要归功于某些机缘巧合以及多年的人生经验。如果没有我妻子的悉心照料，尤其是对我在战争中所受的伤的照料，我的人生也不会如此度过。从战后百废待兴的岁月开始她就一直陪伴着我，一直到后来：在我夜以继日地从事着高强度的职业以及学术工作时，我的妻子伊尔莎始终将家中上上下下打理得井井有条。尽管我们的四个孩子和孙子都已经各自成家立业住在不同的地方，但我们总有各种机会时常见到他们。在度过我们的钻石婚纪念日之后，我和妻子在我们的屋子里幸福而感恩地生活着。如果说还有什么特别的愿望的话，那就是希望我们能像费莱蒙（Philemon）和鲍西丝（Baucis）* 那样快乐地生活着。

主要作品目录

一　专著

《民法典第 814 条对于有瑕疵的双方合同的适用》（Der §814 BGB, insbesondere seine Anwendung auf fehlerhafte gegenseitige Verträge），1948 年。

《德国统一后对于未出生胎儿生命保护的新规则》（Neuregelung des Lebensschutzes Ungeborener im geeinien Deutschland），《教会与社会论丛》第 16 册，1991 年。

《基本问题的解答：一位刑法评注者 30 年工作精选集》（Antworten

---

[1]　毛恩茨－迪里希、迪·法比奥：《基本法》，2004 年，第 2 条第 2 款第 44 段。
*　古罗马诗人奥维德作品《变形记》中的一对夫妻。有一次，宙斯（朱比特）与其子赫密士（墨丘利）伪装成乞丐走访佛里几亚的一座城市泰安那，在向当地民家借宿时，只有鲍西丝和费莱蒙款待了他们，尽管鲍西丝和费莱蒙非常贫穷。于是宙斯请两人跟随他们到山顶逃避大洪水的来袭，洪水是宙斯为了回应城中居民的不友善而降下的神罚。洪水过后鲍西丝和费莱蒙家的原址被宙斯变成豪华的大理石寺庙，夫妇两人被任命为寺庙的祭司。他们亦被满足了希望同年同月同日去世的愿望，死后化身成寺庙前一对相互交织的橡树（费莱蒙）和椴树（鲍西丝）。——译者注

auf Grundfragen. Ausgewählte Beiträge eines Strafrechtskommentators aus frei Jahrzehnten），瓦尔特·奥德斯基主编，共 505 页，1999 年。

二　评注

《莱比锡刑法典评注》（Strafgesetzbuch，Leipziger Kommentar），1970 年第 9 版，第 1 - 12 条。

《莱比锡刑法典评注》（Strafgesetzbuch，Leipziger Kommentar），1971 年第 9 版，第 60、61 - 72 条

《贝克简明刑法与附属刑法评注》（Strafgesetzbuch und Nebengesetze，Beck'scher Kurzkommentar），1978 年第 38 版 - 1999 年第 49 版。

三　期刊与文集中的论文

《参与非故意主行为的问题》（Zur Frage der Teilnahme an unvorsätzlicher Haupttat），《戈尔特达默刑法档案》1956 年，第 129 - 160 页。

《联邦最高法院刑事案件判决：实体法，官方第 12 - 15 卷》（Die Rechtsprechung des Bundesgerichtshofs in Strafsachen. Materielles Recht，Bände 12 - 15 der amtlichen Sammlung），《戈尔特达默刑法档案》1962 年，第 225 - 256 页。

《单位刑罚的问题》（Das Problem der Einheitsstrafe），《执行事务》1964 年，第 65 - 74 页。

《联邦最高法院刑事案件判决：实体法，官方第 16 - 19 卷》（Die Rechtsprechung des Bundesgerichtshofs in Strafsachen. Materielles Recht，Bände 16 - 19 der amtlichen Sammlung），《戈尔特达默刑法档案》1966 年，第 1 - 32 页。

《刑事案件的上告问题——回顾与展望》（Zur Frage der Berufung in Strafsachen-Rückschau und Ausblick），《戈尔特达默刑法档案》1967 年，第 161 - 182 页。

《专家证人证言》（Der Sachverständigenbeweis），《法学家报》1969 年，第 374 - 378 页。

《法院在适用刑罚时的任务》（Die Aufgabe des Gerichts bei der Anwendung der Strafen），《整体刑法学杂志》第 81 期，1969 年，第 84 – 113 页。

《法官如何对待其他诉讼参与人》（Über den Umgang des Richters mit den anderen Verfahrenbeteiligen），《德国法官报》1970 年，第 213 – 218 页。

《量刑建议的问题》（Das problem der Strafzumessungempfehlungen），《血醇》1971 年，第 73 – 83 页。

《新刑罚体系中的罚金》（Die Geldstrafe im neuen Strafensystem），《德国法律月刊》1972 年，第 461 – 468 页。

《联邦最高法院刑事案件判决：实体法，官方第 20 – 24 卷》（Die Rechtsprechung des Bundesgerichtshofs in Strafsachen. Materielles Recht, Bände 20 – 24 der amtlichen Sammlung），《戈尔特达默刑法档案》1973 年，第 289 – 313、321 – 343 页。

《实践中的罚金刑及其执行问题：以日额罚金刑体系为视角》（Die Geldstrafe in der Praxis und Probleme ihrer Durchsetzung unter besonderer Berücksichtigung des Tagessatzszstems），《整体刑法学杂志》第 86 期，1974 年，第 545 – 594 页。

《正在发生的进步》（Vom Fortschritt, der auf der Stelle tritt），《德国法律月刊》1975 年，第 617 – 621 页。

《废除罪责轻微情况下的过失致死与过失伤害行为的可罚性？》（Abschaffung der Strafbarkeit der fahrlässigen Tötung und der fahrlässigen Körperverletzung bei leichtem Verschulden），《德国法官报》1976 年，第 127 – 132 页。

《在前往西柏林的过境街道上发生的危害交通行为是不可罚的吗？》（Straüenverkehrsgefährdung auf Transitstraβen nach Berlin（West）straflos？），《法学综览》1977 年，第 1 – 4 页。

《判决变化中适用禁止溯及原则？》（Rückwirkungsverbot bei Rechtssprechungswandel），《爱德华·德雷埃尔祝寿文集》，1977 年，第 117 – 136 页。

《刑事执行的撤回与缓刑》（Zurückstellung der Strafvollstreckung und Strafaussetzung zur Bewährung），《德国法律月刊》1982 年，第 1 – 6 页。

《病人的自我决定权：善或恶？》（Selbstbestimmungsrecht des Patienten Wohltat oder Plage？），《德国法律月刊》1983 年，第 881 – 887 页。

《完全醉态与罪疑从无原则》（Vollrauschtatbestand und Zweifelsgrundsatz），《汉斯－海因里希·耶舍克祝寿文集》，1985 年，第 665－690 页。

《强制进食与法治国》（Zwangsernährung und Rechtstaat），《特奥多尔·克莱因克内希特祝寿文集》，1985 年，第 411－428 页。

《刑法第 240 条合宪性的吁求》（Plädozer für die Verfassungsmäβigkeit des §240 StGB），《卡尔·拉克纳祝寿文集》，1987 年，第 627－640 页。

《社会的适应症：正当化事由？》（Soziale Indikation-Rechtfertigungsgrund），《法学教学》1987 年，第 66－75 页。

《为什么安乐死是一个法律问题》（Warum ist die Sterbehilfe ein rechtliches Problem），《整体刑法学杂志》第 99 期，1987 年，第 25－48 页。

《再论安乐死、医疗准则与推定的被害人同意》（Nochmals-Sterbehilfe，lex artis und mutmaβlicher Patientenwille），《医事法杂志》1988 年，第 163－166 页。

《当代对未出生生命的保护》（Der Schutz des ungeborenen Lebens in unserer Zeit），《法政策杂志》1989 年，第 54－61 页。

《堕胎行为中的支付报酬》（Lohnfortzahlung bei Schwangerschaftsabbruch），《新法学周刊》，1989 年，第 2990－2993 页。

《行政行为与刑事追诉：环境法的竞合工具？》（Verwaltungshandeln und Strafverfolgung. Konkurrierende Instrumente des Umweltrechts），《新行政法杂志》1989 年，第 918－927 页。

《静坐抗议与其长远目标》（Sitzblockaden und ihre Fernziele），《库尔特·雷布曼祝寿文集》，1989 年，第 481－508 页。

《妊娠冲突咨询的方向性争议》（Schwangerschaftskonfliktberatung），《威利·盖格祝寿文集》，1989 年，第 190－206 页。

《人的概念》（Zum Begriff des Menscheseins），《新法学周刊》1991 年，第 2542－2543 页。

《给未成年人开避孕药是否构成犯罪？》（Verordnung von Kontrazeptiva an Minderjährige eine Straftat），《医事法杂志》1992 年，第 320－325 页。

《意识形态代替少年保护？》（Ideologie statt Jugendschutz?），《法政策杂志》1992 年，第 297－302 页。

《联邦宪法法院第二份关于堕胎周期的判决及其后果》（Das Zweite Fristenlösungsurteil des Bundesverfassungsgerichts und die Folgen），《医事法杂志》1994 年，第 356 – 458 页。

《犯罪统计与刑法》（Kriminalistik und Strafrecht），《法学综览》1995 年，第 361 – 364 页。

《孕妇与家庭帮助改正法》（Das Schwangeren und Familiehifeänderungsgesetz），《新法学周刊》1995 年，第 3009 – 3019 页。

《诺伯特·霍尔斯特的法哲学与堕胎争议》（Die Rechtphilosophie Norbert Hoerster und die Abtreibungsdebatte），《戈尔特达默刑法档案》1995 年，第 249 – 260 页。

《联邦宪法法院及其对于"普通权利"的处理》（Das Bundesverfassungsgericht und sein Umgang mit dem einfachen Recht），《瓦尔特·奥德斯基祝寿文集》，1996 年，第 259 – 296 页。

《脑死亡作为器官移植的条件》（Der Hirntod als die Voraussetzung der Organentnahme），《生命法杂志》1997 年，第 3 – 6 页。

《晚期堕胎问题》（Zum Problem der Spätabtreibungen，Schriftenreihe der Juristenvereinigung Lebnesrecht），《法学家协会生命法论丛》，1999 年，第 95 – 110 页。

《联邦宪法法院关于静坐抗议案件判决的错误与混淆》（Irrungen und WIrrungen der verfassungsgerichtlichen Rechtsprechung zu Sitzblockaden），《联邦最高法院 50 周年祝贺文集》，2000 年，第 527 – 549 页。

《咨询保护概念的不合时宜的考察》（Unzeitgemäβe Betrachtungen zum Beratungsschutzkonzept），《海因茨·米勒－迪茨祝寿文集》，2001 年，第 919 – 939 页。

《咨询保护概念：以牺牲未出生生命保护为代价的规制》（Das Beratungsschutzkonzept. Die Regelmentierung einer Preisgabe des Lebenschutzes Ungeborener），《哈罗·奥托祝寿文集》，2007 年，第 821 – 842 页。

《施瓦茨/德雷埃尔/特伦德勒/费舍尔刑法典评注》（Schwarz/Dreher/Tröndle/Fischer. Strafgesetzbuch），迪特马·维罗维特主编：《20 世纪法学理论与法学文献》，2007 年，第 835 – 849 页。

乌尔里希 · 韦伯（Ulrich Weber）

乌尔里希·韦伯（Ulrich Weber）

徐凌波 译

　　1934 年 9 月 18 日我出生在斯图加特，是建筑师卡尔·韦伯（Karl Weber）及其妻子保拉（Paula）［娘家姓为维德迈尔（Widmaier）］的独子。我的爷爷奶奶外公外婆都是手艺人，住在斯图加特的下蒂克海姆区（Untertürkheim），我也是在那里长大的。虽然是独子，但我的童年并不孤独，比我小两岁的表弟格哈德·绍尔（Gerhard Saur）就住在隔壁，我们手足情深形影不离。我的父亲经营着一家建筑设计师工作室，母亲则除了要打理家务以外还要完成各种文书工作。1931 年由父亲设计建造的包豪斯风格的房子安装了中央暖气和浴室，这在当时是十分前卫的。童年中印象最清晰的是父亲的梅赛德斯轿车，由费迪南德·保时捷（Ferdinand Porsche）设计，是后来家喻户晓的甲壳虫汽车的前身。

　　1939 年战争的爆发对于尚年幼的我来说并没有什么印象。我唯一记得的是，父亲在战争爆发的第二天就穿上了军装（他也曾经参加了 1917 – 1918 年的第一次世界大战），而我也随身戴上了佩剑。父亲先是作为马队的先锋到了西部（1939 年时西部还没有成为战场），驻扎在莱茵普法尔茨（Rheinpfalz）。我母亲后来回忆道，当时她动用了各种关系以便让父亲不必再服兵役，1939 年底父亲终于从战场上回来。让他免服兵役的主要理由，是戴姆勒·奔驰公司（Firma Daimler Benz）的改建委托，这家公司位于下蒂克海姆区，在战争中发挥着重要的作用。随着对法作战的开始，父亲再次被征召去"重建西部"。母亲则带着我到梅斯（Metz）和萨尔布吕肯（Saarbrücken）去看他。

　　作为和平主义者以及魏玛共和国的支持者，我的父母对阿道夫·希特勒（Adolf Hitler）和他的国家社会主义运动都表示了强烈的抗议。他们认为这场令人憎恶的战争，尤其是 1941 年 6 月 22 日德军突然进攻苏联并在同年 12 月底向美国宣战都是无可救药的。我母亲（生于 1900 年）年轻时就在一战结束后加入了德国和平组织，并参加了由库登霍韦－卡莱格里伯爵（Grafen Coudenhover-Kalergi）发起的泛欧运动（Paneuropa-Bewegung）。将 9 个孩子抚养长大的我的外公外婆也对社会主义工人运动十分同情。在他们的客厅里挂着两张装帧精美的画像，一张是弗里德里希·席勒（Friedrich Schiller），一张则是奥古斯特·倍倍尔（August Bebel）*。在那旁边挂着他们在一战中牺牲了的长子的照片。他们的另外两个儿子——欧根和弗里茨·维德迈尔曾经是德国共产党（KPD）的成员，该组织后来在 1956 年被联邦宪法法院①所取缔。随后他们又加入了重建后的德国共产党（DKP）和纳粹政权清算组织（VVN），直到 80 年代去世。在"第三帝国"建立之初，他们曾经因为散发反纳粹宣传单而分别被判处一年和一年半的有期徒刑，在罗腾堡（Rottenburg）的监狱服刑。② 在调查阶段就对他们发出了逮捕命令，两名盖世太保在清晨来到家中要将他们带走，这时我的外婆大声喝道："他们正在喝咖啡，你们给我等着!"他们只得照做。幸运的是，他们没有被送去集中营关押。军方将他们派去参加对苏联的远征，而没有考虑他们的政治立场。

　　我在下蒂克海姆的亲人们都是纳粹的反对者，而我们在纽伦堡的亲人们，嫁到纽伦堡的姨婆的孩子及其儿媳、女婿，却是纳粹党（NS-DAP）早期的成员，并获得了金质奖章。因为政见不同，在家庭聚会上大家总会避开政治话题。战争快结束时，他们的房子在空袭中被炸毁，我们对他们表示了同情。但是他们却声称领袖会取得最后的胜利，一切都会重新好起来，这让我们的同情心也彻底消失。外婆因此还把纳粹颁给她母亲的十字勋章（Mutterkreuz）退了回去，这是之前政府在纽伦堡亲人的建议下授予她的。

---

　　*　19 世纪德国社会民主党领袖，曾支持巴黎公社，并创建了第二国际。——译者注
　　①　第一审判委员会 1956 年 8 月 17 日判决，《联邦宪法法院判例集》第 5 卷，第 85 页。
　　②　阿尔弗雷德·豪泽：《国家社会主义、反抗与追捕》（Nationalsozialismus, Widerstand, Verfolgung），《下蒂克海姆与罗腾堡地方志》，1983 年，第 381 页。

1943 年夏由于斯图加特也受到了日益激烈的空袭，我和表弟格哈德被送到了鲁珀茨霍芬（Ruppertshofen）的一个农庄里，在那里我进一步了解了不同人的不同政治观点以及对战争局势的不同判断。住在那里的威廉（Wilhelm）叔叔是纳粹冲锋队（SA）的成员，对最后的胜利坚信不疑。1944 年 6 月 6 日盟军在诺曼底登陆之后，我的母亲来农庄里看我，并指出从目前盟军在法国行军十分顺利来看，战争即将结束。对此，威廉叔叔表示了强烈的反对，并认为这其实是要将敌人吸引到德国境内然后将其一网打尽的策略。对于 1944 年 7 月 20 日刺杀希特勒失败，不同政见的大人们的评论也有所不同：或是惋惜刺杀没能成功，或是认为这是天佑领袖。我的父亲则认为，或许这次失败也有好的一面，因为如果希特勒死于暗杀，那么就还会有许多人相信其实他是能够取胜的，从而否认战争的彻底失败。他大概想起了一战后盛行的匕首传说（Dolchstoβlegende）。

我的三、四年级是在鲁珀茨霍芬小学度过的。当时的小学校长是纳粹的地区领袖，他虽然施政十分严厉，但也教会了我们许多东西。课余时间我和表弟通常就在田地里、森林里或是草地上放牛。一开始的思乡情绪也很快就消失了。从大人的谈话中我们这些孩子也能察觉到，战争局势日益恶劣并造成了越来越多的牺牲。而发生在父母朋友身上的两件事情也让我痛切地感受到了战争给每个人所带来的巨大损失和痛苦背后的东西：1943 年一位阿姨告诉我们，她唯一的儿子在斯大林格勒失踪了，而她的丈夫在此之前就已经在战争中战死。我到现在都能想起每次我们去她家做客或是路上遇见她时她那哭泣的脸。直到 50 年代她还心怀侥幸地希望着哪一天她的儿子能够回来。她一直不愿意申请宣告儿子死亡，这也导致她和她打算改嫁的儿媳之间产生了激烈的矛盾。而父母的另一位密友，古斯塔夫·阿梅隆（Gustav Amelung）（他的儿子彼得与我同龄，是我认识最久的老友）在斯图加特防空系统工作。1944 年 7 月 24 日晚至 25 日凌晨，他工作所在的大楼被空军的炮火击中。这位深受我们这些孩子喜爱的叔叔再也没有被找到，甚至连一块衣服碎片都没有。

1944 年 6 月，施洛特贝克（Schlotterbeck）家族和他们的朋友因阴谋实施"叛国罪"而被逮捕，这在下蒂克海姆以及斯图加特市郊的其他地区引起了恐慌。我也从家中亲戚朋友的谈论中听说了这件事：1944 年 11

月 30 日，这个德高望重的家族中的三名成员以及另外六名与他们一样致力于反抗纳粹暴行的朋友被关入达豪（Dachau）集中营。另一名成员赫尔曼·施洛特贝克（Hermann Schlotterbeck）则于 1945 年 4 月初，就在战争结束的几天前，被盖世太保射杀。战后我的父亲参与修建了位于下蒂克海姆墓园中的战争纪念馆，以此纪念参加了这次抗争的人们。此外在施洛特贝克家宅邸，下蒂克海姆安娜街 6 号也设置了纪念牌。[①] 关于家族中唯一一位幸存者，弗里德里希·施洛特贝克（Friedrich Schlotterbeck）参见后文脚注。

我和表弟格哈德在下蒂克海姆度过了 1944 年的圣诞节，随后我们并没有回到鲁珀茨霍芬，因为我们的父母预计战争马上就会结束，因此大家必须在一起才行。在我陪母亲去购物的途中，母亲常常会和路上遇到的人们交谈。尽管政见不同，但她和市里的天主教神父以及他的厨娘，还有下蒂克海姆区的风云人物恩斯特·埃克勒（Ernst Äckerle）一样反对当时的政府。我至今仍然记得，1944 年圣诞节前阿登保卫战（Ardennenoffensive）开始时，埃克勒对我母亲说，"哦，保拉，现在又有的熬了啊！" 1944 年秋我满 10 周岁时，到了可以加入少年团（Jungvolk）的年纪，在母亲的建议下我并没有加入，因为当时斯图加特上层的纳粹已经停止了活动。

1945 年 4 月，斯图加特以内卡河为界，左岸被法军占领，右岸（包括下蒂克海姆）则被美军占领。人们半夜再也不用隐蔽在黑暗中，再也没有空袭警报，不必跑到防空设施中，也不会听到天主教堂持续不断的钟声，这些对我来说就像做梦一样。而在盟军占领斯图加特之前，德军炸毁内卡河上的桥梁的行动——爆炸声将窗户都震碎——也因为城市的左侧和右侧同时被占领而变得毫无意义，唯一的影响仅仅是战后给城中居民所造成的困扰。当时法军必须马上从斯图加特撤回到慕尼黑－斯图加特－卡尔斯鲁厄公路以南，因为美军想要独占这条重要的交通线路。因此斯图加特彻底成为美军占领区。居民们对此大为欢迎，因为美军的物资供应要远远优于法军，后者不仅一无所有而且打算推行严厉的战后

---

① 阿尔弗雷德·豪泽：《国家社会主义、反抗与追捕》（Nationalsozialismus, Widerstand, Verfolgung），《下蒂克海姆与罗腾堡地方志》，1983 年，第 367、372 和 383 页。

重建计划。孩子们也很喜欢美国人，因为他们会给我们糖和不知名的口香糖，吃的时候即便口香糖已经没有薄荷味道了，我们也会放在嘴里嚼上很久。

在美军攻陷斯图加特之前的几天我父亲就已经回到了家中。他骑自行车从他最后的工作地点诺伊施塔特（Neustadt an der Weinstraβe）经过辅路到达下蒂克海姆。直到美军入城他都没有离开过家，以免被迫加入人民突击队（Volkssturm）。在军政府的统治下，父亲被任命为下蒂克海姆区的区长。他的工作一点都不令人羡慕：例如，重建与俄军战俘的信任关系，这些战俘大部分曾经在戴姆勒·奔驰公司劳动过并住在一个巨大的棚屋中；安置东边过来的难民，他们部分住在俄军战俘遗留下来的棚屋中；安排食物的发放以及在 1945/1946 年和 1946/1947 年（尤其寒冷）的冬天供暖。

父亲也常常在家中接待需要帮助的人。被第三帝国通缉的人也常常来我们家拜访，比如维利·布莱谢尔（Willi Bleicher）以及弗里德里希·施洛特贝克（Friedrich Schlotterbeck）。布莱谢尔因"危害国家安全罪和阴谋叛国罪"在 1934～1938 年被关入乌尔姆（Ulm）少年监狱，随后在 1938 年又被关到布痕瓦尔德集中营（KZ Buchenwald）直到战争结束。1951 年他加入德国社会民主党（SPD），随后成为德国金属工业协会（IG Met-all）在北符腾堡和北巴登的地区领袖。① 弗里德里希·施洛特贝克（1909 年出生），是上文中所提到的反纳粹组织中的唯一幸存者。他先逃到了瑞士，② 并在那里为位于日内瓦的国际红十字会工作。思想独特的他在 1948 年去了民主德国，随后再次成为政治犯，1953－1956 年他被关

---

① 最近我们举行了纪念布莱谢尔诞辰 100 周年（他出生于 1907 年 10 月 27 日）的纪念仪式，尤其是他曾经挽救了被关押在布痕瓦尔德集中营的犹太孩子，使他们没有被送到灭绝营（Vernichtungslager）。1944 年时只有三岁的"布痕瓦尔德之子"——斯特凡·耶尔茨·茨威格（Stefan Jerzy Zweig）也参加了纪念活动，他现在已经 66 岁了。参见《施瓦本日报》2007 年 10 月 27 日的报道。而他在争取劳工权利诉讼中常年的对手、代表雇主乙方的汉斯·马丁·施莱尔（Hanns Martin Schleyer）对他也给予了高度评价。

② 关于这次追诉和逃亡经历参见他的回忆录《漫漫长夜：一名德国工人的回忆录 1933－1945》［"Je dunkler die Nacht，（…）"，Erinnerungen eines deutschen Arbeiters 1933－1945］，1945 年第 1 版，1986 年最后一版。

进了监狱。[①] 维利·布莱谢尔和弗里德里希·施洛特贝克分别于 1981 年和 1979 年去世。

来拜访我家和我的参加了共产党的舅舅的，还有纳粹党的成员，他们希望我们在对他们的审判程序中作证，以证明他们事实上是"完全反对纳粹"的或者是"政治中立的"：一份政治清白的证明（Persilschein）。

1945 年 10 月复课之后，我开始在青少年高中（后来的维滕贝格文理中学）读书。在第一和第二学年，我们班里共有 38 名学生。教学楼和教室都状态不佳，健身房里常常有东西掉落，而且没有淋浴房。1945 年和 1946 年冬天学校常常因为没有足够的燃料取暖而停课。我们每天上午要到学校交作业，然后老师在第二天批改作业。和过去的恶劣环境相比，现在人们往往因为一些微不足道的小事就批评学校存在"不可容忍的缺陷"，这在我看来十分可笑。

我们第一学年的课主要是由学校的退休老师们教授的，因为当时师资力量匮乏，他们又再度回到工作岗位上。一些参加了战争的年轻老师上课时还穿着军装。直到我 1954 年高中毕业，关于第三帝国及其落败的战争以及随后猖獗的犯罪都几乎没有在课堂上讨论过。我们的历史课也只讲到俾斯麦的帝国时代为止。

入学之初我的成绩处于中游，随后不断进步，最后在高中毕业考试之前还获得了嘉奖。就所学知识的实用性而言，外语课——英语和法语——对我都十分有用，另外还有艺术方面的高阶课程中增设的艺术史。我在毕业前参观国内外著名的艺术博物馆和展览时，才更加深切地认识到，我们的艺术老师，文理高中的贝特霍尔德·罗特（Berthold Roth）教授教给我们的许多关于艺术史、建筑和艺术风格以及著名艺术家的知识有多么重要。

我对音乐课的印象就比较差了。因为我在家从来没有学过任何乐器，我也看不懂乐谱。而我们的音乐老师则显然默认我们都能识谱，因此在课上通常会更照顾那些会乐器的同学，还会带着我们去听学校乐团的交响音乐会。我也十分不擅长唱歌，我基本没有唱对过音。我曾在一次唱

---

① 对此详见克里斯塔·沃尔夫《1960 – 2000 年日记》（Ein Tag im Jahr. 1960 – 2000），2005 年，第 634 页的注释。

歌考试上被一位音乐老师扇了一个耳光，因为她觉得我是故意唱错以激怒她的。但其实我是真的做不到。

我上高中时加入了一个下蒂克海姆的体育社团的体操部。参加体育社团通常能在学校体育课上取得比较好的成绩，因此我一直在体育课上取得"极优"的成绩。因为母亲的反对，我没能在社团里参加足球运动。她对足球极其反感，理由是她小的时候，我的两个舅舅都踢足球，导致我的外婆经常要给整个球队的成员洗球衣，这在没有洗衣机的年代是让人十分火大的。不过20世纪40年代末到50年代中期我倒是常常在周日和学校的朋友们一起去内卡体育场［纳粹时期名为阿道夫·希特勒竞技场（Adolf-Hitler-Kampfbahn），后来改名为梅赛德斯·奔驰广场（Mercedes-Benz-Arena），现在名称是戈特利布·戴姆勒体育场（Gottlieb-Daimler Stadion）］看球赛，一般学生票只要50芬尼。当时斯图加特的两支球队，斯图加特足球俱乐部（VfB）（红色）和斯图加特踢球者俱乐部（Kicker）（蓝色），都在南德的高级足球联赛中踢球，各自拥有庞大的球迷阵容。我一直是斯图加特足球俱乐部的球迷，但是现在随着体育的商业化，加上大部分的球员与斯图加特没什么渊源，我对球队的热情也慢慢减退了。我个子长得很快，尤其是腿越来越长，就变得不太适合练习体操了。不久之后我就改练田径，并在跳高、掷铁饼和标枪等项目上取得了不错的成绩。后来在一次青少年运动会上我受了伤，以至于大约两年时间内都无法参加比赛，我也因此结束了我的竞技体育生涯。不过作为业余消遣，我直到几年前还参加了维尔茨堡大学和图宾根大学的体育中心主办的教师运动会。但那之后我因为腰部的关节炎而被图宾根大学的体育中心列为监控人群。

1948年6月21日的货币改革标志着战后紧急状态的结束。而货币改革的后果就是，食品商店的食物都被抢购一空。最让我父母生气的是，就在几天前父亲的一名客户用帝国马克支付了早在战争开始之前就应该支付的建筑设计费用，而当时已经确定，帝国马克即将彻底失去它的价值。

到了高年级我开始面临职业选择的问题。我在绘画和艺术方面天赋平平，所以并不打算继承父亲的工作成为一名建筑设计师。我也不想学习哲学，尽管我很有天分，但我并不想成为一名教师。当时在我看来最现实的职业前途就是去学语言。

　　当时学校还组织我们去参观了许多的工厂（酿酒厂尤其受欢迎），但从来没有去参观过法院庭审。我觉得这是一个应当弥补的缺憾。因为看了报纸的报道，我对庭审十分好奇，于是私底下去旁听了斯图加特地方法院和州法院的庭审，主要是刑事审判，因为比较清楚直观。其中还有针对纳粹罪行的审判。我觉得自己可以成为法官或是检察官。从与认识的法律工作者的交谈中我也确信，法律专业的学习并不像当时外行人所认为的那样枯燥。所以我于1954年夏季学期在图宾根埃伯哈德－卡尔斯大学（Eberhard Karls Universität Tübingen）开始学习法律。作为白色一代（weißer Jahrgang）我并不需要因为服兵役而中断学业。当时大学里还没有今天的学业咨询服务（Studienberatung），也没有给一年级生提供相关资讯。我们一般就按着课程目录或者参照别人的课表安排自己的课程表。除了第一学期的法学课程之外，我另外还选修了图宾根的高级教育参议（Oberstudienrat）里贝尔博士（Dr. Rieber）开设的拉丁语课程。因为我在学校里并没有学过拉丁语，而当时拉丁文的大语言证书（Große Latinum）则是继续攻读法学博士的必要条件。1955年2月我在图宾根的乌兰文理中学获得了这个证书。不过1958年在我通过了第一次国家司法考试准备攻读博士学位时，拉丁语已经不再作为读博的必要条件了。

　　和当时的其他学生一样，我租住在房东家的一小间屋子里，屋子里没有自来水，而只有一个水壶以及一个早上盥洗用的脸盆。由于我租的房子包括了"服务"（一个月37.5马克），我的房东太太会在每天7点10分她丈夫出门之后，用一个废弃的牛奶罐装着须后水（Rasierwasser）给我送进来，随后还送来早晨的咖啡和两片涂了果酱的面包。冬天时晚上6点之后屋子里会生火，这样等我晚上从学校回来时就十分暖和了。住在这栋房子里的还有与我同年入学的赖因哈德·波什（Reinhard Bosch），他来自纳戈尔德（Nagold）。我们很快就成了朋友，一块去上大课和参加研讨课，课余时间我们也一块去斯瓦比亚汝拉山（Schwäbische Alb）黑森林散步。他后来成为比伯拉赫（Biberach）地方法院的庭长（Direktor）。我们之间的友谊一直持续到现在，每年我们都会一块去远足。我与当时一块在图宾根求学的同学都保持了长期的友谊，因此对我来说并

不需要特意地去拓展学术上的人脉。我对各种交际场合的装腔作势完全
不感兴趣，也从来不去参加这些活动。

　　学业之初我旁听了刑法教授爱德华·克恩（Eduard Kern）（刑法总
论和分论）、民法教授康拉德·茨威格特（Konrad Zweigert）（他同时也
是一名比较法学者和联邦宪法法院的法官）的法学导论、瓦尔特·埃尔
贝（Walter Erbe）的民法总论以及公法教授瓦尔特·默克（Walter Merk）
的国家理论概论。克恩的刑法课内容丰富且浅显易懂，令人感到法学的
学习几乎没有什么障碍。克恩认为，通过阐明刑法适用可能会带来的严
重后果来唤起人们在适用刑法时的审慎态度是十分重要的。因此他带着
刚刚接触刑法的学生们去参观了罗腾堡监狱。这些参观活动通常都是在
当地的小餐馆里结束的，例如（图宾根郊区）布尔（Bühl）的宫殿餐
馆。① 这些集体活动对于团结同学并加强他们对教授们的信赖具有不可
小觑的作用。而埃尔贝教授则是自由民主党的斯图加特州议员，作为一
名学术和文化政策专家他十分受人尊敬。他对政治的参与热情也常常导
致他的课被临时取消。我们学生则私下里流传，民法典新增了第 2386 条
规定："埃尔贝对于课程的取消并不负责。"默克给人印象最深的则是他
绝对不使用外来词，而必须使用德文本土词汇的怪癖，例如他把法律上
所规定的 "联邦共和国"（Bundesrepublik）改称为 "联邦自由国家"
（Bundesfreistaat）。大家觉得这十分有趣于是常常拿来开玩笑，例如在流
行的 "默克钦定词典" 中，左轮手枪（Revolver）被翻译成了暗杀者发
射器（Meuchelpuffer），而药片（Tablette）则被翻译成了 "健康小圆片"
（Gesundheitsrundling）。还有传言称有选修了默克的研讨课的学生为了试
探这种只使用德国本土词汇的做法到底能走多远，于是在自己的课程论
文的扉页上用 "默克教授拥护者的培养场所"（Samenzuchtanstalt bei Bek-
enner Gelehrtem Merk）来代替研讨课（Seminar）一词。默克看到之后在

---

① 直到 19 世纪初拿破仑时代改写了欧洲版图之前，布尔地区一直属于前奥匈帝国的统治
区域。宫殿中有一个建于奥匈帝国时代的舞池，每个宫殿餐馆的主人都不需要缴纳因
举办舞会或其他娱乐活动而产生的娱乐税。这项特权只有在玛丽亚·特蕾西亚女王去
世时举办了同样的活动时才被取消。尽管财政部门那天（11 月 29 日）就埋伏在附近
查看是否有人在举行舞会，但迄今为止并没有发现任何违法的情况。

批注中评价道："基本上正确，不过稍微有一点过头了。"

京特·迪里希（Günter Dürig）的课则让人十分振奋。我先后选修了他的行政法总论、分论以及宪法 II（基本法分论）。这些基本法的课程是公法的体现。迪里希不厌其烦地向我们阐释基本法中所保障的各种基本权利——与魏玛帝国宪法所规定的基本权利不同——不仅仅是"对美德的高调强调"，而是国家政府活动必须遵守的现实有效的法律。他深入浅出的讲授使得学生们即便是在夏天最热的午后也会按时去听迪里希的课，而不是去游泳。

当时图宾根大学的学生们很流行去别的学校交流学习，我也在 1955 - 1956 年冬季学期交换去了慕尼黑大学，并在那里学习了 3 个学期。当时我父亲突然去世，由于我没法每周末都从慕尼黑赶回位于斯图加特的家中，母亲很勉强才同意我的交换决定。1956 年 11 月初冬季学期开始时我离开了家前往慕尼黑。当时恰逢匈牙利十月事件（1956 年 10 月 23 日）被苏联镇压，因此到处都在传言西方要介入这次暴乱，战争一触即发。

在慕尼黑，卡尔·恩吉施（Karl Engisch）开设的课程给我留下了深刻的印象。从他那里我学习到了许多关于法哲学的知识，并参加了刑法进阶练习课（Strafrechtsübung für Forschrift），有时他的助手赫尔曼·布莱（Hermann Blei）也会给我们上课，他讲课时的大嗓门让人印象深刻。后来在柏林自由大学我们成了同事。与恩吉施的热情相比，赖因哈特·毛拉赫（Reinhart Maurach）在课上则显得十分冷静而果断。阿尔弗雷德·许克（Alfred Hueck）的交易法和公司法以及弗里德里希·贝尔贝（Friedrich Berber）的国家哲学以及国际法也十分精彩。尤其特别的是，关于宪法可诉性（Verfassungsgerichtsbarkeit）的习题课（Konversatorium）是由当时联邦宪法法院院长约瑟夫·温特里希（Josef Wintrich）开设的。其中讨论了 1956 年取缔德国共产党的判决，对此温特里希强有力地指出，魏玛共和国没能对敌视宪法的人（Verfassungsfeinde）作出正确的处理，因此这次取缔共产党的决定是正当的。他还指出，如果无法得到多数公民的支持，那么即便民主制度拥有各种防御手段，也是无法获得绝对保障的。

我在课余时间常常去参观慕尼黑各个博物馆的艺术展览。我有一个朋友的亲戚家住在弗赖辛（Freising），他的女儿们非常漂亮，于是我们常常跑去弗赖辛。我们喜欢从弗赖辛散步去威恩施太凡（Weihenstephan），然后在那里的著名啤酒厂的酒窖喝啤酒。1957年我大学毕业回到了图宾根。在我离开图宾根期间，有数位在学界德高望重的教授来到了图宾根任教：比如民法学者弗里茨·鲍尔（Fritz Baur）和约瑟夫·埃塞尔（Josef Esser），刑法学者霍斯特·施罗德（Horst Schröder）以及公法学者奥托·巴霍夫（Otto Bachof）。我当时已经修完了必修课程，因此优先选修的是各种为了国家司法考试而准备的强化课程。当时图宾根大学的法学课程十分优秀，大家都没有必要再去参加各种私人的补习班。教授的助手们在假期也开设了各种假期班。就刑法方面我从特奥多尔·伦克纳开设的课程中学到了不少，后来他也成为我的同事和朋友。

鲍尔教授还为即将参加司法考试的学生准备了专门的课程，这在当时是十分罕见的。在课上他清晰而正确地阐释了重要的法律制度，以及大量的具体规则之间的关联。霍斯特·施罗德在每个学期都开设刑法课程，在这些课程中同学们完全地信服了他的理论。这些理论通常会记在他主编的《舍恩克/施罗德刑法典评注》中，我们也把这本书当作教科书来使用。他坚持自己所主张的观点，比如故意理论，而认为其他的观点都是错误的。

1958年秋我通过了第一次国家司法考试，然后于1959年1月开始预备文官的见习期，见习期长达三年半而且管理极其严格，因此在此期间完成博士论文或是打第二份工都是不可能的。许多学生都会在律所见习。而我则在司法考试口试之后几天也就是1958年12月成为弗里茨·鲍尔教授的博士生，从事不动产法的研究。当时判决中的讨论热点是"不动产法相关规定在临时登记中的适用"问题。和其他在司法考试中取得优异成绩的学生一样，法学院招我去批改1959年夏季学期的考试试卷。我当时被分配去批改刚来图宾根不久的于尔根·鲍曼（Jürgen Baumann）教授开设的刑法初学者考试，然后偶然地开始接触刑法。随后他开始招收助理并向我发出了邀请。认识于尔根·鲍曼的人都知道，他是一个充满了乐观主义精神的人，他从来不畏惧接受任何任务，也从来不会陷入迷茫，并总是能顺利地解决一切难题。这种性格特点感染了包括我在内的许多年轻人，相比之下我的个性则比较优柔寡断。他完全没有给我犹豫或是拒绝的空间，于是我答应了下来。他这种雷厉风行的特点也体现在 1963 年与我们助手们一起讨论 1962 年的刑法典草案时。当时我们觉得，如果只是用几篇论文来消极地对官方草案进行批评的话，是完全无法让联邦司法部留下印象的，还应当起草一个观点相反的草案。结果第二天早上鲍曼就兴致勃勃地来到教席里，然后告诉我们："我已经写了 5 条了！"①

在于尔根·鲍曼手底下工作的同时，我也完成了我的民法博士论文。1962 年 6 月 29 日我通过了博士论文口试，结束了攻读博士的全部程序。1963 年 6 月 20 日我通过了第二次国家司法考试。

下面我希望通过简要介绍我在刑法方面的工作来说明于尔根·鲍曼（生于 1922 年 6 月 1 日，卒于 2003 年 11 月 26 日）的文章以及我所参与的他的工作②对我产生了何种重要的影响。尤为突出的是他总是致力于将文章写得清晰易懂，拒绝使用各种看起来高深莫测却意义不明的用语，并主张只有在绝对必要的情况下才能适用刑法。这一主张不仅要求删除各种可有可无的刑法条款，而且也可能要求设置新的规定，例如除了处罚通常由底层百姓实施的盗窃行为这样的典型的法益侵害行为，还应该设立更多的与白领阶层相关的构成要件，以更好地打击经济犯罪。他热心于参与对纳粹罪行的追究也让有着深厚的反纳粹家庭传统的我感到十分认同。值得一提的还有 60 年代初鲍曼和他的同事们紧张的办公室空间和藏书：他当时与民法经济法学者恩斯特·施泰因多夫（Ernst Steindorff）共用一间办公室。同样共用办公室的还有约阿希姆·格恩胡贝尔（Joachim Gernhuber）和费迪南德·埃尔泽纳（Ferndinand Elsener），而路德维希·赖泽尔（Ludwig Raiser）的助手则直接在他的办公室里工作。

---

① 鲍曼起草的刑法典总则草案于 1963 年发表在莫尔·西贝克出版社出版的《法与国家》第 274/275 期。这成为始于 1966 年的德国和瑞士两国刑法学者起草选择性草案的导火索。

② 关于于尔根·鲍曼的介绍参见 1992 年由阿茨特和鲍曼的其他学生一起主编的《鲍曼 70 周岁祝寿文集》的导论《刑法改革》中，以及《纪念于尔根·鲍曼教授（1922 - 2003）：学术纪念》（Zum Gedenken an Prof. Dr. iur. Jürgen Baumann（1922 - 2003），Akademische Gedenkstunde），2004 年 11 月 12 日，图宾根大学学术新成果系列第 43 卷，该书并附有在他研究领域中他的学生所发表的成果。

　　我在担任助手期间的其他私人交往则包括：1960 年与伊索德（Isolde）结婚，她婚前姓辛恩（Sinn）。我们是在课上认识的。认识了贡特尔·阿茨特（Gunther Arzt），[①] 1961 年他还成了我们长子的教父，我们还共同完成了后来（2000 年）汇编为教科书的刑法分论讲义。当时一起工作过的科研助手以及阅卷助理形成了共同的朋友圈，我们每年都有两次打牌聚会以保持足够的联系。[②] 尤其幸运的是，我们妻子之间也相处得十分融洽。

　　因为我并不想完全被绑定在学校或是司法机构中，加上于尔根·鲍曼也建议我作为一名大学生总需要参加一些实践工作，1963 年我的博士导师弗里茨·鲍尔推荐我去莫尔·西贝克出版社（Verlag Mohr Siebeck）工作，负责他们出版的《法学家报》（Juristenzeitung）的编辑工作。尽管每两周就要出一期以致时间紧迫，但我在《法学家报》的编辑中过得十分愉快。除了出版商汉斯·格奥尔格·西贝克（他在法学书籍的出版方面给了我许多建议），《法学家报》的主编弗里茨·鲍尔、卡尔·西格弗里德·巴德尔（Karl Siegfried Bader）和瓦尔特·马尔曼（Walter Mallman）都给予了我极大的支持。另外我的前任，奥特马尔·巴尔韦格（Ottmar Ballweg）（他后来成为美因茨大学的教授），在编辑工作方面也给了我许多指导。我们对工作尽心尽力，其中也充满了乐趣。与在出版社工作的见习生的合作也给杂志带来了巨大的成就，我和其中的一些人至今仍保持着联系，比如贝恩德·比格伦（Bernd Bürglen）（后来在科隆做了律师）以及罗尔夫·施蒂纳尔（Rolf Stürner）（后来先后在康斯坦斯和弗莱堡任教，1982 年接替了他老师弗里茨·鲍尔而成为《法学家报》的主编之一）。

[①] "彼得·波普七十岁寿辰贺词"参见《法学家报》2006 年，第 961 页。

[②] 我觉得打牌也不是什么有损名誉的事，而大部分的参加者也有一定的知名度，因此没有必要保护他们的私人信息，在此我将他们的名字列出：沃尔夫冈·格伦斯基（Wolfgang Grunsky）、弗里茨·哈恩（Fritz Hahn）、约尔格·胡布（Jörg Hub）、克劳斯·克内佩（Klaus Kneppe）、康拉德·门茨（Konrad Menz）、马丁·内尔曼（Martin Nellmann）、阿尔弗雷德·森格勒（Alfred Sengle）以及迪特·沃尔夫拉姆（Dieter Wolfram）。遗憾的是彼得·施泰因巴赫（Peter Steinbach）和曼弗雷德·沃尔夫（Manfred Wolf）现在不能和我们一起打牌了。后者的讣告参见《法学家报》2009 年，第 1145 页。

　　我一直坚持以文章的学术质量作为筛选文章的唯一标准。这样做所带来的后果是，某些发表的论文会与读者尤其是相关人员的政治意识形态观念相悖，从而引起他们的愤怒。尤其是 1961 年和 1964 年在《法学家报》出版的蒂洛·拉姆（Thilo Ramm）对联邦劳动法院判决的介绍，[①] 其中他批评联邦劳动法院在尼佩戴（Nipperdey）时代完全脱离了法律的规定，而完全以政治考量作为论证和裁量的根据。格林瓦尔德（Grünwald）于《法学家报》1966 年第 633 页发表的文章，即讨论在边境地区使用武器的行为是否可罚的论文在主编的讨论中也意见不一。《法学家报》的主编大多持自由主义的观点，认为并没有理由否定这篇文章的发表。

　　《法学家报》的创刊者卡尔－西格弗里德·巴德尔在反对纳粹政权以及在 1945 年东西德分裂之后重建法治国司法方面做出了重要的贡献。因此我也十分乐意按照他后来的愿望，将他 1945 年 7 月至 1946 年 6 月的日记放入沃勒布斯纪念文集中并加以评论。[②] 2005 年 5 月 20 至 22 日在多瑙艾辛根（Donaueschingen）的伯爵山宫殿中举行庆典纪念巴德尔诞辰 100 周年，其中我做了题为"卡尔·西格弗里德·巴德尔作品中的刑法、刑事诉讼法和犯罪学"的报告。[③]

　　按部就班的编辑工作使我有时间完成自己的工作。在于尔根·鲍曼的催促下，70 年代初我决定以刑法对于著作权的保护为题撰写我的教授资格论文。[④] 选择这个题目的原因在于，我当时正在追查各种盗版书籍，莫尔·西贝克出版社也是受害者之一，尤其是对马克斯·韦伯的作品的盗

---

① 报告的具体细节以及对结论的批判参见拉姆《法学家报》1966 年，第 214 页。
② 保罗－路德维希·魏拉赫特主编《黄－红－黄的统治年代：1945 年后的巴登政治——莱奥·沃勒布斯诞辰 100 周年纪念文集》（Gelb-Rot-Gelbe Regierungsjahre, badische Politik nach 1945, Gedenkschrift zum 100. Geburtstag Leo Wohlebs），1988 年，第 33 页。
③ 与在其他纪念仪式上的发言一起刊印于《萨维尼杂志》第 124 期，2007 年，第 919 页。霍勒巴赫的演讲《卡尔－西格弗里德·巴德尔在弗莱堡》（Karl-Siegfried Bader in Freiburg）发表于《弗莱堡大学报》2005 年第 170 期，第 85 页。比勒的报告《卡尔－西格弗里德·巴德尔是法律民俗学的支持者》（Karl-Siegfried Bader als Förderer der rechtlichen Volkskunde）刊于《法考古学与法民俗学研究》第 23 期，2005 年，第 13 页。
④ 乌尔里希·韦伯：《著作权的刑法保护法：结合既有的民法保护可能的考察》（Der strafrechtliche Schutz des Urheberrechts. unter: Berücksichtigung der bestehenden zivilrechtlichen Schutzmöglichkeiten），1976 年。副标题中体现了我的一贯的观点，即强调刑法的补充性原则。

版尤为严重。另一方面也是因为尽管相关的法律一改再改且这一特殊问题在实践中的意义也越来越重要，但除了 1894 年范·卡尔克（Van Calker）①关于著作权刑法的专著之外，就再也没有关于这一问题的全面研究了。1975 年 2 月 13 日我做了关于 "刑事诉讼中诉讼权利滥用问题"② 的口头报告，最终完成了取得教授资格的程序。我被授予刑法和著作权法的教授资格（venia legendi）。在 1976 年辞去编辑工作之后我仍然负责《法学家报》刑法方向的主编工作一直到 2002 年。

随着新媒体的迅速发展和传播，而且事实上也普遍缺少各种保护精神成果免受无权使用行为侵害的保护手段，使用刑法手段来保护精神成果就日益具有重要性。因为在核心刑法领域有大量的写作任务，我并没能全面而持续地跟进著作权法的最新进展，而仅仅掌握其中重要的部分。③ 我还写了数篇论文探讨著作权刑法与核心刑法的衔接问题，例如侵犯著作权犯罪是否可能成为销赃罪或是阻挠刑罚罪（Strafvereitelung）的上游犯罪，④ 以及刑法空间效力规则（Strafanwendungsrecht）（《刑法典》第 3 条以下）与著作权法相关规则之间的重叠问题。⑤ 但对于我没能探讨到的著作权刑法问题，我要求我所指导的博士生⑥以及教授资格

---

① 弗里茨·范·卡尔克：《侵犯著作权的犯罪：帝国刑法之后的概况》（Die Delikte gegen das Urheberrecht. Nach deutschen Reichsrecht dargestellt），1894 年。

② 印在《戈尔特达默刑事档案》1975 年，第 289 页。最近发生的一个滥用诉讼权利的极端案例参见费策（Fezer）：《韦伯祝寿文集》，2004 年，第 475 页。

③ 尤请参见我在《电影和法律》中的文章，1980 年，第 335 页；《扎尔施泰特祝寿文集》，1981 年，第 379 页（关于音乐盗窃）；《著作权刑法词条》，《经济与税收刑法词典》1986 年；《新媒体与知识产权：刑法视角的讨论评述》，《新世纪刑法的挑战：1996 年 6 月 25 - 27 日图宾根德日刑法论坛》，1998 年，第 77 页；《以刑法手段打击视频剽窃行为》，《视频剽窃的现状与抗制》，《科隆大学广播法研究中心论丛》第 59 卷，1993 年，第 51 页。

④ 《霍斯特·洛克祝寿文集》，1990 年，第 431 页（关于刑法第 259 条）；《卡尔海因茨·迈耶纪念文集》，1990 年，第 633 页（关于刑法第 258 条）。

⑤ 《施特雷、韦塞尔斯祝寿文集》，1993 年，第 613 页。

⑥ 赖纳·西格（Rainer Sieg）：《合法的著作权的无权取得（著作权法第 107 条）》（Das unzulässige Anbringen der richtigen Urheberbezeichnung（§107 UrhG）），1985 年；布克哈德·罗赫利茨（Burkhard Rochlitz）：《表演艺术家、音像、电影和广播制造商的刑法保护》（Der strafrechtliche Schutz des ausübenden Künstlers, des Tonträger-und Filmherstellers und des Sendunternehmens），1987 年。

论文的撰写者德特勒夫·施特恩贝格 – 利本（Detlev Sternberg-Lieben）[1]
和贝恩德·海因里希（Bernd Heinrich）[2] 进行了研究。

　　由于著作权刑法从属于民法对于著作权的相关规定，因此还必须从
民法角度进行深入的基础性研究。我在这一方面所进行过的研究，加上
我的民法专业博士论文，以及为《法学家报》撰写的涉及各个部门法领
域的问题，让我尤其对民法及其与刑法之间的交集关系保持了开放的态
度。我不断地尝试在刑法方向的论文中通过运用相关民事制度实事求是
地为刑法确立边界。[3]

　　1975 – 1976 年冬季学期，我获得了比勒费尔德大学的教席，1976 年
夏又获得了柏林自由大学的教席。这是一个 AH – 5 级别的职位（大致相
当于联邦的 C3）。于是 1976 年我和全家搬到了柏林（Frohnau）。我的儿
子们——分别为 15 岁、13 岁和 7 岁——对此极其不情愿，因为他们在图
宾根有自己的朋友圈。但他们很快就适应了在柏林的生活。其中我的同
事民法与保险法学者霍斯特·鲍曼（Horst Baumann）[4] 对我们帮助甚大，
他有时甚至会取消课程带我们去柏林郊游，他常常说柏林不过就是一座
荒凉的石头沙漠。我们和霍斯特·鲍曼及其家人至今仍然保持着密切的
联系。柏林的中小学生对于新来的同学也十分开放，我惊讶地发现，我
的儿子们很快就与同学熟得好像自己是柏林本地人一样。而在柏林自由
大学法律系我也很快与刑法方向的同事们打成了一片，并与年轻学者克
劳斯·格佩特（Klaus Geppert）、乌尔里希·艾森贝格（Ulrich Eisenberg）
成为朋友。尽管汉斯·吕特格（Hans Lüttge）[5] 与赫尔曼·布莱（Her-

---

①　德特勒夫·施特恩贝格 – 利本（Detlev Sternberg – Lieben）：《音乐盗窃》，1985 年。

②　贝恩德·海因里希：《未经授权的标准软件的复制和传播的可罚性》（Die Strafbarkeit
der unbefugten Vervielfältigung und Verbreitung von Standardsoftware），1993 年。

③　论文例如《民法的刑法效力》（Zur strafrechtsgestaltenden Kraft des Zivilrechts），《弗里茨·
鲍尔祝寿文集》，1981 年，第 133 页；《民法具有取消刑罚的溯及效力?》（Strafaufhebende
Rückwirkungen des Zivilrechts?），《埃伦·施吕希特祝寿文集》，2002 年，第 243 页；《同
性伴侣立法对于刑法的影响》（Auswirkungen der Gesetzgebung zur gleichgeschlechtlichen
Lebenspartnerschaft im Strafrecht），《罗尔夫·凯勒祝寿文集》，2003 年，第 325 页。

④　《1998 年第 6 次刑法改革法后保险滥用行为的刑法评价》，《霍斯特·鲍曼六十五岁祝
寿文集》，1999 年。

⑤　《乌尔里希·韦伯 70 岁寿辰贺词》，《法学家报》1985 年，第 325 页。

rman Blei）① 两位老教授之间有一些矛盾，但这并不影响我们年轻人与两位都保持良好的关系。我们和政治主张完全相反的同事之间也是如此。与其他地方的大学相比，这种政见的不同更容易在柏林出现。

因为我在柏林的教授职位很难升到 C4，所以我在 1980 年接受了维尔茨堡大学的邀请到那里去任教。在欢送会上，一位同事问我是否知道沙漠（Wüste）和维尔茨堡（Würzburg）的区别。就在我摸不着头脑的时候，他就说出了答案：沙漠是活的！然而熟悉维尔茨堡的人都知道，位于美茵河沿岸的下弗兰肯风景如画，拥有玛丽安堡（Marienfest）、维尔茨堡主教宫（Residenz）以及圣母往圣朝见地（Käppele）的维尔茨堡堪称德国城市中的一颗明珠，有许多东西或南北向的公路经过那里。

维尔茨堡大学法律系的氛围十分自由开放，同事间相处也很融洽。系里时常组织我们一起去维尔茨堡周边郊游，并在圣诞节期间组织聚餐。法律系退休的教授们每周会在一块聚餐，我教席的前任教授瓦尔特·萨克斯（Walter Sax）邀我一块参加。在那里我认识了许多德高望重的老教授：弗朗茨·劳夫克（Franz Laufke）、京特·屈兴霍夫（Günter Küchenhoff）、马克西米利安·龙克（Maximilian Ronke）与海因茨·保利克（Heinz Paulick）。此外我也认识了刑法教授京特·施彭德尔（Günter Spendel）② 和弗里德里希 - 威廉·克劳泽（Friedrich-Wilhelm Krause）③，以及在他们指导下取得教授资格的赖纳·保卢斯（Rainer Paulus）和克劳斯·劳本塔尔（Klaus Laubenthal），还有在他们退休之后来维尔茨堡大学工作的埃伦·施吕希特（Ellen Schlüchter）④，她是于尔根·鲍曼的学生，但已经于 1987 年英年早逝。我亲爱的朋友温弗里德·特鲁森（Winfried Trusen）⑤ 则向我介

① 《罗加尔悼词》，《新法学周刊》1999 年，第 3541 页。
② 《泽博德 70 岁生日贺词》，《法学家报》1992 年，第 667 页；《乌尔里希·韦伯 80 岁生日贺词》，《法学家报》2002 年，第 655 页；《曼弗雷德·泽博德 70 岁祝寿文集》，1992 年。
③ 为表祝贺，埃伦·施吕希特和克劳斯·劳本塔尔于 1990 年为其主编了 70 岁祝寿文集《法律和犯罪》；劳本塔尔为其所写的 80 寿辰贺词则参见《法学家报》2000 年，第 1100 页。
④ 他的悼词参见《法学家报》2000 年，第 1046 页。特别是贡纳尔·杜塔格主编的《埃伦·施吕希特纪念文集》。
⑤ 《从中世纪的法律到新时代的法律》（Vom mittelalterlichen Recht zur neuzeitlichen Rechtswissenschaft），《温弗里德·特鲁森祝寿文集》，1994 年。

绍了许多中世纪刑事司法以及加洛林纳法典的诞生史，使我幸运地增长了许多法制史方面的知识。我与胡布曼（Hubmann）的学生汉斯·福克尔（Hans Forckel）① 则因为在知识产权刑法保护方面的共同兴趣以及相投的个性而成为朋友。除了刑法上的讨论之外，我与京特·施彭德尔对于德国近现代史的评价也颇为一致。我们都十分同情魏玛共和国，崇拜弗里德里希·埃伯特（Friedrich Ebert）与古斯塔夫·拉德布鲁赫（Gustav Radbruch），并毫无保留地批评集权主义的不法体系。下弗兰肯地区著名的企业家埃德加·米夏埃尔·文茨（Edgar Michael Wenz）（1923 年 7 月 6 日 – 1997 年 9 月 13 日）② 也热衷于研究法治学、立法学和理论政治，1990 年他被授予维尔茨堡大学荣誉教授。1984 年他资助出版了《维尔茨堡法哲学、法学理论与法社会学系列报告》，我与埃德加·米夏埃尔·文茨以及著名的、我个人也十分尊敬的国家法学者哈索·霍夫曼（Hasso Hofmann）作为主编参与了该书的出版工作，一直到我离开维尔茨堡到图宾根大学任教为止。③ 1988 年我与哈索·霍夫曼以及另外一位维尔茨堡的公法与欧盟法学者迪特·H. 朔伊因（Dieter H. Scheuing）一起参与了联邦环境保护法（Bundes-Immissionsschutzgesetz）的评注，该评注于 1994 年在维尔纳出版社（Werner-Verlag）出版，我负责评注其中以刑罚和罚款为法律后果的相关条文。

没有任何一所大学像维尔茨堡大学那样如此适合学者钻研学术问题，唯一的例外是图宾根。但这并不是因为我一有机会就想回到自己故乡的大学任教。1989 年我离开维尔茨堡回到图宾根大学，这一决定并没有什么理性的动机。而且直到现在我仍然不确定这个决定是否正确。在我回到图宾根之后就遇到了许多令人痛苦的事：我的小儿子还有我的朋友于

---

① 《克劳斯·阿伦斯 70 岁生日贺词》，《法学家报》2006 年，第 512 页。

② 《法学研究、法政策与企业家——埃德加·米夏埃尔·文茨纪念文集》（Rechtsforschung, Rechtspolitik und Unternehmertum. Gedächtnisschrift für Edgar Michael Wenz），乌尔里希·卡彭、乌尔里希·韦伯、迪特马尔·维洛维特主编，1999 年。

③ 这个系列现在由霍斯特·德赖尔（Horst Dreier）和迪特马尔·维洛维特（Dietmar Willoweit）主编，一直出版到 2008 年第 38 期。

尔根·鲍曼①以及特奥多尔·伦克纳相继去世。② 而令我满意的是，直到 1999 年我退休之前，共有四名学生在我的指导下在图宾根大学法学院获得了教授任职资格：1991 年沃尔夫冈·米奇（Wolfgang Mitsch），教授资格论文题为《排除违法性事由与被害人行为》；1995 年德特勒夫·施特恩贝格－利本（Detlev Sternberg-Lieben），教授资格论文题为《刑法中同意的客观限制》；1996 年埃里克·希尔根多夫，教授资格论文题为《刑法中的事实陈述与价值判断——以诈骗罪和侮辱罪为例》；1999 年贝恩德·海因里希，教授资格论文题为《刑法中的公务员概念》。我很高兴这些年轻学者的能力得到了其他大学法律系的认可，米奇去了波茨坦（Potsdam）任教，施特恩贝格－利本去了德累斯顿，希尔根多夫先是去了康斯坦茨随后又去了维尔茨堡，而海因里希同样也先到了康斯坦茨随后又去了柏林的洪堡大学任教。2007 年，我作为乌尔丽克·席滕黑尔姆（Ulrike Schittenhelm）的教授资格论文的第二审查人参与了她取得教授资格的程序，从而完成了我对已经于 2006 年去世的特奥多尔·伦克纳的承诺：照顾这位曾经在他手下工作多年的助手。我尤其想要感谢我的学生在 2004 年为我 70 周岁生日主编了我的祝寿文集。我同样也要感谢参与这本祝寿文集的作者，他们在文集中讨论了许多非常有趣的问题，这是一份让人惊喜的生日礼物。

在我剩下的时间里我仍然想继续从事法律尤其是与刑法相关的工作，特别是由我和阿茨特主编的新版刑法分论，埃里克·希尔根多夫以及贝

---

① 关于于尔根·鲍曼的介绍参见 1992 年由阿茨特和鲍曼的其他学生一起主编的《鲍曼 70 周岁祝寿文集》的导论《刑法改革》中，以及《纪念于尔根·鲍曼教授（1922－2003）：学术纪念》（Zum Gedenken an Prof. Dr. iur. Jürgen Baumann（1922－2003），Akademische Gedenkstunde），2004 年 11 月 12 日，图宾根大学学术新成果系列第 43 卷，该书并附有在他研究领域中他的学生所发表的成果。

② 参见 1998 年由阿尔宾·埃泽尔、乌尔丽克·席滕黑尔姆、黑里贝特·舒曼主编的他 70 周岁的祝寿文集。他的生日贺词《法学家报》1998 年（黑里贝特·舒曼），第 720 页，《新法学周刊》1998 年，第 2104 页（彼得·克拉默）。由阿希姆·福格尔撰写的他的去世讣告于《法学家报》2006 年，第 1167 页，约尔格·艾泽勒写的讣告于《新法学周刊》2007 年，第 38 页。以及我在《巴登－符腾堡州传记》第 4 卷，2007 年，第 205 页中撰写的关于伦克纳的文章。

恩德·海因里希也参与了其中的写作，以及我和鲍曼还有米奇主编的新版刑法总论。

如果没有教席的藏书，这些和其他的学术成就都会难以取得。因此在此我想要感谢我教席的继任者约阿希姆·福格尔（Joachim Vogel），感谢他允许我继续使用教席图书馆的藏书和房间，并使我在教席中与各位助手相处融洽，从而在与他们的学术谈话中获得新的启发，这些能干且友善的助手们在使用新媒体方面给了我极大的帮助。

主要作品目录

一 专著

《不动产权利条款在预告登记中的适用》（Die Anwendung der Vorschriften über Rechte an Grundstucken auf die Vormerkung），1962 年。

《著作权的刑法保护法：结合既有的民法保护可能的考察》（Der strafrechtliche Schutz des Urheberrechts, unter Berücksichtigung der bestehenden zivilrechtlichen Schutzmöglichkeiten），1976 年。

《环境法中市长与行政机构领导者的刑法负责性》（Strafrechtliche Verantwortlichkeit von Bürgermeistern und leitenden Verwaltungsbeamen im Umweltrecht），1988 年。

二 评注

《联邦排放控制法评注》（Im Gemeinschaftskommentar zum BIMSCHG），汉斯－于尔根·科赫、迪特·舒因主编，《联邦排放控制法》第 62、62a 条，《刑法典》第 325、325a、327、329、330、330a 条，1998 年。

三 合著

兰珀、伦克纳、施特雷、蒂德曼、韦伯：《刑法典选择性草案分论：针对经济的犯罪》（Alternativ-entwurf eines Strafgesetzbuches, Besonderer

Teil, Straftaten gegen die Wirtschaft），1977 年。

《刑法案例与解题》（Strafrechtsfälle und Lösungen），与于尔根·鲍曼、贡特尔·阿茨特合著，1963 年第 1 版，1986 年第 6 版。

鲍曼：《刑法总论》（Strafrecht Allgemeiner Teil），自 1977 年第 8 版担任合著者，自 1995 年第 10 版起与沃尔夫冈·米奇共同编写，2003 年第 11 版。

《刑法分论：五卷本教科书》（Strafrecht, Besonderer Teil. Ein Lehrbuch in 5 Heften），与贡特尔·阿茨特合著：

《刑法分论第一卷：针对个人的犯罪》（Strafrecht, Besonderer Teil, LH 1：Delikte gegen die Person），1977 年第 1 版，1988 年第 3 版。

《刑法分论第二卷：针对个人（周边领域），重点：危险犯》［Strafrecht, Besonderer Teil, LH 2：Delikte gegen die Person（Randbereich），Schwerpunkt：Gefährdungsdelikte］，1983 年。

《刑法分论第三卷：财产犯罪（核心领域）》［Strafrecht, Besonderer Teil, LH 3：Vermögensdelikte（Kernbereich）］，1978 年第 1 版，1986 年第 2 版。

《刑法分论第四卷：经济犯罪、财产犯罪（周边领域）、伪造犯罪》［Strafrecht, Besonderer Teil, LH 4：Wirtschaftsstraftaten, Vermögensdelikte（Randbereich），Fälschungsdelikte］，1980 年第 1 版，1989 年第 2 版。

《刑法分论第五卷：针对国家的犯罪，针对公务员以及由公务员实施的犯罪》（Strafrecht, Besonderer Teil, LH 5：Delikte gegen den Staat, gegen Amtsträger und durch Amtsträger），1982 年。

《刑法分论》（Strafrecht, Besonderer Teil），与贡特尔·阿茨特合著，2000 年。

四　期刊与文集中的论文

《期限延长或否？——追诉期限结束在周日、共同节日或周日晚上时的刑事追诉期限的计算》（Fristverlängerung oder nicht？Zur Berechnung der Strafantragsfrist, wenn das Fristende auf einen Sonntag, allgemeinen Feiertag oder Sonnabend fällt），《法学家报》1971 年，第 490 - 494 页。

《刑事诉讼中诉讼权利的滥用》（Der Missbrauch prozessualer Rechte im Strafverfahren），《戈尔特达默刑法档案》1975 年，第 289 – 305 页。

《关于背信犯罪新规定的思考》（Überlegungen zur Neugestaltung des Untreuestrafrechts），《爱德华·德雷埃尔祝寿文集》，1977 年，第 555 – 571 页。

《根据刑法第 57 条对剩余刑期实行缓刑？》（Aussetzung des Restes des Ersatzlreiheitsstrafe nach §57 StGB？），《霍斯特·施罗德纪念文集》，1978 年，第 175 – 187 页。

《国家罚款权的膨胀：对当前违反秩序实体法发展的批判性思考》（Die überspannung der staatlichen Buβgeldgewalt Kritische Bemerkungen zur neueren Entwicklung des materiellen Ordnungswidrigkeitenrechts），《整体刑法学杂志》第 92 期，1980 年，第 751 – 772 页。

《美国法院关于蒂德案的判决》（Das Tiede-verfahren vor dem US Court for Berlin），《乌尔里希·冯·吕博托祝寿文集》，1980 年，第 751 – 772 页。

《刑法对于著作权与相关保护权利的保护原则与边界》（Grundsätze und Grenzen des strafrechtlichen Schutzes der Urheberrechts und der verwandten Schutzrechte），《影视与法》1980 年，第 335 – 344 页。

《民法的刑法效力》（Zur strafrechtsgestaltenden Kraft des Zivilrechts），《弗里茨·鲍尔祝寿文集》，1981 年，第 133 – 145 页。

《音乐剽窃行为的刑法评价》（Zur strafrechtlichen Erfassung des Musikdiebstahls），《维尔纳·扎尔施泰特祝寿文集》，1981 年，第 379 – 392 页。

《伪造犯罪与驾照伪造》（Fälschungsdelikte in Beziehung auf den Führerschein），《法学教学》1982 年，第 66 – 77 页。

《刑法改革》（Strafrechtsreform），《犯罪学词典》第 5 卷，1983 年，第 40 – 76 页；1998 年第 2 版，第 40 – 76 页。

《经济刑法的概念与原则（包括消费者保护），教义学卷二：经济刑法与刑法的一般理论与规则》（Konzeption und Grundsätze des Wirtschaftsstrafrechts（einschlieβlich Verbraucherschutz），Dogmatischer Teil II：Das Wirtschaftsstrafrecht und die allgemeinen Lehren und Regeln des Strafrechts），《整体刑法学杂志》第 96 期，1984 年，第 376 – 416 页。

《体育法案件中证据的限制与禁令》（Beschränkung und Verbot von Beweismitteln in sportgerichtlichen Verfahren），维滕堡足球协会主编：《体育法案件中的证据问题》1984 年，第 8－29 页。

《基于物之支配所产生的保证人地位：对物的侮辱性言论的刑法负责性》（Garantenstellung kraft Sachherrschaft？-Zur strafrechtlichen Verantwortlichkeit für beleidigende Parolen auf Sachen），《迪特里希·厄尔勒祝寿文集》，1985 年，第 83－95 页。

《著作权刑法词条》（Artikel Urheberstrafrecht），《经济与税收刑法词典》1986 年。

《第二次反经济犯罪法案》［Das zweite Gesetz zur Bekampfung der Wirtschaftskriminalitat（2. WIKG）］，《新刑法杂志》1986 年，第 481－488 页。

《危险犯与企行犯所带来的刑法保护前置》（Die Vorverlegung des Strafrechtsschutzes durch Gefährdungs-und Unternehmensdelike），《危险犯与企行犯所带来的刑法保护前置：1985 年刑法比较专业小组工作会议报告与讨论纪要》，汉斯－海因里希·耶舍克主编，《整体刑法学杂志》1987 年副刊，第 1－36 页。

《〈第二次反经济犯罪法〉生效后欧洲支票程序与欧洲支票卡滥用行为的刑法评价》（Probleme der strafrechtlichen Erfassung des Euroscheck-und Euroscheckkartenmissbrauchs nach Inkrafttreten des 2. WIKG），《法学家报》1987 年，第 215－218 页。

《刑法：体育保护作为应急方案》（Strafrecht-Der Sportschütze als Nothelfer），《法学教学》1988 年，第 885－887 页。

《村委会成员影响投票的行为是否构成背信罪：内特希姆案的刑法评价》（Können sich Gemeinderatsmitglieder durch ihre Mitwirkung an Abstimmungen der Untreue（§266 StGB）schuldig machen？），《巴伐利亚州行政报》1989 年，第 166－169 页。

《申请者的死亡对于法院强制诉讼程序的影响》（Zur Wirkung des Todes des Antragstellers auf das gerichtliche Klageerzwingungsverfahren），《阿明·考夫曼纪念文集》，1989 年，第 781－788 页。

《纪念碑的刑法与行政法保护上联邦法律与州法律的关系》（Zum

Verhältnis von Bundes-und Landesrecht auf dem Gebiet des straf- und buβgeld-rechtlichen Denkmalschutzes），《赫伯特·特伦德勒祝寿文集》，1989 年，第 337 – 353 页。

《体育竞技的刑法侧面，康斯坦茨体育法工作小组》（Strafrechtliche Aspekte der Sportwette, Konstanzer Arbeitskreis für Sportrecht），《体育竞技中的法律问题》1989 年，第 39 – 73 页。

《著作权犯罪是否是赃物罪的前行为？》（Sind die Urheberdelikte （§§ 106 ff. UrhG） für die Hehlerei （§ 259 StGB） geeignete Vortaten?），《霍斯特·洛克祝寿文集》，1990 年，第 431 – 439 页。

《阻碍刑罚的问题与著作权犯罪》（Probleme der Strafvereitelung （§ 258 StGB） im Anschluss an Urheberstraftaten （Ss 106 ff. Urhg）），《卡尔海因茨·迈耶纪念文集》，1990 年，第 633 – 639 页。

《危害生命与健康犯罪中刑法上同意的客观边界》（Objektive Grenzen der strafrechtlichen Einwilligung in Lebens-und Gesundheitsgefährdungen），《于尔根·鲍曼祝寿文集》，1992 年，第 43 – 55 页。

《以刑法手段打击视频剽窃行为》（Einwände gegen die Lehre von der Beteiligung an eigenverantwortlicher Selbstgefahrdung im Betaubungsmittel-strafrecht），《视频剽窃的现状与抗制》，《科隆大学广播法研究中心论丛》第 59 卷，1993 年，第 51 –69 页。

《通过刑法打击视频盗版行为》（Die Bekämpfung der Videopiraterie mit den Mitteln des Strafrechts），《视频盗版的成因与打击》，波恩大学广播法系列丛书第 59 卷，1993 年，第 43 – 55 页。

《德国著作权法对于国外侵犯著作权行为的适用》（Zur Anwendbarkeit des deutschen Urheberstrafrechts auf Rechtsverletzungen mit Auslandsberühru-ng），《瓦尔特·施特雷、约翰内斯·韦塞尔斯祝寿文集》，1993 年，第 613 – 623 页。

《刑事法官在判定公民法律关系时的自由与限制》（Freiheit und Bind-ung des Strafrichters bei der Beurteilung bürgerlicher Rechtsverhältnisse），《温弗里德·特鲁森祝寿文集》，1994 年，第 591 – 604 页。

《新媒体与知识产权：刑法视角的讨论评述》（Neue Medien und geistige Eigentum：Diskussionsbemerkungen aus strafrechtlicher Sicht），《新世纪刑法的挑战：1996 年 6 月 25 - 27 日图宾根德日刑法论坛》，1998 年，第 77 - 87 页。

《多人参与中未遂可罚性的问题》（Probleme der Versuchsstrafbarkeit bei mehreren Tatbeteiligten），《特奥多尔·伦克纳祝寿文集》，1998 年，第 435 - 455 页。

《以宽容限制刑法与以刑法保障宽容》（Begrenzung des Strafrechts durch die Toleranz und Sicherung der Toleranz durch das Strafrecht），《埃德加·米夏埃尔·文茨纪念文集》，1999 年，第 487 - 500 页。

《1998 年第 6 次刑法改革法后保险滥用行为的刑法评价》（Die strafrechtliche Erfassung des Versicherungsmiβbrauchs nach dem 6 Strafrechts-reformgesetz von 1998），《霍斯特·鲍曼六十五岁祝寿文集》，1999 年，第 345 - 357 页。

《法定 “滥用条款” 的适用范围，尤其是刑法第 330d 条第 5 项》（Zur Reichweite sektoraler gesetzlicher “Missbrauchsklauseln”，insbesondere des § 330d Nr. 5 StGB.），《汉斯·约阿希姆·希尔施祝寿文集》，1999 年，第 795 - 808 页。

《联邦反涂鸦法草案的评价》（Bemerkungen zum Bundesrats-Entwurf eines Graffiti-Bekämpfungsgesetzes），《迪特·莫伊尔祝寿文集》，2002 年，第 283 - 290 页。

《民法具有取消刑罚的溯及效力?》（Strafaufhebende Rückwirkungen des Zivilrechts），《埃伦·施吕希特祝寿文集》，2002 年，第 243 - 254 页。

《同性伴侣立法对于刑法的影响》（Auswirkungen der gesetzgebung zur gleichgeschlechtlichen Lebenspartnerschft im Strafrecht），《罗尔夫·凯勒祝寿文集》，2003 年，第 325 - 339 页。

《卡尔·齐格弗里德·巴德作品中的刑法、刑事诉讼法与犯罪学》（Das Straf- und Strafprozessrecht sowie die Kriminologie im Werk Karl Sieg-fried Baders），《萨维尼杂志》第 124 期，2007 年，第 919 - 924 页。

《威胁财产的诈骗罪的终止》（Rücktritt vom vermögensgefährdenden Betrug），《克劳斯·蒂德曼祝寿文集》，2008 年，第 637 - 647 页。

《使财产拥有者遭受刑事或行政制裁的行为是否构成背信?》（Untreue durch Verursachung straf- und bul geldrechtlicher Sanktionen gegen den Vermögensinhaber），《曼弗雷德·泽博德祝寿文集》，2008 年，第 437 - 448 页。

追忆特奥多尔·伦克纳 (**Theodor Lenckner**)

追忆特奥多尔·伦克纳 （**Theodor Lenckner**）

爱德华·施拉姆 （Edward Schramm） 著

徐凌波 译

一

特奥多尔·伦克纳 （Theodor Leckner） 出生于 1928 年 7 月 14 日，是福音派牧师埃里希·伦克纳 （Erich Leckner） 与其妻的长子。2006 年 11 月 5 日他在图宾根的保罗 – 莱希勒 （Paul-Lechler） 医院去世。他被安葬在位于布伦茨河畔京根 （Giengen an der Brenz） 老墓园的伦克纳家族墓地。[①]

伦克纳出生在符腾堡 （Wüttenberg） 地区一个古老的宗教家庭。自宗教改革以来，这个家族已经涌现出多位牧师和主教。除此之外，还有数位学者、教授、法学家和哲学家。其中就有著名的刑法学家、诗人以及黑格尔主义者克里斯蒂安·赖因霍尔德·克斯特林 （Christian Reinhold Köstlin）。

伦克纳的童年是在霍恩洛厄地区一个名叫阿多尔茨豪森 （Adolzhausen） 的村庄里度过的，这个村庄位于巴登 – 符腾堡州东北部，深受弗兰肯 （Franken） 文化的影响。1935 年之后，他又搬到了黑尔马林根 （Hermaringen）。这是位于施瓦本山脉 （Schwäbisch Alb） 北侧布伦茨河畔的海登海姆 （Heidenheim） 市附近的一个村庄。他不仅热爱画画，而且颇有

---

① 《艾泽勒的悼词》，《新法学周刊》，第 38 页；福格尔：《法学家报》，第 1167 页。

音乐天赋。他尤其热爱作曲家约翰·塞巴斯蒂安·巴赫（Johann Sebastian Bach）和格奥尔格·弗里德里希·亨德尔（Händel）。他的钢琴弹得极好，并时常在其父亲的教堂里弹奏管风琴。他信奉新教的父母十分开放，并对当时的纳粹思想极为反感。[①] 1944 年尚在学生时期的他便参加了炮兵预备役，在黑森林南部的施卢赫湖（Schluchsee）服役，负责发信号。1948 年他在海登海姆市的高中完成了学业并获得了大学入学资格。

尽管他一生中都对历史充满兴趣，但他并没有选择历史专业，因为他并不想成为一名教师。[②] 他最开始的打算是学医或是从军，不过他最终选择了法律专业，他的父母对此表示了赞同和支持。他和他的先辈一样向位于图宾根的符腾堡州立大学（wüttembergische Landesuniversität an Tübingen）提出了申请。1948 年他进入图宾根大学开始学习。因为生活拮据，他只能在德伦丁根（Derendingen）的一户农户家中租了一间小小的屋子，屋子的窗户正对着农户家内院的粪堆，每天要步行 5 公里才能走到学校。他对自己的学业抱有远大的志向。与此同时，延续家族的传统，他也成为图宾根学生社团罗伊戈尔国王会（Tübinger Burschenschaft "Königsgesellschaft Roigel"）的成员。1952 年他以"极优"（sehr gut）的成绩完成了大学学业。

伦克纳日后的谈话仍然能让人感受到，二战后的德国法学因为纳粹的历史罪行而承受的特殊负担。作为战后的第一批法律系学生，他认为这一历史包袱同时也是重大的学术挑战。在他开设的关于纳粹主义与刑法的研讨课上，他常常会提及二战时期时任人民法院（Volksgerichtshof）院长的罗兰·弗赖斯勒（Roland Freisler）。对于弗赖斯勒的所作所为以及所导致的法律以及刑事程序的失常，伦克纳都深恶痛绝。这也成为他学习法律的根本动力。他一直致力于确保纳粹这样的法律思想再也不会在这个国家死灰复燃。

---

① 参见韦伯、泽派因特纳（Sepaintner）主编《巴登－符腾堡人物传记》（Baden-Württembergische Biographien），第 4 卷，2007 年，第 205 页。

② 参见韦伯、泽派因特纳（Sepaintner）主编《巴登－符腾堡人物传记》（Baden-Württembergische Biographien），第 4 卷，2007 年，第 206 页。

1989 年伦克纳在一个系列讲座中提及：1933 – 1945 年间

　　法律的失常尤其表现在刑法领域……。罪刑法定原则被抛弃，犯罪构造要件完全丧失边界，死刑被用于惩罚极其轻微的罪行，这些都还是其次。混淆血统（Rassenschande）就可以处以监禁刑（zuchthauswürdiges Verbrechen）（最高可处 15 年自由刑），甚至根据臭名昭著的《惩治民族有害分子令》（Volksschädlingsverordnung）或者 1941 年的《惩治违反习惯犯罪法》（Gewohnheitsverbrechergesetz）的规定还可以处以死刑。这些事情迄今尚不足五十年。此外，当时的帝国法院根据《德意志血统和荣誉保护法》（Blutschutzgesetz）所作出的判决也绝对算不上什么光彩的事。尽管同盟国已经全面清理纳粹时期颁布的法令，但它始终是我们历史上最为黑暗的一章，其间对国家刑罚权的滥用将成为新生联邦德国及其刑法的阴影。①

　　1953 – 1957 年他在乌尔姆（Ulm）和图宾根完成了他的预备文官见习期。他在斯图加特（Stuttgart）的西南德意志州银行短暂地工作过一段时间，用他自己的话说主要是为了"赚很多钱"。但随后他又"心灰意冷"② 地回到了学校里。1958 年起他在处于清算阶段的"帝国学生服务中心"（Reichsstudentenwerk）做了两年的经理，霍斯特·施罗德（Horst Schröder）当时正好是帝国学生服务中心董事会的成员。1960 年他便在图宾根大学成为施罗德的助手。③ 1961 年在他写作教授资格论文期间，与妻子西格莉德（Sigrid）于路德维希堡（Ludwigburg）完婚。

　　在成为图宾根大学教授之后，他在图宾根大学新礼堂（Neue Aula）的办公室墙上始终挂着恩师施罗德的照片。施罗德是一位在各方面都声名卓著的学者，其接替阿道夫·舍恩克（Adolf Schönke）的工作编纂的

---

① 伦克纳：《联邦德国刑法发展 40 年》（40 Jahre Strafrechtsentwicklung in der Bundesrepublik Deutschland），诺尔主编：《联邦德国 40 年：法律发展 40 年》，1990 年，第 325 – 345 页。
② 艾泽勒：《新法学周刊》2007 年，第 39 页。
③ 克拉默：《新法学周刊》1998 年，第 2104 页。

《刑法典评注》迄今仍然以二人的名字命名，他也是伦克纳学术道路上最重要的推动者。1960－1964 年伦克纳作为他的助手为他工作，同样也是在他的指导下，伦克纳于 1964 年完成了教授资格论文。直到伦克纳去世之前他都坚持亲自给霍斯特·施罗德的遗孀埃丽卡·施罗德（Erika Schröder）寄送最新版本的《舍恩克/施罗德刑法典评注》（Schönke/Schröder）。当然，伦克纳以及他教席的继任者克里斯蒂安·屈尔（Kristian Kühl）在刑法教义学理论上同样还受到了威廉·加拉斯（Wilhelm Gallas）的"人的不法"（personale Unrechtslehre）理论的影响。这一理论对伦克纳后来写作关于犯罪论体系的教义学基础的法条评注①产生了根本性的影响。伦克纳和屈尔②都是在加拉斯的指导下完成博士论文的。

加拉斯在图宾根大学开设的刑法研讨课十分抽象艰深，几乎让伦克纳在第一个学期就要放弃法学的学业。他的父亲劝阻了他，并告诫他一旦决定要做的事情就必须持之以恒善始善终。在他以优异的成绩通过了第一次国家考试之后，加拉斯第一个找到他，问他是否有兴趣到他手下攻读博士学位。伦克纳欣然接受了这个邀请，在三年半的博士生期间一边担任加拉斯的助手，一边完成关于诉讼诈骗的博士论文。最后这篇论文被评为"优于 1 分"（summa cum laude）*。

在他的教授资格论文中，他"从法哲学和法学理论的基础问题入手详细且深入地"对紧急避险（Notstand）问题进行了研究，他也因此而被归为"批判法哲学派"［温弗里德·哈塞默（Winfried Hassemer）］。③这篇优秀的教授资格论文也使他获得了明斯特大学（Universität Münster）的邀请，1964－1972 年，包括暴风骤雨般的 1968 年，** 他在该校担任刑

---

① 参见伦克纳/艾泽勒《舍恩克/施罗德刑法典评注》，2006 年第 27 版，前言，第 13 节，边码 37、43－45、49、114。

② 屈尔：《故意作为犯的终了》《Die Beendigung des vorsätzlichen Begehungsdelikt》，1974 年。

  * 德国博士学位评分中通常用拉丁文包括了四个等级：Summa Cum Laude——优于 1 分；Magna Cum Laude——1 分左右；Cum Laude——2 分左右；Rite——3 分左右。其中伦克纳论文所获得的"优于 1 分"是对博士论文的最高评价。——译者注

③ 哈塞默：《第三人行为对行为人的解放》（Freistellung des Täters aufgrund von Drittverhalten），《特奥多尔·伦克纳祝寿文集》，1998 年，第 97 页。

 ** 这里指的是 1968 年波及整个欧洲的学生运动，这场运动在其他教授的自传中均有所提及。——译者注

法、刑事诉讼法教授。他始终怀念自己在明斯特度过的幸福时光。明斯特时期，他在对斯图加特州高等法院判决的评论中，就三角诈骗问题提出了著名的"阵营理论"（Lager Theorie），作为诈骗罪相关的经典理论，这一命题今天仍然为每个法律系学生耳熟能详。"形象地说，如果受到欺骗而将财物交给行为人的第三人属于财物受损者的阵营，则构成诈骗。"① 在此期间他还婉拒了基森大学（Universität Gießen）和海德堡大学（Universität Heidelberg）的邀请。1972 年他回到了家乡的图宾根大学，接任卡尔·彼得斯（Karl Peters）的教席。直至 1996 年退休他一直在图宾根大学工作，其间婉拒了慕尼黑大学的邀请。

二

1973 年施罗德教授在意大利维亚雷焦（Via Reggio）旅行时溺水突然辞世。② 在这一突如其来的噩耗之后，贝克出版社一开始准备让伦克纳独自承担起完成《舍恩克/施罗德刑法典评注》的重任。由于当时刚好通过了第二至第五刑法典修正案，再加上 1973－1975 年生效的《欧共体刑法典》（EGStGB），这使得评注的任务变得极其繁重。考虑到这一点，伦克纳建议由施罗德的另外三名学生阿尔宾·埃泽尔（Albin Eser）、彼得·克拉默（Peter Cramer）、瓦尔特·施特雷（Walter Stree）也参与到评注的修订工作中。③ 从第 18 版（1975 年）到第 25 版（1997 年）四人的评注工作成就卓越：《舍恩克/施罗德刑法典评注》成为德国最顶尖的刑法典评注。

伦克纳还要负责该评注第 18 版至第 25 版的整体编辑校对统稿工作。

---

① 伦克纳：《评斯图加特州高等法院 1965 年 7 月 14 日的判决》（Anm. zu OLG Stuttgart, Urt. v. 14. 7. 1965），《法学家报》1996 年，第 320－321 页。

② 伦克纳，《法学家报》1973 年，第 799 页；以及施特雷，《新法学周刊》1973 年，第 1968 页。

③ 埃泽尔：《舍恩克/施罗德刑法典评注》，维罗魏特（Willoweit）主编《20 世纪的法律科学与法律文献》（Rechtswissenschaft und Rechtsliteratur im 20 Jahrhundert），2007 年，第 851、860 页。

他常常和评注的其他编者通电话，以便使评注在争议问题上的观点保持前后一致。直到第 25 版，伦克纳所撰写的评注内容在字数上也是最多的。

伦克纳撰写了评注的核心内容，即刑法总论基础问题的教义学内容（《刑法典评注》第 13 条前注第 1–133 段）以及排除违法性事由。除此之外他还撰写了评注中关于罪责内容的部分（刑法典第 20 条和第 21 条）、违反公共秩序犯罪（刑法典第 123 条以下）、陈述犯罪（刑法典第 153 条以下）、侵犯婚姻和个人状态的犯罪（刑法典第 169 条以下）、性犯罪（刑法典第 174 条以下）、侮辱罪的构成要件（刑法典第 185 条以下）、包括背信罪在内的个别经济犯罪（刑法典第 264、265a–266b 条）、危害环境的倾倒垃圾罪（刑法典第 326 条以下）以及公务员违反保密义务的犯罪（刑法典第 353a–355 条）。

从评注第 26 版开始，伦克纳还邀请了瓦尔特·佩龙（Walter Perron）（负责刑法典第 19–21、32–37、174–174b、176、184c、264、265a–266b、353a–355 条的评注），德特勒夫·施特恩贝格–利本（Detlev Sternberg-Lieben）（负责刑法典第 121–131 条的评注）和京特·海涅（Günter Heine）（负责刑法典第 326 条的评注）。而在第 27 版，他则邀请了约尔格·艾泽勒（Jörg Eisele）（负责刑法典第 13 条前注第 1–133 段，第 174–174b 条的评注）。而他剩下的评注工作（刑法典第 32 条前注，第 153 条–173、185–206 条）则得到了乌尔丽克·席滕黑尔姆（Ulrike Schittenhelm）的极大支持帮助。

《舍恩克/施罗德刑法典评注》是伦克纳最主要的学术成就，也是"他在图宾根期间最重要的刑法学成就"（乌尔里希·韦伯）①，其他成果在他看来都只是其次。它不仅是伦克纳最大的学术重心，同时也是不小的负担。

三

伦克纳在学校的工作中总是全力以赴。《舍恩克/施罗德刑法典评注》

---

① 参见韦伯、泽派因特纳（Sepaintner）主编《巴登–符腾堡人物传记》（Baden-Württem-bergische Biographien），第 4 卷，2007 年，第 206 页。

便诞生于他位于大学新礼堂的宽敞办公室中。每天除了午休时间之外，人们从早到晚都能在办公室里见到他。常常晚上九十点钟时他的办公室也依然亮着灯。每个周六以及周日上午他也基本上在教席办公室中，或是沉思，或是修改评注的内容。他在文字的精确性和明确性上总是精益求精，并总是不断地对评注的每个段落进行反复的修改，直到满意为止。往往一个简单的段落他都要思考上三个月。毫不夸张地说，有时简单的一个段落他交给出版社的版本就有 50 多个。但即便如此这也往往不是最终的成稿，因为伦克纳在印刷版或是后来的审定版中也会不时对内容做出修改或补充。

在特奥多尔·伦克纳的教席中推崇的是一种独特的交流文化，他特别喜欢与助手交谈。交谈内容无所不包，下至地方政府的施政，上至国际形势，甚至是两性关系。当然讨论的中心还是刑法教义学问题。他常常从教席图书馆上百本书中随机抽取问题，并以这样的问题开场："对于这个问题你怎么看？"他们会深入地讨论有争议的问题，从不遗漏正反两方面的任何论据。他会像对待常年工作的助手一样认真对待学生助理的观点，对于各种无意义的论点甚至是挑衅性的看法也十分宽容。个别的教义学问题往往要讨论一个多星期，甚至一个多月。在讨论问题时人们往往有这种错觉，时间并不重要，在教席里时间仿佛是静止的。

他之所以能够如此出色地完成刑法典评注，不仅在于他所具备的过人的专业知识素养，而且在于他在撰写评注时总是如同一个虔诚的圣经诠释者一般保持注意力的高度集中，并有着无穷的韧性。他对于所撰写的法典内容进行最为审慎的研究。他在形成自己的教义学观点时总是经过深思熟虑，要反复地推敲正反方面的论据。当今社会整体上日益急功近利，就连学术也无法幸免，在这样一种环境下，像伦克纳这样一位在孤独和自由中钻研学术的教授（Professor in seiner Einsamkeit und Freiheit）*，几乎成了一种濒危的稀有物种。

在上世纪 70 至 90 年代伦克纳完成他的刑法典评注时期，并没有像现在这样普及的法律人（Jurist）、贝克在线（beck-online）、万律（westlaw）等大型的数据库。他自己的"数据库"仅仅是他随身携带的两个装

---

* 这是德国著名教育家威廉·冯·洪堡所提出的对于学术自由的理解。——译者注

着卡片的盒子。他总是定期翻阅所有重要的杂志和判决汇编。所有判决、论文以及专著的出处都被他详细地记录在 A6 标准大小的卡片上，他按照自己评论的法条顺序将这些卡片排列整齐。在要编撰下一版评注时，他又会耐心地逐条对这些卡片进行补充。

他还在乌尔姆请书本装订工人为自己定制了私人版本的《舍恩克/施罗德刑法典评注》。评注被拆开然后装订成两本，每页之间夹杂着一页空白的页面。他在这些空白的页面上做笔记，记录自己偶然的灵感和突然的发现。这两本速写本上的记录则被用于编撰评注此后的版本。

伦克纳几乎将他所有的思考都记录了下来。在信件、名片乃至信封的背面、报纸的边缘等地方都可以发现他所记录的学理论述。他常常在与他人谈论上帝或世界形势之类的话题时，突然从上衣口袋里掏出钱包，然后在购物小票、信封或是银行账户记录的背面记录他认为有价值的想法。有时正当他对着口授录音机说到一半时，他会离开自己的办公室去面包房买个面包或去小酒吧买杯啤酒，或是在走廊上来回踱步，然后回到办公室说完原本要说的内容。

虽然伦克纳也让他的助手对评注的文字提供修改的意见，但作为老板他的要求极其严苛。他总是全力以赴地投入自己的工作中，绝不能容忍评注的专业水准出现任何的瑕疵。有时助手所提供的建议稿会被他删得一个字都不剩。但助手仍然能够在伦克纳所修改的评注中感受到自己所做出的贡献。尽管他是一个施瓦本人，却跟普鲁士人一般有着强烈的义务使命感和职业精神。80 年代中期以后他就再也没有享受过一个较长的休假。

伦克纳始终是一个慷慨的老板。70 年代在完成了《舍恩克/施罗德刑法典评注》之后，作为回报他曾四次带着助手们出去旅行。他们两次去了突尼斯（Tunesien），另外两次则去了摩洛哥（Marokko）。其中一次是与瓦尔特·施特雷及其助手一道前往的。在与助手一起游览位于突尼斯南部的杰里德大盐湖时，作为德国作家卡尔·迈（Karl May）的忠实拥趸，他总是能随处援引卡尔·迈在冒险小说《穿越沙漠》（Durch die Wüste）中的经典名句。而在摩洛哥，他们则在撒哈拉沙漠深处的一处绿洲边缘偶遇了一群图瓦雷克（Tuareg）人。这群图瓦雷克人将他们邀请到帐篷中，他们的族长打开了部落的宝箱，想用珠宝跟他们交换食物，因为当时图瓦雷克部落正遭遇饥荒。

四

对于伦克纳而言，刑法学并不是象牙塔里的自娱自乐，而是一门实践性的学科。《舍恩克/施罗德刑法典评注》的核心是舍恩克所提出的目标，实现理论与实践的互动。① 虽然伦克纳曾经强调，贯彻刑法教义学是"骨干"，但他也从刑法的问题性研究中获得了极大的满足感。

他强调要成为一名真正意义上的教授。教授（Professor）一词来源于拉丁文中的 profiteri，也就是在公众面前宣扬某种信念的意思，因此所谓教授就是向公众宣扬某种信念的人。伦克纳认为，一名学者的任务就在于，宣扬某种信念、坚持某种立场并权衡各种观点的重要性与正确性。因此早期他在《舍恩克/施罗德刑法典评注》中就认为，卧底警察为了深入犯罪组织内部而不得不实施的犯罪行为应当根据刑法典第 34 条紧急避险（Notstand）的规定排除其违法性。②

他对于犯罪论的基础、正当防卫与紧急避险等排除违法性事由以及其他法条（例如陈述犯罪与背信罪③）所做的评注是最为深入浅出的。其在正当防卫上的观点在个人保护与法律保障之间保持了极其精妙的平衡。他在基本倾向上采取了汉斯－海因里希·耶舍克（Hans-Heinrich Jescheck）教授的观点："正当防卫权利在现代不断受到社会伦理的限制。"④ 他还发现了一个新的排除违法性事由范畴，随后又由恩斯特－约阿希姆·兰珀（Ernst-Joachim Lampe）发展了这一观点，形成了"不完整的二行为排除违

---

① 参见伦克纳/艾泽勒《舍恩克/施罗德刑法典评注》，2006 年第 27 版，前言。

② 伦克纳/佩龙：《舍恩克/施罗德刑法典评注》，第 34 条，边码 41c。

③ 例如伦克纳在背信罪中所提出的严格的社团理论（strenge Gesellschaftstheorie），这对于有限责任公司而言是不利的。参见施拉姆《背信与同意》（Untreue und Konsens），2005 年，第 123 页。

④ 耶舍克：《刑法总论》1978 年第 3 版，第 32 节第三部分；伦克纳/佩龙：《舍恩克/施罗德刑法典评注》，第 32 条，边码 43。

法性事由"（unvollkommen zweiaktige Rechtsfertigungsgründe）。^① 在法律人
（Jurist）这一在线数据库中可以找到 800 多份判决援引了伦克纳所撰写
的《舍恩克/施罗德刑法典评注》。

    伦克纳对于医学与法学的交叉领域尤其感兴趣，特别是涉及罪责以
及罪责能力的问题。他在《舍恩克/施罗德刑法典评注》第 20、21 条的
评注以及法医精神病学的教科书中都对这一问题进行了探讨。^② 他对医
生的沉默义务以及人工授精这样的时下热门问题也颇有研究。^③ 此外他
还与他的学生沃尔夫冈·温克尔鲍尔（Wolfgang Winkelbauer）一起研究
了计算机犯罪。^④

五

    作为导师，伦克纳是极其严格的。他在图宾根大学任教的 23 年时间
里只收了 26 名博士生。这个数量与其他人相比是极少的。现在博士论文
评级中最高等"优于 1 分"已经日益贬值，即便是很平庸的论文也能获
得这个评价。但是在伦克纳成为教授的 30 年中，得到过这个评价的博士
论文一只手就能数得过来，因为只有 3 份。在他看来只有最为拔尖的博
士论文才有资格获得这一评价。其中包括了他的助手乌尔丽克·席滕黑
尔姆（Ulrike Schittenhelm）1993 年完成的关于苏联刑法的博士论文。^⑤

---

① 伦克纳：《舍恩克/施罗德刑法典评注》，第 32 条以下前注，边码 16；兰珀：《戈尔特
达默刑法档案》1978 年，第 7 页。

② 伦克纳、格平格尔/维特尔（Göppinger/Witter）主编《法医精神病学手册》（Handbuch
der forensischen Psychiatrie）1972 年，第 1 页以下。

③ 词条人工授精、去势、堕胎与结扎，《福音会国家辞典》（Evangelisches Staatslexikon），
1975 年第 2 版，1987 年第 3 版。

④ 伦克纳：《计算机犯罪与财产犯罪》（Computerkriminalität und Vermögensdelikte），1981
年；伦克纳/温克尔鲍尔：《计算机犯罪：〈第二次反经济犯罪法〉的可能性与界限》
（Computerkriminalität—Möglichkeiten und Grenzen des 2. WiKG），《计算机与法》1986 年，
第 483、654、824 页。

⑤ 席滕黑尔姆（Schittenhelm）：《苏联刑法中的刑法与制裁体系：苏联存续期间刑事政策
的基本路线》（Strafe und Sanktionensystem in sowjetischen Strafrecht. Grundlinien der Krimi-
nalpolitik von den Anfängen bis zum Ende des Sowjetstaats），1994 年。

　　他在提供法律专家意见（Gutachten）时也同样严格。只有在他认为委托者想要得到的结果是正确时，他才会接受委托为其提供专家意见。他从来没有为了不义之财而为委托人的利益背书。他在70年代与黑里贝特·舒曼（Heribert Schumann）、埃伯哈德·格尔（Eberhard Goll）一起为弗伦斯堡（Flensburg）的一家色情产业公司的微色情杂志提供过刑事方面的法律意见。伦克纳还幽默地将这本色情杂志保留在办公室的书桌抽屉里。

　　伦克纳经常提及在写作教授资格论文时自己受到了来自导师施罗德的严格督导。他需要周期性地向施罗德汇报自己的论文进度甚至朗读教授资格论文中的部分内容。用他的话说，那段时间自己"备受煎熬"，甚至"发誓"如果有一天自己当上了教授绝对会赋予助手们最大的论文写作自由。虽然他的助手们十分珍惜他所赋予的信任和自由，但是这种自由放任也有弊端：其他教授的助手们总是能迅速地完成博士论文甚至教授资格论文，而伦克纳指导的博士论文总是进展缓慢。这当然也是因为伦克纳这个完美主义者总是要求助手们尽可能达到自己所要求的专业水平，总之慢工出细活。

　　伦克纳的教席里总是烟雾缭绕。虽然他的朋友克里斯蒂安·卡斯佩斯（Christian Caspers）医生苦口婆心地告诫他吸烟的各种危害，他还是极度热衷于抽烟，以至于坊间甚至流传要进入伦克纳教席工作的前提条件之一就是会抽烟，而从他教席图书馆借出来的书还常常会冒着热气。

　　伦克纳曾回忆自己早在学生时代就开始在课堂上吸烟，因为许多教授在讲课时也是人手一支烟。虽然在课堂上吸烟有着悠久的传统，但自从2007年秋巴登－符腾堡州禁烟法案（württembergischen Nichtraucherge-setz）生效之后，在图宾根大学所有室内包括在教席办公室里吸烟都是被完全禁止的。抽烟者必须到室外去抽烟，就像狗出去遛弯一样。在一片反对抽烟的氛围内想必伦克纳过得一定不愉快。

　　其他教授常常在背后议论伦克纳是个健忘的家伙。无数的咖啡机和烤盘到了伦克纳的教席里就坏了，因为他总是忘记把它们关掉。助手们甚至考虑在教席入口处立块牌子，上书"伦克纳材料实验机构"（Lenckner Materialprüfungsanstalt）几个大字。他曾经因为前一天晚上忘记按下烤盘上的关闭按钮而导致放在上面的锅被烤化了，直到第二天还是通红通红的。他的办公室也基本没有整整齐齐的时候。他总是埋首于书山之中，除此之外还有无数的杂志和笔记卡片。有一次他把国家考试的试卷放在了一个纸篓里，因为偌大的办公室里全然没有落脚的地方，结果第二天保洁员把这个纸篓里的卷子当成垃圾给清理了。最后伦克纳只好在新礼堂的垃圾堆里徒手把试卷给翻了出来。

伦克纳十分关心助手们的生活情况，经常在必要的时候施以援手（包括经济上的帮助）。80 年代在他与妻子离婚之后，位于新礼堂的办公室就成了他的第二个家，他将他的助手们视为家人。这种亲密的关系尤其体现在他 70 岁寿辰宴请同事和教席助手的时候。他的秘书海蒂·亚历克西（Heidi Alexi）为祝寿的准备工作赋诗一首令人捧腹大笑，而他以前的助手马丁·沙伊雷尔（Martin Schairer）则坐到了钢琴前模仿着乌多·于尔根斯（Udo Jürgens）的样子自弹自唱："70 岁的你，白发苍苍，站在我的面前……"借着这个机会同事们郑重地将祝寿论文集亲手交给伦克纳，在文集中学界的同事和学生们都表达了对他学术成就的高度评价。①

即便在 1996 年退休之后，大学仍然是他的家。他的同事弗里特约夫·哈夫特（Fritjof Haft）从教席中专门辟出一间大的办公室供伦克纳使用。在这间办公室中，他与自己长年的助手乌尔丽克·席滕黑尔姆一道继续进行学术研究工作，直到去世前他还在完善自己的刑法典评注。在此期间他主持完成了两版《舍恩克/施罗德刑法典评注》。在第 27 版中他与席滕黑尔姆一道完成了刑法第 32 条的前注、对陈述性犯罪、针对婚姻和个人生活状况的犯罪以及侮辱罪的评注。如前述第三部分所介绍的，早在第 26 版（2001 年）开始，阿尔宾·埃泽尔的学生瓦尔特·佩龙就已经接手了评注的许多工作。在伦克纳生命的最后两年中，鉴于他身体和精神的极度衰弱，乌尔里希·韦伯和福利特约夫·哈夫特的学生约尔格·艾泽勒（Jörg Eisele）表示自己愿意接手完成伦克纳余下的评注工作。

伦克纳的学生包括在他指导下完成教授资格论文的有：莱比锡大学黑里贝特·舒曼（Heribert Schumann）教授、图宾根大学与德累斯顿大学讲师乌尔丽克·席滕黑尔姆（Ulrike Schittenhelm）博士、斯图加特市律师同

---

① 艾泽/席滕黑尔姆/舒曼主编《特奥多尔·伦克纳 70 岁祝寿文集》，1998 年。

时在斯图加特大学任课的沃尔夫冈·温克尔鲍尔（Wolfgang Winkelbauer）教授、斯图加特市市长及前任斯图加特警察局局长马丁·沙伊雷尔（Martin Schairer）、斯图加特市的律师德特勒夫·德林（Detlev Döring）与埃伯哈德·格尔（Eberhard Goll）、波恩技术学院马丁·O. 韦格纳斯特（Martin O. Wegenast）、法兰克福市律师马库斯·韦因格（Markus Wehinger）、黑欣根州法院的西格莉德·施伦克（Sigrid Schlenke）、希腊塞萨洛尼基市律师即国际法律问题顾问史戴凡诺斯·埃姆·卡勒克拉斯（Stéphanos Emm Kareklás）、巴登－符腾堡州法务部部长约尔格·米勒（Jörg Müller）、在 T 体系公司工作的马蒂亚斯·冯·贝克拉特（Matthias von Beckerath）、图宾根大学爱德华·施拉姆（Edward Schramm）、斯图加特市律师马丁·费尔辛格（Martin Felsinger）与蒂洛·维希（Tilo Wiech）、霍尔布地方法院及斯图加特州高等法院法官约亨·赫克勒（Jochen Herkle）。

六

伦克纳既不属于任何政治派别也不是某一个党派的成员。但是可以确定的是，他受到南德自由主义思潮的极大影响，这也成为他在刑事政策问题上的思想基础。伦克纳的生日同时也是法国攻占巴士底狱的纪念日，而法国大革命的三大口号"自由（liberté）、平等（égalité）、博爱（fraternité）"对他而言是同样重要的。这在教义学上集中体现在他在客观归责理论中提出了自我负责原则（Eigenverantwortungsprinzip），这一原则随后由他的学生舒曼①教授进一步发扬光大。

任何人原则上都只需要防止自己的行为对法益造成威胁，而不需要阻止他人对法益构成威胁。②

① 舒曼：《刑法中的行为不法与自我答责原则》（Strafrechtliches Handlungsunrecht und das Prinzip der Selbstverantwortung der anderen），1986 年。
② 伦克纳：《恩吉施祝寿文集》，1969 年，第 506 页；伦克纳/埃泽勒：《舍恩克/施罗德刑法典评注》，2006 年第 27 版，第 13 条以下前注，边码 100、101a。

他对自由主义的、以最后手段性为基本原则的刑法体系的支持也体现在他与自由派刑法学者乌尔里希·韦伯（Ulrich Weber）、于尔根·鲍曼（Jürgen Baumann）的友谊中。此外他还积极地参与到始于1966年的刑法选择性草案的起草过程中，这部选择性草案是由德国、瑞士两国的刑法学者共同完成的，包括了刑法总论、分论以及刑事诉讼法的相关内容，集中体现了自由主义的刑法思想。①

在刑罚论上他主张刑罚兼有一般预防与特殊预防功能。绝对的、纯报复主义的刑罚理论虽然有过短暂的复兴，但在他看来这种绝对性是错误的，也是过时的。1972年他在一篇文章中写道：

> 1966年由14位刑法学家起草的选择性草案中这样写道：施以刑罚并不是任何形而上的过程，而是在一个由人这样的不完整存在组成的社会中所施加的必要的恶。作为法秩序的组成部分，刑法对人类而言是必要的安宁秩序，因此刑罚也只能被视为服务于这一安宁秩序的工具：作为最为严厉但不可放弃的制裁手段，刑罚只有在为了保护具有特殊重要性的法益免遭极其恶劣的侵害时才可以动用。②

20年后他在雅典发表的演讲中再次强调了刑罚的社会功能，尤其是基于特殊预防目的而对犯罪人进行的再社会化：

> "结果的补偿并不令人振奋。但是不能认为，现代刑事政策所倡导的再社会化思想会就此消失，即便这一思想已经被削减为避免犯罪人被去社会化这一目标。"再社会化思想背后所包含的极致的"乍看之下对人道主义关切和刑法上的社会责任思想是不应失去的"。③

---

① 参见韦伯，泽派因特纳（Sepaintner）主编《巴登-符腾堡人物传记》（Baden-Württembergische Biographien），第4卷，2007年，第206页。
② 伦克纳/佩龙：《舍恩克/施罗德刑法典评注》，第32条，边码43。
③ 伦克纳：《刑事诉讼在（再）社会化过程中的角色》（Der Strafprozess im Dienst der (Re-) Sozialisierung），《法学教学》，1983年，第340页。

堕胎的刑事可罚性在伦克纳看来是一个永恒而无解的难题。在起草选择性草案的刑法学者中，伦克纳是期限理论（Fristenlösung）的强烈支持者。90 年代在修改刑法第 218 条规定的立法听证过程中，他责无旁贷地为自由民主党支持堕胎的分期理论作出了理论阐述：

> 对未出生生命的保护首先是通过满足一系列外围条件来完成的。这些条件促使人们或使他们更容易作出生育孩子的决定，包括消除各种会导致妇女作出堕胎决定的理由。在这方面刑法只能作为最后手段而存在。完美的解决方案并不存在，因而只能根据最小伤害原则作出决策。[①]

联邦宪法法院在关于刑法第 218 条堕胎罪规定的判决主旨中也大致采取了伦克纳的观点，其中核心是根据怀孕的期限考虑堕胎行为的可罚性，同时要求堕胎妇女在堕胎之前必须接受咨询，但同时也保留了部分堕胎的根据（包括医学上的和社会观念中的）：

> 在满足一定条件的情况下，将堕胎行为从构成要件中排除出去，仅仅意味着，这些行为不再受到刑罚的威吓。在其他部门法领域中，立法者究竟将堕胎行为视为合法还是非法，这一问题仍然悬而未决。[②]

在这一教义学基础之上，联邦宪法法院一方面认为堕胎行为在一定条件下是不可罚的，但另一方面仍然坚持这一行为是违法的或为法秩序所反对的，因此堕胎所需要的费用不能由医疗保险来负担。

伦克纳还与其助手激烈地争论过"奥斯维辛谎言"（Auschwitzlüge）的可罚性问题。其中伦克纳尖锐地批评了对奥斯维辛谎言所代表的否认大屠杀行为进行刑事制裁的做法。但并不是所有的助手都赞同这一观点。

---

① 伦克纳，鲍曼/京特/凯勒/莱克纳主编《德国统一后的刑法第 218 条》（§218 im vereinten Deutschland），1992 年，第 121 页以下。

② 《联邦宪法法院判例集》，第 88 卷，第 203 页，尤其是第 274 页。

描述纳粹时期的特殊悲剧并不构成侮辱，[①]而立法者关于刑法典第 130 条第 3 款的规定也是不成功的：奥斯维辛是德国人永远的噩梦，奥斯维辛谎言则是德国刑法永远的噩梦。[②]

他对于性犯罪相关构成要件的评论也是显而易见的，虽然他在这一问题上并没有深入的研究。他在早年提出，1997 年之前旧版刑法第 176 条没有包含的婚内强奸行为也应当置于刑罚处罚之下，因为原来的规定"存在局限性"。

> 这是不符合时代精神的。不能仅仅因为证据上的以及其他刑事追诉上的困难而认为婚内强奸是不可罚的。……从婚姻的本质角度来看，目前关于强奸罪的规定也是不合理的。……因为婚姻中仅仅包括双方同意的性行为而不包括使用暴力或强迫手段而实施的性行为。……刑法典第 177 条以下所进行的修正因此是必要的。[③]

1997 年刑法典作出相应修正之后，伦克纳评价道：

"性犯罪立法与刑法本身的历史一样悠久，而这则是性犯罪立法史上新的一章"，"立法者不仅仅有了婚内强奸也是强奸的认识，而且在通过立法作出了这样的处理，这的确是一项进步"。[④]

当然他对于刑法第 177、178 条规定的具体内容并不满意。

伦克纳也从来没有回避过同性恋这一议题。根据旧版刑法第 175 条的规定，未成年男性的同性恋行为要受到刑罚处罚。1969 年这一条文得到了修改，对行为人的年龄进行了限定。伦克纳对此评论道，人们终于将一个早已过时的构成要件废除了。[⑤]但另一方面，对于同性恋团体在 70、80 年代掀起的彻底废除第 175 条的号召他也认为为时过早，因为同

---

① 伦克纳，《舍恩克/施罗德刑法典评注》，第 185 条，边码 3。
② 伦克纳/施特恩贝格 - 利本，《舍恩克/施罗德刑法典评注》，第 130 条，边码 20。
③ 伦克纳，《舍恩克/施罗德刑法典评注》，1998 年第 23 版，第 178 条，边码 7。
④ 伦克纳，《新法学周刊》1997 年，第 2801 页。
⑤ 伦克纳：《联邦德国刑法发展 40 年》（40 Jahre Strafrechtsentwicklung in der Bundesrepublik Deutschland），诺尔主编《联邦德国 40 年：法律发展 40 年》，1990 年，第 333 页。

性恋行为尚未被一般的社会观念所接受：

> 在社会观念中，男性的同性性行为受到严重的歧视，这并不是简单地通过废除第 175 条就能够消除的。既然如此，那么刑法的任务就在于，保护那些尚无法对自己完全负责的少年免于受到各种来自外界的负面谴责。要彻底地废除第 175 条仍然任重而道远。①

东西德合并之后，东西德刑法典于 1994 年进行了统一（gesamtdeutsche Strafrechtsangleichung），这才彻底废除了第 175 条的规定。对此，伦克纳表示了完全的赞同："立法者的决定代表了社会观念所发生的变化，尤其是全社会为反对歧视同性恋所作出的各种努力。"②

值得一提的是在 80 年代召开过一个关于女性同性性行为不可罚问题的研讨会。图宾根的女性同性恋组织代表也参与了会议。她们认为，只有男性的同性性行为曾经受到刑罚处罚，这让她们觉得自己没有得到重视，反而受到了歧视。

伦克纳在侮辱罪的研究方面也发挥了重要的作用。他主张从人际关系的角度解释名誉的概念（interpersonaler Ehrebegriff）。这一概念是由威廉·加拉斯（Wilhelm Gallas）的学生恩斯特·阿玛多伊斯·沃尔夫（Ernst Amadeus Wolff）提出的，其中还吸纳了汉斯·约阿希姆·希尔施对于名誉概念所做的基础性研究。伦克纳就性侮辱——这一行为仅在例外情况下构成第 185 条侮辱罪——提出了一个简练的公式，这一公式也经常为最高法院所援引："只有当行为人表明，自己认为对方是一个婊子、蠢女人或者人尽可夫的女人时，他才逾越了侮辱的边界。"③

这一观点影响了关于图霍夫斯基（Tucholsky）的名言"所有的士兵都是杀人犯"的判决，他认为这句话中并不包含任何侮辱的意味，因为

---

① 伦克纳，《舍恩克/施罗德刑法典评注》，1991 年第 24 版，第 175 条，边码 1。
② 伦克纳，《舍恩克/施罗德刑法典评注》，1997 年第 25 版，第 182 条，边码 1。
③ 伦克纳，《舍恩克/施罗德刑法典评注》，第 185 条，边码 4。另请参见联邦法院《新刑法杂志》，1987 年第 21 页以及 1992 年第 34 页，凯勒对后者的评析参见《法学综览》1992 年，第 246 页。

作者指责的是士兵这一职业，而非针对某个士兵个人。

　　　　根据具体情况和特定的语境，将士兵称作杀人犯可以仅仅是某些激进的和平主义者对其价值选择的表达，而并不包括对士兵个人名誉的侵犯。①

　　伦克纳最后一份重要的研究是他为一个跨国康采恩所出具的专家意见，他在这份专家意见的基础上撰写了一篇关于私有化时代的国家工作人员概念的论文。他敏锐地提出了功能论的国家工作人员概念（funktionale Interpretation des Amtsträgersbegriff）及其衍生概念，这些概念以个人在国家行政管理中所发挥的功能或组织上的联系为出发点。例如一名自由职业的规划工程师在受某市政府委托为一项政府施工项目做准备的过程中收受了贿赂，这名工程师并不是国家工作人员，因而也不是受贿罪的适格主体，这是因为他与市政府的行政管理体系之间缺少组织上的关系，而仅仅是在项目分包过程中有单独的决定权。② 德国联邦最高法院尽管只是部分采取了他的观点，但是在许多受贿罪的判决中都会援引他的论文（例如《联邦法院刑事判例集》第 43 卷第 96、370 页）。

七

　　伦克纳很受图宾根大学其他教授的尊敬③（即使是在熟人圈子中，他也从未在背后议论同事的闲话）。他也十分受学生的爱戴。他的授课强度大且内容丰富，这对于听众而言当然并不轻松。而他的刑法习题课也以艰深但给分公平而著称。

　　如果遇到特殊的历史事件，他就会改变原先的讲课计划，跟学生们

---

① 伦克纳，《舍恩克/施罗德刑法典评注》，第 185 条，边码 8。

② 伦克纳：《行政的私人化与"刑法的选择"》（Privatisierung der Verwaltung und "Abwahl des Strafrechts"），《整体刑法学杂志》第 106 期，1994 年，第 502 页；施拉姆，《法学教学》1999 年，第 333 页。

③ 福格尔，《法学家报》2006 年，第 1167、1168 页。

讨论这一事件，例如 1989 年秋天开放柏林墙以及 1991 年海湾战争爆发。深受学生欢迎的自然还有经伦克纳签名的旁听证明，有了这个证明在购买价值 300 马克的《舍恩克/施罗德刑法典评注》时就可以享受八折优惠。但是这一优惠在 2002 年新的书籍定价限制法案出台之后就不再存在了。①

　　他开设的大课和研讨课都具有十分高的水准，因而听者众多。他喜欢把研讨课安排在位于布劳博伊伦（Blaubeuren）的图宾根大学海因里希·法布里研究所（Heinrich-Fabri-Institut），并在三天内进行集中授课。在那里伦克纳时常回顾图宾根大学的创建历史。正是布劳博伊伦修道院院长海因里希·法布里（Heinrich Fabri）申请并获得了教会创立图宾根大学的申请。他的木质画像与图宾根大学在世俗社会的缔造者乌拉赫伯爵埃伯哈德（Uracher Grafen Eberhard）一起悬挂在布劳博伊伦修道院的墙上。伦克纳常常充满敬意地站在画像前瞻仰。在布劳博伊伦他总是尽可能地与参加研讨课的学生进行交流。

　　伦克纳也十分注重跨学科的学术交流。例如在一次关于罪责能力的研讨课上，他邀请了校医院的法医精神病学专家克劳斯·弗尔斯特（Klaus Foerster）教授一起主持。时任德国联邦最高法院副主席的汉斯卡尔·扎尔格（Hanskarl Salger）也受邀参与讨论以血液中的酒精浓度来解释刑法典第 21、22 条规定是否正确的问题，这一解释当时已经被最高法院所放弃。②

　　伦克纳极受刑法实务工作者以及巴登－符腾堡州政府法律工作者们的尊敬，他们中许多人在学生时代就曾旁听过伦克纳的大课（Vorlesung）和研讨课（Seminar）。伦克纳十分珍视自己与旧时同学朋友的友情，如在斯图加特州高等法院的婚姻家庭审判委员会工作的卡尔－迪特·穆切勒（Karl-Dieter Mutschler），他曾经在伦克纳撰写刑法典第 170 条的评注时提供过建议，巴登－符腾堡州法务部部长兼图宾根大学名誉教授罗尔

---

① 对此参见布林青格《教授的手》，《日报》2002 年 10 月 8 日，第 16 页。
② 伦克纳/屈尔：《刑法典评注》，2007 年第 26 版，第 21 节，边码 3。

夫·凯勒（Rolf Keller）[①]，以及斯图加特州高等法院院长兼当地大学的名誉教授奥托·博克曼（Otto Boeckmann）。

由于撰写《舍恩克/施罗德刑法典评注》的巨大工作量，加上他需要照顾自己残疾的儿子，所以伦克纳在最后十年中大量减少了学术会议的参与。而在60、70年代他也常在国外参加各种学术会议（比如在马德里、雅典），他曾经指导过来自希腊、意大利、东欧以及远东国家的刑法学者。在80年代的波兰教授克鲁欣斯基（Krusinski）和克鲁克维斯基（Krokowski）之后，90年代则有来自俄罗斯的阿尔弗雷德·亚林斯基（Alfred Janlinski）和奥尔加·杜伯维克（Olga Dubovik）（莫斯科，国家与法律研究所）以及来自日本大阪大学的佐久间修教授，他们有的用了两年多的时间在伦克纳的教席研究环境刑法以及堕胎的可罚性问题。他曾经十分后悔自己后来没能加强与国外学者的学术交流。

伦克纳所指导的外国博士生则包括英国的彼得·约翰·爱德华·杰克逊（Peter John Edward Jackson）[英国，肯特郡，博士论文：《英国刑法中讯问犯罪嫌疑人的证据可采性问题》（Die Zulässigkeit von Beweismaterial über die Vernehmung Tatverdächtiger im englischen Strafrecht），1987年]，克里斯托斯·萨特兰尼斯（Christos Satlanis）[希腊，埃托利亚－阿卡纳尼亚州，博士论文：《欧洲人权法院第六条刑事程序保障下的被告人主体地位》（die Subjeksstellung des Beschuldigten im griechischen Strafverfahren unter den strafprozessualen Garantien des Art. 6 der Europäischen Menschenrechtskonvertion），1988年]，史戴凡诺斯·埃姆·卡勒克拉斯（Stéphanos Emm Kareklás）[希腊，塞萨洛尼基市，博士论文：《法益理论与环境刑法》（Die Lehre vom Rechtsgut und das Umweltstrafrecht），1990年]以及吴相元（Sang-won Oh）[韩国，大丘，博士论文：《罪责的基础与降低的罪责能力——刑法教义学与法哲学角度的研究》（Grundlage der Schuld und verminderte Schuldfähigkeit-eine strafrechtsdogmatisch-rechtsphilosophische Untersuchung），1996年]，他后来成为韩国弘益大学的教授。

[①]　参见伦克纳《鲁道夫·凯勒墓前的怀念致辞》（Worte des Gedenkens am Grab von Prof. Dr. Rolf Keller），《鲁道夫·凯勒纪念文集》，2003年，第17页。

八

　　伦克纳与图宾根市政府关系并不好。他不止一次把图宾根政府比作
"贼窝"（Rattennest）（他也因此常常受到来自助手的抗议，许多助手都
十分热爱图宾根这座城市），这与他儿子的不幸有关。1963 年他的儿子
出生在图宾根妇科医院，医生的手术失误引发了一系列的症状，最终导
致他出生时便伴有严重的残疾。他曾经反复提到，现在对于此类事件的
处理方式在当时是毫无意义的：他从未从医院获得任何赔偿或是补偿。
因为儿子的不幸也连带地使图宾根成为他痛苦的回忆。1973 年他的第二
个孩子贝蒂娜出生。

　　作为倡导自由主义兼保守主义的法学家，伦克纳对于图宾根市唯一
的当地报纸，代表左翼思想的《施瓦本日报》（Schwäbische Tagblatt）以
及 70、80 年代"顽固的"（伦克纳语）红绿政党联盟的评价也不高。尽
管他并不支持左派政党的观点，但是他在大学工作期间也在一定程度上
吸收了其中的部分内容。他也因此主张对抗议北约在德国架设核武器的
人进行赦免：北约曾经根据 1979 年的决议在穆特兰根（Mutlangen）和
海尔布隆（Heibronn）安置潘兴二型火箭和巡航导弹，反对者因此在美
军营地前和营地内以静坐和其他公民抗命方式进行抗议。部分抗议者被
斯图加特州高等法院判决成立非法侵入住宅罪和故意损毁财物罪。

　　他评论道：

　　　　现行法中并没有为公民的不服从（ziviles Ungehorsam）提供排
　　除违法性的根据。剩下的就只有公民的不自由和手足无措。民众通
　　过违反规范，甚至是违反刑法规范的方式来实现自己的目的，即便
　　这些目的本身并没有问题，但是持续性的对规范的违反是任何一种
　　法秩序都不能容忍的。但另一方面不服从的公民却也不是任何意义
　　上的犯罪人。在本案中被告人是一个出于对他自己和我们日常生活
　　的关切而违反刑法规范的公民，他这么做是为了表示自己反对一项

在他看来将会导致严重后果的政治决定。刑法并不能赋予这些人以特别优待（除了在量刑上），但是另一方面一旦打开这个口子，就再也无法通过刑法上的手段予以填补了。在没有任何解决方案时正是适用大赦制度的时机。这种赦免至少并不比几年前对政治献金的赦免更不合理。①

九

长子蒂尔曼（Tilman）的出生是伦克纳一生中重大的转折点之一。从 80 年代中期开始他就独自一人照顾蒂尔曼。他也因为蒂尔曼接触到了一个完全不同的世界——残障人士及其照料者的世界。他时常感到自己在两个世界之间穿梭，即学术的世界和残障人士的世界。1977 年他拒绝了慕尼黑大学的邀请足以证明蒂尔曼对于他而言有多么重要，他之所以拒绝是因为他认为位于默辛根的内卡河 - 施瓦本山脉地区残疾人互助协会（Körperbehindertenförderung Neckar-Alb，KBF）的相关设施对于自己照顾蒂尔曼的生活非常有帮助。

1985 年他被选为该协会的董事会成员，他担任了三届董事会成员直到 1994 年卸任。在任期内，他与其他残疾人士的父母以及协会的工作人员包括协会经理托马斯·赛法特（Thomas Seyfarth）、罗斯维塔·穆勒 - 恩格尔弗里德（Roswitha Müller-Engelfried）、托马斯·施特塞尔（Thomas Stösser）一起在图宾根、罗伊特林根市（Reutlingen）和佐勒纳尔布县（Zollernalbkreis）安置了服务于残障人士和老年人的设施。蒂尔曼先后在残疾人互助协会位于默辛根和博德尔斯豪森的宿舍中居住过，并在位于戈马林根（Gomaringen）的一家残疾人工厂工作，这也让伦克纳减轻了部分负担。在残疾人互助协会中他也是最受尊敬的法律顾问。他还在讨

---

① 伦克纳：《刑法与公民的不服从》（Strafrecht und ziviler Ungehorsam），《法学教学》1988年，第 349 页。

论性与刑法之间关系的论文中谈到了残障的问题。① 此外他还是"帮助残疾人"（Hilfe für Behinderte）协会第一任主席，该协会于 1985 年在默辛根（Mössingen）成立，帮助残疾人在成年后融入社会是他们工作的中心。

由于在学术上的成绩，他是当代顶尖的刑法学者（弗里特约夫·哈夫特（Fritjof Haft））②，以及他对于在残疾人事业上的热心参与，1999 年他在图宾根大学被当时巴登 – 符腾堡州科学部部长克劳斯·冯·特罗塔（Klaus von Trotha）授予德国联邦一级十字勋章。

十

伦克纳一生成就卓著，著作等身。他为人谦逊，常常在他时常光顾的希腊餐馆"波塞冬"中与别人提及对自己职业选择的正确性和自己学术贡献价值的怀疑。而对方总是会用他所作出的巨大贡献来安慰他，但是他自己真的这样认为吗？我们不得而知。

他常常对生活感到忧郁。当他对历史和时代感到悲伤时，常常会引用西塞罗的名言："哦时代啊！哦风尚啊！"（O tempora! O Mores!）他感情丰富，真诚而热情并善于沉思，这些都是他的魅力所在。

他性格内向几近羞涩。"讷于言而敏于行"（Mehr Sein als Schein）这句话特别适合用来形容他。他并不会使用夸张的动作和充满激情的演说。他总是轻声细语，因此在这篇纪念他的文章的最后，我想引用他经常引用的诗句来结束本文，这句诗出自巴洛克时代的诗人安杰鲁斯·史莱斯乌斯（Angelus Silesius）的作品《天使般的漫游者》："人是本质/一旦世界毁灭/偶然也便不复存在/而本质将长存。"（Mensch werde wesentlich：denn wenn die Welt vergeht/so fällt der Zufall weg/das Wesen，das besteht）。

---

① 伦克纳：《残障人士性生活处理的法律侧面》（Juristische Aspekte im Umgang mit der Sexualität behinerter Menschen），费博等主编：《性与残障：对禁忌的处理》（Sexualität und Behinerung. Umgang mit einem Tabu），2000 年第 2 版，第 169 – 183 页。

② 哈夫特：《特奥多尔·伦克纳 75 岁寿辰》，《新法学周刊》2003 年，第 2076 页。

主要作品目录

一　专著

《诉讼诈骗》（Der Prozeβbetrug），1957 年。

《排除违法的紧急避险，刑法典草案关于紧急避险规则的问题》（Der rechtfertigende Notstand. Zur Problematik der Notstandsregelung im Entwurf eines Strafgesetzbuchs），1965 年。

《计算机犯罪与财产犯罪》（Computerkriminalität und Vermögensdelikte），1981 年。

二　评注

《舍恩克/施罗德刑法典评注》（Strafgesetzbuch, Schönke/Schröder Kommentar,），特奥多尔·伦克纳修订，1976 年第 18 版 –2006 年第 27 版。

三　期刊与文集中的论文

《未成年人的同意及其法定监护人》（Die Einwilligung Minderjähriger und deren gesetzlicher Vertreter），《整体刑法学杂志》第 72 期，1960 年，第 446 – 463 页。

《挑衅引起的有责攻击情况下的紧急防卫》（Notwehr bei provoziertem und verschuldetem Angriff），《戈尔特达默刑法档案》1961 年，第 299 – 314 页。

《可罚与不可罚包庇行为》（Das Zusammentreffen von strafbarer und strafloser Begünstigung），《法学教学》1962 年，第 302 – 307 页。

《医生基于职业保密义务而产生证人沉默权》（Zeugnisverweigerungsrecht des Arztes wegen beruflicher Schweigepflicht），《新法学周刊》1964 年，第 1186 – 1188 页。

《作证义务、保密义务与证人沉默权》（Aussagepflicht, Schweigepfli-

cht und Zeugnisverweigerungsrecht），《新法学周刊》1965 年，第 321 -
330 页。

《正当化事由与合义务检验的要求》（Die Rechtfertigungsgründe und
das Erfordernis pflichtgemäβer Prüfung），《赫尔穆特·迈耶祝寿文集》，
1966 年，第 165 - 184 页。

《医生的职业秘密》（Ärztliches Berufsgeheimnis），汉斯·格平格尔主
编：《医生与法：我们当代医学的边界问题》，1966 年，第 159 - 199 页。

《斯图加特州法院 1965 年 7 月 14 日第 1 Ss 306/95 号判决的评论》
（Anmerkung zu OLG Stuttgart v 14. 7. 1965 - 1 Ss 306/95），《法学家报》
1966 年，第 320 - 321 页。

《失去无效债权的财产损害问题（刑法典第 253、263 条）》［Zum
Problem des Vermögensschadens（§§253，263 StGB）beim Verlust nichti-
gen Forderungen］，《法学家报》1967 年，第 105 - 110 页。

《刑法第 267 条中"欺骗目的"的概念》（Zum Begriff der Tauschung-
sabsicht in § 267 StGB），《新法学周刊》1967 年，第 1890 - 1895 页。

《正当防卫中的要求性与必要性》（Gebotensein und，Erforderlichkeit
der Notwehr），《戈尔特达默刑法档案》1968 年，第 1 - 10 页。

《刑法中待进行价值填充的概念与罪刑法定原则》（Wertausfüllungs-
bedürftige Begriffe im Strafrecht und der Grundsatz nullum crimen sine lege），
第一部分发表于《法学教学》1968 年，第 249 - 257 页，第二部分发表
于《法学教学》1968 年，第 304 - 310 页。

《技术规范与过失》（Technische Normen und Fahrlässigkeit），《卡尔·
恩吉施祝寿文集》，1969 年，第 490 - 508 页。

《缔约诈骗中的财产损害与财产危险》（Vermögensschaden und Verm-
ögensgefährdung），《法学家报》1971 年，第 320 - 324 页。

《具有特定用途的贷款中欺骗与财产损害的因果关系》（Kausalzusam-
menhang zwischen Täuschung und Vermögensschaden bei Aufnahme eines Darle-
hens für einen bestimmten Verwendungszweck），《新法学周刊》1971 年，第
599 - 601 页。

《刑罚、罪责与罪责能力》（Strafe，Schuld und Schuldfähigkeit），汉

斯·格平格尔、赫尔曼·维特尔主编：《法庭精神病学手册》，第一卷 1972 年，第 3 - 286 页。

《司法的精神病学问题》（Psychiatrische problem des Privatrechts），与赫尔伯特·舒曼合著，汉斯·格平格尔、赫尔曼·维特尔主编：《法庭精神病学手册》，第一卷 1972 年，第 287 - 356 页。

《共犯的终止问题》（Probleme beim Rücktritt des Beteiligten），《威廉·加拉斯祝寿文集》，1973 年，第 281 - 306 页。

《霍斯特·施罗德离世》（Zum Tode von Horst Schröder），《法学家报》1973 年，第 799 - 800 页。

《共同被告与证人》（Mitbeschuldigter und Zeuge），《卡尔·彼得斯祝寿文集》，1974 年，第 333 - 348 页。

《刑事立法的过去与现在》（Strafgesetzgebung in Vergangenheit und Gegenwart），《图宾根大学法学院 500 周年祝贺文集》，1977 年，第 239 - 261 页。

《阻碍刑罚罪的构成要件》（Zum Tatbestand der Strafvereitelung），《霍斯特·施罗德纪念文集》，1978 年，第 339 - 357 页。

《刑法总论》（Strafrecht. Allgemeiner Teil），鲁道夫·韦伯 - 法斯主编：《法理学：具体法律部门》，1978 年，第 467 - 482 页。

《社会治疗机构作为保安处分手段》（Rettet die sozialtherapeutische Anstalt als Maβregel der Besserung und Sicherung），与贡特尔·阿茨特等合著，《法政策杂志》，1982 年，第 207 - 212 页。

《包庇罪、阻碍刑罚罪与刑事诉讼法第 60 条第 2 项的辩护禁令》（Begünstigung, Strafvereitelung und Vereidigungsverbot nach § 60 Nr. 2 StPO.），《新刑法杂志》1982 年，第 401 - 404 页。

《刑事诉讼在社会化中扮演的角色》（Der Strafprozeb im Dienst der (re) sozialisierung），《法学教学》1983 年，第 340 - 345 页。

《税法上刑法自首的理由与界限及现场检查案件中的记录可能性》（Grund und Grenzen der strafrechtlichen Selbstanzeige im Steuerrecht und das Wieder aufleben der Berichtigungsmöglichkeit im Fall der Auβenprüfung），与赫尔伯特·舒曼、沃尔夫冈·温克尔鲍尔合著，《经济刑法杂志》1983 年，

第 123－128 页，第 172－177 页。

《现代支付中的刑法问题》（Strafrechtliche Probleme im modernen Zahlungsverkehr），与沃尔夫冈·温克尔鲍尔合著，《财税刑法杂志》1984 年，第 83－89 页。

《行使正当利益：一个超法规的正当化事由?》（Die Wahrnehmung berechtigter Interessen, ein übergesetzlicher Rechtfertigungsgrund?），《彼得·诺尔纪念文集》，1984 年，第 243－256 页。

《攻击者的防卫权》（Das Notwehrrecht des Angreifers），《法学综览》1984 年，第 206－209 页。

《利益衡量作为正当化事由的基础》（Der Grundsatz der Güterabwägung als Grundlage der Rechtfertigung），《戈尔特达默刑法档案》1985 年，第 295－313 页。

《刑法禁令的理由和基础，犯罪化的原则，需罚性与适罚性》（Gründe und Grundlagen des strafrechtlichen Verbots. Prinzipien der Kriminalisierung Strafwürdigkeit und Straftauglichkeit），与乌尔丽克·席滕黑尔姆合著，阿尔宾·艾泽尔、君特·凯泽尔主编：《第四届德苏刑法与犯罪学论坛》，1985 年，第 17－37 页。

《计算机犯罪：〈第二次反经济犯罪法〉的可能性与边界》（Computerkriminalität-Möglichkeiten und Grenzen des 2. WIKG），与沃尔夫冈·温克尔鲍尔合著，《计算机与法》1986 年，第 483－488 页，第 654－661 页，第 824－831 页。

《医生与刑法》（Arzt und Strafrecht），鲍杜因·福斯特主编：《医事法对于医生与法学家的实践》，1986 年，第 570－614 页。

《人工授精、去势、堕胎与结扎》（Stichworte Künstliche Insemination, Kastration Schwangerschaftsabbruch und Sterilisation），《福音会国家辞典》1975 年第 2 版；1987 年第 3 版；第 1318－1343 页（人工授精），第 1478－1479 页（去势），第 3083－3090 页（堕胎），第 3503－3506 页（结扎）。

《刑法第 34、35 条中危险的"别无他法"要件》（Das Merkmal der "Nicht-anders-anwendbarkeit" der Gefahr in den § 34, 35 StGB），《卡尔·拉克纳祝寿文集》，1987 年，第 95－112 页。

《事前的胚胎损害导致产后损害后果：对〈胚胎保护法〉第一条讨论草案的鉴定》（Die pränatale Embryonenschädigung mit postnatalen Folgen-würdigung des §1 Diskussionsentwurf eines Embryonenschutzgesetzes，zusammen mit Wolfgang Winkelbauer），与沃尔夫冈·温克尔鲍尔合著，汉斯－路德维希·君特、罗尔夫·凯勒主编：《生殖医学与人类基因：刑法限制?》，1987年，第211－224页。

《刑法与公民的不服从》（Strafrecht und ziviler Ungehorsam），《法学教学》1988年，第349－354页。

《官方许可与刑法上的权利滥用思想》（Behördliche Genehmigung und der Gedanke des Rechtsmiβbrauchs im Strafrecht），《格尔德·普法伊费尔祝寿文集》，1988年，第27－43页。

《联邦德国刑法发展40年：刑法分论的自由化与界限》（40 Jahre Strafrechtsentwicklung in der Bundesrepublik Deutschland. Der Besondere Teil des SGB，seine Liberalisierung und ihre Grenzen），克努特·沃尔夫冈·诺尔主编：《联邦德国40年：法律发展40年》，1990年，第325－345页。

《期限解决方案加上强制咨询义务》（Votum zugunsten einer Fristenlösung mit obligatorischer Beratung），于尔根·鲍曼等主编：《德国统一后的刑法第218条》，1992年，第121－134页。

《破坏文字的秘密性：第25次刑法改革法后的第201条》（Zur Verletzung der Vertraulichkeit des Wortes：§201 nach dem 25. Strafrechtsänderungsgesetz），《于尔根·鲍曼祝寿文集》，1992年，第135－154页。

《贺瓦尔特·施特雷七十岁寿辰》（Walter Stree zum 70. Geburtstag），《法学家报》1993年，第454－455页。

《行政的私人化与"刑法的选择"：以服务于建筑管理的规划机构的人员为例论刑法上的公务员身份》（Privatisierung der Verwaltung und "Abwahl des Strafrechts"? Zur Frage der strafrechtlichen Amtsträgereigenschaft am Beispiel der für die Bauverwaltung tätigen Planungsbüros），《整体刑法学杂志》第106期，1994年，第502－546页。

《〈第33次刑法改革法〉：一段长期历史的结束》（Das 33. Strafrechtsändcrungsgesetz-das Ende einer langen Geschichte），《新法学周刊》1997

年，第 2801 – 2803 页。

《携带武器作为目的性限缩的对象?》（Mitsichführen einer Schusswaffe als Gegenstand teleologischer Reduktion?），《新刑法杂志》1998 年，第 257 – 258 页。

《残障人士性生活处理的法律侧面》（Juristische Aspekte im Umgang mit der Sexualität behinderter Menschen），汉斯 – 彼得·费博等主编：《性与残障：对禁忌的处理》，2000 年第 2 版，第 169 – 183 页。

《当代刑事立法：刑法第 127 条的新生》（Zur Strafgesetzgebung unserer Zeit：Der zu neuem Leben erweckte §127 StGB），《罗尔夫·凯勒纪念文集》，2003 年，第 151 – 164 页。

人名索引

译后记

    翻译本书缘于冯军教授 2010 年时对我们的嘱托和信任，我依稀还记得当时因为深信译介本书会极大拉近中德刑法学的距离而莫名产生的兴奋感和使命感。由于种种原因，经过漫长的等待，现在本书终于迎来了与读者见面的时刻。作为全程参与其中的亲历者，面对书桌上即将出版的厚厚译稿，心情相当激动，特缀数语，以为译后记。

    本书内容为二战后成长起来的 21 位德语区刑法学者的传记。他们经历了战乱，在百废待兴的基础之上走上刑法学术研究之路，又亲历两德统一，并亲手将德国刑法学重新推至世界前沿水平，不仅在德国，而且在世界范围内都是值得敬仰的。他们的自画像向我们全面展示了 21 位学者的其人其学，也向我们摊开了 20 世纪下半叶德语区刑法学的绚丽画卷。置身其中，任意一个陌生或者熟悉的名字可能都会在学术上带给读者以惊叹之感，例如我在研究单一制时多次看到并引用布格施塔勒教授的作品，但是直到阅读其传记我才知道布格施塔勒教授之于奥地利刑法学犹如高铭暄教授之于中国刑法学。不同传记中学术之外的人生百味同样令人印象深刻：战争带给参战者和民众的苦难令人心情沉重，战后个体的困厄命运（如兰珀教授不得不放弃自己心爱的钢琴专业，因为孤儿津贴到期了）催人泪下，伉俪深情（如特伦德勒教授和妻子希望如同费莱蒙和鲍西丝一样生活）令人艳羡，读到耿直之处（如希尔施教授宣称自己学术上的对手会为他选择学习法学感到遗憾）则让人不禁哑然失笑，等等。

    当然，将本书翻译至国内并不仅仅是希望打开一扇了解德语区刑法学的窗口，同时也希望本书能如同一面镜子一样，引起国内刑法学的省思。书中 21 位教授在年龄上大致相当于高铭暄、马克昌、王作富等教授这一辈新中国刑法学的开创者与奠基人。与德国的教授们相比，他们的人生经历更为曲折，取得学术成就需要付出的努力更为艰辛；遗憾的是，除了高铭暄教授口述的《我与刑法七十年》，关于他们的传记类作品并不多见，也许这样的工作已经迫在眉睫了。另外，毋庸讳言，仅就学术层面而言，二战后的半个世纪内德国刑法学的发展远胜于同期中国刑法学的发展，背后的原因显然不是单一的。本书中详细叙述的 21 位学者的画像无疑可以为此提供答案，只要认真阅读，无论是宏观上的制度设计、学术传统还是微观层面的细节问题，都可以找到蛛丝马迹。对于中国刑法学未来的发展而言，本书可以镜鉴之处远超于其表面的呈现。这里的镜鉴显然并非意味着全面向德国看齐，实际上德国学者们也在书中对德国刑法学的发展提出了诸多批判性意见。

本书由我、王莹、徐凌波和梁奉壮合译，我承担了最后的统稿工作，翻译中的若干问题自然也应由我统一说明。其一，书名由德文 Die Deutschsprachige Strafrechtswissenschaft in Selbstdarstellungen 译为中文《德语区刑法学的自画像》，陈兴良教授和冯军教授在作序时都曾提醒我是否改为《德语区刑法学者的自画像》，另外冯军教授还指出"Selbstdarstellungen"原意是自我陈述。但是，考虑到原文的含义就是刑法学而不是刑法学者，以及"自我陈述"一语书面色彩不够浓厚，我还是采取了《德语区刑法学的自画像》的译法。其二，本书中人名的译法以商务印书馆 1999 年版《德语姓名译名手册》为准，地名的译法以商务印书馆 1993 年版《外国地名译名手册》为准。其三，注释以及作品目录部分均只保留作品名称的德文原文，这样既可以精简篇幅，又为有德文阅读能力者保留了检索原著的可能。其四，注释体例仍维持了德文的体例，个别文献在书中还是准备出版，但其实现在已经出版了，为尊重原著，并未改动。其五，对于书中内容有需要特别说明之处，各位译者添加了部分译者注。

本书能顺利出版，首先要感谢希尔根多夫教授，他不仅慷慨同意我们翻译其主编的大作，还不厌其烦解答我们翻译过程中遇到的种种问题；希尔根多夫教授是中德刑法交流的使者，这本书是其促进中德刑法交流的又一功绩。其次，我想诚挚感谢三位合译者。他们三位都有在德国攻读博士学位的经历，德语水平以及对德国刑法学的了解都远胜于我，却都克服种种困难，愿意积极配合我完成本书的翻译以及协助解决出版过程中遇到的诸多难题。为了表示对他们的尊重，我仅仅进行了最低限度的统稿工作，如果由于我对他们译稿的修改导致了理解上的偏差，我承担全部的责任。再次，感谢长期以来支持和鼓励我的恩师陈兴良教授和冯军教授。他们是我学术之路的引路人，也是我学习的楷模，在与两位老师的关系中我是永远的索取者。此次翻译本书，我又一次麻烦两位老师作序，他们都慨然允诺，在繁忙的答辩季拨冗为文，使本书增色不少！感谢我在清华从事博士后工作期间帮我校对译文的余果师妹；感谢我的学生翟辉、孙博宇、闫婷和王冰鑫协助我做了大量的编辑和校对工作。感谢中国社会科学院创新工程将本书纳入出版资助计划；感谢社会科学文献出版社刘骁军老师及其所领导的工作团队，她们不仅对译稿进行了出色的编辑和润色，还能从刑法学专业的角度对译文提出宝贵建议。

最后要说明的是，译事难为，虽然我们尽了最大的努力，但毕竟学识与精力有限，书中佶屈聱牙乃至谬误之处肯定不在少数；而且，本书由 21 位作者独立完成，又由 4 位不同的译者分别翻译，不协调之处亦在所难免，恳请读者诸君谅解并批评、指正。

何庆仁

2019 年 6 月 17 日

图书在版编目（CIP）数据

德语区刑法学的自画像：上下卷／（德）埃里克·
希尔根多夫主编；何庆仁等译. -- 北京：社会科学文
献出版社，2019.10
ISBN 978 - 7 - 5201 - 5147 - 4

Ⅰ.①德… Ⅱ.①埃… ②何… Ⅲ.①刑法 - 研究 -
德国 Ⅳ.①D951.64

中国版本图书馆 CIP 数据核字（2019）第 137184 号

德语区刑法学的自画像（上下卷）

主　　编 /	〔德〕埃里克·希尔根多夫
译　　者 /	何庆仁　王　莹　徐凌波　梁奉壮

出 版 人 / 谢寿光
组稿编辑 / 刘骁军
责任编辑 / 姚　敏
文稿编辑 / 舒燕玲　赵瑞红

出　　版 / 社会科学文献出版社（010）59367161
　　　　　 地址：北京市北三环中路甲 29 号院华龙大厦　邮编：100029
　　　　　 网址：www. ssap. com. cn
发　　行 / 市场营销中心（010）59367081　59367083
印　　装 / 三河市尚艺印装有限公司

规　　格 / 开本：787mm × 1092mm　1/16
　　　　　 印张：46　字数：702 千字
版　　次 / 2019 年 10 月第 1 版　2019 年 10 月第 1 次印刷
书　　号 / ISBN 978 - 7 - 5201 - 5147 - 4
著作权合同
登 记 号 / 图字 01 - 2019 - 3634 号
定　　价 / 198.00 元（上下卷）

本书如有印装质量问题，请与读者服务中心（010 - 59367028）联系